Volume 8

DROIT DU TRAVAIL

Collection de droit

2007-2008

Volume 8

DROIT DU TRAVAIL

AUTEURS :

Me Magali Cournoyer-Proulx*

Me Robert Dupont*

Me Richard Gaudreault*

Me Louis Leclerc*

Me Suzanne Thibaudeau*

Me Guy Tremblay*

SOUS LA DIRECTION DE Me NICOLA DI IORIO*

SOUS LA COORDINATION DE :

Me Lise Tremblay, directrice de l'École du Barreau

Me Jocelyne Tremblay, responsable au programme de l'École du Barreau

* Associés du cabinet Heenan Blaikie. Les auteurs désirent remercier les membres de l'équipe du droit du travail et de l'emploi du cabinet Heenan Blaikie pour leur collaboration.

 ÉDITIONS YVON BLAIS

UNE SOCIÉTÉ THOMSON

Catalogage avant publication de Bibliothèque et Archives nationales du Québec et Bibliothèque et Archives Canada

Collection de droit

Annuel

2007/2008

Chaque livraison publiée en plusieurs volumes.

Chaque volume ou groupe de volumes de chaque livraison comporte un titre distinct.

Fait suite à : Cours de la formation professionnelle du Barreau du Québec, ISSN 0832-0632.

ISSN 1203-0708

ISBN 978-2-89635-028-5 (livraison 2007/2008, v. 8).

1. Droit – Québec (Province). I. Barreau du Québec. École.

KEQ153.8.C65   349.714   C95-900619-2

Nous utilisons, dans la majeure partie des textes, le genre masculin dans le seul but de les alléger. Ce genre désigne, lorsque le contexte s'y prête, aussi bien les femmes que les hommes.

Dépôt légal : 2e trimestre 2007
Bibliothèque et Archives nationales du Québec
Bibliothèque et Archives Canada

ISBN: 978-2-89635-028-5

TABLE DES MATIÈRES

TITRE PRÉLIMINAIRE

L'ARRIÈRE-PLAN CONSTITUTIONNEL EN DROIT DU TRAVAIL

TITRE I

LES RAPPORTS INDIVIDUELS DE TRAVAIL

TITRE II

LES RAPPORTS COLLECTIFS DE TRAVAIL

Titre préliminaire

L'arrière-plan constitutionnel
en droit du travail

Chapitre I
Le partage de la compétence législative

Le partage de la compétence législative qui résulte du régime fédératif institué par la Constitution du Canada a une grande incidence sur le droit du travail.

Aucune des dispositions de la *Loi constitutionnelle de 1867*, en particulier ni l'article 91 ni l'article 92 de celle-ci, n'a constitué les « relations de travail » en un titre de compétence exprès et indépendant attribué à l'un ou l'autre des deux ordres de gouvernement, fédéral ou provincial. Ce silence des auteurs de la Constitution a été à l'origine de nombreux conflits juridiques entre le gouvernement fédéral et ceux des provinces, ainsi qu'entre les administrés eux-mêmes, et il a obligé les tribunaux à élaborer les règles du partage de cette compétence législative entre le Parlement du Canada et les législatures provinciales.

La connaissance des principes qui régissent ce partage de compétence et une bonne compréhension de leurs principales modalités d'application sont d'une importance capitale. C'est, en effet, en appliquant ces principes qu'il est possible de déterminer quelle législation, fédérale ou provinciale, s'applique à une situation donnée de rapport de travail. Pour tout intervenant en droit du travail, le traitement d'un dossier exige un réflexe initial d'examen de cette dimension constitutionnelle.

1- Les principes

Selon la Constitution, la compétence législative usuelle en matière de relations du travail appartient aux législatures provinciales. De son côté, le Parlement du Canada dispose d'une compétence d'exception, mais néanmoins exclusive, sur les relations de travail dans les entreprises à l'égard desquelles la Constitution l'a habilité, de façon générale, à légiférer.

A- La compétence de principe des provinces

Au début de l'année 1925, le Conseil privé rendait l'arrêt *Toronto Electric Commissioners c. Snider*[1]. Cet arrêt revêt un caractère fondamental en droit constitutionnel et en droit du travail. Le Conseil privé conclut que la loi connue sous le nom de *Loi Lemieux*[2] était inconstitutionnelle. Cette loi imposait une conciliation et une enquête obligatoires avant le recours à la grève dans les entreprises minières, de transport ou de communications, ou dans un service public. Le Conseil privé estima que cette loi se rapportait directement aux droits civils des employeurs et des employés, sujets réservés à la compétence exclusive des provinces en vertu du paragraphe 13 (la propriété et les droits civils) de l'article 92 de la *Loi constitutionnelle de 1867*.

Quelques mois plus tard, sans toutefois mentionner l'arrêt *Snider*, la Cour suprême du Canada adoptait la même position dans l'affaire du *Renvoi au sujet du Traité de Versailles et des heures de travail*[3].

Malgré les opinions déjà exprimées par le Conseil privé et par la Cour suprême, le Parlement du Canada adoptait en 1935 trois lois du travail applicables à toutes les entreprises en matière de repos hebdomadaire, de salaire minimum et de limitation des heures de travail. La constitutionnalité de ces trois lois fut soumise à l'examen de la Cour suprême, dont le banc de six juges se divisa à trois contre trois[4]. Saisi à son tour du litige, le Comité judiciaire du Conseil privé déclara les trois lois *ultra vires* des pouvoirs du Parlement, parce qu'elles relevaient de la compétence des provinces en matière de propriété et de droits civils, selon l'article 92 (13) de la Constitution[5].

---

1. [1925] A.C. 396.
2. *Loi des enquêtes en matière de différends industriels*, S.C. 1907, c. 20.
3. *Re : Legislative Jurisdiction over Hours of Labour*, [1925] R.C.S. 505.
4. *Re : The Weekly Rest in Industrial Undertakings Act, the Minimum Wages Act and the Limitation of Hours Work Act*, [1936] R.C.S. 461.
5. *Attorney General for Canada c. Attorney General for Ontario*, [1937] A.C. 326.

Selon ces arrêts, les provinces ont en principe compétence en matière de relations employeurs-employés, principe qui a depuis été régulièrement réaffirmé par les tribunaux[6].

B- La compétence fédérale d'exception

Le pouvoir de légiférer confié à l'État fédéral peut porter sur le domaine des relations de travail à la fois directement et indirectement. D'abord, le Parlement du Canada peut légiférer sur les relations de travail comme telles à l'endroit des entreprises qui, par la nature de leurs activités, sont soumises de façon générale à sa compétence législative. D'autre part, le pouvoir législatif dévolu au Parlement en vertu de l'un ou l'autre de ses diverses catégories de sujets de compétence constitutionnelle, par exemple en matière de droit criminel, est également susceptible d'influer, de façon incidente mais non moins réelle, sur des situations qui, d'un point de vue factuel, s'inscrivent dans les relations de travail.

1. La compétence directe

Le Parlement dispose en premier lieu d'une compétence législative directe sur les conditions d'emploi des employés du gouvernement fédéral, de même que dans les territoires qui ne sont pas à l'intérieur des frontières des provinces, comme les Territoires du Nord-Ouest et le Yukon. En 1925, dans l'affaire du *Renvoi au sujet du Traité de Versailles et des heures de travail*, la Cour suprême décida que les provinces, malgré le fait qu'elles avaient, en principe, compétence en matière de relations de travail, n'avaient aucune autorité pour réglementer les conditions de travail des employés de la Couronne fédérale[7].

Par ailleurs, en 1890 déjà, la Cour suprême avait reconnu à l'État fédéral le pouvoir implicite de légiférer sur les relations du travail à l'égard des entreprises relevant de sa compétence en vertu de l'une ou l'autre des dispositions de la *Loi constitutionnelle de 1867*, notamment l'article 92 (10) et l'article 91 (10)[8]. En l'espèce, il s'agissait des entreprises de chemins de fer. Le pouvoir de réglementer l'activité même de ces entreprises impliquait nécessairement celui de régir l'important aspect que constitue pour elles leurs relations de travail.

En 1955, la Cour suprême fut appelée à se prononcer sur la validité de la *Loi sur les relations industrielles et les enquêtes visant les différends du travail*[9], loi à l'origine de la partie I du Code canadien du travail[10] qui aménage aujourd'hui les rapports collectifs du travail dans l'ordre fédéral. Le litige concernait l'applicabilité de cette loi à certains employés d'une entreprise de débardage. La Cour suprême affirma alors, à l'unanimité, la validité constitutionnelle de cette législation qui visait à aménager les relations collectives du travail dans les entreprises fédérales[11].

Il s'ensuit que dès qu'une entreprise, en raison de la nature de ses activités, relève de l'autorité législative du Parlement du Canada, les relations de travail au sein de cette entreprise seront sujettes à la compétence fédérale, parce qu'elles constituent un aspect essentiel de la gestion et de l'exploitation de l'entreprise. La compétence pour réglementer les relations de travail, qu'elles soient individuelles ou collectives, fait partie intégrante de la compétence générale dévolue par la Constitution au Parlement du Canada sur l'ouvrage, l'activité ou l'entreprise en question[12]. L'article 2 du Code canadien du travail[13] reflète l'étendue matérielle de la compétence fédérale en droit du travail. Il définit, en effet, l'expression « entreprises fédérales » comme désignant les « installations, ouvrages, entreprises ou secteurs d'activité qui relèvent de la compétence législative du Parlement, notamment :

a)   ceux qui se rapportent à la navigation et aux transports par eau, entre autres à ce qui touche l'exploitation de navires et le transport par navire partout au Canada;

b)   les installations ou ouvrages, entre autres, chemins de fer, canaux ou liaisons télégraphiques, reliant une province à une ou plusieurs autres, ou

---

6.   *Bell Canada c. Québec (Commission de la santé et de la sécurité du travail)*, [1988] 1 R.C.S. 749, EYB 1988-67852; *Groupe Admari Inc. c. Comité paritaire de l'entretien d'édifices publics*, [1990] R.J.Q. 945 (C.A.), EYB 1990-63542; *F.I.O.E. c. Alberta Government Telephones*, [1989] 2 R.C.S. 318, EYB 1989-67255.

7.   *Re : Legislative Jurisdiction over Hours of Labour*, précitée, note 3, p. 510. Le caractère absolu et exclusif de cette compétence, sans égard à la nature des activités exercées, a été réaffirmé par la Cour suprême dans *Procureur général du Canada c. St-Hubert Base Teachers' Association*, [1983] 1 R.C.S. 498 – enseignants à l'emploi du gouvernement fédéral.

8.   *Canada Southern Railway c. Jackson*, (1890) 17 R.C.S. 316.

9.   S.R.C. 1952, c. 152.

10. L.R.C. (1985), c. L-2.

11. *Reference re Industrial Relations and Disputes Investigation Act*, [1955] R.C.S. 529, 592.

12. *Construction Montcalm Inc. c. Commission du salaire minimum*, [1979] 1 R.C.S. 754, 768 et 769; *Bell Canada c. Québec (Commission de la santé et de la sécurité du travail)*, précité, note 6; *Nutribec Ltée c. Québec (Commission d'appel en matière de lésions professionnelles)*, [2004] 1 R.C.S. 824, 2004 CSC 32.

13. Précité, note 10.

débordant les limites d'une province, et les entreprises correspondantes;

c)   les lignes de transport par bateaux à vapeur ou autres navires, reliant une province à une ou plusieurs autres, ou débordant les limites d'une province;

d)   les passages par eaux entre deux provinces ou entre une province et un pays étranger;

e)   les aéroports, aéronefs ou lignes de transport aérien;

f)   les stations de radiodiffusion;

g)   les banques et les banques étrangères autorisées, au sens de l'article 2 de la *Loi sur les banques*;

h)   les ouvrages ou entreprises qui, bien qu'entièrement situés dans une province, sont, avant ou après leur réalisation, déclarés par le Parlement être à l'avantage général du Canada ou de plusieurs provinces;

i)   les installations, ouvrages, entreprises ou secteurs d'activité ne ressortissant pas au pouvoir législatif exclusif des législatures provinciales;

j)   les entreprises auxquelles les lois fédérales, au sens de l'article 2 de la *Loi sur les océans*, s'appliquent en vertu de l'article 20 de cette loi et les règlements d'application de l'alinéa 26 (1) k) de la même loi. »[14]

Il faut retenir que la compétence fédérale ne se limite pas au seul énoncé exprès des catégories de sujets de compétence fédérale de l'article 91 ou de l'article 92 (10) de la *Loi constitutionnelle de 1867*. Elle porte également sur les champs d'activités qui, sans être mentionnés dans la Constitution, relèvent néanmoins du pouvoir résiduaire de l'État fédéral, comme l'aviation, la radiodiffusion ou la télédiffusion. Elle comprend également les travaux ou les ouvrages que le Parlement a déclarés être à l'avantage général du Canada ou de plus d'une province[15].

Une fois établie, la compétence fédérale en matière de relations du travail revêt un caractère exclusif. En cas de défaut du Parlement du Canada d'avoir légiféré sur un aspect ou un autre des relations de travail dans une entreprise soumise à sa compétence législative, on ne saurait prétendre que la législation provinciale s'applique jusqu'à ce qu'une intervention législative fédérale prenne effet. Il en est de même, le cas échéant, lorsque c'est la province qui est compétente. Les compétences respectives des deux ordres de gouvernement sont exclusives l'une de l'autre. On écarte ainsi l'application des théories constitutionnelles du « double aspect » et du « champ inoccupé »[16].

2.   *La compétence incidente*

Certaines compétences exercées constitutionnellement par le Parlement du Canada se répercutent dans le domaine des relations de travail. Au premier chef, la *Charte canadienne des droits et libertés* vise l'action administrative et même législative des provinces sur les relations de travail. Il faut par ailleurs tenir compte du pouvoir de légiférer du Parlement en matière de droit criminel, ainsi qu'à l'endroit des Indiens ou en cas d'urgence nationale, de même que de celui de nommer les juges des cours supérieures.

a)   *Le droit criminel*

L'application de certaines dispositions du Code criminel dans le contexte de conflits de travail illustre bien l'effet incident de la compétence fédérale en matière criminelle sur les relations de travail. Le code contient des dispositions visant à assurer la liberté syndicale (art. 425 C.cr.) et réglementant le piquetage (art. 423 C.cr.). D'autres sont susceptibles de s'appliquer à l'occasion d'une grève, comme l'article 430 C.cr. qui traite du méfait, l'article 52 C.cr. en matière de sabotage ou l'article 422 C.cr. qui porte sur la violation criminelle des contrats. Évidemment, toutes ces dispositions s'appliqueront, le cas échéant, à l'occasion d'un conflit de travail, même dans les cas où les relations de travail sont régies par la législation provinciale.

Au niveau des rapports individuels de travail, l'article 425.1 C.cr. rend coupable d'infraction tout employeur qui congédie un salarié ou lui impose une autre sanction pour empêcher sa dénonciation auprès d'un organisme ou d'une personne chargée de l'application d'une loi fédérale

---

14.   Cette définition constitue une adaptation, en substance, des termes de celle qui était contenue dans la *Loi sur les relations industrielles et sur les enquêtes visant les différends du travail*, précitée, note 9, dont la validité constitutionnelle a été reconnue dans *Reference re Industrial Relations and Disputes Investigation Act*, précité, note 11.

15.   *Loi constitutionnelle de 1867*, art. 91 (29) et 92 (10) c) : *Ontario Hydro c. Ontario (Commission des relations de travail)*, [1993] 3 R.C.S. 327, EYB 1993-67393, *Nurlbec Ltée c. Québec (Commission d'appel en matière de lésions professionnelles)*, précité, note 12 – minoterie.

16.   *F.I.O.E. c. Alberta Government Telephones*, précité, note 6; *Purolator Courrier Ltée c. Hamelin*, REJB 2002-27890 (C.A.).

ou provinciale, ou exerce, à son endroit, des mesures de représailles en raison d'une telle dénonciation.

b) Les Indiens

Le paragraphe 91 (24) de la *Loi constitutionnelle de 1867* confère une compétence exclusive au Parlement du Canada à l'endroit des Indiens. Cette compétence *ratione personæ* du législateur fédéral n'a qu'un effet très limité en matière de relations de travail. Dans un arrêt *Four B. Manufacturing Ltd.*[17], la Cour suprême a décidé que la compétence fédérale première sur les Indiens n'emportait pas automatiquement en sa faveur le pouvoir de réglementer les relations de travail dans les entreprises exploitées sur une réserve indienne. À défaut par le législateur fédéral d'avoir occupé ce champ au moyen de dispositions législatives valides, que ce soit dans le Code canadien du travail (ou dans la *Loi sur les Indiens*[18]), c'est la compétence provinciale de principe sur les relations de travail qui doit recevoir effet. L'arrêt de la Cour suprême ajoute d'ailleurs que l'attribution au Parlement du Canada d'une compétence lui permettant d'adopter une loi à l'égard de certaines catégories de personnes, comme les Indiens, n'implique pas nécessairement que tous les droits et devoirs de ces personnes relèvent de la compétence fédérale première; l'application des lois provinciales générales ne se trouve pas automatiquement exclue[19]. La Cour suprême a donc conclu à l'application de la législation provinciale aux entreprises situées dans une réserve indienne dans la mesure où elles ne sont pas des entreprises fédérales au sens des textes constitutionnels.

Par ailleurs, une institution indienne régie par la *Loi sur les Indiens*, comme l'est un conseil de bande, exerce une activité qui relève de la compétence législative fédérale et, de ce fait, se trouve soumise à la législation fédérale du travail dans ses relations avec ses employés, le cas échéant[20].

c) L'urgence nationale

Le pouvoir exceptionnel d'intervention de l'État fédéral pour répondre à une situation d'urgence nationale,

comme un état de guerre, pourrait lui permettre de supplanter temporairement l'application usuelle des règles qui relèvent de la compétence des provinces, dans la réglementation des rapports de travail comme dans tout autre domaine[21].

2- L'application

A- La qualification constitutionnelle

L'application des principes qui régissent le partage de compétence législative en matière de relations de travail donne lieu à un exercice de qualification constitutionnelle qui porte, selon les cas, soit sur l'objet d'une loi, soit sur la nature d'une entreprise.

1. La qualification de la loi

La qualification d'une loi s'avère nécessaire pour décider de sa validité ou de son aire d'applicabilité constitutionnelle. La technique utilisée par les tribunaux consiste à identifier le caractère véritable de la loi ou de la disposition particulière soumise à l'examen, c'est-à-dire sa caractéristique dominante ou la plus importante. Si la loi porte, dans son essence, sur un titre exprès de compétence attribuée à l'ordre législatif qui l'a adoptée – par exemple, le droit criminel pour le fédéral, la santé ou l'éducation pour la province – on pourra lui reconnaître des effets incidents dans les entreprises qui relèvent de l'autre ordre de gouvernement[22]. Si, par contre, elle se qualifie comme loi du travail, quel que soit le titre de compétence sous lequel on prétend l'avoir adoptée, la loi ne sera constitutionnellement applicable que dans les seules entreprises qui relèvent de la compétence de l'ordre législatif qui en est l'auteur[23].

2. La qualification de l'entreprise

Le plus souvent, c'est l'entreprise qu'il faudra qualifier, comme étant provinciale ou fédérale au sens constitutionnel, pour déterminer la législation du travail

---

17. *Four B. Manufacturing Ltd. c. Travailleurs unis du vêtement d'Amérique*, [1980] 1 R.C.S. 1031.
18. L.R.C. (1985), c. I-5.
19. Voir aussi, à ce sujet, *Parents naturels c. Superintendent of Child Welfare*, [1976] 2 R.C.S. 751; *Dick c. La Reine*, [1985] 2 R.C.S. 309; *Francis c. La Reine*, [1988] 1 R.C.S. 1025, EYB 1988-67318.
20. *Alliance de la Fonction publique du Canada c. Francis*, [1982] 2 R.C.S. 72.
21. *Fort Frances Pulp c. Manitoba Free Press*, [1923] A.C. 695; *Renvoi : Loi anti-inflation*, [1976] 2 R.C.S. 373.
22. *Global Securities Corp. c. Colombie-Britannique (Securities Commission)*, [2000] 1 R.C.S. 494, REJB 2000-16121; *Albany Bergeron et Fils Inc. c. Société québécoise de développement de la main-d'œuvre*, REJB 2000-20118 (C.A.).
23. Voir *Bell Canada c. Québec (Commission de la santé et de la sécurité du travail)*, précité, note 6; *Compagnie des chemins de fer nationaux du Canada c. Courtois*, [1988] 1 R.C.S. 868, EYB 1988-67853. Voir aussi : *Girard et Telus Québec Inc.*, 2006 QCCRT 0236, D.T.E. 2006T-488 – L'article 46 de la *Charte de la langue française* (L.R.Q., c. C-11) constitue une disposition législative visant les relations de travail et ne peut, en conséquence, s'appliquer qu'aux entreprises de compétence provinciale.

qui lui est applicable. La qualification de l'entreprise dépend alors de l'analyse de son activité, selon une approche concrète et fonctionnelle. À cet égard, la personne ou le statut de l'employeur, comme le fait qu'il s'agisse d'une personne morale constituée en vertu de la législation fédérale ou enregistrée selon une loi fédérale, ne constitue pas un élément de considération déterminant, ni même pertinent[24]. Le fait qu'une entreprise soit subventionnée par le gouvernement fédéral n'est pas plus concluant[25]. Il s'agit plutôt d'examiner et de déterminer la nature de l'exploitation à partir de ses activités normales ou habituelles comme entreprise active[26].

Pour qu'une entreprise échappe à la compétence provinciale de principe en matière de relations du travail et soit soumise à la législation fédérale du travail, il faut que son activité s'intègre à l'un ou l'autre des sujets de compétence du Parlement du Canada[27]. Le simple fait qu'une entreprise de nature provinciale se livre à certaines activités de compétence fédérale, de manière accessoire ou incidente à la poursuite de son exploitation, comme la livraison extraprovinciale de produits qu'elle fabrique ou entrepose, ne remet pas en question sa qualification constitutionnelle d'entreprise provinciale[28].

Selon ces principes, une entreprise peut être qualifiée de fédérale, au sens constitutionnel, de façon directe ou indirecte. La qualification est directe lorsqu'il s'agit d'une entreprise fédérale par nature, c'est-à-dire d'une entreprise dont l'activité principale porte directement sur l'un ou l'autre des sujets de compétence du Parlement fédéral. La question de la qualification indirecte se soulève dans le cas d'une entreprise dont l'activité est en elle-même de nature provinciale au départ et qui, dans le cadre de cette activité, est associée à une entreprise de nature fédérale, par exemple en lui fournissant des services plus ou moins importants, sous une forme ou sous une autre. On parle alors d'une « entreprise satellite » ou d'une « entreprise accessoire » à une entreprise fédérale principale.

Dans l'affaire *Northern Telecom Ltée*, la Cour suprême du Canada a exposé les règles qui gouvernent la qualification de cette entreprise accessoire ou de service à une entreprise fédérale principale[29]. Ces règles font appel à la fois à l'examen des principes constitutionnels régis-sant le partage des compétences en matière de relations de travail et des faits constitutionnels pertinents. En l'espèce, Northern Telecom Ltée demandait à la cour de décider si son service d'installation, qui bénéficiait notamment à Bell Canada, constituait une entreprise fédérale. La Cour suprême a refusé de répondre à cette question, vu l'absence de preuve suffisante à l'analyse des faits constitutionnels pertinents, à savoir :

– la nature générale des opérations de Northern Telecom Ltée et l'étendue du rôle de son service des installations au regard de ces opérations;

– la nature des relations entre Northern Telecom Ltée et les clients qu'elle desservait, dont Bell Canada;

– l'importance des travaux exécutés par le service des installations de Northern Telecom Ltée pour le compte de Bell Canada, en comparaison de ceux réalisés pour le compte d'autres clients;

– l'implication de ce service des installations de Northern Telecom Ltée dans les ouvrages de compétence fédérale.

Il faut donc, de façon fonctionnelle et pragmatique, examiner successivement l'exploitation de l'entreprise principale fédérale et celle de l'entreprise accessoire pour déterminer s'il existe un lien nécessaire, fondamental, essentiel ou vital entre les deux. Les faits constitutionnels pertinents énoncés par la Cour suprême furent finalement soumis à son examen à l'occasion d'un pourvoi ultérieur où elle décida que le service des installations de Northern Telecom Ltée constituait une activité intégrée et essentielle aux opérations de Bell Canada et relevait par conséquent de la compétence fédérale[30].

Dans ce type de situation, le facteur de rattachement de l'entreprise à la compétence législative fédérale demeure celui de l'intégration de son activité à l'une ou l'autre de celles confiées à la compétence du Parlement. C'est lorsqu'il s'avère que l'activité de l'entreprise secondaire est nécessaire au fonctionnement de l'entreprise fédérale principale sous un aspect essentiel que l'on con-

---

24. *Canadian Pioneer Management Ltd. c. Commission des relations du travail de la Saskatchewan*, [1980] 1 R.C.S. 433.
25. *Y.M.H.A. Jewish Community Centre of Winnipeg Inc. c. Brown*, [1989] 1 R.C.S. 1532, EYB 1989-67168.
26. *Northern Telecom Ltée c. Syndicat des travailleurs en communication du Canada*, [1983] 1 R.C.S. 733, *Léo Beauregard & Fils (Canada) Ltée c. Commission des normes du travail*, [2000] R.J.Q. 1075 (C.A.), REJB 2000-17481.
27. *Construction Montcalm Inc. c. Commission du salaire minimum*, précité, note 12.
28. *Syndicat des travailleurs de C.D.P. Protection (C.S.N.) c. Tribunal du travail*, [1999] R.J.Q. 2046 (C.S.), REJB 1999-13222.
29. *Northern Telecom Ltée c. Travailleurs en communications du Canada*, [1980] 1 R.C.S. 115; *Entreprises québécoises d'excavation LEQEL (1993) Ltée c. Commission de la construction du Québec*, D.T.E. 99T-273 (C.A.), REJB 1999-10957.
30. *Northern Telecom Ltée c. Syndicat des travailleurs en communication du Canada*, précité, note 26. Voir aussi *Conseil canadien des relations du travail c. Paul L'Anglais Inc.*, [1983] 1 R.C.S. 147; *Travailleurs unis des transports c. Central Western Railroad Corp.*, [1990] 3 R.C.S. 1112, EYB 1990-67253.

clura à son caractère fédéral par association. Dans cette appréciation, on peut tenir compte du fait que l'entreprise secondaire est associée, selon le cas, soit de façon régulière et significative, soit de façon purement ponctuelle et incidente, à l'exploitation de l'entreprise principale[31].

De création jurisprudentielle, la règle d'indivisibilité de l'entreprise veut qu'une fois qualifiée de fédérale, l'entreprise soit considérée comme indivisible[32]. Il s'ensuit que, dès qu'une entreprise ou une activité de l'employeur relève de la compétence du Parlement fédéral, toutes les relations de travail se rattachant à cette activité ou entreprise se trouvent assujetties à la législation fédérale du travail. À titre d'exemple, si une entreprise est identifiée comme une entreprise de transport vouée à la fois au transport à l'intérieur de la province et au transport interprovincial ou même international, les relations de travail de l'ensemble de l'entreprise relèveront de la compétence fédérale[33].

L'application correcte de la règle de l'indivisibilité de l'entreprise exige par ailleurs la connaissance de la distinction capitale qui s'impose entre les notions d'employeur et d'entreprise. La notion d'employeur renvoie, dans ce contexte, à la personne juridique qui emploie la main-d'œuvre. Quant à l'entreprise, il s'agit de cet ensemble organique et fonctionnel dont l'activité est orientée vers la réalisation d'une fin particulière, soit la production de biens ou la fourniture de services[34].

Dans un arrêt concernant l'Hôtel Empress de Victoria, le Conseil privé a décidé que cette entreprise hôtelière, pourtant dirigée par le Canadien Pacifique, était distincte et divisible de l'entreprise de chemins de fer exploitée par le même employeur et qu'elle relevait de la législation provinciale en matière de relations de travail[35]. C'est en s'appuyant sur cet arrêt que les tribunaux sont parvenus à distinguer, dans certains contextes particuliers, des entreprises distinctes chez un même employeur pour ensuite les rattacher soit à la compétence fédérale soit à celle des provinces. On tient compte, à cette fin, de divers facteurs indicatifs comme la structure administrative mise en place par l'employeur, le degré d'autonomie relative des diverses activités soumises à l'examen, des points de vue fonctionnel et budgétaire, de l'importance de ces activités par rapport à l'ensemble des opérations de l'employeur et de leur rattachement, à titre nécessaire ou simplement accessoire, à une activité principale fédérale ou provinciale, selon le cas. On peut ainsi en arriver à détacher en quelque sorte une entreprise provinciale chez l'employeur exerçant déjà une activité à caractère fédéral[36] ou, inversement, une entreprise fédérale chez celui dont l'activité principale l'assujettissait d'abord à la législation provinciale[37].

B- Les exigences procédurales

La mise en question, devant quelque instance que ce soit, de la validité ou de l'applicabilité constitutionnelle d'une loi doit tenir compte de la nécessité d'en aviser préalablement les procureurs généraux du Canada et du Québec (art. 95 C.p.c.)[38].

C- Le changement de compétence législative

Dans un contexte de rapports collectifs du travail, tant la loi québécoise que la loi fédérale assurent le maintien de la reconnaissance syndicale et, s'il y a lieu, de la convention collective dans l'éventualité où une entreprise jusque-là assujettie à la législation du travail d'un ordre de gouvernement devienne soumise à celle de l'autre[39].

---

31. *Groupe Admari Inc. c. Comité paritaire de l'entretien d'édifices publics*, précité, note 6, p. 951 et 952; *Jules Millette Inc. c. Union des chauffeurs de camions, hommes d'entrepôts et autres ouvriers, Teamsters Québec, section locale 106 (F.T.Q.)*, [2000] R.J.D.T. 1627 (T.T.) Voir à titre d'exemple : *Union des employées et employés de service, section locale 800* et *Service d'entretien Advance Inc.*, 2006 QCCRT 0579, D.T.E. 2007T-59. L'employeur est un sous-traitant du gouvernement fédéral assurant l'entretien ménager d'une base militaire, mais ses activités n'ont rien de particulier à la compétence fédérale sur les activités militaires. L'entreprise relève alors de la compétence provinciale.

32. *Attorney General for Ontario c. Winner*, [1954] A.C. 541.

33. *Léo Beauregard & Fils (Canada) Ltée c. Commission des normes du travail*, précité, note 26; *Tank Truck Transport Ltd.*, 25 D.L.R. (2d) 161, confirmée par 36 D.L.R. (2d) 636.

34. Voir, au sujet de la définition de l'entreprise dans un contexte de droit du travail, *U.E.S., local 298 c. Bibeault*, [1988] 2 R.C.S. 1048, EYB 1988-67863.

35. *C.P.R. c. Attorney General for British Columbia*, [1950] A.C. 122.

36. *Léo Beauregard & Fils (Canada) Ltée c. Commission des normes du travail*, précité, note 26 – transport scolaire distingué du transport extraprovincial par autocars nolisés; *Syndicat des employés de Terminus du Transport Voyageur (C.S.N.) c. Voyageur (1969) Inc.*, [1972] T.T. 77 – agence de voyages distinguée de l'entreprise de transport interprovincial.

37. Par exemple, *Gaston Bélanger et Dominique Gilbert, pharmaciens c. Union des employés du secteur industriel, section locale 791 (F.T.Q.)*, [1991] T.T. 307 – distinction d'un comptoir postal et d'une pharmacie dans les mêmes lieux d'exploitation.

38. *Northern Telecom Ltée c. Syndicat des travailleurs en communication du Canada*, précité, note 26; *L'Espérance c. National Metal Finishing Canada Ltd.*, [2000] R.J.D.T. 991 (T.T.), REJB 2000-20349.

39. Code canadien du travail, précité, note 10, art. 44; Code du travail, L.R.Q., c. C-27, art. 45.3.

Titre I

Les rapports individuels de travail

Chapitre I

Le contrat de travail

S'il est indéniable que les conséquences juridiques du contrat de travail sont de plus en plus tributaires de l'effet de ces grandes lois du travail[1] qui, selon les cas, suppléent au silence des parties, ou s'imposent à elles d'autorité, en termes absolus ou minimaux, ou même qui, encore, permettent à une convention collective de supplanter les ententes individuelles[2], il n'en demeure pas moins que le contrat individuel de travail constitue le substrat du rapport de travail.

Face au silence des parties et des lois du travail, c'est aux règles générales ou particulières du droit commun qu'on se référera pour déterminer les droits et les obligations de l'employeur et du salarié. Cette référence sera d'autant plus importante à l'endroit des personnes que la plupart des lois du travail soustraient à leur champ d'application, comme c'est le cas des cadres supérieurs des entreprises.

L'entrée en vigueur, en 1994, de la réforme du droit civil a permis au contrat de travail d'accéder à la modernité. Le Code civil du Québec adapte le cadre juridique du contrat de travail à la réalité contemporaine. Ainsi, les articles 2085 à 2097 C.c.Q. légitiment l'appellation « contrat de travail » que l'usage avait substituée à la vieillotte expression « contrat de louage de service personnel » utilisée par les législateurs du XIXᵉ siècle. Dans des termes du vocabulaire juridique ou usuel d'aujourd'hui, ces articles reconnaissent au contrat de travail une relative autonomie comme institution contractuelle, en déterminant ses éléments constitutifs, en précisant les obligations qu'il impose à chacune des parties et en élaborant certaines règles qui lui sont propres.

1- La nature, les caractéristiques, la formation

A- La nature

L'article 2085 C.c.Q. définit le contrat de travail de la manière suivante :

« Le contrat de travail est celui par lequel une personne, le salarié, s'oblige, pour un temps limité et moyennant rémunération, à effectuer un travail sous la direction ou le contrôle d'une autre personne, l'employeur. »

Cette définition, non seulement désigne les personnes qui y sont parties, mais identifie les éléments constitutifs essentiels du contrat de travail et rend compte de son insertion dans l'ensemble du droit contractuel.

1. *Les parties*

Les parties au contrat de travail sont, d'une part, le salarié et, d'autre part, l'employeur. Si le choix du terme « employeur » s'imposait sans difficulté, on peut s'interroger sur l'opportunité d'avoir retenu le vocable « salarié » plutôt que le terme « employé » pour désigner la personne au service de l'employeur. L'avantage qu'on a peut-être voulu tirer de l'utilisation de ce terme totalement différent sur le plan phonétique emporte malheureusement des inconvénients liés à l'utilisation par plusieurs lois du travail du terme « salarié » dans un sens circonstancié qui leur

---

1. Exemples: *Loi sur les normes du travail*, L.R.Q., c. N-1.1; *Loi sur la santé et la sécurité du travail*, L.R.Q., c. S-2.1; Code du travail, L.R.Q., c. C-27.
2. Sur le rapport entre le contrat individuel de travail et la convention collective, voir *infra*, titre II, chapitre VII, «La convention collective ».

est propre[3]. Il s'ensuit qu'il faut toujours particulariser, dans chaque contexte, le sens donné au vocable « salarié ».

Sans que le code le dise expressément, le salarié est nécessairement une personne physique. Le type de contrôle inhérent au contrat, l'obligation imposée à l'employeur de protéger la santé, la sécurité et la dignité du salarié (art. 2087 C.c.Q.), l'évocation du décès du salarié comme cause de terminaison de contrat (art. 2093 C.c.Q.), notamment, imposent cette constatation. Cela n'exclut toutefois pas qu'on reconnaisse la réalité d'un contrat de travail au-delà des apparences présentées par une entente en vertu de laquelle une société formée d'un seul individu s'engage à fournir les services de ce dernier. Il en sera ainsi lorsque le travailleur agit à la demande de son cocontractant, surtout si ce dernier cherche par là à le dépouiller de son statut de salarié[4].

Toute personne, physique ou morale, peut acquérir le statut d'employeur. Ce statut peut même être détenu conjointement par plusieurs personnes agissant ensemble comme employeur[5]. S'agissant d'un groupe de personnes physiques, il n'est pas nécessaire qu'il jouisse, comme tel, de la personnalité morale[6]. Il peut s'agir d'une société en participation ou en nom collectif ou d'une association régie par les articles 2186 à 2279 C.c.Q. Le cumul chez une même personne des statuts d'employeur et de salarié est incompatible avec le contrat de travail; la qualité d'employeur prévaut[7].

La constatation préalable de l'exécution d'un travail par un salarié demeure le facteur clé de la reconnaissance du statut d'employeur d'une autre personne[8]. La présence de plusieurs intervenants qui disposent distinctement à l'endroit d'un salarié des différents attributs usuels de l'employeur, peut néanmoins poser une difficulté d'identification du véritable employeur d'un point de vue juridique, chaque intervenant étant susceptible d'apparaître, sous un aspect ou un autre, comme cet employeur. Certaines situations demeurent relativement simples, comme celle du prêt temporaire des services d'un salarié par un employeur à un autre. Le bénéficiaire du prêt de services, le « patron momentané », sera alors normalement considéré comme un simple titulaire temporaire de l'autorité patronale, le lien d'emploi fondamental continuant d'être celui établi entre le salarié et la personne qui l'a engagé[9]. D'autres relations tripartites, atypiques, exigent un examen approfondi et délicat des éléments essentiels du contrat de travail (prestation de travail, rémunération, subordination) et des droits et obligations qu'ils génèrent usuellement pour l'employeur, afin d'identifier ce dernier. C'est le cas des multiples formes que peuvent prendre les contrats de fourniture de main-d'œuvre qui ont pour effet de démembrer, entre deux entreprises, les attributs normaux de l'employeur à l'endroit du salarié : recrutement; formation; assignation, contrôle et bénéfice du travail; paiement de la rémunération. Le plus souvent, cette relation triangulaire est caractérisée par la constatation que l'intervenant qui bénéficie de la prestation de travail de l'employé et celui qui lui verse sa rémunération sont des personnes différentes, d'où le poids prépondérant accordé au lien de subordination juridique et à l'identification du titulaire principal du pouvoir de contrôle du travail et des conditions de travail de l'employé, pour qualifier un intervenant comme le véritable employeur[10].

2. Les éléments constitutifs

La définition du contrat de travail de l'article 2085 C.c.Q. permet d'en identifier les trois éléments constitutifs essentiels : le travail, la rémunération, la subordination[11].

a) Le travail

La constatation de la présence ou de l'absence du fait matériel d'une prestation de travail ne suscite normalement pas de difficulté. À cet égard, la nature du travail n'a pas d'importance. Il peut s'agir tout autant d'un travail

3. Exemples: *Loi sur les normes du travail*, précitée, note 1; Code du travail, précité, note 1; *Loi sur les décrets de convention collective*, L.R.Q., c. D-2.
4. *Encres d'imprimerie Schmidt Ltée/Schmidt Printing Inks Ltd. c. Agence de ventes Bill Sayer Inc./Bill Sayer Sales Agency Inc.*, D.T.E. 2004T-396, REJB 2004-60098 (C.A.); *Services financiers F.B.N. Inc. c. Chaumont*, REJB 2003-37127 (C.A.); *Leduc c. Habitabec Inc.*, D.T.E. 94T-1240, EYB 1994-59252 (C.A.). On niera toutefois la qualité de salarié à l'individu qui choisit librement de se constituer en personne morale: *Productions de la Métairie inc. c. Radiomédia Inc.*, D.T.E. 2006T-342 (C.S.), EYB 2006-100666; *Transport Jean Gauthier Inc. c. Tribunal du travail*, 2005 QCCA 363, [2005] R.J.D.T. 656; *Technologies industrielles S.N.C. Inc. (S.N.C. Defense Products Ltd.) c. Mayer*, D.T.E. 99T-509, REJB 1999-12389 (C.A.); *Dazé c. Messageries Dynamiques*, D.T.E. 90T-538, EYB 1990-63565 (C.A.).
5. *Transport Matte Ltée c. Tribunal du travail*, [1988] R.J.Q. 2346, EYB 1988-62866 (C.A.).
6. *Alliance de la Fonction publique du Canada c. Francis*, [1982] 2 R.C.S. 72; *Charron c. Drolet*, 2005 QCCA 363, [2005] R.J.D.T. 656.
7. *Charron c. Drolet*, précité, note 6.
8. Exemple, s'agissant d'une coopérative de travailleurs considérée comme employeur de ses membres: *Coopérative forestière de Ferland-Boileau c. Syndicat des travailleurs forestiers du Saguenay-Lac-Saint-Jean (F.T.F.Q.)*, [1999] R.J.D.T. 1133 (T.T.), confirmé par *Coopérative forestière de Ferland-Boileau c. Tribunal du travail*, [2000] R.J.D.T. 480 (C.S.).
9. *Marini c. Université McGill*, D.T.E. 92T-665 (C.S.).
10. *Pointe-Claire (Ville de) c. Québec (Tribunal du travail)*, [1997] 1 R.C.S. 1015, REJB 1997-00587.
11. *Cabiakman c. Industrielle-Alliance Cie d'Assurance sur la Vie*, [2004] 3 R.C.S. 195 – 2004 CSC 55, par. 27-29, REJB 2004-68723.

intellectuel que d'un travail manuel. La prestation peut être régulière ou intermittente, à temps complet ou à temps partiel[12]. Une interruption momentanée du travail à la suite, par exemple, d'une incapacité causée par la maladie de l'employé, d'une mise à pied consécutive à un manque temporaire de travail ou d'une grève, n'emportera pas pour autant la disparition du contrat[13].

b) La rémunération

Le droit de celui qui travaille à une rémunération en contrepartie de sa prestation de travail est une condition essentielle de l'état de salarié[14]. Le salariat exclut toute idée de travail véritablement bénévole[15]. Par ailleurs, la base d'établissement de la rémunération ne constitue pas un critère de distinction entre le salarié et d'autres personnes dont les services sont rémunérés. Que la rémunération soit payable à l'heure, à la semaine, au mois ou à l'année, sur une base forfaitaire ou encore sur une base de commission, ou même de rendement, n'a pas d'importance. La jurisprudence a toujours interprété largement la notion de rémunération eu égard à la forme qu'elle pouvait prendre[16]. L'origine même de la rémunération, comme le fait qu'un salaire soit couvert par une subvention de l'État, n'est pas non plus déterminante dans l'appréciation du statut juridique de salarié[17].

c) La subordination

L'élément de qualification du contrat de travail le plus significatif est celui de la subordination du salarié à la personne pour laquelle il travaille. C'est cet élément qui permet de distinguer le contrat de travail d'autres contrats à titre onéreux qui impliquent également une prestation de travail au bénéfice d'une autre personne, moyennant un prix, comme le contrat d'entreprise ou de service régi par les articles 2098 et suivants C.c.Q. Ainsi, alors que l'entrepreneur ou le prestataire de services conserve, selon l'article 2099 C.c.Q., « le libre choix des moyens d'exécution du contrat » et qu'il n'existe entre lui et son client « aucun lien de subordination quant à son exécution », le salarié s'exécute personnellement sous la direction de l'employeur et dans le cadre établi par ce dernier.

Il est caractéristique du contrat de travail, sous réserve de ses termes, que le salarié exécute personnellement le travail convenu[18].

La subordination se vérifie dans les faits. À cet égard, la jurisprudence s'est toujours refusée à retenir la qualification donnée au contrat par les parties[19].

Historiquement, le droit civil a d'abord élaboré une notion de subordination juridique dite stricte ou classique qui a servi de critère d'application du principe de la responsabilité civile du commettant pour le dommage causé par son préposé dans l'exécution de ses fonctions (art. 1054 C.c.B.-C. et art. 1463 C.c.Q.)[20]. Cette conception de la subordination juridique s'est progressivement assouplie pour donner naissance à la notion de subordination juridique au sens large. La diversification et la spécialisation des occupations et des techniques de travail ont, en effet, rendu souvent irréaliste que l'employeur soit en mesure de dicter ou même de surveiller de façon immédiate l'exécution du travail. On en est ainsi venu à assimiler la subordination à la faculté, laissée à celui qu'on reconnaîtra alors comme l'employeur, de déterminer le travail à exécuter, d'encadrer cette exécution et de la contrôler. En renversant la perspective, le salarié sera celui qui accepte de s'intégrer dans le cadre de fonctionnement d'une entreprise pour la faire bénéficier de son travail[21]. En pratique, on recherchera la présence d'un certain

12. *Syndicat professionnel des médecins du gouvernement du Québec c. Procureur général du Québec*, [1985] T.T. 127.
13. *Cie de sable Ltée c. Commission des normes du travail du Québec*, [1985] C.A. 281.
14. *Italglass Corp. Ltée c. Union des employés de commerce, local 501 (T.U.A.C.)*, [1987] T.T. 105.
15. *Beauregard c. Bourque*, D.T.E. 2006T-178 (C.S.); *Syndicat des employées et employés professionnels(les) et de bureau, section locale 57 (U.I.E.P.B.) C.T.C.-F.T.Q. c. Caisse populaire St-Charles Garnier de Montréal*, [1987] R.J.Q. 979, EYB 1987-62497 (C.A.); *Commission des normes du travail du Québec c. Boggia*, D.T.E. 92T-732 (C.S.).
16. *Office municipal d'habitation de Montréal c. Brière*, D.T.E. 92T-1386 (C.S.) – locataires, surveillants d'un édifice d'habitation, payés par une réduction de leur loyer; *Laiterie Lamothe et Frères Ltée c. Breton*, [1998] R.J.D.T. 669, REJB 1998-05593 (T.T.) – agents distributeurs rémunérés en conservant une partie du prix de vente de leurs produits.
17. *Maison L'Intégrale Inc. c. Tribunal du travail*, [1996] R.J.Q. 859, EYB 1995-69736 (C.A.).
18. Voir et comparer: *Natrel Inc. c. Québec (Tribunal du travail)*, REJB 2000-17385 (C.A.); *Syndicat démocratique des distributeurs (C.S.D.) c. Parmalat Canada Inc.*, D.T.E. 2001T-812 (T.T.).
19. *Pétroles Inc. c. Syndicat international des travailleurs des industries pétrolières, chimiques et atomiques, locaux 9-700, 9-701 [...]*, [1979] T.T. 209, 217; *Caisse populaire St-Malo c. Syndicat des travailleuses de la Caisse populaire St-Malo (C.S.N.)*, [1986] T.T. 113.
20. *Quebec Asbestos Corporation c. Couture*, [1929] R.C.S. 489; *Lemay Construction Ltée c. Dame Poirier*, [1965] B.R. 565. Cette subordination juridique classique était caractérisée par le contrôle immédiat exercé par l'employeur sur l'exécution du travail de l'employé quant à sa nature et à ses modalités.
21. Voir, illustrant cette évolution de la notion de subordination: *Syndicat des vendeurs d'automobiles du district de Québec (C.S.N.) c. Giguère Automobiles*, [1967] R.D.T. 321; *Syndicat des employés des Publications Québécor (C.S.N.) c. Publications Québécor Inc.*, [1977] T.T. 46; *Gaston Breton Inc. c. Union des routiers, brasseries, liqueurs douces et ouvriers de diverses industries, local 1999*, [1980] T.T. 471; *Syndicat des employés de KLM Inc. c. Publications du Nord-Ouest*, D.T.E. 83T-55 (T.T.); *Syndicat des personnes responsables de milieux résidentiels d'hébergement des Laurentides (C.S.N.) c. Centre du Florès*, [2001] R.J.D.T. 1228 (T.T.); *Centre de réadaptation de l'Ouest de Montréal c. Syndicat canadien de la fonction publique, section locale 1841*; D.T.E. 2003T-204 (T.T.).

nombre d'indices d'encadrement, d'ailleurs susceptibles de varier selon les contextes : présence obligatoire à un lieu de travail, assignation plus ou moins régulière du travail, imposition de règles de conduite ou de comportement, exigence de rapports d'activité, contrôle de la quantité ou de la qualité de la prestation, etc. [22].

Au-delà de la subordination juridique définie plus ou moins libéralement, on s'est aussi interrogé sur la suffisance ou l'insuffisance d'une subordination qualifiée d'économique à l'établissement du statut de salarié. Cette notion de subordination économique a été développée surtout par la doctrine et la jurisprudence des juridictions nord-américaines de common law et a donné naissance au concept d'entrepreneur dépendant (*dependant contractor*), par opposition à celui d'entrepreneur indépendant, ce dernier étant par nature étranger au rapport employeur-salarié. Elle permettrait au droit du travail de rejoindre, au premier chef, ces petits entrepreneurs qui offrent à une clientèle un produit dont le fournisseur, auquel ils sont souvent liés en exclusivité, est en mesure, en faits ou en droit, de fixer le prix d'achat et de revente, exerçant ainsi sur eux un contrôle économique.

Des jugements de l'instance spécialisée qu'était le Tribunal du travail[23] se sont montrés réceptifs à la considération de l'état de dépendance économique pour déceler la présence d'une relation employeur-salarié. Dans la décision *Les Pétroles Inc.*, on a certes tenu compte du fait que l'entreprise avait voulu modifier le statut de ses salariés, de celui de chauffeurs-livreurs à celui d'entrepreneurs indépendants, tout en continuant de leur imposer un certain nombre d'obligations ou de contraintes (directives générales, port d'un uniforme, exclusivité de services, disponibilité). On a par ailleurs également retenu l'état de dépendance économique pour conclure à une subordination suffisante pour que soit reconnue la condition de salarié[24].

Dans *Gaston Breton Inc.*[25], tout en optant pour une approche qui se voulait collée à la notion juridique de la subordination, on acceptait d'analyser la situation du salarié dans un contexte socio-économique indéniablement évolutif.

Cette solution conduit substantiellement au même résultat que la démarche suivie dans le jugement *Les Pétroles Inc.* Elle retient l'état de subordination économique comme un élément de présomption de faits plutôt que comme une présomption de droit de la condition de salarié et reconnaît, dans ce contexte, la pertinence tant de la notion elle-même et de celle de *dependant contractor* qui s'y rattache, que de la jurisprudence s'y rapportant. L'état de dépendance économique du travailleur par rapport à la personne qui lui fournit le travail se trouve ainsi considéré, selon une approche ou l'autre, comme un indice susceptible de révéler une véritable situation de salariat[26].

L'article 2085 C.c.Q. n'exclut pas le recours, dans les cas-frontières, à l'examen de la situation et des rapports économiques des parties pour arriver à déterminer la nature de leur relation juridique. Il n'autorise toutefois pas à fonder une qualification du contrat de travail sur un état de subordination économique. La subordination qu'il envisage est essentiellement juridique. Par contre, même dans ses formes les plus lâches ou les plus atténuées, cette subordination juridique devrait faire basculer la personne qui travaille dans le groupe des salariés. L'exclusion de tout lien de subordination entre le client et l'entrepreneur ou le prestataire de services légitime désormais cette conclusion (art. 2099 C.c.Q.). On notera enfin que si une personne ne peut cumuler les qualités d'employeur et de salarié, le statut de salarié peut néanmoins coexister, chez la même personne, avec d'autres, comme celui d'actionnaire ou d'administrateur de l'entreprise[27], ou même celui d'entrepreneur indépendant[28].

B- Les caractéristiques

Le contrat individuel de travail se rattache sous divers aspects à des notions et catégories de la théorie générale des contrats en droit civil. L'article 1377 C.c.Q. l'assujettit expressément aux règles communes aux contrats,

---

22. *Royal Winnipeg Ballet c. Ministère du Revenu du Canada*, (2006) C.A.F. 87; *Natrel Inc. c. Québec (Tribunal du travail)*, précité, note 18; *Commission des normes du travail du Québec c. R.B.C. Dominion Valeurs mobilières Inc.*, D.T.E. 94T-707 (C.S.); *Laiterie Lamothe et Frères Ltée c. Breton*, précité, note 16; *Caisse populaire St-Malo c. Syndicat des travailleurs de la Caisse populaire St-Malo (C.S.N.)*, précité, note 19.
23. Voir *infra*, titre II, chapitre I.
24. *Pétroles Inc. c. Syndicat international des travailleurs des industries pétrolières, chimiques et atomiques, locaux 9-700, 9-701 [...]*, précité, note 19, p. 220. Voir également *Syndicat des employés des Publications Québécor (C.S.N.) c. Publications Québécor Inc.*, précité, note 21.
25. *Gaston Breton Inc. c. Union des routiers, brasseries, liqueurs douces et ouvriers de diverses industries, local 1999*, précité, note 21, p. 480. *Boulangeries Weston Québec Inc. c. Syndicat international des travailleurs et travailleuses de la boulangerie, de la confiserie et du tabac, section locale 324*, D.T.E. 96T-951 (T.T.).
26. *Essences Richelieu Inc. c. Comité paritaire de l'industrie de l'automobile de Montréal et du district*, [1986] R.J.Q. 2386 (C.S.); *Centre de la Petite enfance la Rose des vents c. Alliance des intervenantes en milieu familial Laval, Laurentides, Lanaudière (CSQ)*, D.T.E. 2003T-763, par. 149-153 (T.T.).
27. *Zucker c. Computertime Network Corp.*, [1994] R.J.Q. 1070 (C.S.); *Fri Information Services Ltd. c. Larouche*, [1982] C.S. 742.
28. *Natrel Inc. c. Québec (Tribunal du travail)*, précité, note 18.

sous réserve des règles particulières qui le régissent comme contrat nommé.

Il s'agit, selon les articles 1378 et 1380 C.c.Q., d'un contrat synallagmatique, par lequel les parties s'obligent réciproquement de façon corrélative. Il est à titre onéreux parce que chaque partie retire un avantage en retour de son obligation (art. 1378 et 1381 C.c.Q.). Il est aussi commutatif en ce que l'étendue des obligations des parties et de ce qu'elles en retirent est certaine et déterminée (art. 1382 C.c.Q.).

Caractéristique particulièrement importante, le contrat de travail est d'exécution successive, au sens de l'article 1383, al. 2 C.c.Q., parce que ses prestations s'exécutent progressivement dans le temps. Il s'ensuit des conséquences pratiques significatives. Ainsi, dans le cas d'un contrat frappé d'une nullité, par exemple pour un motif d'ordre public, l'article 1422 C.c.Q. veut qu'il soit réputé n'avoir jamais existé et que chacune des parties soit tenue de restituer à l'autre les prestations qu'elle a reçues. L'article 1699 C.c.Q. tempère toutefois le principe de la restitution des prestations. Il permet au tribunal de la refuser lorsqu'elle aurait pour effet d'accorder à l'une des parties un avantage indu, ce qui pourrait être le cas de l'employeur qui réclamerait la restitution du salaire versé au salarié sans que le travail fourni par ce dernier puisse, évidemment, faire l'objet d'une restitution réciproque. Les prestations relatives à l'exécution du contrat qui a déjà eu lieu peuvent donc échapper à la restitution, voire même être réclamées, par exemple par le salarié pour son travail déjà exécuté[29]. Semblablement, le défaut d'exécution de ses obligations par une partie donnera à l'autre le droit à la résiliation du contrat et donc à la cessation de ses effets pour l'avenir seulement, plutôt qu'à sa résolution qui l'annihilerait totalement et emporterait la restitution des prestations (art. 1604 et 1606 C.c.Q.). Le défaut d'exécution de peu d'importance mais à caractère répétitif peut emporter le droit du créancier à la résiliation du contrat à exécution successive (art. 1604, al. 2 C.c.Q.). Sur un autre plan, la suspension temporaire des prestations ne signifiera pas nécessairement, selon les circonstances, la disparition du contrat dont l'exécution est échelonnée dans le temps. À cet égard, on peut déplorer que le Code civil du Québec ignore totalement, au chapitre du contrat de travail, le phénomène courant de l'interruption tempo-

raire du travail, notamment en cas de maladie du salarié, de mise à pied, ou de suspension disciplinaire imposée par l'employeur. Il laisse ainsi la solution de ces situations au jugement des tribunaux en fonction de l'application des principes généraux qui régissent le droit des obligations contractuelles[30]. Parmi ceux-ci, la règle énoncée à l'article 1604 C.c.Q. relativement aux cas d'inexécution de peu d'importance et à la réductibilité des obligations dans ces cas pourra néanmoins s'avérer particulièrement utile.

On a traditionnellement dit du contrat de travail qu'il s'agissait d'un contrat *intuitu personæ*, c'est-à-dire à caractère personnel, en ce sens qu'il intervenait en considération de l'identité des contractants, particulièrement de celle du salarié pour l'employeur et aussi, parfois, de celle de l'employeur pour le salarié. S'il fut un temps où cette caractéristique se vérifiait couramment, la réalité contemporaine de la grande entreprise, de l'infinie variété des types d'emploi et des pratiques d'embauche souvent impersonnelles, sinon anonymes, ne laisse qu'une minorité de situations dans lesquelles l'emploi revêt véritablement un tel caractère personnel. Pourtant, cette caractéristique, comme nous le verrons, a traditionnellement influé, en droit civil, sur la sanction des obligations du contrat de travail, en cas d'inexécution.

L'article 1434 C.c.Q. donne au contrat de travail un contenu implicite qui comprend tout ce qui en découle d'après sa nature et suivant les usages, l'équité ou la loi[31]. Son interprétation est par ailleurs soumise aux règles d'interprétation énoncées aux articles 1425 à 1432 du code[32]. Sur le plan de la preuve, il faut retenir, en particulier, l'admissibilité générale de la preuve testimoniale contre l'employeur relativement à un contrat de travail intervenu dans le cours des activités de son entreprise (sous réserve, entre autres, de la règle de la meilleure preuve) (art. 2862, al. 2, 2860 et 2863 C.c.Q.).

C- La formation

Le contrat de travail est consensuel; il se forme par le seul échange de consentement entre des personnes capables de contracter, sans qu'aucune forme particulière ne soit requise (art. 1385 C.c.Q.)[33]. Il peut donc être aussi bien verbal qu'attesté par un écrit plus ou moins élaboré

---

29. *Entreprises M.D. de Chicoutimi Inc. c. Tremblay*, [1990] R.J.Q. 1533, EYB 1990 56811 (C.A.); *Office de la construction du Québec c. Industries J.A.L. Ltée*, [1989] R.J.Q. 1201, EYB 1989-63163 (C.A.).

30. *Cabiakman c. Industrielle-Alliance Cie d'Assurance sur la Vie*, précité, note 11.

31. *Drouin c. Electrolux Canada Ltée, division de Les Produits C.F.C. Ltée*, [1988] R.J.Q. 950, EYB 1988-63069 (C.A.); *Bernardini c. Alitalia Air Lines*, D.T.E. 93T-519 (C.S.).

32. *Beaudry c. Société du Parc des îles*, D.T.E. 2005T-200; *Ducharme c. Construction Fitzpatrick Ltée*, D.T.E. 88T-255, EYB 1988-58902 (C.A.); *Tremblay c. Transfotec international L.B. Ltée*, D.T.E. 2002T-771, EYB 2002-86578 (C.S.).

33. *Durand c. Prolab-Bio Inc.*, REJB 2001-24603 (C.S.). Par exception, l'article 2089 C.c.Q. requiert qu'une stipulation de non-concurrence soit par écrit et en termes exprès.

allant de celui qui aménage de façon détaillée les obligations réciproques des parties à la simple signature d'un
formulaire d'embauche. Sa conclusion est parfois le résultat d'une véritable et minutieuse négociation entre
l'employeur et les salariés, le plus souvent au niveau des
cadres supérieurs ou des emplois hautement spécialisés. À
l'inverse, il peut s'agir d'un contrat d'adhésion (art. 1379
C.c.Q.), généralement imposé par l'employeur, avec les
conséquences que le Code civil y rattache : interprétation
en faveur de l'adhérent (art. 1432 C.c.Q.)[34]; possibilité de
nullité de la clause externe (art. 1435 C.c.Q.); possibilité
de nullité d'une clause illisible ou incompréhensible pour
une personne raisonnable (art. 1436 C.c.Q.); surtout, nullité ou réductibilité de toute clause abusive (art. 1437
C.c.Q.)[35].

Le consentement doit être donné par une personne
qui, au temps où elle le manifeste, est apte à s'obliger
(art. 1398 C.c.Q.). Quant à la capacité des parties, l'article
1409 C.c.Q. renvoie aux règles relatives à la capacité de
contracter établies principalement au livre « Des personnes ». Il est à remarquer, en particulier, l'article 156 C.c.Q.
qui répute le mineur de 14 ans et plus majeur pour les fins
de son emploi, l'article 157 C.c.Q. qui permet à un mineur,
selon son âge et son discernement, de contracter seul pour
satisfaire ses besoins ordinaires et usuels, ainsi que les
règles relatives à l'émancipation simple (art. 167 à 174
C.c.Q.) ou à la pleine émancipation par le mariage (art.
175 et 176 C.c.Q.).

Sur le plan du consentement des parties, celui-ci doit
être libre et éclairé, sans être vicié par l'erreur, la crainte
ou, dans le cas des mineurs et des majeurs protégés, par la
lésion[36]. Finalement, la cause et l'objet du contrat ainsi
que des obligations auxquelles ils donnent lieu ne doivent
pas être prohibés par la loi ou contraires à l'ordre public[37].

2- Les obligations

A- Le salarié

C'est sans rupture avec le droit antérieur que l'article
2088 C.c.Q. énonce les obligations du salarié :

« Le salarié, outre qu'il est tenu d'exécuter son travail
avec prudence et diligence, doit agir avec loyauté et
ne pas faire usage de l'information à caractère confidentiel qu'il obtient dans l'exécution ou à l'occasion
de son travail.

Ces obligations survivent pendant un délai raisonnable à la cessation du contrat, et survivent en tout
temps lorsque l'information réfère à la réputation et à
la vie privée d'autrui. »

1. Le travail

Il s'infère de la nature même du contrat de travail,
comme on l'a déjà signalé, que le salarié exécute personnellement le travail convenu, « son travail » comme le
mentionne d'ailleurs l'article 2088 C.c.Q. Cette obligation habituelle du salarié n'empêche toutefois pas les
parties de prévoir qu'il puisse ou qu'il doive prendre certaines mesures pour assurer son remplacement en cas
d'absence, ces mesures pouvant aller jusqu'à choisir lui-
même son substitut. Elle n'exclut pas, non plus, à moins
d'une entente contractuelle ou d'une directive contraire de
l'employeur, la possibilité que le salarié se fasse aider,
compte tenu de la tâche à accomplir, en embauchant lui-
même des aides et en cumulant alors le statut d'employé,
d'une part, et celui d'employeur, d'autre part.

Le travail doit être exécuté selon les instructions de
l'employeur ou dans le cadre déterminé par celui-ci. Cette
obligation résulte directement du pouvoir de direction
ou de contrôle que l'article 2085 du code reconnaît à
l'employeur. La subordination du salarié est à l'origine
du pouvoir de l'employeur d'imposer des directives de
conduite dans l'entreprise, par exemple en adoptant des
règlements à cet effet, et de l'obligation de l'employé de
s'y soumettre. Le pouvoir de direction de l'employeur ne
saurait toutefois s'étendre jusqu'à lui permettre d'exiger
de l'employé qu'il agisse à l'encontre de la loi ou de
l'ordre public (art. 1413 C.c.Q.)[38]. Ce pouvoir n'autorise
pas non plus l'employeur à imposer au salarié des normes
de conduite qui concernent sa vie privée, du moins en
l'absence de justification étroitement reliée à la nature du

---

34.   *Commission des normes du travail du Québec c. Centre Lux Ltée*, D.T.E. 94T-999, EYB 1994-73452 (C.Q.).
35.   Voir l'opinion du juge La Forest dans *Godbout c. Longueuil (Ville de)*, [1997] 3 R.C.S. 844, REJB 1997-02908; *Bérubé c. Mutuelle d'Omaha*, D.T.E. 98T-875, REJB 1998-08205 (C.S.).
36.   *Ville de Montréal-Est c. Gagnon*, [1978] C.A. 100.
37.   Sur la cause du contrat, voir les articles 1385, 1410 et 1411 C.c.Q.; sur l'objet du contrat, voir les articles 1385, 1412 et 1413 C.c.Q.; sur la cause des obligations, voir l'article 1371 C.c.Q.; sur l'objet des obligations, voir les articles 1371 et 1373 C.c.Q. Exemples de contrats contenant une stipulation contraire à l'ordre public : *Caisse populaire de la cité de Shawinigan c. Beaulac*, [1980] C.A. 154 – durée; *Commission des normes du travail du Québec c. Centre Lux Ltée*, précité, note 34 – clause pénale; *Brasserie Labatt Ltée c. Villa*, [1995] R.J.Q. 73, EYB 1994-64466 (C.A.) – obligation de déménagement du lieu de résidence de la famille de l'employé; *Godbout c. Longueuil (Ville de)*, précité, note 35 – obligation de résidence dans la municipalité.
38.   *Brosseau c. Villeneuve*, D.T.E. 90T-850 (C.S.) – refus d'un huissier de signer des rapports de signification inexacts.

travail de l'employé[39]. Le manquement de l'employé à son devoir d'obéissance peut donner lieu à l'exercice par l'employeur de son pouvoir disciplinaire, sous forme d'avertissement, de réprimande, de suspension, ou même, en dernier lieu, de congédiement pour cause d'insubordination.

L'article 2088 C.c.Q. introduit une norme de prudence et de diligence que le salarié doit satisfaire dans l'exécution de son travail. L'obligation du salarié, de manière générale, en est une de moyens dont l'intensité varie selon la nature du travail à fournir, jusqu'à s'approcher, dans certains cas, d'une obligation de résultat. La notion de diligence est suffisamment compréhensive pour référer tant à la quantité qu'à la qualité de travail que le salarié devrait normalement fournir et à laquelle l'employeur est légitimement en droit de s'attendre, compte tenu de la nature du travail ou des termes du contrat. Les concepts d'incompétence et d'insuffisance professionnelle (ou insuffisance de rendement) se rattachent au défaut du salarié de fournir à l'employeur un travail raisonnablement satisfaisant. Ultimement, la faute intentionnelle ou caractérisée du salarié dans l'exécution de son travail peut engager sa responsabilité pour les dommages subis par l'employeur[40].

2.   La loyauté et la discrétion

L'article 2088 C.c.Q. codifie des devoirs de loyauté et de discrétion du salarié que la jurisprudence avait déjà largement reconnus. Il en est de même de la survie de ces obligations après la cessation du contrat, qu'envisage le deuxième alinéa de l'article 2088 C.c.Q.[41]

Le salarié travaille au bénéfice de son employeur, qui le paie en retour. Ce fait et la bonne foi que l'article 1375 du code lui impose dans sa conduite commandent naturellement un comportement honnête et loyal envers l'employeur et son entreprise. L'intensité de l'obligation de loyauté variera selon la nature des fonctions et responsabilités confiées aux salariés, ceux qui assument des responsabilités de direction dans l'entreprise étant tenus à une obligation plus lourde, apparentée à celle des mandataires envers leurs mandants[42]. Dans tous les cas, le salarié doit s'interdire un comportement malhonnête envers son employeur[43] ou de nature à porter atteinte à sa réputation sans motif valable[44]. De même, il doit éviter toute situation de conflit d'intérêts, notamment en favorisant un concurrent de son employeur ou en profitant lui-même indûment de son emploi au détriment de celui-ci[45].

Sous cette réserve et en l'absence de clause d'exclusivité de service, l'employeur ne peut lui reprocher d'occuper un autre emploi[46]. Rien n'interdit non plus au salarié, en principe, de se préparer à pratiquer éventuellement la même activité que son employeur, soit pour le compte d'un autre employeur, soit pour son propre compte, et d'utiliser les connaissances et l'expérience acquises dans son emploi[47], dans la mesure où il n'agit pas en quelque sorte de façon agressive à l'encontre des intérêts de son employeur tant qu'il est à son service[48].

La jurisprudence a associé le devoir de discrétion du salarié à son obligation de loyauté, comme une de ses facettes. L'article 2088 C.c.Q. en fait une obligation formellement distincte. En pratique, le devoir de loyauté et le devoir de discrétion demeureront associés dans la mesure où le premier ne manquera pas d'éclairer la portée concrète du second selon les espèces. Sur ce plan, l'obligation de discrétion dictée par le code concerne l'information à caractère confidentiel et son usage. Le caractère confidentiel de l'information peut résulter, selon les cas, de sa qualification comme telle, par les parties ou par l'employeur, de son accessibilité restreinte ou privilégiée, ou encore de sa nature, comme dans le cas du secret com-

39.   Il y a lieu de tenir compte ici des articles 3 et 35 C.c.Q. ainsi que de l'article 5 de la *Charte des droits et libertés de la personne*, L.R.Q., c. C-12, qui reconnaissent le droit de toute personne au respect de sa vie privée. Sur la portée du droit à la vie privée dans le contexte du travail, voir quant au domicile : *Godbout c. Longueuil (Ville de)*, précité, note 35 – lieu de résidence; *Brasserie Labatt Ltée c. Villa*, précité, note 37 – obligation de déménagement; *Syndicat des professionnelles du Centre Jeunesse de Québec (C.S.N.) c. Desnoyers*, [2005] R.J.Q. 414 (C.A.) – obligation de travail au domicile.
40.   *Giroux-Garneau c. Wood Gundy Inc.*, D.T.E. 97T-1262 (C.S.).
41.   Pour une présentation de l'étendue des obligations de loyauté et de discrétion qui incombent aux salariés, voir : *Improthèque Inc. c. St-Gelais*, D.T.E. 95T-1105 (C.S.); *Positron Inc. c. Desroches*, D.T.E. 88T-498 (C.S.).
42.   *Banque de Montréal c. Kuet Leong Ng*, [1989] 2 R.C.S. 429, 438, EYB 1989-67838; *Pro-quai Inc. c. Tanguay*, D.T.E. 2006T-44 (C.A.); *Énerchem Transport inc. c. Gravino**, D.T.E. 2005T-974 (C.S.); *Équipements Paramédic (1993) Inc. c. Jobidon*, D.T.E. 99T-252, REJB 1999-10345 (C.S.).
43.   Voir et transposer: *McKinley c. BC Tel*, [2001] 2 R.C.S. 161, 2001 CSC 38, REJB 2001-24834; *Provost c. The Standard Foundry and Machinery Co.*, (1915) 21 R.L. 433.
44.   Voir, dans le cas d'un fonctionnaire, *Fraser c. Commission des relations de travail dans la Fonction publique*, [1985] 2 R.C.S. 455.
45.   *Banque de Montréal c. Kuet Leong Ng*, précité, note 42 – activités de l'employé pour son propre compte, en utilisant les ressources et la clientèle de l'employeur. *Mahoney c. Alliance, Cie mutuelle d'assurance-vie*, [1991] R.J.Q. 1115, EYB 1991-75875 (C.S.); *DK-Spec Inc. c. Bouchard*, D.T.E. 2006T-1108 (C.S.); *Traitement d'eau Bois-Franc Inc. c. Beaudet*, D.T.E. 2006T-534 (C.Q.).
46.   *Villeneuve c. Soutien-Gorge Vogue Inc.*, D.T.E. 86T-739 (C.S.).
47.   *Salton Fabrication Ltd. c. Gilbert*, D.T.E. 2005T-757 (C.S.); *Aloette Cosmétiques de Québec Inc. c. Corbeil*, [1998] R.J.D.T. 60, REJB 1997-04221 (C.S.); *Sérigraphie Concept M.D., division de Dispensaco Inc. c. Gauthier*, D.T.E. 98T-705, REJB 1998-06153 (C.S.).
48.   *Armanious c. Datex Bar Code Systems Inc.*, REJB 2001-27132 (C.A.); *Groupe financier Assbec Ltée c. Dion*, D.T.E. 95T-70, REJB 1994-28944 (C.A.); *DK-Spec Inc. c. Bouchard*, précité, note 45; *Traitement d'eau Bois-Franc Inc. c. Beaudet*, précité, note 45.

mercial[49]. Il peut aussi bien s'agir de renseignements sur la situation financière de l'entreprise que sur ses stratégies, ses procédés de fabrication ou sa clientèle[50]. Exceptionnellement, la divulgation par le salarié d'informations confidentielles pourrait être légitimée par des motifs supérieurs qui relèvent de la sauvegarde de l'ordre public et de l'intérêt général. L'article 1472 C.c.Q. le prévoit expressément à l'égard de la divulgation d'un secret commercial. La notion d'ordre public rattachée notamment à la protection du droit à la santé et à la sécurité devrait permettre d'étendre la même immunité à la divulgation d'autres types d'informations.

La survivance des obligations de loyauté et de discrétion après la cessation du contrat de travail varie, quant à sa durée, selon les critères prévus à l'article 2088, al. 2 C.c.Q. Elle est permanente dans le cas de toute information qui se rapporte à la réputation ou à la vie privée d'une personne, comme peut l'être l'information de nature médicale qui la concerne. Dans les autres cas, on fait appel à la notion de délai raisonnable. L'appréciation de ce délai devrait tenir compte du niveau hiérarchique ou du degré de responsabilité du salarié chez son ex-employeur, du rattachement de l'obligation au devoir de loyauté ou à celui de discrétion, de la nature du comportement du salarié et de celle de l'information en cause. Elle soulève, en définitive, comme la détermination de l'étendue matérielle de l'obligation, une problématique d'équilibre entre la protection légitime des intérêts de l'employeur et le droit du salarié de gagner sa vie. Dans *Excelsior, compagnie d'assurance-vie*[51], la Cour d'appel expose cette problématique et ses paramètres de solution de la façon suivante :

« [...] en règle générale, aucun devoir implicite découlant d'un contrat d'emploi ne saurait empêcher un individu de gagner sa vie en utilisant ses connaissances et ses aptitudes professionnelles chez un concurrent. Ces dernières se rattachent à sa personne et à son patrimoine [...].

[...]

Quelle que soit sa source, il demeure que le concept d'obligation de loyauté doit être manié avec discernement. Mis en œuvre sans prudence, il gênerait ou paralyserait la liberté de travail et de concurrence plus sûrement encore, par son indétermination même, que les clauses contractuelles de non-concurrence à l'égard desquelles la jurisprudence s'est montrée sévère, comme on le sait. »[52]

– Les clauses de non-concurrence

La faculté éventuelle du salarié de concurrencer son ex-employeur peut par ailleurs être limitée conventionnellement par une clause dite de non-concurrence. Les articles 2089 et 2095 C.c.Q. se préoccupent spécifiquement de ce genre de stipulation dont les conditions de légalité et de mise en œuvre ont été développées par les tribunaux en l'absence de toute disposition législative expresse. Un tel engagement de non-concurrence fut reconnu licite dans la mesure où il ne dépassait pas ce qui était raisonnable pour assurer la protection des intérêts légitimes de l'employeur, sans constituer une atteinte excessive au droit au travail du salarié. Dans l'arrêt *Canadian Factors Corporation Limited*[53], la Cour suprême a posé les trois critères d'examen de la légitimité de ces stipulations, à savoir l'étendue des activités prohibées, la portée territoriale de la prohibition et la durée de celle-ci. Ces critères ont été régulièrement utilisés depuis par la jurisprudence et ils sont maintenant codifiés à l'article 2089, al. 2 C.c.Q.[54]. La triple limitation des éléments constitutifs de la prohibition de concurrence à ce qui est nécessaire « pour protéger les intérêts légitimes de

---

49. *Positron Inc. c. Desroches*, D.T.E. 88T-498 (C.S.). Sur la notion de confidentialité, voir *Matrox Electronic Systems Ltd. c. Gaudreau*, [1993] R.J.Q. 2449, EYB 1993-74239 (C.S.). En particulier, on ne peut prétendre à la confidentialité d'un renseignement connu de tous ou accessible à tous: *Gestion Marie-Lou (St-Marc) Inc. c. Lapierre*, D.T.E. 2003T-864, REJB 2003-42087 (C.A.). Sur l'utilisation d'un secret commercial: *Laboratoires Constant Inc. c. Beauchamp*, D.T.E. 99T-578, REJB 1999-12360 (C.S.).

50. La jurisprudence protège généralement l'employeur, sous le couvert de l'obligation de loyauté de l'employé, contre l'utilisation de ses listes de clients, ou de fournisseurs: *Armanious c. Datex Bar Caode Systems Inc.*, précité, note 48; *Frank White Enterprises Inc. c. 130541 Canada Inc.*, D.T.E. 95T-683, EYB 1995-55725 (C.A.). Il demeure par contre légitime pour un salarié, en l'absence d'engagement contractuel différent, de cibler et de solliciter ses anciens clients et ceux de son ex-employeur: *Gestion Marie-Lou (St-Marc) Inc. c. Lapierre*, précité, note 49.

51. *Excelsior, compagnie d'assurance-vie c. Mutuelle du Canada (La), compagnie d'assurance-vie*, [1992] R.J.Q. 2666, EYB 1992-56314 (C.A.).

52. *Id.*, p. 2682 à 2684. Voir aussi *Groupe financier Assbec Ltée c. Dion*, précité, note 48; *Canadian Aero Service Ltd. c. O'Malley*, [1974] R.C.S. 592; *N.F.B.C. National Financial Brokerage Center Inc. c. Investors Syndicate Ltd.*, [1986] R.D.J. 164 (C.A.); *Resfab Manufacturier de ressort Inc. c. Archambault*, [1986] R.D.J. 32 (C.A.); *Dufresne c. Groupe Christie Ltée*, D.T.E. 92T-499, EYB 1992-58870 (C.A.); *Villeneuve c. Automatisation J.R.T. Inc.*, D.T.E. 92T-1019 (C.A.).

53. *Cameron c. Canadian Factors Corporation Limited*, [1971] R.C.S. 148. Voir aussi *Elsley c. J.G. Collins Insurance Agencies Ltd.*, [1978] 2 R.C.S. 916.

54. Voir, en particulier, les jugements suivants: *Cathild Inc. c. Rondeau*, D.T.E. 94T-562, EYB 1994-64480 (C.A.) – étendue territoriale excessive; *Federated Mutual Insurance Co. c. Ravary*, D.T.E. 83T-857 (C.A.); *Compagnie de gestion MDJ Inc. c. Cadieux*, D.T.E. 2006T-201 (C.S.) (requête pour permission d'appeler rejetée); *Équipements Paramédic (1993) Inc. c. Jobidon*, précité, note 42 – portée territoriale et durée excessives; *Automatisation J.R.T. Inc. c. Roy*, D.T.E. 2006T-343 (C.S.); *Mission Itech Hockey Ltd. c. Desjardins*, 2006 QCCS 1965 (C.S.); *Graphiques Matrox Inc. c. Nvidia Corp.*, D.T.E. 2001T-819, REJB 2001-24089 (C.S.) – absence de définition territoriale et ambiguïté de la durée; *Setym international Inc. c. Belout*, D.T.E. 2001T-980, REJB 2001-27041 (C.S.) – absence de limite temporelle; *Bérubé c. Mutuelle d'Omaha*, précité, note 35 – effet cumulatif déraisonnable de l'activité prohibée, de sa portée territoriale et de sa durée.

l'employeur » ne devrait pas exclure pour autant la considération de l'intérêt tout aussi légitime du salarié de conserver une capacité de gain, malgré l'absence formelle de cette mention. La bonne foi requise de l'employeur et la sauvegarde de l'« ordre public économique » dont la Cour d'appel fait état dans l'arrêt *Excelsior* appellent à considérer la situation du salarié pour mesurer la légitimité des intérêts de l'employeur protégés par la clause[55]. À cet égard, l'étendue des activités prohibées à l'ex-salarié, selon qu'il s'agit de toute participation à une entreprise concurrente ou d'une simple interdiction de sollicitation de la clientèle, pourra influer sur l'appréciation du caractère raisonnable ou déraisonnable de l'étendue et de la durée de l'interdiction.

Dérogeant à la règle établie à l'article 2803 C.c.Q. et modifiant aussi l'état du droit antérieur, l'article 2089, al. 3 C.c.Q. impose désormais à l'employeur le fardeau de prouver la validité de la stipulation de non-concurrence[56]. Le premier alinéa du même article soumet la stipulation de non-concurrence à un formalisme rigoureux : elle doit être par écrit et en termes exprès[57]. À défaut d'un tel écrit, la stipulation sera frappée d'une nullité relative que l'employé pourra invoquer (art. 1385, 1416 et 1419 à 1421 C.c.Q.). L'exigence d'une rédaction en termes exprès oblige les tribunaux à juger les stipulations de non-concurrence telles qu'elles ont été rédigées par les parties et à conclure, le cas échéant, à leur nullité, sans possibilité de parer à leurs lacunes par la recherche de l'intention des parties au-delà de ce qu'elles ont exprimé, non plus que d'en réduire l'effet à l'intérieur de limites raisonnables qu'elles se trouveraient à excéder[58]. Conformément aux principes énoncés à l'article 1432 C.c.Q., en cas d'ambiguïté, la clause de non-concurrence s'interprète en faveur du salarié qui a contracté l'obligation et contre l'employeur qui l'a stipulée[59].

Finalement, l'article 2095 C.c.Q. empêche l'employeur de se prévaloir d'une stipulation de non-concurrence s'il a résilié le contrat de travail sans motif sérieux ou s'il a lui-même donné au salarié un tel motif de résiliation[60]. S'agissant de la résiliation par l'employeur d'un contrat de travail à durée indéterminée, il ne lui suffit donc pas de donner au salarié le délai de congé auquel celui-ci a droit, condition usuellement suffisante pour légitimer la terminaison de l'emploi. Il doit, de plus, s'appuyer sur un « motif sérieux ». À cet égard, la rédaction de l'article 2095 C.c.Q. aurait pu être plus heureuse et préciser qu'il s'agit d'un motif sérieux qui lui est donné par le salarié lui-même et non d'un motif qui se rapporte à l'employeur ou à son entreprise comme une nécessité de réduction des effectifs consécutive à des difficultés d'ordre économique. Néanmoins, à la lumière de l'article 1604 C.c.Q. et, surtout, de l'article 2094 C.c.Q., il faut comprendre qu'il s'agit d'un motif qui se rapporte au salarié. L'article 2094 du code, qui utilise la même expression « motif sérieux » ne laisse pas, lui, de doute à ce sujet[61]. Il serait pour le moins étonnant que le législateur ait utilisé les mêmes termes avec un sens différent dans la disposition législative suivante. Cette conclusion se rapproche d'ailleurs de la voie qui avait été ouverte dans cette direction par quelques jugements appuyés sur les seules notions de bonne foi et d'abus de droit[62].

3. *La sécurité*

La prudence explicitement requise du salarié par l'article 2088 C.c.Q. l'oblige à exécuter son travail de façon sécuritaire pour lui-même, pour ses collègues de travail et même pour les tiers. La forme et l'intensité de cette obligation dépendent largement, d'un point de vue pratique, de la nature du travail et des circonstances dans lesquelles il est exécuté. En outre, une loi particulière, la

---

55. *Excelsior, compagnie d'assurance-vie c. Mutuelle du Canada (La), compagnie d'assurance-vie*, précité, note 51. Voir aussi *Beau-T Stop Distribution Inc. c. Mailhot*, D.T.E. 2001T-686, REJB 2001-25240 (C.S.).

56. *Aliments en vrac M.F. Inc. c. St-Onge*, [1995] R.J.Q. 2663 (C.S.); *Groupe Biscuits Leclerc Inc. c. Rompré*, [1998] R.J.Q. 855, REJB 1998-05815 (C.S.); *Graphiques Matrox Inc. c. Nvidia Corp.*, précité, note 54.

57. Cette exigence d'une rédaction en termes exprès oblige les parties à définir elles-mêmes tous les termes de l'engagement du salarié de façon à ce que celui-ci sache exactement à quoi s'en tenir quant à la nature de ses obligations. Les clauses dites par pallier, c'est-à-dire celles prévoyant une série de restrictions (par exemple, quant à la durée de l'obligation de non-concurrence) dont l'application dépend de l'intervention du tribunal, devraient être considérées comme invalides, puisque de telles clauses laissent planer un doute quant aux obligations du salarié tant qu'un tribunal n'a pas déclaré ce qui est raisonnable: *Drouin c. Surplec Inc.*, D.T.E. 2004T-469 (C.A.); *Graphiques Matrox Inc. c. Nvidia Corporation*, D.T.E. 2001T-819 (C.S.).

58. La Cour d'appel avait déjà conclu à la validité, par interprétation, d'une clause ne comportant pas de limites territoriales expresses: *Letham c. Hortibec Inc.*, J.E. 89-49, EYB 1988-57077 (C.A.). Par la suite, dans *Cathild Inc. c. Rondeau*, précité, note 54, la cour s'est refusée à fixer les limites territoriales à une clause n'en comportant pas, solution qui découle désormais du texte de l'article 2089 C.c.Q. Voir aussi *Setym international Inc. c. Belout*, précité, note 54.

59. *Centre d'équipement orthopédique de St-Eustache c. St-Onge*, D.T.E. 2006T-71 (C.S.); *Télémédia Communications Inc. c. Pascau*, [1990] R.J.Q. 2010, EYB 1990-76681 (C.S.).

60. *Industries Flexart Ltée c. Baril*, REJB 2003-37184, [2003] R.J.D.T. 39 (C.A.); *Personnel Marie-André Laforce (2000) Inc. c. Laforce*, EYB 2005-93150 (C.S.); *Léonard c. Girard*, [1999] R.J.Q. 483, REJB 1998-11152 (C.S.). Sur le caractère d'ordre public de l'article 2095 C.c.Q., voir *Towers Perrin Forster and Crosby Inc. c. Girardin*, [2003] R.J.D.T. 1571, EYB 2003-48680 (C.S.).

61. *Sirois c. O'Neill*, D.T.E. 99T-598, REJB 1999-12823 (C.A.); *Girouard c. Compagnie Commonwealth Plywood Ltée*, REJB 2001-25165 (C.S.).

62. *Mutuelle du Canada (La), Cie d'assurance sur la vie c. Suppa*, D.T.E. 91T-326, EYB 1990-83680 (C.S.) – application de la théorie dite des mains propres, l'employeur ayant abusé de ses droits. L'existence d'une clause de non-concurrence limite par ailleurs d'autant la faculté et l'obligation de l'employé congédié injustement de mitiger ses dommages: *Gravel c. Fernand Gravel Assurances Inc.*, [1993] R.J.Q. 2815, EYB 1993-74281 (C.S.).

Loi sur la santé et la sécurité du travail[63] et la réglementation adoptée sous son empire précisent sous plusieurs aspects l'étendue de l'obligation du salarié.

B- L'employeur

L'énoncé de l'article 2087 C.c.Q. rattache les obligations de l'employeur au travail à fournir au salarié, à la protection de sa santé, de sa sécurité et de sa dignité ainsi qu'à la rémunération à lui payer.

1. Le travail

L'employeur est d'abord « tenu de permettre l'exécution de la prestation de travail convenue », selon les termes de l'article 2087 C.c.Q. Le premier volet de cette obligation appelle normalement l'employeur à fournir le lieu de travail et à le garder accessible ainsi qu'à mettre à la disposition du salarié les outils, l'équipement ou les autres moyens nécessaires à l'exécution de sa prestation de travail, sous réserve des termes du contrat qui peuvent modifier ces conditions. Plus largement, l'employeur assume la responsabilité du maintien d'un cadre et de conditions de travail propices à l'exécution de son travail par l'employé[64]. Dans un deuxième volet, l'employeur doit fournir au salarié le travail à exécuter et ce travail doit être celui convenu[65]. Le défaut pur et simple de fournir tout travail au salarié, surtout s'il s'accompagne d'un arrêt de paiement du salaire, peut être assimilé à une résiliation unilatérale du contrat par l'employeur[66]. Eu égard à la réalité du monde du travail, se soulève ici le problème de la suspension temporaire du travail et des prestations de l'employeur, en particulier à l'occasion d'une mise à pied ou de l'imposition d'une suspension disciplinaire ou administrative. Le Code civil du Québec demeure muet sur cette problématique propre au contrat de travail. Dans le cas d'une mise à pied, l'entente expresse ou même tacite des parties, compte tenu par exemple du caractère intermittent ou saisonnier du travail, peut donner un fondement contractuel à la suspension temporaire des effets du contrat de travail. La Cour suprême reconnaît aussi la légitimité de la mise à pied pour un motif économique à titre de mesure visant à répondre aux impératifs de l'entreprise et en relevant que la « *Loi sur les normes du travail* aménage

les modalités de l'exercice du pouvoir de l'employeur de mettre à pied un salarié »[67]. En pratique, le salarié aura le choix d'accepter la mise à pied pour conserver son emploi à long terme ou de résilier le contrat de travail sur la base de l'article 2094 C.c.Q. Dans cette dernière éventualité, l'employeur pourrait peut-être, selon les circonstances, prétendre que sa propre inexécution du contrat n'était que de peu d'importance et ne donnait pas au salarié un motif sérieux de résiliation (art. 2094 et 1604 C.c.Q.). Le problème posé par la suspension disciplinaire est sensiblement le même. L'existence du pouvoir de l'employeur d'imposer une suspension comme sanction disciplinaire est reconnue uniformément par la jurisprudence et implicitement par diverses dispositions législatives qui encadrent son exercice[68]. Il peut trouver son fondement dans le pouvoir de direction de l'employeur dont il serait le corollaire, tout autant que dans l'article 1604 C.c.Q.[69]. Invoquant la faute initiale du salarié et son propre droit de direction, l'employeur pourrait justifier son droit de sanctionner l'inexécution du salarié par une réduction proportionnelle de son obligation corrélative de lui fournir son travail et son salaire, pendant un certain temps. La Cour suprême a finalement reconnu que l'employeur disposait du pouvoir de suspendre un employé pour des motifs administratifs liés à des reproches qui lui sont adressés, sous réserve de plusieurs conditions : (1) la mesure doit être nécessaire à la protection des intérêts légitimes de l'entreprise; (2) la décision doit être prise de bonne foi et dans le respect du devoir d'agir équitablement; (3) la suspension doit être d'une durée relativement courte, déterminée ou déterminable; (4) sauf cas exceptionnels, elle est en principe imposée avec solde[70].

Dans quelle mesure, par ailleurs, l'employeur peut-il changer la nature du travail confié au salarié, les fonctions et les responsabilités de ce dernier? Cette question est de plus en plus importante, notamment en raison du fait que pour le salarié l'exercice de l'occupation pour laquelle il a été engagé s'avère souvent une considération essentielle de l'emploi, eu égard à la fois à la satisfaction qu'il veut légitimement en tirer et à son souci de conserver et de développer ses qualités et son habileté dans son champ d'activités professionnelles. La réponse tient compte d'abord de la nature et des circonstances de l'engagement et, ainsi, de la discrétion laissée explicitement ou implici-

---

63. Précitée, note 1.
64. *Lagacé c. Bande Naskapi du Québec*, D.T.E. 94T-237 (C.S.).
65. *Cabiakman c. Industrielle-Alliance Cie d'Assurance sur la Vie*, précité, note 11, par. 29.
66. *Surveyer, Nenniger & Chênevert Inc. c. Thomas*, D.T.E. 89T-640, EYB 1989-63188 (C.A.).
67. *Cabiakman c. Industrielle-Alliance Cie d'Assurance sur la Vie*, précité, note 11, par. 40.
68. *Cabiakman c. Industrielle-Alliance Cie d'Assurance sur la Vie*, précité, note 11, par. 43-44.
69. *Ibid.*, par. 45.
70. *Cabiakman c. Industrielle-Alliance Cie d'Assurance sur la Vie*, précité, note 11, par. 54-63.

tement à l'employeur dans l'exercice de son pouvoir de gérance à ce sujet[71]. Au-delà de cette marge de manœuvre que le contrat peut réserver à l'employeur, la substitution d'un travail de qualité nettement inférieure à celui convenu, au regard notamment du statut et des responsabilités de l'employé, ou la modification unilatérale et significative de ses conditions essentielles d'exécution équivaudra, en pratique, à un congédiement déguisé[72].

Dans le même ordre, l'employeur ne saurait exiger une prestation plus importante, quant à sa quantité ou à sa durée que celle prévue à l'entente des parties[73] ou, à défaut, tel que nous le verrons, par la loi elle-même.

En certaines circonstances, l'employeur ne fournit pas lui-même le travail au salarié, prêtant plutôt ses services à un autre employeur qui, « patron momentané », donne au salarié le travail à exécuter et exerce à son endroit le pouvoir immédiat de contrôle et de surveillance de ce travail. Cette situation de délégation laisse cependant intacte la relation juridique de travail originellement établie entre le salarié et l'employeur qui est l'auteur du prêt de service[74].

2. La santé, la sécurité, la dignité, la vie privée

L'article 2087 C.c.Q. impose à l'employeur de « prendre les mesures appropriées à la nature du travail, en vue de protéger la santé, la sécurité et la dignité du salarié ». La jurisprudence avait déjà reconnu comme partie du contenu implicite du contrat de travail l'obligation de l'employeur d'assurer au salarié des conditions de travail sécuritaires et salubres[75].

Parallèlement à l'énoncé de l'article 2087 C.c.Q., il faut aussi tenir compte de l'affirmation générale de l'article 46 de la *Charte des droits et libertés de la personne*, selon laquelle toute personne qui travaille a droit, conformément à la loi, à des conditions de travail justes et raisonnables et qui respectent sa santé, sa sécurité et son intégrité. De plus, le législateur a senti le besoin en

plusieurs occasions de préciser les conséquences de l'obligation de sécurité de l'employeur par des réglementations particulières dans le contexte de l'exercice de certaines activités. Dans une perspective générale, la *Loi sur la santé et la sécurité du travail*[76] et ses règlements déterminent sous plusieurs aspects le contenu des droits et des obligations de l'employeur et du salarié en matière de santé et de sécurité du travail. Le large champ d'application de cette loi a pour effet de dicter, dans la plupart des cas, presque complètement le contenu des obligations qui résultent à l'employeur de l'énoncé de l'article 2087 C.c.Q. On remarquera la similitude des termes utilisés par le législateur à l'article 51 *L.s.s.t.* et à l'article 2087 C.c.Q. L'interprétation, en particulier, de la dimension active de l'obligation qui incombe à l'employeur de « prendre les mesures nécessaires » pour assurer la santé et la sécurité du salarié, selon l'article 51 *L.s.s.t.*, s'avère pertinente pour mesurer la portée réelle de l'article 2087 C.c.Q. sous cet aspect. En cas d'accident ou de maladie à l'occasion de l'exécution du travail, la situation du salarié se trouve alors régie par les dispositions de la *Loi sur les accidents du travail et les maladies professionnelles*[77]. En tout état de cause, le salarié, tenu à une obligation de prudence, doit lui-même participer à l'assurance de sa propre sécurité, particulièrement par l'observance de la réglementation étatique ou des règles établies à cette fin par l'employeur (art. 2088 C.c.Q.)[78].

Entendue dans un sens plus large, la notion de sécurité du milieu de travail conduit à celle de dignité du salarié, que l'article 2087 C.c.Q. charge désormais expressément l'employeur d'assurer. Si l'article 4 de la *Charte des droits et libertés de la personne* assure déjà au salarié le droit à la sauvegarde de sa dignité, ce droit se trouve ici amplifié par l'obligation imposée à l'employeur de prendre les mesures nécessaires à cette fin[79]. Minimalement, l'employeur doit offrir au salarié un cadre convenable d'exécution de ses fonctions. Non seulement l'employeur doit-il s'abstenir de porter lui-même atteinte à la dignité du salarié, mais encore doit-il, dans les limites de l'exercice de son pouvoir de direction, protéger le salarié contre toutes formes de

---

71. Reconnaissant le droit de modifier l'assignation de travail du salarié: *Filion c. Cité de Montréal*, [1970] R.C.S. 211; *Charbonnier c. Air Canada Touram*, D.T.E. 90T-407, EYB 1990-58520 (C.A.); *Gilbert c. Hôpital général de Lachine*, [1989] R.J.Q. 1824, EYB 1989-83525 (C.S.) – transformation du statut d'employé à temps complet en celui d'employé à temps partiel.
72. *Farber c. Cie Trust Royal*, [1997] 1 R.C.S. 846, REJB 1997-00456; *Orchestre métropolitain du Grand Montréal c. Rescigno*, 2006 QCCA 6, D.T.E. 2006T-72. L'acceptation du salarié peut toutefois légitimer le geste de l'employeur: *Desruisseaux c. Aon-Parizeau Inc.*, REJB 2003-36756 (C.A.).
73. *Gagnon c. Thetford Transport Ltée*, D.T.E. 87T-935, EYB 1987-78850 (C.S.) – exigence nouvelle de l'employeur provoquant la démission de l'employé.
74. *Auberge Le Martinet Inc. c. Arial*, [1972] C.A. 704.
75. *J.J. Lefebvre Ltée c. Trottier*, [1970] C.A. 711.
76. Précitée, note 1.
77. L.R.Q., c. A-3.001.
78. *J.J. Lefebvre Ltée c. Trottier*, précité, note 75.
79. *Ménard c. 2916754 Canada Inc.*, [1996] R.J.Q. 303, EYB 1987-78850 (C.S.) – insuffisance d'enquête sur des allégations mettant en doute l'honnêteté d'employés.

harcèlement, pour quelque motif que ce soit, tant de la part des collègues de travail que de ses propres représentants[80].

À l'instar de l'article 5 de la *Charte des droits et libertés de la personne*[81], les articles 3 et 35 C.c.Q. consacrent le droit de toute personne au respect de sa vie privée. Ces dispositions requièrent de l'employeur une conduite conséquente à l'endroit de ses employés. Selon l'article 36 C.c.Q., peuvent ainsi notamment, selon les circonstances, être considérés comme des atteintes à la vie privée d'une personne, en milieu de travail, le fait d'intercepter ou d'utiliser volontairement une communication privée, de capter ou d'utiliser son image ou sa voix dans des lieux privés, de surveiller sa vie privée par quelque autre moyen que ce soit ou d'utiliser ses documents personnels. Le cas échéant, l'article 2858 C.c.Q. oblige tout tribunal à rejeter, même d'office, tout élément de preuve obtenu dans des conditions qui portent atteinte à ce droit de l'employé et dont l'utilisation est susceptible de déconsidérer l'administration de la justice[82]. Les articles 37 à 41 C.c.Q. précisent les obligations de l'employeur relativement à la tenue de dossiers sur ses employés pour garantir le respect de leur vie privée. Ces dispositions sont d'ailleurs complétées par celles de la *Loi sur la protection des renseignements personnels dans le secteur privé* et celles de la *Loi sur l'accès aux documents des organismes publics et sur la protection des renseignements personnels*, dans le secteur public, lesquelles régissent la collecte, la détention, l'utilisation et la communication des renseignements personnels ainsi que l'accès à ces renseignements par les personnes concernées[83].

3. *La rémunération*

L'obligation de l'employeur de payer au salarié une rémunération découle tant de l'article 2085 C.c.Q. que des termes exprès de l'article 2087 C.c.Q. Le droit du salarié à son salaire est tributaire de sa disponibilité à travailler[84].

La notion de rémunération couvre une très large réalité. Elle désigne en fait toute considération ou tout avantage ayant une valeur pécuniaire, que l'employeur est tenu de fournir au salarié en retour de sa prestation de travail[85]. Outre le salaire ou traitement, au sens le plus étroit, payé en fonction du rendement ou de la durée du travail, la rémunération comprend ainsi, le cas échéant, des avantages tels l'allocation de vacances, le paiement de jours chômés, la participation de l'employeur au coût de certains régimes d'assurance ou de retraite, etc.

La base d'établissement du salaire ou la forme de rémunération n'en change pas la nature, dès lors que l'on se trouve en présence du prix d'un travail du salarié, ce prix étant distingué du profit susceptible de résulter de l'entreprise menée par un travailleur indépendant.

Par ailleurs, dans certains cas, il peut s'avérer difficile de distinguer le salaire ou prix convenu du travail, d'une pure gratification de la part de l'employeur ou encore d'une avance de la nature d'un prêt. Il s'agira, chaque fois, de s'en remettre aux termes du contrat d'abord et, au besoin, aux circonstances dans lesquelles la somme a été versée par l'employeur[86].

80.   Sur le harcèlement sexuel, ou pour un autre motif prohibé par la *Charte des droits et libertés de la personne*, voir *Janzen c. Platy Enterprises Ltd.*, [1989] 1 R.C.S. 1252, EYB 1989-67166. Sur le harcèlement psychologique, voir *Fontaine c. Syndicat des employés de métiers d'Hydro-Québec, section locale 1500 (S.C.F.P. – F.T.Q.)*, [2004] R.J.Q. 2775, EYB 2004-71383 (C.S.) – harcèlement par des collègues de travail. Quant à la responsabilité de l'employeur, voir *Robichaud c. Canada (Conseil du Trésor)*, [1982] 2 R.C.S. 84; *Béliveau St-Jacques c. Fédération des employées et employés de services publics Inc.*, [1996] 2 R.C.S. 345, EYB 1996-67901 – immunité de l'employeur en cas de lésion professionnelle emportant l'application de la *Loi sur les accidents du travail et les maladies professionnelles*, précitée, note 77.

81.   Précitée, note 39.

82.   *Mascouche (Ville de) c. Houle*, [1999] R.J.Q. 1894, REJB 1999-13538 (C.A.) – interception et enregistrement de conversations téléphoniques d'une salariée par son voisin; *Srivastava c. Hindu Mission of Canada (Quebec) Inc.*, REJB 2001-23958 (C.A.) – enregistrement par l'employeur, sur les lieux de travail, de conversations téléphoniques jugées de nature privée. À comparer avec *Ste-Marie c. Placements JPM Marquis Inc.*, 2005 QCCA 312, [2005] R.R.A. 295 – légitimité de l'interception d'une conversation téléphonique compromettante sur les lieux et pendant les heures de travail, en relation avec ce dernier; *Syndicat des travailleurs(euses) de Bridgestone Firestone de Joliette c. Trudeau*, REJB 1999-14156 (C.A.) – filature et captation vidéo, hors des lieux du travail, considérées légitimes et admissibles en preuve, dans l'espèce.

83.   *Loi sur la protection des renseignements personnels dans le secteur privé*, L.R.Q., c. P-39.1; *Loi sur l'accès aux documents des organismes publics et sur la protection des renseignements personnels*, L.R.Q., c. A-2.1.

84.   *Cabiakman c. Industrielle-Alliance Cie d'Assurance sur la Vie*, précité, note 11, par.61-62; *Centre communautaire juridique de la Mauricie Bois-Francs c. Syndict des avocats de l'Aide juridique de la Mauricie Bois-Francs*, D.T.E. 93T-445, EYB 1993-57994 (C.A.).

85.   *Uniforêt Inc. c. 9027-1875 Québec Inc.*, REJB 2003-44098 (C.A.) – régime de participation aux bénéfices; *J.B. Charron Ltée c. Commission du salaire minimum*, J.E. 80-39 (C.A.); *Mathieu c. Rénald Mathieu Inc.*, [2000] R.J.Q. 274, REJB 1999-16425 (C.S.).

86.   Quant à la distinction entre le salaire dû et les avances de salaire consenties par l'employeur, on peut consulter les jugements suivants: *West Coast Woolen Mills Limited c. Engel*, [1971] C.A. 20; *Mainguy c. Société des Artisans*, [1970] C.A. 282. Les avances de salaire qui anticipent des commissions à être gagnées par un salarié ne sont remboursables à l'employeur par le salarié, en cas d'insuffisance des commissions, que si les parties l'ont expressément stipulé: *Labrosse c. Créadis Inc.*, D.T.E. 91T-138, EYB 1991-56327 (C.A.). La différenciation du salaire exigible et des gratifications de l'employeur, comme les bonis, est discutée notamment dans les jugements suivants: *CJMS Radio Montréal Limitée c. Audette*, [1966] B.R. 756; *Atlas Refuse Collectors Inc. c. Baehr*, [1966] B.R. 195.

Sous réserve de la législation et de la réglementation à caractère d'ordre public, l'employeur doit payer le salaire du salarié selon le montant et la périodicité convenus. Quant au mode de paiement, qu'il soit en espèces, par chèque ou par virement bancaire, il faudra également tenir compte, nous le verrons, de semblables normes législatives ou réglementaires. En application de l'article 1566 C.c.Q., le salaire est payable chez l'employeur ou à tout autre endroit convenu contractuellement de façon expresse ou implicite. La preuve de ce paiement obéit aux règles générales en la matière.

Mode particulier d'extinction des obligations, la compensation, aux conditions arrêtées aux articles 1672 à 1682 C.c.Q., peut être invoquée par l'employeur comme moyen d'exécution de son obligation de paiement du salaire. Cette éventualité suppose l'existence préalable d'une dette certaine, liquide et exigible, du salarié envers l'employeur[87]. Lorsque les conditions de la compensation légale se réalisent, celle-ci a lieu automatiquement. L'article 1676, al. 2 C.c.Q. fait toutefois obstacle à la compensation lorsque la dette a pour objet un bien insaisissable. C'est le cas de la partie du salaire déclarée insaisissable par l'article 553 (11) C.p.c., laquelle se trouve ainsi soustraite à la compensation[88].

Le salaire jouit de diverses mesures de protection. Certaines de ces mesures visent à assurer la réalisation de la créance salariale du salarié. D'autres mettent le salaire gagné ou le salarié lui-même à l'abri de ses créanciers ou des conséquences de leur action.

a) La protection de la créance salariale

L'ouvrier qui a participé à la construction ou à la rénovation d'un immeuble dispose d'une hypothèque légale sur cet immeuble (art. 2724 et 2726 à 2732 C.c.Q.).

En cas de faillite de l'employeur, la *Loi sur la faillite et l'insolvabilité*[89] rend prioritaire au paiement de la plupart des autres créances le paiement de la rémunération d'un salarié, pour services rendus au cours des six mois qui ont précédé la faillite, jusqu'à concurrence de 2 000 $.

L'article 72 de la *Loi sur les liquidations et les restructurations* confère une créance privilégiée aux employés d'une compagnie mise en liquidation à l'égard des salaires dus et impayés au moment de l'ordonnance de mise en liquidation jusqu'à l'équivalent du salaire des trois mois précédant cette dernière[90].

Les administrateurs de compagnies peuvent être tenus personnellement responsables du paiement des salaires impayés aux salariés de la compagnie. En vertu de l'article 96 de la *Loi sur les compagnies*[91] (du Québec), cette responsabilité conjointe et solidaire des administrateurs existe à l'égard d'un maximum de six mois de salaire pour le travail exécuté pendant qu'ils étaient en fonction. Selon la législation fédérale, l'article 119 de la *Loi canadienne sur les sociétés par actions*[92] accorde une protection similaire aux salariés dans des termes qui se rapprochent de ceux de la loi québécoise. Cette protection s'étend à toutes les sommes qui peuvent être dues au salarié à la fin de son emploi en contrepartie du travail fourni. Il peut ainsi s'agir du droit acquis à une indemnité de vacances, au paiement de congés de maladie ou à celui du travail exécuté en temps supplémentaire[93]. À l'occasion de l'application de la loi fédérale, la Cour suprême a décidé que l'indemnité de cessation d'emploi liée au droit du salarié à un délai de congé pour mettre fin à son emploi n'était pas due par l'employeur en raison des services exécutés au profit de la société mais plutôt par suite de l'inexécution d'une obligation contractuelle et, pour ce motif, que les administrateurs n'en étaient pas responsables personnellement[94]. L'analyse du bien fondé de la réclamation porte l'accent sur l'exécution du contrat, les services effectivement

---

87. *Syndicat des professionnels de la Commission des écoles catholiques de Montréal c. Moalli*, D.T.E. 91T-679, EYB 1991-63607 (C.A.); *Tassé c. St-Sauveur-des-Monts (Municipalité du village de)*, D.T.E. 91T-777, EYB 1991-63611 (C.A.).

88. *Syndicat des professionnels de la Commission des écoles catholiques de Montréal c. Moalli*, précité, note 87.

89. L.R.C. (1985), c. B-3, art. 136 (1) d). La priorité s'adresse à la rémunération de services rendus et exclut conséquemment, selon un arrêt de la Cour d'appel, une indemnité de préavis ou de départ qui devient due du fait de l'interruption des services: *Nolisair international Inc. (Syndic de)*, D.T.E. 99T-510 (C.A.).

90. *Loi sur les liquidations et les restructurations*, L.R.C. (1985), c. W-11. La créance ainsi protégée inclut les vacances dues et les cotisations de l'employeur aux régimes de retraite ou d'assurance. Elle s'étend aussi à l'indemnité de licenciement payable selon les termes d'un contrat mais exclut les dommages pour bris de contrat: *Alias c. Raymond, Chabot, Fafard, Gagnon Inc.*, [1997] R.J.Q. 851, REJB 1997-01384 (C.A.).

91. L.R.Q., c. C-38. Sur le calcul du délai de prescription et les autres conditions d'ouverture au recours contre les administrateurs, en cas de faillite d'une compagnie, voir le jugement majoritaire de la Cour d'appel dans *Pires c. Zaccheo*, [1998] R.J.Q. 2973, REJB 1998-08777 (C.A.). Voir aussi *Thompson c. Masson*, REJB 2001-24542 (C.A.).

92. L.R.C. (1985), c. C-44.

93. *Nadeau c. Boisvert*, J.E. 84-448 (C.A.) – vacances, congés de maladie et temps supplémentaire; *Thompson c. Masson*, précité, note 91 – bonis, commissions et primes d'assurance non remises à l'assureur.

94. *Barrette c. Crabtree (Succession de)*, [1993] 1 R.C.S. 1027, EYB 1993-67870. Voir aussi *Thompson c. Masson*, précité, note 91. Il en est de même des indemnités dont le paiement est ordonné en même temps que la réintégration du salarié, en vertu de recours spécifiques à cette fin, pour compenser le salaire que le salarié a été empêché de gagner pendant qu'il a été privé de son emploi: *Hudon c. Frishling*, D.T.E. 96T-67, EYB 1995-57268 (C.A.). Les administrateurs demeurent cependant responsables du paiement d'une indemnité de licenciement établie contractuellement et assimilable à une rémunération différée: *Wright c. Syndicat des techniciennes et techniciens du cinéma et de la vidéo du Québec*, [2004] R.J.Q. 7, REJB 2003-51806 (C.A.) – opinion majoritaire sur l'appel incident; *Schwartz c. Scott*, [1985] C.A. 713.

rendus par le salarié et les sommes qui lui sont directement payables pour ces services[95].

b) La protection contre les créanciers du salarié

L'article 553 (11) C.p.c. rend insaisissable une portion de la rémunération d'un salarié[96].

La saisie-arrêt du salaire entre les mains d'un employeur par les créanciers du salarié, selon les articles 625 à 651 C.p.c., doit donc tenir compte de cette limitation[97]. En outre, l'article 650 C.p.c. accorde une autre forme de protection au salarié en interdisant à son employeur de le congédier ou de le suspendre en raison de la saisie-arrêt de son salaire. Le cas échéant, l'employeur est tenu de prouver l'existence d'une autre cause juste et suffisante de suspension ou de congédiement pour renverser la présomption légale selon laquelle le salarié congédié ou suspendu pendant que son salaire est l'objet d'une saisie-arrêt l'a été pour ce motif[98]. Par ailleurs, le salarié peut éviter la saisie-arrêt de son salaire en choisissant de recourir au dépôt volontaire de sa partie saisissable, selon les articles 652 et suivants C.p.c.

En cas de faillite du salarié, c'est au tribunal qu'il appartient d'émettre une ordonnance, à la demande du syndic, pour enjoindre à l'employeur de retenir en faveur du syndic la partie du salaire déterminée par l'ordonnance après considération des responsabilités familiales et de la situation personnelle du salarié failli[99].

Les instruments de travail nécessaires à l'exercice personnel d'une activité professionnelle peuvent être soustraits à une saisie, selon l'article 2648 C.c.Q.

L'hypothèque mobilière autorisée par l'article 2660 C.c.Q. ne peut grever la partie insaisissable d'un salaire (art. 2668 C.c.Q.).

3- La durée

En mentionnant que le contrat de travail est « pour un temps limité », l'article 2085 C.c.Q. se trouve à interdire la conclusion d'un contrat pour la vie. Selon l'article 2086 C.c.Q., le contrat de travail peut par ailleurs être conclu soit pour une durée prédéterminée, ou susceptible de l'être par la survenance d'une condition ou d'un événement, soit pour une durée indéterminée. Nous reviendrons ci-après sur la qualification de la durée du contrat.

L'examen des règles relatives à la durée du contrat de travail conduit directement à celui de ses modes d'extinction. Certains d'entre eux valent indistinctement à l'endroit du contrat à durée indéterminée comme du contrat de travail à durée déterminée, d'autres sont propres à chacun des deux types de contrat.

A- Les modes communs d'extinction

1. L'entente

Le contrat de travail, comme tout autre contrat, peut prendre fin par entente des parties (art. 1439 C.c.Q.). Surtout dans un contexte litigieux, les parties donneront souvent à cette entente l'effet d'une transaction qui aura entre elles l'autorité de la chose jugée, selon l'article 2633 C.c.Q.

---

95.   Alde c. Fiset, [2003] R.J.Q. 1385, REJB 2003-41165 (C.A.).

96.   «553. Sont insaisissables : [...] 11. Les traitements, salaires, et gages bruts, pour les sept-dixièmes de ce qui excède une première portion, elle-même insaisissable : a) de 180 $ par semaine, plus 30 $ par semaine pour chaque personne à charge, à compter de la troisième, si le débiteur pourvoit aux besoins de son conjoint, s'il a charge d'enfant ou s'il est le principal soutien d'un parent ; ou b) de 120 $ par semaine, dans les autres cas. Est considérée comme le conjoint du débiteur, la personne avec laquelle le débiteur est marié ou, s'il n'est pas marié, la personne, de sexe différent ou de même sexe, avec laquelle il vit maritalement depuis trois ans ou depuis un an si un enfant est issu de leur union. Dans le calcul des traitements, salaires et gages, il doit être tenu compte de toutes prestations, en argent, en nature ou en services, consenties en contrepartie des services rendus en vertu d'un contrat de travail, de louage de services ou de mandat, à l'exception : a) des contributions de l'employeur à quelque fonds de pension, d'assurance, ou de quelque service de sécurité sociale ; b) de la valeur de la nourriture et du logement fournis ou payés par l'employeur à l'occasion de déplacements effectués au cours de l'exécution des fonctions ; c) des laissez-passer donnés par une entreprise de transport à ses employés. »

97.   Selon un jugement de la Cour supérieure, les sommes versées directement dans un régime d'épargne-retraite sont exclues du bénéfice d'insaisissabilité : Caisse d'économie des pompiers de Montréal c. Labonté, D.T.E. 93T-987, EYB 1993-84201 (C.S.).

98.   La sanction la plus efficace de cette protection se trouve dans le recours en réintégration du salarié en vertu des articles 122 et 123 L.n.t., précitée, note 1, pour les salariés régis par cette loi ; les modalités d'exercice de ce recours sont étudiées, infra, au chapitre II. Tout salarié lésé peut d'autre part se pourvoir en dommages-intérêts, sans réintégration, selon les règles du droit commun, sur la base de l'article 650 C.p.c.

99.   Loi sur la faillite et l'insolvabilité, précitée, note 89, art. 68. Le régime de cette disposition s'étend aux dommages-intérêts dus à la suite d'un congédiement injustifié et laisse au salarié la capacité juridique de poursuivre seul l'employeur pour ce qui lui est dû, en l'absence du syndic : Wallace c. United Grain Growers Ltd., [1997] 3 R.C.S. 701, EYB 1997-02865. L'article 66.36 de cette loi interdit de son côté à tout employeur de congédier, de suspendre ou de mettre à pied un débiteur consommateur, ou de lui imposer d'autres mesures disciplinaires, pour le seul motif qu'une proposition de consommateur, au sens de la loi, a été déposée à son égard.

2. *La force majeure*

L'article 1668, al. 1 C.c.B.-C. prévoyait que l'impossibilité absolue d'exécution du contrat de travail par une partie y mettait fin[100]. L'absence d'une disposition semblable, propre au contrat de travail, dans le Code civil du Québec ne conduit pas pour autant à un résultat très différent, sans toutefois que la rupture soit automatique. L'article 1693 C.c.Q. libère, aux conditions qu'il énonce, le débiteur empêché d'exécuter son obligation en raison d'une force majeure, dont la preuve lui incombe, à moins qu'il ne se soit expressément chargé des cas de force majeure. De son côté, l'article 1470 C.c.Q. prévoit que toute personne peut se dégager de sa responsabilité pour le préjudice causé à autrui si elle prouve que le préjudice résulte d'une force majeure, à moins qu'elle ne se soit engagée à le réparer. La force majeure y est définie comme un « événement imprévisible et irrésistible » auquel est assimilée « la cause étrangère qui présente ces mêmes caractères ». Ce genre d'événement ou de cause échappe donc au contrôle de celui qui l'invoque et exclut toute faute de sa part. L'inaptitude tant du salarié que de l'employeur, selon les cas, pourra relever de l'ordre de la force majeure, par exemple en cas de maladie. Du point de vue de l'employeur, particulièrement, l'incapacité importante ou définitive du salarié pourra s'avérer un motif sérieux de résiliation unilatérale et sans préavis du contrat, selon l'article 2094 C.c.Q. Par contre, ce n'est que dans des circonstances exceptionnelles qu'une difficulté d'ordre économique, pouvant aller jusqu'à la faillite, sera considérée comme le résultat d'une force majeure libérant l'employeur de ses obligations à l'endroit du salarié[101].

3. *Le décès*

Suivant l'article 2093 C.c.Q., le décès du salarié met toujours fin au contrat de travail, alors que celui de l'employeur peut emporter la même conséquence, selon les circonstances. Ces règles confirment le caractère personnel de l'engagement souscrit par le salarié et le fait que la personne de l'employeur puisse, dans certains cas, être une considération essentielle du contrat de travail. Le contrat qui n'est pas éteint par le décès de l'employeur lie sa succession. L'article 2097 C.c.Q., qui affirme la survivance du contrat de travail à l'aliénation de l'entreprise et sur lequel nous reviendrons, suffit désormais à justifier cette solution.

4. *La résiliation – motif sérieux*

L'article 2094 C.c.Q. permet à une partie de résilier unilatéralement et sans préavis le contrat de travail, qu'il soit à durée déterminée ou indéterminée, « pour un motif sérieux ».

Sans égard à leur légalité, la décision du salarié de mettre fin unilatéralement au contrat de travail constitue une démission et celle de l'employeur un licenciement (ou congédiement). Ce sont les faits propres à l'espèce qui révèlent quand cette décision – donc la rupture – prend effet[102].

Du côté du salarié, la démission peut être pure et simple ou conditionnelle. La démission assortie de conditions n'en est pas vraiment une. Il s'agit plutôt, de la part du salarié, d'une offre de mettre fin au contrat, d'une proposition de départ négociée, comme l'envisage l'article 1439 C.c.Q. et qui devrait être traitée selon les règles des articles 1388 à 1397 C.c.Q. La démission simple peut se manifester factuellement par la désertion de son emploi par le salarié. Elle peut aussi être communiquée à l'employeur avant le moment auquel le salarié entend lui donner effet. Dans ce cas, elle ne lie le salarié qu'à compter du moment où l'employeur en a connaissance[103]. Dans le cas d'un contrat à durée indéterminée, le préavis de démission donnant à l'employeur un délai de congé raisonnable suffira pour mettre fin légitimement au contrat, au terme du délai. La validité d'une démission est sujette à celle du consentement du salarié qui la présente (art. 1398 à 1408 C.c.Q.). La démission arrachée par subterfuge, menaces, contrainte, ou celle provoquée par des tracasseries, un harcèlement ou une modification significative des conditions de travail essentielles, sera considérée comme un congédiement déguisé[104]. C'est au salarié qui plaide la nullité de sa démission de la démontrer[105].

Du côté de l'employeur, la volonté de mettre fin à l'emploi du salarié peut aussi se manifester expressément

100. *Vachon c. Cotton*, [1963] C.S. 167.
101. *Holbrook c. Gordon*, [1968] C.S. 37. Voir également *Surveyer, Nenniger & Chênevert Inc. c. Thomas*, précité, note 66 – absence de preuve par l'employeur du caractère irrésistible d'une récession, même si cette dernière s'était avérée imprévisible. Réduction, toutefois, de l'indemnité de préavis en raison des difficultés financières de l'employeur dans *Michel c. Welding Institute of Canada/Institut de soudage du Canada*, D.T.E. 98T-653, REJB 1998-06221 (C.S.).
102. *Nurun Inc. c. Deschênes*, D.T.E. 2004T-565, par. 43, REJB 2004-62170 (C.A.).
103. *Industries Moplastex (1986) Inc. c. Tremblay*, D.T.E. 91T-694, EYB 1991-58725 (C.A.).
104. *Farber c. Cie Trust Royal*, précité, note 72.
105. *Soulière c. Aylmer (Ville d')*, D.T.E. 2000T-210, REJB 2000-17313 (C.S.). Ce fardeau peut toutefois être renversé une fois la validité de la démission sérieusement mise en question : *Tardif c. Montréal (Ville de)*, D.T.E. 90T-530, EYB 1990-56670 (C.A.).

ou de façon implicite. Dans le second cas, on parlera de licenciement ou de congédiement déguisé, ou par induction. Celui-ci peut être le résultat d'un arsenal de moyens auquel l'employeur de mauvaise foi peut recourir pour provoquer le départ d'un salarié : harcèlement, brimades, vexations, humiliations, menaces, etc. Il peut aussi, même en l'absence de mauvaise foi, être conséquent à une modification substantielle imposée d'autorité par l'employeur aux conditions essentielles du contrat du salarié[106].

Seul le congédiement justifié par un « motif sérieux » peut être fait sans préavis ni indemnité au salarié.

L'expression « motif sérieux » utilisée à l'article 2094 C.c.Q. se démarque de l'emploi par ailleurs courant dans la législation du travail des termes « cause juste et suffisante » pour désigner un motif légitime de renvoi du salarié[107]. Quelle que soit l'expression retenue, il aurait été utile que le législateur précise que la cause de résiliation doit être imputable à l'autre partie, en l'occurrence au salarié en cas de congédiement. Néanmoins, le poids de la jurisprudence tant des instances spécialisées du travail que des tribunaux de droit commun est si significatif relativement aux motifs susceptibles de justifier un licenciement sans indemnité ni préavis que le sens à donner à l'expression « motif sérieux » est celui d'une faute grave commise par le salarié ou d'une cause juste et suffisante qui se rapporte à sa conduite ou à son défaut d'exécuter le travail[108]. Cette interprétation est d'ailleurs la seule qui puisse se concilier avec le principe général, énoncé à l'article 1604, al. 2 C.c.Q., qui affirme le droit du créancier à la résiliation d'un contrat à exécution successive en cas d'inexécution du débiteur à moins que cette inexécution soit de « peu d'importance », auquel cas la résiliation ne peut sanctionner qu'un défaut à caractère répétitif.

Est évidemment exclue de la notion de « motif sérieux » toute raison ou considération pour laquelle la loi interdit expressément à l'employeur de congédier un salarié. On pense d'abord naturellement aux motifs discriminatoires et illicites prohibés par les Chartes. L'article 425.1 du Code criminel interdit à tout employeur de congédier un salarié (ou de lui imposer une autre sanction) pour empêcher sa dénonciation auprès d'un organisme ou d'une personne chargée de l'application d'une loi fédérale ou provinciale, ou par représailles à une telle dénonciation. Les grandes lois du travail, dans le champ d'application qui leur est propre, et certaines lois d'intérêt public prohibent à l'employeur le licenciement (et d'autres formes de sanction) d'un salarié pour les motifs qu'elles indiquent. Ces interdictions sont associées soit à l'application de conditions de travail d'ordre public, soit encore à l'exercice d'un droit ou à l'exécution d'un devoir civique. Les lois en question sont parmi celles énumérées à l'annexe I du Code du travail[109]. Il y a lieu ici, à titre illustratif, de relever certaines d'entre elles et les motifs de licenciement qu'elles prohibent :

– *Loi sur les normes du travail*[110] : exercice d'un droit prévu par cette loi ou dans le but d'éluder son application; fourniture de renseignements à la Commission des normes du travail ou témoignage dans une poursuite en vertu de la loi; saisie-arrêt du salaire; condition de débiteur alimentaire; grossesse d'une salariée; refus de travail supplémentaire en raison d'obligations familiales; mise à la retraite; maladie.

– *Loi sur la santé et la sécurité du travail*[111] : refus de l'employé d'exécuter un travail dangereux ou exercice de tout droit ou de toute fonction que prévoit cette loi.

– *Loi sur les accidents du travail et les maladies professionnelles*[112] : exercice d'un droit conféré par cette loi ou le fait que l'employé a été victime d'une lésion professionnelle au sens de celle-ci.

– *Loi sur les décrets de convention collective*[113] : fourniture d'un renseignement à un comité paritaire; plainte ou dénonciation relativement à une infraction à la loi ou à un règlement, ou à l'application d'une convention ou d'un décret, ou témoignage dans une poursuite ou une requête à ce sujet; geste posé par l'employeur dans l'intention de réengager le salarié dans un emploi inférieur et d'éluder les dispositions du décret en payant un salaire moindre.

106.   *Farber c. Cie Trust Royal*, précité, note 72.
107.   Exemples: *Loi sur les normes du travail*, précitée, note 1, art. 128; Code du travail, précité, note 1, art. 17.
108.   N-A. BÉLIVEAU, D. BOUTIN, N. ST-PIERRE, « Les « motifs sérieux » et la « cause juste et suffisante » de congédiement », dans Service de la formation permanente, Barreau du Québec, *Un abécédaire des cessations d'emploi et des indemnités de départ*, vol. 227, Cowansville, Éditions Yvon Blais, 2005, p. 23, à la page 28. Voir également *Girouard c. Compagnie Commonwealth Plywood Ltée*, précité, note 1; *Sirois c. O'Neill*, précité, note 61; *Girouard c. Compagnie Commonwealth Plywood Ltée*, précité, note 61; *Personnel Marie-André Laforce (2000) Inc. c. Laforce*, précité, note 60.
109.   Code du travail, précité, note 1.
110.   Précitée, note 1, art. 122 et 122.1. Relativement à l'interdiction de congédier le salarié pour le motif que son salaire fait l'objet d'une saisie-arrêt, voir aussi l'article 650 C.p.c.
111.   Précitée, note 1, art. 30 et 227.
112.   Précitée, note 77, art. 32, 252 à 257, 262 à 264, 358 et 390.
113.   Précitée, note 3, art. 30.1.

– *Charte de la langue française*[114] : méconnaissance d'une langue autre que le français.

– *Loi sur les jurés*[115] : exercice de la fonction de juré.

– *Loi sur les tribunaux judiciaires*[116] : assignation comme témoin devant un tribunal.

– *Loi sur la protection des personnes et des biens en cas de sinistre*[117] : travail d'intervention en cas de sinistre.

– *Loi sur la sécurité incendie*[118] : droit d'agir comme pompier volontaire.

– *Loi électorale*[119] : congé d'agent officiel ou de candidat.

– *Loi sur les élections et les référendums dans les municipalités*[120] : congé d'un candidat.

Ces diverses interdictions sont appuyées par des recours civils auprès d'une instance spécialisée, nommément la Commission des relations du travail instituée par le Code du travail. L'archétype de ces recours est celui prévu au Code du travail pour assurer la protection de l'activité syndicale légitime[121]. Lorsque le salarié se trouve dans une situation de fait protégée par la loi, il bénéficie, en cas de licenciement, d'une présomption d'illégalité de la terminaison de son emploi et l'employeur, pour renverser cette présomption, doit établir l'existence d'une autre cause juste et suffisante. Ce type de recours se démarque de ceux qui pourraient être exercés devant un tribunal de droit commun en ce qu'il permet au salarié tant d'être réintégré dans son emploi que d'être indemnisé pour le préjudice subi.

Toute considération d'un motif illégal de licenciement étant écartée, il appartiendra à l'employeur de démontrer l'existence d'un motif sérieux de sa décision de mettre fin à l'emploi du salarié, c'est-à-dire un défaut grave d'exécution de ses obligations par le salarié. Si le motif se rapporte au rendement du salarié, d'un point de vue qualitatif ou quantitatif, le motif en sera un d'incapacité, d'incompétence ou d'insuffisance professionnelle. Les imperfections et les erreurs de l'employé doivent lui être signalées par l'employeur de sorte que l'employé puisse améliorer son rendement s'il est en mesure de le faire[122]. Les motifs dits disciplinaires viennent sanctionner les fautes de conduite du salarié au regard de ses obligations d'obéissance, comme subordonné, de loyauté ou de discrétion[123]. La faute du salarié qui justifie son licenciement sans préavis ni indemnité peut résulter d'un fait unique qui porte une atteinte fatale à la relation de travail. Elle peut aussi être la résultante de plusieurs actes ou omissions dont le caractère répétitif ou cumulatif lui confère le degré de gravité suffisant pour justifier le congédiement. Cette solution s'inscrit dans le cadre de la règle générale énoncée à l'article 1604 C.c.Q., selon laquelle le caractère répétitif d'un défaut d'exécution, même si ce dernier est de peu d'importance, peut justifier la résiliation d'un contrat à exécution successive. En pratique, pour déterminer si le comportement fautif du salarié constitue un motif sérieux de résiliation de son contrat de travail par l'employeur, le tribunal tiendra compte à la fois de considérations liées à l'acte lui-même, comme sa préméditation, le contexte dans lequel il a été posé[124] et ses conséquences, ainsi que de facteurs qui se rattachent au salarié, comme son dossier disciplinaire antérieur, ses années de service et son niveau de responsabilité dans l'entreprise.

En cas de contestation judiciaire de la résiliation du contrat de travail, la Cour d'appel a déjà décidé que le tribunal de droit commun n'était pas habilité, à la différence de certaines instances spécialisées, à réduire le congédiement à une sanction moindre, comme une suspension, lorsque les manquements du salarié lui paraissaient réels mais insuffisants pour justifier son licenciement[125]. Le jugement exclut, en somme, une réponse mitoyenne de la part du tribunal, son rôle s'arrêtant à décider de la suffisance ou de l'insuffisance du motif de licenciement et à en tirer les conséquences qui doivent suivre.

114. L.R.Q., c. C-11, art. 41 à 50.
115. L.R.Q., c. J-2, art. 47.
116. L.R.Q., c. T-16, art. 5.2.
117. L.R.Q., c. P-38.1, art. 49.
118. L.Q. 2000, c. 20, art. 154.
119. L.R.Q., c. E-3.3, art. 248 et s.
120. L.R.Q., c. E 2.2, art. 347 et s.
121. Code du travail, précité, note 1, art. 15 et s. Pour une description de cette procédure-type de recours, voir *infra*, titre II, chapitre II.
122. *Association des professionnels non enseignants du Québec (C.E.Q.)* c. *Commission scolaire régionale Louis-Hémon*, D.T.E. 85T-59 (C.A.); *Dumoulin* c. *Gravel (Clinique de denturologie Rémi Gravel et Ass)*, D.T.E. 2006T-26; *Lesage* c. *Lama Transport & Manutention ltée*, D.T.E. 2003T-281 (C.A.); *Coupal* c. *Logiciels Suivitel Inc.*, D.T.E. 92T-564 (C.S.).
123. *Gagnon* c. *Goldon Eagle Refining Co. of Canada Ltd.*, [1971] C.A. 743. Voir aussi *McKinley* c. *BC Tel*, précité, note 43 – cadre d'analyse à adopter en cas d'allégation de comportement malhonnête de la part de l'employé.
124. *Marsh Canada Ltée* c. *Crevier*, D.T.E. 2006T-385 (C.A.); *Pro-quai Inc.* c. *Tanguay*, D.T.E. 2006T-44 (C.A.).
125. *Maheu, Noiseux & Associés* c. *Roneo Vickers Canada Ltd.*, [1988] R.J.Q. 1597, EYB 1988-66666 (C.A.).

B- Le contrat à durée indéterminée

Il est de l'essence même du contrat de travail à durée indéterminée que chacune des parties puisse y mettre légalement fin à volonté, à la seule condition de donner à l'autre un délai de congé ou préavis à cet effet.

La faculté ainsi donnée à chacune des parties de mettre fin au contrat à durée indéterminée relève de leur discrétion et les laisse donc à l'abri, en principe, de toute poursuite en responsabilité si le délai de congé est suffisant. Cette affirmation demeure néanmoins sujette à une réserve. L'exercice abusif de ce droit, de manière malicieuse, déraisonnable et excessive, grossièrement négligente ou imprudente, rend son auteur passible de dommages-intérêts, malgré la suffisance du préavis (art. 7 et 13 C.c.Q.)[126]. L'impossibilité, selon l'article 2092 C.c.Q., pour le salarié de renoncer à la réparation du préjudice consécutif à une résiliation « faite de manière abusive » confirme cette solution. Par ailleurs, seul un motif sérieux donné par l'autre partie, justifiant une rupture immédiate de la relation de travail, dispense de lui donner un délai de congé raisonnable (art. 2094 C.c.Q.).

La partie qui fait défaut de donner à l'autre le délai de congé auquel elle a droit est passible de dommages-intérêts en réparation du préjudice causé (art. 1607 C.c.Q.). En pratique, le droit de l'employeur de réclamer des dommages-intérêts à la suite du défaut du salarié de lui donner un préavis de démission raisonnable s'avère souvent plus théorique que réel, vu l'obligation de faire la preuve d'un préjudice[127]. L'employeur ne peut invoquer compensation et retenir une partie du salaire dû au salarié par suite du défaut de ce dernier de lui donner un préavis de départ; la créance de l'employeur, dans ce cas, n'est pas certaine, liquide, et exigible[128]. Qu'il soit de licenciement ou de démission, le préavis n'est soumis à aucune forme particulière[129]. Il a cependant été décidé qu'il devait être par écrit, si le contrat de travail était lui-même dans cette

forme[130]. Pendant la durée du délai de congé, le contrat se poursuit entre les parties, avec les obligations qui s'y rattachent pour chacune d'elles. On reconnaît par ailleurs que la partie qui veut mettre fin au contrat peut interrompre la relation contractuelle de façon immédiate en versant à l'autre partie une indemnité qui tient lieu de délai de congé. Implicitement, l'article 2092 C.c.Q. confirme la légitimité de cette solution lorsque c'est l'employeur qui met fin au contrat, en consacrant le droit du salarié d'obtenir une indemnité s'il ne reçoit pas un délai de congé suffisant. Dans ce cas, l'indemnité à laquelle le salarié a droit est calculée en tenant compte du salaire et des autres avantages ayant une valeur pécuniaire qu'il aurait reçus pendant la période de délai de congé.

Quant à sa durée, l'article 2091, al. 2 C.c.Q. prévoit simplement que le délai de congé doit être « raisonnable ». Il mentionne ensuite, de façon non limitative, quelques facteurs qui doivent être pris en considération : la nature de l'emploi, les circonstances particulières dans lesquelles il s'exerce, la durée de la prestation de travail[131].

La jurisprudence québécoise des dernières années, influencée notamment par celle des autres provinces, a très sensiblement augmenté ses exigences quant à la durée du délai de congé requis de l'employeur pour mettre fin unilatéralement à l'emploi des salariés, plus particulièrement de ceux qui sont âgés et qui comptent de longs états de service et de ceux qui occupent des fonctions de niveau professionnel ou assument des responsabilités de direction. Aux facteurs déjà mentionnés s'ajoute la considération du nombre d'années de service du salarié, de son âge ainsi que de l'ensemble de toutes les autres circonstances pertinentes qui ont pu entourer la relation d'emploi et sa rupture[132]. Ainsi, un préavis de 12 ou 18 mois, voire même 24 mois, peut maintenant être envisagé par l'employeur qui veut licencier un salarié sans reproche à son service depuis longtemps et qui exerce des responsabilités significatives dans l'entreprise[133]. En définitive, ce

---

126. *Houle c. Banque Canadienne Nationale*, [1990] 3 R.C.S. 122, EYB 1990-67829; *Sauvé c. Banque Laurentienne du Canada*, [1999] R.J.Q. 79, REJB 1998-09609 (C.A.); *Marquis c. Auxilium Technologies Inc.*, D.T.E. 2001T-940, REJB 2001-26408 (C.S.).
127. Exemples d'une telle preuve: *Poirier c. Charron*, [1995] R.J.Q. 1197, EYB 1995-72751 (C.S.); *Paradivision c. Blass*, D.T.E. 2001T-418, REJB 2001-24593 (C.S.).
128. Il pourrait en être autrement si le délai de démission était prédéterminé contractuellement et assorti d'une clause pénale.
129. *Beaumont c. Weisor Ltée*, [1961] R.L. 551 (Cour de magistrat).
130. *Bulkens c. Municipalité d'Oka*, [1966] R.D.T. 316 (C.S.).
131. Il rejoint ainsi les principes que la jurisprudence avait élaborés: *Columbia Builders Supplies Co. c. Bartlett*, [1967] B.R. 111. Le droit à un délai de congé est acquis dès que la formation du contrat de travail est rendue parfaite, par exemple par l'acceptation d'une offre d'emploi: *Canuel c. Union canadienne (L'), compagnie d'assurances*, D.T.E. 98T-900, REJB 1998-08224 (C.S.).
132. *Standard Broadcasting Corp. c. Stewart*, [1994] R.J.Q. 1751, EYB 1994-64347 (C.A.); *Isidore Garon Ltée c. Tremblay; Fillion et Frères (1976) Inc. c. Syndicat national des employés de garage du Québec Inc.*, 2006 CSC 2, par. 35-37; *Sauvé c. Banque Laurentienne du Canada*, précité, note 126; *Banque Laurentienne du Canada c. Saulnier*, [1999] R.J.Q. 711, REJB 1998-04777 (C.A.).
133. La Cour suprême a déjà accordé une indemnité de 24 mois: *Wallace c. United Grain Growers Ltd.*, précité, note 99. La Cour d'appel a fait de même dans *Aksich c. Canadian Pacific Railway Co.*, [2006] R.J.D.T. 997 (C.A.) et dans *Encres d'imprimerie Schmidt Ltée/Schmidt Printing Inks Ltd. c. Agence de ventes Bill Sayer Inc./Bill Sayer Sales Agency Inc.*, précité, note 4 ainsi que la Cour supérieure dans *Brown c. Industrielle Alliance Valeurs Mobilières Inc.*, 2007 QCCS 1602 (C.S.); *Trudeau c. Pépin, Létourneau, s.e.n.c.*, D.T.E. 2003T-1151, REJB 2003-49935 (C.S.) et dans *Benoît c. Groupe D.M.R. Inc.*, D.T.E. 2004T-99, REJB 2004-52399 (C.S.).

sont les faits propres à chaque cas qui permettront d'apprécier la durée d'un délai de congé raisonnable, les précédents ne présentant qu'une valeur indicative[134].

Le droit à un délai de congé raisonnable ne revêt pas le même caractère selon qu'il concerne le salarié ou l'employeur. Le droit du salarié à un délai de congé raisonnable ou à une indemnité équivalente est d'ordre public[135]. L'article 2092 C.c.Q. empêche en effet le salarié de renoncer à son droit d'obtenir une indemnité en réparation du préjudice subi conséquemment à un délai de congé insuffisant ou à une résiliation abusive de son contrat de travail. Le cas échéant, une telle renonciation lui sera inopposable. C'est dire qu'un délai de congé (ou une indemnité équivalente de fin d'emploi) prédéterminé dans le contrat de travail reste sujet à l'appréciation et à la révision du tribunal[136].

L'article 2092 du code rend-il ainsi révisable, donc incertaine, une entente de départ entre l'employeur et le salarié réglant la question du délai de congé ou de l'indemnité qui doit en tenir lieu? On trouve dans la jurisprudence actuelle deux approches. La première veut que l'article 2092 C.c.Q. rende automatiquement révisable par le tribunal une transaction sur le délai de congé[137]. Une deuxième école fait montre de plus de nuance et subordonne l'annulation d'une transaction à la constatation préalable de son caractère abusif[138]. D'un point de vue critique, l'article 2092 C.c.Q. s'adresse au premier chef au contrat de travail lui-même plutôt qu'à l'entente par laquelle les parties pourraient décider d'y mettre fin en tenant compte, alors, de diverses considérations. Cette protection légale cherche essentiellement à prémunir le salarié lorsque sa vulnérabilité pourrait l'amener à renoncer à un droit ultérieur, c'est-à-dire lorsqu'il veut obtenir un emploi ou pendant qu'il occupe cet emploi. Dans le même ordre, la jurisprudence reconnaît que la partie en faveur de laquelle une mesure de protection économique est édictée peut y renoncer validement lorsque le bénéfice de cette mesure lui est acquis[139]. Sous réserve des règles générales de validité des contrats, l'article 2092 C.c.Q. ne devrait donc pas faire obstacle à la faculté de l'employeur et du salarié de régler par une transaction un litige éventuel ou déjà né relativement à une cessation d'emploi (art. 2631 et 2633 C.c.Q.). L'article 2634 C.c.Q. exclut d'ailleurs l'erreur de droit comme cause de nullité d'une transaction. Enfin, des lois du travail comme la *Loi sur les normes du travail* et le Code du travail favorisent résolument la médiation et la conclusion de transactions comme mode de règlement des litiges auxquels une fin d'emploi peut donner lieu.

Sur un autre plan, le caractère d'ordre public du délai de congé dû au salarié touche une pratique courante du milieu du travail. Il s'agit de l'établissement d'une période d'essai pour le salarié au début de son emploi, période pendant laquelle l'employeur se réserve le droit de mettre fin à l'emploi en tout temps, sans préavis ni indemnité. Un tel régime probatoire se heurte à l'article 2092 C.c.Q.[140]. Les conséquences concrètes demeurent toutefois marginales, sauf dans un contexte exceptionnel, en raison de la courte durée des services du salarié au moment de la terminaison de son emploi et de l'évaluation conséquente du délai de congé auquel il a droit. Rien n'empêche par ailleurs les parties d'arrêter une période d'essai par le biais d'un contrat initial d'une durée déterminée permettant à l'employeur d'évaluer le salarié et, à son terme, de décider de la poursuite de la relation contractuelle sur la base d'un renouvellement d'engagement, pour une durée indéterminée ou pour une autre durée déterminée. Dans ce cas, toutefois, l'engagement initial, comme son renouvellement pour une durée déterminée, devra se poursuivre jusqu'à son terme[141].

À la différence du salarié, l'employeur peut renoncer d'avance, purement et simplement, à recevoir du salarié un préavis de démission. Pour être retenue, cette renonciation doit être explicite[142].

C- Le contrat à durée déterminée

Le contrat de travail à durée déterminée est celui où les parties ont préalablement fixé une échéance à leur relation contractuelle en prévoyant soit un terme extinctif, soit encore la réalisation d'une condition résolutoire. Dans le premier cas, il peut s'agir simplement de la fixation d'une

---

134. *Steinberg's Ltd. c. Lecompte*, [1985] C.A. 223, opinion du juge Vallerand.
135. Il ne peut toutefois être invoqué en présence d'une convention collective parce qu'incompatible, par nature, avec un régime collectif de conditions de travail: *Isidore Garon Ltée c. Tremblay; Fillion et Frères (1976) Inc. c. Syndicat national des employés de garage du Québec Inc.*, précité, note 132. Voir aussi Titre II, chapitre VII.
136. *Hemens c. Sigvaris Corp.*, [2004] R.J.Q. 2918, REJB 2004-80061 (C.A.).
137. Exemples: *Dumesnil c. Ressources graphiques, une division de Cascades Groupe papiers fins Inc.*, D.T.E. 2006T-127 (C.S.); *Chassé c. Rodi Design Inc.*, D.T.E. 2003T-24, REJB 2002-36054 (C.S.); *Karasseferian c. Bell Canada Inc.*, [2000] R.J.Q. 1452, REJB 2000-18123 (C.S.).
138. *Exemple: O'Connor c. Omega Engineering Inc.*, [2000] R.J.Q. 243, REJB 1999-15959 (C.S.).
139. *Garcia Transport Ltée c. Cie Royal Trust*, [1993] 2 R.C.S. 499, EYB 1992-67804.
140. *Légaré c. G.E. Leblanc Inc.*, D.T.E. 2004T-342, REJB 2004-55062 (C.S.).
141. *Newman c. Stokes Inc.*, D.T.E. 93T-553, EYB 1993-74526 (C.S.).
142. Voir, par analogie, *Drouin c. Electrolux Canada Ltée, division de Les Produits C.F.C. Ltée*, précité, note 31.

date d'échéance au contrat, tout comme de la survenance d'un événement certain à une date qui demeure inconnue. Quant à la condition résolutoire, c'est celle par laquelle les parties prévoient que le contrat prendra fin s'il survient un événement incertain : destruction de l'équipement de production, réduction des activités de l'entreprise ou de ses profits en deçà d'un niveau préétabli, etc. Pour que le contrat soit considéré comme étant à durée déterminée, il faut que la condition ainsi envisagée soit indépendante de la volonté des parties quant à sa réalisation; autrement, la condition sera assimilée à une faculté unilatérale de résiliation et le contrat considéré comme un contrat à durée indéterminée[143]. Il n'est par ailleurs pas exclu que le contrat puisse être à durée déterminée en ce qui a trait à une partie et à durée indéterminée pour l'autre qui peut alors y mettre fin en tout temps en donnant un délai de congé[144].

Le contrat de travail à durée déterminée doit faire l'objet d'une entente expresse à cet effet, qu'elle soit écrite ou verbale[145]. Il ne peut s'inférer du seul fait que les parties ont convenu de conditions de travail pour un certain temps non plus que de l'établissement du salaire sur la base d'une certaine période de temps, annuelle, mensuelle ou autre; il faut plutôt, dans chaque cas, rechercher la véritable intention des parties en tenant compte de toutes les stipulations contractuelles[146]. C'est la partie qui allègue l'existence d'un contrat à durée déterminée qui a le fardeau de la démontrer[147].

Le contrat à durée déterminée lie les parties jusqu'à son échéance[148]. Celle-ci met normalement fin de plein droit aux relations entre les parties (art. 1517 et 1671 C.c.Q.)[149]. Toutefois, ces dernières peuvent avoir prévu les conditions et les modalités d'une reconduction du contrat. En l'absence d'un tel aménagement contractuel, l'article 2090 C.c.Q. rend néanmoins le contrat susceptible d'une reconduction tacite. Cette reconduction légale a lieu lorsque le salarié continue de travailler pour l'employeur sans opposition de la part de ce dernier durant cinq jours après l'arrivée du terme convenu au contrat de travail. Cette condition suppose que le salarié soit en mesure d'exécuter sa prestation, ce qu'exclut évidemment un état d'invalidité[150]. Le contrat reconduit tacitement l'est pour une durée indéterminée, de sorte que chaque partie peut y mettre fin en donnant à l'autre le délai de congé exigé par l'article 2091 C.c.Q.

Par ailleurs, selon les circonstances, une succession ininterrompue de contrats de travail à durée déterminée, que ce soit par suite d'ententes formelles des parties à cet effet ou en conséquence de renouvellements conventionnels d'un contrat initial, peut révéler la transformation, en réalité, de la relation de travail en rapport à durée indéterminée, du moins aux fins de l'application des mesures particulières de protection de l'emploi contenues dans diverses lois du travail[151].

D- L'aliénation de l'entreprise

L'article 2097 C.c.Q. apporte au régime juridique du contrat de travail son innovation la plus spectaculaire issue de la réforme du droit civil. Dérogeant à la règle de l'effet relatif des contrats énoncée à l'article 1440 C.c.Q., il affirme la survie du contrat de travail à l'aliénation de l'entreprise ou à la modification de sa structure juridique. Cette disposition complète ce qu'on pourrait appeler le « triptyque législatif » du droit de suite en relations du travail, droit de suite attaché à l'entreprise pour laquelle le travail est exécuté. Elle s'ajoute, en effet, aux articles 45 et suivants C.t., qui garantissent le maintien des droits individuels et collectifs reliés à un régime de rapports collectifs du travail, et à l'article 97 *L.n.t.*, qui assure aux salariés la continuité d'application des normes du travail par un nouvel employeur. Ici, c'est le lien d'emploi individuel lui-même qui se trouve directement protégé. L'étendue et les effets de cette protection se mesurent sous l'éclairage de l'abondante jurisprudence à laquelle ont donné lieu tant l'article 45 C.t. que l'article 97 *L.n.t.* L'article 2097 C.c.Q. se démarque toutefois de ses antécédents législatifs apparentés sous certains aspects importants.

143.   *Thibodeau c. Ste-Julienne (Corp. municipale de)*, [1994] R.J.Q. 2819, EYB 1994-59255 (C.A.).
144.   Dans *149244 Canada Inc. c. Selick*, [1994] R.J.Q. 2822, EYB 1994-64335 (C.A.), on a qualifié de *sui generis* un contrat stipulant en faveur de l'employé que celui-ci pourrait conserver son emploi tant qu'il le désirerait.
145.   *Allaire-Gingras c. Hébergement Magog-Orford Inc.*, D.T.E. 92T-1222, EYB 1992-75570 (C.S.).
146.   *Thibodeau c. Ste-Julienne (Corp. municipale de)*, précité, note 143.
147.   *Commission des normes du travail du Québec c. Campeau Corp.*, [1989] R.J.Q. 2108, EYB 1989-63158 (C.A.); *Commission des normes du travail du Québec c. Hawker Siddeley Canada Inc.*, [1989] R.J.Q. 2123, EYB 1989-63383 (C.A.); *Brown c. Industrielle Alliance Valeurs Mobilières Inc.*, 2007 QCCS 1602 (C.S.).
148.   *Savoie c. Roy*, [1983] C.A. 513.
149.   *Chambly (Ville de) c. Gagnon*, [1999] 1 R.C.S. 8, REJB 1999-11610; *Tinker-Labrecque c. Corporation de l'Hôpital d'Youville de Sherbrooke*, [1986] R.J.Q. 1283, EYB 1986-59071 (C.A.).
150.   *Lapointe c. Québec Propane Inc.*, D.T.E. 84T-546 (C.S.).
151.   *Moore c. Compagnie Montréal Trust*, [1988] R.J.Q. 2339, EYB 1988-62994 (C.A.); *Commission scolaire Berthier Nord-Joly c. Beauséjour*, [1988] R.J.Q. 639, EYB 1988-62851 (C.A.).

1. L'entreprise

Le Code civil du Québec est presque aussi muet que le Code du travail et la *Loi sur les normes du travail* sur la notion-clé d'entreprise, à la base du droit de suite énoncé à l'article 2097 C.c.Q. Ce choix du législateur conserve toute son intégrité à la définition « concrète » ou « organique » de l'entreprise, élaborée par le Tribunal du travail dans l'affaire *Mode Amazone* et avalisée par la Cour suprême dans l'arrêt *Bibeault*[152]. Cette définition s'inscrivait d'ailleurs dans une approche essentiellement civiliste de la transmission d'entreprise. La définition de l'« exploitation d'une entreprise », dans le contexte de la détermination des règles relatives aux obligations solidaires, à l'article 1525, al. 3 C.c.Q., n'autorise pas la révision de cette notion d'entreprise :

> « Constitue l'exploitation d'une entreprise l'exercice, par une ou plusieurs personnes, d'une activité économique organisée, qu'elle soit ou non à caractère commercial, consistant dans la production ou la réalisation de biens, leur administration ou leur aliénation, ou dans la prestation de services. »

Cette définition permet, certes, d'entrevoir toute la variété des fins que peut poursuivre l'entreprise, mais elle confirme tout autant que celle-ci est bien cet ensemble organisé, susceptible d'aliénation, déjà décrit par la jurisprudence.

2. La transmission

À la différence du Code du travail et de la *Loi sur les normes du travail*, le Code civil du Québec ne s'adresse qu'aux situations d'aliénation ou de changement de structure juridique de l'entreprise. Il exclut ainsi la concession d'entreprise et, donc, le phénomène de la sous-traitance sous toutes ses formes. L'aliénation de l'entreprise implique une mutation des droits reliés à sa propriété et l'existence d'un lien de droit direct, d'où découle cette mutation, entre l'ancien et le nouvel employeur[153]. Cette cession de droits peut toucher la totalité ou une partie de l'entreprise. Que l'article 2097 C.c.Q. n'évoque pas expressément l'éventualité d'une aliénation partielle paraît sans conséquence, eu égard aux principes indiqués par la Cour suprême dans l'arrêt *Bibeault*, si l'opération permet de constater la perpétuation chez le nouvel employeur d'une partie de l'entreprise de son auteur[154]. L'aliénation totale ou partielle de l'entreprise suppose par ailleurs sa survivance, comme telle, chez le nouvel employeur, ce qui exclut son démembrement par l'acquéreur de ses composantes organiques[155].

Outre la vente, la transmission successorale de l'entreprise, notamment, tombe dans l'aire d'application de l'article 2097 C.c.Q.[156]. L'article 2097 C.c.Q. n'exclut pas la vente en justice comme mode de transmission de l'entreprise susceptible de donner lieu à son application. En principe, le contrat de travail pourrait donc survivre à une vente forcée de l'entreprise. Cette possibilité demeure toutefois subordonnée à la condition essentielle que l'entreprise se poursuive de façon continue, par son exploitation active, malgré cet aléa. Le plus souvent, en effet, l'insolvabilité de l'entreprise qui conduit à sa vente en justice provoquera concurremment son extinction comme activité économique organisée, même si ses éléments constitutifs peuvent ultérieurement permettre à leur acquéreur de donner naissance à une nouvelle entreprise de nature semblable[157].

La modification de la structure juridique de l'entreprise, que l'article 2097 C.c.Q. vise au même titre que l'aliénation, comprend notamment sa fusion avec une autre entreprise selon le texte même de la disposition législative[158]. Elle inclut indéniablement aussi la division de l'entreprise[159], tout comme d'autres changements qui peuvent être apportés à sa forme ou à son contrôle juridique mais qui la laissent subsister comme exploitation[160].

---

152. *U.E.S., local 298 c. Bibeault*, [1988] 2 R.C.S. 1048, 1105, EYB 1988-67863; *Ivanhoe Inc. c. TUAC, section locale 500*, [2001] 2 R.C.S. 565, 2001 CSC 47, par. 65 à 70, REJB 2001-25016; *Mode Amazone c. Comité conjoint de Montréal de l'Union internationale des ouvriers du vêtement pour dames*, [1983] T.T. 227, 231.

153. *U.E.S., local 298 c. Bibeault*, précité, note 152, p. 1112 à 1115.

154. *Ibid.*; *Alfred Dallaire Inc. c. Beaudin*, D.T.E. 99T-292, REJB 1999-11022 (T.T.), conf. par *Syndicat des travailleuses et travailleurs d'Alfred Dallaire c. Alfred Dallaire Inc.*, [2002] R.J.D.T. 20, REJB 2002-27887 (C.A.).

155. *Raymond, Chabot, Martin, Paré & Associés c. G.D.I. Inc.*, [1989] R.J.Q. 1791, EYB 1989-59641 (C.A.); *Burns c. Compagnie du Trust National Ltée*, D.T.E. 90T-920, EYB 1990-57040 (C.A.).

156. L'article 1441 C.c.Q. aurait conduit à la même solution à l'endroit des héritiers, mais les articles 739 et 1442 C.c.Q. l'auraient écartée pour les légataires particuliers.

157. *Bergeron c. Métallurgie Frontenac Ltée*, [1992] R.J.Q. 2656, EYB 1992-56313 (C.A.); *Garner c. Edwin Jeans Canada Ltée*, [1998] R.J.Q. 2373, EYB 1998-08223 (C.S.).

158. Voir, relativement à un licenciement consécutif à une fusion et à une restructuration d'entreprises, *Patenaude c. Purdel Inc.*, [1993] R.J.Q. 1205 (C.S.). EYB 1993-79321.

159. Voir, à ce sujet, le texte de l'article 97 *L.n.t.*, précitée, note 1, qui mentionne la division comme une des formes de changement de structure juridique de l'entreprise.

160. *Baril c. Investissement Imqua Inc.*, [1999] R.J.Q. 1785, REJB 1999-13203 (C.S.).

3. Les effets

Quelle est la mesure exacte des effets de l'article 2097 C.c.Q.? Cette disposition garantit-elle en somme aux salariés une sécurité d'emploi absolue à l'occasion d'une aliénation de l'entreprise? L'employeur et le salarié peuvent-ils convenir à l'avance que le contrat de travail prendra fin en cas de vente de l'entreprise? L'employeur peut-il, en donnant un délai-congé suffisant, mettre fin à un engagement à durée indéterminée, en prévision d'une vente de son entreprise?

La détermination de la portée réelle de l'article 2097 C.c.Q. devrait s'apprécier, au premier chef, en fonction de l'état du droit antérieur que le législateur a voulu modifier en l'adoptant. Suivant ce droit antérieur et la règle de l'effet relatif des contrats, que reprend désormais de façon générale l'article 1440 C.c.Q., l'aliénation de l'entreprise mettait fin au contrat de travail et l'acquéreur n'était pas lié par ce dernier[161]. C'est cette situation que l'article 2097 C.c.Q. vient modifier, par exception, à l'endroit du contrat de travail. Déclaratoire, il affirme donc que le fait de l'aliénation n'a pas pour effet, par lui-même, de mettre fin au contrat de travail et que, dans ce cas, l'ayant cause de l'employeur est lié par le contrat. Rien dans l'article 2097 C.c.Q. ne permet d'y reconnaître une intention du législateur de rendre en quelque sorte obligatoire la poursuite du contrat de travail par-delà l'aliénation de l'entreprise. Tel serait pourtant le cas si on trouvait dans l'article 2097 C.c.Q. une interdiction d'ordre public aux parties de convenir d'une forme de contrat à durée déterminée prévoyant expressément, par exemple, que la vente de l'entreprise mettra fin au contrat de travail. Semblablement, une telle interprétation de l'article 2097 C.c.Q. interdirait à l'employeur de pouvoir mettre fin à un contrat à durée indéterminée, sur préavis à cet effet, en prévision d'une aliénation de son entreprise, conférant ainsi au salarié à cette occasion une sécurité d'emploi que la loi ne lui reconnaît en aucun autre temps[162]. L'article 2097 C.c.Q. ne paraît pas modifier aussi profondément à la fois le principe fondamental de liberté contractuelle des parties et le régime de terminaison du contrat à durée indéterminée moyennant un préavis raisonnable. Il semble plus juste d'y

voir une garantie qu'un contrat de travail à durée prédéterminée se rendra à l'échéance qui y est prévue, malgré l'aliénation de l'entreprise, et que le contrat à durée indéterminée se poursuivra chez le nouvel employeur si le vendeur n'est pas intervenu pour y mettre légalement fin, dans les mêmes circonstances.

Qu'en est-il des obligations de l'employeur originaire encore inexécutées par ce dernier au moment de l'aliénation de l'entreprise? Le nouvel employeur en est-il rendu responsable du seul fait de l'application de l'article 2097 C.c.Q.? Une réponse négative paraît s'imposer. Il faut, en effet, prendre note du fait que l'on ne trouve pas au Code civil du Québec de dispositions équivalentes à celles de l'article 96 *L.n.t.*, lesquelles rendent l'ancien employeur et le nouveau conjointement et solidairement responsables à l'égard d'une réclamation du salarié qui découle de l'application de cette loi pendant la période d'emploi antérieure à l'aliénation de l'entreprise. D'autre part, selon le premier alinéa de l'article 1525 C.c.Q., la solidarité ne se présume pas et n'existe que lorsqu'elle est expressément stipulée par les parties ou prévue par la loi[163]. L'article 2097 C.c.Q. ne requiert, en somme, que l'exécution successive, par chacun des employeurs qui se succèdent, d'obligations elles-mêmes successives[164].

E- Le certificat de travail

Quelle que soit la manière utilisée pour mettre fin au contrat de travail, l'employeur doit remettre au salarié qui lui en fait la demande un certificat de travail qui se limite à identifier les parties au contrat et à attester la nature et la durée de l'emploi. L'article 2096 C.c.Q. reprend ainsi à son compte le contenu semblable de la norme édictée par l'article 84 *L.n.t.*

4- Les recours

La mise en œuvre par voie judiciaire des droits de l'employeur et du salarié obéit de façon générale aux règles des articles 1590 et suivants C.c.Q.

---

161.   *Syndicat national des travailleurs de la pulpe et du papier de La Tuque Inc. c. Commission des relations ouvrières de la province de Québec*, [1958] B.R. 1, à l'origine de l'adoption de l'article 45 C.t.; *Laroche c. Després, Laporte Inc.*, D.T.E. 2001T-273, REJB 2001-23020 (C.S.).

162.   Dans le cas du salarié qui dispose, en vertu d'une loi particulière comme c'est le cas selon les articles 124 et suivants *L.n.t.*, du droit d'exiger de l'employeur qu'il justifie son licenciement par l'existence d'une cause juste et suffisante, l'employeur demeurera tenu d'établir cette justification. Il serait contradictoire que le seul fait de l'aliénation de l'entreprise, sans autre considération ou explication, puisse constituer une telle cause juste et suffisante de licenciement, alors que l'article 2097 C.c.Q. affirme le principe de la survie du contrat de travail dans cette éventualité: *Veilleux c. 2000414 Ontario Inc.*, D.T.E. 2003T-348 (C.R.T.); *Lazaro c. 9049-8833 Québec Inc.*, D.T.E. 2003T-1134 (C.R.T.).

163.   L'article 1525, al. 2 C.c.Q., qui présume la solidarité entre les débiteurs d'une obligation contractée pour le service ou l'exploitation d'une entreprise, ce qui pourrait être le cas d'un contrat de travail, n'affecte pas pour autant cette situation. L'ancien et le nouvel employeur ne contractent pas simultanément une même obligation. Ils y sont plutôt tenus successivement par l'effet de l'article 2097 C.c.Q.

164.   *Guénette c. Nurun Inc.*, [2002] R.J.Q. 1035, REJB 2002-30126 (C.S.). L'application conjuguée, dans les circonstances le justifiant, des articles 124 et suivants *L.n.t.* et de l'article 2097 C.c.Q. pourrait toutefois conduire à une ordonnance de réintégration chez le nouvel employeur d'un salarié congédié par le précédent employeur; voir et transposer: *Adam c. Daniel Roy Limitée*, [1983] 1 R.C.S. 683.

Dans les cas qui le permettent, le créancier de l'obligation peut demander que le débiteur soit forcé de l'exécuter en nature (art. 1590 et 1601 C.c.Q.). Lorsque l'exécution en nature n'est pas possible ou lorsque le créancier choisit de ne pas s'en prévaloir, il a droit, en cas d'inexécution grave, à la résiliation du contrat[165]. L'article 2094 C.c.Q. consacre en outre le droit du créancier de l'obligation à la résiliation du contrat de travail sans poursuite judiciaire. Un défaut d'exécution de peu d'importance permet par ailleurs au créancier d'obtenir une réduction proportionnelle de son obligation corrélative ou, si elle n'est pas possible, des dommages-intérêts (art. 1604, al. 2 et 3 C.c.Q.).

Dans tous les cas, le créancier de l'obligation inexécutée a droit à la réparation par des dommages-intérêts du préjudice qu'il subit comme conséquence immédiate et directe de l'inexécution (art. 1590 et 1607 à 1621 C.c.Q.). Les dommages-intérêts peuvent également avoir été liquidés par anticipation au moyen d'une clause pénale (art. 1622 et 1623 C.c.Q.).

Les recours sont soumis à la prescription générale de trois ans des droits personnels (art. 2925 C.c.Q.). Par exception, la réclamation fondée sur une atteinte à la réputation se prescrit par un an (art. 2929 C.c.Q.).

A- De l'employeur

Les circonstances dans lesquelles l'employeur pourra requérir par voie judiciaire l'exécution en nature d'une obligation du salarié demeurent relativement exceptionnelles. Il en est ainsi pour des motifs d'ordre à la fois juridique et pratique.

Sur le plan juridique, la jurisprudence classique développée à partir des dispositions de l'article 1065 C.c.B.-C. a conclu que le caractère personnel du contrat de travail ne permettait pas de demander l'exécution de l'obligation elle-même lorsqu'elle se rapportait à la prestation de travail à fournir[166].

Le régime juridique du contrat de travail du Code civil du Québec et les termes de l'article 1601 C.c.Q. laissent ces paramètres inchangés.

Par ailleurs, d'un point de vue pratique, l'exécution forcée en nature présenterait généralement peu d'intérêt pour l'employeur insatisfait du travail du salarié ou même, encore, victime d'une démission illégale de sa part.

Lorsque les parties ont liquidé à l'avance les dommages qui pourraient résulter d'une inexécution de ses obligations par le salarié, l'employeur pourra recourir à l'exécution directe de la clause pénale sous réserve de la possibilité pour le tribunal de réduire la peine stipulée si l'exécution partielle de l'obligation a profité à l'employeur ou si la clause est abusive (art. 1622 et 1623 C.c.Q.)[167].

Les obligations d'abstention qui découlent du fait que le salarié a souscrit à une clause de non-concurrence après la fin de son emploi, ou de son devoir inhérent de loyauté ou de discrétion, peuvent en principe donner ouverture à leur exécution forcée par voie d'injonction, aux conditions usuelles qui gouvernent l'octroi de cette mesure selon qu'elle est sollicitée temporairement ou de façon permanente. La jurisprudence sanctionne couramment par l'injonction des contraventions aux engagements de non-concurrence ou aux devoirs que l'article 2088 C.c.Q. reconnaît désormais comme ceux de loyauté et de confidentialité du salarié[168].

Quant aux recours en dommages-intérêts, ils obéissent aux règles générales énoncées aux articles 1607 à 1621 C.c.Q. L'employeur devra donc à la fois prouver ses dommages tout en étant tenu de les mitiger. Il s'ensuit que dans la plupart des cas de démission illégitime du salarié, avant terme ou sans délai de congé suffisant, la possibilité de recours en dommages de l'employeur s'avérera plus théorique que réelle[169].

B- Du salarié

Dans la plupart des cas, c'est à la suite d'un licenciement qu'il considère irrégulier ou encore du défaut de l'employeur de lui verser une rémunération qu'il juge lui être due en vertu du contrat de travail que le salarié s'adressera au tribunal.

---

165. Il s'agit ici du «motif sérieux» mentionné à l'article 2094 C.c.Q., qui recoupe la notion de défaut d'importance de l'article 1604 C.c.Q.
166. *Dupré Quarries Ltd. c. Dupré*, [1934] R.C.S. 528, 531.
167. L'application d'une clause pénale est subordonnée à la commission d'une faute par le salarié: *Abadie c. M.F.Q. Vie*, D.T.E. 2000T-520, REJB 2000-19074 (C.Q.). Exemple d'une pénalité abusive: *Marius Lessard Inc. c. Assurances J.G. Cauchon & Associés Inc.*, D.T.E. 98T-845, REJB 1998-07416 (C.A.).
168. *Groupe financier Assbec Ltée c. Dion*, précité, note 48; *Entreprises Jacques Despars c. Pelletier*, D.T.E. 92T-600, EYB 1992-59239 (C.A.).
169. *Centre des Orchestres du Québec Alex Drolet Ltée c. Turgeon*, D.T.E. 86T-1 (C.S.).

1. Le licenciement irrégulier

Le salarié licencié irrégulièrement ne peut, d'après la jurisprudence traditionnelle en droit civil, réclamer sa réintégration par ordonnance judiciaire. Selon cette approche classique, c'est encore une fois le caractère personnel du contrat de travail qui s'opposerait à l'exécution forcée en nature de l'obligation de l'employeur de fournir le travail au salarié[170]. On peut ajouter que dans la logique d'un régime qui permet la résiliation unilatérale du contrat de travail à durée indéterminée à la seule condition de donner à l'autre partie un délai de congé raisonnable (art. 2091 C.c.Q.), la réintégration trouve de façon générale aussi peu de justification que d'intérêt pratique[171]. Sauf le cas d'un contrat à durée déterminée dont le terme demeurerait relativement éloigné, la même constatation vaut également à l'égard de ce type d'engagement.

Cette incapacité générale du droit civil à maintenir le salarié dans son emploi à la suite d'un congédiement illégal est à l'origine de la multiplication des recours spéciaux en réintégration introduits par diverses législations. Ces dérogations de plus en plus nombreuses aux règles du droit civil qui font obstacle à l'exécution spécifique en faveur du salarié ont amorcé une réflexion des tribunaux sur la pertinence de cette solution dans le contexte contemporain. Un *obiter* de la Cour d'appel signale avec justesse que l'article 1065 C.c.B.-C. (art. 1601 C.c.Q., maintenant) n'interdit pas l'exécution spécifique et que les tribunaux l'ont plutôt appliqué en fonction d'une perception qui prévalait à une époque donnée et à laquelle la réalité ne correspond plus dans tous les cas[172]. Donnant effet à cette réflexion, des jugements de la Cour supérieure ont depuis permis, dans des circonstances particulières, à l'employé

d'être maintenu dans son emploi[173]. Il n'est donc pas exclu que les tribunaux circonstancient à l'avenir leur réponse à une demande du salarié de conserver son emploi.

Le salarié congédié illégalement peut, par ailleurs, alléguer la subsistance du contrat de travail, jusqu'à son terme ou jusqu'à la fin du délai de congé auquel il avait droit, et demander l'exécution en nature des obligations pécuniaires qui s'y rattachent[174].

Si le salarié opte pour un tel recours, il devra en principe établir qu'il était lui-même disponible pour fournir sa prestation de travail à l'employeur[175].

Le plus souvent, le salarié choisira de réclamer les dommages-intérêts équivalents, pour son préjudice matériel, à la rémunération qui lui aurait été due si l'employeur n'avait pas rompu illégalement le contrat en y mettant fin sans motif sérieux, avant son échéance dans le cas d'un contrat à durée déterminée[176] ou sans délai de congé suffisant dans celui d'un contrat à durée indéterminée[177]. L'article 2092 C.c.Q. empêche le salarié de renoncer, du moins à l'avance, à être indemnisé d'une rupture abusive de son contrat de travail ou d'une terminaison d'un contrat à durée indéterminée sans délai de congé raisonnable.

L'article 1479 C.c.Q. impose au salarié licencié illégalement et qui réclame des dommages-intérêts de mitiger le préjudice qu'il subit[178]. En pratique, cette obligation implique, d'une part, que l'employé cherche raisonnablement à se trouver un nouvel emploi dans le même domaine ou dans un champ connexe et, d'autre part, qu'il accepte toute offre d'emploi raisonnable dans les circonstances[179]. Toutefois, le fardeau de la preuve sur la mitigation des

---

170. *Dupré Quarries Ltd. c. Dupré*, précité, note 166; *Renda c. Cité de Lachine*, D.T.E. 83T-228 (C.S.).

171. Il pourrait en être autrement s'il s'agissait de sanctionner une rupture constituant un véritable abus de droit, indépendamment du délai de congé donné au salarié.

172. *Rock Forest (Ville de) c. Gosselin*, [1991] R.J.Q. 1000, EYB 1991-57489 (C.A.); *Schacter c. Centre d'accueil horizons de la jeunesse*, [1997] R.J.Q. 1828, REJB 1997-00946 (C.A.).

173. *Boivin c. Orchestre symphonique de Laval*, D.T.E. 92T-822, EYB 1992-83997 (C.S.); *Zucker c. Computertime Network Corp.*, précité, note 27 – injonction interlocutoire; *Salazar c. Université du Québec à Hull*, D.T.E. 93T-1291, EYB 1993-74813 (C.S.).

174. *Arcand c. Prometic Biosciences Inc.*, D.T.E. 2003T-121, REJB 2003-37671 (C.A.); *Orchestre métropolitain du Grand Montréal c. Rescigno*, précité, note 72.

175. *Savoie c. Roy*, précité, note 148. Dans cet arrêt, les deux juges majoritaires ont néanmoins dégagé l'employé de cette obligation pour le motif que l'employeur avait lui-même annulé le contrat et fermé l'entreprise; dissident, le juge Vallerand s'en tient néanmoins, malgré les circonstances en l'espèce, à l'obligation qu'avait le demandeur d'offrir sa disponibilité à l'employeur. Voir aussi *Fortier c. Crémerie Union Inc.*, [1968] C.S. 573.

176. *Klamph c. International Brotherhood of Electrical Workers*, [1998] R.J.Q. 717, REJB 1998-04778 (C.A.); *Lespérance c. Waswanipi Development Corp.*, D.T.E. 99T-81, REJB 1998-09967 (C.A.).

177. *Surveyer, Nenniger & Chênevert Inc. c. Thomas*, précité, note 66.

178. Cette obligation ne tient plus en présence d'une indemnité convenue entre les parties au contrat de travail: *Proulx c. Communications Voir Inc.*, [2002] R.J.D.T. 1083, REJB 2002-33230 (C.S.).

179. *Klamph c. International Brotherhood of Electrical Workers*, précité, note 176; *Logiciels Suivitel Inc. c. Coupal*, [1995] R.J.Q. 375, EYB 1995-56452 (C.A.). Plusieurs jugements refusent de limiter les dommages dus par l'employeur en défaut d'avoir donné un délai-congé suffisant au seul temps qui s'est avéré nécessaire à l'employé pour se trouver un nouvel emploi: voir, par exemple, *Deis c. S.N.C. Inc.*, D.T.E. 88T-527 (C.S.); *contra: Dallaire c. Chaîne coopérative du Saguenay*, D.T.E. 97T-603, REJB 1997-00718 (C.A.). L'indemnité légale de licenciement a un caractère prospectif et est payable, en principe, à la cessation de l'emploi. La réduire en fonction du temps pris par le salarié pour se trouver un nouvel emploi est de nature à inciter l'employeur à miser sur cette éventualité. La création de sa propre entreprise par le salarié représente également une façon de mitiger ses dommages: *Communications Quebecor Inc. c. Vignola*, D.T.E. 99T-549 (C.S.); *Bieber c. Nutech Inc.*, D.T.E. 98T-743 (C.S.).

dommages repose sur l'employeur responsable d'un congédiement illégal; c'est à lui qu'il incombe de prouver que le salarié aurait pu raisonnablement minimiser la perte alléguée, à moins qu'il se contente de laisser cette question à l'appréciation du juge, à la lumière des circonstances révélées par la preuve apportée par le demandeur[180].

Le salarié congédié irrégulièrement a d'abord droit à des dommages-intérêts pour le préjudice matériel qui lui résulte directement et immédiatement de la faute contractuelle de l'employeur; la réparation doit alors être intégrale, c'est-à-dire qu'elle doit couvrir l'ensemble des droits ayant une valeur pécuniaire dont le salarié a été privé, comme les primes ou bonis, les avantages sociaux ou le droit d'utilisation d'un véhicule automobile (art. 1458, 1607 et 1613 C.c.Q.)[181]. Quant aux dommages moraux, l'article 1613 C.c.Q. limite leur octroi aux cas où le préjudice était prévu ou prévisible au moment où l'obligation a été contractée et à ceux où le préjudice résulte d'une faute intentionnelle ou d'une faute lourde. La seule absence de motif sérieux ou de préavis suffisant de licenciement n'emporte donc pas automatiquement pour le salarié le droit à des dommages moraux, par exemple pour l'anxiété ou les autres inconvénients qu'il a subis[182]. Par contre, le tribunal sanctionnera par l'octroi de tels dommages-intérêts supplémentaires le licenciement abusif, marqué de malice ou d'une conduite déraisonnable et excessive de la part de l'employeur[183]. On remarquera, incidemment, que l'article 317 C.c.Q. permet à la victime d'un abus de droit commis par une personne morale d'en tenir également responsables les dirigeants qui y ont participé.

2. *La rémunération*

Le défaut de l'employeur de verser au salarié sa rémunération, sous quelque forme qu'elle prenne, donne ouverture à une demande judiciaire d'exécution en nature de cette obligation[184]. Le salarié se pourvoit alors par action en réclamation de salaire. L'injonction n'est en principe pas disponible lorsqu'il s'agit d'obtenir le paiement d'une somme d'argent[185]. Pour avoir droit au salaire qu'il réclame, le salarié doit prouver qu'il a fourni sa prestation de travail ou qu'il était disponible pour le faire[186]. Le salarié peut opter pour une demande de dommages-intérêts équivalents à la rémunération que l'employeur est en défaut de lui payer (art. 1590 et 1607 C.c.Q.)[187]. Le salarié est alors obligé de mitiger ses dommages[188]. Quel que soit le type de recours exercé, la réclamation peut être amendée en cours d'instance pour tenir compte, le cas échéant, de son accroissement. Une même cause d'action ne saurait toutefois donner lieu à des recours successifs en dommages-intérêts[189].

---

180. *Red Deer College c. Michaels*, [1976] 2 R.C.S. 324; *Audet c. Corp. des loisirs, secteur N.D.L.*, [1999] R.J.D.T. 461, REJB 1999-11895 (C.S.).

181. *Vorvis c. Insurance Corporation of British Columbia*, [1989] 1 R.C.S. 1085, EYB 1989-66980; *Procureur général du Québec c. Corriveau*, [1989] R.J.Q. 1, EYB 1988-63020 (C.A.); *Day & Ross Inc. c. Toupin*, D.T.E. 2001T-274, REJB 2001-22875 (C.A.).

182. Exemples: *Aksich c. Canadian Pacific Railway Co.*, [2006] R.J.D.T. 997 (C.A.); *Marsh Canada Inc. c. Crevier*, précité, note 124; *Orchestre métropolitain du Grand Montréal c. Rescigno*, précité, note 72; *Bristol-Myers Squibb c. Legros*, [2005] R.J.D.T. 28 (C.A.); *Standard Broadcasting Corp. c. Stewart*, précité, note 132; *Taxis Coop Québec, 525-5191 c. Proulx*, [1994] R.J.Q. 603, EYB 1994-64353 (C.A.).

183. Exemples: *Encres d'imprimerie Schmidt Ltée/Schmidt Printing Inks Ltd. c. Agence de ventes Bill Sayer Inc./Bill Sayer Sales Agency Inc.*, précité, note 4; *Deschênes c. Nurun Inc.*, D.T.E. 2004T-565 (C.A.); *Sauvé c. Banque Laurentienne du Canada*, précité, note 126; *Compagnie canadienne d'équipement de bureau c. Blouin*, D.T.E. 94T-563, EYB 1994-57746 (C.A.). L'article 1621 C.c.Q. réserve la possibilité d'octroi de dommages-intérêts punitifs ou exemplaires aux seuls cas où la loi le prévoit. Ainsi, l'article 49 de la *Charte des droits et libertés de la personne*, précitée, note 39, autorise le tribunal à condamner à des dommages exemplaires l'auteur d'une atteinte illicite et intentionnelle à un droit ou à une liberté reconnu par la Charte; exemples, dans le cas° d'un congédiement: *Tremblay c. Anjou (Ville d')*, [1991] R.J.Q. 1989, EYB 1991-75965 (C.S.); *Halkett c. Ascofigex Inc.*, [1986] R.J.Q. 2697, EYB 1986-83264 (C.S.).

184. *Cité de Trois-Rivières c. Syndicat national catholique des employés municipaux de Trois-Rivières*, [1962] B.R. 510, 512.

185. *Ibid.* Exceptionnellement, l'urgence extrême d'une situation, associée au caractère alimentaire du salaire pourrait justifier que soit accordée une injonction interlocutoire pour empêcher que l'employé subisse un préjudice sérieux et irréparable; voir *Goulet c. Commission scolaire de Ste-Foy*, [1974] R.D.T. 479 (C.S.).

186. *Fortier c. Crémerie Union Inc.*, précité, note 175, p. 575 et 576; *Mathieu c. Rénald Mathieu Inc.*, précité, note 85.

187. *Landry c. Radio du Pontiac Inc.*, D.T.E. 83T-200 (C.S.).

188. Exemple: *Gagné c. Matériaux Frigon Ltée*, D.T.E. 84T-869 (C.S.). Voir aussi *supra*, note 179.

189. *Corporation de l'Hôpital Bellechasse c. Pilote*, J.E. 81-765 (C.A.).

Chapitre II

Les normes du travail

La *Loi sur les normes du travail*[1] représente la plus importante loi normative du travail, en regard de l'étendue de son champ d'application et du nombre de sujets dont elle traite. Adoptée en 1979, cette loi a remplacé la *Loi sur le salaire minimum*[2] dont la portée était beaucoup plus limitée[3]. Ses plus récentes modifications ont été mises en vigueur le 1er mai 2003 et le 1er juin 2004. Le rattachement aux rapports individuels de travail de l'examen de ce volet normatif des relations du travail peut se justifier du fait que ce sont les salariés dont les conditions de travail sont déterminées sur une base individuelle qui en sont les principaux bénéficiaires et que les droits conférés par cette loi s'adressent à chaque salarié, directement et individuellement. Néanmoins, signalons immédiatement que, comme nous le verrons, ce substrat normatif s'impose de façon générale tout autant à la détermination collective des conditions de travail qu'aux rapports individuels.

1- Le champ d'application

Bien qu'il soit très étendu, le champ d'application de la *Loi sur les normes du travail* demeure néanmoins légalement limité aux seuls employeurs et salariés, au sens des définitions données à ces termes par l'article 1 (7) et (10) *L.n.t.*

Le terme « employeur » désigne quiconque fait effectuer un travail par un salarié[4] et comprend le gouvernement du Québec et les organismes gouvernementaux qui en relèvent (art. 2 *L.n.t.*)[5]. La définition du terme « salarié » s'applique d'abord à la situation classique qui donne lieu à un contrat de travail au sens du droit civil : travail subordonné, pour autrui, moyennant rémunération (art. 1 (10) *L.n.t.*). Plusieurs jugements mettent en évidence le caractère déterminant du lien de subordination comme critère d'application de la loi et l'importance secondaire de la forme de la rémunération pour la même fin[6]. Le travail véritablement bénévole est évidemment exclu[7]. La jurisprudence de la Cour d'appel demeure incertaine à l'endroit de celui qui se constitue volontairement en personne morale par voie d'incorporation pour fournir ses services[8].

La définition inclut nommément le travailleur qui pourrait être considéré comme un « entrepreneur dépendant », c'est-à-dire la personne qui travaille dans un cadre établi par celui qui lui donne l'ouvrage, fournit les élé-

---

1. L.R.Q., c. N-1.1 (*L.n.t.*).
2. L.R.Q., c. S-1.
3. Au 1er mai 2007, n'étaient toujours pas en vigueur les dispositions suivantes : les articles 29 (6), 39 (6) et 112 *L.n.t.*
4. Voir, à ce sujet, la notion d'employeur au sens du droit civil, *supra*, titre I, chapitre I et celle d'employeur au sens, cette fois, du Code du travail, L.R.Q., c. C-27, *infra*, titre II, chapitre I.
5. Cette stipulation était nécessaire du fait que la *Loi d'interprétation*, L.R.Q., c. I-16, art. 42, prévoit qu'aucune « loi n'a d'effet sur les droits de la Couronne à moins qu'ils n'y soient expressément compris [...] ». Néanmoins, le gouvernement ne peut être considéré comme l'employeur des personnes nommées à des fonctions de nature judiciaire en vertu de son pouvoir discrétionnaire de nomination ou en application de critères déterminés dans une loi : *Procureure générale du Québec c. Monette*, D.T.E. 2002T-132 (C.S.).
6. Quant à la subordination, voir *J.B. Charron Ltée c. Commission du salaire minimum*, J.E. 80-39 (C.A.); *Commission des normes du travail c. 9002-8515 Québec Inc.*, D.T.E. 2000T-432, REJB 2000-18725 (C.S.). Quant à la rémunération, voir *Commission des normes du travail du Québec c. R.B.C. Dominion Valeurs mobilières Inc.*, D.T.E. 94T-707 (C.S.) – participation aux profits; *Commission des normes du travail c. Paquette*, D.T.E. 2000T-17, REJB 1999-15508 (C.Q.) – pourcentage du montant facturé au client; *Commission des normes du travail c. St-Raymond Plymouth Chrysler Inc.*, D.T.E. 86T-935, EYB 1986-79265 (C.P.) – travail pendant une période d'entraînement, renonciation illégale à la rémunération; *Visionic Inc. c. Michaud*, J.E. 82-50 (C.S.) – salaire déguisé, versé sous forme de dividendes à des actionnaires.
7. *Commission du salaire minimum c. Zone de ski Mauricie Inc.*, [1980] C.P. 79.
8. Voir et comparer les jugements apparemment contradictoires suivants : d'une part, niant alors le statut de salarié, *Lalande c. Provigo Distribution Inc.*, D.T.E. 98T-1059, REJB 1998-08026 (C.A.); *Dazé c. Messageries Dynamiques*, [1991] R.D.J. 195, EYB 1990-63565 (C.A.) (arrêt par la suite distingué dans *Leduc c. Habitabec Inc.*, D.T.E. 94T-1240, EYB 1994-59252 (C.A.) et *Wright c. Syndicat des techniciennes et techniciens du cinéma et de la vidéo du Québec*, [2004] R.J.D.T. 26 (C.A.) et, d'autre part, reconnaissant cette fois la conservation du statut de salarié, *Services financiers F.B.N. Inc. c. Chaumont*, [2003] R.J.Q. 365, REJB 2003-37127 (C.A.) et *Encres d'imprimerie Schmidt ltée/Schmidt Printing Inks Ltd. c. Agence de ventes Bill Sayer inc./Bill Sayer Sales Agency Inc.*, D.T.E. 2004T-296 (C.A.).

ments matériels nécessaires à cette fin et conserve comme rémunération la différence entre les coûts ainsi encourus et la rémunération convenue[9].

L'article 2 (1) et (2) *L.n.t.* régit la situation du salarié qui travaille soit partiellement soit totalement à l'extérieur du Québec pour un employeur « dont la résidence, le domicile, l'entreprise, le siège social ou le bureau se trouvent au Québec ». Dans le premier cas, la loi s'applique sans condition; dans le second, elle ne trouve application que si le salarié est lui-même « domicilié ou résidant au Québec »[10].

A- Les exclusions

L'article 3 de la loi prononce un certain nombre d'exclusions catégorielles. Le tableau synthèse qui suit en rend compte :

LES EXCLUSIONS		
Dispositions	**Exclusions**	**Étendue**
Art. 3 (2) *L.n.t.*	Gardien	La personne chargée exclusivement de garder dans un logement un enfant, un malade ou une personne handicapée ou une personne âgée, lorsqu'il s'agit d'une fonction ponctuelle et que l'employeur ne poursuit pas une fin lucrative, ou s'il s'agit d'une relation d'entraide dans la famille ou la communauté.
Art. 3 (3) *L.n.t.*	Salarié de la construction	Personne régie par la *Loi sur les relations de travail, la formation professionnelle et la gestion de la main-d'œuvre dans l'industrie de la construction*, sauf pour ce qui est des dispositions relatives aux congés dits familiaux.
Art. 3 (4) *L.n.t.*	Entrepreneur dépendant	Une personne entrepreneur dépendant (art. 1, par. 10o, sous-par. i, ii, iii *L.n.t.*) dont la rémunération est fixée selon une autre loi.
Art. 3 (5) *L.n.t.*	Étudiant	Étudiant qui travaille au cours de l'année scolaire dans un établissement choisi par son institution d'enseignement.
Art. 3 (6) *L.n.t.*	Cadre supérieur	Le cadre supérieur est exclu, sauf en ce qui a trait à certains congés familiaux, aux congés de grossesse et de maternité, au congé parental et au harcèlement psychologique[11].
Art. 88 *L.n.t.*	Salariés spécifiés	Le gouvernement peut adopter un règlement pour exclure certains salariés de l'application des dispositions relatives au salaire[12].
Art. 90 *L.n.t.*	Salariés d'un établissement à vocation de rééducation physique, mentale ou sociale	Le gouvernement peut adopter un règlement pour exclure ces salariés totalement ou partiellement de l'application de la loi ou des règlements[13].

9.   Sur le degré de contrôle exercé par le donneur d'ouvrage comme facteur déterminant de distinction de l'entrepreneur dépendant et de l'entrepreneur indépendant, voir *Girardin c. Distribution Danièle Normand Inc.*, D.T.E. 2000T-228 (T.T.).
10. Les exemples d'application de cet article sont peu nombreux. À cet égard, voir notamment : *Roméo c. W.E. Canning Inc.*, D.T.E. 98T-1129 (C.T.); *Laguë c. Québec (Ministère des Relations internationales)*, [1999] R.J.D.T. 601 (C.T.); *Stewart c. Brospec Inc.*, D.T.E. 2000T-1024 (C.T.).
11. La loi ne définit pas la notion de cadre supérieur. Cette notion ne vise que la seule personne qui occupe un poste de niveau hiérarchique élevé dans l'entreprise, généralement sous l'autorité directe d'un conseil d'administration, d'un président ou d'un directeur général, et qui dispose d'une autorité décisionnelle de niveau correspondant : *Commission des normes du travail c. Beaulieu*, [2001] R.J.D.T. 10, REJB 2001-21823 (C.A.). Il incombe à la Commission des relations du travail instituée par le Code du travail (voir, *infra*, Titre II, chap. I) de trancher cette question; sa décision sera sujette, en révision judiciaire, à la norme de contrôle intermédiaire de la décision raisonnable *simpliciter* : *Marier c. Caisse d'économie Émerillon*, [2005] R.J.D.T. 682, 2005 QCCA 423.
12. Voir les exclusions prononcées par l'article 2 du *Règlement sur les normes du travail*, R.R.Q., c. N-1.1, r. 3.
13. Voir le *Règlement d'exclusion des établissements visés à l'article 90 de la Loi sur les normes du travail*, R.R.Q., c. N-1.1, r. 2.

L'article 3.1 *L.n.t.* laisse aux personnes exclues par l'article 3 *L.n.t.* le bénéfice de la protection contre la mise à la retraite obligatoire et le harcèlement psychologique et des recours qui peuvent être nécessaires pour mettre en œuvre cette protection.

B- Le changement de statut

L'article 86.1 *L.n.t.* est de droit nouveau. Il cherche à assurer une relative protection au statut de salarié au sens de la loi, lorsque l'employeur procède à un changement du mode d'exploitation de son entreprise et de sa relation contractuelle avec ceux qui y travaillent de manière, selon lui, à en faire des entrepreneurs indépendants et à ainsi les soustraire de l'application des normes du travail.

Le salarié en désaccord avec l'employeur quant aux conséquences de ces changements sur son statut de salarié peut s'en plaindre, par écrit, à la Commission des normes du travail (ci-après : « C.N.T. »; art. 86.1, al. 2 *L.n.t.*)[14]. Si la commission refuse de donner suite à sa plainte en application de l'article 107 ou 107.1 *L.n.t.*, le salarié peut, dans les 30 jours suivants, lui demander par écrit de la déférer à la Commission des relations du travail (ci-après : « C.R.T. ») instituée par le Code du travail (art. 86.1, al. 3 *L.n.t.*)[15].

Si la C.N.T. accepte de donner suite à la plainte, elle la défère elle-même sans délai à la C.R.T. pour que cette dernière se prononce juridictionnellement quant aux conséquences des changements sur le statut du salarié (art. 86.1, al. 4 *L.n.t.*). La C.R.T. doit rendre sa décision dans les 60 jours de la réception de la plainte à ses bureaux (art. 86.1, al. 5 *L.n.t.*)[16].

2- Le salaire

Tout salarié a droit de recevoir un salaire au moins équivalent au salaire minimum qui lui est applicable et qui est fixé par règlement du gouvernement (art. 40 et 89 *L.n.t.*)[17]. Ce règlement détermine un taux horaire de salaire minimum général[18] et un taux réduit pour les salariés qui reçoivent habituellement des pourboires dans le cadre de leur travail[19].

L'article 40.1 *L.n.t.* rend ce salaire minimum inapplicable à un apprenti qui participe au régime d'apprentissage institué en vertu de la *Loi favorisant le développement de la formation de la main-d'œuvre*[20]; le salaire minimum payable à ce salarié est celui déterminé par règlement adopté en vertu de cette dernière loi. D'autres exclusions sont rendues possibles par règlement du gouvernement adopté en vertu de l'article 88 *L.n.t.* Ces exemptions sont prononcées par l'article 2 du *Règlement sur les normes du travail* : il s'agit des stagiaires qui participent à un cours de formation professionnelle reconnu par la loi (2º) ou à un programme d'intégration professionnelle prévu à l'article 61 de la *Loi assurant l'exercice des droits des personnes handicapées*[21] (3º), des étudiants employés dans un organisme à but non lucratif et à vocation sociale comme une colonie de vacances ou un organisme de loisirs (1º), des salariés affectés principalement à des opérations non mécanisées reliées à la cueillette de « légumes de transformation » ou de fruits (6º) et, enfin, des salariés entièrement rémunérés à commission qui travaillent dans une activité à caractère commercial en dehors de l'établissement de l'employeur et dont les heures de travail sont incontrôlables (4º).

Sous réserve de ces exclusions, le salaire minimum horaire est payable au salarié même si le contrat entre les parties ne prévoit le versement d'aucune rémunération sur cette base et conditionne le versement de toute rémunération à l'obtention d'un résultat par le salarié. C'est le cas, par exemple, d'un vendeur dont l'engagement prévoit qu'il sera entièrement rémunéré à commission, mais qui travaille dans l'établissement de l'employeur ou dont les heures de travail sont contrôlables[22].

Aucun avantage ayant une valeur pécuniaire, comme l'utilisation d'une automobile ou la protection d'une assurance, ne peut entrer dans le calcul du salaire minimum (art. 41 *L.n.t.*)[23]. Le montant maximum exigible pour la

---

14. Celle-ci fait enquête et l'article 102, al. 1 ainsi que les articles 103, 104 et 106 à 110 *L.n.t.* s'appliquent, avec les adaptations nécessaires : voir *infra*, section 8-C.
15. Voir *infra*, titre II, chapitre I.
16. À la différence de l'article 20.0.1 C.t. dont il s'inspire, l'article 86.1 *L.n.t.* n'impose à l'employeur le maintien d'aucun *statu quo* avant d'actualiser les changements qu'il souhaite.
17. *Règlement sur les normes du travail*, précité, note 12, art. 2 à 5.
18. *Id.*, art. 3 : 7,75 $/heure depuis le 1er mai 2006; ce taux passera à 8,00 $/heure le 1er mai 2007.
19. *Id.*, art. 1 « salarié au pourboire » et 4 : 7,00 $/heure depuis le 1er mai 2006; ce taux passera à 7,25 $/heure le 1er mai 2007.
20. L.R.Q., c. D-7.1.
21. L.R.Q., c. E-20.1. Sur la légalité de cette exclusion au regard de la *Charte des droits et libertés de la personne* (L.R.Q., c. C-12), voir *Procureur général du Québec c. Lambert*, [2002] R.J.Q. 599, REJB 2002-29363 (C.A.).
22. *Commission des normes du travail du Québec c. R.B.C. Dominion Valeurs mobilières Inc.*, précité, note 6; *Commission des normes du travail c. St-Raymond Plymouth Chrysler Inc.*, précité, note 6; *Commission du salaire minimum c. Habitations du Temps Inc.*, J.E. 81-486 (C.P.).
23. *Commission des normes du travail c. Immeubles Yamiro Inc.*, D.T.E. 2002T-562 (C.Q.).

chambre et la pension que l'employeur fournit à un salarié est fixé par règlement du gouvernement (art. 51 *L.n.t.*)[24]. Toutefois, aucun montant ne peut être exigé pour la chambre et la pension du domestique qui loge ou prend ses repas à la résidence de son employeur (art. 51.0.1 *L.n.t.*).

Le pourboire, gratification d'un tiers client, appartient en propre au salarié qui a rendu le service et ne peut être considéré comme une partie du salaire payé par l'employeur (art. 50, al. 1 *L.n.t.*). Le terme pourboire inclut les frais de service imposés par l'employeur au client et qui sont ajoutés à sa note, l'employeur devant les remettre au salarié; il ne comprend toutefois pas les frais d'administration ajoutés à cette note et qui demeurent ainsi propriété de l'employeur (art. 50, al. 2 *L.n.t.*). L'employeur ne peut imposer un partage des pourboires entre ses salariés; il ne peut intervenir de quelque manière que ce soit dans l'établissement d'une convention de partage des pourboires (art. 50, al. 3 *L.n.t.*). Le cas échéant, une telle convention ne doit résulter que du seul consentement libre et volontaire des salariés qui ont droit aux pourboires, c'est-à-dire qui ont rendu le service. La loi s'abstient toutefois de préciser de quelque manière quels salariés peuvent être considérés avoir rendu un service, outre le salarié à qui le pourboire est remis, s'il y a lieu[25].

Diverses mesures visent à assurer au salarié l'intégrité de sa rémunération, surtout lorsqu'il est payé au salaire minimum. L'employeur qui rend obligatoire le port d'un vêtement particulier doit le fournir gratuitement au salarié payé au salaire minimum (art. 85, al. 1 *L.n.t.*). Il en est de même, pour ce salarié, du matériel, de l'équipement, des matières premières ou des marchandises exigés par l'employeur pour l'exécution du travail (art. 85.1, al. 1 *L.n.t.*). L'employeur ne peut exiger une somme d'argent du salarié pour l'achat, l'usage ou l'entretien d'un vêtement particulier s'il s'ensuit que le salarié reçoive moins que le salaire minimum (art. 85, al. 2 *L.n.t.*). La même règle prévaut pour l'achat, l'usage ou l'entretien de matériel, d'équipement, de matières premières ou de marchandises exigés pour l'exécution du travail (art. 85.1, al. 2 *L.n.t.*). L'employeur ne peut exiger du salarié quelque somme que ce soit pour un vêtement particulier qui l'identifie comme appartenant à son établissement; il ne peut, non plus, exiger de lui l'achat de vêtements ou d'accessoires dont il fait le commerce (art. 85, al. 3 *L.n.t.*). L'employé doit être tenu

exempt de tout paiement afférent aux frais d'opération et de charges sociales de l'entreprise (art. 85.1, al. 3 *L.n.t.*)[26]. L'employeur ne peut exiger du salarié qu'il paie les frais reliés à l'utilisation par un client d'une carte de crédit (art. 50.1 *L.n.t.*). Il est enfin tenu de rembourser au salarié les frais raisonnables engagés par ce dernier, à sa demande, pour effectuer un déplacement ou suivre une formation (art. 85.2 *L.n.t.*).

Les salariés à temps partiel bénéficient, en vertu de l'article 41.1 de la loi, d'un droit à une égalité de traitement salarial jusqu'à concurrence de deux fois le salaire minimum. L'employeur ne peut, pour le seul motif qu'ils travaillent moins d'heures par semaine, leur accorder un taux de salaire inférieur à celui payé aux autres salariés qui effectuent les mêmes tâches dans le même établissement[27].

Les articles 43 et 45 de la loi déterminent le moment où le salaire devient payable. L'employeur dispose d'un mois pour effectuer le premier versement de salaire régulier de l'employé nouvellement entré en fonction (art. 43, al. 2 *L.n.t.*)[28]. Par la suite, l'intervalle maximum de versement du salaire régulier est de 16 jours; il peut toutefois être d'un mois dans le cas des cadres et des « entrepreneurs dépendants » que la définition de l'article 1 de la loi assimile aux salariés au sens de la loi (art. 43, al. 1 *L.n.t.*)[29]. Un paiement irrégulier, comme celui d'une prime pour du temps supplémentaire, gagné au cours de la semaine qui précède le versement du salaire, peut être effectué lors du versement régulier subséquent ou, le cas échéant, au moment prévu par une disposition particulière d'une convention collective ou d'un décret de convention collective (art. 43, al. 1 *L.n.t.*). Lorsque le jour habituel de paie tombe un jour férié et chômé, l'employeur doit verser le salaire le jour ouvrable précédent (art. 45 *L.n.t.*).

Le salaire dû au salarié lui est payable soit en espèces sous enveloppe scellée, soit par chèque; dans ce dernier cas, le paiement est réputé ne pas avoir été fait au salarié si le chèque n'est pas encaissable par lui dans les deux jours qui suivent sa réception. Quant au paiement par virement bancaire, il peut être convenu par convention, individuelle ou collective, ou prévu par un décret de convention collective (art. 42 *L.n.t.*)[30].

24. *Règlement sur les normes du travail*, précité, note 12, art. 6 et 7.
25. Pour une discussion quant à la notion de « salarié qui a rendu le service », voir *Commission des normes du travail c. Cie Baie-Comeau Ltée*, [1985] C.P. 210.
26. Il en est de même à l'égard de la cotisation que l'employeur doit verser au ministre du Revenu pour l'application de la loi (art. 51.1 *L.n.t.*).
27. *Maison Simons Inc. c. Commission des normes du travail*, D.T.E. 96T-18, EYB 1995-57639 (C.A.).
28. *Commission des normes du travail c. Beausignol*, [1987] R.J.Q. 688, EYB 1987-78625 (C.P.).
29. *Ibid.*
30. *Ibid.*

Sauf s'il est fait par virement bancaire ou s'il est expédié par la poste, le paiement du salaire au salarié doit lui être fait en mains propres sur les lieux du travail et pendant un jour ouvrable (art. 44 *L.n.t.*). L'article 46 de la loi énonce toutes les mentions que doit obligatoirement contenir le bulletin de paie, lequel doit être remis au salarié en même temps que son salaire. L'acceptation de ce bulletin de paie n'emporte aucune renonciation de la part du salarié (art. 48 *L.n.t.*). Il est interdit à l'employeur d'exiger toute formalité de signature autre que celle par laquelle le salarié reconnaît que la somme qui lui est remise correspond au salaire indiqué au bulletin de paie (art. 47 *L.n.t.*).

L'article 49, al. 1 *L.n.t.* interdit à l'employeur d'effectuer quelque retenue sur le salaire du salarié, à moins d'y être contraint par une loi, un règlement, une ordonnance d'un tribunal, une convention collective, un décret ou un régime complémentaire de retraite à adhésion obligatoire. Le salarié peut néanmoins consentir à ce que l'employeur effectue une retenue sur son salaire; ce consentement doit être personnel, par écrit et pour une fin spécifique mentionnée dans cet écrit (art. 49, al. 2 *L.n.t.*)[31]. L'employeur doit remettre à leur destinataire les sommes retenues (art. 49, al. 3 *L.n.t.*). La Cour d'appel a décidé que l'interdiction légale de retenue sur le salaire n'empêchait pas l'employeur d'invoquer les règles du droit civil (art. 1672 et s. C.c.Q.) pour effectuer la compensation d'une dette certaine, liquide et exigible du salarié envers lui, en retenant une partie du salaire dû au salarié comme mode de paiement de cette dette[32]. Sauf lorsqu'elle concerne une adhésion à un régime d'assurance collective ou à un régime complémentaire de retraite, une autorisation de retenue donnée par le salarié peut être révoquée en tout temps (art. 49, al. 3 *L.n.t.*). L'autorisation devant être écrite, la révocation devrait l'être aussi.

3- La durée du travail

A- La semaine normale de travail

L'article 52 *L.n.t.* détermine une « semaine normale de travail » dont la finalité essentielle est de fixer le seuil au-delà duquel l'employé sera considéré travailler en temps supplémentaire et, de ce fait, aura droit à une rémunération majorée. La semaine normale de travail est ainsi établie à 40 heures.

Cette règle générale souffre diverses exceptions. D'abord, elle ne s'applique pas aux salariés mentionnés à l'article 54, al. 1 de la loi, parmi lesquels on trouve les cadres, les salariés qui travaillent en dehors de l'établissement et dont les heures de travail sont incontrôlables et ceux qui sont affectés à la mise en conserve, à l'empaquetage et à la congélation des fruits et légumes pendant la période des récoltes[33]. Sauf pour les cadres et pour les salariés qui travaillent en dehors de l'établissement et dont les heures de travail sont incontrôlables, le gouvernement peut toutefois assujettir ces salariés, par règlement, à une semaine normale qu'il détermine (art. 54, al. 2 *L.n.t.*). Le gouvernement peut aussi fixer une semaine normale de travail différente pour d'autres catégories de salariés, dont celles mentionnées à l'article 89 (4) *L.n.t.*[34].

L'article 53 de la loi permet par ailleurs de recourir au mécanisme de l'étalement de la durée normale du travail sur une base autre qu'hebdomadaire. Cet étalement peut résulter d'une décision de l'employeur, avec l'autorisation de la C.N.T.[35], ou encore d'une convention collective ou d'un décret de convention collective sans que l'autorisation de la C.N.T. soit alors nécessaire.

Tout travail exécuté en sus de la semaine normale de travail doit être rémunéré à taux et demi, c'est-à-dire à 150 % du salaire horaire habituel (non du salaire minimum) que touche habituellement le salarié, exclusion faite des primes établies sur une base horaire (comme les primes de travail de nuit ou de responsabilité particulière) (art. 55 *L.n.t.*)[36]. Sur demande du salarié, ou dans les cas prévus par une convention collective ou un décret, le temps supplémentaire peut être payé par une compensation en temps, c'est-à-dire en accordant au salarié un congé d'une durée équivalente aux heures supplémentaires effectuées, majorée de 50 %. Les congés annuels et les jours fériés, chômés et payés sont assimilés à des jours

---

31. *Côté c. Placements M. & A. Brown Inc.*, D.T.E. 87T-956, EYB 1987-78861 (C.P.).

32. *Syndicat des professionnels et professionnelles du réseau scolaire du Québec (C.E.Q.) c. Commission scolaire de la Mitis*, [1989] R.L. 603 (C.A.); *Syndicat des professionnels de la Commission des écoles catholiques de Montréal c. Moalli*, D.T.E. 91T-679, EYB 1991-63607 (C.A.).

33. Quant à la possibilité, dans le cas des cadres, de prévoir une rémunération hebdomadaire sans égard au nombre d'heures travaillées, voir *Commission des normes du travail c. Beaulieu*, précité, note 11; à comparer, dans le cas d'une rémunération à taux horaire, avec *Lalanne c. St-Jean-sur-Richelieu (Ville de)*, D.T.E. 2002T-117, REJB 2001-22048 (C.S.). L'absence d'assujettissement du salarié à une semaine normale de travail ne peut cependant avoir pour effet de l'empêcher de recevoir au moins le salaire minimum pour toutes les heures travaillées : *Commission des normes du travail du Québec c. 2861496 Canada Inc.*, D.T.E. 95T-345 (C.Q.).

34. *Règlement sur les normes du travail*, précité, note 12, art. 9 à 13; *Ordonnance sur le commerce de détail de l'alimentation*, R.R.Q., c. N-1.1, r. 1, art. 4.

35. Ce pouvoir de la Commission des normes du travail lui est aussi expressément conféré par l'article 39 (12) *L.n.t.* Dans ce dernier cas, il reviendra à l'employeur d'établir en quoi un tel étalement des heures de travail avantagerait ses salariés.

36. Il appartient à l'employeur de limiter, par des instructions appropriées, le nombre d'heures de travail que le salarié est autorisé à accomplir : *Cléroux-Strasbourg c. Gagnon*, [1986] R.J.Q. 2820, EYB 1986-62420 (C.A.); *Commission des normes du travail c. Assurexperts Guy Lapointe Inc.*, D.T.E. 2002T-934 (C.Q.).

de travail aux fins du calcul de la semaine normale de travail et des heures supplémentaires (art. 56 *L.n.t.*).

En vertu de l'article 57 *L.n.t.*, les situations suivantes sont réputées être du temps de travail pour le salarié :

(1) lorsqu'il est à la disposition de son employeur sur les lieux du travail et qu'il est obligé d'attendre qu'on lui donne du travail[37];

(2) le temps des pauses accordées par l'employeur, y compris la période de repas lorsque le salarié n'est pas autorisé à quitter son poste de travail (art. 79 *L.n.t.*)[38];

(3) durant le temps d'un déplacement exigé par l'employeur;

(4) durant toute période d'essai ou de formation exigée par l'employeur.

L'article 58 *L.n.t.* régit ce qu'il est convenu d'appeler les heures brisées. À moins de cas fortuit ou que la rémunération du surtemps ne lui assure un montant supérieur, le salarié a droit, à chaque présence au travail à la demande de son employeur, à une rémunération minimale de trois heures consécutives à son taux habituel de salaire. L'article 58, al. 2 et 3 *L.n.t.* prévoit des exceptions en des termes assez vagues qui renvoient à la nature du travail qui peut requérir son exécution habituelle et normale par heures brisées (par exemple, brigadiers scolaires, chauffeurs d'autobus, surveillants dans les écoles, ouvreuses).

B- La durée maximale du travail

La *Loi sur les normes du travail* trace une certaine limite générale à la durée du travail. Cette limite demeure toutefois relative. D'une part, le salarié peut y renoncer; d'autre part, certaines situations y font exception.

L'article 59.0.1 *L.n.t.* limite l'obligation du salarié de travailler en temps supplémentaire. Quotidiennement, le salarié peut refuser de travailler plus de quatre heures au-delà de ses heures habituelles de travail ou plus de 14 heures par période de 24 heures, selon la période la plus courte; pour le salarié dont les heures quotidiennes de travail sont variables ou discontinues, le droit de refus est acquis après 12 heures de travail dans une période de 24 heures (art. 59.0.1 (1) *L.n.t.*). Sous réserve d'un régime d'étalement des heures de travail, le salarié peut refuser de travailler plus de 50 heures par semaine[39] (art. 59.0.1 (2) *L.n.t.*). Le salarié ne peut cependant invoquer son droit de refus lorsqu'il y a danger pour la vie, la santé ou la sécurité des travailleurs ou de la population, en cas de risque de destruction ou de détérioration grave de biens meubles ou immeubles ou autres cas de force majeure, ou si ce refus va à l'encontre de son code de déontologie professionnelle (art. 59.0.1 (3) *L.n.t.*).

Le salarié peut aussi refuser de travailler au-delà de ses heures habituelles de travail, donc tout temps supplémentaire, parce que sa présence est nécessaire pour remplir des obligations reliées à la garde, à la santé ou à l'éducation d'un membre de sa famille (art. 122 (6) *L.n.t.*).

Enfin, une autre loi, la *Loi sur la santé et la sécurité du travail*, pourrait permettre au salarié de refuser de continuer à travailler lorsque son travail devient dangereux du fait de sa durée excessive[40].

C- Les repos et les congés

La loi prévoit plusieurs périodes de repos et divers congés.

---

37. *Commission des normes du travail c. Urgel Bougie Ltée*, D.T.E. 96T-1409 (C.S.); *Commission des normes du travail c. Camping Colonie Notre-Dame Inc.*, D.T.E. 2003T-1061 (C.Q.).
38. Il n'est pas déterminant que ce temps soit rémunéré en vertu d'une convention collective; le salarié doit être tenu de demeurer à son poste de travail : *Syndicat de l'industrie de l'imprimerie de St-Hyacinthe Inc. c. Fortier*, D.T.E. 2003T-394, REJB 2003-39878 (C.A.).
39. 60 heures pour le salarié qui travaille dans un endroit isolé ou qui effectue des travaux sur le territoire de la région de la Baie James.
40. *Loi sur la santé et la sécurité du travail*, L.R.Q., c. S-2.1, art. 12 et s. Cette même loi permet par ailleurs à la Commission de la santé et de la sécurité du travail de déterminer une durée maximale d'exécution de certaines occupations, par jour ou par semaine (art. 223, 12º).

1. Les périodes de repos – les jours fériés, chômés et payés

Il convient d'abord de présenter ces périodes de repos et ces jours fériés, chômés et payés :

Dispositions	Occasions	Conditions
Art. 57 (2) *L.n.t.*	Pause-café ou autre	Aucune obligation d'en prévoir; cependant s'il y en a, le salarié est présumé être au travail, donc rémunéré.
Art. 79 *L.n.t.*	Repas	30 minutes de repos pour le repas par tranche de 5 heures de travail (non payées, sauf si le salarié doit demeurer à son poste[41]).
Art. 78 *L.n.t.*	Repos hebdomadaire	32 heures consécutives par semaine.
Art. 60 *L.n.t.*	Jours fériés, chômés et payés, outre la Fête Nationale[42] : 1. 1er janvier ; 2. Vendredi saint ou Lundi de Pâques (au choix de l'employeur) 3. lundi qui précède le 25 mai ; 4. 1er juillet (le 2 juillet, si le 1er tombe un dimanche) ; 5. 1er lundi de septembre ; 6. 2e lundi d'octobre ; 7. 25 décembre.	– le salarié ne doit pas s'absenter du travail sans autorisation ni raison valable la veille ou le lendemain du congé (art. 65 *L.n.t.*); – le congé est payé à 1/20 du salaire gagné au cours des 4 semaines complètes de paie précédant la semaine du congé, sans tenir compte des heures supplémentaires (art. 62 *L.n.t.*)[43]; – le salarié qui doit travailler ou qui est en vacances lors d'un congé férié a droit à un congé compensatoire ou à une indemnité (art. 63 et 64 *L.n.t.*); – les dispositions sur les congés fériés ne s'appliquent pas aux salariés régis par une convention collective ou un décret qui bénéficient au moins du même nombre de congés, en sus de la Fête Nationale, non plus qu'aux autres salariés du même établissement (art. 59.1 *L.n.t.*).

2. Le congé annuel

Le droit du salarié à une période annuelle de vacances est en fonction de la durée de son « service continu » dans l'entreprise. L'article 77 de la loi exclut de l'application des dispositions relatives au congé annuel cinq catégories de salariés : les étudiants employés dans une colonie de vacances ou dans un organisme à but non lucratif ou à vocation sociale ou communautaire[44]; les stagiaires rattachés à un programme de formation professionnelle reconnu par une loi; les vendeurs d'immeubles, les ven-

deurs de valeurs mobilières et les agents d'assurances lorsqu'ils sont entièrement rémunérés à commission.

L'année de référence sert à établir à un moment précis la durée du congé annuel auquel le salarié a droit en fonction de son service continu. Cette année de référence a cours du 1er mai d'une année au 30 avril de l'année suivante, à moins qu'elle ne soit autrement établie par convention, individuelle ou collective, ou par décret de convention collective (art. 66 *L.n.t.*).

---

41. *Domtar Inc. c. Syndicat canadien des travailleurs du papier, section locale 1492*, D.T.E. 91T-1406, EYB 1991-63772 (C.A.); *Syndicat de l'industrie de l'imprimerie de St-Hyacinthe Inc. c. Fortier*, précité, note 38.

42. *Loi sur la fête nationale*, L.R.Q., c. F-1.1. *Commission des normes du travail c. Sept-Îles (Ville de)*, [1986] R.J.Q. 543 (C.P.).

43. On tient toutefois compte des pourboires pour le salarié qui en reçoit (art. 59.1, al. 2 *L.n.t.*). L'indemnité du salarié rémunéré à commission est de 1/60 du salaire gagné au cours des 12 semaines complètes de paie précédant la semaine du congé (art. 62 *L.n.t.*).

44. *Commission des normes du travail c. Edphy Inc.*, [1984] C.S. 403.

En vertu de l'article 68 *L.n.t.*, le salarié qui compte moins d'un an de service continu dans l'année de référence a droit à un jour de congé par mois de service continu, jusqu'à concurrence de deux semaines, et celui qui compte un an et plus de service continu a droit à deux semaines continues. Le salarié visé à l'article 68 de la loi a également droit, sur demande de sa part, à un congé annuel supplémentaire sans salaire d'une durée égale au nombre de jours requis pour porter son congé annuel total à trois semaines (art. 68.1 *L.n.t.*). Celui qui justifie de cinq ans de service continu acquiert le droit à une troisième semaine de congé continu (art. 69 *L.n.t.*)[45].

L'article 71 de la loi régit les possibilités de fractionnement du congé. Un congé d'une semaine ou moins ne peut être fractionné. Le salarié peut obtenir le fractionnement de son congé annuel à sa demande, sauf si l'employeur ferme son établissement pour une période égale ou supérieure à celle du congé annuel du salarié. De son côté, l'employeur qui, le 30 mars 1995, fermait son établissement pour la période de congé annuel peut imposer au salarié un fractionnement de ses vacances en deux périodes, dont l'une est celle de cette période de fermeture; une des deux périodes doit toutefois être d'une durée minimale de deux semaines continues. Le congé annuel peut aussi être fractionné en plus de deux périodes si le salarié le demande et si l'employeur y consent. Enfin, selon l'article 71 *L.n.t.*, une disposition particulière d'une convention collective ou d'un décret peut prévoir le fractionnement du congé annuel en plus de deux périodes ou l'interdire, sans égard aux articles 68, 69 et 71 *L.n.t.*

Le congé annuel doit être pris dans les 12 mois qui suivent la fin de l'année de référence; une convention collective ou un décret de convention collective peut néanmoins en autoriser le report (art. 70, al. 1 *L.n.t.*). En outre, l'employeur peut, à la demande du salarié, reporter à l'année suivante son congé annuel lorsqu'il est absent pour cause d'invalidité ou pour des raisons familiales ou parentales à la fin des 12 mois qui suivent la fin d'une année de référence; à défaut de tel report, l'employeur doit aussitôt verser au salarié l'indemnité afférente au congé auquel ce dernier a droit (art. 70, al. 3 *L.n.t.*). À la demande du salarié, l'employeur peut lui permettre de prendre son congé annuel, en tout ou en partie, par anticipation pendant l'année de référence (art. 70, al. 2 *L.n.t.*). Lorsqu'une période de maladie, d'invalidité ou d'assurance-salaire est interrompue par un congé annuel, cette période se continue, s'il y a lieu, après le congé comme si elle n'avait pas été interrompue (art. 70, al. 4 *L.n.t.*). Le salarié doit connaître la date de son congé au moins quatre semaines à l'avance (art. 72 *L.n.t.*)[46].

L'employé a droit de prendre son congé en nature, en ce sens qu'il ne peut être tenu d'accepter quelque indemnité compensatrice en retour de laquelle il renoncerait à son droit de s'absenter du travail. Cette interdiction est absolue selon l'article 73 *L.n.t.*, qui y prévoit une seule exception : le salarié qui a droit à une troisième semaine de congé peut remplacer cette troisième semaine par une indemnité compensatoire avec l'accord de l'employeur. Cette substitution n'est d'ailleurs possible qu'à la double condition qu'elle soit faite à la demande du salarié et que l'établissement ferme ses portes pour deux semaines à l'occasion du congé annuel.

L'article 74 *L.n.t.* fixe l'indemnité ou la paie de vacances à quatre pour cent du salaire brut du salarié acquis durant l'année de référence lorsque celui-ci a droit à un congé légal de deux semaines continues ou moins, et à six pour cent lorsque son service continu lui donne droit à trois semaines continues de vacances[47]. Lorsqu'une absence pour cause de maladie ou d'accident, de congé de maternité ou de paternité a pour effet de diminuer l'indemnité de congé annuel du salarié, ce dernier a droit à une indemnité équivalente à deux ou trois fois la moyenne hebdomadaire du salaire gagné durant la période pendant laquelle il a travaillé au cours de l'année de référence, selon la durée du congé à laquelle il a droit; la même règle s'applique proportionnellement à celui qui a droit à un congé d'une durée inférieure à deux semaines (art. 74, al. 2 *L.n.t.*). L'article 74.1 *L.n.t.* défend à l'employeur de réduire la durée du congé annuel ou l'indemnité qui s'y rapporte pour un salarié à temps partiel, pour le seul motif que ce salarié travaille habituellement moins d'heures par semaine.

L'indemnité de vacances doit être versée avant le début du congé et en un seul versement, sous réserve d'une disposition différente d'une convention collective ou d'un décret (art. 75, al. 1 *L.n.t.*). La loi permet toutefois que l'indemnité soit ajoutée au salaire d'un travailleur agricole engagé sur une base journalière (art. 75, al. 2 *L.n.t.*). Les crédits de congé non utilisés par le salarié au moment où son contrat de travail prend fin sont liquidés conformément aux dispositions de l'article 76 de la loi.

---

45. *Bell Rinfret & Cie Ltée c. Bernard*, D.T.E. 88T-297 (C.A.).
46. Ce droit ne vise que le congé annuel dû au salarié en vertu des dispositions de la loi, excluant tout excédent auquel l'employeur peut consentir volontairement : *Acier C.M.C. Inc. c. Dawson*, D.T.E. 96T-504 (T.T.).
47. *Kraft Limitée c. Commission des normes du travail*, [1989] R.J.Q. 2678, EYB 1989-59642 (C.A.); *Fruits de mer Gascons Ltée c. Commission des normes du travail*,[2004] R.J.D.T. 437, REJB 2004-55215 (C.A.) – exclusion, dans le calcul, de l'indemnité de vacances précédente. Par exception, le salaire à considérer inclut les pourboires pour les salariés qui en touchent habituellement (art. 50, al. 4 *L.n.t.*).

3. *Les congés familiaux et parentaux*

La loi accorde un certain nombre de congés familiaux et parentaux. Il convient d'en faire une synthèse :

a) *Les congés pour événements familiaux*

Dispositions	Occasions	Conditions	Durée de l'absence
Art. 80 *L.n.t.*	Décès, funérailles	Conjoint[48], enfant, père, mère, frère, sœur (aviser le plus tôt possible)	1 jour avec solde et 4 jours sans solde
Art. 80.1 *L.n.t.*	Décès, funérailles	Gendre, bru, un des grands-parents ou des petits-enfants et père, mère, frère ou sœur du conjoint (aviser le plus tôt possible)	1 jour sans solde
Art. 81 *L.n.t.*	Mariage	Salarié	1 jour avec solde
		Enfant, père, mère, frère ou sœur du salarié, ou enfant de son conjoint (aviser l'employeur une semaine à l'avance)	1 jour sans solde
Art. 81.1 *L.n.t.*	Naissance, adoption et interruption de grossesse à compter de la 20e semaine	Enfant du salarié, adoption ou interruption de grossesse (congé pris dans les 15 jours de l'événement)	5 jours, dont 2 jours avec solde si 60 jours de service continu
		Adoption de l'enfant du conjoint	2 jours sans solde (le congé peut être fractionné)
Art. 79.7 et 122 (6) *L.n.t.*	Présence requise par des obligations liées à la garde, la santé ou l'éducation ou en raison de circonstances imprévisibles ou incontrôlables	Enfant ou enfant du conjoint	10 jours sans solde par an, fractionnés en journées au besoin (journée fractionnée si l'employeur y consent)
	Présence requise par l'état de santé	Conjoint, père, mère, frère, sœur, grands-parents (aviser le plus tôt possible et prendre les moyens raisonnables pour limiter la prise et la durée du congé)	Droit de refuser de travailler en sus des heures habituelles

---

48. *L.n.t.*, art. 1, 3⁰.

Dispositions	Occasions	Conditions	Durée de l'absence
Art. 79.8 *L.n.t.*	Grave maladie ou accident grave	3 mois de service continu du salarié Enfant, conjoint, enfant du conjoint, père, mère, frère, sœur, grands-parents (aviser le plus tôt possible et sur demande de l'employeur lui fournir un document justificatif)	12 semaines sur une période de 12 mois
	Maladie grave potentiellement mortelle	Enfant mineur du salarié (attestation par certificat médical	Prolongation jusqu'à 104 semaines après le début de l'absence

b) *La grossesse et la maternité*

Dispositions	Occasions	Conditions	Durée de l'absence
Art. 81.3 *L.n.t.*	Examen relié à la grossesse (médecin ou sage-femme)	Préavis diligent à l'employeur	Selon fréquence nécessaire (sans solde)
Art. 81.4, 81.4.1, 81.5, 81.6 *L.n.t.*	Maternité	Congé pris au plus tôt la 16e semaine précédant la date prévisible de l'accouchement Préavis de 3 semaines du départ[49] et du retour prévisible, appuyé d'un certificat médical.	18 semaines continues (sans solde)[50] Au moins 2 semaines à la suite d'un accouchement après la date prévue. Suspension du congé, après entente avec l'employeur, pendant la durée d'une hospitalisation de l'enfant. Prolongation du congé si l'état de santé de la mère ou de l'enfant l'exige.
Art. 81.5.1, 81.5.2, 81.5.3 *L.n.t.*	Danger d'interruption de grossesse, ou pour la santé de la mère ou de l'enfant à naître	Danger occasionné par la grossesse et exigeant un arrêt de travail (certificat médical)	Durée indiquée au certificat médical (sans salaire)

---

49. Le défaut de donner l'avis n'est cependant pas pénalisant pour la salariée, l'obligation n'étant pas d'ordre public : *Château Lingerie Mfg. Co. Ltd. c. Bhatt*, J.E. 85-158 (C.A.).
50. La salariée peut être admissible à des prestations en vertu de la *Loi sur l'assurance parentale* (L.Q. 2001, c. 9). En outre, la participation aux régimes d'assurance collective et de retraite ne doit pas être modifiée (art. 81.15, al. 1 *L.n.t.*).

Dispositions	Occasions	Conditions	Durée de l'absence
Art. 81.5.2, 81.5.3 *L.n.t.*	Interruption de grossesse	Avis écrit informant de l'événement (certificat médical) et de la date prévue de retour au travail	Avant le début de la 20e semaine précédant la date prévue d'accouchement : maximum de 3 semaines (sans salaire) sujet à prolongation (certificat médical). À compter de la 20e semaine de grossesse : 18 semaines continues (sans salaire).
Art. 81.8 *L.n.t.*	Preuve de capacité de travail	La salariée peut être tenue de justifier sa capacité de travail à compter de la 6e semaine précédant la date prévue pour l'accouchement (certificat médical).	À défaut du certificat exigible, l'employeur peut forcer la prise du congé.
Art. 81.9 et 81.13, al. 1 *L.n.t.*	Retour anticipé au travail	Le retour de la salariée avant la date prévue initialement exige un préavis de 3 semaines.	
Art. 81.9 *L.n.t.*	Retour au travail dans les 2 semaines suivant l'accouchement	L'employeur peut exiger un certificat médical.	
Art. 81.14 *L.n.t.*	Défaut de retour au travail	Si la salariée ne se présente pas au travail à la date prévue, elle est présumée avoir démissionné.	
Art. 81.15.1 *L.n.t.*	Réintégration	L'employeur doit réintégrer la salariée dans son poste habituel avec les mêmes avantages[51].	
Art. 79.5, 79.6, 81.15 et 81.17 *L.n.t.*	Licenciement, mise à pied ou abolition de poste	Si le poste a été visé par un licenciement ou une mise à pied, ou a été aboli, la salariée dispose des mêmes droits que si elle avait été présente.	

---

51. *Daigneault c. Olivetti Canada Ltée*, [1992] T.T. 102; *Société immobilière Trans-Québec Inc. c. Labbée*, D.T.E. 94T-799 (T.T.). Voir aussi *infra*, note 59.

c) Le congé de paternité

Dispositions	Occasions	Conditions	Durée de l'absence
Art. 81.2 *L.n.t.*	Naissance de son enfant	Débute au plus tôt la semaine de la naissance et se termine au plus tard 52 semaines après celle de la naissance	5 semaines continues, sans salaire[52].
Art. 81.15.1	Réintégration	L'employeur doit réintégrer le salarié à son poste habituel avec les mêmes avantages[53].	
Art. 79.5, 79.6 et 81.17 *L.n.t.*	Licenciement, mise à pied ou abolition de poste	Si le poste a été visé par un licenciement ou une mise à pied, ou a été aboli, le salarié dispose des mêmes droits que s'il avait été présent.	

d) Le congé parental

Dispositions	Occasions	Conditions	Durée de l'absence
Art. 81.10, 81.11 et 81.12 *L.n.t.*	Naissance ou adoption d'un enfant mineur	Le père et la mère ont droit au congé; En cas d'adoption, il ne doit pas s'agir de l'enfant du conjoint; Préavis de 3 semaines qui précise la date de départ et celle du retour (ce délai peut être écourté si l'état de santé de l'enfant ou de la mère le requiert); Débute au plus tôt à la naissance ou lors de l'adoption et se termine au plus tard 70 semaines après la naissance.	52 semaines sans solde[54] (peut se prolonger jusqu'à 104 semaines dans les cas et aux conditions prévues par règlement).
Art. 81.13 *L.n.t.*	Retour anticipé ou partiel au travail	Préavis de 3 semaines; Consentement de l'employeur si le retour est partiel ou intermittent.	
Art. 81.14 *L.n.t.*	Défaut de retour au travail	Si le salarié ne se présente pas au travail à la date prévue, il est présumé avoir démissionné.	
Art. 81.15.1 *L.n.t.*	Réintégration	L'employeur doit réintégrer le salarié dans son poste habituel avec les mêmes avantages[55].	
Art. 79.5, 79.6, 81.15.1 et 81.17 *L.n.t.*	Licenciement, mise à pied ou abolition de poste	Si le poste a été visé par un licenciement ou une mise à pied, ou a été aboli, le salarié dispose des mêmes droits que s'il avait été présent.	

---

52.   Le salarié peut être admissible à des prestations selon la *Loi sur l'assurance parentale* (L.Q. 2001, c. 9).
53.   Voir note 51.
54.   Le bénéficiaire peut toutefois avoir droit à des prestations en vertu de la *Loi sur l'assurance-emploi*, L.C. 1996, c. 23. En outre, la participation du salarié aux régimes d'assurance collective et de retraite ne doit pas être modifiée. L'obtention du congé n'est sujette à aucune autre condition que celle du préavis de trois semaines : *Québec (Ville de) c. Blais*, [1999] R.J.D.T. 163, REJB 1998-10046 (T.T.).
55.   *Daigneault c. Olivetti Canada Ltée*, précité, note 51; *Société immobilière Trans-Québec Inc. c. Labbée*, précité, note 51.

4. L'absence pour cause de maladie ou d'accident

Sur un plan totalement différent, les articles 79.1 et suivants *L.n.t.* protègent l'employé qui doit s'absenter du travail pour cause de maladie ou d'accident. Cette protection est réservée au salarié qui compte au moins trois mois de service continu (art. 79.1, al. 1 *L.n.t.*). Elle ne s'applique pas à une lésion professionnelle au sens de la *Loi sur les accidents du travail et les maladies professionnelles*[56] (art. 79.1, al. 2 *L.n.t.*). Le salarié protégé peut s'absenter pendant un maximum de 26 semaines sur une période de 12 mois. Il doit toutefois aviser son employeur le plus tôt possible de son absence et des motifs de cette dernière (art. 79.2 *L.n.t.*)[57].

La protection tombe toutefois si les conséquences de la maladie ou de l'accident ou le caractère répétitif des absences constituent une cause juste et suffisante de congédiement, de suspension ou de déplacement du salarié par l'employeur (art. 79.4, al. 2 *L.n.t.*). La démonstration d'une incapacité définitive du salarié de fournir une prestation normale, compte tenu de la nature de son emploi, constituera normalement une justification suffisante[58].

Pendant la durée d'une absence autorisée par la loi, le salarié continue de participer aux régimes d'assurance collective et de retraite de son lieu de travail, aux mêmes conditions quant aux cotisations habituellement exigibles (art. 79.3 *L.n.t.*). À la fin de l'absence, l'employeur doit réintégrer le salarié dans son poste habituel, avec les mêmes avantages que s'il était resté au travail (art. 79.4, al. 1 *L.n.t.*)[59]. Si le poste habituel du salarié a été aboli, ou s'il a été visé par un licenciement ou une mise à pied qui aurait inclus le salarié s'il avait été au travail, l'employeur doit lui reconnaître les mêmes droits que ceux qui auraient alors été les siens (art. 79.4, al. 1 et 79.5 *L.n.t.*).

Le dépassement par le salarié de sa période de protection de 26 semaines fait obstacle à une plainte de pratique interdite en vertu des articles 122 et 123 *L.n.t.* Le seul épuisement de cette période n'autorise toutefois pas l'employeur à mettre fin à l'emploi. Il demeure tenu à une obligation d'accommodement raisonnable, selon les circonstances[60].

4- L'égalité de traitement

Les articles 87.1 à 87.3 *L.n.t.* prohibent, de façon générale et sous réserve de certaines exceptions, d'accorder des conditions de travail moins avantageuses aux salariés uniquement en fonction de leur date d'embauche et sur une matière qui fait l'objet d'une norme du travail selon la loi, comparativement à celles consenties à d'autres salariés qui effectuent les mêmes tâches dans le même établissement.

Cette interdiction cible en première ligne une pratique développée dans les rapports collectifs du travail et désignée par l'expression suivante : clause « orphelin ». Pour cette raison, nous l'examinerons plus attentivement dans le chapitre qui traite de la convention collective (titre II, chapitre VII). La prohibition rejoint toutefois également les ententes individuelles et les décrets de convention collective. Retenons simplement ici que dans un contexte de rapports individuels, les éléments de preuve requis pour en obtenir la sanction pourraient se révéler difficiles à rassembler.

5- Le travail des enfants

Les articles 84.2 à 84.5 *L.n.t.* se préoccupent du travail des enfants[61]. Il est ainsi interdit à un employeur de faire effectuer par un enfant un travail disproportionné à ses capacités ou susceptible de compromettre son éducation ou de nuire à sa santé ou à son développement physique ou moral (art. 84.2 *L.n.t.*). Dans le cas d'un enfant de moins de 14 ans, l'employeur doit obtenir le consentement écrit du titulaire de l'autorité parentale ou du tuteur (art. 84.3 *L.n.t.*). Si l'enfant est assujetti à l'obligation de fréquentation scolaire[62], l'employeur doit s'abstenir de le faire

---

56. L.R.Q., c. A-3.001.
57. *Sain c. Multi-Démolition S.D.*, [1994] T.T. 248. Sauf circonstances particulières, il n'est pas obligé de fournir aussitôt un diagnostic médical précis : *Oliva-Zamora c. Société d'administration Casco Inc.*, D.T.E. 2002T-163 (T.T.).
58. Dans le cas d'un accident du travail ou d'une maladie professionnelle, il y a cependant lieu de tenir compte de la protection supplémentaire octroyée par la *Loi sur les accidents du travail et les maladies professionnelles*, précitée, note 56.
59. Il ne s'ensuit pas que le salarié acquière des droits liés à sa présence effective ou réputée au travail : *Syndicat national de l'automobile, de l'aérospatiale, du transport et de autres travailleuses et travailleurs du Canada (TCA-Canada) c. Prévost Car Inc.*, D.T.E. 2005T-134 (T.A.) – congés personnels prévus à la convention collective.
60. Voir, comparer et transposer *Procureur général du Québec c. Syndicat de professionnelles et professionnels du gouvernement du Québec (SPGQ)*, [2005] R.J.Q. 944, 2005 QCCA 311 ; *Syndicat des employées et employés professionnels-les et de bureau, section locale 571, CTC-FTQ (SEPB) c. Barreau du Québec*, 2007 QCCA 64 ; *Centre universitaire de santé McGill (Hôpital Général de Montréal) c. Syndicat des employés de l'Hôpital Général de Montréal*, 2007 CSC 7.
61. La *Loi sur les normes du travail* ne définit pas la notion d' « enfants ». À cet égard, voir l'article 153 C.c.Q. En vertu de l'article 156 C.c.Q., l'enfant de 14 ans et plus est réputé être majeur pour les fins de la conclusion d'un contrat de travail.
62. Voir la *Loi sur l'instruction publique*, L.R.Q., c. I-13.3, art. 14.

travailler durant les heures de classe et faire en sorte que les heures de travail soient telles qu'il puisse être à l'école durant ces heures (art. 84.4 et 84.5 *L.n.t.*). Il est également interdit de faire effectuer un travail par un enfant entre 23 heures, un jour donné, et 6 heures le lendemain, sauf s'il s'agit d'un enfant qui n'est plus assujetti à l'obligation de fréquentation scolaire ou qui livre des journaux, ou dans tout autre cas déterminé par règlement du gouvernement (art. 84.6 et 89.1 *L.n.t.*). L'employeur d'un enfant doit en outre faire en sorte que celui-ci puisse être à la résidence familiale pendant les mêmes heures, sauf s'il s'agit d'un enfant qui n'est plus assujetti à l'obligation de fréquentation scolaire ou dans les autres cas qui peuvent être déterminés par règlement du gouvernement (art. 84.7 et 89.1 *L.n.t.*).

6- La protection de l'emploi

A- Les pratiques interdites

L'article 122 *L.n.t.* interdit à un employeur ou à son représentant de congédier, de suspendre ou de déplacer un salarié, d'exercer à son endroit des mesures discriminatoires ou des représailles ou de lui imposer toute autre sanction pour l'un ou l'autre des motifs qui y sont énumérés[63]. Ces diverses prohibitions sont sanctionnées par un recours spécifique en indemnisation et en réintégration du salarié, selon l'article 123 de la loi[64].

B- La mise à la retraite

L'article 84.1 *L.n.t.* affirme le droit du salarié de demeurer au travail malgré le fait qu'il ait atteint ou dépassé l'âge ou le nombre d'années de service à compter duquel il serait autrement mis à la retraite. Ce droit est assorti d'une interdiction pour l'employeur de congédier, suspendre ou mettre à la retraite un salarié, ou d'exercer à son endroit des mesures discriminatoires ou des représailles sur la base de l'une ou l'autre des considérations prémentionnées (art. 122.1 *L.n.t.*). Le cas échéant, l'article 123.1 de la loi offre un recours en réintégration et en indemnisation au salarié victime d'une contravention des articles 84.1 et 122.1 *L.n.t.*

C- Le congédiement sans cause juste et suffisante

Le salarié qui compte deux ans de service continu dans la même entreprise et qui croit avoir été congédié sans une cause juste et suffisante dispose, en vertu de l'article 124 de la loi, d'un recours spécial qui lui permet de faire contrôler la suffisance du motif de son congédiement et, en l'absence d'une telle suffisance, d'être réintégré dans son emploi et indemnisé[65]. La Cour d'appel a considéré cette mesure de protection de l'emploi comme une véritable norme du travail[66].

D- L'avis de cessation d'emploi ou de mise à pied

1. L'avis individuel

L'employeur doit donner un avis écrit au salarié engagé pour une durée indéterminée et qui compte au moins trois mois de service continu avant de mettre fin à son contrat de travail (art. 82 et 81.1 (1) et (2) *L.n.t.*). Ce préavis est d'une semaine si le salarié justifie de moins d'un an de service continu, de deux semaines s'il justifie d'un à cinq ans de service continu, de quatre semaines s'il justifie de cinq ans à dix ans de service continu et de huit semaines, s'il justifie de dix ans ou plus de tel service. Il ne peut être donné au salarié pendant que celui-ci est déjà mis à pied, sauf dans le cas d'un emploi à caractère saisonnier dont la durée n'excède habituellement pas six mois chaque année (art. 82, al. 3 *L.n.t.*). Le préavis légal ainsi prescrit revêt un caractère minimal et n'empêche pas le salarié de réclamer un délai-congé plus important auquel il pourrait avoir droit selon les règles du droit civil (art. 82, al. 4 *L.n.t.*)[67]. Ce sera le cas, le plus souvent, d'un

---

63.   Huit catégories de situations sont envisagées, soit : 1⁰ à cause de l'exercice par ce salarié d'un droit, autre que celui visé à l'article 84.1, qui résulte de la présente loi ou d'un règlement; 1.1⁰ en raison d'une enquête effectuée par la Commission dans un établissement de cet employeur; 2⁰ pour le motif que ce salarié a fourni des renseignements à la commission ou à l'un de ses représentants sur l'application des normes du travail ou qu'il a témoigné dans une poursuite s'y rapportant; 3⁰ pour la raison qu'une saisie-arrêt a été pratiquée à l'égard du salarié ou peut l'être; 3.1⁰ pour le motif que le salarié est un débiteur alimentaire assujetti à la *Loi facilitant le paiement des pensions alimentaires*; 4⁰ pour la raison qu'une salariée est enceinte; 5⁰ dans le but d'éluder l'application de la présente loi ou d'un règlement; 6⁰ pour le motif que le salarié a refusé de travailler au-delà de ses heures habituelles de travail parce que sa présence était nécessaire pour remplir des obligations reliées à la garde, à la santé ou à l'éducation de son enfant ou de l'enfant de son conjoint, ou en raison de l'état de santé de son conjoint, de son père, de sa mère, d'un frère, d'une sœur ou de l'un de ses grands-parents bien qu'il ait pris tous les moyens raisonnables à sa disposition pour assumer autrement ces obligations.

64.   Voir *infra*, section 8-C-2.

65.   Sur l'exercice de ce recours, voir *infra*, section 8-C-3.

66.   *Produits Pétro-Canada Inc. c. Moalli*, [1987] R.J.Q. 261, EYB 1987-77956 (C.A.).

67.   *Dallaire c. Chaîne coopérative du Saguenay*, D.T.E. 97T-603, REJB 1997-00718 (C.A.); *Transports Kingsway Ltée c. Laperrière*, D.T.E. 93T-197 (C.A.). Sur le calcul du délai-congé selon le droit civil, voir *supra*, titre I, chapitre I. Les cadres supérieurs exclus de l'application de la loi et les salariés qui ne comptent pas trois mois de service continu ne pourront s'en remettre qu'à ces règles de droit civil.

employé exerçant des fonctions de cadre inférieur ou intermédiaire, occupant un emploi à caractère professionnel ou comptant de très nombreuses années de service.

L'employeur est par ailleurs dispensé de l'obligation de donner un préavis au salarié dont le licenciement (ou la mise à pied) résulte d'un cas fortuit ou est justifié par une faute grave imputable au salarié (art. 82.1 (3) et (4) *L.n.t.*). Quant au cas fortuit, il s'agit d'un événement imprévisible et irrésistible qui échappe au contrôle de l'employeur[68]. Qu'en est-il de la « faute grave » qui disqualifie le salarié du droit au préavis? Il faut d'abord distinguer cette notion de celle de « cause juste et suffisante » utilisée à l'occasion du contrôle de la légitimité d'un licenciement en vertu des articles 124 et suivants de la loi. Cette dernière notion de cause juste et suffisante comprend, certes, celle de la faute grave commise par le salarié, sans toutefois se limiter à elle[69]. Elle peut aussi s'étendre à des motifs qui tiennent à la personne du salarié sans constituer une faute grave de sa part, comme une incapacité involontaire d'accomplir le travail, et surtout à des motifs qui lui sont totalement extérieurs et qui tiennent plutôt à la situation de l'entreprise, comme des difficultés d'ordre économique justifiant une réduction du personnel. La « faute grave » dont il est ici question est assimilée au comportement fautif du salarié qui constitue un manquement suffisamment grave aux obligations qui naissent de son contrat de travail pour justifier sa résiliation – sans indemnité ni préavis – selon les principes du droit civil[70].

L'employeur qui ne donne pas au salarié le préavis auquel il a droit doit lui verser une indemnité compensatrice correspondant à son salaire habituel, sans tenir compte des heures supplémentaires, pour une période égale à celle du préavis requis (art. 83, al. 1 *L.n.t.*)[71]. Cette indemnité doit être versée au moment de la cessation de l'emploi du salarié (art. 83, al. 2 *L.n.t.*).

Les règles de préavis qui viennent d'être exposées relativement à la cessation d'emploi du salarié s'appliquent également soit à l'occasion d'une mise à pied prévue pour plus de six mois, soit à l'expiration d'un délai de six mois d'une mise à pied pour une durée indéterminée, ou qui était prévue pour une durée inférieure à six mois mais qui excède ce délai (art. 82 et 83 *L.n.t.*). Ces situa-

tions de mise à pied donnent lieu à des aménagements particuliers qui tiennent compte du droit usuel de rappel au travail reconnu aux salariés par les conventions collectives. L'article 83.1 *L.n.t.* vise les cas où les salariés mis à pied bénéficient d'un tel droit de rappel au travail pendant plus de six mois, en vertu de la convention collective qui leur est applicable. Le salarié n'aura droit à l'indemnité compensatrice prévue par la loi qu'à compter de l'expiration de son droit de rappel au travail, ou un an après sa mise à pied, selon la première éventualité (art. 83.1, al. 1 *L.n.t.*). Il n'aura pas droit à l'indemnité dans deux cas : s'il est rappelé au travail avant la date à laquelle l'indemnité était exigible et s'il travaille alors pour une durée au moins égale à celle du préavis auquel il aurait eu droit selon l'article 82 *L.n.t.*; ou, si son non-rappel au travail résulte d'un cas fortuit (art. 83.1, al. 2 *L.n.t.*).

2. *L'avis de licenciement collectif*

L'article 84.0.1 *L.n.t.* définit le licenciement collectif dont il est ici question comme une cessation de travail du fait de l'employeur, y compris une mise à pied pour une durée de six mois ou plus, touchant au moins dix salariés d'un même établissement au cours d'une période de deux mois consécutifs. Ne constituent pas un licenciement collectif visé par la loi une mise à pied pour une durée indéterminée mais effectivement inférieure à six mois, une cessation de travail à l'égard d'un établissement dont les activités sont saisonnières ou intermittentes ainsi que l'interruption du travail dans un établissement touché par une grève ou un lock-out au sens du Code du travail (art. 84.0.3 *L.n.t.*).

Un salarié n'est pas considéré comme visé par un licenciement collectif dans cinq cas prévus à l'article 84.0.2 *L.n.t.* :

– s'il ne compte pas trois mois de service continu;

– si son contrat pour une durée déterminée ou pour une entreprise déterminée expire;

– s'il est visé par l'article 83 de la *Loi sur la fonction publique*[72];

68. En particulier, sauf exception, des difficultés d'ordre économique rencontrées par l'entreprise ne constitueront pas une cause d'exonération. *Commission des normes du travail c. Campeau Corp.*, [1989] R.J.Q. 2108, 2119, EYB 1989-63158 (C.A.); *Internote Canada Inc. c. Commission des normes du travail*, [1989] R.J.Q. 2097, EYB 1989-63161 (C.A.). À comparer avec *Commission des normes du travail c. Hawker Siddeley Canada Inc.*, [1989] R.J.Q. 2123, EYB 1989-63160 (C.A.).
69. La conclusion selon laquelle le salarié aurait commis une faute grave comme résultat d'un recours en vertu de l'article 124 *L.n.t.* ne peut être remise en question à l'occasion de la réclamation d'une indemnité de préavis en vertu de l'article 82 *L.n.t.* ou du droit civil : *Liberty Mutual Insurance Co. c. Commission des normes du travail*, D.T.E. 90T-872, EYB 1990-59402 (C.A.); *Trinh c. Hydro-Québec*, D.T.E. 2004T-471, REJB 2004-60434 (C.A.).
70. *Liberty Mutual Insurance Co. c. Commission des normes du travail*, précité, note 69.
71. L'indemnité payable au salarié rémunéré à commission est calculée à partir de la moyenne hebdomadaire de son salaire durant les périodes complètes de paie comprises dans les trois mois précédant sa cessation d'emploi (art. 83, al. 3 *L.n.t.*).
72. L.R.Q., c. F-3.1.1.

– s'il a commis une faute grave;

– s'il est exclu de l'application de la *Loi sur les normes du travail* par son article 3.

L'employeur qui procède à un licenciement collectif doit en donner un avis préalable au ministre de l'Emploi et de la Solidarité sociale. Le délai minimum d'avis varie selon le nombre de salariés touchés par le licenciement. Il est de huit semaines lorsque ce nombre est de 10 à 99, de 12 semaines lorsqu'il est de 100 à 299 et de 16 semaines lorsqu'il est de 300 ou plus (art. 84.0.4, al. 1 *L.n.t.*). L'avis de licenciement collectif est transmis au ministre à l'endroit et avec les renseignements déterminés par règlement (art. 84.0.7 et 89 (6.2) *L.n.t.*)[73]. Une copie doit en être transmise à la C.N.T. et, s'il y a lieu, au syndicat accrédité en vertu du Code du travail qui représente les salariés visés par le licenciement; l'employeur doit aussi afficher l'avis dans un endroit visible et facilement accessible dans l'établissement concerné (art. 84.0.6 *L.n.t.*). Un cas de force majeure ou un événement imprévu peut dégager l'employeur de son obligation de respecter les délais d'avis dictés à l'article 84.0.4 *L.n.t.*; l'employeur doit alors donner l'avis de licenciement collectif au ministre aussitôt qu'il est en mesure de le faire (art. 84.0.5 et 84.0.13, al. 3 *L.n.t.*). L'avis de licenciement collectif se superpose en quelque sorte à l'avis individuel de cessation d'emploi ou de mise à pied qui demeure requis par l'article 82 *L.n.t.* (art. 84.0.4, al. 2 *L.n.t.*).

Pendant le délai d'avis de licenciement collectif, l'employeur ne peut modifier ni le salaire d'un salarié visé par ce licenciement ni les régimes d'assurance collective et de retraite reconnus à son lieu de travail, à moins que ce salarié ou le syndicat accrédité qui le représente y consente par écrit (art. 84.0.8 *L.n.t.*). Lorsque le licenciement collectif vise 50 salariés ou plus et que le ministre le demande, l'employeur et le syndicat accrédité (ou, à défaut, les représentants choisis par les salariés) doivent participer à la constitution d'un comité conjoint et paritaire d'aide au reclassement et collaborer à la réalisation de la mission de ce comité (art. 84.0.9 et 84.0.15 *L.n.t.*). Cette mission est de fournir aux salariés touchés par le licenciement collectif toute forme d'aide convenue entre les parties pour minimiser les conséquences du licenciement, notamment en évaluant la situation et les besoins des salariés et en élaborant un plan de reclassement visant à les maintenir ou à les réintégrer en emploi (art. 84.0.10 *L.n.t.*). L'employeur contribue au financement de ce comité d'aide au reclassement selon ce qu'il convient avec le ministre ou, à défaut d'entente, à un montant déterminé, par salarié visé, par

un règlement du gouvernement (art. 84.0.11 *L.n.t.*). Le ministre peut aussi, sur demande et aux conditions qu'il détermine, exempter de l'application des dispositions relatives au comité d'aide au reclassement l'employeur qui offre aux salariés visés par un licenciement collectif des mesures d'aide au reclassement équivalentes ou supérieures à celles prévues par la loi (art. 84.0.12 *L.n.t.*).

L'employeur en défaut de donner l'avis de licenciement collectif requis par la loi est tenu de payer à chaque salarié licencié une indemnité équivalente à son salaire habituel, sans tenir compte des heures supplémentaires, pour une période égale à celle de la durée ou de la durée résiduaire du délai d'avis auquel il était tenu (art. 84.0.13, al. 1 *L.n.t.*). L'indemnité est payable au moment du licenciement ou après six mois d'une mise à pied dont la durée était indéterminée ou qui était prévue pour une durée inférieure à six mois mais l'excède effectivement (art. 84.0.13, al. 2 *L.n.t.*). Les indemnités de préavis individuel (art. 83 *L.n.t.*) et de licenciement collectif (art. 84.0.13 *L.n.t.*) ne peuvent être cumulées par un même salarié[74]. Ce dernier a droit à la plus élevée des deux (art. 84.0.14 *L.n.t.*).

E- Le certificat de travail

Sans égard à la cause de la cessation de son emploi, tout salarié peut exiger de son employeur qu'il lui délivre un certificat de travail qui fait état exclusivement de la nature et de la durée de son emploi, du début et de la fin de l'exercice de ses fonctions ainsi que du nom et de l'adresse de l'employeur. En aucun cas, ce certificat ne peut faire état de la qualité du travail ou de la conduite du salarié (art. 84 *L.n.t.*).

7- Le harcèlement psychologique

Depuis le 1er juin 2004, la *Loi sur les normes du travail* reconnaît le droit des salariés à un milieu de travail exempt de harcèlement psychologique (art. 81.19, al. 1 *L.n.t.*). La définition que l'article 81.18 *L.n.t.* donne du harcèlement psychologique s'inspire manifestement de certains acquis jurisprudentiels élaborés dans le contexte d'autres types de harcèlement, notamment le harcèlement sexuel. Il en est ainsi de la référence à des comportements répétés et non désirés, ou à une seule conduite grave, ainsi qu'aux conséquences d'atteinte à la dignité du salarié et de création, pour lui, d'un milieu de travail néfaste. L'accent porte sur le caractère vexatoire de la conduite prohibée et sur ses conséquences d'atteinte à la dignité ou à l'intégrité

---

73. *Règlement sur les normes du travail*, précité, note 12, art. 35.0.1 et 35.0.2.
74. Voir : *Commission des normes du travail c. MPI Moulin à papier de Portneuf Inc.*, D.T.E. 2007T-201, 2006 QCCS 6201.

psychologique ou physique du salarié, en se référant à la réaction qu'aurait une personne raisonnable[75].

L'obligation de l'employeur est de prendre les moyens raisonnables pour prévenir le harcèlement psychologique et pour le faire cesser lorsqu'il en a connaissance (art. 81.19 *L.n.t.*). Cette obligation est garantie par un recours mis à la disposition du salarié et qui varie selon que ce dernier est régi par une convention collective ou ne l'est pas. Dans le premier cas, les dispositions des articles 81.18 et 81.19 *L.n.t.* sont réputées intégrées à la convention collective applicable et le salarié concerné doit exercer les recours qui y sont prévus (art. 81.20, al. 1 *L.n.t.*). Le salarié qui n'est pas visé par une convention collective pourra porter sa plainte successivement auprès de la C.N.T. et, si nécessaire, de la C.R.T. (art. 123.6, 123.9, 123.12 et 123.13 *L.n.t.*)[76].

8- La sanction

A- L'effet des normes

Les normes du travail édictées par la *Loi sur les normes du travail* ou par les règlements adoptés sous son empire sont d'ordre public. À moins que la loi ne le permette expressément, nul ne peut y déroger[77]. L'article 93, al. 2 *L.n.t.* prononce la nullité absolue de toute convention, individuelle ou collective, ou de tout décret de convention collective, qui prétendrait déroger à une norme du travail[78].

La loi ne définit pas l'expression « norme du travail ». La Cour d'appel a décidé qu'elle se rapportait à tout droit et tout avantage que la loi confère au salarié[79]. L'article 94

L.n.t. tempère le caractère d'ordre public des normes du travail. Il autorise une convention ou un décret qui a pour effet d'accorder au salarié une condition de travail plus avantageuse que celle prévue par la norme légale. Cette dernière revêt donc un caractère minimal[80]. Par ailleurs, l'évaluation d'une condition de travail conventionnelle (ou contenue dans un décret) par rapport à la norme légale qui lui correspond doit s'effectuer en isolant la stipulation conventionnelle; celle-ci ne peut compenser sa faiblesse par rapport à la norme légale par d'autres avantages qui peuvent être contenus dans la même entente[81]. Selon la règle d'interprétation énoncée à l'article 41 de la *Loi d'interprétation*[82], les normes doivent être interprétées libéralement de façon à permettre la réalisation des objectifs poursuivis par la loi[83].

Sur un autre plan, le donneur d'ouvrage et son sous-contractant sont solidairement responsables envers les salariés du sous-contractant des obligations pécuniaires nées de l'application de la loi ou des règlements (art. 95 *L.n.t.*).

Les articles 96 et 97 *L.n.t.* assurent la protection des droits du salarié dans les cas où l'entreprise fait l'objet d'une aliénation ou d'une concession totale ou partielle[84]. L'ancien et le nouvel employeur sont conjointement et solidairement responsables des sommes impayées et dues à un salarié, en vertu de la loi ou des règlements, au moment de l'aliénation ou de la concession de l'entreprise (art. 96 *L.n.t.*)[85]. Les réclamations civiles de sommes dues en vertu du régime normatif et impayées au moment d'une aliénation ou d'une concession d'entreprise ne seront pas invalidées de ce fait, les employeurs successifs étant tenus solidairement de les payer[86].

---

75. Voir : *Habachi c. Commission des droits de la personne*, [1999] R.J.Q. 2522 (C.A.); *Dhawan c. Commission des droits de la personne et des droits de la jeunesse*, J.E. 2000-1321 (C.A.); *Fontaine c. Syndicat des employés de métiers d'Hydro-Québec, section locale 1500 (S.C.F.P. – F.T.Q.)*, [2004] R.J.Q. 2775, EYB 2004-71383 (C.S.); *Emballages Polystar Inc. c. Syndicat des travailleuses et travailleurs de Polystar et Polyfilm (C.S.N.)*, D.T.E. 2004T-921 (T.A.); *Clair Foyer Inc. c. Syndicat régional des travailleuses et travailleurs de Clair Foyer Inc. (CSN)*, D.T.E. 2005T-1119 (T.A.); *Hilarégy et 9139-3249 Québec Inc. (Restaurant Poutine La Belle Province)*, D.T.E. 2006T-550 (C.R.T.), requête en révision rejetée 2006 QCCRT 0457; *Bangia et Nadler Danino, s.e.n.c.*, [2006] R.J.D.T. 1200 (C.R.T.), requête en révision rejetée 2007 QCCRT 0063; *Breton et Compagnie d'échantillons « National » ltée*, D.T.E. 2007T-55, requête en révision judiciaire continuée *sine die* (C.S., 2007-03-07), n° 500-17-034601-073.

76. Voir, *infra*, section 8, C- 3.

77. *Produits Pétro-Canada Inc. c. Moalli*, précité, note 66; *Martin c. Compagnie d'assurances du Canada sur la vie*, [1987] R.J.Q. 514, EYB 1987-62832 (C.A.).

78. *Martin c. Compagnie d'assurances du Canada sur la vie*, précité, note 77.

79. *Produits Pétro-Canada Inc. c. Moalli*, précité, note 66.

80. *Cité de Hull c. Commission du salaire minimum*, [1983] C.A. 186.

81. *Montreal Standard c. Middleton*, [1989] R.J.Q. 1101, EYB 1989-56614 (C.A.); *Commission des normes du travail du Québec c. Compagnie minière I.O.C. Inc.*, D.T.E. 95T-397, EYB 1995-64609 (C.A.).

82. Précitée, note 5.

83. *Produits Pétro-Canada Inc. c. Moalli*, précité, note 66; *Martin c. Compagnie d'assurances du Canada sur la vie*, précité, note 77; *Syndicat des professionnels de la Commission des écoles catholiques de Montréal c. Moalli*, précité, note 32.

84. La rédaction de ces articles s'inspire de celle de l'article 45 C.t., dont l'interprétation judiciaire est ainsi rendue pertinente ici : voir *infra*, titre II, chapitre IV. Sur les notions d'entreprise et d'aliénation ou concession d'entreprise, voir en particulier : *U.E.S., local 298 c. Bibeault*, [1988] 2 R.C.S. 1048, EYB 1988-67863; *Ivanhoe Inc. c. TUAC, section locale 500*, [2001] 2 R.C.S. 565, 2001 CSC 47, REJB 2001-25016.

85. La notion de « nouvel employeur » présente dans cette disposition suppose que le salarié soit transféré ou maintenu en place chez l'acquéreur de l'entreprise : *U.E.S., local 298 c. Bibeault*, précité, note 84, p. 1108. Sur l'application de cette disposition, voir *Commission des normes du travail c. Villa Notre-Dame de Lourdes*, [1988] R.J.Q. 1965, EYB 1988-78089 (C.P.).

86. *Papazafiris c. Muriel Raymond Inc.*, [1983] T.T. 449.

De façon générale, l'aliénation ou la concession de l'entreprise, ou la modification de sa structure juridique par fusion, division ou autrement, « n'affecte pas la continuité de l'application des normes du travail » (art. 97 *L.n.t.*)[87]. En somme, c'est le rattachement du salarié à l'entreprise plutôt qu'à la personne de l'employeur qui détermine l'étendue de ses droits, notamment de ceux qui sont liés à la durée de son service continu[88]. La vente en justice pourrait empêcher la continuité d'application des normes du travail malgré que le texte législatif n'en fasse pas mention. Il n'en demeure pas moins, en effet, selon les principes énoncés par la Cour suprême dans l'arrêt *Bibeault* et réitérés dans l'arrêt *Ivanhoe Inc.*, que pour que la disposition s'applique, on doit constater une continuité de l'entreprise et suivre un lien de droit entre l'ancien employeur et le nouveau[89].

On peut enfin se demander si l'article 97 *L.n.t.* garantit au salarié, dans les situations qu'il envisage, le maintien de son emploi chez le nouvel employeur. Ce dernier est-il tenu de poursuivre la relation de travail commencée par son vendeur, sous réserve de la possibilité de justifier une cessation de l'emploi? La jurisprudence a refusé de reconnaître un tel effet à l'article 97 *L.n.t.*[90]. Pourtant une réponse affirmative paraît s'imposer à tout le moins à l'égard du salarié qui, en raison de son service continu, peut se prévaloir du recours à l'encontre d'un congédiement sans cause juste et suffisante, en vertu de l'article 124 de la loi. En effet, selon l'arrêt *Produits Pétro-Canada Inc.* de la Cour d'appel, cette mesure de sécurité relative d'emploi constitue pour le salarié une norme de travail qui bénéficie de l'application de l'article 97 de la loi[91]. Cette affirmation semble inconciliable avec la prétention que l'employeur-vendeur puisse, pour le seul motif qu'il aliène l'entreprise, mettre fin à l'emploi du salarié, d'une part, et que l'acquéreur de l'entreprise soit dispensé de toute justification pour ne pas garder le salarié dans son emploi, d'autre part. L'article 2097 C.c.Q. apporte aussi une nouvelle dimension à l'article 97 *L.n.t.*, puisqu'il prévoit que l'aliénation de l'entreprise ou la modification de sa structure juridique par fusion ou autrement ne met pas fin au contrat de travail, lequel lie l'ayant cause de l'employeur[92]. Cette règle de droit civil n'interdit toutefois pas, du moins expressément, au vendeur de l'entreprise de licencier, dans les cas qui le permettent, ses salariés en prévision de l'aliénation.

B- La Commission des normes du travail

La *Loi sur les normes du travail* confie la surveillance de la mise en œuvre et de l'application des normes du travail à un organisme institué par l'article 4 de la loi, soit la Commission des normes du travail. Plus particulièrement, cette commission a pour fonctions :

– d'informer et de renseigner la population sur ses normes;

– d'en surveiller l'application et de transmettre au besoin des recommandations au ministre;

– de recevoir les plaintes des salariés et de les indemniser dans la mesure prévue par la loi et les règlements;

– de tenter d'amener les employeurs et les salariés à résoudre leur mésentente relative à l'application de la loi et des règlements.

La C.N.T., qui est composée d'au plus 13 membres[93], est une personne morale au sens du Code civil du Québec; elle est investie des pouvoirs généraux d'une telle personne morale et des pouvoirs particuliers qui lui sont conférés par la loi, plus particulièrement à l'article 39 *L.n.t.* La C.N.T. dispose également des pouvoirs de réglementation énoncés à l'article 29 de la loi, parmi lesquels celui de rendre obligatoires pour les employeurs un système d'enregistrement et la tenue d'un registre où doivent être inscrits les renseignements jugés utiles à l'application de la loi et celui de fixer le taux de la cotisation à percevoir de la plupart des employeurs, sur la base de la rémunération versée à leurs salariés (art. 29 (7) *L.n.t.*)[94]. Cette cotisation sert au financement de la C.N.T. Celui-ci est complété par le montant additionnel de 20 % de toute somme due en vertu de la loi, montant que la C.N.T. peut réclamer en sus de cette somme à l'occasion d'un recours civil contre un employeur défaillant (art. 114 *L.n.t.*).

87. *Produits Pétro-Canada Inc. c. Moalli*, précité, note 66.
88. *Ibid.*; *Martin c. Compagnie d'assurances du Canada sur la vie*, précité, note 77.
89. *U.E.S., local 298 c. Bibeault*, précité, note 84; *Ivanhoe Inc. c. TUAC, section locale 500*, précité, note 84; *Bergeron c. Métallurgie Frontenac Ltée*, [1992] R.J.Q. 2656, EYB 1992-56313 (C.A.) – absence de lien de droit. Exemple d'une continuité de l'entreprise et de liens de droits successifs du failli au syndic d'abord et de ce dernier à un nouvel acquéreur et exploitant par la suite : *Delisle c. 2544-0751 Québec Inc.*, D.T.E. 2001T-1156 (C.T.).
90. Voir, par exemple, *Speer Canada (1988) Inc. c. Cloutier*, D.T.E. 90T-1203, EYB 1990-76714 (C.S.).
91. *Produits Pétro-Canada Inc. c. Moalli*, précité, note 66.
92. *Veilleux c. 2000414 Ontario Inc.*, D.T.E. 2003T-348 (C.R.T.); *Lazaro c. 9049-8833 Québec Inc.*, D.T.E. 2003T-1134 (C.R.T.).
93. Voir aussi, sur la régie interne de la C.N.T., *Règlement de régie interne de la Commission des normes du travail*, R.R.Q., c. N-1.1, r. 5.1.
94. Les articles 39.0.1 à 39.0.6 *L.n.t.* déterminent les employeurs assujettis à cette cotisation et les modalités de paiement de cette dernière.

C- Les recours civils

1. Les réclamations pécuniaires

Les recours en réclamation de sommes dues à un salarié en raison des normes de salaire et de durée du travail fixées par la loi ou par les règlements peuvent être exercés par le salarié lui-même auprès du tribunal de droit commun compétent. Pour le salarié, les normes constituent une obligation créée directement par la loi, obligation dont il est le créancier et l'employeur, le débiteur (art. 1372 C.c.Q.). Plusieurs salariés peuvent cumuler leurs recours en une seule demande et le total réclamé détermine alors la compétence du tribunal tant en première instance qu'en appel (art. 119 *L.n.t.*)[95]. Le droit de poursuite des salariés pour réclamer l'exécution d'une obligation de payer de l'employeur est toutefois subordonné à l'abstention de la C.N.T. de l'avoir fait elle-même. La C.N.T. est en effet expressément autorisée par la loi, à certaines conditions, à agir elle-même en justice pour le compte d'un salarié et à intervenir dans une instance en cours relativement à l'application de la loi ou d'un règlement (art. 39 (8) à (10) *L.n.t.*).

La C.N.T. peut décider de faire enquête de sa propre initiative (art. 105 *L.n.t.*). Elle peut aussi être saisie d'une plainte d'un salarié relativement à l'application de la loi ou d'un règlement (art. 102 *L.n.t.*). Lorsque le salarié est assujetti à une convention collective ou à un décret de convention collective, l'article 102, al. 2 *L.n.t.* l'oblige, sauf exception, à démontrer à la C.N.T. qu'il a épuisé tous les recours découlant de cette convention ou de ce décret. Cette obligation d'épuisement des recours survient d'abord lorsque la convention collective (ou le décret) contient des dispositions permettant au salarié de fonder une réclamation au moins équivalente à celle qu'il pourrait justifier par la loi elle-même, sur le même sujet[96]. Elle doit aussi désormais tenir compte de l'arrêt *Parry Sound*[97] où la Cour suprême du Canada a décidé que les lois sur l'emploi doivent être considérées faire partie du contenu implicite de toute convention collective. La *Loi sur les normes du travail* dicte expressément une exception à la règle d'épuisement des recours découlant d'une convention collective ou d'un décret. Cette exception concerne une plainte alléguant une contravention à l'article 87.1 *L.n.t.* (clause « orphelin »); dans ce cas, le plaignant doit au contraire démontrer à la C.N.T. qu'il n'a pas utilisé les recours fondés sur la convention collective ou le décret ou que, les ayant utilisés, il s'en est désisté avant qu'une décision finale n'ait été rendue.

L'enquête de la C.N.T., qu'elle soit entreprise de sa propre initiative ou à la suite d'une plainte d'un salarié, est menée selon la procédure prévue aux articles 103 ainsi que 108 à 110 *L.n.t.* avec les pouvoirs qui lui sont conférés[98].

Selon les faits révélés par l'enquête, la C.N.T. peut décider d'y mettre un terme ou de mettre l'employeur en demeure de payer. Elle mettra fin à son enquête si elle est d'avis que la plainte est frivole ou faite de mauvaise foi, ou encore si elle constate qu'elle n'est pas fondée (art. 106 et 107 *L.n.t.*). Dans ces cas, elle doit en aviser le salarié par courrier recommandé ou certifié en lui précisant les motifs de sa décision et en l'informant de son droit de demander une révision de cette décision (art. 106 et 107 *L.n.t.*)[99]. La C.N.T. dispose d'une large faculté d'appréciation pour décider si elle donnera suite ou non à la plainte d'un salarié. La C.N.T. n'a pas l'obligation d'entreprendre des recours illusoires ou qu'elle juge tout simplement, de bonne foi, mal fondés. La responsabilité de la C.N.T. à l'endroit du salarié ne sera engagée que dans la mesure où ce dernier pourra établir que sa plainte a été traitée de façon discriminatoire, de mauvaise foi ou avec une négligence grossière[100]. Par ailleurs, en exerçant contre un employeur un recours qu'elle savait ou qu'elle devait raisonnablement savoir mal fondé, la C.N.T. violerait la loi et se rendrait responsable des dommages ainsi causés à cet employeur[101].

95. *Amyot c. Arseneau*, D.T.E. 2000T-190, REJB 2000-16405 (C.A.).
96. Le fondement dans la convention peut être direct et explicite ou encore par implication ou par incorporation des normes : *Commission des normes du travail c. Compagnie de papier de St-Raymond Ltée*, [1997] R.J.Q. 366 (C.A.); *Commission des normes du travail c. Chantiers Davie Ltée*, [1987] R.J.Q. 1949, EYB 1987-62480 (C.A.). L'obligation d'épuisement des recours n'a d'effet qu'à l'endroit des recours civils envisagés à la section I du chapitre V de la *Loi sur les normes du travail*. Elle n'a aucune répercussion à l'égard d'une plainte à l'encontre d'une pratique interdite selon les articles 123 et 123.1 *L.n.t.* : *Balthazard-Généreux c. Collège Montmorency*, [1997] T.T. 118, REJB 1998-04947.
97. *Parry Sound (district), Conseil d'administration des services sociaux c. S.E.E.F.P.O., section locale 324*, [2003] 2 R.C.S. 157, 2003 CSC 42, REJB 2003-47356.
98. Sur la constitutionnalité des pouvoirs de fouille et de saisie prévus aux articles 109 et 110 *L.n.t.*, au regard de l'article 8 de la *Charte canadienne des droits et libertés* et de l'article 24.1 de la *Charte des droits et libertés de la personne*, L.R.Q., c. C-12, voir, par analogie, *Comité paritaire de l'industrie de la chemise c. Potash*, [1994] 2 R.C.S. 406, EYB 1994-67793.
99. Selon l'article 107.1 *L.n.t.*, le plaignant peut demander par écrit la révision de la décision de la C.N.T., dans les 30 jours de sa réception; la C.N.T. rend alors une décision finale dans les 30 jours de la réception de la demande du plaignant.
100. Voir le jugement de première instance dans l'affaire *Yelle c. Commission des normes du travail*, D.T.E. 95T-558, EYB 1995-58011 (C.A.).
101. Voir et transposer : *Club de golf Murray Bay Inc. c. Commission des normes du travail*, [1986] R.J.Q. 950, EYB 1986-57727 (C.A.).

Lorsque la C.N.T. est d'avis qu'une somme d'argent est due à un salarié en vertu de la loi ou d'un règlement, elle procède de la façon suivante :

– Mise en demeure à l'employeur de payer cette somme à la C.N.T. dans les 20 jours de la mise à la poste de cette mise en demeure par courrier recommandé ou certifié (art. 111 et 120 *L.n.t.*); l'employeur ne peut alors faire remise valablement qu'auprès de la C.N.T., à moins que l'action ait déjà été intentée par le salarié lui-même. Lorsque la C.N.T. met en demeure un employeur, elle avise en même temps le salarié concerné du montant réclamé en sa faveur (art. 111, al. 2 *L.n.t.*). Tout règlement d'une réclamation entre un employeur et un salarié qui comporte une réduction du montant réclamé est nul de nullité absolue (art. 101 *L.n.t.*).

– La C.N.T. peut exercer le recours pour le compte du salarié à l'expiration du délai de 20 jours suivant la mise à la poste de la mise en demeure adressée à l'employeur (art. 113 *L.n.t.*)[102]. Elle jouit alors d'une subrogation légale *sui generis* dans les droits du salarié[103]. L'employeur ne peut se porter demandeur reconventionnel contre la C.N.T. à l'égard d'une créance qu'il détiendrait contre le salarié personnellement[104]. Ce dernier peut toutefois être assigné pour interrogatoire au préalable ou après défense en vertu des articles 397 et 398 C.p.c., la C.N.T. étant considérée agir en vertu d'un titre analogue au sens de l'article 397 (3) C.p.c.[105].

– Fait important à signaler, l'article 114, al. 1 *L.n.t.* autorise la C.N.T., lorsqu'elle exerce les recours prévus par les articles 112 et 113 de la loi, à réclamer de l'employeur un montant additionnel égal à 20 % de la somme due en vertu de la loi ou d'un règlement, montant qui lui appartient alors en entier[106]. Les sommes dues au salarié portent intérêt à compter de la mise en demeure de la C.N.T. au taux prévu par l'article 114, al. 2 de la loi[107].

– La C.N.T. n'est pas limitée à réclamer de l'employeur le seul salaire minimum dû à un salarié. La loi l'autorise à réclamer à l'employeur le salaire réel qu'il doit au salarié et qui demeure impayé, même si ce salaire excède le salaire minimum (art. 98 et 113 *L.n.t.*). Pour ce qui est des autres avantages qui ont une valeur pécuniaire, la C.N.T. ne peut poursuivre que pour ceux qui résultent de l'application de la loi ou d'un règlement; la réclamation est néanmoins calculée sur la base du salaire horaire habituel du salarié (art. 99 *L.n.t.*). Selon l'article 113, al. 2 de la loi, la C.N.T. peut également exercer à l'encontre des administrateurs d'une personne morale les recours dont un salarié dispose personnellement envers eux. Cette disposition vise les recours prévus par l'article 96 de la *Loi sur les compagnies* et par la mesure équivalente dans la loi fédérale, l'article 119 de la *Loi sur les sociétés par actions*[108].

La prescription de l'action civile intentée en vertu de la *Loi sur les normes du travail* est d'un an à compter de chaque échéance (art. 115, al. 1 *L.n.t.*)[109]. Cette prescription remplace celle de trois ans de l'article 2925 C.c.Q.[110]. Un avis d'enquête de la C.N.T., expédié à l'employeur par courrier recommandé ou certifié, suspend la prescription à l'égard de tous ses salariés pour une période de six mois à compter de sa mise à la poste (art. 116 *L.n.t.*)[111]. Un tel avis d'enquête ne peut être donné qu'une fois. En cas de fraude, la prescription ne court contre la C.N.T. qu'à compter du moment où elle prend connaissance de cette fraude (art. 118 *L.n.t.*).

---

102. La mise en demeure de l'employeur par la C.N.T. et l'écoulement du délai de 20 jours prévu à l'article 111 *L.n.t.* sont des conditions préalables nécessaires à la naissance du droit d'action de la C.N.T. : *Commission des normes du travail du Québec c. Campeau Corp.*, [1989] R.J.Q. 2108, REJB 2002-30662 (C.A.).
103. *Maltais c. Corporation du Parc régional du Mont Grand-Fonds Inc.*, D.T.E. 2002T-385, REJB 2002-30662 (C.A.).
104. *Commission des normes du travail c. Toutant*, D.T.E. 84T-14 (C.P.).
105. *Commission des normes du travail c. Groupe Explo-Nature*, D.T.E. 84T-454 (C.A.).
106. La réclamation de ce montant additionnel est de nature civile et est soumise à la discrétion du tribunal : *Commission des normes du travail c. Béatrice Foods Inc.*, D.T.E. 97T-1172 (C.Q.).
107. Sur la constitutionnalité de cette disposition, voir *Internote Canada Inc. c. Commission des normes du travail*, précité, note 68.
108. L.R.C. (1985), c. C-44; *Loi sur les compagnies*, L.R.Q., c. C-38. Exemples : *Amyot c. Arseneau*, précité, note 95; *Commission des normes du travail c. Gauthier*, [1998] R.J.D.T. 125, REJB 1998-07422 (C.S.). Les conditions imposées par ces lois sont opposables à la C.N.T. : voir *supra*, titre I, chapitre I et *Commission des normes du travail c. Proulx*, [1997] R.J.Q. 2178, REJB 1997-01613 (C.S.). La C.N.T. dispose dans ce cas du même délai de prescription que celui qui serait applicable au salarié s'il agissait personnellement : *Commission des normes du travail c. Legault*, [1997] R.J.Q. 2086, REJB 1997-01894 (C.A.).
109. *Internote Canada Inc. c. Commission des normes du travail*, précité, note 68. Le cas échéant, le salarié est réputé partie à l'action intentée par la C.N.T. et bénéficie ainsi de l'interruption de prescription qu'elle emporte à l'égard de tout droit qui pourrait découler de la même source (art. 2896 C.c.Q.) : *Maltais c. Corporation du Parc régional du Mont Grand-Fonds Inc.*, précité, note 103.
110. Voir *supra*, titre I, chapitre I.
111. *Yelle c. Commission des normes du travail*, précité, note 100.

Lorsque la C.N.T. agit pour le compte de plusieurs salariés contre un même employeur ou contre les administrateurs d'une même personne morale, elle peut cumuler les réclamations dans une seule demande et le total réclamé détermine la compétence du tribunal tant en première instance qu'en appel (art. 119 *L.n.t.*)[112].

2. *Les pratiques interdites*

Ainsi que nous l'avons vu, l'article 122 *L.n.t.* interdit à l'employeur d'imposer une sanction au salarié pour l'un ou l'autre des huit types de motifs qui y sont prévus et l'article 122.1 *L.n.t.* lui prohibe de mettre à la retraite le salarié contre son gré.

L'article 123 *L.n.t.* prévoit un recours en indemnisation et en réintégration[113], en faveur du salarié qui croit avoir été victime d'une pratique interdite par l'article 122 *L.n.t.* Ce recours se prescrit par 45 jours. L'article 123.1 *L.n.t.* rend le recours de l'article 123 *L.n.t.* disponible au salarié qui croit avoir été victime d'une contravention à l'article 122.1 *L.n.t.*; la prescription du recours est alors de 90 jours. Ces délais sont de rigueur. Dans tous les cas, la plainte doit être soumise à la C.N.T. Toutefois, le fait qu'elle ait été déposée auprès de la Commission des relations du travail instituée par le Code du travail, dans le délai prescrit, plutôt qu'à la C.N.T., ne peut être opposé au plaignant (art. 123, al. 2 *L.n.t.*)[114].

La C.N.T. peut proposer la médiation aux parties, sur une base volontaire (art. 123.3 *L.n.t.*). Le médiateur ne doit pas avoir agi dans le dossier à un autre titre, ce qui n'exclut pas qu'il puisse s'agir d'un employé de la C.N.T. Les informations recueillies par cet intervenant bénéficient d'une protection de confidentialité selon l'article 123.3, al. 3 *L.n.t.* Le cas échéant, l'entente qui intervient à cette occasion n'est soumise à aucune formalité pour valoir transaction entre les parties et mettre fin au litige[115].

À défaut d'un règlement, la C.N.T. défère sans délai la plainte à la Commission des relations du travail (art. 123.4, al. 1 *L.n.t.*). À cette étape de l'adjudication par la C.R.T., la C.N.T. peut représenter le salarié plaignant si ce dernier ne fait pas partie d'un groupe de salariés visés par une accréditation accordée en vertu du Code du travail (art. 123.5 *L.n.t.*).

L'exercice du recours du salarié obéit essentiellement aux mêmes règles et modalités que celles qui s'appliquent à l'exercice d'un recours en vertu des articles 15 et suivants C.t.[116]. Le salarié doit établir devant la C.R.T. : (1) qu'il était un salarié au sens de la loi au moment où la mesure dont il se plaint lui a été imposée[117]; (2) qu'il a été le sujet d'une mesure visée par l'article 122 ou 122.1 *L.n.t.*; (3) qu'il se trouvait alors dans l'une ou l'autre des situations de fait envisagées par ces dispositions et ce, en concomitance avec l'imposition de la mesure attaquée. Cette démonstration étant faite, le salarié bénéficie d'une présomption qui renverse le fardeau de la preuve sur l'employeur (art. 123.4, al. 2 *L.n.t.*)[118]. Ce dernier est alors tenu de justifier la mesure imposée au salarié par l'existence d'une autre cause juste et suffisante, c'est-à-dire un motif réel et sérieux qui ne s'avère pas un prétexte, pour que la plainte soit renvoyée[119]. La décision de la C.R.T. est

---

112. La réclamation de la C.N.T. n'étant pas pour son compte personnel, elle ne se qualifie pas comme une petite créance au sens de l'article 953 C.p.c.; pour la même raison, l'employeur ne peut demander le renvoi, selon l'article 971 C.p.c., d'une demande de la C.N.T. portée auprès de la Division générale de la Cour du Québec à la Division des petites créances : *Commission des normes du travail c. 9092-5553 Québec Inc.*, [2004] R.J.Q. 2680, REJB 2004-71995 (C.A.).

113. La réintégration n'est toutefois pas disponible à un domestique ou à une personne dont la fonction exclusive est d'assumer la garde ou de prendre soin d'un enfant, d'un malade, d'une personne handicapée ou d'une personne âgée dans le logement de l'employeur (art. 123.4, al. 3 *L.n.t.*).

114. La Cour d'appel a reconnu que le tribunal spécialisé peut exercer concurremment la compétence qui lui résulte de l'article 123 ou 123.1 *L.n.t.* et celle qui lui est semblablement attribuée par d'autres dispositions législatives pour contrôler la légalité d'un congédiement ou d'une sanction dont un salarié est victime et qu'il peut décider, sur la base d'une plainte dont il est validement saisi, de la légalité d'une mesure au regard d'une loi ou d'une autre : *Villeneuve c. Tribunal du travail*, [1988] R.J.Q. 275, EYB 1987-62504 (C.A.).

115. *Kasmi c. Centre de géomatique du Québec Inc.*, D.T.E. 2004T-361 (C.R.T.).

116. Pour une étude détaillée de ces règles et modalités, voir *infra*, titre II, chapitre II. Transposer *Muller Canada Inc. c. Ouellette*, [2004] R.J.Q. 1397, REJB 2004-62041 (C.A.)

117. L'article 122 *L.n.t.* ne couvre cependant pas le refus d'embauche; *Byrne c. Yergeau*, D.T.E. 2002T-870, REJB 2002-33506 (C.A.).

118. À la fin d'un congé de maternité ou d'un congé parental, cette présomption continue de s'appliquer pour au moins 20 semaines après le retour au travail du salarié (art. 123.2 *L.n.t.*).

119. Relativement à l'article 122 *L.n.t.* et aux motifs illégaux de sanction rattachés à ses différents paragraphes, voir, entre autres, les décisions suivantes : par. 1 : *Chartray c. U.A.P. Inc.*, [2000] R.J.D.T. 1653 (T.T.) – congé parental et absences pour remplir des obligations familiales à l'endroit d'un enfant; *Gravel c. Centre de la petite enfance La Veilleuse*, [2003] R.J.D.T. 1236 (C.R.T.) – absence pour maladie; *Oliva-Zamora c. Société d'administration Casco Inc.*, précité, note 57 – absence pour maladie, *Bouberaouat c. Groupe Tecnum Inc.* [2005] R.J.D.T. 1641 (C.R.T.) – réclamation de salaire à la CNT; par. 3 : *Dionne c. Caisse populaire Desjardins de St-Léon – Val-Brillant*, D.T.E. 2003T-1011 (C.R.T.), requête en révision judiciaire, (C.S. 2003-10-15), 100-17-000302-036; par. 4 : *Zellers Inc. c. Dybka*, D.T.E. 2001T-510, REJB 2001-23703 (T.T.) – salariée en période d'essai; par. 5 : *Mathias c. Conso Graber Canada Inc.*, D.T.E. 86T-934 (T.T.) – intention du salarié de réclamer le paiement de temps supplémentaire; quant à l'imminence de l'acquisition par le salarié du droit de recours selon l'article 124 *L.n.t.*, en raison de son service continu, voir *Bouchard c. La Reine*, D.T.E. 95T-342 (T.T.); par. 6 : *Riccardo c. Amalee Systèmes Design Innovation Inc.*, D.T.E. 2001T-434 (C.T.). L'établissement de la présomption à l'occasion d'une plainte fondée sur les articles 122.1 et 123.1 *L.n.t.* requiert que le plaignant prouve qu'il est un salarié, que son emploi a été interrompu et que cette mesure se rapportait à une mise à la retraite contre son gré : *Ranger c. Bureau d'expertise des assureurs Ltée*, [2001] R.J.D.T. 1911 (C.T.); voir aussi et comparer *Boutique de cartes Coronet Carlton Ltd. c. Bourque*, [1985] T.T. 322.

sans appel (art. 134 C.t.). Elle peut toutefois faire l'objet d'une révision ou d'une révocation par la C.R.T. elle-même, pour l'un ou l'autre des trois motifs mentionnés à l'article 127 C.t.[120].

La production d'une plainte à l'encontre d'une pratique interdite n'empêche pas le salarié d'exercer d'autres recours, particulièrement à la suite d'un renvoi. Cette plainte peut ainsi coexister avec une action civile, avec un grief selon une convention collective ou avec une plainte à l'encontre d'un congédiement sans cause juste et suffisante selon les articles 124 et suivants *L.n.t.* Outre que le remède recherché puisse dans certains cas être différent, l'explication réside avant tout dans la spécificité des questions posées aux différents décideurs[121].

3. *Le harcèlement psychologique*

Le salarié qui croit avoir été victime de harcèlement psychologique et qui est régi par une convention collective doit se prévaloir des recours prévus à cette convention, dans la mesure où ils lui sont ouverts (art. 81.20, al. 1 *L.n.t.*). Tout autre salarié doit adresser sa plainte, par écrit, à la Commission des normes du travail; une telle plainte peut aussi être portée pour son compte, s'il y consent par écrit, par un organisme sans but lucratif de défense des droits des salariés (art. 123.6 *L.n.t.*).

Toute plainte relative à une conduite de harcèlement psychologique doit être produite dans les 90 jours de la dernière manifestation de cette conduite (art. 81.20, al. 1 et 123.7 *L.n.t.*) à défaut de quoi elle sera déclarée irrecevable par la C.R.T.[122].

La C.N.T. fait enquête sur toute plainte qui lui est soumise en appliquant les articles 103 à 110 *L.n.t.* avec les adaptations nécessaires (art. 123.8 *L.n.t.*). Elle peut en tout temps proposer la médiation aux parties et, sur demande du salarié, l'assister et le conseiller pendant cette médiation (art. 123.10 *L.n.t.*). Le salarié est réputé au travail pendant les séances de médiation (art. 123.11 *L.n.t.*). Si une transaction intervient, le salarié ne pourra invoquer une erreur de droit pour faire annuler l'effet d'une telle transaction[123].

Si aucun règlement n'intervient entre les parties et si la C.N.T. accepte de donner suite à la plainte, elle la défère sans délai à la Commission des relations du travail (art. 123.12 *L.n.t.*). La C.N.T. peut alors représenter le salarié devant la C.R.T. (art. 123.13 *L.n.t.*). La Commission peut par ailleurs refuser de donner suite à une plainte en tout temps avant de l'avoir déférée à la C.R.T. (art. 107, 107.1 et 123.9 *L.n.t.*). Le salarié ou, avec son consentement écrit, l'organisme qui agit pour son compte peut alors lui demander par écrit, dans les 30 jours suivants, de déférer sa plainte à la C.R.T. (art. 123.9 *L.n.t.*).

Dès que la C.N.T. décide de déférer la plainte à la C.R.T., cette dernière en est valablement saisie et doit en disposer. La C.R.T. ne pourra refuser de décider d'une telle plainte si, par exemple, la C.N.T. n'aurait pas mené l'enquête prévue à la loi ou si elle a tenu une telle enquête de façon inappropriée. La C.R.T. n'a aucun pouvoir de surveillance et de contrôle sur la façon dont cet organisme exerce les mandats qui lui sont confiés. Dès que la C.N.T. décide de lui déférer la plainte de harcèlement psychologique, la C.R.T. en est valablement saisie et doit trancher[124]. L'instance devant la C.R.T. obéit aux règles générales qui la concernent en vertu du Code du travail, à l'exclusion des articles 15 à 19; l'article 100.12 de ce code (pouvoirs de l'arbitre de grief) s'applique également (art. 123.14 *L.n.t.*). Notons que, selon certaines décisions rendues par la C.R.T., l'employeur ne peut invoquer son droit à une défense pleine et entière pour requérir que la C.N.T. lui communique son dossier d'enquête[125]. Par contre, la C.R.T. ordonnera au plaignant de fournir un exposé sommaire des faits sur lesquels se fonde sa plainte[126].

Pour décider d'une plainte en vertu de l'article 123.6 *L.n.t.*, la C.R.T. vérifiera si le plaignant a fait l'objet de harcèlement psychologique au sens de l'article 81.18 *L.n.t.* Afin que la C.R.T. puisse conclure à l'existence de harcèlement psychologique, elle doit être convaincue de l'existence des trois conditions suivantes : 1) une conduite vexatoire; 2) qui occasionne une atteinte à la dignité ou à l'intégrité pour le salarié; 3) un milieu de travail néfaste. En l'absence de harcèlement psychologique, la plainte sera rejetée alors que si le commissaire constate la pré-

---

120. Sur la nature du pourvoi en révision, voir *infra*, titre II, chapitre I.
121. *Vézina c. Valeurs mobilières Desjardins Inc.*, J.E. 98-1417, REJB 1998-07155 (C.S.) – plainte et action civile; *Robitaille c. Société des alcools du Québec*, [1997] T.T. 597 – plainte et grief. Voir aussi *infra*, note 165.
122. *Belmihoub et Proforce Inc.*, D.T.E. 2007T-369 (C.R.T.).
123. *Lafortune c. Cryos Technologies Inc.*, D.T.E. 2006T-929 (C.R.T.).
124. *Ferrere c. 131427 Canada Inc.*, D.T.E. 2007T-223 (C.R.T.).
125. *L'Heureux c. Commission des droits de la personne et des droits de la jeunesse**, D.T.E. 2007T-56 (C.R.T.).
126. *Curry c. Stroms' Enterprises Ltd.*, D.T.E. 2006T-930 (C.R.T.).

sence de harcèlement psychologique, il lui faudra déterminer si l'employeur a omis de respecter les obligations prévues à l'article 81.19 *L.n.t.* Notons qu'il appartient au plaignant de prouver qu'il a été victime de harcèlement psychologique et à l'employeur de démontrer qu'il n'a pas omis de respecter ses obligations[127].

Tant l'arbitre de grief, s'il y a lieu, que la C.R.T. disposent d'un large pouvoir de redressement leur permettant de rendre toute décision qui leur paraît juste et raisonnable, compte tenu de toutes les circonstances de l'affaire, lorsqu'ils jugent que le salarié a été victime de harcèlement psychologique et que l'employeur a fait défaut de respecter les obligations que l'article 81.19 *L.n.t.* lui impose (art. 81.20 et 123.15 *L.n.t.*). Ils peuvent ainsi prononcer à l'endroit de l'employeur l'une ou l'autre des ordonnances nommément mentionnées à l'article 123.15 *L.n.t.*, soit de réintégrer le salarié et de lui payer une indemnité équivalant au salaire perdu, de verser des dommages et intérêts punitifs et moraux, de prendre les moyens raisonnables pour faire cesser le harcèlement, de financer le soutien psychologique requis par le salarié, de modifier son dossier disciplinaire ou de lui verser une indemnité pour perte d'emploi. Lorsque le salarié a subi ou a pu subir une lésion professionnelle comme conséquence du harcèlement psychologique, la *Loi sur les accidents du travail et les maladies professionnelles*[128] s'applique par préséance (art. 123.16 *L.n.t.*).

4. Le congédiement sans cause juste et suffisante

Le recours à l'encontre d'un congédiement fait sans une cause juste et suffisante, prévu aux articles 124 et suivants de la loi, constitue une mesure de protection de l'emploi qui s'apparente à celle dont bénéficient généralement les salariés syndiqués régis par une convention collective[129].

a) Les conditions d'ouverture

Les conditions d'ouverture du recours à l'encontre d'un congédiement fait sans cause juste et suffisante sont énoncées à l'article 124 de la loi.

1) Le service continu

Ce pourvoi est d'abord réservé au salarié, au sens de la loi, qui justifie de deux ans de service continu dans la même entreprise. Le « service continu » signifie la durée ininterrompue pendant laquelle le salarié est lié à l'employeur par un contrat de travail, même si l'exécution du travail a été interrompue sans qu'il y ait résiliation du contrat (art. 1 (12) *L.n.t.*)[130]. L'élément essentiel de cette définition se situe, on le constate, dans la durée ininterrompue de la relation contractuelle de travail entre le salarié et l'employeur. À moins d'une « interruption qui, dans les circonstances, permette de conclure à un non-renouvellement de contrat », selon le texte même de la loi, le service continu court même si le lien d'emploi est maintenu par l'effet de plusieurs contrats à durée déterminée successifs[131]. La seule interruption temporaire du travail, alors que subsiste la relation employeur-employé, soit en raison de la nature même de l'occupation, comme dans le cas du travail saisonnier, soit à la suite d'un incident ponctuel comme une maladie, une mise à pied ou une grève, n'influe pas sur la durée du service continu[132]. Par contre, les contrats provisoires ou ponctuels, qui n'engagent en rien les parties au-delà de leur stricte durée d'exécution, sont incompatibles avec la notion de service continu[133]. En cas de vente ou d'autre forme d'aliénation ou de concession, totale ou partielle, de l'entreprise, le service acquis par l'employé auprès de l'employeur-vendeur sera opposable au nouvel employeur (art. 97 et 124 *L.n.t.*)[134]. Le cas échéant, l'acquéreur devra être mis en cause par la plainte portée selon l'article 124 de la loi dès la réalisation de la transmission d'entreprise envisagée à l'article 97 *L.n.t.*[135]. L'appréciation en droit de cette condition d'ouverture au

---

127. *Breton c. Compagnie d'échantillons « National » Ltée**, D.T.E. 2007T-55 (C.R.T.).
128. L.R.Q., c. A-3.001.
129. *Produits Pétro-Canada Inc. c. Moalli*, précité, note 66.
130. *Martin c. Compagnie d'assurances du Canada sur la vie*, précité, note 77.
131. Voir *Commission scolaire Berthier-Nord-Joli c. Beauséjour*, [1988] R.J.Q. 639, EYB 1988-62851 (C.A.).
132. *Fruits de mer Gascon Ltée c. Commission des normes du travail*, précité, note 47 – travail saisonnier; *Société d'électrolyse et de chimie Alcan Ltée c. Commission des normes du travail du Québec*, D.T.E. 95T-448, EYB 1995-56890 (C.A.) – reconnaissance de la permanence du lien d'emploi d'une salariée affectée à des remplacements. Dans le cas de la grève, voir l'article 110 C.t.
133. *Commission scolaire des Mille-Îles c. Commission des normes du travail du Québec*, D.T.E. 94T-797, EYB 1994-64561 (C.A.); *Commission des normes du travail c. Commission des écoles catholiques de Québec*, D.T.E. 95T-887, EYB 1995-59319 (C.A.).
134. *Produits Pétro-Canada Inc. c. Moalli*, précité, note 66.
135. Voir, par analogie, *Adam c. Daniel Roy Ltée*, [1983] 1 R.C.S. 683.

recours qu'est le service continu du salarié plaignant et, en particulier, la détermination de l'applicabilité de l'article 97 de la loi au calcul de ce service continu, constituent des questions de compétence sur lesquelles la C.R.T. ne peut commettre d'erreur, sous peine de révision judiciaire[136]. Le caractère d'ordre public que l'article 93 de la loi confère aux normes édictées par cette dernière fait obstacle à toute renonciation du salarié au bénéfice éventuel du recours selon les articles 124 et suivants *L.n.t.*[137].

2) Le congédiement

Le salarié qui porte plainte selon l'article 124 *L.n.t.* doit établir le fait de son congédiement. La notion de congédiement implique une rupture définitive du contrat de travail par l'employeur, quelle que soit par ailleurs l'appellation formelle donnée à son geste par ce dernier. Le congédiement peut ainsi être direct, explicite. En certaines circonstances, le refus de l'employeur de renouveler un contrat de travail à son échéance tombera dans cette catégorie[138]. Le congédiement peut aussi être déguisé ou fait par induction. Il prendra alors le plus souvent l'apparence d'une démission alors que celle-ci a été arrachée sous la contrainte ou la menace, ou qu'elle a été provoquée soit par des manœuvres vexatoires, soit par l'imposition d'autorité de modifications substantielles à des conditions importantes du contrat de travail[139]. Pour qu'on puisse conclure à un congédiement, il n'est pas nécessaire qu'une modification significative des conditions de travail par l'employeur ait été marquée de mauvaise foi de sa part[140]. Il n'est pas essentiel non plus, dans ce cas, que le salarié ait renoncé à son emploi, à la condition qu'il ait manifesté son refus des changements décidés par l'employeur[141].

Dans le contexte particulier de l'article 124 *L.n.t.*, l'expression « congédiement » exclut, selon la jurisprudence, la terminaison d'emploi justifiée par des motifs d'ordre financier ou économique à l'origine d'une réduc-

tion du personnel. On distingue ainsi le « congédiement » du « licenciement » entendu dans un sens plus étroit associé à une motivation économique. Une fois constatée la réalité de cette motivation économique, sans qu'il s'agisse d'une manœuvre pour déguiser un congédiement, le tribunal administratif n'a plus compétence et il serait illégal qu'il se substitue à l'employeur pour déterminer le choix du salarié à licencier, par exemple en fonction d'une règle d'ancienneté dépourvue d'assises juridiques[142]. Néanmoins, le tribunal spécialisé demeure autorisé à considérer les critères utilisés par l'employeur ou généralement reconnus en milieu de travail, pour décider s'ils sont raisonnables et si l'allégation du motif d'ordre économique comme cause de la fin d'emploi est réelle ou si elle ne sert pas plutôt à camoufler un congédiement déguisé[143].

Il est maintenant bien établi que c'est au forum spécialisé chargé de décider de la plainte du salarié selon l'article 124 *L.n.t.* qu'il appartient, dans l'exercice de sa compétence, de qualifier les faits qui lui sont soumis et de décider s'ils constituent un congédiement au sens de la loi ou une autre forme de fin d'emploi[144]. Cette appréciation ne sera normalement révisable par les tribunaux supérieurs que si elle se présente comme une détermination manifestement déraisonnable[145].

3) L'absence de recours équivalent

Le recours de l'article 124 *L.n.t.* n'est ouvert au salarié que lorsque ce dernier ne dispose pas d'une procédure de réparation, autre qu'un recours en dommages-intérêts, prévue ailleurs dans la *Loi sur les normes du travail*, dans une autre loi ou dans une convention, individuelle ou collective.

La rédaction de cette partie de l'article 124 *L.n.t.* est loin d'être lumineuse. On peut néanmoins en tirer certaines affirmations. D'abord, le recours en question doit être ouvert et utile au salarié dans la situation concrète qui est

---

136.   *Produits Pétro-Canada Inc. c. Moalli*, précité, note 66; *Bergeron c. Métallurgie Frontenac Ltée*, précité, note 89; *Boucher c. Centre de placement spécialisé du Portage (C.P.S.P.)*, D.T.E. 92T-552, EYB 1992-63905 (C.A.).

137.   *Martin c. Compagnie d'assurances du Canada sur la vie*, précité, note 77 – nullité d'une clause d'un contrat de travail prévoyant la faculté de l'employeur de mettre fin à volonté à l'emploi alors que le salarié comptait la durée de service continu requise par la loi.

138.   *Commission scolaire Berthier-Nord-Joli c. Beauséjour*, précité, note 131.

139.   *Industries Moplastex (1986) Inc. c. Tremblay*, D.T.E. 91T-694, EYB 1991-58725 (C.A.) – démission; *Joyal c. Hôpital du Christ-Roi*, [1997] R.J.Q. 38, EYB 1996-65598 (C.A.) – rétrogradation.

140.   *Farber c. Cie Trust Royal*, [1997] 1 R.C.S. 846, REJB 1997-00456.

141.   *Joyal c. Hôpital du Christ-Roi*, précité, note 139. Cette solution est cohérente avec l'obligation du salarié de mitiger ses dommages : *Polysos c. Wallmaster Cleaning Services*, [1987] R.D.J. 448 (C.A.).

142.   *Donohue Inc. c. Simard*, [1988] R.J.Q. 2118, EYB 1988-63060 (C.A.); *Bassant c. Dominion Textile Inc.*, D.T.E. 92T-1374, EYB 1992-64063 (C.A.); *Blais c. Bélanger*, [1998] R.J.D.T. 42, REJB 1998-05318 (C.A.).

143.   *Cloutier c. Alsco, division de Western Linen Supply Co. Ltd.*, D.T.E. 2005T-1134, QCCA 1150 (C.A.); *Bousquet c. Desjardins*, D.T.E. 97T-1375, REJB 1997-03051 (C.A.); *St-Georges c. Deschamps Pontiac Buick G.M.C. Ltée*, D.T.E. 97T-1342 (C.A.).

144.   *Lamy c. Kraft Ltée*, D.T.E. 91T-49, EYB 1990-63552 (C.A.); *Cloutier c. Alsco, division de Western Linen Supply Co. Ltd.*, précité, note 143.

145.   *Cloutier c. Alsco, division de Western Linen Supply Co. Ltd.*, précité, note 143; *St-Georges c. Deschamps Pontiac Buick G.M.C. Ltée*, précité, note 143; *Bousquet c. Desjardins*, précité, note 143.

la sienne[146]. Cette autre procédure doit présenter les caractères usuels associés à un processus judiciaire, dont l'indépendance et l'impartialité du décideur et le caractère obligatoire de ses conclusions[147]. Enfin, cet autre recours doit offrir une possibilité de réparation qui s'apparente à celle que permet l'article 128 *L.n.t.*, dont la réintégration du salarié dans son emploi[148]. Faut-il, par ailleurs, prendre en considération l'objet de l'autre recours et, en particulier, son caractère spécifique ou général ? En d'autres termes, la voie de redressement autrement offerte au salarié doit-elle ouvrir une perspective d'appréciation des motifs de son congédiement au moins aussi large que pourrait le faire l'adjudication en vertu des articles 126 et suivants *L.n.t.*? La réponse est affirmative et repose sur la finalité propre de chaque type de recours, savoir ceux, d'une part, qui se limitent à la vérification de la présence d'un motif de congédiement que la loi déclare expressément illégal et ceux, d'autre part, qui consistent à faire décider du caractère juste ou approprié du congédiement, compte tenu de toutes les circonstances de l'espèce, par la juridiction compétente. C'est cette solution qu'a retenue la Cour d'appel, en décidant que seul un recours qui permet une appréciation des motifs de congédiement semblable à celle à laquelle donne lieu l'application des articles 124 et suivants *L.n.t.* écarte cette dernière[149]. L'arbitrage de grief, selon les normes usuelles des conventions collectives, répondra en général positivement à ce critère[150]. Le salarié qui fait défaut d'exercer en temps et de manière utiles un recours équivalent auquel il a accès ne peut soumettre par la suite une plainte selon l'article 124 *L.n.t.*

b) La procédure

Le recours fondé sur l'article 124 *L.n.t.* est entrepris par le salarié en déposant une plainte par écrit auprès de la C.N.T. dans les 45 jours de son congédiement[151]. Ce délai est de rigueur et commence à courir à la date à laquelle l'emploi du salarié prend fin. La C.N.T. fait d'abord enquête et peut alors exiger de l'employeur une attestation par écrit des motifs du congédiement (art. 125, al. 2 *L.n.t.*). Avec l'accord des parties, elle peut nommer une personne qui tente de régler la plainte à la satisfaction des intéressés (art. 125, al. 1 *L.n.t.*). En l'absence de règlement à la suite de la réception de la plainte, la C.N.T. la défère sans délai à la C.R.T. instituée par le Code du travail (art. 126 *L.n.t.*)[152]. Cette dernière peut à son tour tenter de régler le litige à l'amiable en proposant une conciliation pré-décisionnelle (art. 121 à 123 C.t.).

L'article 126.1 *L.n.t.* autorise la C.N.T. à représenter un salarié qui ne fait pas partie d'un groupe de salariés visé par une accréditation accordée en vertu du Code du travail, tant devant la C.R.T. que dans toute autre instance relative à cette plainte et à l'application des articles 124 à 131 *L.n.t.*

Devant la C.R.T., la procédure d'enquête est essentiellement la même que celle qui a cours devant un arbitre de grief saisi d'un semblable litige en vertu d'une convention collective. La C.R.T. dispose alors des mêmes pouvoirs décisionnels qu'un arbitre de grief[153] et le fardeau de la preuve de l'existence d'un motif juste et suffisant de congédiement incombe à l'employeur.

c) La décision

La C.R.T. dispose d'un large pouvoir d'appréciation des motifs de congédiement qui lui sont soumis par l'employeur et seule une décision « manifestement déraisonnable » de sa part justifiera l'intervention des tribunaux supérieurs par voie d'exercice du pouvoir de contrôle judiciaire[154]. Si la C.R.T. juge que le salarié a été congédié

146. *Malo c. Côté-Desbiolles*, [1995] R.J.Q. 1686 (C.A.), p. 1691-1692, EYB 1995-59120; *Joyal c. Hôpital du Christ-Roi*, précité, note 139, p. 42; *Commission scolaire Chomedey de Laval c. Dubé*, [1997] R.J.Q. 1203, REJB 1997-00399 (C.A.).
147. *De Lorimier c. Université Laval*, D.T.E. 90T-874 (C.A.); *Dubé c. Secrétariat de l'action catholique de Joliette*, D.T.E. 2001T-1109, REJB 2001-26586 (C.A.) – exigence d'indépendance; *Institut de l'énergie et de l'environnement de la francophonie c. Commission des relations du travail*, D.T.E. 2004T-694 (C.S.), par. 36-55, REJB 2004-62032 – absence d'indépendance (infirmé en appel pour un tout autre motif).
148. *Université du Québec à Hull c. Lalonde*, D.T.E. 2000T-411, REJB 2000-17752 (C.A.); *Stryker Bertec médical Inc. c. Bernier*, D.T.E. 2004T-537, REJB 2004-60536 (C.S.).
149. *Giguère c. Cie Kenworth du Canada (division de Paccar du Canada Ltée)*, [1990] R.J.Q. 2485, EYB 1990-63541 (C.A.); *Commission scolaire Chomedey de Laval c. Dubé*, précité, note 146.
150. *Université du Québec à Hull c. Lalonde*, précité, note 148. Sur d'autres recours à l'arbitrage jugés équivalents, voir *Dubé c. Secrétariat de l'action catholique de Joliette*, précité, note 147; *De Lorimier c. Université Laval*, précité, note 147.
151. Si la plainte est soumise dans ce délai à la C.R.T., le défaut de l'avoir soumise à la C.N.T. ne peut être opposé au plaignant (dernier alinéa de l'article 124 *L.n.t.*). *Dominique c. Kraft Ltée*, [1991] T.T. 63. Tant que cette plainte existe, la CNT et la CRT demeurent compétentes pour la traiter : *Joly c. Rehau Industries Inc.*, [2005] R.J.D.T. 793 (C.R.T.).
152. L'énoncé impératif pour la C.N.T. de la disposition législative rend ici caduc l'arrêt *Club de golf Murray Bay Inc. c. Commission des normes du travail*, précité, note 101.
153. *L.n.t.*, art. 127, lequel renvoie notamment à l'article 100.12 C.t. Voir aussi, sur les pouvoirs d'enquête de la C.R.T., *infra*, titre II, chapitres I et II et sur les pouvoirs de l'arbitre de grief, *infra*, titre II, chapitre VIII.
154. La situation de la C.R.T. est à cet égard semblable à celle de l'arbitre de grief agissant en vertu du Code du travail. Voir *infra*, titre II, chapitre VIII.

sans cause juste et suffisante, elle dispose d'un pouvoir de réparation qui lui permet de le réintégrer dans son emploi, de l'indemniser pour le salaire perdu et de rendre toute autre décision qui lui paraît juste et raisonnable compte tenu de toutes les circonstances de l'affaire (art. 128, al. 1 *L.n.t.*)[155]. Comme la Cour d'appel l'a expliqué, la réparation s'articule autour de deux objectifs : d'une part, le remboursement du salaire perdu à la date de la décision et, d'autre part, de manière prospective la réintégration ou une mesure de rechange appropriée dans les circonstances[156]. La réintégration s'impose généralement comme mode normal de réparation d'un congédiement injuste[157]. La loi l'exclut cependant dans le cas d'un domestique ou d'une personne dont la fonction exclusive est d'assumer la garde ou de prendre soin d'un enfant, d'un malade, d'une personne handicapée ou d'une personne âgée; la C.R.T. ne peut alors qu'ordonner le paiement d'une indemnité équivalente au salaire et aux autres avantages dont le congédiement a privé ce salarié (art. 128, al. 2 *L.n.t.*). Un salarié qui pourrait demander la réintégration peut choisir d'y renoncer[158]. La réintégration peut se heurter à la disparition du poste du salarié ou au défaut de ce dernier de détenir un permis exigé par la loi[159]. Elle peut aussi être écartée par la C.R.T. pour des raisons d'opportunité qui relèvent de son appréciation et qui se présentent le plus souvent lorsque l'exécution du travail suppose une relation de confiance interpersonnelle, comme chez certains cadres qui bénéficient du recours[160]. La C.R.T. peut alors lui préférer une indemnité compensatrice de perte d'emploi pour le salarié lésé (art. 128, al. 1 (3) *L.n.t.*)[161]. Elle doit néanmoins opter entre la réintégration et l'indemnité compensatoire de perte d'emploi; elle ne peut maintenir artificiellement le lien d'emploi pendant un certain temps, sans réintégration effective, tout en accordant ensuite une indemnité compensatoire pour perte d'emploi[162]. La CRT

peut enfin, si la preuve le justifie, ordonner la réparation des dommages supplémentaires subis par le salarié, que ces dommages soient ou non pécuniaires et qu'ils soient de nature contractuelle ou extracontractuelle[163].

La décision de la C.R.T. doit être écrite et motivée (art. 132 C.t.). L'article 131 *L.n.t.* exige qu'une copie conforme en soit transmise aux parties et à la C.N.T. La décision rendue est sans appel et elle lie l'employeur et le salarié (art. 130 *L.n.t.* et art. 134 C.t.). Elle peut cependant faire l'objet d'une révision ou d'une révocation conformément à l'article 127 C.t.[164]. Si nécessaire, son exécution peut être assurée par son dépôt au bureau du greffier de la Cour supérieure selon les modalités prévues à l'article 129 C.t., avec les conséquences qui y sont prévues.

d) La coexistence d'autres recours

La soumission d'une plainte selon les articles 124 et suivants *L.n.t.* n'écarte pas toute possibilité d'exercice d'un autre recours consécutif au même congédiement.

La plainte à l'encontre d'un congédiement fait sans cause juste et suffisante peut ainsi être coordonnée avec un recours qui cherche à vérifier la présence d'un motif spécifique et prohibé de congédiement, que ce soit en vertu de la *Loi sur les normes du travail* ou selon une autre loi[165]. En pratique, dans un tel cas, on devrait d'abord disposer de la plainte pour congédiement illégal. Si cette dernière est accueillie, la poursuite du recours en vertu de l'article 124 *L.n.t.* deviendra normalement sans objet; dans le cas contraire, il y aura lieu d'en disposer à son tour[166]. Même dans l'éventualité où la plainte de congédiement sans cause juste et suffisante serait d'abord entendue et rejetée, celle

---

155.   *Blanchard c. Control Data Canada Limitée*, [1984] 2 R.C.S. 476.

156.   *Immeubles Bona Limitée (Les) c. Labelle*, [1995] R.D.J. 397, EYB 1995-56888 (C.A.).

157.   *Skorski c. Rio Algom Ltée*, D.T.E. 85T-840 (C.A.); *Radex Ltée c. Morency*, D.T.E. 85T-922 (C.A.).

158.   Exemples : *Bon L Canada Inc. c. Béchard*, [2004] R.J.Q. 2359, REJB 2004-69780 (C.A.); *Paquet c. Gabriel Mercier Ltée*, D.T.E. 2000T-493, REJB 2000-18197 (C.A.).

159.   La C.R.T. n'a pas le pouvoir de contraindre l'employeur à créer un poste pour donner effet à une ordonnance de réintégration : *Dodd c. 3M Canada Ltd.*, [1997] R.J.Q. 1581, REJB 1997-00778 (C.A.). Face à une exigence légale de permis, elle peut ordonner à l'employeur de poser les actes nécessaires, s'il y a lieu, pour permettre la délivrance de ce permis : *Commission scolaire Kativik c. Côté-Desbiolles*, D.T.E. 2001T-972, REJB 2001-26508 (C.A.).

160.   *Immeubles Bona Limitée (Les) c. Labelle*, précité, note 156; *a contrario*, *Richelieu (Ville de) c. Commission des relations du travail*, [2004] R.J.D.T. 937, REJB 2004-66568 (C.S.).

161.   La détermination de cette indemnité peut être distincte de toute autre ou prendre en compte celle accordée pour la perte de salaire depuis le congédiement, s'il y a lieu, à condition que le montant total demeure raisonnable : *Bon L Canada Inc. c. Béchara*, précité, note 158, par. 27-32; *Bergeron c. Collège de Shawinigan*, D.T.E. 99T-908, REJB 1999-14287 (C.A.); *Paquet c. Gabriel Mercier Ltée*, précité, note 158.

162.   *Bon L Canada Inc. c. Béchara*, précité, note 158, par. 32.

163.   Voir, de façon générale à ce sujet, le pouvoir semblable de l'arbitre de grief agissant en vertu du Code du travail, *infra*, titre II, chapitre VIII. Voir aussi *Buffet King Chow Inc. c. Bibeault*, D.T.E. 97T-928, REJB 1997-03372 (C.S.) – frais d'avocat; *Lachapelle c. Laval (Société de transport de la Ville de)*, D.T.E. 90T-738 (C.S.).

164.   Voir, à ce sujet, *infra*, titre II, chapitre I.

165.   *Giguère c. Cie Kenworth du Canada (division de Paccar du Canada Ltée)*, précité, note 149; *Commission scolaire Chomedey de Laval c. Dubé*, précité, note 149; *Provost c. Hakim*, D.T.E. 97T-1315, REJB 1997-03065 (C.A.) – cumul des recours selon les articles 123 et 124 *L.n.t.*

166.   Sur l'articulation de l'exercice de recours concomitants selon les articles 123 et 124 *L.n.t.* et sur les difficultés auxquelles cette articulation peut donner lieu, voir *Tennis La Bulle Enrg. c. Ouellet*, [1995] T.T. 393; *Davignon c. Rousseau*, [2003] R.J.D.T. 1531 (C.A.).

de pratique interdite pourrait néanmoins subsister, leurs objets respectifs étant différents[167]. Le recours de l'article 124 *L.n.t.* peut aussi coexister avec une action civile portée devant le tribunal de droit commun. Entrent toutefois ici en jeu les notions de litispendance et de chose jugée; plus précisément, les deux instances ne sauraient être susceptibles de rendre des décisions contradictoires[168]. Ainsi, un tel recours civil ne saurait remettre en question les conclusions du recours en vertu de la *Loi sur les normes du travail* quant au fait que le salarié a commis une faute grave constituant une cause juste et suffisante de son congédiement[169]. Par contre, l'échec d'un recours en vertu des articles 124 et suivants *L.n.t.* qui serait motivé par la constatation que le salarié a été licencié pour des motifs d'ordre économique peut conduire à un recours civil devant le tribunal de droit commun, en réclamation de dommages-intérêts pour défaut de préavis suffisant[170]. De même, un rejet de la plainte de congédiement fondé sur l'existence d'une faute grave commise par le salarié pourrait néanmoins laisser place à une intervention du tribunal civil pour corriger le préjudice causé par une faute de l'employeur dans la manière de congédier le salarié[171].

D- Les recours pénaux

Les contraventions aux obligations imposées par la *Loi sur les normes du travail* peuvent donner lieu à des poursuites pénales intentées selon le Code de procédure pénale, par le procureur général ou par une personne autorisée par un juge[172]. Les infractions se prescrivent par un an à compter de la date de la connaissance par le poursuivant de la perpétration de l'infraction, mais aucune poursuite ne peut être intentée plus de cinq ans après la date de l'infraction (art. 144 *L.n.t.*).

---

167.   *Court c. Collège Stanislas Inc.*, D.T.E. 2001T-956 (T.T.). La possibilité, désormais, que plusieurs affaires nées d'un même faisceau de faits et relevant de la compétence de la C.R.T. y soient jointes devrait en simplifier le traitement (art. 131 C.t.).

168.   Sur les conditions de litispendance (et de chose jugée), voir *Valois c. Caisse populaire Notre-Dame-de-la-Merci (Montréal)*, D.T.E. 95T-1260, EYB 1995-55726 (C.A.). Dans cette cause particulière, la Cour d'appel a conclu à une absence de litispendance pour le motif que l'employeur mettait en doute la compétence de l'instance du travail pour disposer du recours selon l'article 124 *L.n.t.*

169.   *Trinh c. Hydro*-Québec, précité, note 69; *Liberty Mutual Insurance Co. c. Commission des normes du travail*, précité, note 69.

170.   *Migneron c. Zellers Inc.*, D.T.E. 2005T-285 (C.S.); *Brassard c. Centre hospitalier Saint-Vincent-de-Paul*, D.T.E. 83T-617 (C.S.).

171.   *Gervais c. Agence de sécurité de Montréal Ltée*, [1997] R.J.Q. 2986, REJB 1997-02509 (C.S.).

172.   Code de procédure pénale, L.R.Q., c. C-25.1, art. 9 et 10.

Titre II

Les rapports collectifs de travail

Chapitre I

Le Code du travail : champ et autorités d'application

1- Le champ d'application

A- Le cadre général

Le champ d'application du Code du travail est délimité par les définitions données aux termes « employeur » et « salarié » par l'article 1 k) et l) du code[1]. À leur base, ces notions correspondent à celles d'employeur et de salarié qui découlent de la définition classique du contrat de travail du droit civil[2]. Le salarié est donc nécessairement une personne physique qui, contre rémunération, fournit son travail à une autre personne, à laquelle elle est subordonnée. L'employeur est toute personne, y compris le gouvernement, pour laquelle travaille un salarié.

Certaines relations tripartites dans lesquelles deux personnes se partagent les attributs usuels de l'employeur posent parfois une difficulté supplémentaire de détermination du lien juridique employeur-salarié, comme nous l'avons déjà vu. Cette détermination procède alors d'un examen global des éléments constitutifs du contrat de travail. Dans le contexte spécifique du Code du travail et de son objectif d'établissement d'un régime de négociation collective des conditions de travail, cette analyse reconnaît une importance prépondérante à la subordination juridique et au contrôle des conditions de travail[3]. La personne qui, d'une manière ou d'une autre, se désigne un mandataire pour gérer son personnel, en conservant elle-même l'ultime pouvoir de direction et de décision dans les matières qui touchent de façon essentielle ce personnel, se

verra reconnaître la qualité d'employeur[4]. À l'opposé, un véritable contrat de gestion d'entreprise ou de personnel, par lequel un propriétaire laisse toute latitude décisionnelle au gestionnaire, transportera à ce dernier le statut d'employeur[5]. On rencontre aussi des situations où le propriétaire de l'entreprise et son mandataire se partagent les pouvoirs et responsabilités de gestion de manière telle qu'ils sont conjointement l'employeur[6].

B- Les exclusions

C'est dans l'exclusion du personnel associé d'une façon ou d'une autre à la direction ou à la gestion de l'entreprise que le champ d'application du Code du travail trouve sa spécificité. En effet, la définition du terme « salarié » prononce une série d'exclusions catégorielles parmi les personnes qui sont par ailleurs des employés, exclusions qui viennent limiter d'autant l'aire d'application du Code du travail (art. 1 l), 1° à 6° C.t.). Cet aspect privatif de la définition du « salarié » s'appuie, globalement, sur l'appréhension d'un conflit d'intérêts qui pourrait naître de la responsabilité du personnel de direction à l'endroit des intérêts de l'employeur, d'une part, et de l'éventualité que ce personnel négocie collectivement ses conditions de travail, d'autre part. L'article 39 C.t. confie à une instance spécialisée, la Commission des relations du travail (ci-après : « C.R.T. »), l'adjudication des litiges auxquels peut donner lieu la détermination du statut d'employeur ou de salarié, au sens du code, et notamment l'interprétation et l'application des exclusions prévues à l'article 1 l) C.t. À

---

1. Code du travail, L.R.Q., c. C-27 (ci-après : « C.t. »).
2. Voir *supra*, titre I, chapitre I.
3. *Pointe-Claire (Ville) c. Québec (Tribunal du travail)*, [1997] 1 R.C.S. 1015, REJB 1997-00587.
4. *Propriétés Trizec Ltée c. Prud'homme*, [1998] R.J.D.T. 72 (C.S.); *Métallurgistes unis d'Amérique, section locale 9324 c. Métromédia C.M.R. Plus Inc.*, [1998] R.J.D.T. 167, REJB 1998-04763 (T.T.).
5. *Syndicat des travailleuses et travailleurs du Manoir Richelieu c. Caron*, D.T.E. 97T-384, REJB 1997-00391 (C.A.); *Gestion Sinomonde Inc. c. Syndicat des travailleuses et travailleurs du Holiday Inn Select Sinomonde (C.S.N.)*, D.T.E. 2001T-561 (T.T.); *Capitole de Québec Inc. c. Alliance internationale des employés de scène, de théâtre et de cinéma des États-Unis et du Canada, section locale 523 (I.A.T.S.E.)*, D.T.E. 2003T-203 (C.R.T.).
6. Exemple : *Syndicat des travailleuses et travailleurs en centre d'accueil privé – région de Québec (CSN) c. 9094-8357 Québec Inc.*, D.T.E. 2003T-403 (C.R.T.) – partage des décisions stratégiques (propriétaire) et des décisions d'exécution (gestionnaire). Voir aussi, *infra*, chapitre III, section 2 – B-.

cet égard, ce sont les fonctions et responsabilités réellement exercées par l'employé qui seront déterminantes, indépendamment des descriptions, qualifications ou titres de fonctions élaborés par l'employeur[7]. C'est par ailleurs à la partie qui allègue l'exclusion – généralement l'employeur – d'établir les faits qui la justifient, par prépondérance de preuve[8].

1. Le personnel de gérance

La plus importante des exclusions est celle du personnel de gérance. Il n'y a pas de distinction vraiment significative qui tienne entre le gérant et le surintendant, d'une part, ou encore entre le contremaître et le représentant de l'employeur dans ses relations avec ses salariés, d'autre part. En fait, l'exclusion frappe toutes les personnes qui exercent une fonction de gérance dans l'entreprise, que les prérogatives de gérance se manifestent ou s'exercent à l'endroit du personnel, ou à l'endroit des tiers, ou encore par la faculté de déterminer les politiques de gestion et d'exploitation de l'entreprise.

Relativement au pouvoir de gérance exercé auprès du personnel de l'entreprise, la notion de « représentant de l'employeur dans ses relations avec ses salariés » est certes beaucoup plus significative dans le contexte contemporain que le terme « contremaître ».

À cet égard, il importe d'abord de retenir qu'il n'est pas nécessaire, selon la jurisprudence, de posséder les pouvoirs discrétionnaires d'engagement et de congédie-

ment pour être considéré comme un représentant de l'employeur; la présence dans les fonctions de l'employé de différents éléments constitutifs du pouvoir de gérance comme la faculté d'assigner le travail, d'en contrôler l'exécution, de le surveiller et de l'évaluer pourra suffire[9]. Encore là, l'importance des pouvoirs exercés, la fréquence de leur exercice, le caractère décisionnel ou consultatif des interventions ainsi que le degré d'autonomie ou de discrétion de l'employé pourront être pris en considération. Par exemple, il est reconnu que la simple autorité à caractère professionnel d'un employé à l'égard de salariés ne suffit pas à le priver lui-même de ce statut de salarié. Cette autorité à caractère professionnel peut ainsi prendre la forme d'une responsabilité de répartition du travail entre des salariés, de planification, de direction et même de surveillance de la qualité de ce travail. Cette situation se rencontrera particulièrement dans les activités à caractère technique et professionnel[10].

Les recueils de décisions des juridictions du travail contiennent de très nombreuses décisions relatives à l'exclusion du personnel de gérance; elles se réclament de l'application de ces règles d'appréciation fondamentales[11]. L'examen de ces décisions permet certaines constatations. Jusqu'à maintenant, les instances du travail ont suivi une politique de cas par cas dans la détermination du statut de salarié ou de non-salarié au sens du Code du travail. On ne peut retrouver dans la jurisprudence l'énoncé de principes ou de guides qui soient à la fois généraux dans leur application et relativement précis dans leur contenu, quant à l'existence d'un certain degré d'autorité nécessaire à l'exclusion du groupe des salariés. On souhaiterait

---

7. Exemples : *Université du Québec à Montréal c. Syndicat des professeurs de l'Université du Québec (Montréal)*, [1971] T.T. 216; *Commission scolaire Seigneurie c. Syndicat canadien de la Fonction publique, section locale 2416*, D.T.E. 83T-289 (T.T.); *St-Lin (Corporation municipale de la paroisse de) c. Burns*, D.T.E. 84T-121 (C.A.).

8. *Institut des sourds de Charlesbourg Inc. c. Association des éducateurs de l'enfance inadaptée (C.E.Q.)*, [1979] T.T. 365; *Groupe T.C.G. (Québec) Inc. c. Tribunal du travail*, D.T.E. 86T-320 (C.S.).

9. Exemples : *Métallurgistes unis d'Amérique, section locale 9414 c. Emballage performant Inc.*, D.T.E. 2003T-1147 (C.R.T.); *Travailleurs et travailleuses unis de l'alimentation et du commerce, section locale 503 c. Wal-Mart Canada, Corp.*, 2004 QCCRT 0145; *Centre local de services communautaires Seigneurie de Beauharnois c. Syndicat des travailleurs du Centre local de services communautaires Seigneurie de Beauharnois (C.S.N.)*, D.T.E. 2002T-42 (T.T.).

10. Exemples : *P.T.R. Inc. c. Syndicat national de l'automobile, de l'aérospatiale, du transport et des autres travailleurs du Canada (T.C.A.-Canada)*, D.T.E. 2001T-269 (T.T.) – chefs d'équipe sans véritable autorité administrative; *Association des médecins cliniciens enseignants du Québec c. Université Laval*, [1975] T.T. 30 (directeurs de programmes et de départements universitaires assumant un rôle d'ordre professionnel).

11. À titre d'exemples, parmi tant d'autres, on peut consulter les décisions suivantes qui concluent à l'existence ou à l'absence du statut de salarié. DÉCISIONS CONCLUANT AU STATUT DE SALARIÉ : *Syndicat professionnel de l'agence (CSN) c. Agence régionale de mise en valeur des forêts privées du Bas St-Laurent*, 2003 QCCRT 0696 – secrétaire de direction et technicienne en administration sans autorité décisionnelle significative; *Commission scolaire Seigneurie c. Syndicat canadien de la Fonction publique, section 2416*, D.T.E. 83T-289 (T.T.) – responsable du service des taxes et de l'équipement; absence de véritable autonomie administrative malgré l'importance du poste et les responsabilités étendues confiées par l'employeur; *Union internationale des journaliers d'Amérique du Nord, local 62 c. Durastal Installations Ltd.*, [1975] T.T. 51 – contremaîtres assimilés à des chefs d'équipes, à raison de leur responsabilité à caractère surtout technique et de leur soumission, d'autre part à l'autorité de surintendants dans l'exercice du pouvoir disciplinaire sur les lieux de travail; DÉCISIONS CONCLUANT AU STATUT DE NON-SALARIÉ : *Bureau des services financiers c. Syndicat canadien de la fonction publique, section locale 4582*, D.T.E. 2003T-685 (C.R.T.) – chefs d'équipe jouant un rôle déterminant dans la gestion du personnel; *Centre local de services communautaires Seigneurie de Beauharnois c. Syndicat des travailleurs du Centre local de services communautaires Seigneurie de Beauharnois (C.S.N.)*, précité, note 9 – évaluation du personnel et du travail fourni, quantitativement et qualitativement, et participation à la gestion administrative et budgétaire; *Syndicat des travailleurs(euses) de la Caisse populaire St-Joseph (C.S.N.) c. Caisse populaire St-Joseph*, D.T.E. 85T-660 (T.T.) – agents de crédit disposant d'un pouvoir discrétionnaire et décisionnel de consentir des prêts relativement importants; *Papeterie Reed Ltée c. Syndicat canadien des travailleurs du Papier (S.C.T.P.), local 137*, D.T.E. 84T-376 (T.T.) – contremaîtres de faction responsables des opérations et assumant l'autorité immédiate de l'employeur à l'endroit des salariés; *Drain Clair Enrg. c. Union des employés du transport local et industries diverses, local 931*, D.T.E. 83T-36 (T.T.) – employé exerçant une fonction générale de surveillance relativement importante et autonome.

pouvoir se rapporter à certaines normes ou à certains critères d'appréciation d'un tel degré d'autorité eu égard à la structure décisionnelle de l'entreprise, à la nature et à l'importance des pouvoirs exercés par l'employé, à la fréquence de leur exercice, à leur caractère décisionnel ou consultatif, primaire ou final, discrétionnaire ou normalisé. Si on peut relever certaines constantes dans la jurisprudence, la pratique suivie jusqu'à maintenant laisse cours, sous le couvert de l'analyse cas par cas, à des conclusions qui peuvent sensiblement varier selon la conception que se fait chaque décideur de la gérance.

Dans l'ensemble, la jurisprudence se révèle plutôt restrictive lorsqu'il s'agit de reconnaître le statut de salariés à des employés qui disposent de quelque attribut rattaché à la gérance vis-à-vis d'autres employés[12]. Des décisions isolées ont tenté d'ouvrir de nouvelles perspectives de reconnaissance du statut de salarié en faveur des employés qualifiés de cadres inférieurs ou intermédiaires qui assument certaines responsabilités administratives dépassant la simple autorité professionnelle[13]. Ces décisions soulignaient que la hiérarchie administrative s'est grandement raffinée, diversifiée et diffusée au cours des dernières décennies, laissant généralement place pour plusieurs cadres intermédiaires entre la direction générale d'une entreprise et les salariés qui en assurent les services ou la production[14].

La Cour d'appel a désavoué cette approche. En qualifiant d'abord les employés concernés de « cadres subalternes et subordonnés » et en décidant ensuite qu'ils étaient néanmoins des salariés au sens du Code du travail, l'instance du travail aurait créé une nouvelle catégorie de salariés non prévue par le code et ainsi excédé sa compétence[15].

Par ailleurs, il faut garder à l'esprit que ceux qui exercent une fonction de gérance sans avoir de salariés sous leur contrôle, mais plutôt en ayant le pouvoir de prendre des décisions suffisamment importantes et qui engagent l'employeur à l'égard des tiers ou quant à la marche des activités de l'entreprise, se trouveront également considérés comme des non-salariés, à titre de gérants ou de surintendants. Par exemple, on a décidé que la coordonnatrice des services bénévoles d'un hôpital n'était pas une salariée au sens du Code du travail, en raison des fonctions de gérance qu'elle exerçait en dirigeant un service important de l'hôpital, même si son personnel n'était pas rémunéré[16]. Par contre, la simple autonomie fonctionnelle, même dans des matières importantes, ne devrait pas priver l'employé de son statut de salarié au sens du Code du travail, en l'absence de responsabilités administratives[17]. En somme, la frontière juridique séparant salariés et gérants au sens du Code du travail n'est pas, non plus, facile à tracer et la jurisprudence du travail témoigne de cette difficulté par des décisions qui divergent notamment sur l'importance des pouvoirs dont doit être investi un employé pour être qualifié de gérant[18].

2. Les administrateurs et les dirigeants d'une personne morale

L'article 1 l) 2o C.t. prononce l'exclusion des administrateurs et des dirigeants d'une personne morale. Cette exclusion s'adresse à toutes les personnes morales, qu'elles soient de droit privé ou de droit public comme les municipalités et les commissions scolaires[19]. La seule nomination au poste d'administrateur ou de dirigeant n'entraîne toutefois pas l'exclusion; encore faut-il que la personne concernée agisse de fait à ce titre et soit investie de pouvoirs significatifs[20]. D'autre part, l'exclusion ne

---

12. Exemples : *Wabasso Ltée c. Syndicat démocratique des salariés de la Wabasso de Shawinigan (C.S.D.)*, D.T.E. 82T-884 (T.T.); *Québec Téléphone c. Syndicat des agents de maîtrise de Québec Téléphone*, D.T.E. 82T-862 (T.T.).

13. *Institut des sourds de Charlesbourg Inc. c. Association des éducateurs de l'enfance inadaptée (C.E.Q.)*, précité, note 8; *Syndicat des cadres des hôpitaux de la région de Montréal (C.S.N.) c. Hôpital du Sacré-Cœur*, T.T. Montréal, no 500-28-001092-774, 7 décembre 1979.

14. *Institut des sourds de Charlesbourg Inc. c. Association des éducateurs de l'enfance inadaptée (C.E.Q.)*, précité, note 8, p. 373.

15. *Syndicat des cadres des hôpitaux de la région de Montréal (C.S.N.) c. Hôpital du Sacré-Cœur Montréal*, [1983] C.A. 144.

16. *Hôpital St-Augustin c. Syndicat des employés de l'Hôpital St-Augustin*, [1977] T.T. 180.

17. *Syndicat national de l'automobile, de l'aérospatiale, du transport et des autres travailleurs et travailleuses du Canada (TCA-Canada) c. Prévost Car Inc.*, 2003 QCCRT 0468, par. 49-50 – approvisionneur professionnel; *Syndicat canadien de la fonction publique, section locale 306 c. Longueuil (Ville de)*, D.T.E. 94T-1422 (T.T.) – évaluateur et percepteur des amendes.

18. Le cas des agents de crédit à l'emploi des caisses populaires et qui sont autorisés à accorder de leur propre chef des prêts jusqu'à concurrence de certains montants illustre bien la difficulté. Des jugements ont conclu au statut de salariés de ces agents de crédit : *Caisse populaire Ste-Famille de Sherbrooke c. Syndicat des employés de la Caisse populaire Ste-Famille de Sherbrooke*, [1988] T.T. 487; *Syndicat des employés professionnels et de bureau, section locale 57 (U.I.E.P.B., C.T.C. – F.R.Q.) c. Caisse populaire de Duvernay*, D.T.E. 87T-104 (T.T.) – annulé par révision judiciaire; *Caisse populaire St-Rédempteur de Matane c. Syndicat des employées et employés professionnels les et de bureau, section locale 57, S.E.P.B., U.I.E., C.T.C., F.T.Q.*, D.T.E. 88T-523 (T.T.). Ont, au contraire, affirmé qu'il s'agissait de gérants exclus : *Syndicat des travailleuses(eurs) de la Caisse populaire d'Amqui (C.S.N.) c. Caisse populaire d'Amqui*, D.T.E. 87T-638 (T.T.); *Syndicat des travailleurs(euses) des caisses populaires de la Mauricie (C.S.N.) c. Caisse populaire Le Rocher*, D.T.E. 87T-639 (T.T.).

19. Dans le cas de municipalités, comparer les conclusions contraires dans *Ville d'Alma c. Syndicat national des employés municipaux d'Alma*, [1978] T.T. 129 et dans *Ville de Pincourt c. Syndicat national des employés de Pincourt*, D.T.E. 82T-359 (T.T.).

20. *Syndicat canadien de la fonction publique, section locale 2968 c. Société d'exploitation de la centrale de traitement d'eau Chambly, Marieville*, [1998] R.J.D.T. 1187, REJB 1998-06463 (T.T.); *Syndicat des employées et employés professionnels et de bureau, section locale 57 c. Chambre des notaires du Québec*, D.T.E. 96T-87 (T.T.) – absence de statut de dirigeant.

vise pas l'employé qui agit comme administrateur ou dirigeant à l'égard de son employeur et qui a été désigné par les salariés ou par une association de salariés accréditée. Enfin, elle ne s'adresse pas au simple actionnaire d'une compagnie quelle que soit l'importance du capital-actions détenu[21].

3. Les fonctions confidentielles dans la fonction publique

En règle générale, le seul caractère confidentiel des fonctions exercées par un employé ne suffit pas à le priver de son statut de salarié au sens du Code du travail[22]. Il en va autrement dans la fonction publique. Tout fonctionnaire du gouvernement du Québec qui exerce une fonction à caractère confidentiel perd le statut de salarié au sens du Code du travail (art. 1 l) 3o C.t.)[23]. Cette exclusion ne touche pas les employés de sociétés qui sont la propriété du gouvernement ou sous son contrôle.

Le caractère de confidentialité de certaines fonctions se distingue de l'obligation générale de discrétion du fonctionnaire. Il ne suffit pas en somme que l'exercice des fonctions de l'employé lui donne l'occasion de prendre connaissance d'informations qui ne doivent pas être révélées. La véritable confidentialité s'attache à une forme de participation quelconque au processus d'élaboration de décisions privilégiées. Elle s'apprécie essentiellement en fonction de la perception d'une possibilité ou non de conflits d'intérêts pour le fonctionnaire entre l'exercice de ses fonctions et son appartenance syndicale[24]. Il faut aussi signaler que l'exclusion pour cause de confidentialité dans la fonction publique ne vise que les fonctionnaires dont le travail se rapporte à la fonction exécutive de l'État, sans atteindre ceux qui servent plutôt la fonction judiciaire comme les secrétaires des juges de la Cour supérieure[25].

Tout litige relatif à l'application de l'article 1 l), 3o C.t. et au statut de salarié ou de non-salarié d'un fonctionnaire est tranché par la C.R.T.[26].

4. Les exclusions nommées

Sont automatiquement exclus du groupe des salariés qui peuvent être syndiqués en vertu du Code du travail, sans égard au caractère confidentiel ou non de leurs fonctions, les fonctionnaires du ministère du Conseil exécutif ou du Conseil du trésor, sauf dans les cas que le gouvernement peut déterminer par décret, ainsi que ceux qui occupent certaines fonctions à l'Institut de la statistique du Québec (art. 1 l), 3.1o à 3.3o C.t.). Il en est de même pour les substituts permanents du procureur général nommés en vertu de la Loi sur les substituts du procureur général, les membres de la Sûreté du Québec, les membres du personnel du directeur général des élections et les agents de relations du travail ou les enquêteurs de la C.R.T. (art. 1 l), 4o à 7o C.t.). Ces diverses inclusions s'interprètent restrictivement[27].

Le statut de salarié d'une personne peut être mis en question devant la C.R.T., à tout moment, par une requête en vertu de l'article 39 du code. Le plus souvent, la question est soulevée à l'occasion d'une demande d'accréditation présentée par une association syndicale, lorsqu'il s'agit de déterminer quelles sont les personnes comprises dans le groupe qu'elle veut représenter, ainsi que nous le verrons. Il sera d'ailleurs généralement opportun de faire décider de cette question au stade de l'accréditation, lorsqu'elle se pose déjà. En effet, il pourra s'avérer beaucoup plus difficile, postérieurement à l'accréditation, de faire reconnaître une personne comme salariée au sens du Code du travail si, à la connaissance de la partie requérante, cette personne était au travail sans que par ailleurs son nom paraisse sur la liste des salariés dressée au cours de la procédure d'accréditation. Il pourrait en être de même pour l'employeur cherchant par la suite à faire exclure une personne dont le nom était inscrit sur la liste des salariés qu'il a lui-même fournie. À moins de circonstances exceptionnelles, la partie requérante aura alors le fardeau de démontrer que depuis l'accréditation

21.   Voir, par analogie, s'agissant de travailleurs membres d'une coopérative de travailleurs qui les emploie : *Coopérative forestière de Ferland-Boileau c. Tribunal du travail*, D.T.E. 2000T-306 (C.S.).
22.   *Syndicat des employées et employés professionnels et de bureau, section locale 57 c. Barreau du Québec*, [1994] T.T. 482.
23.   Sur les notions de « fonction publique » et de « fonctionnaire », voir *Syndicat des professionnels du gouvernement du Québec c. Fonds F.C.A.C. pour l'aide et le soutien à la recherche*, D.T.E. 82T-725 (T.T.).
24.   DÉCISIONS CONCLUANT AU STATUT DE SALARIÉ, EN L'ABSENCE DE CARACTÈRE CONFIDENTIEL : *Syndicat de professionnelles et de professionnels du gouvernement du Québec c. Procureur général du Québec*, D.T.E. 91T-286 (T.T.); *Syndicat de professionnels du gouvernement du Québec (S.P.G.Q.) c. Procureur général du Québec*, D.T.E. 86T-760 (T.T.); *Syndicat des fonctionnaires provinciaux du Québec Inc. c. Procureur général du Québec*, D.T.E. 84T-747 (T.T.). EXCLUSIONS POUR CAUSE DE CONFIDENTIALITÉ : *Syndicat des fonctionnaires provinciaux du Québec Inc. c. Procureur général du Québec*, D.T.E. 84T-326 (T.T.); *Syndicat des fonctionnaires provinciaux du Québec Inc. c. Procureur général du Québec*, D.T.E. 84T-327 (T.T.).
25.   *Hétu c. Syndicat des fonctionnaires provinciaux du Québec*, décision de la Commission des relations de travail, no 11772, 12 juin 1968.
26.   *Loi sur la fonction publique*, L.R.Q., c. F-3.1.1, art. 65, al. 2 et 66, al. 4.
27.   *Syndicat des fonctionnaires provinciaux du Québec Inc. c. Procureur général du Québec*, [1991] T.T. 423.

les fonctions et les responsabilités de l'employé concerné ont été modifiées[28].

C- Le changement de statut

L'article 20.0.1 C.t. se préoccupe désormais des changements susceptibles d'affecter le statut de salarié au sens du Code du travail. Il oblige l'employeur qui projette d'apporter au mode d'exploitation de son entreprise des changements qui auraient pour effet, selon lui, de modifier le statut d'un salarié en celui d'entrepreneur non salarié à en donner un avis préalable écrit qui décrit les changements envisagés. Ont droit à cet avis d'intention, s'il y a lieu, tant l'association de salariés déjà accréditée que celle qui a soumis une demande d'accréditation.

Toute association de salariés qui a le droit de recevoir l'avis d'intention peut, si elle ne partage pas l'opinion de l'employeur sur les conséquences des changements qu'il projette sur le statut des salariés concernés, demander à la C.R.T. de se prononcer sur cette question, dans les 30 jours qui suivent la réception de l'avis. Le cas échéant, l'association de salariés doit transmettre sans délai une copie de sa demande à l'employeur.

L'article 20.0.1, al. 3 C.t. assure le *statu quo*, du moins de façon temporaire. Il interdit en effet à l'employeur de mettre en application les changements qu'il projette avant la réalisation de l'une ou l'autre des conditions suivantes, selon la première éventualité à survenir :

- l'expiration du délai de 30 jours dont dispose une association pour s'adresser à la C.R.T., sans que ce droit ait été exercé;

- la conclusion d'une entente, avec toute association de salariés intéressée, quant aux conséquences des changements projetés sur le statut de salariés des personnes concernées;

- la décision de la C.R.T., quelle que soit sa teneur.

La décision de la C.R.T., le cas échéant, revêtira normalement un caractère essentiellement déclaratoire, mais non moins décisif. Cette décision doit être rendue dans les 60 jours de la réception de la demande dont elle dispose[29].

2- Les autorités d'application

L'application du Code du travail fait appel à l'intervention, d'une part, d'une autorité administrative et, d'autre part, à celle de diverses instances ou autorités juridictionnelles pour le règlement des litiges.

A- L'autorité administrative

Les articles 10 et 11 de la *Loi sur le ministère du Travail*[30] confient au titulaire de ce ministère la responsabilité du domaine des relations du travail et de l'application des lois qui s'y rapportent. Le Code du travail lui-même identifie diverses fonctions de nature administrative qui relèvent du ministre du Travail et, par lui, de son ministère, fonctions destinées à surveiller et à soutenir le régime de rapports collectifs du travail mis en place par le code.

C'est au ministre du Travail qu'il faut adresser certaines demandes comme celles de la nomination d'un conciliateur ou d'un médiateur pour faciliter la conclusion d'une convention collective, ou encore d'un arbitre de différend pour dénouer une impasse de négociation; le cas échéant, c'est le ministre qui nomme ces intervenants[31]. De même, à défaut d'accord entre les parties, le ministre sera appelé à nommer un arbitre de grief pour trancher tout litige relatif à l'interprétation ou à l'application d'une convention collective[32].

C'est au ministre du Travail qu'il appartient de dresser la liste des personnes qu'il pourra nommer à titre d'arbitre de différend ou de grief (art. 77, 99 et 100, al. 2 C.t.).

Le ministre du Travail est également le destinataire obligatoire de diverses informations et préinformations. Il doit être informé du déclenchement de toute grève ou de tout lock-out (art. 58.1 C.t.). Dans les services publics, le ministre doit être préavisé de toute grève, tout comme de la renonciation à y recourir au moment annoncé (art. 111.0.23 et 111.0.23.1 C.t.). Le ministre est également tenu informé du cheminement et de l'aboutissement de tout processus de médiation ou d'arbitrage de différend qu'il a engagé[33]. Dans un autre ordre, il doit être préavisé

---

28. Il est à remarquer d'ailleurs que l'article 28 d) C.t. permet de ne pas retarder l'octroi de l'accréditation lorsque le caractère représentatif de l'association requérante n'est pas touché par un litige entre les parties relativement à certaines personnes visées par la requête en accréditation. L'accréditation peut alors être émise pour l'unité de négociation sur laquelle l'employeur et le syndicat en sont venus à un accord, le cas échéant. La question de l'inclusion ou de l'exclusion de telle ou telle personne dans cette unité de négociation sera alors référée à la C.R.T. qui en disposera ultérieurement.

29. Ce délai, fixé à l'article 20.0.1, al. 4 C.t., devrait prévaloir sur celui de 90 jours, à compter du début du délibéré, mentionné à l'article 133, al. 3 C.t., dont la seule lecture pourrait laisser croire qu'il serait ici celui qui est applicable.

30. L.R.Q., c. M-32.2.

31. Voir *infra*, titre II, chapitre V.

32. Voir *infra*, titre II, chapitre VIII.

33. Voir *infra*, titre II, chapitre V.

de la décision d'un commissaire de la C.R.T. de ne pas voir son mandat renouvelé ou de démissionner (art. 137.19 et 137.23 C.t.).

Dans les services publics, c'est au ministre du Travail qu'il appartient de prendre l'initiative de recommander au gouvernement la désignation de ceux qui devront maintenir des services essentiels en cas de grève (art. 111.0.17 C.t.)[34].

L'article 14 de la *Loi sur le ministère du Travail*[35] autorise le ministre à enquêter, par lui-même ou par une personne qu'il désigne, sur toute matière de sa compétence. Des dispositions du Code du travail particularisent ce pouvoir d'enquête. Il peut ainsi faire vérifier si les interdictions d'utiliser des briseurs de grève sont respectées (art. 109.4 C.t.). Il peut aussi demander au Conseil de la justice administrative de faire enquête pour déterminer si un commissaire de la C.R.T. est affecté d'une incapacité permanente qui l'empêche de remplir de manière satisfaisante les devoirs de sa charge (art. 137.25 C.t.) ou si le président ou un vice-président de cette commission devrait être révoqué de sa charge administrative pour un manquement dans l'exercice de ses attributions administratives (art. 137.46 C.t.).

B- Les autorités juridictionnelles

L'application du Code du travail suscite de nombreux litiges juridiques dont la solution requiert l'intervention de diverses instances à caractère judiciaire, de nature civile ou pénale.

Au niveau civil, la réforme mise en vigueur en 2002 a aboli implicitement le régime à deux paliers que constituaient les commissaires du travail comme forum de première instance et le Tribunal du travail comme juridiction d'appel de leurs décisions finales. Elle les a remplacés par une instance unique d'adjudication sur les litiges civils qui naissent du Code du travail, ainsi qu'à l'endroit de divers recours individuels prévus par d'autres lois. Il s'agit de la nouvelle C.R.T. (art. 1 i) C.t.). Cette réforme a laissé intacte la compétence surspécialisée dévolue au Conseil des services essentiels. Elle se répercute par contre sur le traitement des poursuites pénales.

1. La Commission des relations du travail[36]

a) Le statut de la C.R.T.

Instituée par l'article 112 C.t., la C.R.T. peut être décrite assez simplement comme un tribunal spécialisé exerçant une compétence civile d'attribution qui lui est dévolue soit par le Code du travail lui-même, soit par d'autres lois.

À la différence du bureau du commissaire général du travail, qu'elle remplace aussi et qui relevait du ministère du Travail, la C.R.T. est une entité juridiquement distincte du ministère et autonome. Son siège est situé dans la Ville de Québec; elle doit aussi y tenir un bureau ainsi que sur le territoire de la Ville de Montréal (art. 113 C.t.).

La C.R.T., ses commissaires et les membres de son personnel bénéficient d'une immunité générale contre toute poursuite en justice qui résulterait d'un acte accompli de bonne foi dans l'exercice de leurs fonctions (art. 137.52 C.t.). La C.R.T., ses commissaires et les membres de son personnel qui font enquête disposent en outre de l'immunité spéciale des commissaires nommés en vertu de la *Loi sur les commissions d'enquête*[37] (art. 120 et 137.48 c) C.t.).

b) La composition de la C.R.T.

Selon l'article 115 C.t., la « Commission est composée d'un président, de deux vice-présidents, de commissaires, ainsi que des membres de son personnel chargés de rendre des décisions en son nom ». Dans le dernier cas, il s'agit en fait des agents de relations du travail, qui sont habilités à rendre certaines décisions à l'égard des demandes d'accréditation.

1) Le président et les deux vice-présidents

Ces personnes sont nommées par le gouvernement, après consultation des associations syndicales et d'employeurs les plus représentatives (art. 137.40 C.t.). Elles deviennent par le fait même commissaires de la C.R.T. avec charge administrative, et doivent donc remplir les

34. *Ibid.*
35. Précitée, note 30.
36. En décembre 2006, le législateur adoptait la *Loi modifiant le Code du travail et d'autres dispositions législatives* (2006, ch. 58) par laquelle il modifiait la composition de la C.R.T., créant, sous sa responsabilité, deux divisions. La division de la construction et de la qualification professionnelle et la division des relations du travail formeront désormais la C.R.T. À cet égard, les recours qui étaient autrefois sous la responsabilité de la Commission de la construction seront désormais entendu par la C.R.T. Les dispositions concrétisant ce changement ne sont toutefois pas encore en vigueur au moment de la mise sous presse et celles-ci entreront en vigueur seulement aux dates fixées par le gouvernement.
37. L.R.Q., c. C-37.

exigences de connaissances et d'expérience énoncées à l'article 137.12 du code. Leur mandat est d'une durée maximale de cinq ans et il est renouvelable (art. 137.41 C.t.). Par exception et en raison du travail requis pour l'implantation de la C.R.T., le gouvernement a été autorisé à prolonger, lors de sa nomination, la durée du premier mandat du premier président. Le président et les vice-présidents doivent exercer leurs fonctions à temps plein (art. 137.43 C.t.).

Le président est responsable de la régie interne, de l'administration et de la direction de la C.R.T. (art. 137.47 C.t.). L'article 137.38 C.t. le charge d'édicter des règles de régie interne pour la conduite des affaires administratives de la C.R.T., après consultation des vice-présidents et en vue de leur approbation par le gouvernement. Il doit conseiller le gouvernement sur l'adoption d'un Code de déontologie applicable aux commissaires (art. 137.33 C.t.). Il lui appartient personnellement, selon l'article 137.48 C.t., de nommer des agents de relations du travail chargés d'exercer les diverses fonctions qui y sont prévues, dont celles d'enquête, ou d'autres qu'il peut leur confier. C'est aussi le président qui répartit les affaires entre les commissaires et qui détermine celles qui seront décidées par une formation de trois commissaires plutôt que par un seul d'entre eux (art. 124, 137.47, al. 2, 4o et 137.49 C.t.). Il peut autoriser la jonction de plusieurs affaires pour leur traitement (art. 131 C.t.). Il reçoit et tranche les demandes de récusation qui peuvent viser un commissaire (art. 137.10 C.t.)[38]. Le président a également autorité pour prolonger le délai dans lequel une décision doit être rendue par la C.R.T. (art. 133, al. 4 C.t.) ou pour dessaisir un commissaire d'une affaire dans laquelle sa décision n'a pas été rendue dans le délai imparti (art. 125 C.t.). Dans un ordre de préoccupation de politique juridique, le président se voit expressément confier la mission de favoriser la participation des commissaires à l'élaboration d'orientation générale en vue de maintenir un niveau élevé de qualité et de cohérence des décisions de la C.R.T. (art. 137.47, al. 2, 3o C.t.)[39].

Les vice-présidents exercent les attributions qui peuvent leur être dévolues ou déléguées par le président, sous l'autorité de ce dernier lorsqu'il s'agit de fonctions administratives; ils conseillent et assistent en outre le président dans l'exercice de ses propres fonctions (art. 137.51 C.t.). L'un d'entre eux est désigné par le ministre du Travail pour assurer la suppléance, lorsqu'il y a lieu, du président ou de l'autre vice-président (art. 137.44 C.t.).

2) Les commissaires

Les commissaires sont nommés par le gouvernement, après consultation des associations de travailleurs et des associations d'employeurs les plus représentatives (art. 137.11 C.t.). Pour être nommée commissaire, une personne doit posséder à la fois une connaissance jugée suffisante de la législation applicable et dix années d'expérience pertinente dans les matières qui relèvent de la compétence de la C.R.T. (art. 137.12 C.t.). Sur cette base, la personne candidate doit en outre avoir été déclarée apte conformément aux articles 137.13 à 137.16 C.t.[40].

Sous réserve de certaines exceptions, le mandat d'un commissaire est de cinq ans et il est renouvelable pour la même durée (art. 137.17 à 137.22 C.t.). Le gouvernement peut destituer ou démettre autrement un commissaire pour l'un ou l'autre des motifs prévus à l'article 137.24 ou 137.25 du code.

Les commissaires sont tenus à des obligations déontologiques et d'impartialité posées par la loi elle-même ou par le code de déontologie qu'elle habilite le gouvernement à adopter (art. 137.32 à 137.37 C.t.). Leur rémunération et leurs autres conditions de travail sont déterminées conformément aux articles 137.27 à 137.31 C.t.

3) Les agents de relations du travail

En termes simples, on peut dire que les agents de relations du travail ont succédé, dans le cadre et aux fins du processus d'accréditation, aux agents d'accréditation. Ils sont ainsi chargés de tenter d'amener les parties à s'entendre sur la description de l'unité de négociation ou sur les personnes visées et de s'assurer du caractère représentatif de toute association de salariés en cause, ou de son droit à l'accréditation au regard des dispositions pertinentes du Code du travail. Ils peuvent en outre, à la demande du président de la C.R.T. ou même de leur propre initiative dans les affaires dont ils sont saisis, effectuer une enquête sur une contravention appréhendée à l'article 12 du code, ou encore un sondage ou une recherche sur toute question relative à l'accréditation et à la protection ou à l'exercice du droit d'association (art. 137.48, al. 1 C.t.). Le cas

---

38. Ce pouvoir lui est personnel (ou au commissaire qu'il désigne); *Travailleuses et travailleurs unis de l'alimentation et du commerce, section locale 503 c. Bélanger*, D.T.E. 2003T-94 (C.R.T.); transposer *Canada (Procureur général) c. Ste-Marie*, D.T.E. 2003T-20, REJB 2002-36779 (C.A.).

39. L'arrêt *Ellis-Don Ltd. c. Ontario (Commission des relations du travail)*, [2001] 1 R.C.S. 221, REJB 2001-22165 rappelle les conditions auxquelles un tribunal administratif peut pratiquer la consultation institutionnelle en vue d'assurer la cohérence de ses décisions.

40. *Règlement sur la procédure de recrutement et de sélection des personnes aptes à être nommées commissaires à la Commission des relations du travail*, (2002) 134 *G.O.* II, 2969.

échéant, leur rapport est versé au dossier de l'affaire et transmis aux parties intéressées (art. 28 à 30 et 35 C.t.). Le président de la C.R.T. peut enfin confier aux agents de relations du travail toute autre fonction (art. 137.48, al. 2 C.t.).

Le statut des agents de relations du travail se présente comme une réalité quelque peu hybride. D'une part, dans la mesure où ils rendent des décisions au nom de la C.R.T., l'article 112 C.t. les identifie à la commission elle-même, au même titre que son président, ses vice-présidents et ses commissaires. D'autre part, au regard de leurs autres fonctions et de diverses dispositions du code, ils sont plutôt assimilés au personnel de la C.R.T. et, conséquemment, ils sont nommés (et rémunérés) suivant la *Loi sur la fonction publique*[41] (art. 137.47, 137.52 et 137.54 C.t.). Rappelons enfin que les agents de relations du travail (et les enquêteurs) sont exclus de la définition des salariés syndicables en vertu du Code du travail (art. 1, l), 7o C.t.).

4) Les membres du personnel

Outre les agents de relations du travail dont il vient d'être question, la C.R.T. peut disposer d'un personnel aux fins spécifiques d'enquête, de conciliation dans les litiges (art. 121 C.t.) ou de son administration en général.

Ce personnel est nommé et rémunéré suivant la *Loi sur la fonction publique*[42] (art. 137.54 C.t.).

c) *Le rôle et la compétence de la C.R.T.*

La C.R.T. assume son rôle et exerce sa compétence d'une part à l'égard du Code du travail et, d'autre part, selon diverses autres lois.

1) Le Code du travail

À la différence des commissaires du travail et du Tribunal du travail qu'elle remplace et qui ne disposaient à l'endroit du Code du travail que d'une compétence qui leur était attribuée en quelque sorte à la pièce, c'est-à-dire par recours, demande ou matière, la nouvelle C.R.T. se voit confier globalement la responsabilité d'assurer l'application diligente et efficace de l'ensemble du code (art. 114, al. 1 C.t.)[43]. Cette mission devient le phare

d'exercice de sa compétence et de ses pouvoirs. La C.R.T. est investie d'une compétence civile générale à l'égard de toute plainte alléguant une contravention au code, de tout recours formé en application de ses dispositions et de toute demande qui lui est faite conformément au code, sauf à l'égard des conflits dans les services publics; le cas échéant, la compétence de la C.R.T. lui est exclusive (art. 114, al. 2 C.t.)[44].

Ce changement radical d'approche dans la définition de la compétence civile de la C.R.T. emporte des conséquences pratiques considérables, probablement les plus significatives comme résultat de la réforme de 2001-2002. La nouvelle approche élargit matériellement l'aire d'intervention du forum spécialisé qu'est la C.R.T. à des situations qui lui auraient autrement échappé en vertu du régime juridictionnel antérieur. Il en est ainsi, par exemple, des grèves, des ralentissements de travail ou des lock-out qui contreviennent au code, tout comme de l'utilisation de briseurs de grève en contravention de son article 109.1. C'est aussi le cas à l'égard d'un manquement par l'association accréditée à son obligation de représentation, à une occasion autre que celle de l'imposition d'une mesure disciplinaire à un salarié ou de son renvoi (art. 116, al. 2 C.t.), tout comme d'une ingérence illégitime de l'employeur dans les affaires syndicales (art. 12, al. 1 C.t.) ou du défaut d'une partie de négocier une convention collective avec diligence et bonne foi (art. 53, al. 2 C.t.).

Le Code du travail ne laisse désormais aux tribunaux ordinaires qu'une compétence résiduelle quant à son application. Cette compétence d'exception peut se justifier par les pouvoirs propres à ces tribunaux, comme celui de prononcer la nullité d'une loi ou d'un autre instrument juridique. Compte tenu des larges pouvoirs d'intervention et de redressement dont la C.R.T. est elle-même investie, notamment par les articles 118 et 119 du code, les occasions d'intervention des tribunaux deviennent rarissimes. Les tribunaux ordinaires conservent néanmoins leur compétence à l'endroit des recours exercés à l'occasion des rapports collectifs du travail mais qui ne trouvent pas leur fondement dans le Code du travail; c'est le cas, par exemple, des litiges auxquels peut donner lieu un piquetage illégitime à l'occasion d'une grève par ailleurs légale[45].

À un autre niveau, l'exclusivité de la compétence de la C.R.T. (art. 114 C.t.), le caractère final et sans appel de

---

41. Précitée, note 26.
42. *Ibid.*
43. *Syndicat des professeurs du Collège d'enseignement général et professionnel de St-Laurent* et *Maïcas*, D.T.E. 2007T-85 (C.R.T.), par. 46 à 54.
44. Le fait d'invoquer une atteinte à un droit protégé par la *Charte* n'a pas pour effet d'altérer la compétence exclusive de la C.R.T. : *Pednault c. Compagnie Wal-Mart du Canada*, D.T.E. 2006T-511, J.E. 2006-1068 (C.A.), par. 33.
45. *Syndicat International Woodworkers of America (I.W.A. Canada), section locale 1-400 c. Produits forestiers Coulonge Inc.*, D.T.E. 2003T-1144, REJB 2003-50218 (C.A.).

ses décisions (art. 134 C.t.) et les clauses privatives formelles qui leur sont applicables (art. 139 et 140 C.t.) lui assurent généralement le plus haut niveau de retenue de la part des tribunaux supérieurs en cas de demande de contrôle judiciaire.

2) Les autres lois

Les recours à caractère individuel formés en vertu de quelque 25 lois relèvent de la compétence juridictionnelle unique, exclusive et finale de la C.R.T. (art. 114, al. 2 et annexe I C.t.).

Les plus fréquemment utilisés de ces recours sont ceux prévus à la *Loi sur les normes du travail*[46], plus précisément à ses articles 123 (pratiques interdites), 123.1 (mise à la retraite), 123.12 (harcèlement psychologique) et 126 (congédiement sans cause juste et suffisante).

d) *Les pouvoirs de la C.R.T.*

1) Le pouvoir d'enquête

La C.R.T. dispose d'importants pouvoirs d'enquête. À cette fin, elle-même et ses commissaires sont investis des pouvoirs et de l'immunité des commissaires nommés en vertu de la *Loi sur les commissions d'enquête*[47], sauf du pouvoir d'ordonner l'emprisonnement (art. 120 C.t.). Ils sont aussi tenus indemnes pour tout acte posé de bonne foi à cette occasion (art. 137.52 C.t.).

En pratique, les pouvoirs d'enquête de la C.R.T. sont le plus souvent exercés en son nom par les agents de relations du travail. Un agent de relations du travail peut en effet, à la demande du président de la C.R.T. ou de sa propre initiative dans une affaire qui lui a été confiée, effectuer une enquête sur une contravention appréhendée à l'article 12 du code, ou encore un sondage ou une recherche sur toute question relative à l'accréditation ou à l'exercice du droit d'association (art. 137.48 c) C.t.).

Lorsqu'il y a eu enquête de la C.R.T., le rapport d'enquête est versé au dossier de l'affaire et une copie doit en être transmise à toutes les parties intéressées; le président et les vice-présidents ne peuvent alors entendre ni décider seuls de cette affaire (art. 137.5 C.t.).

2) Le pouvoir de conciliation

Les nouveaux articles 121 à 123 C.t. prévoient la possibilité d'une conciliation pré-décisionnelle volontaire de la part des parties à une affaire, avec la collaboration de la C.R.T., en vue d'éviter la nécessité d'une adjudication. Les articles 122 et 137.53 C.t. garantissent la confidentialité de ce qui a été dit, écrit ou appris en conciliation[48].

Le cas échéant, tout accord est constaté par écrit; il est signé par les parties et, le cas échéant, par le conciliateur et lie les parties (art. 123, al. 1 C.t.). À la demande de l'une ou l'autre des parties, l'accord peut être soumis à l'approbation de la C.R.T., qui l'entérinera, s'il est conforme à la loi (art. 118, 7o et 123, al. 2 C.t.)[49]. À défaut que l'accord soit soumis à l'approbation de la C.R.T. dans les 12 mois suivant la date à laquelle il a été conclu, il met alors fin à l'affaire devant la C.R.T. (art. 123, al. 3 C.t.)[50]. Il ne s'ensuit toutefois pas pour autant que l'accord devienne caduc ou inexécutoire. En principe et par nature, il demeure en effet une transaction au sens du Code civil du Québec[51].

3) Le pouvoir de décision

Le pouvoir décisionnel de la C.R.T. est exercé en son nom soit par ses agents de relations du travail, soit par ses commissaires agissant seuls ou en formation de trois (art. 115 et 124 C.t.). Les décisions rendues par les agents de relations du travail sont celles par lesquelles ils octroient une accréditation, ou s'en abstiennent, en application des articles 28 à 30 C.t. Quant aux commissaires, leur assignation aux affaires dont est saisie la C.R.T. relève de son président (art. 137.47, 4o C.t.). Il en est de même du choix de recourir à une formation de trois commissaires; une telle formation doit compter au moins un commissaire qui est avocat ou notaire et qui la présidera (art. 124, al. 2 C.t.). La décision est alors rendue à la majorité (art. 124, al. 3 C.t.). L'article 137.49 du code permet au président de la C.R.T. de tenir compte des connaissances et de l'expérience spécifique des commissaires en leur assignant les affaires.

---

46. L.R.Q., c. N-1.1.
47. Précitée, note 37.
48. *Optimal Robotics (Canada) Corp. c. George Wyke*, D.T.E. 2004T-141 (C.R.T.), par. 28 à 33; *9123-8014 Québec Inc. (Subway Sandwiches salades) c. Ganley*, D.T.E. 2006T-750 (C.R.T.).
49. *Wyke c. Optimal Robotics (Canada) Corp.*, [2003] R.J.D.T. 1273 (C.R.T.), par. 60-69 – exigence d'un écrit signé par les parties et le conciliateur. Comparer à *Bérubé c. Campus Notre-Dame-de-Foy*, D.T.E. 2004T-635 (C.R.T.) – déclaration verbale emportant désistement d'une plainte.
50. *Wyke c. Optimal Robotics (Canada) Corp.*, précité, note 49, par. 69.
51. *St-Pierre c. Technologie Dentalmatic Inc.*, [2004] R.J.D.T. 220 (C.R.T.), par. 15-22; voir aussi *Bérubé c. Campus Notre-Dame-de-Foy*, précité, note 49.

Certaines dispositions du Code du travail définissent les décisions que la C.R.T. peut prendre quant à un recours ou un litige particulier auquel ces dispositions se rapportent. Les articles 118 et 119 C.t. sont quant à eux de portée générale. Ils s'adressent à toute plainte, toute demande et tout recours dont la C.R.T. peut être saisie[52]. Diverses décisions n'impliquent pas en elles-mêmes une intervention de la C.R.T. Cette dernière peut ainsi :

– rejeter sommairement toute demande, plainte ou procédure qu'elle juge abusive ou dilatoire (art. 118 (1) C.t.)[53];

– refuser de statuer sur le fond d'une plainte lorsqu'elle estime que celle-ci peut être réglée par une sentence arbitrale disposant d'un grief, sauf s'il s'agit d'une plainte visée à l'article 16 du code ou aux articles 123 et 123.1 de la *Loi sur les normes du travail* ou d'une plainte logée en vertu d'une autre loi (art. 118 (2) C.t.)[54];

– décider de toute question de droit ou de fait nécessaire à l'exercice de sa compétence (art. 118 (4) C.t.);

– entériner un accord, s'il est conforme à la loi (art. 118 (7) C.t.)[55].

4) Les pouvoirs d'ordonnance et de réparation

Les articles 118 et 119 C.t., qu'il faut lire ensemble, dotent la C.R.T. de pouvoirs généraux d'intervention et de réparation qui y sont définis en termes très larges.

De l'article 118 C.t., il faut retenir que son alinéa 3 autorise la C.R.T. à « rendre toute ordonnance, y compris une ordonnance provisoire, qu'elle estime propre à sauvegarder les droits des parties », et que son alinéa 6 lui permet de « rendre toute décision qu'elle juge appro-

priée ». L'octroi d'une ordonnance de sauvegarde provisoire s'inspire des critères qui régissent la délivrance d'une injonction interlocutoire : clarté ou au moins apparence du droit; risque de préjudice sérieux ou irréparable; prépondérance des inconvénients dans certains cas[56]. La nécessité, voire la possibilité, de s'adresser aux tribunaux ordinaires aux mêmes fins s'en trouve réduite d'autant.

La C.R.T. dispose également, depuis janvier 2007, du pouvoir de « prononcer la dissolution d'une association de salariés » lorsqu'elle détient la preuve que cette association « a participé à une contravention à l'article 12 » (art. 118 (8) C.t.).

L'article 119 du code vise à permettre à la C.R.T. de répondre à des situations de conflits de travail, (sauf dans les services publics ou dans les secteurs public et parapublic), sans toutefois que son utilisation soit limitée à ces situations. Cette dernière disposition peut fonder tout autant le recours à une ordonnance de la nature d'une injonction que la condamnation à des dommages-intérêts ou l'imposition d'un autre mode de réparation[57]. La C.R.T. peut même ordonner que soit accélérée ou modifiée la procédure de grief prévue à une convention collective[58].

Le choix d'une ordonnance ou d'une réparation par la C.R.T. demeure sujet à quatre conditions posées par la Cour suprême :

(1) la réparation ne doit pas se révéler de nature punitive;

(2) elle ne doit pas porter atteinte aux libertés et droits fondamentaux;

(3) il doit y avoir un lien rationnel entre la réparation retenue, d'une part, et la contravention et ses conséquences, d'autre part;

---

52. Les pouvoirs d'ordonnance de la C.R.T. sont incidents à l'exercice d'une compétence que lui confère le Code du travail : *Syndicat des salariés de la scierie Crête – division St-Roch-de-Mékinac (CSD) c. Gérard Crête et Fils Inc.*, [2005] R.J.D.T. 241 (C.R.T.).

53. Sera ainsi rejetée la demande qui, à sa face même, est manifestement vouée à l'échec : *Boulangerie Au Pain doré Ltée c. Syndicat international des travailleuses et travailleurs de la boulangerie, confiserie, tabac et meunerie, section locale 333 (F.A.T.-C.O.I.-C.T.C.-F.T.Q.)*, D.T.E. 2004T-48 (C.R.T.), par. 23-26.

54. *Syndicat des chargées et chargés de cours de l'Université du Québec à Chicoutimi (CSN) c. Syndicat des professeures et professeurs de l'Université du Québec à Chicoutimi*, D.T.E. 2005T-651 (C.R.T.).

55. Voir *supra*, notes 49 et 52.

56. *Association patronale des concessionnaires d'automobiles Inc. c. Commission des relations du travail*, [2004] R.J.D.T. 76, EYB 2003-51227 (C.S.), confirmant *Syndicat national des employés de garage du Québec Inc. (C.S.D.) c. Association patronale des concessionaires d'automobiles Inc.*, D.T.E. 2003T-255 (C.R.T.), D.T.E. 2003T-424 (C.R.T.); *Syndicat des opérateurs de bétonnière Montréal – Rive-Nord (C.S.N.) c. Béton provincial Ltée*, [2004] R.J.D.T. 714 (C.R.T.); *Alliance québécoise des techniciens de l'image et du son (AQTIS) et Alliance internationale des employés de scène, de théâtre, techniciens de l'image, artistes et métiers connexes des États-Unis, ses territoires et du Canada, section locale 667 (AIEST) (FAT-COI-CTC-FTQ)*, D.T.E. 2006T-979 (C.R.T.).

57. *Sobey's Québec Inc. c. Travailleuses et travailleurs unis de l'alimentation et du commerce, section locale 501*, D.T.E. 2003T-899 (C.R.T.).

58. La C.R.T. n'utilisera ce pouvoir qu'en présence d'une situation exceptionnelle et urgente : *Syndicat canadien des communications, de l'énergie et du papier (SCEP) c. Entourage Solutions Technologiques Inc.*, D.T.E. 2004T-25 (C.R.T.), par. 34-37.

(4) la réparation ne doit pas aller à l'encontre des objectifs du code[59].

L'utilisation par la C.R.T. des pouvoirs généraux qui lui sont conférés par les articles 118 et 119 C.t. devrait aussi prendre en compte le fait que d'autres dispositions du code prévoient des redressements propres à certains recours. Il en est ainsi de l'article 15 C.t., en cas de représailles de l'employeur à la suite de l'exercice par un salarié d'un droit qui lui résulte du Code du travail, ou de l'article 47.5 C.t., qui répond à un défaut de représentation de l'association accréditée à l'occasion de l'imposition d'une sanction disciplinaire ou d'un renvoi à un salarié. La destination spécifique de ces redressements devrait conduire la C.R.T. à refuser de les appliquer dans d'autres situations que celles auxquelles ils s'adressent. Ses pouvoirs généraux, comme celui de rendre toute décision qu'elle juge appropriée, ne suffiraient pas à justifier qu'elle agisse autrement.

5) Le pouvoir de révision ou de révocation

L'article 127, al. 1 C.t. permet à la C.R.T. de réviser ou de révoquer une décision, un ordre ou une ordonnance qu'elle a rendu. Ce pouvoir d'auto-révision ne peut être exercé que pour les seuls motifs énoncés à la disposition légale :

1o   lorsqu'est découvert un fait nouveau qui, s'il avait été connu en temps utile, aurait pu justifier une décision différente;

2o   lorsqu'une partie intéressée n'a pu, pour des raisons jugées suffisantes, présenter ses observations ou se faire entendre;

3o   lorsqu'un vice de fond ou de procédure est de nature à l'invalider.

Ces motifs sont attributifs de compétence[60]. Onze autres lois du Québec investissent d'autres tribunaux ou organismes spécialisés d'un semblable pouvoir de révision interne[61].

La partie qui allègue la découverte d'un fait nouveau doit démontrer que ce fait existait lorsque l'affaire a été entendue et décidée, qu'elle l'ignorait et qu'il était déterminant quant à la décision à intervenir[62].

Le deuxième motif vise des situations aussi variées qu'une défaillance dans la convocation d'une partie intéressée, une erreur de bonne foi de cette dernière ou un malentendu sur la suite d'une enquête[63]. Il ne couvre toutefois pas le défaut d'une partie de soumettre ses moyens ou ses représentations en temps utile[64].

Le vice de fond ou de procédure qui justifie une révision en vertu de l'article 127 C.t. peut prendre de multiples formes; il doit cependant être assez évident, déterminant et sérieux pour emporter l'invalidation de la décision rendue[65]. Il s'apparente donc à un motif de révision judiciaire. L'absence de compétence initiale, l'excès de pouvoir, le manquement à une règle de justice fondamentale, l'absence totale de preuve et l'ignorance d'une règle de droit claire ou d'une preuve évidente permettent ainsi une révision interne[66]. C'est dire du même coup que la demande de révision interne ne doit pas constituer, à l'analyse, une tentative d'appel déguisé, ni se présenter comme une occasion pour la formation de révision de substituer son opinion, quant aux faits ou au droit, à celle de la première formation[67].

En ce qui à trait à la révision d'une décision interlocutoire de la C.R.T., la jurisprudence est partagée quant à sa possible révision. Un premier courant est d'avis qu'une partie ne peut demander la révision d'une décision interlocutoire pour vice de fond ou de procédure que lorsque

---

59. *Royal Oak Mines Inc. c. Canada (Conseil des relations du travail)*, [1996] 1 R.C.S. 369, 409, EYB 1996-67305; *Banque Nationale du Canada c. Union internationale des employés de commerce*, [1984] 1 R.C.S. 269, 288 à 292.

60. Voir et transposer : *Épiciers Unis Métro-Richelieu Inc. c. Régie des Alcools, des courses et des jeux*, [1996] R.J.Q. 608, 612 et 613, EYB 1996-71495 (C.A.); *Bourassa c. Commission des lésions professionnelles*, [2003] R.J.Q. 2411, REJB 2003-46650 (C.A.).

61. Ces lois sont identifiées dans *Commission de la santé et de la sécurité du travail c. Fontaine*, [2005] R.J.Q. 2203 (C.A.).

62. *Municipalité de Notre-Dame-de-Lourdes c. Hétu*, 2004 QCCRT 0152, par. 22; *Methamen c. Restaurant Porto Fiorentino Inc.*, 2004 QCCRT 0104, par. 13.

63. *Marois c. Alliance internationale des employés de scène, de théâtre et de cinéma des Etats-Unis et du Canada (I.A.T.S.E.), section locale 523 (Québec)*, D.T.E. 2003T-1174 (C.R.T.); *Compumédia Design (1995) Inc. c. Ladouceur*, 2003 QCCRT 0478; *Groupe Labelle c. Leduc*, 2004 QCCRT 0180.

64. *Désormiers c. Syndicat des employés et employés professionnels-les et de bureau, section locale 575, SIEPB CTC-FTQ*, 2004 QCCRT 0170, par. 26-29.

65. *Épiciers Unis Métro-Richelieu Inc. c. Régie des alcools, des courses et des jeux*, précité, note 60, p. 613-614; *Bourassa c. Commission des lésions professionnelles*, précité, note 60; *Commission de la santé et de la sécurité du travail c. Touloumi*, [2005] C.L.P. 921 (C.A.).

66. *Hiep c. Thibault*, [2003] R.J.D.T. 1255 (C.R.T.); *Syndicat canadien de la fonction publique, section locale 313 c. Syndicat des travailleuses et travailleurs de l'Hôpital Rivière-des-Prairies*, [2003] R.J.D.T. 1641 (C.R.T.), confirmé par *Syndicat des travailleuses et travailleurs de l'Hôpital Rivière-des-Prairies (C.S.N.) c. Commission des relations du travail*, [2004] R.J.D.T. 497, EYB 2004-52997 (C.S.); *Syndicat canadien de la fonction publique, section locale 4479 c. Syndicat des travailleurs et travailleuses des Centres jeunesse de Montréal (STTCJM-CSN)*, 2003 QCCRT 0142; *Syndicat des employées et employés du groupe Olymel CSN et Olymel, s.e.c.*, D.T.E. 2006T-662 (C.R.T.).

67. Voir et transposer : *Tribunal administratif du Québec c. Godin*, [2003] R.J.Q. 2490, REJB 2003-46180 (C.A.); *Hiep c. Thibault*, précité, note 66; *Syndicat canadien de la fonction publique, section locale 4479 c. Syndicat des travailleurs et travailleuses des Centres jeunesse de Montréal (STTCJM-CSN)*, précité, note 66.

cette décision « dispose, au moins partiellement de la plainte, du recours ou de la demande de la partie qui souhaite s'en prévaloir[68] ». Le second courant soutient qu'il faut permettre la révision de certaines décisions de nature interlocutoire, avant la décision finale, mais seulement dans des circonstances exceptionnelles[69].

La disponibilité du recours en révision interne fait-elle obstacle à une demande immédiate de révision judiciaire? Pas automatiquement. Néanmoins, la Cour supérieure, exerçant sa discrétion, peut juger ce recours prématuré[70]. Une décision rendue en révision interne par la C.R.T. est soumise, dans sa substance, à un examen en révision judiciaire selon la norme de la décision raisonnable *simpliciter*[71].

La révision ou révocation d'une décision doit être demandée par une partie, ou par quiconque aurait dû l'être compte tenu de la nature de l'affaire et de ses droits procéduraux ou substantiels dans cette dernière. La demande de révision ou de révocation est formée par requête déposée à l'un des bureaux de la C.R.T. dans un délai raisonnable à partir soit de la décision visée, soit de la connaissance du fait (nouveau) qui justifierait une décision différente; cette requête identifie la décision visée, expose les motifs qui la soutiennent et fournit tout autre renseignement qui peut être exigé par les règles de preuve et de procédure (art. 128, al. 1 C.t.). L'article 51 des *Règles de preuve et procédure de la Commission des relations du travail* précise que toute demande présentée plus de 30 jours après la date de la décision initiale doit indiquer les motifs qui ont empêché de la présenter plus rapidement[72]. L'appréciation du délai encouru tiendra alors compte de celle développée par les tribunaux en application de l'article 835.1 C.p.c.[73].

Sur réception d'une requête en révision ou en révocation, la C.R.T. en transmet copie aux autres parties, qui peuvent y répondre par écrit dans les 30 jours de la réception de cette copie (art. 128, al. 2 C.t.). Le seul dépôt d'une requête en révision ne suspend pas l'exécution de la décision remise en question[74]. La C.R.T. dispose d'une demande de révision sur dossier, à moins qu'une partie demande d'être entendue ou qu'elle juge elle-même

approprié d'entendre les intéressés (art. 128, al. 3 C.t.). Lorsque la demande de révision allègue un vice de fond ou de procédure de nature à invalider la décision déjà rendue, elle ne peut être décidée que par une formation de trois commissaires excluant celui qui a rendu la décision contestée (art. 127, al. 2 C.t.). En rendant sa décision, la C.R.T. peut confirmer, modifier ou infirmer la décision contestée et rendre celle qui, à son avis, aurait dû être rendue en premier lieu (art. 118, 5o C.t.).

6) Les pouvoirs discrétionnaires

Ces pouvoirs se rattachent soit à une discrétion judiciaire, soit à une discrétion de nature administrative. Par exemple, l'autorisation de déposer une décision à la Cour supérieure et le choix d'un mode de redressement ou de réparation, dans les limites de la loi, relèvent de la première catégorie. Il en est de même du pouvoir de la C.R.T. de fixer, au cas par cas, les règles selon lesquelles sera tenu un scrutin parmi un groupe de salariés pour accepter ou refuser les dernières offres faites par l'employeur dans le cadre d'une négociation collective (art. 58.2 C.t.), ou celles qui régiront l'intégration des salariés à une liste d'ancienneté fusionnée par suite d'une transmission d'entreprise (art. 46, al. 4 C.t.). Quant à sa discrétion de nature administrative, il y a lieu de signaler en particulier que la C.R.T. dispose d'un pouvoir de réglementation, à la majorité de ses commissaires, qui lui permet d'édicter des règles de preuve et de procédure précisant les modalités d'application de celles établies par la loi, ainsi que des règles concernant le mode de transmission et l'endroit du dépôt de tout document à la C.R.T.; ces règlements, le cas échéant, sont soumis à l'approbation du gouvernement (art. 138, al. 2 et 3 C.t.).

e) Le processus décisionnel

1) L'introduction de la demande

Toute demande adressée à la C.R.T. est introduite par son dépôt, en temps utile, à l'un des bureaux de la C.R.T., à Québec ou à Montréal (art. 112 et 130, al. 1 C.t.). Dans le

---

68. *9089-2167 Québec Inc. et Syndicat des travailleurs des Autobus Léo Auger (CSN)*, 2006 QCCRT 0296, D.T.E. 2006T-422 (C.R.T.), par. 8.
69. *Syndicat des employées et employés des Centres Marronniers (CSN) et Gagnon*, 2006 QCCRT 0337, D.T.E. 2006T-696 (C.R.T.), par. 69.
70. Exemples : *Compagnie Wal-Mart du Canada c. Commission des relations du travail*, D.T.E. 2005T-758 (C.S.), par. 9-17. Toutefois, voir également *Compagnie Wal-Mart du Canada c. Commission des relations du travail*, 2006 QCCA 422, D.T.E. 2006T-367 (C.A.); *Bitsakis et Bell helicopter Texton Canada Ltée.*, 2006 QCCS 3324, D.T.E. 2006T-660 (C.S.).
71. *Commission de la santé et de la sécurité du travail c. Fontaine*, précité, note 61; *Commission de la santé et de la sécurité du travail c. Touloumi*, précité, note 65; *Syndicat du personnel administratif, technique et professionnel du transport en commun, SCFP-2850-FTQ c. Commission des relations du travail*, D.T.E. 2006T-512 (C.S.).
72. *9092-5397 Québec Inc. c. Kérouack*, 2003 QCCRT 0400.
73. *Poulin c. Québec (Ministère des Ressources naturelles)*, D.T.E. 2005T-496 (C.R.T.).
74. La C.R.T. peut accueillir favorablement une demande de sursis si la partie requérante lui démontre une faiblesse manifeste dans la décision rendue et qu'elle subira un préjudice démesuré si l'exécution de la décision n'est pas suspendue : *Brandwein c. Congrégation Beth-El*, D.T.E. 2003T-200 (C.R.T.); *Scabrini Média Inc. c. Syndicat canadien des communication, de l'énergie et du papier, section locale 145 (S.C.E.P.)*, D.T.E. 2003T-361 (C.R.T.).

cas d'une requête d'une association, la loi elle-même ou un règlement du gouvernement peut exiger qu'elle fournisse certaines informations ou soit accompagnée de certains documents (art. 25, al. 2 et 138, al. 1 e) C.t.).

Une demande est réputée avoir été déposée à la C.R.T. le jour de sa mise à la poste par courrier recommandé ou certifié sauf, en matière d'accréditation, pour les fins de l'application de la règle du premier dépôt selon l'article 27.1 du code (art. 130, al. 2 C.t.)[75]. Elle peut aussi être produite à la C.R.T. par tout autre mode de transmission déterminé par un règlement de la commission (art. 130, al. 2 C.t.)[76].

Il est regrettable que la réforme n'ait aucunement simplifié la gestion des délais de prescription des recours. Ces délais demeurent multiples et disséminés dans les dispositions du code qui traitent de la matière particulière donnant lieu à une demande, à une plainte ou à un recours.

Le calcul de tout délai imparti par le Code du travail, le cas échéant, doit prendre en considération les dispositions des articles 151.1 à 151.4 du code. Le jour qui marque le point de départ n'est pas compté, mais celui de l'échéance l'est (art. 151.3, 1. C.t.). Les jours non juridiques, énumérés à l'article 151.1 C.t., sont comptés, sauf lorsque le délai n'excède pas dix jours (art. 151.3, 2. et 151.4 C.t.). Toutefois, lorsque le dernier jour tombe un jour non juridique, le délai est prorogé au premier jour juridique suivant (art. 151.3, 2. C.t.). Enfin, le samedi est assimilé à un jour non juridique, de même que le 2 janvier et le 26 décembre (art. 151.3, 3. C.t.).

On ne trouve par ailleurs aucune disposition fixant un délai d'application générale et supplétive. Ce choix législatif laisse des vides. Ainsi, c'est en vain qu'on chercherait un délai prédéterminé qui soit applicable, notamment, à l'une ou l'autre des matières suivantes : ingérence illégitime de l'employeur dans les affaires syndicales (art. 12 C.t.); défaut de négocier une convention collective avec diligence et bonne foi (art. 53, al. 2 C.t.); défaut de l'employeur de retenir sur le salaire d'un salarié la cotisation syndicale et d'en remettre le montant à l'association accréditée (art. 47 C.t.); réclamation consécutive à une grève, à un ralentissement de travail, à un lock-out ou à l'utilisation de briseurs de grève contrevenant au code

(art. 105 à 109.1 C.t.); requête en interprétation d'accréditation (art. 39 C.t.). Ces recours devront donc être exercés dans un délai raisonnable sujet à l'appréciation éventuelle de la C.R.T., compte tenu de la nature du recours et des circonstances à l'origine de l'affaire[77].

2) Le traitement de la demande

S'agissant d'une demande d'accréditation, celle-ci est d'abord confiée à un agent de relations du travail qui la traite selon un mode principalement inquisitoire, mais en étant tenu de permettre aux parties intéressées de présenter leurs observations et de produire, s'il y a lieu, des documents pour compléter leur dossier (art. 28, 117, al. 2 et 124 C.t.)[78].

Lorsque quelque condition que ce soit exigée par le code empêche l'agent de relations du travail d'octroyer une accréditation, la demande est instruite et décidée, s'il y a lieu, par un commissaire ou par une formation de trois commissaires[79]. Il en est de même pour toute autre demande, toute plainte et tout recours fondés sur le code (art. 115 et 124 C.t.).

i) L'audience

Relevons ici que l'article 131 C.t. autorise le président de la C.R.T. ou une personne qu'il désigne à joindre, aux conditions qu'il fixe, plusieurs affaires dans lesquelles les questions en litige sont en substance les mêmes ou dont les matières pourraient être convenablement réunies, qu'elles soient mues ou non entre les mêmes parties; une telle ordonnance peut être révoquée par la C.R.T. lorsqu'elle entend l'affaire, si elle est d'avis que les fins de la justice seront mieux servies.

À ce stade, le traitement de toute affaire contestée procède selon un mode contradictoire entre les parties intéressées. Se pose alors la question de l'application de la règle *audi alteram partem* et plus particulièrement celle du droit à une audience. L'examen comparatif de diverses dispositions du Code du travail, notamment de ses articles 117 et 127, 2° ainsi que de l'article 128, al. 3 C.t., permet d'en retenir les constatations et conclusions suivantes :

---

75. *Syndicat des employées et employés du Loews Hôtel Québec (CSN)* c. *Métallurgistes unis d'Amérique, section locale 9400*, D.T.E. 2005T-320 (C.R.T.).
76. Tel règlement est sujet à l'approbation du gouvernement (art. 138, al. 3 C.t.). Jusqu'à l'adoption d'un règlement, l'utilisation de la télécopie demeure valide sur la base de la jurisprudence qui l'a déjà reconnue comme mode de transmission acceptable.
77. *Syndicat des cols bleus de Ville de Saint-Hubert* c. *Saint-Hubert (Ville de)*, [1999] R.J.D.T. 76, REJB 1998-09610 (C.A.); *Compagnie de la Baie d'Hudson* c. *Syndicat des travailleuses et travailleurs de Zellers (C.S.N.)*, D.T.E. 2002T-942 (T.T.).
78. Une partie doit donner suite avec diligence à une demande de l'agent de relations du travail : *Désormiers* c. *Syndicat des employées et employés professionnel-les et de bureau, section locale 575, SIEPB CTC-FTQ*, précité, note 64.
79. Voir *infra*, titre II, chapitre III.

– le Code du travail envisage deux façons de procéder pour la C.R.T. avant qu'elle rende une décision : soit d'entendre les parties intéressées, soit de procéder sur dossier (art. 117, al. 1 et 128, al. 3 C.t.);

– en principe, les parties ont droit à une audience et ce n'est qu'avec leur consentement unanime et si la C.R.T. le juge approprié que cette dernière pourra procéder sur dossier (art. 117, al. 1 C.t.);

– la règle est quelque peu modifiée dans le cas particulier d'une demande de révision ou de révocation de décision, le principe voulant alors plutôt que la C.R.T. procède sur dossier, sauf si elle juge approprié d'entendre les parties ou si l'une de celles-ci demande d'être entendue (art. 128, al. 3 C.t.);

– procéder sur dossier suppose néanmoins que les parties intéressées aient l'occasion de soumettre leurs observations, lesquelles feront partie du dossier, le cas échéant (art. 117, 127, 2o et 128, al. 2 et 3 C.t.).

Avant la tenue d'une audience, l'article 135 C.t. autorise la Commission à convoquer les parties à une conférence préparatoire dont les objets sont identifiés à l'article 136 C.t. et les conséquences prévues à l'article 137 C.t. L'article 137.3 C.t. impose la transmission d'un préavis raisonnable d'audience aux parties et dicte son contenu. L'article 137.1 C.t. autorise la C.R.T. à procéder à l'instruction de l'affaire et à rendre une décision malgré l'absence, sans motif valable, d'une partie dûment avisée ou son refus de se faire entendre[80]. La C.R.T. demeure néanmoins tenue à une obligation générale d'équité procédurale[81].

ii) *La preuve et la procédure*

La C.R.T. peut entendre les parties par tout moyen prévu à ses règles de preuve, de procédure et de pratique (art. 137.4 et 138, al. 2 C.t.). En l'absence de règle applicable à un cas particulier, elle peut y suppléer par toute procédure compatible avec le code lui-même et ses règles de procédure (art. 137.2 C.t.)[82]. Le cas échéant, le rapport de toute enquête effectuée par la C.R.T. fait partie du dos-

sier de l'affaire (art. 137.5 C.t.). Les articles 137.6 et 137.7 C.t. régissent l'audition des témoins, le premier visant également la production de documents et renvoyant en outre aux règles de preuve et de procédure adoptées par la C.R.T. en vertu de l'article 138, al. 2 et 3 C.t.

3) La décision

Toute décision de la C.R.T. doit être communiquée en termes clairs et concis; de plus, toute ordonnance terminant une affaire doit être écrite, motivée, signée et notifiée aux personnes ou parties intéressées, même si celle-ci a été portée oralement à la connaissance des parties (art. 132 C.t.)[83]. S'il y a lieu, la personne qui a rendu une décision entachée d'une erreur d'écriture ou de calcul ou de quelque autre erreur matérielle peut la corriger sans autre formalité (art. 126, al. 1 C.t.)[84]. En cas d'impossibilité pour cette personne de procéder à la correction, celle-ci peut être confiée par le président à un autre commissaire ou agent de relations de travail, selon le cas (art. 126, al. 2 C.t.).

L'article 133 C.t. impose à la C.R.T. l'obligation de rendre ses décisions à l'intérieur de certains délais qui varient selon la nature de l'affaire. Une demande d'accréditation doit être tranchée dans les 60 jours de son dépôt; dans les secteurs public et parapublic toutefois, la décision doit être rendue au plus tard à la date d'expiration d'une convention collective en cours ou de ce qui en tient lieu (art. 133, al. 1 C.t.). Une demande qui implique une détermination de l'applicabilité des articles 45 à 45.3 doit être décidée dans les 90 jours de son dépôt à la C.R.T. (art. 133, al. 2 C.t.). L'article 133, al. 3 C.t. prévoit que dans toute autre affaire, de quelque nature qu'elle soit, la décision doit être rendue dans les 90 jours de la prise en délibéré. Pourtant, l'article 20.0.1, al. 4 C.t. affirme de son côté que la C.R.T. doit rendre sa décision dans les 60 jours de la réception d'une demande qui lui est adressée en vertu de cet article.

Malgré les termes impératifs des dispositions qui les édictent, ces délais revêtent un caractère indicatif et le défaut de les respecter ne fait perdre compétence ni à la C.R.T., ni au commissaire chargé de l'affaire[85]. Le président de la C.R.T. peut les prolonger, avant comme après leur expiration, en tenant compte des circonstances et de

80. Quant aux remises, une politique écrite de la C.R.T. prévoit qu'une remise demandée dans les 45 jours qui suivent la date de l'avis d'audience sera accordée mais qu'une demande ultérieure devra être justifiée par des motifs sérieux : *Hébergement d'urgence violence conjugale Vaudreuil-Soulanges c. Vallée*, D.T.E. 2005T-474 (C.R.T.); *Bar Central Wotton (2004) Inc. c. Commission des relations du travail*, D.T.E. 2005T-833 (C.S.).

81. *Éditions Trait d'union Inc. c. Commission des relations du travail*, [2004] R.J.Q. 155, REJB 2003-51263 (C.S.) – refus injustifié d'un report d'audience.

82. *Meilleur et Québec (Ministère de l'Emploi, de la Solidarité sociale et de la Famille)*, 2006 QCCRT 0497, D.T.E. 2006T-980 (C.R.T.).

83. Exemple de motivation insuffisante : *Association des employés de Moslon c. Brasserie Molson du Québec Ltée*, D.T.E. 84T-217 (T.T.).

84. Exemple : *Gillis c. Les gravures Adams limitée*, 2003 QCCRT 0587.

85. Voir et transposer : *Air Care Ltd. c. United Steelworkers of America*, [1976] 1 R.C.S. 2; *Gosselin c. General Motors of Canada*, D.T.E. 82T-794 (C.A.).

l'intérêt des personnes ou parties intéressées (art. 133, al. 4 C.t.). Il peut aussi, de sa propre initiative ou sur demande d'une partie, dessaisir le commissaire chargé de l'affaire en tenant compte, ici encore, des circonstances et de l'intérêt des parties (art. 125 C.t.).

Dans un autre ordre et sous réserve qu'elle soit ultérieurement révisée ou révoquée selon les articles 127 et 128 C.t., toute décision de la C.R.T. est par elle-même finale, sans appel et immédiatement exécutoire (art. 134 C.t.)[86]. L'effet contraignant de la décision peut par ailleurs être renforcé en quelque sorte par son dépôt au bureau du greffier de la Cour supérieure du district du domicile d'une partie visée par la décision; tel dépôt doit toutefois être demandé par une partie intéressée et autorisé par la C.R.T. dans un délai de 12 mois de la date de sa décision (art. 129, al. 1 C.t.)[87]. L'autorisation de la C.R.T. relève de sa discrétion judiciaire[88]. La partie qui demande à déposer la décision doit justifier d'un intérêt concret à le faire[89]. Le cas échéant, le dépôt de la décision de la C.R.T. lui confère tous les effets d'un jugement final de la Cour supérieure (art. 129, al. 2 C.t.)[90]. En matière d'obligation de payer, le dépôt permet de procéder à l'exécution forcée de la décision de la même manière qu'on le ferait pour tout jugement semblable de la Cour supérieure, en vertu des règles du Code de procédure civile[91]. L'article 129, al. 3 C.t. concerne les décisions contenant une ordonnance de faire ou de ne pas faire. Une ordonnance de réintégration, notamment, tombe dans cette catégorie. Le défaut de s'y conformer rend passible d'une condamnation pour outrage au tribunal[92].

Sur un autre plan, le dépôt effectué en application de l'article 129 C.t. ne fait pas obstacle à l'exercice d'un recours en contrôle judiciaire, en cas d'absence ou d'excès de compétence de la C.R.T.[93]. Les décisions de la C.R.T. bénéficient cependant des effets d'une clause privative complète et rigoureuse à l'encontre d'une demande de révision judiciaire, par l'effet conjugué des articles 114, 134, 139, 139.1 et 140 C.t. C'est dans ce contexte que s'exercera le pouvoir de contrôle et de surveillance de la Cour supérieure, selon les principes généraux dégagés par la jurisprudence du contentieux administratif. Essentiellement, ce n'est donc qu'en cas d'absence de compétence, matérielle ou personnelle, de défaut d'exercer une compétence, de violation d'un principe de justice naturelle, d'excès de pouvoir, ou de détermination manifestement déraisonnable que les décisions de la C.R.T. seront susceptibles d'être annulées par voie de contrôle judiciaire[94].

2. *Le Conseil des services essentiels*

La réforme de 2001-2002 a laissé intact le Conseil des services essentiels (CSE) constitué par l'article 111.0.1 C.t. Il en est de même de sa compétence et de ses pouvoirs, sous réserve de changements mineurs qui les ont élargis. La compétence du CSE s'exerce à l'endroit des conflits de négociation, des moyens de pression qui peuvent les marquer et des services essentiels qui peuvent alors devoir être maintenus, dans les services publics et dans les secteurs public et parapublic (art. 111.16 C.t.)[95]. Ces questions sont soustraites à la compétence de la C.R.T. (art. 119 C.t.).

3. *Les instances pénales*

Par effet conjugué de la *Loi sur les tribunaux judiciaires*[96], du Code de procédure pénale[97] et de l'abolition du Tribunal du travail, la compétence pénale de première instance à l'endroit des contraventions au Code du travail appartient à la Chambre pénale et criminelle de la Cour du

---

86. Le défaut de s'y conformer peut alors constituer une contravention à l'article 144 ou 146.1 du code, selon le cas. Voir et transposer : *Boucher c. Logistik Unicorp. Inc.*, [2001] R.J.D.T. 1, REJB 2001-22103 (C.A.).
87. Un délai semblable a déjà été considéré de déchéance; voir et transposer : *Emballages Duopac c. Perrazzino*, D.T.E. 99T-270, REJB 1999-10440 (C.S.).
88. *Syndicat national des employés de garage du Québec Inc. (C.S.D.) c. Association patronale des concessionnaires d'automobiles Inc.*, D.T.E. 2003T-301 (C.R.T.), par. 12-19.
89. *Legris c. Messagerie de presse Benjamin enr.*, D.T.E. 2003T-297 (C.R.T.).
90. *Boucher c. Logistik Unicorp. Inc.*, précité, note 86. Sur la constitutionnalité de cette disposition législative, voir *Procureur général de la province de Québec c. Progress Brand Clothes Inc.*, [1979] C.A. 326, 331; *United Nurses of Alberta c. Procureur général de l'Alberta*, [1992] 1 R.C.S. 901, EYB 1992-66869. Les tribunaux seront vraisemblablement appelés à décider si l'injonction subsiste comme mode alternatif de raffermissement du caractère exécutoire des décisions de la C.R.T., avec ou sans le concours de cette dernière et pendant ou après l'écoulement du délai de 12 mois de l'article 129 C.t. Voir, à ce sujet, *Procureur général de la province de Québec c. Progress Brand Clothes Inc.*, précité; *Boucher c. Logistik Unicorp. Inc.*, précité, note 86.
91. *Labrosse c. Gosselin*, [1986] R.J.Q. 1972 (C.P.).
92. La condamnation d'un contrevenant, pour outrage civil ou pour outrage criminel, est sujette aux conditions exposées dans l'arrêt *United Nurses of Alberta c. Procureur général de l'Alberta*, précité, note 90. L'outrage civil est lui-même de nature quasi pénale et est conséquemment traité selon les principes fondamentaux du droit pénal : *Pavillon du Parc Inc. c. Ferland*, D.T.E. 2001T-1099, REJB 2001-23061 (C.A.).
93. *Procureur général de la province de Québec c. Progress Brand Clothes Inc.*, précité, note 90.
94. Voir notamment, de façon générale : *Ivanhoe Inc. c. TUAC, section locale 500*, [2001] 2 R.C.S. 565, par. 24 à 30, REJB 2001-25016; *U.E.S., local 298 c. Bibeault*, [1988] 2 R.C.S. 1048, EYB 1988-67863; *Bibeault c. McCaffrey*, [1984] 1 R.C.S. 176; *Adam c. Daniel Roy Ltée*, [1983] 1 R.C.S. 683.
95. Voir *infra*, titre II, chapitre VI.
96. L.R.Q., c. T-16, art. 79, 80, 82.
97. L.R.Q., c. C-25.1, art. 3 (ci-après : « C.p.p. »).

Québec. Seuls les juges de cette cour désignés par son juge en chef exercent cette compétence[98].

Les poursuites obéissent aux dispositions du Code de procédure pénale et à quelques règles particulières prévues au Code du travail. Elles se prescrivent par un an à compter de la date de l'infraction (art. 14 à 16 C.p.p.). Elles peuvent, selon les dispositions du Code de procédure pénale, être intentées par le procureur général ou par une personne autorisée par un juge (art. 9 et 10 C.p.p.)[99].

Lorsque le poursuivant est le représentant d'une personne morale, ou d'une personne assimilée à une personne morale, agissant à ce titre, l'article 70 C.p.p. crée en sa faveur une présomption d'autorisation de la part de la personne morale et le dispense de faire la preuve de son mandat à moins que la partie défenderesse le conteste. Un jugement a signalé que le texte de la dénonciation doit mentionner le nom de la personne morale représentée pour que la présomption joue et que le défendeur en soit prévenu[100].

La jurisprudence a adapté progressivement au contexte particulier du Code du travail l'obligation du poursuivant de divulguer sa preuve à la défense, obligation posée par la Cour suprême dans l'arrêt *Stinchcombe*[101].

La partie insatisfaite du jugement de la Cour du Québec peut se pourvoir de plein droit à la Cour supérieure sur une question de faits ou de droit (art. 266 et s. C.p.p.). Le procureur général dispose du même droit, même s'il n'était pas partie à cette première instance (art. 268 C.p.p.). Le jugement de la Cour supérieure peut à son tour être porté en appel devant la Cour d'appel, sur une question de droit seulement et avec la permission d'un juge de cette cour (art. 291 C.p.p.)[102]. Enfin, la Cour suprême peut accorder la permission d'en appeler devant elle du jugement de la Cour d'appel[103].

---

98. *Loi sur les tribunaux judiciaires*, précitée, note 96, art. 106, dernier al.
99. L'article 11 C.p.p. permet au procureur général d'intervenir soit pour arrêter une poursuite, soit pour en assurer la conduite. Par exception, la seule personne qu'un juge peut autoriser, selon l'article 10 C.p.p., à intenter une poursuite pour une infraction à l'article 20.2 ou 20.3 C.t. est un membre de l'association accréditée compris dans l'unité de négociation (art. 148 C.t.). Une association de salariés, même si elle n'est pas constituée en personne morale, est une personne susceptible d'être autorisée en vertu de l'article 10 C.p.p. à intenter une poursuite pour une infraction au Code du travail : *Syndicat des employées et employés professionnels et de bureau, section locale 57 c. Presse (La)*, [1994] T.T. 497, REJB 1994-28619.
100. *Paré c. Simard*, [1992] T.T. 114; voir aussi, quant au mandat de représentation d'une association accréditée : *Syndicat national de l'automobile, de l'aérospatiale, du transport et des autres travailleurs et travailleuses du Canada (T.C.A.-Canada) c. Tardif*, [1999] R.J.D.T. 1155 (T.T.).
101. *R. c. Stinchcombe*, [1991] 3 R.C.S. 326, EYB 1991-66887; *Syndicat des travailleurs de Villa Les Tilleuls c. Ratle*, [1993] T.T. 239; *Syndicat des employées et employés professionnels et de bureau, section locale 57 c. Presse (La)*, précité, note 99; *Syndicat international des communications graphiques, section locale 41M c. Journal de Montréal, division de Groupe Québécor Inc.*, [1994] T.T. 372.
102. *Société de la Place des Arts de Montréal c. Turgeon*, D.T.E. 2001T-44, REJB 2000-21744 (C.A.). Peuvent interjeter cet appel, les parties en Cour supérieure et le procureur général. Sur l'appel des décisions rendues en cours d'instance relativement à la preuve, voir l'article 292 C.p.p.
103. *Loi sur la Cour suprême du Canada*, L.R.C. (1985), c. S-26, art. 40.

Chapitre II

La liberté d'association

L'exercice des droits syndicaux dans le cadre du Code du travail s'inscrit sur la trame de la liberté d'association affirmée par les Chartes. Le Code du travail lui-même intervient comme instrument de réalisation de cette liberté fondamentale et pour déterminer ou préciser diverses conditions ou dimensions de son exercice.

La Cour suprême a éprouvé certaines difficultés à définir le contenu de la liberté d'association. Constatant le caractère individuel du droit qu'elle confère, elle a d'abord conclu que la liberté d'association protégeait la formation, l'existence et l'organisation du groupe associatif lui-même et, sur le plan individuel, la faculté de toute personne de participer à la formation du groupe ou de s'y joindre pour poursuivre collectivement une fin licite[1]. Cette protection s'étendait à celle de l'exercice collectif des activités dont la Constitution garantit l'exercice individuel et à celle de poser collectivement tout acte qu'une personne peut accomplir légalement à titre individuel[2]. Elle excluait toutefois les moyens collectifs que peut utiliser le groupement pour poursuivre ses objectifs, comme la négociation collective et le recours à la grève dans le cas des associations syndicales[3]. En somme, la liberté d'association se résumait à pouvoir former une association, y adhérer et l'entretenir pour y additionner des actes individuels licites.

Une majorité de huit des neuf juges de la Cour suprême a révisé cette position dans l'arrêt *Dunmore*[4]. Les juges majoritaires ont alors reconnu que la protection offerte par la liberté d'association pouvait rejoindre des activités qui, par nature, sont nécessairement collectives, dans la mesure où cela est nécessaire « pour que la liberté de constituer et de maintenir une association ait un sens »[5]. Dans un autre ordre, la Cour suprême a eu à décider si la liberté d'association était bilatérale en ce sens qu'elle comportait un droit de non-association ou droit négatif de ne pas être contraint de s'associer. L'arrêt *Lavigne*[6] n'avait pas permis de dégager une réponse claire à cette question. Le jugement dans *Advance Cutting & Coring Ltd.*[7] a dissipé l'incertitude qui subsistait, huit des neuf juges reconnaissant l'existence de ce droit négatif de non-association.

Sans perdre de vue la portée des Chartes, c'est d'abord aux lois ordinaires que sont le Code criminel et, surtout, le Code du travail que fera usuellement appel la protection du droit d'association syndicale.

1- La protection individuelle

A- Le contenu

L'article 425 a) C.cr. interdit à tout employeur et à tout représentant d'un employeur de refuser d'employer ou de congédier une personne en raison de son appartenance à un syndicat ouvrier légitime ou à une « association ou alliance légitime d'ouvriers ou d'employés formée pour l'avancement licite de leurs intérêts et organisée pour les protéger dans la réglementation des salaires et des

---

1. *Renvoi relatif à la Public Service Employee Relations Act (Alb.)*, [1987] 1 R.C.S. 313.
2. *Id.*, p. 408. Voir aussi *R. c. Advance Cutting & Coring Ltd.*, [2001] 3 R.C.S. 209, par. 176 à 179, REJB 2001-26223; *Dunmore c. Procureur général de l'Ontario*, [2001] 3 R.C.S. 1016, par. 14 à 16, REJB 2001-27200.
3. *Ibid.*; *Institut professionnel de la fonction publique du Canada c. Territoires du Nord-Ouest (Commissaire)*, [1990] 2 R.C.S. 367, 401 et 402, EYB 1990-67417. À plus forte raison, la liberté d'association ne suffit pas par elle-même à garantir l'accès à un régime particulier de relations du travail : *Delisle c. Sous-procureur général du Canada*, [1999] 2 R.C.S. 989, REJB 1999-14163.
4. *Dunmore c. Ontario (Procureur général)*, précité, note 2.
5. *Id.*, par. 17. Dans l'espèce, la Cour suprême a conclu à l'inconstitutionnalité de la législation de l'Ontario qui privait les travailleurs agricoles de l'accès au régime général de relations collectives du travail parce que cette exclusion équivalait à les empêcher de se regrouper en association.
6. *Lavigne c. Syndicat des employés de la fonction publique de l'Ontario*, [1991] 2 R.C.S. 211, EYB 1990-67641.
7. *R. c. Advance Cutting & Coring Ltd.*, précité, note 2.

conditions de travail ». Le paragraphe b) de la même disposition prohibe le recours, aux mêmes fins, à l'intimidation, à la menace de la perte d'un emploi, à la perte réelle de l'emploi ou à la menace ou l'imposition d'une peine pécuniaire. Cette protection s'applique à l'ensemble des employés et non seulement à ceux et celles d'entre eux qui sont des « salariés », au sens du Code du travail[8]. Pour que les employés puissent l'invoquer, il suffit qu'ils s'allient pour la défense de leurs intérêts; il n'est pas nécessaire que cette alliance prenne la forme d'un groupement de fait structuré ou qui a acquis une personnalité juridique distincte[9]. Relativement à l'article 425 a) C.cr., l'employeur commet l'infraction qui y est prévue lorsque le congédiement ou le refus d'emploi a eu lieu « pour la seule raison » qu'un employé appartient à un syndicat ou à une alliance légitime d'ouvriers ou d'employés. La Cour d'appel du Québec a interprété cette expression « pour la seule raison » comme signifiant le motif déterminant ou la raison principale d'agir de l'employeur.

Le Code du travail du Québec reconnaît d'abord, de façon générale, à son article 3, le droit de tout salarié « d'appartenir à une association de salariés de son choix et de participer à la formation de cette association, à ses activités et à son administration ». Cette affirmation n'implique pas par elle-même un droit du salarié d'exiger d'un syndicat qu'il l'admette comme membre[10].

Dans le même ordre de préoccupation, l'article 13 C.t. interdit le recours à l'intimidation ou aux menaces pour amener quiconque à devenir membre, à s'abstenir de devenir membre ou à cesser d'être membre d'une association de salariés. Les libertés d'adhésion et d'abstention du salarié jouissent donc ici d'une protection égale. Les menaces interdites à l'employeur peuvent prendre des formes extrêmement variées, plus ou moins subtiles selon les circonstances[11]. La menace de fermer purement et simplement l'entreprise si les salariés décident de se syndiquer tombera sous le coup de la prohibition[12]. Il en sera de même de l'annonce d'une modification des conditions de travail au désavantage des salariés s'ils décident d'adhérer à un syndicat[13]. La prohibition du recours à la menace et à l'intimidation fait contrepoids à la liberté d'expression dont dispose l'employeur, comme toute autre personne. La conciliation des libertés d'expression et d'association, particulièrement dans le contexte délicat d'une période d'organisation syndicale, ne relève pas toujours de l'évidence. Démarquer la conduite menaçante ou intimidante interdite à l'employeur du simple exercice de sa liberté d'expression peut parfois se révéler difficile.

Le jugement dans une affaire *Disque Améric Inc.*[14] dicte les paramètres de la marge de manœuvre dont dispose l'employeur pour faire connaître son opinion sur une question syndicale sans porter atteinte à la liberté d'association telle qu'elle est protégée par le Code du travail. L'employeur ne doit ainsi, en aucun cas, faire appel à son autorité pour contraindre les salariés à entendre ses propos antisyndicaux[15]. Son discours doit être exempt de promesses ou de menaces, directes ou indirectes[16]. L'exposé doit être rigoureusement exact, sans mensonge ni exagération, sur les faits[17]. Le message doit s'adresser à la raison plutôt qu'aux émotions et s'abstenir de s'attaquer à l'institution syndicale et à sa crédibilité[18]. Dans ce cadre, l'employeur pourra s'autoriser de sa liberté d'expression, par exemple, pour redresser les inexactitudes d'une propagande qui le vise ou, encore, pour exposer simplement les conditions de travail existantes dans l'entreprise[19]. Il y aura toujours lieu cependant de garder à l'esprit que la loi veut laisser au seul salarié les décisions relatives à son appartenance à un syndicat et que les gestes et les paroles de l'employeur seront également qualifiés en fonction de leurs effets pré-

8. *Savard c. Séguin*, [1964] R.D.T. 353 (C.S.).
9. *Regina ex rel. Perreault c. Alex Pelletier and Sons Ltd.*, (1960) 33 C.r. R. 84 (C. Mag.).
10. *Gilbert c. Syndicat des chauffeurs de la Société de transport de la Ville de Laval (CSN)*, [2005] R.J.D.T. 1655 (C.R.T.). *Contra : Cusson c. Syndicat des employées et employés de Soucy International Inc*, [2005] R.J.D.T. 771 (C.R.T.).
11. Relativement à l'étendue de l'obligation d'une association de salariés de se conformer à l'article 13 C.t., voir : *Groupe Aldo* et *Conseil du Québec (Unite Here)*, D.T.E. 2006T-365 (C.R.T.).
12. *Lagacé c. Laporte*, [1983] T.T. 354; *Syndicat des travailleurs en communication électronique, électricité, techniciens et salariés du Canada (C.T.C.-F.T.Q.) c. Schwartz*, [1986] T.T. 165. L'employeur peut néanmoins mettre fin totalement ou partiellement à ses activités même si sa décision est mue par un sentiment antisyndical : *City Buick Pontiac (Montreal) Inc. c. Roy*, [1981] T.T. 22, p. 26; approuvé dans *A.I.E.S.T., local de scène nᵒ 56 c. Société de la Place des Arts de Montréal*, [2004] 1 R.C.S. 43, 2004 CSC 2, par. 28, REJB 2004-53099.
13. *Syndicat des employés de la Société d'entretien Impar Ltée (C.S.N.) c. Union des employés de service, local 298 (F.T.Q.)*, [1977] T.T. 221.
14. *Syndicat canadien des communications, de l'énergie et du papier, section locale 194 c. Disque Améric Inc.*, [1996] T.T. 451; *Travailleurs et travailleuses unis de l'alimentation et du commerce, section locale 501 c. Charcuterie Tour Eiffel Inc. (division Charcuterie de Bretagne)*, D.T.E. 2004T-262 (C.R.T.), par. 42-43.
15. *Ibid.*; voir aussi *Syndicat des travailleuses et travailleurs du Pavillon St-Joseph c. Pavillon St-Joseph, Infirmerie des Sœurs de Ste-Croix*, [1996] T.T. 593.
16. *Ibid.*; *Syndicat canadien de la fonction publique, section locale 4290 c. Ste-Béatrix (Municipalité de)*, D.T.E. 2004T-1080 (C.R.T.); *Hôtel Travelodge Montréal-Centre c. Union des employées et employés de la restauration, métallurgistes unis d'Amérique, section locale 9400*, [1997] T.T. 261.
17. *Syndicat canadien des communications, de l'énergie et du papier, section locale 194 c. Disque Améric Inc.*, précité, note 14; *Bernard c. Métallurgistes unis d'Amérique, section locale 9414*, [2003] R.J.D.T. 1243 (C.R.T.).
18. *Syndicat canadien des communications, de l'énergie et du papier, section locale 194 c. Disque Améric Inc.*, précité, note 14; *Fleury c. Épiciers unis Métro-Richelieu Inc.*, D.T.E. 96T-1140 (T.T.).
19. Voir *Syndicat des employés de soutien de l'Université Bishop (C.S.N.) c. Université Bishop*, [1990] T.T. 39.

visibles sur une personne raisonnable, dans le contexte concret où ils surviennent[20].

Dans la foulée de l'article 13 C.t., l'article 14 C.t. protège l'exercice par le salarié d'un « droit qui lui résulte du présent Code », en interdisant à l'employeur de chercher à faire obstacle à cet exercice par un refus d'emploi, par l'intimidation, par la menace de renvoi ou quelque autre menace, ou par l'imposition d'une sanction ou d'une mesure discriminatoire ou de représailles. La notion de droit résultant du code est couramment traduite en celle d'activité syndicale légitime. Son contenu est très large, comme nous le verrons ci-après en étudiant le recours civil spécial ouvert au salarié victime d'une sanction qui lui est illégalement infligée par l'employeur, précisément « à cause de l'exercice par ce salarié d'un droit qui lui résulte du [...] Code ».

Il y a lieu enfin de relever que l'article 10 C.t. affirme, par mesure de réciprocité, le droit de tout employeur, également, d'appartenir à une association d'employeurs de son choix et de participer à sa formation, à ses activités et à son administration.

B- Les recours

1. Les recours pénaux

En contrevenant à l'article 13 ou 14 C.t., une personne se rend coupable d'une infraction prévue à l'article 143 du code, infraction passible d'une amende de 100 $ à 1 000 $ pour chaque jour ou fraction de jour qu'elle dure. Chacune des interventions prohibées représente une infraction distincte, encore que certains actes puissent être constitutifs de l'une ou l'autre des infractions. Dans le cas de l'article 14 du code, le contrevenant ne peut être que l'employeur lui-même ou une personne qui agit pour son compte ou pour le compte d'une association d'employeurs. Sont parties à l'infraction au même titre que la personne qui la commet, toute personne qui aide à la commettre ou conseille de la commettre et tout directeur, administrateur, gérant ou officier d'une personne morale qui approuve l'acte constituant l'infraction ou qui y acquiesce (art. 145 C.t.)[21]. Toute personne qui participe à une conspiration en

vue de commettre une infraction est également coupable de chaque infraction commise dans la poursuite de la commune intention (art. 146 C.t.). Si l'intention coupable est requise pour commettre l'infraction, elle peut par ailleurs se déduire de la nature des actes posés[22]. Les plaintes sont portées, en première instance, devant la Chambre pénale et criminelle de la Cour du Québec, selon les règles générales prévues par le Code du travail et par le Code de procédure pénale[23].

2. Les recours civils

Les articles 15 et suivants C.t. instituent et aménagent un recours en réparation en faveur du salarié victime d'une sanction visée à l'article 15 en raison de l'exercice de sa liberté syndicale. Le redressement peut prendre la forme d'une ordonnance d'exécution spécifique adressée à l'employeur, comme la réintégration du salarié dans son emploi, et d'indemnisation de la perte pécuniaire subie par le salarié.

a) La plainte

Le salarié qui désire exercer le recours prévu à l'article 15 C.t. doit soumettre une plainte par écrit auprès de la Commission des relations du travail (ci-après : « C.R.T. ») (art. 16 C.t.). La réglementation précise le contenu de cette plainte écrite, à savoir :

– le nom et l'adresse du plaignant;

– le nom et l'adresse de l'employeur contre qui la plainte est portée;

– l'indication de la date de la sanction ou de la mesure visée par la plainte;

– une déclaration du plaignant alléguant qu'il croit avoir été illégalement l'objet de la mesure ou de la sanction visée par la plainte à cause de l'exercice par lui d'un droit lui résultant du Code du travail[24].

La jurisprudence a fait preuve de souplesse dans l'application des exigences relatives au contenu de la

20. *Syndicat canadien des communications, de l'énergie et du papier, section locale 194 c. Disque Améric Inc.*, précité, note 14; *Syndicat canadien de la fonction publique, section locale 4290 c. Ste-Béatrix (Municipalité de)*, précité, note 16.
21. *Schnaiberg c. Métallurgistes unis d'Amérique, section locale 8990*, [1993] R.J.Q. 55, EYB 1992-63847 (C.A.); *Chamendi c. Wylie*, [1997] T.T. 403, REJB 1997-01078.
22. *Syndicat des employés de la Société chimique Laurentides Inc. c. Lambert*, D.T.E. 85T-523 (T.T.).
23. Voir à ce sujet, *supra*, titre I, chapitre I, section 2-B-3.
24. *Règlement sur l'exercice du droit d'association conformément au Code du travail*, R.R.Q., c. C 27, r. 3, art. 28. Des formulaires de plainte sont disponibles à la C.R.T.

plainte, considérant qu'elles sont d'ordre procédural[25]. Le défaut de les respecter strictement n'entraîne pas automatiquement le rejet de la plainte dans la mesure, toutefois, où cette dernière satisfait aux conditions essentielles qui résultent de l'article 16 du code lui-même.

La plainte doit émaner du salarié personnellement. Elle peut néanmoins être signée par un mandataire, pour et au nom du salarié; l'essentiel demeure qu'elle résulte de sa volonté personnelle[26]. Dans tous les cas, l'identification même du plaignant constitue néanmoins une condition d'existence de la plainte et elle doit être suffisamment précise pour ne pas laisser de place à l'équivoque[27].

Le défaut d'allégation formelle de la croyance du salarié d'avoir été l'objet de la mesure dont il se plaint à raison de l'exercice d'un droit lui résultant du code n'est pas fatal, à condition que certains éléments de la plainte permettent de comprendre que la C.R.T. a compétence sur cette plainte en vertu de l'article 15 C.t.[28] ou, à tout le moins, en vertu d'une autre disposition législative lui permettant de décider de la légalité de la mesure dont se plaint le salarié[29].

La plainte doit être acheminée à la C.R.T. (art. 16 C.t.). Sa transmission à un autre destinataire peut constituer un vice fatal[30]. Le dépôt de la plainte s'effectue soit par sa mise à la poste, par courrier recommandé ou certifié, soit par sa réception à l'un des bureaux de la C.R.T. (art. 130, al. 2 C.t.)[31]. En cas de perte de l'original de la plainte, la preuve secondaire pourra en être admise au besoin[32].

L'article 16 C.t. prescrit que la plainte doit être déposée dans les 30 jours de la mesure ou de la sanction dont le salarié se plaint. De façon tout à fait concordante, toute plainte à la C.R.T. reliée à l'application de l'article 12 ou 13 C.t. ou à un refus d'emploi visé par l'article 14 doit être déposée dans les 30 jours de la connaissance de la contravention alléguée (art. 116, al. 1 C.t.). Il s'agit d'un délai court et la jurisprudence est constante sur son caractère de déchéance. Toutefois, l'impossibilité absolue d'agir de la partie plaignante peut en suspendre l'écoulement[33]. Pour que le délai coure contre le salarié, ce dernier doit avoir été informé de la sanction dont il veut se plaindre et cette sanction doit avoir produit ses effets[34]. Par ailleurs, en considérant que la réalité de la mesure commence à se matérialiser à compter du moment où le salarié est avisé de la décision de son employeur, la plainte déposée entre cet avis et le moment de sa prise d'effet sera jugée recevable; ne sera prématurée et irrecevable que la plainte soumise en l'absence d'une véritable décision de l'employeur[35].

b) La présomption

L'article 17 C.t. crée une présomption simple au bénéfice du salarié qui exerce une activité syndicale légitime. Cette présomption dispense le salarié de l'obligation de faire la preuve de la motivation illicite de l'employeur. Dès lors que le salarié prouve qu'il a exercé un droit qui lui résulte du code, la présomption veut que la sanction ou la mesure qui lui a été imposée par l'employeur l'ait été en raison de l'exercice de ce droit. Cette présomption peut toutefois être renversée par l'employeur, s'il établit l'existence d'une autre cause, juste et suffisante, de son geste.

---

25. En vertu de l'article 151 C.t., aucun acte de procédure fait en vertu du code ne doit être considéré comme nul ou rejeté pour vice de forme ou irrégularité de procédure. Voir, sur la portée de cette disposition : *Villeneuve c. Tribunal du travail*, [1988] R.J.Q. 275, EYB 1987-62504 (C.A.); *Dar c. Manufacturier de bas Iris Inc.*, D.T.E. 2000T-1055, REJB 2000-20350 (T.T.) – recevabilité d'une plainte collective.
26. *Simic c. Shirtmate Canada Ltée*, [1981] T.T. 131; dans ce cas, la plainte avait été signée par le procureur de la plaignante. Voir aussi et transposer : *Union des employés de service, local 298 (F.T.Q.) c. Erfle Bus Line Ltd.*, [1976] T.T. 101; comparer avec *Nightingale Saro Inc. c. Paquet*, [1985] T.T. 252, où on a conclu à l'irrecevabilité d'une plainte collective déposée par un syndicat pour un groupe de salariés, en l'absence de mandats personnels de leur part.
27. *Duval c. Beacon Ribbon Mills Ltd.*, D.T.E. 83T-680 (T.T.).
28. *Ireco of Canada c. Thibodeau*, [1979] T.T. 167. L'instance du travail aurait même l'obligation d'enquêter à ce sujet lorsque, sans être explicite, la plainte laisse place à cette possibilité : *Dar c. Manufacturier de bas Iris Inc.*, précité, note 25.
29. La Cour d'appel a en effet décidé qu'une instance du travail pouvait exercer concurremment la compétence qui lui est attribuée par des lois différentes en matière de congédiement; conséquemment, elle peut constater l'illégalité d'un congédiement en vertu d'une disposition législative particulière alors même que la plainte aurait été portée selon une autre disposition : *Villeneuve c. Tribunal du travail*, précité, note 25; *Pilon c. Bristol (Municipalité de)*, D.T.E. 2003T-514 (C.R.T.).
30. Dans *Tardif c. Agence de surveillance de L'Estrie Inc.*, [1980] T.T. 179, on a jugé irrecevable une plainte qui avait été adressée et acheminée à un destinataire autre que l'instance du travail compétente, mais à la même adresse. Par contre, on a jugé recevable une plainte adressée au ministre du Travail mais qui fut effectivement soumise en temps utile à l'instance du travail : *Ireco of Canada c. Thibodeau*, précité, note 28. Voir également *Dominique c. Kraft Ltée*, [1991] T.T. 63, où on a conclu à la validité d'une plainte de congédiement pour activité syndicale acheminée à la Commission des normes du travail, en considérant que cette dernière aurait dû la déférer au tribunal spécialisé compétent.
31. Voir *supra*, titre II, chapitre I, sous-section e) de la section 2-.
32. *Ideal Builders Hardware Corp. c. Brière*, J.E. 81-387 (C.S.).
33. *H. (B.) c. P. Inc.*, [1995] T.T. 164.
34. *Stone Consolidated Inc., division Port-Alfred c. Émond*, D.T.E. 95T-321 (T.T.); *De Verville-Côté c. Québec (Ministère de l'Emploi et de la Solidarité sociale)*, D.T.E. 2003T-568 (C.R.T.) – communication verbale de la décision avec effet immédiat; plainte tardive.
35. *Poliquin c. Collège O'Sullivan de Limoilou Inc.*, [1981] T.T. 227; *Ford Chambly Automobiles (1969) Inc. c. Beaupré*, D.T.E. 84T-734 (T.T.). Quant au calcul du délai, voir *supra*, titre II, chapitre I, sous-section e) de la section 2-.

Pour bénéficier de la présomption, le plaignant doit prouver les éléments suivants :

- il est un salarié au sens du Code du travail;

- il a exercé un droit lui résultant du code, c'est-à-dire une activité syndicale légitime;

- il s'est vu imposer par l'employeur une mesure visée à l'article 15 du code;

- il y a concomitance entre son activité syndicale et la mesure dont il se plaint.

Les conditions auxquelles une personne peut être considérée comme un salarié au sens du Code du travail sont déjà connues. Le plaignant doit jouir du statut de salarié au moment où l'employeur lui impose la mesure qu'il veut contester[36]. Cette exigence suppose un contrat de travail parfait[37]. Il faut signaler qu'on ne saurait opposer à un employé, qui veut se prévaloir du mécanisme des articles 15 et suivants du code, son exclusion du groupe des salariés, si cette exclusion a été prononcée à l'occasion d'une procédure à laquelle il n'était pas personnellement partie, par exemple une procédure d'accréditation. Il demeure alors possible à l'employé de remettre en question la détermination de son statut de salarié au sens du Code du travail[38].

La notion d'activité syndicale est en fait très large. Elle couvre non seulement l'adhésion à un syndicat et la sollicitation auprès d'autres salariés en vue qu'ils y adhèrent également, mais aussi toutes les formes de participation du salarié à la formation, à l'administration et aux activités de ce syndicat[39]. Compte tenu de l'article 3 du code en particulier, de simples démarches préliminaires en vue de devenir membre d'une association de salariés ou d'en former une suffisent pour que le salarié jouisse de la protection de la loi[40]. Le statut de dirigeant ou de représentant syndical peut, selon les circonstances, constituer par lui-même l'exercice de l'activité syndicale nécessaire à l'établissement de la présomption[41]. Il pourrait aussi s'agir de démarches du salarié en vue de faire reconnaître son inclusion dans une unité d'accréditation et son assujettissement à une convention collective ou tout autre droit[42]. L'activité syndicale invoquée par le salarié doit être antérieure à la mesure dont il se plaint[43], mais peut toutefois avoir été exercée chez un autre employeur que celui qui a pris la mesure faisant l'objet de la plainte[44].

La participation du salarié à une action syndicale illégale ne saurait d'autre part servir de base à l'établissement de la présomption et peut même constituer une cause juste et suffisante de la mesure imposée par l'employeur[45].

L'affaire *Gauvin*[46] illustre la difficulté que peut parfois présenter la qualification d'une activité syndicale comme activité protégée ou non par l'article 3 C.t. Dans cette affaire, quatre employés avaient prêté leur concours à une campagne syndicale d'appel au boycottage des produits-maison de leur employeur, une chaîne de magasins d'alimentation. Selon le jugement de l'instance du travail, cet appel au boycottage, en l'absence de grève et de lock-out et qui n'était justifié par aucun motif d'intérêt public comme le souci d'attirer l'attention sur une situation dangereuse, ne pouvait être considéré comme une activité légitime du syndicat bénéficiant de l'immunité accordée par l'article 3 C.t. En révision judiciaire, la Cour supérieure reprocha à ce jugement de ne pas avoir fait bénéficier l'interprétation de l'article 3 du code de l'éclairage de la liberté d'expression affirmée par l'article 3 de la *Charte des droits et libertés de la personne* et de ne pas avoir ainsi reconnu que l'appel au boycottage constituait une manifestation de cette liberté d'expression exercée non pas dans le seul but de nuire à l'employeur, mais pour faire connaître publiquement un désaccord sur une pratique de ce dernier et rétablir les forces entre les parties.

36. *Martineau c. Commission scolaire Kativik*, [1992] T.T. 201.

37. *Byrne c. Yergeau*, D.T.E. 2002T-870, REJB 2002-33506 (C.A.). Le fait que le salarié soit en période probatoire peut moduler l'appréciation de la situation mais ne fait pas obstacle à l'exercice du recours : *Paul c. Collège français (1965) Inc.*, D.T.E. 2003T-257 (C.R.T.).

38. *Lessard c. Hilton Québec Ltée*, [1980] T.T. 488; *Hardy c. Centre des services sociaux de Québec*, [1986] T.T. 60.

39. *Jetté c. Les boutiques San Francisco Inc./Les ailes de la mode Inc.*, D.T.E. 2003T-517 (C.R.T.), par. 70-73; *Lambert c. Paul Demers & Fils Inc.*, D.T.E. 2004T-241 (C.R.T.); *Bourgeois c. Compagnie Wal-Mart du Canada*, [2005] R.J.D.T. 1629 (C.R.T.).

40. *Ed. Darche & Fils Inc. c. Boyer*, D.T.E. 89T-444 (T.T.); *Arco Construction Inc. c. Plante*, [1980] T.T. 7. La simple candidature à un poste de responsabilité syndicale peut aussi constituer l'exercice d'un droit protégé : *Allaire c. Laboratoire Du-Var Inc.*, D.T.E. 2003T-1176 (C.R.T.), par. 27-29.

41. *Locweld Inc. c. Hanssement*, D.T.E. 83T-607 (T.T.) – agent de grief; *Nepveu c. Commission de la construction du Québec*, [1989] T.T. 80 – représentant syndical à un comité prévu par la convention collective; *St-Lin-Laurentides (Ville de) c. Lanthier*, D.T.E. 2003T-228 (T.T.) – vice-président du syndicat.

42. *St-Hilaire c. Sûreté du Québec*, D.T.E. 2003T-1068 (C.R.T.), par. 138 – dépôt d'un grief; *Brossard (Ville de) c. Couvrette*, [1997] T.T. 89 – plainte en vertu de l'article 59 C.t.; *Ste-Foy (Ville de) c. Beauchamp*, D.T.E. 90T-947 – requête selon l'article 39 C.t.

43. *Corbeil c. Autobus de la Diligence Inc.*, [1981] T.T. 34. La présomption sera établie si le salarié prouve qu'il a exercé une activité syndicale avant que l'employeur lui ait communiqué l'imposition de la mesure, même si l'employeur affirme de son côté qu'il avait déjà pris sa décision auparavant : *Rondeau c. Centura Québec Ltée*, [1989] T.T. 288.

44. *Convoyeur continental et usinage Ltée c. Gosselin*, D.T.E. 97T-1359, REJB 1997-01727 (T.T.); *General Motors of Canada Limited c. Allaire*, [1979] T.T. 45.

45. *Lafrance c. Commercial Photo Service Inc.*, [1980] 1 R.C.S. 536.

46. *Gauvin c. Épiciers unis Métro-Richelieu Inc.*, [1996] T.T. 207, annulé par *Gauvin c. Tribunal du travail*, [1996] R.J.Q. 1603, EYB 1996-83230 (C.S.).

Si la règle générale veut que la preuve de l'exercice d'un droit lui résultant du code soit faite par le salarié pour lui permettre de bénéficier de la présomption, il ne s'ensuit pas nécessairement que la plainte doive être rejetée s'il appert que le salarié n'a pas personnellement exercé une activité syndicale mais que, par ailleurs, il est clairement établi, par preuve directe, que le motif de l'employeur est l'exercice, prévu ou appréhendé, d'un droit résultant du code[47]. S'il en était autrement, on assurerait l'impunité de l'employeur qui chercherait à faire obstacle à l'organisation syndicale en imposant rapidement des sanctions aux salariés avant qu'ils aient pu exercer leur droit.

Le salarié doit aussi démontrer la réalité d'une sanction envisagée par l'article 15 du code, qu'il s'agisse d'un congédiement, d'une suspension, d'un déplacement, d'une mesure discriminatoire ou de représailles, ou de toute autre sanction que ce soit, comme un simple avis disciplinaire.

En ce qui a trait au congédiement, la jurisprudence l'assimile très concrètement à la perte définitive de l'emploi, quelle qu'en soit la forme, à l'initiative de l'employeur[48].

On a ainsi décidé qu'une mise à pied sans rappel au travail de tel salarié alors que quelqu'un d'autre se trouve par la suite engagé pour exécuter le travail devient un congédiement au sens de l'article 15 C.t., à compter du moment où le rappel au travail était possible. Il en est de même s'il appert que sous l'apparence d'une mise à pied l'on se trouve en présence d'une véritable manœuvre de congédiement pour se défaire d'un salarié en raison de ses activités syndicales; au-delà des termes utilisés, c'est la réalité révélée par la preuve qui est déterminante[49]. En principe, l'échéance d'un contrat de travail à durée déterminée ne peut être assimilée à un congédiement[50]. Ce principe ne doit cependant pas être appliqué avec un automatisme aveugle, au risque de compromettre le but véritablement recherché par le législateur. À la limite, en effet, on pourrait supposer un contrat de travail original d'un mois ou même d'une semaine et qui a été reconduit sans formalité sur une très longue période. Il faut donc, dans chaque cas, en tenant compte de toutes les circonstances de l'espèce, déterminer si la relation de travail s'était de fait transformée en relation à durée indéterminée et si l'employé pouvait normalement s'attendre à ce qu'elle se poursuive, à moins de cause juste et suffisante pour l'employeur d'y mettre fin. C'est cette approche que suivent les juridictions du travail et que la Cour d'appel a approuvée[51].

La démission s'oppose directement à la notion de congédiement. Il s'agit du départ volontaire du salarié. Pour contrer la prétention de congédiement par le salarié, sa démission doit être réelle et juridiquement valide. La seule présence d'un acte apparent de démission ne suffit donc pas à faire obstacle à la recevabilité d'une plainte pour congédiement. C'est au tribunal spécialisé qu'il appartiendra, au besoin, de décider de la réalité, d'un point de vue juridique, d'une démission ou d'un congédiement[52]. La notion de congédiement impliquant l'établissement préalable de la relation d'emploi, elle ne peut s'étendre au cas de refus d'embauchage[53].

On a par ailleurs rejeté depuis longtemps la prétention que l'acceptation par un salarié d'une indemnité pour tenir lieu de préavis de congédiement selon les règles du droit civil emporterait renonciation de sa part à une plainte de congédiement en vertu des articles 15 et suivants C.t.[54].

L'existence d'une suspension, d'un déplacement, d'une mesure discriminatoire ou de représailles ou de toute autre sanction susceptible de donner ouverture au recours prévu aux articles 15 et suivants du code s'apprécie, comme celle d'un congédiement, d'après les circonstances concrètes de l'espèce et à l'analyse de la véritable nature du geste posé par l'employeur à l'endroit du salarié. En particulier, les mesures discriminatoires ou les représailles peuvent prendre des formes aussi variées que la réduction ou la modification des heures de travail[55], l'altération des fonctions et responsabilités du salarié[56] ou toute autre riposte de l'employeur à l'activité syndicale du salarié.

47. *Opérations forestières Lafontaine Inc. c. Miville*, [1982] T.T. 401.
48. *United Last Company Ltd. c. Tribunal du travail*, [1973] R.D.T. 423, 435 (C.A.) – opinion du juge Gagnon.
49. *Distinctive Leather Goods Ltd. c. Dubois*, [1976] C.A. 648. Voir aussi, par analogie, dans le contexte d'un recours selon l'article 124 de la *Loi sur les normes du travail*, L.R.Q., c. N-1.1 : *Investissements Trizec Ltée c. Hutchison*, D.T.E. 87T-764, EYB 1987-62698 (C.A.).
50. *Procureur général de la province de Québec c. Tribunal du travail*, [1978] C.A. 103; *Blouin c. Institut québécois de la recherche sur la culture*, [1983] T.T. 329.
51. *École Weston Inc. c. Tribunal du travail*, [1993] R.J.Q. 708, EYB 1993-64253 (C.A.); *Moore c. Compagnie Montréal Trust*, [1988] R.J.Q. 2339, EYB 1988-62994 (C.A.).
52. *École Weston Inc. c. Tribunal du travail*, précité, note 51; *Investissements Trizec Ltée c. Hutchison*, précité, note 49; *Centre hospitalier Régina Ltée c. Prud'homme*, [1988] R.J.Q. 253 (C.A.), conf. [1990] 1 R.C.S. 1330, EYB 1990-67759.
53. *Byrne c. Yergeau*, précité, note 37; *Ross c. Université du Québec à Rimouski*, D.T.E. 84T-716 (T.T.).
54. *Industrial Tractors and Supply Ltd. c. Duval*, [1979] T.T. 360.
55. *Normandeau c. Cie T. Eaton Ltée*, D.T.E. 90T-17 (T.T.) – réduction des heures de travail; *2540-4773 Québec Inc. (Restaurant Ming Wong Enr.) c. Doiron*, D.T.E. 91T-1241 (T.T.) – nouvel horaire de travail.
56. *Produits vétérinaires Dispar Canada Ltée c. Sicard*, [1989] T.T. 297.

La jurisprudence du travail a rappelé régulièrement l'exigence pour le plaignant d'établir une certaine relation logique, ou du moins plausible, entre l'exercice de son activité syndicale et la mesure dont il se plaint. En termes concrets, c'est le plus souvent la proximité dans le temps de l'activité syndicale du salarié et de la sanction présumément illégale qui établira ce lien logique ou plausible entre les deux. Quelques décisions ont exigé l'établissement d'une telle concomitance[57]. D'autres ont plutôt posé, de façon plus nuancée, que si l'existence d'un certain lien entre l'activité syndicale et la mesure contestée est nécessaire, la simple relation temporelle entre les deux faits ne représente pas un élément essentiel de la preuve requise du plaignant aux fins de l'établissement de la présomption[58]. Le jugement dans l'affaire *Electrovert Limitée*[59] rapproche et concilie ces différentes affirmations; on peut en retenir les indications suivantes :

– en principe, il faut établir un lien chronologique suffisant entre l'activité syndicale et la mesure attaquée;

– le salarié n'a cependant pas le fardeau d'établir la relation causale entre les deux faits[60];

– le principe de l'exigence d'une certaine concomitance suffisante ne peut cependant avoir pour effet d'autoriser une stratégie de répression à retardement de la part de l'employeur, stratégie que pourrait révéler une absence totale d'explication du geste de ce dernier.

La preuve de cette concomitance sera particulièrement nécessaire lorsque l'activité syndicale du salarié se trouve limitée à sa simple appartenance à un syndicat[61]. Elle a toutefois été jugée superflue lorsque le plaignant est un officier ou un représentant syndical en exercice[62].

La connaissance de l'activité syndicale de l'employé par l'employeur ne constitue pas un élément de preuve essentiel à l'établissement de la présomption[63]. L'addition de cet élément de preuve, le cas échéant, à celui de la concomitance entre l'activité syndicale du salarié et la décision de l'employeur ajoutera une présomption de fait à la présomption légale de l'article 17 du code, selon laquelle l'activité syndicale du salarié est à l'origine de la mesure dont il se plaint[64]. Du point de vue de l'employeur, la preuve de son ignorance de l'activité syndicale du salarié lui permettra, à défaut d'échapper à l'établissement de la présomption de l'article 17 C.t., d'appuyer la crédibilité de son explication de la véritable raison de la mesure prise, la cause juste et suffisante, autre que l'activité syndicale, nécessaire au renversement de la présomption légale.

Enfin, le salarié n'est pas tenu d'établir les fondements de sa croyance selon laquelle la mesure dont il se plaint lui a été imposée à cause de l'exercice d'une activité syndicale légitime[65].

La preuve apportée, par le salarié, d'un comportement de l'employeur de nature à lui faire croire que son activité syndicale était à l'origine de la mesure dont il se plaint pourra affecter la crédibilité ou l'appréciation du motif invoqué ou des explications fournies par l'employeur. D'ailleurs, une preuve directe de la motivation antisyndicale de l'employeur dispensera le plaignant de la nécessité d'établir la présomption en sa faveur et sera nettement déterminante[66].

c) *Le fardeau de preuve de l'employeur*

L'employeur peut renverser la présomption créée à l'article 17 du code en prouvant que la mesure prise à l'endroit du salarié l'a été pour une cause juste et suffisante, autre que l'activité syndicale du salarié.

La notion de « cause juste et suffisante » a donné lieu à une controverse dans la jurisprudence. Cette controverse portait sur l'appréciation par la juridiction du travail de la cause juste et suffisante dont la preuve est requise de l'employeur pour renverser la présomption de l'article 17 C.t. S'agissait-il de vérifier l'existence d'une autre cause réelle, plutôt qu'un motif futile ou un prétexte, ou encore

---

57. Exemple : *Foucault c. Hôpital régional de la Mauricie*, [1973] T.T. 438. Un jugement de la Cour supérieure a affirmé que la concomitance constituait un élément essentiel d'établissement de la présomption et a annulé une décision qui avait accueilli une plainte en l'absence, selon la cour, de concomitance, commettant ainsi une erreur manifestement déraisonnable : *Hôtel-Dieu de Montréal c. Langlois*, D.T.E. 92T-1296 (C.S.).

58. *Bouffard c. Transport Matane Inc.*, [1975] T.T. 223; voir aussi *Convoyeur continental et usinage Ltée c. Gosselin*, précité, note 44.

59. *Electrovert Limitée c. Loke*, T.T. Montréal, n° 500-28-000022-814, 30 juillet 1981. Voir aussi *Bouffard c. Transport Matane Inc.*, précité, note 58; *86725 Canada Ltée c. Marcotte*, D.T.E. 93T-1113 (T.T.).

60. Autrement, la présomption perdrait toute utilité : *Vallée c. Hôpital Jean-Talon*, [1999] R.J.Q. 1926, REJB 1999-13878 (C.A.).

61. *Bourgeois c. Compagnie Wal-Mart du Canada*, précité, note 39; *Neudorfer c. Les Ateliers d'ingénierie Dominion Textile*, [1980] T.T. 437.

62. *Locweld Inc. c. Hanssement*, précité, note 41.

63. *Syndicat des travailleurs en mécanique de suspension (C.S.N.) c. Service de ressort moderne Inc.*, [1985] T.T. 156.

64. *General Motors of Canada Limited c. Allaire*, précité, note 44; *Hôpital du Saint-Sacrement, Québec c. Lesage*, [1975] T.T. 320.

65. *Commission des écoles catholiques de Montréal c. Gendreau*, T.T. Montréal, n° 500-28-000061-796, 9 mai 1979.

66. *Bouffard c. Transport Matane Inc.*, précitée, note 58.

d'apprécier le caractère juste et suffisant de cette cause, du point de vue d'un employeur raisonnable placé dans la même situation?

L'arrêt *Commercial Photo Service Inc.*, de la Cour suprême a tranché la controverse : le rôle de l'instance du travail consiste à « déterminer si l'autre cause invoquée par l'employeur est une cause sérieuse par opposition à un prétexte, et si elle constitue la cause véritable du congédiement »[67]. Elle n'a pas à se prononcer sur la rigueur de la sanction imposée par l'employeur eu égard à la faute de l'employé. Une fois convaincue de l'existence d'un tel « motif réel et sérieux » justifiant la mesure prise par l'employeur, l'instance du travail doit considérer sa compétence épuisée, s'abstenir de substituer son appréciation à celle de l'employeur sur l'opportunité de la mesure et, donc, rejeter la plainte du salarié[68]. Réitérant la même position dans l'arrêt *Hilton Québec Ltd.*[69], la Cour suprême refusait cette fois de casser le jugement attaqué parce ce dernier en était venu de toute façon à la conclusion que la cause invoquée par l'employeur n'était ni une cause sérieuse ni la véritable cause du congédiement, mais qu'elle s'avérait plutôt un prétexte saisi par l'employeur.

Tenant compte de ces deux arrêts de la Cour suprême, il demeure possible et légitime pour la C.R.T. de soupeser tous les aspects qui peuvent permettre, précisément, de déterminer si le motif allégué par l'employeur est la véritable cause de la mesure contestée et non un prétexte. Parmi ces aspects susceptibles de révéler une opération de camouflage, on pourrait compter la discrimination injuste, la négligence dans l'examen des faits et même la sévérité excessive. Le tout n'est pas, en effet, pour l'employeur de prouver, par exemple, qu'il y a eu faute de la part du salarié, mais encore faut-il qu'il soit établi que c'est cette faute qui a été la cause de la sanction. Il est donc erroné de prétendre que le débat doive s'arrêter dès que la preuve est faite que le salarié a commis quelque bévue. Même en présence d'une faute réelle et sérieuse de la part du salarié, la plainte de ce dernier sera accueillie s'il apparaît néanmoins que cette faute n'est pas la véritable cause du congédiement, dont le motif véritable a plutôt été l'exercice d'un droit résultant du Code du travail par le salarié[70].

S'il est vrai que la C.R.T. conserve un certain pouvoir d'appréciation de l'existence ou non d'une corrélation logique entre la faute du salarié alléguée par l'employeur et la sanction imposée, pour déterminer s'il s'agit bien d'un motif réel et sérieux plutôt que d'un simple prétexte, il n'en demeure pas moins que l'arbitre de grief jouira d'un pouvoir d'appréciation beaucoup plus large à l'égard des sanctions disciplinaires. À titre d'exemple, l'on peut envisager une réduction du personnel en raison d'une diminution de la production. La C.R.T. pourrait considérer qu'il s'agit en l'espèce d'une cause juste et suffisante renversant la présomption, et rejeter la plainte de congédiement pour activités syndicales. Par ailleurs, un arbitre pourrait conclure à la réintégration d'un salarié dont la plainte de congédiement pour activités syndicales aurait été rejetée, s'il en venait à la conclusion que l'employeur a mal interprété ou appliqué les dispositions de la convention collective en matière de mise à pied ou de licenciement à l'égard de ce salarié. Il faut donc se rappeler, quant à une mesure prise à l'endroit d'un salarié, que les recours par voie de plainte en vertu des articles 15 et suivants C.t., d'une part, et par voie de grief selon une convention collective en vigueur, d'autre part, ne sont pas exclusifs l'un de l'autre. Leurs objets étant différents, ils peuvent être cumulés. Si chacun des recours est susceptible d'amener l'examen d'une même question, comme la commission d'une faute par le salarié, le recours spécifique en vertu du Code du travail procédera par préséance, l'arbitrage du grief devant en attendre le résultat, si nécessaire[71]. Rien ne s'opposera par ailleurs à l'exercice simultané des compétences respectives de la C.R.T. et de l'arbitre de grief si les questions qui leur sont soumises sont indépendantes l'une de l'autre[72].

La preuve requise de l'employeur pour renverser la présomption est une preuve prépondérante[73]. À cet égard, la preuve de l'absence de connaissance de l'activité syndicale de l'employé est un élément qui ajoute de la crédibilité au motif invoqué par l'employeur et qui l'aide en définitive à renverser la présomption. S'agissant de justifier le choix d'un salarié parmi plusieurs comme sujet de la mesure ayant donné lieu à la plainte, l'employeur devra en pratique faire la démonstration d'une faute ou d'une responsabilité particulière, en matière disciplinaire[74], ou

67. *Lafrance c. Commercial Photo Service Inc.*, précité, note 45.
68. *Ibid.* Voir aussi, dans le même sens, *Turpin c. Collège d'enseignement général et professionnel de St-Laurent*, D.T.E. 88T-381, EYB 1988-62884 (C.A.); *Décarie c. Produits pétroliers d'Auteuil Inc.*, [1986] R.J.Q. 2471, EYB 1986-62379 (C.A.).
69. *Hilton Québec Ltd. c. Fortin*, [1980] 1 R.C.S. 548.
70. *Commission des normes du travail c. Mia Inc.*, D.T.E. 85T-590 (C.A.); *Fleury c. Epiciers unis Métro-Richelieu Inc.*, [1987] R.J.Q. 2034 (C.A.).
71. *Ludger Harvey Limitée c. Cossette*, [1972] C.A. 619; *General Motors of Canada Ltd. c. Gosselin*, [1978] T.T. 350. Voir aussi, par analogie, *Giguère c. Cie Kenworth du Canada (division de Paccar du Canada Ltée)*, [1990] R.J.Q. 2485, EYB 1990-63541 (C.A.).
72. *Syndicat national des employés de la filature de Montréal c. J. & P. Coats (Canada) Ltée*, [1981] C.A. 163.
73. *Urgence médicale André Douillette Inc. c. Veilleux*, [1990] T.T. 198; *Steinberg Inc. (division Miracle Mart) c. St-Pierre*, [1985] T.T. 338. Il appartient à l'employeur de dissiper les doutes que la preuve peut raisonnablement fonder quant à la véracité de la cause qu'il invoque : *Ricard c. Société de radio-télévision du Québec (Radio-Québec)*, [1997] T.T. 526, REJB 1997-01559.
74. *Hôpital Royal Victoria c. Rudner*, D.T.E. 84T-397 (T.T.); *Hôpital Victoria c. Duceppe*, D.T.E. 84T-398 (T.T.).

encore de l'application des règles et des procédures habituellement suivies dans l'entreprise, si la mesure revêt plutôt un caractère administratif comme en cas de réduction de personnel[75].

Le cas échéant, il n'y aura pas lieu pour la C.R.T. de départager les considérations licites et illicites qui ont pu concourir dans la motivation de l'employeur. La décision entachée d'un motif illégal est irrémédiablement viciée, sans qu'il soit question de déterminer si le motif illégal a été déterminant[76]. Rien n'empêche par contre un employeur de réduire son personnel ou de mettre fin à son entreprise; une cessation d'activités doit toutefois se révéler réelle, définitive et certaine[77].

d) L'enquête et l'audition

L'enquête de la C.R.T. se déroule selon le mode contradictoire usuel. C'est le plaignant qui présente d'abord sa preuve complète sur le fond du litige, en cherchant non seulement à établir les éléments requis à la naissance de la présomption mais encore tous les autres faits susceptibles de soutenir ses allégations, comme la connaissance de son activité syndicale par l'employeur ou l'animosité de ce dernier à l'endroit de l'institution syndicale. L'employeur présente ensuite sa preuve et le plaignant dispose d'un droit de contre-preuve. Le commissaire entend enfin les plaidoiries selon le même ordre d'intervention[78].

C'est le plus souvent après avoir entendu toute la preuve et tous les arguments des parties que la C.R.T. décidera du sort de la plainte par une seule décision. La jurisprudence de la Cour d'appel invite, de façon générale, les tribunaux spécialisés à adopter une attitude prudente et même circonspecte avant de disposer des litiges qui leur sont confiés à partir de moyens de droit soulevés préliminairement, sans avoir entendu toute la preuve qui pourrait s'avérer pertinente pour en décider[79]. Cela n'exclut toutefois pas que la C.R.T. puisse en certaines circonstances décider *in limine litis* d'une objection qui met directement en cause sa compétence[80].

e) La décision et l'exécution

Lorsqu'elle juge la plainte du salarié bien fondée, la C.R.T. dispose du pouvoir de redressement prévu à l'article 15 C.t., dont la nature varie concrètement selon la mesure imposée au salarié par l'employeur.

S'agissant d'un congédiement, d'une suspension ou d'un déplacement, la C.R.T. peut ordonner à l'employeur de réintégrer le salarié dans son emploi (ou dans ses fonctions) avec tous ses droits et privilèges, dans les huit jours de la signification de la décision[81]. Si la mesure prise par l'employeur n'a pas eu pour effet de priver le salarié de son travail, l'exécution spécifique pourra prendre la forme d'une ordonnance d'annulation de la sanction ou, au besoin, de cessation des mesures dont se plaignait le salarié.

Dans tous les cas, les pertes pécuniaires encourues par le salarié peuvent donner lieu à une ordonnance d'indemnisation. L'indemnité due à la suite d'un congédiement, d'une suspension ou d'un déplacement couvre toute la période depuis le moment où la mesure a pris effet jusqu'à celui de l'exécution de l'ordonnance de réintégration ou jusqu'à ce que le salarié soit en défaut de reprendre son emploi après avoir été dûment rappelé par l'employeur[82]. L'indemnité correspond au salaire et aux autres avantages pécuniaires, s'il y a lieu, dont le salarié a été privé par le congédiement, la suspension ou le déplacement; elle est réduite du salaire gagné ailleurs, le cas échéant, dans un emploi de remplacement[83]. Quant à la perte d'avantages pécuniaires autres que le salaire proprement dit, il peut s'agir, par exemple, de l'indemnité de vacances prévue par la loi ou par convention entre les parties[84], ou encore de

---

75. La Cour d'appel a reconnu la légitimité d'une telle approche par l'instance qui peut ainsi tenir compte de l'usage et du bon sens, notamment de l'ancienneté relative des salariés même en l'absence de convention collective, pour apprécier si une décision de licenciement est raisonnable, et donc les véritables motifs de l'employeur : *Commission des normes du travail c. Mia Inc.*, précité, note 70; *Quintin c. Tribunal du travail*, [1989] R.J.Q. 1471, EYB 1989-63169 (C.A.).
76. *St-Hilaire c. Sûreté du Québec*, précité, note 42, par. 139.
77. Voir et comparer : *City Buick Pontiac (Montreal) Inc. c. Roy*, précité, note 12; *Caya c. 1641-9749 Québec Inc.*, D.T.E. 85T-242 (T.T.); *A.I.E.S.T., local de scène n⁰ 56 c. Société de la Place des Arts de Montréal*, précité, note 12; *Bourgeois c. Compagnie Wal-Mart du Canada*, précité, note 39.
78. *Léger-Gilles-Jean c. Centre d'accueil Denis-Benjamin Viger*, D.T.E. 91T-414 (T.T.); *Bouliane c. Brasserie Le Boucanier Inc.*, [1989] T.T. 46.
79. Voir et transposer : *Bandag Canada Ltée c. Syndicat national des employés de Bandag de Shawinigan*, [1986] R.J.Q. 956, EYB 1986-57725 (C.A.).
80. *White Sister Uniform Inc. c. Tribunal du travail*, [1976] C.A. 772.
81. L'ordonnance peut lier l'acquéreur de l'entreprise même si le geste illégal a été posé par son vendeur : *Adam c. Daniel Roy Ltée*, [1983] 1 R.C.S. 683; *Groulx c. 155252 Canada Inc.*, D.T.E. 95T-1288 (T.T.).
82. Le tribunal spécialisé ne dispose d'aucune discrétion pour réduire cette période : *Lachapelle c. Caisse populaire Desjardins de Lavaltrie*, D.T.E. 2002T-116 (T.T.). Il lui appartient toutefois de l'apprécier : *Artel Inc. c. Lesage*, D.T.E. 91T-1057, EYB 1991-56681 (C.A.). En cas d'aliénation de l'entreprise, c'est le nouvel employeur qui est tenu de payer la totalité de l'indemnité due au salarié : *Groulx c. 155252 Canada Inc.*, précité, note 81.
83. La considération des autres gains se rapporte globalement à la période couverte par l'indemnité, sans égard au fait qu'à certains moments les gains du salarié aient été réduits ou inexistants : *Abattoir Jacques Forget Ltée c. Thibault*, [1994] T.T. 351. Des prestations d'assurance emploi (ou autres prestations sociales), ne sont pas prises en compte : *Da Silva Melo c. Propitel Inc.*, [2004] R.J.D.T. 1584 (C.R.T.).
84. *Antoine Guertin Ltée c. St-Germain*, [1988] T.T. 328; *Publications Québécor Inc. c. Laplante Bohec*, [1979] T.T. 268.

pourboires[85]. Par ailleurs, la jurisprudence courante applique au calcul de l'indemnité le principe de droit commun obligeant à mitiger les dommages, ce qui implique que l'indemnité pourra être réduite si l'employé, par exemple en cas de congédiement, a négligé de se chercher du travail ou en a refusé[86]. Cette solution a subsisté malgré que la Cour d'appel ait déjà souligné que le remède apporté par l'article 15 C.t. est « en quelque sorte une pénalité imposée à raison de l'acte illégal posé et qui va beaucoup plus loin, malgré les apparences premières, que simplement replacer les parties dans la situation juridique dans laquelle elles se trouvaient avant le congédiement »[87].

Les sommes dues au salarié en vertu d'une ordonnance d'indemnisation sont le plus souvent déterminées par entente des parties. À défaut de telle entente, la question est tranchée par la C.R.T. sur requête de l'employeur ou du salarié (art. 19, al. 1 C.t.). Ces sommes sont sujettes au paiement d'un intérêt au taux légal à compter du dépôt de la plainte. S'y ajoute une indemnité supplémentaire qui vise à combler l'écart entre le taux d'intérêt légal et celui fixé selon l'article 28 de la *Loi sur le ministère du Revenu* : un pourcentage égal à l'excédent du taux d'intérêt fixé suivant cette disposition législative sur le taux légal d'intérêt est ajouté au montant de l'intérêt légal, depuis le dépôt de la plainte (art. 19 C.t.)[88].

Les décisions de la C.R.T. rendues en vertu de l'article 15 ou 19 C.t. ne sont sujettes qu'à une révision par la C.R.T. elle-même ou par les tribunaux supérieurs[89]. Si nécessaire, leur exécution peut être assurée selon les dispositions de l'article 129 C.t.[90].

Il était reconnu, avant la réforme du Code du travail, que parallèlement à l'exercice du recours spécifique en indemnisation et en réintégration que nous venons d'examiner, un recours en injonction interlocutoire en Cour supérieure, selon les règles qui lui sont applicables, pouvait être exercé pour parer, à titre de mesure provisoire, à une situation d'urgence créée par l'imposition par l'employeur de sanctions interdites par l'article 15 C.t.[91]. Un tel recours provisoire peut être particulièrement opportun lorsque les agissements de l'employeur risquent de compromettre la formation ou l'existence d'une association syndicale, par exemple par l'imposition de congédiements massifs[92]. C'est la C.R.T. elle-même qui dispose désormais du pouvoir d'accorder un tel redressement provisoire, au titre de mesure de sauvegarde des droits des parties (art. 118, 3o C.t.)[93]. La demande peut en être faite par le salarié plaignant ou par son syndicat[94].

2- La protection collective

La protection de la liberté syndicale requiert celle de l'association de salariés elle-même.

A- Le contenu

Le groupement syndical qu'est l'association de salariés doit pouvoir se former, s'organiser et s'administrer sans obstacle ni ingérence de la part de l'employeur, sous le seul contrôle et par la seule volonté des salariés dont il est destiné à défendre les intérêts. C'est cette dimension proprement collective du droit d'association que le législateur avait en vue, en édictant l'interdiction adressée à l'employeur par l'article 12, al. 1 C.t. de chercher à dominer, entraver ou financer la formation ou les activités d'une association de salariés, ou à y participer.

L'entrave illégale de l'employeur à la formation ou aux activités du syndicat peut prendre de multiples formes. Le recours à l'intimidation, aux menaces ou aux contraintes qui sont elles-mêmes prohibées par les articles 13 et 14 du code peut constituer une entrave ou une tentative d'entrave au sens de l'article 12 C.t.[95]. Se soulève ici, tel que nous l'avons déjà évoqué, une problématique

---

85.   *2540-4773 Québec c. Milhomme*, [1992] T.T. 484.
86.   *Vestshell Inc. c. Agudelo*, D.T.E. 83T-910 (T.T.); *Publications Québécor Inc. c. Laplante Bohec*, précité, note 84.
87.   *United Last Company Ltd. c. Tribunal du travail*, précité, note 48, p. 436.
88.   *Loi sur le ministère du Revenu*, L.R.Q., c. M-31. Sur l'absence de discrétion pour ordonner le paiement de l'intérêt légal et de l'indemnité additionnelle, lorsqu'il y a lieu, voir *Pneus supérieur Inc. c. Léonard*, [1999] R.J.D.T. 1657 (T.T.). Exemple du mode de calcul de l'intérêt : *Pavages Chenail Inc. c. Rougeau*, D.T.E. 94T-357 (T.T.).
89.   Voir *supra*, titre II, chapitre I, sous-section e) de la section 2. Notons cependant qu'il est possible de contester par voie de révision judiciaire une décision de la C.R.T. directement en Cour supérieure, car le processus de révision administrative prévu à l'article 127 du Code du travail ne constitue pas un recours approprié au sens de la doctrine de l'épuisement des recours : *Compagnie Wal-Mart du Canada c. Commission des relations du travail*, D.T.E. 2006T-367 (C.A.).
90.   *Ibid.*
91.   *Bissonnette c. P.P.D. Rim-Spec Inc.*, D.T.E. 91T-1115, EYB 1991-57813 (C.A.).
92.   *Ibid.*
93.   La demande peut en être faite par le salarié ou par son syndicat : *Syndicat des opérateurs de bétonnière Montréal-Rive-Nord (C.S.N.) c. Béton provincial Ltée*, [2004] R.J.D.T. 714 (C.R.T.).
94.   *Syndicat des travailleuses et travailleurs de la Coopérative funéraire du Bas-St-Laurent (C.S.N.) c. Coopérative funéraire du Bas-St-Laurent*, [2004] R.J.D.T. 199 (C.R.T.).
95.   *Côté c. Compagnie F.W. Woolworth*, [1978] R.L. 439 (C.S.).

d'équilibre entre la liberté d'expression de l'employeur et la liberté d'association garantie aux salariés et à leur organisation syndicale. La seconde impose à l'employeur une attitude de réserve pour assurer son respect[96]. L'infraction d'entrave ou de tentative d'entrave requiert une intention coupable, dont la présence peut toutefois se trouver tout autant dans un acte d'imprudence grave que dans un geste délibéré, dès lors qu'un employeur raisonnable ne pouvait en ignorer les conséquences[97]. Au stade de l'implantation d'un syndicat, il pourrait chercher à faire obstacle à l'accréditation en utilisant des salariés complaisants comme prête- nom pour s'immiscer dans une dimension du dossier – le contrôle de la représentativité de l'association – dont l'employeur est exclu par la loi[98], ou en permettant à des salariés de faire signer, sur les lieux et pendant les heures de travail, une pétition visant à répudier le syndicat récemment accrédité[99], ou encore en intervenant auprès des salariés de toute manière agressive et susceptible de les désintéresser d'une syndicalisation[100], quoiqu'il convient de réitérer qu'une fermeture d'entreprise ne constitue pas en soi une violation du Code, dans la mesure où elle est réelle, définitive et certaine[101]. L'employeur qui ignore ou qui cherche à contourner l'association accréditée comme unique représentante collective des salariés entrave également l'activité de cette dernière[102], tout comme celui qui cherche à s'immiscer dans la désignation des représentants syndicaux ou à empêcher un salarié d'exercer une fonction syndicale[103].

La loi interdit tout autant l'intervention apparemment positive de l'employeur dans les affaires syndicales. Cette immixtion compromet l'indépendance du groupement syndical dans tous les cas; elle peut aussi, en certaines circonstances, constituer un moyen d'entrave à l'action d'une autre association syndicale. Tout financement du syndicat est ainsi interdit à l'employeur. L'octroi d'avantages matériels comme la fourniture gratuite d'équipement ou de locaux, ou la libération sans frais de salariés pendant leurs heures de travail pour recueillir des adhésions pourra aussi représenter, selon les circonstances, une manœuvre d'ingérence de l'employeur dans l'activité du syndicat[104].

L'association de salariés qui, activement ou passivement, laisse cours à l'ingérence de l'employeur dans ses affaires devient une association dominée par l'employeur[105]. À cet égard, il ne suffit pas que l'employeur intervienne, même de façon marquée, en faveur d'une association; cette dernière doit accepter l'intervention de l'employeur[106]. En particulier au stade de sa naissance, une association dominée se reconnaîtra par la rapidité et la facilité avec lesquelles elle a pu apparaître et recruter ses membres parmi les salariés d'une entreprise[107]. Dans un

---

96.   *Syndicat canadien des communications, de l'énergie et du papier, section locale 194 c. Disque Améric Inc.*, précité, note 14; *Syndicat des employées et employés professionnels et de bureau, section locale 57 c. Caisse populaire Desjardins de Côte St-Paul*, [1993] T.T. 435; *Schnaiberg c. Métallurgistes unis d'Amérique, section locale 8990*, précité, note 21.

97.   *Syndicat des employées et employés professionnels et de bureau, section locale 57 c. Caisse populaire Desjardins de Côte St-Paul*, précité, note 96; *Beauclair c. Kirouac*, D.T.E. 93T-194 (T.T.).

98.   *Schnaiberg c. Métallurgistes unis d'Amérique, section locale 8990*, précité, note 21; *Syndicat des salariés de Métro Lebel c. Alimentation Lebel Inc.*, D.T.E. 94T-626 (T.T.). Qu'il s'agisse de salariés ou de représentants de l'employeur, seuls leurs actes posés pour l'employeur sont susceptibles de constituer une entrave ou une tentative d'entrave qui contrevient à l'article 12 C.t. : *Eerdmans c. Teamsters, employés de laiterie, boulangerie, produits alimentaires, ouvriers du meuble, employés de stations-service, section locale 973*, [1998] R.J.D.T. 692 (T.T.).

99.   *Travailleurs unis de l'alimentation et du commerce (T.U.A.C., section locale 501) c. J. Pascal Inc.*, D.T.E. 90T-770 (T.T.).

100.   *Syndicat canadien des communications, de l'énergie et du papier, section locale 194 c. Disque Améric Inc.*, précité, note 14; *Gauthier c. Sobeys Inc. (numéro 650)*, [1995] T.T. 131.

101.   *A.I.E.S.T., local de scène no. 56 c. Société de la Place des Arts de Montréal*, précité, note 12; *Bourgeois c. Compagnie Wal-Mart du Canada*, précité, note 39; *Plourde et Compagnie Wal-Mart du Canada*, D.T.E. 2006T-466 (C.R.T.).

102.   Voir et comparer : *Fleury c. Épiciers unis Métro-Richelieu Inc.*, D.T.E. 96T-1140 (T.T.) – lettre de l'employeur aux salariés relativement au déroulement des négociations; *Syndicat des employées et employés professionnels et de bureau, section locale 57 c. Caisse populaire Desjardins de Côte St-Paul*, précité, note 96 – intervention directe auprès des salariés en vue de les amener à faire pression sur leur syndicat pour qu'il accepte les offres patronales; *Syndicat des travailleuses et travailleurs du Pavillon St-Joseph c. Pavillon St-Joseph, Infirmerie des Sœurs de Ste-Croix*, précité, note 15 – intervention auprès d'un groupe de salariés en vue de faire modifier un vote de rejet des offres patronales; *Syndicat national de l'automobile, de l'aérospatiale, du transport et des autres travailleurs et travailleuses du Canada (T.C.A.-Canada) c. Tardif*, [1999] R.J.D.T. 1155 (T.T.) – affichage de la lettre d'un client annulant sa commande en raison d'une grève appréhendée; acquittement; *Syndicat des employées et employés de soutien de l'Université Concordia, secteur technique (CSN) c. Université Concordia*, [2005] R.J.D.T. 1691 (C.R.T.) – courriels transmis aux salariés, en période de négociation, de nature à mettre une pression sur le syndicat et à miner sa crédibilité; *Syndicat de la santé et des services sociaux d'Arthabaska-Érable (CSN) et Centre de santé et de services sociaux d'Arthabaska-Érable*, D.T.E. 2006T-634 (C.R.T) – circulation d'un projet d'entente dont le contenu aurait dû être négocié avec le syndicat.

103.   *Pouliot c. Collège Shawinigan*, D.T.E. 2004T-318 (C.R.T.); *Black c. Forcier*, [1997] R.J.Q. 2019, REJB 1997-03332 (C.S.). Voir aussi *Société Radio-Canada c. Canada (Conseil des relations du travail)*, [1995] 1 R.C.S. 157.

104.   Le syndicat régulièrement accrédité peut toutefois se voir reconnaître légitimement dans la convention collective qu'il négocie certains avantages qui lui permettent d'assumer plus facilement son rôle de représentant collectif des salariés, par exemple l'utilisation d'un local de l'employeur à des fins syndicales ou la libération, sans perte de salaire, de certains salariés chargés de participer à l'administration de la convention collective.

105.   *Union des employés de commerce, local 500, T.U.A.C. (U.F.C.W.) c. Syndicat des employés d'alimentation Legardeur Inc.*, [1984] T.T. 81.

106.   *Legendre c. Syndicat des travailleurs de McDonald's (C.S.N.)*, D.T.E. 82T-168 (T.T.); *Confédération des syndicats nationaux c. Union des employés de restauration du Québec, local 102*, [1983] T.T. 177.

107.   *Association des travailleurs et travailleuses de l'industrie et du commerce, local 303 (A.T.T.I.C.) c. Travailleurs unis de l'alimentation et du commerce, local 503 (C.T.C.-F.T.Q.) (T.U.A.C.)*, [1989] T.T. 404; *Syndicat des employées et employés de Tremcar Iberville c. Métallurgistes unis d'Amérique, section locale 9414*, D.T.E. 99T-220 (T.T.).

tel cas, le comportement d'une association trahira sa complaisance envers l'employeur et, partant, sa domination[108].

B- La sanction

Chacune des interventions prohibées à l'employeur par l'article 12 C.t. constitue une infraction pénale qui rend son auteur passible d'une amende de 100 $ à 1 000 $ pour chaque jour ou fraction de jour que dure l'infraction (art. 143 C.t.). Pour qu'il y ait infraction, l'intervention doit être le fait d'un employeur ou d'une association d'employeurs, ou d'une personne qui agit pour leur compte[109]. Il n'est toutefois pas nécessaire que la démarche réussisse; la tentative suffit. L'intention coupable d'entraver doit être prouvée, hors de tout doute raisonnable, mais elle peut se déduire de la nature des gestes posés[110]. L'association syndicale qui participe à l'ingérence illégale de l'employeur dans ses activités se rend passible des mêmes poursuites pénales que l'employeur (art. 145 C.t.).

Au niveau civil, l'association qui participe à une infraction à l'article 12 C.t. perd de ce fait le droit d'être accréditée (art. 29 et 31 C.t.)[111]. En l'absence de plainte, cette question peut être soulevée à l'initiative de l'agent de relations du travail ou de la C.R.T. Toute plainte à la C.R.T. reliée à l'application de l'article 12 C.t. doit être déposée dans les 30 jours de la connaissance de la contravention alléguée (art. 116, al. 1 C.t.). Autre conséquence civile, l'association qui se laisse dominer peut être dissoute en application de l'article 149 C.t. Cette dissolution peut viser tout autant l'association qui n'est pas encore accréditée que celle qui l'est déjà. Les changements juridictionnels apportés par la réforme de 2001-2002 ont rendu caduques certaines déterminations de la jurisprudence antérieure. Le Tribunal du travail, aboli par cette réforme, exerçait alors la compétence pénale de première instance à l'endroit du Code du travail. L'article 149 C.t. fait partie des dispositions pénales du code. Le Tribunal du travail avait décidé qu'il pouvait prononcer la dissolution d'une association selon l'article 149 C.t. au terme d'une demande qui lui avait été adressée spécifiquement à cette fin, qu'il considérait de nature civile et dont le résultat obéissait à l'application de la règle civile de la prépondérance de preuve[112]. Ce sont ces déterminations qui doivent être réévaluées au regard des constatations suivantes :

- – la C.R.T. n'exerce aucune compétence pénale;

- – l'article 149 C.t. est une disposition pénale;

- – la C.R.T. ne dispose d'aucun pouvoir spécifique pour prononcer la dissolution d'une association de salariés[113];

- – le tribunal habilité à prononcer la dissolution d'une association est celui auquel on aurait prouvé sa participation à une infraction à l'article 12 et qui pourrait en outre lui imposer toute autre peine.

Il semble donc que la dissolution éventuelle d'un syndicat en vertu de l'article 149 C.t. doive désormais être associée à une plainte pénale lui reprochant d'avoir enfreint l'article 12 du code. Le cas échéant, la dissolution judiciaire d'un syndicat entraînera sa disparition juridique et l'anéantissement de tous les droits dont il pouvait être titulaire, y compris ceux liés à une convention collective dont il était le signataire[114].

108. *Ibid.*
109. *Schnaiberg c. Métallurgistes unis d'Amérique, section locale 8990*, précité, note 21; *Eerdmans c. Teamsters, employés de laiterie, boulangerie, produits alimentaires, ouvriers du meuble, employés de stations-service, section locale 973*, précité, note 98.
110. *Syndicat canadien des communications, de l'énergie et du papier, section locale 194 c. Disque Améric Inc.*, précité, note 14; *Gauthier c. Sobeys Inc. (numéro 650)*, précité, note 100.
111. Exemples : *Association des travailleurs et travailleuses de l'industrie et du commerce, local 303 (A.T.T.I.C.) c. Travailleurs unis de l'alimentation et du commerce, local 503 (C.T.C.-F.T.Q.) (T.U.A.C.)*, précité, note 107; *Syndicat des employées et employés de Tremcar Iberville c. Métallurgistes unis d'Amérique, section locale 9414*, précité, note 107.
112. Voir *Bisson c. Association des employés de la Résidence du bonheur*, D.T.E. 98T-194 (T.T.).
113. *Travailleurs et travailleuses unis de l'alimentation et du commerce, section locale 500 c. Provigo Distribution Inc.*, D.T.E. 2003T-687 (C.R.T.), par. 36.
114. *Confédération des syndicats nationaux c. Association des artisans de Reliure Travaction Inc.*, [1991] T.T. 235.

Chapitre III

La procédure d'accréditation

On peut définir l'accréditation comme étant l'acte par lequel la puissance publique habilite une association de salariés à représenter les salariés ou un groupe de salariés d'un employeur, en raison de sa représentativité, aux fins de l'établissement d'un régime collectif du travail. Il s'agit en quelque sorte d'un permis d'exercice des rapports collectifs du travail selon le Code du travail.

C'est par requête que l'accréditation est demandée. Cette requête est soumise à diverses conditions de recevabilité. L'accréditation est accordée à l'égard d'une unité de négociation, c'est-à-dire un groupe de salariés d'un employeur, jugée appropriée aux fins de la négociation collective. Son octroi dépend essentiellement du caractère représentatif dont doit jouir l'association de salariés parmi les salariés compris dans l'unité de négociation.

Quoique

À l'instance à laquelle le législateur a confié l'application de la procédure d'accréditation, la Commission des relations du travail (ci-après : « C.R.T. »), soit tenue à plusieurs égards d'agir judiciairement, cette procédure d'accréditation est un processus davantage apparenté au type administratif qu'au type judiciaire[1].

1- La requête en accréditation

A- L'association requérante

La requête en accréditation doit d'abord être soumise par une « association de salariés », selon la définition qu'en donne l'article 1 a) C.t. Cette définition comporte trois éléments d'identification de l'association de salariés : sa composition, sa finalité et sa forme.

Quant à la composition de l'association, celle-ci doit regrouper des salariés au sens du Code du travail. L'association ne saurait réunir indifféremment de tels salariés et d'autres personnes qui n'en sont pas, comme du personnel de gérance ou des travailleurs autonomes. On a ainsi jugé irrecevable, parce qu'elle n'était pas soumise par une association de salariés, une requête en accréditation déposée par un groupement dont les statuts et les règlements le définissaient comme une fédération, c'est-à-dire un groupement d'associations de salariés, et ne prévoyaient pas l'adhésion et la participation de salariés à titre individuel[2]. Par ailleurs, l'appartenance ou la participation accidentelle, de bonne foi, de quelques non-salariés à une association de salariés ne saurait lui faire perdre son caractère ni son droit, le cas échéant, à l'accréditation[3].

Pour ce qui est de sa finalité, l'association doit s'intéresser aux intérêts économiques, sociaux et éducatifs de ses membres et viser particulièrement la négociation et l'application de conventions collectives[4]. Cette finalité commande le contrôle de l'association par les salariés qui en sont membres. Le contrôle d'un syndicat par une société à but lucratif est incompatible avec la poursuite des fins envisagées par le Code du travail et empêche de reconnaître dans ce syndicat une association de salariés au sens du code[5].

---

1. *Magasins Wise Inc. c. Syndicat international des travailleurs et travailleuses unis de l'alimentation et du commerce, section locale 503*, [1992] T.T. 337, EYB 1992-87363; *Aliments Supra Inc. c. Union internationale des travailleurs et travailleuses unis de l'alimentation et du commerce, section locale 501*, [1992] T.T. 658.
2. *Fédération des professionnels des services administratifs et personnels des institutions d'enseignement du Québec c. Association des professionnels de l'orientation du Québec*, T.T. Québec, 75-135, 25 février 1976.
3. *Eerdmans c. Teamsters, employés de laiterie, boulangerie, produits alimentaires, ouvriers du meuble, employés de stations-service, section locale 973*, [1998] R.J.D.T. 692 (T.T.). À plus forte raison en est-il ainsi lorsque la participation de non-salariés est indépendante de l'employeur et n'influe pas sur le caractère représentatif de l'association requérante : *Lukian Plastic Closures Quebec Ltd. c. Lesage*, D.T.E. 99T-20 (C.S.).
4. *Donofsky c. Ouvriers unis des textiles d'Amérique*, [1973] T.T. 158.
5. *Association des travailleurs et travailleuses de l'industrie et du commerce, local 469 (A.T.T.I.C.) c. Tribunal du travail*, D.T.E. 91T-133 (C.S.). Conclusion contraire dans la mesure où l'affiliation à une société à but lucratif laisse néanmoins le contrôle de l'association aux salariés qui en sont membres : *Union des camionneurs de construction et apprentis mécaniciens d'automobiles et aides, employés de stations-service et de parcs de stationnement et salariés divers, local 903 c. Tribunal du travail*, D.T.E. 91T-1285 (C.S.).

Le Code du travail est très souple en ce qui a trait à la forme juridique de l'association de salariés : il laisse aux salariés et à leur groupement le choix de la forme et de la structure que prendra ce dernier[6]. Il n'est donc pas nécessaire que le syndicat soit constitué en personne morale. En pratique, plusieurs syndicats sont constitués en syndicats professionnels en vertu de la *Loi sur les syndicats professionnels,* qui leur confère alors une personnalité juridique distincte[7]. Le syndicat qui n'est pas constitué en personne morale mais formé simplement de bonne foi pourra ester en justice en suivant les prescriptions de l'article 60 C.p.c.[8]. L'association requérante en accréditation doit néanmoins exister réellement. Un minimum de conditions demeurent requises au constat de cette existence, comme la tenue d'une réunion de formation, la signature de cartes de membres, le paiement de cotisations syndicales, l'adoption d'une constitution ou de statuts et l'élection de dirigeants[9].

Il faut enfin signaler que le fait qu'une association de salariés soit déjà accréditée pour un groupe de salariés ne s'oppose pas à la recevabilité d'une requête en accréditation de sa part, pour le même groupe de salariés, si son accréditation est mise en danger, notamment par une demande d'accréditation d'une autre association[10] ou par une requête en révocation d'accréditation provenant d'un groupe de salariés qu'elle représente déjà[11]. Le dépôt d'une telle requête par l'association déjà en place ne saurait toutefois avoir pour effet de faire perdre à l'association rivale le droit à un vote au scrutin secret que cette dernière aurait acquis en vertu de l'article 37 C.t., par le fait du dépôt préalable de sa propre requête en accréditation. En d'autres termes, la requête de l'association déjà accréditée ne revêt qu'un caractère défensif qui lui permet d'obtenir la tenue d'un vote[12]. Elle ne peut par contre se révéler purement préventive, de manière à lui garantir d'avance sa participation à un vote dans l'éventualité d'un maraudage par une association rivale[13].

B- Les délais de recevabilité

La recevabilité d'une requête en accréditation est d'abord conditionnée par son dépôt à l'intérieur de l'un ou l'autre de certains délais déterminés à cette fin par le Code du travail et qui sont d'ordre public.

Le régime général de recevabilité des requêtes en accréditation est issu des règles énoncées aux articles 22, 27.1, 40 et 72 C.t.

1. *Le premier dépôt*

Un groupe de salariés qui n'est pas encore représenté par une association accréditée est dit « en champ libre ». Il peut, en tout temps, être l'objet d'une requête en accréditation. Cette règle, énoncée à l'article 22 a) C.t., est toutefois sujette à une réserve. En effet, la même disposition législative assujettit la recevabilité de la requête au fait que le groupe de salariés qui en est l'objet ne soit pas déjà visé, en totalité ou en partie, par une autre requête en accréditation. Il s'agit là de la règle dite du premier dépôt ou du « guichet fermé », que viennent compléter les dispositions de l'article 27.1 C.t. Ce dernier prononce l'irrecevabilité absolue de toute requête en accréditation qui chevauche en totalité ou en partie, même infime, une première requête qui lui est antérieure et qui vise un groupe de salariés qui n'est pas encore représenté par une association accréditée. Pour ainsi fermer la porte à une requête ultérieure, une première requête doit être juridiquement existante et, à cette fin, satisfaire aux conditions de sa recevabilité[14]. Par ailleurs, son rejet éventuel pour un motif de fond, ayant trait au caractère inapproprié de l'unité de négociation proposée ou au défaut de représentativité de l'association requérante, n'affecte en rien l'application de la règle[15]. De même, le fait que l'une ou l'autre des requêtes vise en totalité ou en partie seulement les salariés pour lesquels

6.   *Union des camionneurs de construction et apprentis mécaniciens d'automobiles et aides, employés de stations-service et de parcs de stationnement et salariés divers, local 903 c. Tribunal du travail,* précité, note 5; *Travailleuses et travailleurs unis de l'alimentation et du commerce, section locale 501 c. Syndicat des travailleuses et travailleurs indépendants du Québec,* D.T.E. 2002T-767 (T.T.).
7.   *Loi sur les syndicats professionnels,* L.R.Q., c. S-40.
8.   Pour agir en justice en demande, cette association doit se pourvoir, en vertu de l'article 60 C.p.c., d'un certificat délivré par la C.R.T., attestant qu'elle constitue une association de salariés au sens du Code du travail : *Syndicat des travailleuses et travailleurs de l'Hôtel Méridien de Montréal c. Tribunal du travail,* D.T.E. 92T-990 (C.S.). Voir aussi *Règlement sur l'exercice du droit d'association conformément au Code du travail,* R.R.Q., c. C-27, r. 3, art. 31.
9.   Voir et comparer les décisions suivantes : *Ferme Carnaval Inc. c. Union des employés de commerce, section locale 500,* [1986] T.T. 41; *Association des employés de GE-AD Inc. c. Syndicat des salariés en alimentation en gros (C.S.N.),* D.T.E. 85T-458 (T.T.).
10.   *Union typographique de Québec, local 302 c. Syndicat des employés de bureau du Saguenay (C.S.N.),* [1978] T.T. 222.
11.   *Zellers Inc. c. Syndicat des travailleuses et travailleurs du magasin Zellers d'Aylmer – C.S.N.,* D.T.E. 2006T-293 (C.A.).
12.   *Syndicat canadien des travailleurs du papier, section locale 100 c. Syndicat national des travailleurs de la pulpe et du papier de Kénogami Inc.,* [1980] T.T. 406. Par ailleurs, même en l'absence de dépôt d'une nouvelle requête en accréditation par l'association en place, la jurisprudence reconnaît à cette dernière le droit à la tenue d'un vote au scrutin secret dès lors qu'elle démontre qu'elle a reconquis son caractère majoritaire avant l'expiration du délai de recevabilité d'une requête en accréditation. Exemple : *Travailleurs et travailleuses unis de l'alimentation et du commerce, section locale 501 c. Magasins Pascal Ltée,* D.T.E. 92T-116 (T.T.) – demande de révocation d'accréditation. Une requête purement préventive de l'association en place, avant d'avoir été menacée par une association rivale, demeure toutefois irrecevable : *Syndicat des employés de manutention et de services c. Solamco,* D.T.E. 2003T-379 (C.R.T.).
13.   *Syndicat des employés de manutention et de services c. Solamco,* D.T.E. 2003T-379 (C.R.T.).
14.   *Syndicat des employées et employés de la Société des casinos du Québec c. Resto-Casino Inc.,* [1997] T.T. 379; *Montreal Newspaper Guild local 30111 c. The Montreal Gazette Group Inc.,* 2003 QCCRT 0715, par. 12-15.
15.   *Syndicat des employées et employés de la Société des casinos du Québec c. Resto-Casino Inc.,* précité, note 14.

aucune accréditation n'a été octroyée paraît sans pertinence; le seul constat de superposition des requêtes à l'égard d'un groupe de salariés non organisé du même employeur suffit à rendre irrecevable toute autre requête que la première[16].

Aux fins d'application de cette règle du premier dépôt, une requête en accréditation est considérée déposée au jour de sa réception à un bureau de la C.R.T. (art. 27.1, al. 2 et 130, al. 2 C.t.)[17]. Deux requêtes déposées le même jour pourront donc coexister et être traitées concurremment. La requête rendue irrecevable par l'article 27.1 C.t. pourra faire l'objet soit d'un rejet par la C.R.T., soit d'un désistement de la part de l'association requérante qui constate son irrecevabilité. Par exception, dans l'un ou l'autre cas, l'association victime de l'irrecevabilité de sa requête en raison de l'article 27.1 C.t. ne sera pas soumise au délai d'attente de trois mois normalement imposé par l'article 40 C.t. avant de pouvoir renouveler sa demande d'accréditation. Eu égard à la perspective d'un tel renouvellement de sa requête, l'association qui subit les effets de l'article 27.1 C.t. se trouve en pratique dans la situation suivante : elle peut, dans une nouvelle requête en accréditation, contourner en quelque sorte les salariés touchés par la règle du premier dépôt. Elle peut aussi choisir d'attendre le sort réservé à la requête de l'association rivale qui a bénéficié de la règle et compter sur son éventuel rejet, ou sur un désistement, pour retrouver le champ libre[18].

La règle du premier dépôt vise un objectif aussi manifeste que simple : accélérer le processus d'accréditation à l'endroit des salariés en champ libre, en écartant toute possibilité de délai pouvant résulter de requêtes successives à l'égard d'un même groupe, en tout ou en partie, tant qu'une accréditation n'a pas été octroyée. Toutefois, manipulée habilement, sinon malicieusement, cette règle peut engendrer des effets secondaires indésirés par le législateur. Par exemple, le dépôt hâtif d'une première requête, suivi d'une longue contestation conduisant au rejet de la requête, pourra faire obstacle un certain temps à toute accréditation d'une association[19].

La loi n'impose aucun nombre minimal de salariés chez un nouvel employeur pour qu'une accréditation puisse être demandée. Toutefois, l'accréditation doit s'adresser à une entreprise existante et la jurisprudence distingue la phase de mise en place de la nouvelle entreprise et celle de son exploitation active. L'accréditation qui peut être demandée à l'endroit des salariés affectés aux travaux préliminaires d'implantation ne visera éventuellement que ceux-ci; elle ne saurait rejoindre les salariés qui seront appelés à réaliser les objectifs de l'entreprise après sa mise en marche[20]. Quant à ces derniers, ils pourront faire l'objet d'une demande d'accréditation dès qu'ils formeront un noyau minimal suffisant pour caractériser les activités de la nouvelle entreprise ou de la partie de cette dernière que vise la requête[21].

2. *L'inefficacité de l'association accréditée*

L'article 22 b.1) et c) C.t. visent essentiellement à permettre la remise en question de l'accréditation d'une association jugée inefficace et inactive en négociation par le législateur. Ainsi, une demande d'accréditation pourrait être dirigée contre une association nouvellement accréditée après 12 mois de la date de son accréditation, si elle n'a pas réussi à conclure une convention collective et si le différend à ce sujet n'a pas été soumis à l'arbitrage ou, à défaut, ne fait pas l'objet d'une grève ou d'un lock-out permis par le code[22]. Il en est de même, en vertu du paragraphe c), à l'endroit d'une association qui a déjà conclu une convention collective et qui doit la renouveler, après neuf mois de la date d'expiration de la convention collective échue, aux mêmes conditions.

Un jugement *Pyrofax Gas Limited*, suivi et appliqué pendant plusieurs années, a d'abord décidé que l'exercice du droit de grève ou de lock-out à un certain moment avait pour effet d'interrompre la course du délai accordé à en place avant que son accréditation devienne vulnérable, ce délai recommençant à courir et à être calculé à compter du moment où la grève ou le lock-out avait cessé[23]. Cette

---

16. *Association des employés de Galénica c. Syndicat national de l'automobile, de l'aérospatiale, du transport et des autres travailleurs et travailleuses du Canada (T.C.A.)*, [2000] R.J.D.T. 1623 (T.T.). L'article 27.1 C.t. n'a pas d'effet à l'endroit d'une demande d'inclusion dans une unité d'accréditation existante, par interprétation selon l'article 39 C.t. : *Centres jeunesse de Montréal c. Syndicat québécois des employées et employés de service, section locale 298*, D.T.E. 2001T-1091 (T.T.).
17. *Association des employés de Hebdo Litho c. Syndicat international des communications graphiques, section locale 555*, [1999] R.J.D.T. 1633, REJB 1999-14116 (T.T.) – requête reçue un dimanche, par télécopie.
18. Exemples : *Ferme Carnaval Inc. c. Union des employés de commerce, section locale 500*, précité, note 9; *Association indépendante des agents et agents de télévente Molson-O'Keefe c. Syndicat des employées et employés professionnels et de bureau, section locale 57*, D.T.E. 93T-1286 (T.T.) – désistement.
19. Voir l'affaire *Fraternité nationale des charpentiers-menuisiers, forestiers et travailleurs d'usine c. Gaston Brouillette Inc.*, D.T.E. 85T-92 (T.T.).
20. *Syndicat canadien des communications, de l'énergie et du papier, section locale 2005 c. Interquisa Canada Inc.*, D.T.E. 2003T-1015 (C.R.T.); *Bitumar Inc. c. Union des camionneurs de construction et approvisionnement, mécaniciens d'auto et aides, employés de stations-service et de parcs de stationnement et salariés divers*, D.T.E. 88T-865 (T.T.).
21. *Syndicat des employées et employés de la Société des casinos du Québec c. Resto-Casino Inc.*, précité, note 14; *Syndicat canadien de la fonction publique, section locale 3900 c. Syndicat des travailleuses et travailleurs du Casino de Hull*, [1996] T.T. 504.
22. Exemple du calcul de ce délai : *Syndicat des travailleurs de Sac Drummond c. Sac Drummond Inc.*, D.T.E. 2005T-517 (C.R.T.).
23. *Pyrofax Gas Limited c. Syndicat international des travailleurs des industries pétrolières, chimiques et atomiques, local 9-618* [1971] T.T. 252.

interprétation fut remise en question et désavouée par un jugement ultérieur, selon lequel il suffit de constater l'expiration de la période (de 12 ou de 9 mois) allouée à l'association accréditée et la réalisation des autres conditions prévues par la loi pour conclure à la recevabilité d'une requête en accréditation, sans qu'il soit question de tenir compte de la survenance d'une grève ou d'un lock-out qui aurait ensuite pris fin[24].

À quel moment, par ailleurs, un différend est-il considéré soumis à l'arbitrage, pour l'application des délais prévus à l'article 22 b.1) et c) C.t.? Qu'il s'agisse d'un arbitrage obligatoire à la demande d'une seule partie, comme ce peut être le cas pour les policiers ou les pompiers municipaux ou à l'occasion de la négociation d'une première convention collective, ou qu'il s'agisse d'un arbitrage volontaire à la demande conjointe des deux parties dans les autres cas[25], c'est à la date de la décision du ministre du Travail, par laquelle celui-ci répond positivement à la demande qui lui a été adressée, que le différend est considéré déféré à l'arbitrage (art. 75, 93.3 et 98 C.t.)[26].

3. L'expiration d'une convention collective de courte durée

L'article 22 d) C.t. prévoit une période automatique de remise en question de l'accréditation, lorsque les conditions de travail ont été déterminées collectivement pour une durée de trois ans ou moins. Cette période s'étend du 90e au 60e jour précédant la date d'expiration d'une sentence arbitrale tenant lieu de convention collective, ou la date d'expiration d'une convention collective ou du renouvellement d'une convention collective dont la durée est de trois ans ou moins. Ce délai, comme les autres délais prévus à l'article 22 C.t., est d'ordre public et a évidemment préséance sur toute convention. Il s'ensuit qu'une modification conventionnelle de la durée de la convention

collective ou un accord de renouvellement ne saurait faire obstacle à son application[27]. Le calcul de ce délai, comme celui des autres délais fixés par le code, tient compte des dispositions des articles 151.1 à 151.3 C.t., qui peuvent avoir pour effet de le prolonger[28].

4. L'expiration d'une convention collective de longue durée

L'article 22 e) C.t. s'adresse aux situations où les parties ont conclu une convention collective dont la durée est de plus de trois ans. Dans tous ces cas, il y a ouverture à une demande d'accréditation du 180e au 150e jour précédant la date d'expiration de la convention collective. En outre, pendant la durée d'une telle convention collective, l'accréditation peut être remise en question à intervalles réguliers après un certain temps[29]. Il en sera ainsi du 180e au 150e jour précédant le sixième anniversaire de la signature de la convention collective et chaque deuxième anniversaire subséquent (le 8e, le 10e et ainsi de suite) à moins qu'une telle période d'ouverture se trouve à prendre fin à 12 mois ou moins de celle précédant normalement l'expiration de la convention collective, c'est-à-dire du 180e jour précédant cette date d'expiration[30]. Ici encore, le calcul de ces délais prend en considération les dispositions des articles 151.1 à 151.3 C.t.

5. Le défaut de déposer une convention collective

L'article 72 C.t. permet une requête lorsque le dépôt d'une convention collective ou de ses modifications n'a pas été fait dans les 60 jours de la signature[31]. On est parfois porté à oublier que le texte de l'article 72 C.t. attache la même conséquence au défaut de déposer les modifica-

24. *Syndicat des travailleurs(euses) de Robert et Robert (C.S.N.) c. Syndicat des salariés du bois ouvré de Robert et Robert (C.S.D.)*, [1987] T.T. 204. La fermeture temporaire de l'entreprise ne suspend pas non plus l'écoulement du délai : *Syndicat des employés de bureau et de commerce de Chicoutimi (C.S.N.) c. Syndicat d'alimentation, section locale 107 (F.S.A.)*, [1988] T.T. 481.
25. Sur l'arbitrage de différend, voir *infra*, titre II, chapitre V.
26. *Syndicat des travailleurs d'Entreprises Philip (C.S.N.) c. Union des chauffeurs de camions, hommes d'entrepôts et autres ouvriers, section locale 106 (F.T.Q.)*, D.T.E. 98T-328 (T.T.); *Syndicat québécois des employées et employés de service, section locale 29 c. Association des employés de la Résidence du Bonheur*, D.T.E. 97T-1011, REJB 1997-01080 (T.T.). Ces décisions représentent un revirement jurisprudentiel quant à une demande conjointe d'arbitrage; comparer à *City Buick, Pontiac (Mtl) Limitée c. Union des vendeurs d'automobiles et employés auxiliaires, local 1974 R.C.I.A.*, [1979] T.T. 66.
27. *Teamsters du Québec, chauffeurs et ouvriers de diverses industries, section locale 69 c. Syndicat des travailleuses et travailleurs d'Bois linière (C.S.N.)*, D.T.E. 99T-193, REJB 1999-10808 (C.A.); *Syndicat des travailleuses et travailleurs de ADT (C.S.N.) c. Fraternité internationale des ouvriers en électricité, section locale 1604*, D.T.E. 2005T-414 (C.R.T.).
28. *Association des employés de Bertrand Croft Inc. c. Syndicat des employés(es) de Bertrand Croft (C.S.N.)*, D.T.E. 87T-864 (T.T.).
29. Exemple : *Syndicat des employés de manutention et de services (SEMS) c. Syndicat des employés de Garage Montplaisir*, [2002] R.J.D.T. 1600 (C.T.) – convention collective de trois ans et un jour.
30. Tel que récemment confirmé par la Commission des relations du travail, les délais prévus à l'article 22 e) C.t. se calculent à partir de la date de *signature* d'une convention collective ou de son renouvellement et non à partir de la date de son *entrée en vigueur* déterminée par les parties : *Syndicat des travailleuses et travailleurs de Sucre Lantic – C.S.N. et Syndicat international des travailleuses et travailleurs de la boulangerie, confiserie, tabac et meunerie, section locale 333*, D.T.E. 2006T-317 (C.R.T.).
31. Exemple : *Union des agents de sécurité du Québec, local 8922 c. Union des agents de sécurité du Québec*, [1984] T.T. 225.

tions apportées à la convention qu'à celui de déposer la convention collective elle-même[32].

La recevabilité d'une requête en accréditation à l'intérieur de l'un ou l'autre des délais auxquels nous venons de nous arrêter demeure par ailleurs soumise à une restriction particulière. En vertu de l'article 40 C.t., une association qui se voit refuser sa demande d'accréditation ou qui choisit de s'en désister ne peut en reformuler une autre à l'endroit du même groupe qu'après une période d'attente de trois mois suivant le rejet ou le désistement[33]. L'application de cette sanction est toutefois limitée. D'abord, l'article 40 C.t. exclut expressément cette application lorsque le rejet, ou le désistement, fait suite à l'irrecevabilité de la requête par effet de la règle du premier dépôt énoncée à l'article 27.1 C.t., ainsi que lorsqu'un désistement est produit à la suite d'un regroupement de municipalités ou de commissions scolaires, d'une intégration de personnel dans une communauté urbaine ou de la création d'une société de transport. La jurisprudence se refuse à imposer le moratoire de trois mois dans tous les cas où le rejet ou le désistement de la requête en accréditation n'est pas lié à un motif de fond, mais plutôt à une défaillance procédurale[34]. L'article 40 C.t. ne s'applique pas, non plus, dans les situations suivantes : (1) à l'endroit du groupe de salariés résiduaire, lorsque la requête est accueillie partiellement[35]; (2) à la suite d'une révocation d'accréditation en vertu de l'article 40 C.t.[36].

Il existe un moyen bien connu pour tenter d'échapper aux effets de l'application, le cas échéant, de l'article 40 C.t. Il s'agit de créer de toutes pièces un nouveau syndicat avec un nouveau nom, un nouveau conseil d'administration, etc. Le nouveau requérant en accréditation doit se présenter comme une entité syndicale réellement distincte de celle qu'il remplace en quelque sorte, même si ses membres et certains de ses officiers se retrouvent dans les mêmes personnes[37]. À cet égard, il a notamment été reconnu que les différentes sections locales d'une même organisation syndicale étaient des associations distinc-

tes[38] et que le dépôt d'une requête par l'une d'elles n'entraîne pas l'application du délai de trois mois prévu à l'article 40 C.t. à l'égard des autres sections locales[39].

Il faut comprendre que ces diverses périodes de recevabilité des requêtes en accréditation sont d'application successive. Cela signifie, par exemple, qu'une requête déposée en vertu de l'article 22 d) ou e) C.t., dans la période qui précède l'expiration d'une convention collective, aura préséance sur une requête déposée plus tard, après l'échéance de cette convention collective, en vertu de l'article 22 c) C.t., ou après la conclusion d'une nouvelle convention collective et le défaut de la déposer, selon l'article 72 C.t.[40]. Par ailleurs, des requêtes déposées dans un même délai de recevabilité seront traitées en juxtaposition, c'est-à-dire comme si elles avaient été déposées au même moment, sans préséance de l'une sur l'autre[41].

Signalons en terminant que dans les « secteurs public et parapublic », l'article 111.3 C.t. substitue à la période mentionnée à l'article 22 d) C.t. celle qui va du 270e au 240e jour précédant la date d'expiration d'une convention collective, comme période statutaire de maraudage (art. 111.1 à 111.3 C.t.).

L'article 27 C.t. charge la C.R.T. de mettre une copie de toute requête en accréditation à la disposition du public par tout moyen qu'elle juge approprié.

C- Les formalités

La soumission d'une demande d'accréditation est sujette à certaines formalités. Nous examinerons successivement leur teneur et le contrôle de leur respect.

1. La teneur

Les formalités auxquelles est assujettie la demande d'accréditation résultent des dispositions des articles 25 et

---

32. Voir, à ce sujet, *Prévost Car Inc. c. Tremblay*, [1976] C.S. 32.

33. *Institut technique Aviron c. Syndicat des professeurs de métier et de technique de l'Institut Aviron (C.S.N.)*, D.T.E. 84T-191 (T.T.).

34. *Syndicat des travailleurs de Sac Drummond c. Sac Drummond Inc.*, précité, note 22. Voir aussi *infra*, les commentaires et la jurisprudence citée relativement au défaut de respecter une obligation procédurale imposée par l'article 25 C.t. (voir la section 1-C-1.c, « Les formules d'adhésion et les autres informations »).

35. *Recmix Inc. c. Vignola*, D.T.E. 2004T-495, REJB 2004-55087 (C.S.).

36. *Syndicat des travailleuses et travailleurs de l'Immaculée-Conception (C.S.N.) c. Œuvre du Père Marcel de la Sablonnière, Centre de loisirs Immaculée-Conception*, D.T.E. 2004T-313 (C.R.T.).

37. Comparer à ce sujet les jugements suivants qui aboutissent à des constats différents : *Ferme Carnaval Inc. c. Union des employés de commerce, section locale 500*, précité, note 9; *Institut technique Aviron c. Syndicat des professeurs de métier et de technique de l'Institut Aviron (C.S.N.)*, précité, note 33; *Gravel & Fils Ltée c. Syndicat d'entreprises funéraires*, [1983] T.T. 386.

38. *Syndicat canadien de la fonction publique, section locale 4130 et Syndicat des employés du Foyer de Clermont Inc. (C.S.N.)*, D.T.E. 99T-984 (C.T.).

39. *Compagnie Wal-Mart du Canada c. Travailleuses et travailleurs unis de l'alimentation et du commerce, section locale 486*, 2006 QCCA 1578.

40. *Conseil des employés de commerce du Québec, section matériaux de construction c. Union des employés de commerce, local 502*, [1983] T.T. 206; *Syndicat des employés de SOPEQ c. Union des agents de sécurité du Québec*, D.T.E. 83T-558 (T.T.).

41. *Ibid. Syndicat des travailleurs de Sac Drummond c. Sac Drummond Inc.*, précité, note 22. La représentativité de chaque association demeurera néanmoins appréciée, comme nous le verrons, à la date du dépôt de sa requête.

26 C.t. ainsi que du *Règlement sur l'exercice du droit d'association conformément au Code du travail*[42]. Elles ont essentiellement trait à la production de divers documents.

a) La requête

L'accréditation se demande par requête déposée à la C.R.T., à son bureau de Québec ou de Montréal (art. 25 C.t.)[43]. Cette requête doit identifier le groupe de salariés que l'association veut représenter et être signée par ses représentants mandatés (art. 25, al. 2 C.t.)[44]. Elle doit aussi désigner l'employeur par son nom en mentionnant l'adresse de l'établissement ou des établissements visés[45]. Cette dernière identification pose parfois une difficulté, lorsque plusieurs personnes ou entités se partagent ou exercent conjointement les différentes prérogatives usuelles d'un employeur à l'endroit de ses salariés. Dans ces circonstances, une désignation erronée de l'employeur par l'association requérante pourra être corrigée à la lumière des faits révélés ultérieurement à l'occasion de l'examen de la demande d'accréditation par la C.R.T., sans que le droit à l'accréditation soit compromis du fait de l'erreur initiale[46].

b) La résolution

En vertu de l'article 25, al. 2 C.t., la requête en accréditation doit être autorisée par une résolution de l'association. Un arrêt de la Cour suprême a souligné le fait que cette résolution doit être adoptée par l'association qui demande l'accréditation et non par les salariés de l'unité de négociation pour laquelle cette association cherche à obtenir l'accréditation[47]. Par exemple, s'agissant d'un syndicat d'envergure régionale, c'est l'assemblée générale formée de l'ensemble des membres du syndicat qui devra adopter la résolution, ou encore l'exécutif de ce

dernier, selon les dispositions qui peuvent être prévues à cet effet par les statuts ou les règlements du syndicat[48]. Pour des raisons pratiques évidentes, c'est d'ailleurs à cette dernière solution que l'on fait généralement appel. Cette résolution décrit elle-même l'unité de négociation à l'égard de laquelle l'association sera autorisée à demander l'accréditation. Elle désigne aussi habituellement les mandataires qui seront autorisés à agir au nom de l'association et notamment à signer la requête en accréditation.

Alors que l'obligation d'accompagner la requête en accréditation d'une copie certifiée conforme de la résolution l'autorisant ne trouvait aucun fondement direct dans le code lui-même mais résultait plutôt seulement d'une exigence réglementaire[49], on a jugé que le défaut de la satisfaire ne constituait qu'une simple irrégularité de procédure, que l'article 151 C.t. permettait de couvrir[50]. L'article 25, al. 2 C.t. requiert impérativement que la requête soit accompagnée de tout document ou information exigé par un règlement du gouvernement, au même titre que les formules d'adhésion, comme nous le verrons. Quoi qu'il en soit de cet aspect, l'existence même d'une résolution qui répond aux exigences du code et de la réglementation représente une condition de fond à la recevabilité de la requête en accréditation[51].

c) Les formules d'adhésion et les autres informations

L'article 25, al. 2 C.t. exige de l'association requérante que sa demande d'accréditation soit accompagnée des formules d'adhésion prévues à l'article 36, al. 1 b) C.t. ou de copies de ces formules. Le sens de cette exigence a été circonstancié par la jurisprudence. On a déjà ainsi décidé qu'il n'était pas nécessaire que ces formules d'adhésion ou leurs copies soient jointes physiquement à la requête en accréditation; et qu'il suffisait que ces documents soient transmis le même jour que la requête[52].

---

42. Précité, note 8.
43. *Id.*, art. 9 et 3, et annexe 1. Sur le mode de transmission d'une demande à la C.R.T., voir *supra*, titre II, chapitre I, section 2, sous-section 1), « L'introduction de la demande ».
44. Quant à l'exigence de signature, voir *Restaurants Châtelaine Ltée c. Lesage*, D.T.E. 84T-505 (C.S.).
45. *Règlement sur l'exercice du droit d'association conformément au Code du travail*, précité, note 8, art. 9.
46. *Syndicat des travailleurs de l'énergie et de la chimie, local 105 (F.T.Q.) c. Transport Matte Ltée*, [1988] R.J.Q. 2346 (C.A.); *Association des employés de Galénica c. Syndicat national de l'automobile, de l'aérospatiale, du transport et des autres travailleurs et travailleuses du Canada (T.C.A.)*, précité, note 16; *Union des employés d'hôtels, restaurants et commis de bars, section locale 31 (C.T.C.) c. Syndicat des travailleuses et travailleurs du Holiday Inn Select Sinomonde (C.S.N.)*, D.T.E. 2001T-562 (T.T.).
47. *Association internationale des commis du détail, local 486 c. Commission des relations du travail du Québec*, [1971] R.C.S. 1043.
48. Le cas échéant, c'est à l'instance du travail qu'il appartient d'apprécier si la résolution a été adoptée conformément aux statuts et aux règlements de l'association requérante : *Travailleurs unis de l'alimentation et du commerce, local 501 c. Bourgeois*, [1991] R.J.Q. 951, EYB 1991-57488 (C.A.).
49. *Règlement sur l'exercice du droit d'association conformément au Code du travail*, précité, note 8, art. 9.
50. *Tétreault c. Lecavalier*, C.A. Montréal, n° 500-09-001052-869, 26 février 1988; *Rodrigues c. Bibeault*, [1986] R.J.Q. 2243, EYB 1986-79574 (C.S.).
51. *Rodrigues c. Bibeault*, précité, note 50; *De Sousa c. Syndicat des ouvriers unis de l'électricité, radio et machinerie d'Amérique, section locale 568*, [1986] T.T. 17.
52. *Syndicat des infirmières et infirmiers de l'Est du Québec (S.I.I.E.Q.) c. Syndicat des infirmières et infirmiers du C.L.S.C. de la Vallée (F.I.I.Q.)*, D.T.E. 91T-99 (T.T.); *Union des employés de service, local 298 (F.T.Q.) c. Syndicat national des employés de l'Hôpital Charles Lemoyne (F.A.S.-C.S.N.)*, D.T.E. 90T-1150 (T.T.).

En l'absence des originaux ou des copies des formules d'adhésion qui doivent accompagner la requête en accréditation, la jurisprudence, plutôt que de conclure au rejet pur et simple de la requête pour ce motif, a décidé qu'elle devait simplement être déclarée inexistante, « donc n'avoir jamais été faite, avec toutes les conséquences juridiques que cela implique »[53]. Cette solution permet à l'association fautive d'éviter la sanction prévue à l'article 40 C.t., qui lui imposerait autrement d'attendre l'expiration d'un délai de trois mois avant de renouveler sa demande d'accréditation. On a ensuite étendu cette conclusion d'inexistence de la requête à l'absence d'une résolution conforme à la loi et aux règlements[54], puis à d'autres causes d'irrecevabilité[55].

Outre les formules d'adhésion, l'obligation de communication de l'association s'étend à tout document ou information exigé par un règlement du gouvernement. C'est par contre seulement sur demande expresse de la C.R.T. que l'association requérante sera tenue de déposer ses statuts et ses règlements (art. 26 C.t.). Elle pourra être appelée à le faire, par exemple, pour établir la réalité de son existence ou sa finalité[56].

d) La copie à l'employeur et ses obligations

C'est la C.R.T. elle-même qui transmet à l'employeur une copie de la requête en accréditation, avec toute information qu'elle juge appropriée (art. 25, al. 1 C.t.). Il peut être opportun cependant pour l'association requérante d'aviser elle-même l'employeur du dépôt de sa requête en accréditation, notamment en vue d'établir au besoin la connaissance par l'employeur, dès ce moment, de l'activité syndicale en cours dans son entreprise.

Au plus tard le jour ouvrable suivant celui de sa réception, l'employeur est tenu d'afficher une copie de la requête dans un endroit bien en vue de son entreprise (art. 25, al. 3 C.t.). Il doit aussi, dans les cinq jours de la réception de cette copie, afficher dans un endroit bien en vue la liste complète des salariés visés par la demande

d'accréditation, avec leur fonction, en transmettre aussitôt une copie à l'association requérante et en garder une autre à la disposition de l'agent de relations du travail qui sera saisi de la requête[57].

2. Le contrôle

L'examen et l'appréciation du respect, par l'association requérante, des formalités arrêtées aux articles 25 et 26 C.t. relèvent de la compétence de la C.R.T. À moins que son pouvoir ait été exercé de façon manifestement déraisonnable, les tribunaux supérieurs refuseront d'intervenir à l'encontre de ses décisions à ce sujet[58].

Le contentieux des formalités auxquelles est soumise la requête en accréditation soulève deux difficultés particulières. L'une a trait à l'identité des intervenants et l'autre à l'accès aux moyens de preuve.

Par effet de l'article 32 C.t., sur lequel nous reviendrons, l'employeur se voit expressément dénier tout droit d'intervention, au cours de la procédure d'accréditation, relativement au caractère représentatif des associations de salariés en cause. Sont seuls autorisés à discuter de la représentativité des associations, comme condition de leur accréditation, les associations elles-mêmes et les salariés visés par une requête en accréditation. On trouve des décisions où l'on a assimilé assez simplement à l'examen du caractère représentatif la vérification de certaines formalités exigées par l'article 25 C.t., notamment l'existence de la résolution qui doit autoriser la requête en accréditation[59] et la production des cartes d'adhésion avec cette requête[60]. Il faut toutefois reconnaître que le problème a été le plus souvent envisagé sous l'angle de l'admissibilité d'une preuve que voulait soumettre l'employeur ou de l'accessibilité de cette preuve à cet employeur. Ces questions se distinguent pourtant du droit lui-même de discuter de la recevabilité d'une requête en accréditation, en fonction des formalités requises par l'article 25 C.t. La recevabilité de la requête en accréditation est une question qu'aucun texte législatif ne soustrait comme telle au droit de contes-

53. *Syndicat des employés du Séminaire Marie-Reine du Clergé c. Commissaire général du travail*, [1983] T.T. 382; *Fraternité nationale des charpentiers, menuisiers, forestiers et travailleurs d'usine, section locale 99 c. Syndicat canadien des travailleurs du papier, section locale 2995*, D.T.E. 84T-630 (T.T.).
54. *Syndicat indépendant Weldco c. Weldco Inc.*, [1986] T.T. 360; *De Sousa c. Syndicat des ouvriers unis de l'électricité, radio et machinerie d'Amérique, section locale 568*, précité, note 51.
55. *Syndicat des employées et employés de la Société des casinos du Québec c. Resto-Casino Inc.*, précité, note 14; *Syndicat des travailleurs de Sac Drummond c. Sac Drummond Inc.*, précité, note 99.
56. Eu égard aux dispositions de la *Charte de la langue française*, L.R.Q., c. C-11, la constitution et les règlements de l'association n'ont pas être rédigés dans la langue officielle : *Lagacé c. Union des employés de commerce, local 504 (T.U.A.C.-F.T.Q.)*, [1988] R.J.Q. 1791, EYB 1988-62885 (C.A.).
57. Sur l'affichage de la liste, voir *Syndicat des travailleurs(euses) de A.M.D. (C.S.N.) c. A.M.D. Ltée*, D.T.E. 82T-244 (T.T.).
58. *Travailleurs unis de l'alimentation et du commerce, local 501 c. Bourgeois*, précité, note 48.
59. Exemple : *Loranger et Leblanc c. Union des employés de commerce, local 501, R.C.I.A.*, [1978] T.T. 250. Voir aussi *Chomedey Hyundai c. Fraternité canadienne des cheminots, employés des transports et autres ouvriers, section locale 511*, [1988] T.T. 460 – inadmissibilité de l'employeur à l'enquête relative à un débat sur le processus d'adoption d'une résolution de désistement d'une requête en accréditation.
60. *Ferme Carnaval Inc. c. Union des employés de commerce, section locale 500*, précité, note 9.

tation de l'employeur[61]. Cette distinction étant acceptée, il ne s'ensuit pas pour autant que toute difficulté disparaisse. La vérification des conditions de recevabilité de la requête en accréditation est susceptible de requérir l'examen de divers éléments factuels directement rattachés au caractère représentatif d'une association, c'est-à-dire à ses relations avec les salariés. La C.R.T. sera alors justifiée d'interdire à l'employeur l'accès à la preuve des éléments du caractère représentatif des syndicats[62]. Au surplus, cette partie de l'enquête de la C.R.T. demeurera, à l'égard de tout intervenant, sujette à l'interdiction que l'article 36 C.t. fait à quiconque de révéler l'appartenance d'une personne à une association de salariés au cours de la procédure d'accréditation, sauf à l'instance d'accréditation elle-même[63]. Cependant, l'application de l'article 36 C.t. peut créer des circonstances pouvant porter atteinte au droit fondamental d'un employeur de se faire pleinement entendre. Cela pourra notamment être le cas advenant qu'un syndicat allègue que les actions de l'employeur ont mené certains salariés à refuser d'adhérer à son association, tout en invoquant l'article 36 du Code afin de ne pas avoir à dévoiler le nom desdits salariés. Les tribunaux refuseront alors au syndicat la possibilité de présenter une telle preuve car, en raison de l'application de l'article 36 C.t., l'employeur se retrouverait dans l'impossibilité de contre-interroger les témoins du syndicat sur cet aspect du litige[64].

2- L'unité de négociation

C'est à l'association de salariés, requérante en accréditation, qu'il appartient de proposer une description du groupe de salariés – l'unité de négociation – qu'elle veut représenter chez l'employeur. Le Code du travail ne dicte pas de contenu obligatoire à une unité de négociation. Un seul salarié peut suffire à former une telle unité (art. 21, al. 4 C.t.).

L'article 21, al. 3 C.t. énonce les conditions fondamentales à partir desquelles seront déterminées les unités de négociation. Ces conditions sont les suivantes :

– D'abord, le droit à l'accréditation existe soit à l'égard de la totalité des salariés de l'employeur, soit à l'égard d'un groupe de salariés qui forme un groupe distinct aux fins du code. L'unité peut donc être générale, ce que l'on appelait autrefois l'unité industrielle, ou être formée d'un groupe distinct de salariés identifié selon les critères que nous verrons ci-après, ce que l'on appelait à l'origine l'unité de métier.

– L'unité de négociation peut être déterminée par accord entre l'employeur et l'association de salariés au niveau de l'agent de relations du travail. Le constat de cet accord par l'agent de relations du travail a alors un effet déclaratoire de droit.

– À défaut d'accord entre l'association de salariés et l'employeur lors de l'intervention de l'agent de relations du travail, c'est à la C.R.T. elle-même qu'il appartient de déterminer l'unité appropriée, qu'elle soit générale ou distincte. À ce stade, la C.R.T. a pleine latitude quant à la détermination de l'unité; même une entente entre l'employeur et le syndicat ne saurait la lier et ne pourrait avoir qu'une valeur indicative[65]. À plus forte raison, une entente entre deux syndicats sur la description de l'unité de négociation ne peut avoir aucun effet contraignant sur la décision de la C.R.T., à supposer même que l'employeur n'intervienne pas sur la question[66].

Eu égard à ces règles générales, il faut signaler que, de façon tout à fait exceptionnelle, le législateur détermine d'autorité l'étendue de certaines unités d'accréditation. La formation des unités de négociation qui regroupent des employés du gouvernement du Québec obéit aux règles précises édictées par les articles 64 à 67 de la *Loi sur la fonction publique*[67]. Depuis le 18 décembre 2003, les établissements du secteur des affaires sociales ne peuvent être sujets qu'à la formation de quatre unités de négociation regroupant respectivement le personnel des soins infirmiers, celui du soutien technique et matériel, celui du

61. Voir *Luc Inc. c. Union des employés de commerce, local 501*, [1985] T.T. 360; *Institut technique Aviron c. Syndicat des professeurs de métier et de technique de l'Institut Aviron (C.S.N.)*, précité, note 33. Voir, cependant, *Ferme Carnaval Inc. c. Union des employés de commerce, section locale 500*, précité, note 9.
62. *Lukian Plastic Closures Quebec Ltd. c. Lesage*, précité, note 3; *Aliments Supra Inc. c. Union internationale des travailleurs et travailleuses unis de l'alimentation et du commerce, section locale 501*, précité, note 1; *Magasins Wise Inc. c. Syndicat international des travailleurs et travailleuses unis de l'alimentation et du commerce, section locale 503*, précité, note 1; *Conseil du Québec – Unite Here et Groupe Dynamite Inc.*, D.T.E. 2006T-1015 (C.R.T.).
63. *Ibid.* L'expression « au cours de la procédure d'accréditation » ne se limite pas à l'examen de la requête en accréditation : *Boutin c. Wal-Mart Canada Inc.*, [2005] R.J.D.T. 1636, par. 18-25 (C.R.T.).
64. *Boutin et Wal-Mart*, 2006 QCCRT 0208.
65. *Syndicat des employés de Uniroyal (C.S.N.) c. Uniroyal Limitée*, [1974] C.A. 366 (même si, en l'espèce, deux juges estimaient que, de toute façon, il n'y avait pas eu de telle entente entre les parties); *Syndicat des enseignantes et enseignants du Séminaire St-François c. Corp. du Séminaire St-François*, D.T.E. 98T-1201 (T.T.) – suggestion commune des parties.
66. *Infirmières et infirmiers unis Inc. c. Union des employés de service, section locale 298 (F.T.Q.)*, [1976] T.T. 35.
67. L.R.Q., c. F-3.1.1. Voir aussi la *Loi sur les relations du travail, la formation professionnelle et la gestion de la main-d'œuvre dans l'industrie de la construction*, L.R.Q., c. R-20, art. 85.

soutien administratif et les techniciens et professionnels de la santé[68]. L'article 4 C.t. apporte enfin une restriction indirecte à la détermination de certaines unités de négociation, du fait qu'il interdit aux policiers municipaux d'appartenir à un syndicat qui n'est pas formé exclusivement de policiers municipaux ou qui est affilié à une autre organisation.

A- Les incidences de la description de l'unité de négociation

La description de l'unité de négociation revêt une importance capitale à plusieurs égards, tant pour l'employeur que pour la partie syndicale.

D'abord, le droit même à l'accréditation est subordonné à l'existence d'un groupe habile à négocier collectivement ou, en d'autres termes, d'une unité de négociation appropriée[69]. Dans plusieurs cas, la détermination de l'unité de négociation donne lieu à de véritables stratégies rattachées, en réalité, à l'établissement éventuel du caractère représentatif de l'association syndicale à l'intérieur de l'unité. Par la description de l'unité de négociation, le syndicat pourra chercher à s'assurer une majorité et, à l'inverse, l'employeur à la lui faire perdre. En effet, il est facile de comprendre, en ayant à l'esprit que pour obtenir l'accréditation le syndicat doit être majoritaire à l'intérieur de l'unité, que la proportion des appuis au syndicat peut changer sensiblement selon l'étendue de l'unité. Pour l'employeur qui cherche à empêcher l'octroi de l'accréditation, le débat sur l'unité de négociation (et les personnes qu'elle vise), lorsqu'il croit que l'appui au syndicat se situe autour du point critique de la majorité, prend une importance capitale, puisqu'il constitue le seul sujet sur lequel il est autorisé par le Code du travail à intervenir et à apporter une contestation quant au fond de la requête. L'employeur est en effet exclu, comme nous le verrons, de tout débat sur la question de la représentativité du ou des syndicats en présence, par l'article 32 C.t.

Enfin, il faut aussi tenir compte du fait qu'en cas de rejet d'une requête en accréditation ou de désistement de la part du syndicat requérant, que ce soit à raison du caractère inapproprié de l'unité recherchée ou du défaut de majorité, le syndicat concerné devra attendre l'écoulement d'un délai de trois mois avant de loger une nouvelle requête, selon l'article 40 C.t.

B- La détermination du caractère approprié de l'unité de négociation

L'article 21 C.t., avons-nous vu, envisage l'existence soit d'une unité générale formée de l'ensemble des salariés d'un employeur, soit encore d'unités particulières correspondant à des groupes de salariés jugés distincts à l'intérieur de l'entreprise.

L'étendue maximale d'une unité de négociation sous l'empire du Code du travail correspond à l'ensemble des salariés d'un employeur. En effet, le code n'envisage pas l'accréditation multipatronale et donc la formation d'unités qui regrouperaient les salariés de plus d'un employeur[70]. Il n'est toutefois pas exclu que plusieurs entités juridiques associées dans l'exploitation d'une entreprise commune constituent conjointement un « employeur unique » aux fins de l'accréditation. Pour conclure que plusieurs personnes, physiques ou morales, sont ensemble un seul employeur aux fins de l'accréditation, il faut plus qu'une association, même étroite, entre ces personnes dans la poursuite d'un objectif commun pour leur avantage mutuel. Leurs entreprises apparemment distinctes doivent être fonctionnellement intégrées au point de n'en former véritablement qu'une seule, par osmose[71].

En principe, l'unité générale, celle qui regroupe la totalité des salariés d'un employeur, ne devrait pas soulever de difficulté, du moins lorsque le champ de l'accréditation est libre[72]. Ce type d'unité de négociation, même en champ libre, ne jouit toutefois pas d'un droit absolu de reconnaissance. La formation d'une unité générale pourra être refusée lorsque les circonstances révèlent qu'elle

---

68. *Loi concernant les unités de négociation dans le secteur des affaires sociales et modifiant la Loi sur le régime de négociation des conventions collectives dans les secteurs public et parapublic*, L.Q. 2003, c. 25, art. 1-11. *Syndicat des travailleuses et travailleurs des Centres jeunesse de Montréal (C.S.N.) c. Centres jeunesse de Montréal*, [2004] R.J.D.T. 707 (C.R.T.).

69. Voir *Canada Packers Inc. c. Union des employés de commerce, local 501*, D.T.E. 86T-641 (T.T.).

70. Voir *Inter Cité Gaz Corp. c. Caron*, D.T.E. 82T 118 (C.S.).

71. *Syndicat canadien des communications, de l'énergie et du papier, section locale 1209 (F.T.Q.) c. Delastek Inc.*, D.T.E. 2004T-92 (C.R.T.), par. 168 et s.; *Transfo-métal Inc. c. Syndicat des travailleurs de Transfo-métal (C.S.N.)*, [2001] R.J.D.T. 1219 (T.T.); *Syndicat des travailleuses et travailleurs de Librairie Garneau (C.S.N.) c. Sogides Ltée*, D.T.E. 98T-538 (T.T.); *Aliments Béatrice Inc. c. Syndicat des travailleuses et travailleurs des fromages Crescent (production)*, D.T.E. 96T-1394 (T.T.).

72. Voir *Institut de réadaptation de Montréal c. Syndicat des employé(es) de l'Institut de réadaptation de Montréal (C.S.N.)*, T.T. Montréal, n° 500-28-000559-799, 13 mars 1980, p. 15; *Nash Shirt Limitée c. Syndicat des salariés du vêtement St-Léonard d'Aston (C.S.D.)*, T.T. Québec, n° 200-28-000088-812, 17 juin 1981, *90630 Canada Inc. c. Union des routiers, brasseries, liqueurs douces et ouvriers de diverses industries, section locale 1999 (Teamsters)*, D.T.E. 2001T-164 (T.T.).

serait inappropriée au regard des critères usuels de détermination des unités de négociation qui sont examinés ci-après[73]. De son côté, l'employeur ne peut exiger la formation d'une unité générale lorsque l'association de salariés a plutôt opté pour une unité plus restreinte qui s'avère en elle-même appropriée[74]. Certaines unités relativement larges seront en pratique assimilées à des unités générales, sans en être au sens strict. Telles sont les unités de négociation qui visent à regrouper l'ensemble des salariés de la production d'une entreprise industrielle[75].

La formation des groupes distincts a amené la jurisprudence à définir des critères d'appréciation du caractère approprié de ces groupes aux fins de l'établissement d'un régime collectif de travail et, donc, de la détermination du droit à l'accréditation. Ces critères ont été originalement élaborés dans deux décisions de la première C.R.T.[76]. Ils ont depuis lors été constamment repris et appliqués, quoique parfois différemment pondérés, pour apprécier le caractère approprié des unités de négociation proposées par les associations de salariés requérantes, quelle que soit l'étendue de ces unités proposées[77]. Ces critères sont les suivants.

1. La communauté d'intérêts au plan des relations de travail entre les salariés

La nécessité d'une communauté d'intérêts entre les salariés du groupe recherché ou à déterminer est toujours apparue comme une condition essentielle au constat du caractère approprié d'une unité de négociation. Cette communauté d'intérêts s'apprécie en tenant compte de la nature des fonctions exercées par les salariés, de l'interrelation entre ces fonctions, des qualifications requises, de la structure des relations de travail et de l'autorité appliquée aux salariés, etc.

Il ne peut y avoir reconnaissance d'un groupe distinct accréditable sans communauté d'intérêts entre les salariés de ce groupe. Toutefois, la communauté d'intérêts ne suffit pas à elle seule à ouvrir le droit à l'accréditation d'un groupe distinct. Ce dernier doit se présenter comme approprié aux fins de la pratique de la négociation collective, en fonction des autres critères de détermination des unités de négociation[78].

Enfin, la présence ou l'absence de la communauté d'intérêts à l'intérieur d'un groupe ne se présume pas; elle ne donne pas lieu, non plus, à l'imposition d'un fardeau de preuve à la charge de l'une ou l'autre des parties au débat d'accréditation. Elle est appréciée, selon les cas, par l'instance d'accréditation à partir des éléments dont elle dispose et qui comprennent ceux que chacune des parties juge opportun de lui soumettre[79].

2. L'histoire des relations de travail dans l'entreprise et les précédents dans les entreprises du même secteur

Appliquée à l'intérieur de l'entreprise elle-même, la considération dite historique tient compte des unités de négociation préexistantes et du vécu des relations collectives du travail[80]. On peut considérer que ce critère est à l'origine de la règle jurisprudentielle selon laquelle l'association qui veut modifier une situation préexistante en matière d'unités de négociation (fractionnement, fusion ou autre modification) doit justifier le bien-fondé de sa demande si elle fait l'objet d'une contestation, par application des autres critères, suivant les circonstances[81]. C'est également ce facteur qui peut permettre de considérer comme appropriée une unité dite résiduaire, c'est-à-dire groupant des salariés laissés de côté en quelque sorte dans la constitution d'autres unités de négociation[82]. Ce phéno-

73. Exemple d'un tel refus, compte tenu de certains aspects juridiques et fonctionnels de l'organisation de l'employeur : *Barreau du Québec c. Syndicat des employé(e)s du Barreau du Québec (C.S.N.)*, D.T.E. 86T-625 (T.T.).
74. *Entreprises H. Pépin (1991) Inc. c. Union des employés du secteur industriel, section locale 791*, D.T.E. 94T-171 (T.T.). À comparer avec *Fraternité canadienne des cheminots, employés des transports et autres ouvriers, local 535 c. Transport Sonar Inc.*, [1989] T.T. 139 – refus d'une unité partielle, jugée inappropriée dans les circonstances.
75. Voir *Nash Shirt Limitée c. Syndicat des salariés du vêtement St-Léonard d'Aston (C.S.D.)*, précité, note 72; *Aluminerie de Bécancour Inc. c. Syndicat des employés de l'aluminium de Bécancour*, D.T.E. 91T-494 (T.T.).
76. *Sicard Inc. c. Syndicat national des employés de Sicard (C.S.N.)*, [1965] R.D.T. 353; *International Union of Brewery, Flour, Cereal, Soft Drink and Distillery Workers of America (local 239) c. Coca-Cola Ltd.*, [1978] R.L. 391.
77. Exemples récents de référence aux critères de la décision *Sicard* : *Syndicat des travailleuses et travailleurs de Barry Callebaut laboratoire – C.S.N. c. Barry Callebaut Canada Inc. (Usine de St-Hyacinthe)*, 2003 QCCRT 0184, par. 117 et s.; *Syndicat national de l'automobile, de l'aérospatiale, du transport et des autres travailleurs et travailleuses du Canada (TCA-Canada)*, 2004 QCCRT 0177, par. 33.
78. Voir *Canada Packers Inc. c. Union des employés de commerce, local 501*, précité, note 69.
79. *Autostock Inc. (division Monsieur Muffler) c. Métallurgistes unis d'Amérique, section locale 8990*, D.T.E. 99T-76 (T.T.); *Syndicat canadien de la Fonction publique, local 330 c. St-Hubert (Ville de)*, [1986] T.T. 252; *Barreau du Québec c. Syndicat des employé(e)s du Barreau du Québec (C.S.N.)*, précité, note 73.
80. *Autostock Inc. (division Monsieur Muffler) c. Métallurgistes unis d'Amérique, section locale 8990*, précité, note 79.
81. Sur le fractionnement des unités existantes, voir *infra*, section 2-C-2.
82. *Équipement fédéral Inc. c. Syndicat des travailleurs d'Équipement fédéral-Québec (C.S.N.)*, D.T.E. 2003T-278 (T.T.); *Syndicat des travailleurs et travailleuses de l'Hôtel Gouverneur de Trois-Rivières – C.S.N. c. Hôtel Gouverneur Trois-Rivières*, 2003 QCCRT 0356, par. 7.

mène est le plus souvent la résultante de la formation d'unités de négociation par accord des parties sur la base de considérations ponctuelles. Dans le même ordre de préoccupations, il faudrait normalement tenir compte désormais de l'incidence de la règle du premier dépôt dans l'appréciation du caractère approprié des unités de négociation dont la proposition par les associations requérantes a été soumise aux restrictions découlant de la règle. Par ailleurs, en examinant l'ensemble des entreprises du même secteur d'activités, le facteur historique tend à la reconnaissance d'unités relativement semblables d'une entreprise à l'autre[83].

3. Le désir manifesté par les salariés en cause

La volonté des salariés de former une unité de négociation se mesure à partir de l'appui dont jouit l'association requérante au sein du groupe proposé. Même si cette évaluation recoupe celle du caractère représentatif, dont il sera question plus loin, elle poursuit une finalité différente et survient à un stade antérieur dans le processus de contrôle du droit à l'accréditation[84]. S'il est souvent déterminant, dans la mesure où il est nécessaire pour assurer la viabilité de l'unité de négociation, le désir des salariés ne suffit pas à lui seul à justifier la reconnaissance d'un groupe qui serait autrement inapproprié au regard d'autres critères[85].

4. Le critère géographique ou la structure territoriale de l'entreprise

Il s'agit du critère par lequel on tient compte de l'existence de plusieurs établissements de l'employeur ou de plusieurs lieux de travail distincts sur un territoire plus ou moins grand[86]. On apprécie ainsi l'opportunité ou la viabilité de l'unité de négociation proposée en fonction de son autonomie de gestion relative, de la simple distance qui peut séparer les établissements, de la mobilité ou de l'absence de mobilité de la main-d'œuvre entre les établissements en cause[87].

5. L'intérêt de la paix industrielle, en évitant de créer une multiplicité indue d'unités de négociation dans une entreprise

On mesure ici les conséquences sur l'entreprise de la création d'un certain nombre d'unités de négociation, en tenant compte de la négociation à mener pour chaque unité de négociation, des risques correspondants de conflits pouvant aboutir à une grève ou à un lock-out sur un cycle de quelques années, de l'administration de diverses conventions collectives, etc.

Ce critère de la recherche de la paix industrielle a d'abord été présenté comme le principe majeur devant prévaloir en matière de définition d'unité de négociation dans la décision *Coca-Cola Ltd.*[88]. Il a par la suite été ramené à un rang d'égalité avec les autres critères par la décision *Sicard*[89] et l'ensemble de la jurisprudence postérieure, encore que, suivant les circonstances, sa considération ait pu s'avérer plus ou moins déterminante[90].

De façon générale, l'application de ce critère emporte dans la jurisprudence deux conséquences. D'une part, la création d'une unité relativement petite devra s'appuyer sur une volonté claire des salariés du groupe; d'autre part, les autres facteurs étant égaux ou relativement égaux, l'unité plus étendue sera préférée à l'unité restreinte[91].

83. *Aluminerie de Bécancour Inc. c. Syndicat des employés de l'aluminium de Bécancour*, précité, note 75; *Syndicat des employés de l'École d'agriculture de Ste-Croix c. Corporation de l'École d'agriculture de Ste-Croix*, D.T.E. 84T-510 (T.T.).

84. *Syndicat des travailleuses et travailleurs du C.L.S.C. Mercier-Est Anjou c. Syndicat professionnel des diététistes du Québec*, D.T.E. 2000T-163 (T.T.).

85. *Autostock Inc. (division Monsieur Muffler) c. Métallurgistes unis d'Amérique, section locale 8990*, précité, note79; *Canada Packers Inc. c. Union des employés de commerce, local 501*, précité, note 69; *Union des employés de service, local 298 (F.T.Q.) c. Syndicat national des employés de l'Hôpital Charles Lemoyne (F.A.S.-C.S.N.)*, précité, note 52.

86. *Corps canadien des commissionnaires Plaza Laurier c. Union des agents de sécurité du Québec*, D.T.E. 84T-58 (T.T.).

87. *Syndicat des travailleuses et travailleurs de l'Exode – C.S.N. c. Maison de réhabilitation l'Exode Inc.*, D.T.E. 2005T-1028 (C.R.T.); *Autostock Inc. (division Monsieur Muffler) c. Métallurgistes unis d'Amérique, section locale 8990*, précité, note 79; *Hebdos Télémédia Inc. c. Syndicat des journalistes des Hebdos Télémédia*, D.T.E. 92T-1413 (T.T.); *Service de surveillance S.G.S. Inc. c. Syndicat des travailleurs de l'énergie et de la chimie, local 720 (F.T.Q.)*, [1988] T.T. 467.

88. *International Union of Brewery, Flour, Cereal, Soft Drink and Distillery Workers of America (local 239) c. Coca-Cola Ltd.*, précité, note 76.

89. *Sicard Inc. c. Syndicat national des employés de Sicard (C.S.N.)*, précité, note 76.

90. *Patro Le Prévost Inc. c. Syndicat québécois des employées et employés de service, section locale 298 (F.T.Q.)*, [1999] R.J.D.T. 1628 (T.T.); *Syndicat des travailleurs et travailleuses en communication et en électricité du Canada (C.T.C.-F.T.Q.) c. Union canadienne des travailleurs en communication*, D.T.E. 90T-48 (T.T.) – refus d'un fractionnement d'unité qui menacerait la paix industrielle; *Syndicat des employés de l'Hôpital de Chicoutimi (C.S.N.) c. Syndicat professionnel des infirmières et infirmiers de Chicoutimi*, [1989] T.T. 322 – acceptation d'un regroupement nécessaire pour assurer la paix industrielle.

91. Voir, par exemple, les décisions suivantes : *Syndicat des employés de l'École d'agriculture de Ste-Croix c. Corporation de l'École d'agriculture de Ste-Croix*, précité, note 83; *Syndicat des travailleurs(euses) de la Station touristique du Mont-Tremblant (C.S.C.) c. Association indépendante des employés de la Station touristique du Mont-Tremblant Inc.*, D.T.E. 84T-16 (T.T.); *Syndicat des professionnels et des techniciens de la santé du Québec (S.P.T.S.Q.) c. Union des employés de service, local 298 (F.T.Q.)*, [1984] T.T. 413.

La jurisprudence des relations collectives présente régulièrement des exemples variés d'application des critères de détermination des unités de négociation. La lecture de ces décisions et l'expérience permettent d'acquérir progressivement une capacité générale d'apprécier le caractère approprié des unités de négociation proposées. En vertu de ces critères, une unité qui regroupe l'ensemble des salariés de la production est généralement jugée appropriée[92]. L'accréditation par établissement est généralement considérée naturelle[93]. Les employés de bureau sont également, en général, reconnus comme pouvant former un groupe distinct dans l'entreprise[94]. On acceptera souvent que les employés à temps plein et les employés travaillant régulièrement à temps partiel forment ensemble une unité appropriée[95]. D'un autre côté, on aura tendance à exclure les employés purement occasionnels du groupe des employés réguliers, même s'il demeure possible qu'ils soient syndiqués et puissent former un groupe distinct[96]. Ce sont là autant de données auxquelles l'accord possible des parties, pour toutes sortes de raisons, ou des décisions fondées sur des facteurs particuliers en l'espèce, ou même justifiées par une absence de preuve pertinente, créent des exceptions[97].

Pour que le droit à l'accréditation existe, il n'est pas nécessaire que l'unité de négociation proposée soit la plus appropriée, par rapport à d'autres possibilités qui pourraient être envisagées. Du moins en champ libre, il suffit que l'unité demandée par l'association requérante soit appropriée en elle-même, comme la jurisprudence le rappelle régulièrement[98]. Dans cette perspective, l'étude du caractère approprié de l'unité de négociation, si elle s'avère nécessaire, s'effectuera de façon prépondérante en fonction de l'unité telle qu'elle est proposée par le syndicat requérant[99]. Néanmoins, l'axiome selon lequel l'unité n'a pas à être la plus appropriée ne saurait autoriser la reconnaissance comme unité distincte d'un groupe restreint, créé sur la base d'une communauté d'intérêts

minimale entre ses membres, et faisant abstraction de la structure de l'entreprise et de ses caractères communs à ceux d'autres salariés qui y travaillent[100].

C- Les modifications à l'unité de négociation

Les modifications à l'unité de négociation peuvent se rapporter soit à une unité de négociation recherchée à l'occasion d'une demande d'accréditation, soit encore à une unité de négociation préexistante.

1. Les modifications à l'unité demandée par requête

Selon l'article 21, al. 3 C.t., le droit à l'accréditation existe à l'égard de chaque groupe de salariés qui forme un groupe distinct aux fins du code, suivant l'accord intervenu entre l'employeur et l'association de salariés (et constaté par l'agent de relations de travail), « ou suivant la décision de la Commission ». L'article 32, al. 1 C.t. donne compétence à la C.R.T. pour décider « de toute question relative à l'unité de négociation et aux personnes qu'elle vise ». Cette même disposition ajoute que la C.R.T. « peut à cette fin modifier l'unité proposée par l'association requérante ».

La C.R.T. étant autorisée à modifier elle-même l'unité de négociation proposée par l'association requérante, il n'est pas nécessaire que cette dernière procède formellement à un amendement de sa requête lorsqu'elle anticipe que la C.R.T. lui refuse l'unité demandée. La réduction de cette dernière ne soulève aucune difficulté réelle. Il en va autrement pour son élargissement, qui ne devrait pas être illimité par rapport à la substance initiale de la requête. La subsistance du cadre général déterminé à l'origine par l'association dans sa requête s'impose

92.   Exemples : *Aluminerie de Bécancour Inc. c. Syndicat des employés de l'aluminium de Bécancour*, précité, note 75; *Literie Primo Cie c. Métallurgistes unis d'Amérique, section locale 8990*, [1995] T.T. 512.

93.   *Syndicat des travailleuses et travailleurs de l'Exode – C.S.N. c. Maison de réhabilitation l'Exode Inc.*, précité, note 87.

94.   Exemple : *Disque Americ Inc. c. Syndicat national de l'automobile, de l'aérospatiale, du transport*, D.T.E. 2000T-373 (T.T.).

95.   Parfois même, l'interdépendance des fonctions des salariés réguliers et à temps partiel ainsi que la paix industrielle imposeront qu'on retienne cette solution : *Fraternité canadienne des cheminots, employés des transports et autres ouvriers, local 535 c. Transport Sonar Inc.*, précité, note 74. Voir aussi *Hebdos Télémédia Inc. c. Syndicat des journalistes des Hebdos Télémédia*, précité, note 87.

96.   Voir, à titre d'exemples, *Hôpital Jean-Talon c. Syndicat professionnel des infirmières de Montréal*, [1972] T.T. 372; *Hebdos Télémédia Inc. c. Syndicat des journalistes des Hebdos Télémédia*, précité, note 87 – collaborateurs.

97.   Voir, à titre d'exemples, les cas suivants où l'on a conclu à l'inclusion des salariés occasionnels dans le groupe des salariés réguliers : *Fraternité canadienne des cheminots, employés des transports et autres ouvriers, local 535 c. Transport Sonar Inc.*, précité, note 74; *Union des routiers, brasseries, liqueurs douces et ouvriers de diverses industries, local 1999 c. Serres Rougemont Inc.*, [1976] R.D.T. 251.

98.   *Entreprises H. Pépin (1991) Inc. c. Union des employés du secteur industriel, section locale 791*, précité, note 74; *Jay Norris Canada Inc. c. Vitriers travailleurs du verre, local 1135 de la Fraternité internationale des peintres et métiers connexes*, [1991] T.T. 47. Voir aussi *Agence de sécurité générale Inc. c. Union des agents de sécurité*, [1978] T.T. 1; *Nash Shirt Limitée c. Syndicat des salariés du vêtement St-Léonard d'Aston (C.S.D.)*, précité, note 72.

99.   *Ibid.* Voir aussi *Syndicat des salariés des Produits progressifs Ltée (C.S.D.) c. Produits progressifs Ltée*, [1981] T.T. 294, 299 et 300; *Montreal Amateur Athletic Association c. Union des employés d'hôtels, restaurants et commis de bars, local 31*, [1987] T.T. 274.

100. Voir *Transport Jean-Guy Fortin Limitée c. Teamsters du Québec, chauffeurs et ouvriers de diverses industries, local 69*, T.T. Québec, n° 200-28-000106-804, 17 décembre 1980; *Union des employés de commerce, local 502 c. J. Pascal Inc.*, D.T.E. 86T-818 (C.S.).

comme limite tant à la faculté d'amendement de l'association qu'au pouvoir de modification de la C.R.T., notamment après l'expiration d'un délai de recevabilité auquel la requête était soumise[101].

La modification de la phraséologie ou de la forme du libellé de la description de l'unité de négociation recherchée dans la requête en accréditation ne fait pas problème. Il en est de même des ajustements apportés par l'ajout de fonctions ou de salariés tout en conservant à la demande d'accréditation son caractère initial. On ne saurait cependant accepter qu'une association s'introduise dans un processus d'accréditation par le biais d'une demande clairement inappropriée ou irréaliste et en comptant sur la possibilité d'amendement ou sur l'initiative de la C.R.T. pour bonifier et valider une requête fondamentalement défectueuse. Les règles relatives aux délais de recevabilité des requêtes en accréditation paraissent imposer d'elles-mêmes une restriction aux possibilités de modifier l'unité recherchée dans la requête déposée. Par exemple, s'agissant d'une requête rendue recevable par l'article 22 d) C.t., comment accepter, après l'expiration de ce délai, une modification qui aurait pour effet de l'étendre au-delà de sa portée intentionnelle initiale[102]? Il faut aussi tenir compte des limites qui résultent de l'application de la règle du premier dépôt (art. 22 a) et 27.1 C.t.).

Que l'étendue d'une unité de négociation soit modifiée à l'initiative de la C.R.T. ou à la suite d'un amendement par l'association requérante, le calcul des effectifs de l'association qui devra suivre continuera de se rapporter à la date du dépôt de la requête originale[103]. Signalons finalement que lorsque l'association requérante se prévaut de la possibilité d'amender sa requête, l'amendement doit être appuyé d'une nouvelle résolution pour satisfaire aux exigences de l'article 25 C.t.[104]

2. *Les modifications aux unités existantes*

Les modifications à la substance des unités de négociation existantes sont demandées à l'occasion des périodes de remise en question de l'accréditation, selon l'article 22, 72 ou 111.3 C.t. La jurisprudence a toujours affirmé, en effet, l'immuabilité en principe des unités de négociation hors ces périodes de remise en question de l'accréditation[105].

La demande de modification d'une unité de négociation doit être le fait d'une association de salariés; elle ne peut être formulée par l'employeur[106]. La modification demandée peut avoir pour objet soit le morcellement ou le démembrement d'une unité existante pour former un ou des groupes distincts, soit son agrandissement par fusion avec une autre unité, par annexion d'une partie d'une autre unité, ou encore par l'adjonction d'un groupe de salariés qui ne sont pas encore représentés par une association accréditée. Quant au fractionnement, la jurisprudence lui est en principe réticente, au nom de la paix industrielle. Elle impose à la partie qui demande la scission d'une unité le double fardeau d'en démontrer la pertinence et le caractère approprié de l'unité fractionnée recherchée[107]. L'unité existante jouit d'une présomption de fait comme unité appropriée[108]. La perte de viabilité de l'unité existante peut résulter d'un défaut sérieux de représentation adéquate d'un groupe de salariés ou d'un changement

101. *Services de traductions simultanées International c. Association de « Les Services de traductions simultanées International », section locale 622 de l'Association nationale des employés et techniciens en radiodiffusion*, [1982] T.T. 206.

102. Dans *Supermarché Reid & Frères Inc. c. Galipeau*, [1981] C.A. 151, l'amendement qui fut jugé recevable était un amendement à une requête déposée dans le délai de l'article 22 a) C.t., c'est-à-dire en l'absence d'association accréditée. Par ailleurs, dans l'affaire *Syndicat des travailleurs de la mine Noranda (C.S.N.) c. Noranda Mines Limited*, [1979] T.T. 10, il s'agissait d'une requête logée à l'encontre d'une association déjà accréditée, dans le délai de l'article 22 d) C.t. La juridiction d'accréditation fut toutefois d'avis que la véritable intention du syndicat requérant était, dès l'origine, de viser la même unité de négociation que celle pour laquelle le syndicat en place était déjà accrédité, et que l'amendement avait pour effet de rendre la requête conforme à cette intention.

103. Dans l'affaire *Supermarché Reid & Frères Inc. c. Galipeau*, précité, note 102, la Cour d'appel a plutôt affirmé qu'à la suite d'un amendement substantiel apporté à une requête en accréditation, le calcul des effectifs syndicaux devait s'effectuer à la date de l'amendement. Néanmoins, ayant considéré qu'il s'agissait d'un *obiter* et après avoir réanalysé la question, le Tribunal du travail d'alors a persisté à calculer les effectifs à la date du dépôt de la requête originale; voir, particulièrement, *Cinémas Odéon Limitée c. Union canadienne des travailleurs unis des brasseries, de la farine, des céréales, des liqueurs douces et distilleries, local 303*, [1981] T.T. 207.

104. Voir, par exemple, *Syndicat des travailleurs de la mine Noranda (C.S.N.) c. Noranda Mines Limited*, précité, note 102.

105. Voir, parmi tant d'autres, les décisions suivantes : *Syndicat des professeurs de l'Université du Québec à Montréal c. Université du Québec à Montréal*, [1975] T.T. 182; *Uniroyal Limited c. Synthetic Rubber Workers Union, section locale 318*, [1975] T.T. 429; *Syndicat des employés conseils de la C.E.Q. c. Centrale de l'enseignement du Québec*, [1976] T.T. 83.

106. *Ville de Québec c. Syndicat professionnel de la police municipale de Québec*, T.T. Québec, nº 200-28-000121-803, 26 mars 1981, p. 13 à 15. Voir aussi *Montréal Amateur Athletic Association c. Union des employés d'hôtels, restaurants et commis de bars, local 31*, précité, note 99.

107. *Conseil conjoint du Québec – Syndicat du vêtement, textile et autres industries (SVTI) c. Camoplast Inc. (Groupe Composite récréatif)*, 2004 QCCRT 0157, par. 117 et s.; *Syndicat des employés de l'Hôtel-Dieu d'Alma (C.S.N.) c. Syndicat des intervenants professionnels de la santé du Québec*, [1999] R.J.D.T. 1143 (T.T.); *Syndicat national des services hospitaliers de Rivière-du-Loup c. Syndicat des professionnelles et professionnels et des techniciens de la santé du Québec*, [1992] T.T. 691.

108. *Conseil conjoint du Québec – Syndicat du vêtement, textile et autres industries (SVTI) c. Camoplast Inc. (Groupe Composite récréatif)*, précité, note 107, par. 121; *Syndicat des travailleurs de Partagec (C.S.N.) c. Syndicat canadien de la fonction publique, section locale 2682*, D.T.E. 84T-378 (T.T.).

important du contexte dans lequel l'unité existante a été formée[109]. Ces principes valent tout autant à l'égard d'un fractionnement par lequel une majorité du groupe existant chercherait à mettre de côté un petit groupe que dans celles, plus fréquentes, où un petit groupe recherche son autonomie par la dissociation d'une unité existante[110]. Quant aux fusions ou aux annexions de groupes, elles doivent normalement satisfaire l'exigence d'un appui majoritaire parmi le groupe additionnel de salariés recherché. Une association ne saurait faire simplement appel à la supériorité numérique du groupe qu'elle représente déjà pour s'adjoindre, malgré sa volonté, un groupe moins nombreux dans une unité qui pourrait être appropriée et même souhaitable[111].

3- Le caractère représentatif

La vérification du caractère représentatif du syndicat est la dernière étape du processus qui permet de décider de l'octroi ou du refus de l'accréditation.

Il importe d'abord de rappeler la confidentialité qu'assure l'article 36 C.t. à l'appartenance d'une personne à une association de salariés[112]. En corollaire, l'article 35 C.t., qui définit le contenu du dossier de l'enquête, prévoit expressément que ce dossier ne comprend pas la liste des membres des associations en cause non plus que les pièces ou les documents qui identifient l'appartenance d'un salarié à une association de salariés[113].

Il faut immédiatement noter qu'à l'égard de toute cette question de la vérification du caractère représentatif du ou des syndicats en cause, l'employeur n'est pas une partie intéressée, suivant l'article 32, al. 4 C.t. Nous reviendrons sur cette exclusion en examinant le traitement de la requête par enquête et audition de la C.R.T., le cas échéant.

Quant à la vérification du caractère représentatif du syndicat, le Code du travail prévoit deux moyens, mentionnés à l'article 21, al. 1 et 2 : le calcul des effectifs syndicaux et le vote au scrutin secret. Dans l'un et l'autre cas, la représentativité du syndicat se trouve établie du fait qu'il dispose de l'appui d'une majorité des salariés concernés, c'est-à-dire de plus de 50 pour cent d'entre eux[114].

A- Le calcul des effectifs

Le calcul des effectifs syndicaux est le moyen normal de vérification du caractère représentatif de l'association requérante en accréditation[115]. Il consiste simplement à déterminer le nombre de membres que compte l'association parmi les salariés compris dans l'unité de négociation jugée appropriée, de façon à voir si elle y dispose de la majorité.

Le calcul des effectifs est régi par les règles énoncées à l'article 36.1 C.t.[116]. Cette disposition prévoit à quelles conditions une personne sera reconnue membre de l'association aux fins de l'établissement ou de la vérification de son caractère représentatif :

a) Elle est un salarié compris dans l'unité de négociation visée par la requête.

b) Elle a signé une formule d'adhésion contenant notamment les informations prescrites par un règlement du gouvernement et n'ayant pas été révoquée avant le dépôt de la requête en accréditation (ou la demande de vérification du caractère représentatif en vertu de l'article 41 C.t.).

c) Elle a payé personnellement une cotisation syndicale égale ou supérieure au montant fixé par un règlement du gouvernement dans les 12 mois précédant le dépôt de la requête en accréditation (ou

109. *Syndicat des fonctionnaires municipaux de Montréal, section locale 429 (S.C.F.P.) c. Syndicat des professionnels de la ville de Montréal et de la Communauté urbaine de Montréal*, [1990] T.T. 147; *Conseil conjoint du Québec – Syndicat du vêtement, textile et autres industries (SVTI) c. Camoplast Inc. (Groupe Composite récréatif)*, précité, note 107, par. 122-125; *Syndicat des travailleuses et travailleurs de la STM – C.S.N. c. Société de transport de Montréal*, D.T.E. 2003T-354 (C.R.T.), par. 55-65.
110. *Union des employés de service, local 298 (F.T.Q.) c. Syndicat national des employés de l'Hôpital Charles Lemoyne (F.A.S.-C.S.N.)*, précité, note 52.
111. *Syndicat des travailleuses et travailleurs du C.L.S.C. Mercier-Est Anjou c. Syndicat professionnel des diététistes du Québec*, précité, note 84.
112. Voir, *supra*, note 63.
113. L'article 36 C.t. étend expressément cette obligation de confidentialité à la procédure de révocation d'accréditation (art. 41 C.t.). Sur la reconnaissance des effets de cette disposition par les tribunaux supérieurs, voir *Aliments Papineau (1983) Inc. c. Beaudry*, D.T.E. 85T-692 (C.S.); *Sniderman Ventes de radio et service Ltée (Sam the Record Man) c. Beaudry*, D.T.E. 85T-440 (C.S.); *Cie T. Eaton Ltée c. Beaudry*, [1985] C.S. 185.
114. C'est par erreur qu'on utilise usuellement l'expression 50 % plus 1 pour définir cette majorité. Elle sera par exemple de 4 pour un groupe de 7 salariés, et non de 5 comme elle le deviendrait en calculant 50 % plus 1 et en complétant la fraction comme il se devrait : *Syndicat des salariés de Garant St-François de Montmagny (CSD) c. Travailleurs et travailleuses unis de l'alimentation et du commerce, section locale 509*, D.T.E. 2003T-890 (C.R.T.).
115. *Syndicat de l'Alliance des infirmiers et infirmières de l'Hôtel-Dieu d'Arthabaska (C.S.N.) c. Syndicat des infirmiers et infirmières de l'Hôtel-Dieu d'Arthabaska*, [1989] T.T. 510.
116. La Cour d'appel a jugé que l'article 36.1 C.t. ne contrevenait ni à l'article 2 d) de la *Charte canadienne des droits et libertés* ni à l'article 3 de la *Charte des droits et libertés de la personne du Québec*, qui affirment la liberté d'association : *Gaylor c. Couture*, [1988] R.J.Q. 1205, EYB 1988-63094 (C.A.).

la demande de vérification du caractère représentatif).

d) Elle a rempli les conditions a), b) et c) qui précèdent le jour ou avant le jour du dépôt de la requête en accréditation (ou de la demande de vérification du caractère représentatif).

L'appréciation de la réalisation de ces conditions relève de la compétence de la C.R.T.[117].

Aux fins de l'application de l'article 36.1, al. 1 a) C.t., la jurisprudence exige une prestation effective de travail au moment du dépôt d'une requête en accréditation ou, du moins, une probabilité prochaine d'une telle prestation, comme condition de reconnaissance du statut de salarié. Cette exigence vise les salariés absents du travail le jour du dépôt de la requête en accréditation, sans que leur lien d'emploi ou leur contrat de travail soit par ailleurs juridiquement rompu avec l'employeur, ainsi que les employés occasionnels. Il s'agit d'écarter de l'appréciation du caractère représentatif des associations les salariés dont la présence au travail trop sporadique ou incertaine empêche de les considérer comme suffisamment intégrés à l'entreprise et à l'unité de négociation concernée pour qu'on leur reconnaisse la faculté de décider de l'accréditation d'un syndicat. Les interruptions de travail consécutives aux congés, aux vacances, aux absences pour cause de maladie ou d'accident et qui permettent de prévoir un retour éventuel du salarié, ainsi que celles qui résultent d'une grève ou d'un lock-out, ne touchent pas le statut de salarié pendant leur durée. Les salariés qui se trouvent dans cette situation à la date du dépôt d'une requête en accréditation devraient donc être considérés aux fins de l'établissement du caractère représentatif, comme ceux mis à pied temporairement pour une durée déterminée[118]. La mise à pied d'une durée indéterminée est plus problématique puisqu'elle peut,

selon les circonstances, se transformer en licenciement. Il faut alors évaluer la probabilité prochaine d'un retour au travail du salarié mis à pied, compte tenu de toutes les circonstances, pour déterminer s'il doit être considéré aux fins de l'établissement du caractère représentatif[119]. Le cas des travailleurs sur liste d'appel est assimilable à celui des salariés occasionnels ou par intermittence. Par définition, ce type de travail exclut la régularité et rend d'autant plus difficile d'évaluer la probabilité d'un prochain retour au travail des salariés. La jurisprudence a donc élaboré un critère plus mécanique, la règle 7/13. Il s'agit de vérifier si le salarié a travaillé au cours d'au moins sept des treize semaines précédant le dépôt de la requête en accréditation[120]. Ce critère mécanique demeure toutefois purement supplétif et son utilisation ne devrait pas avoir pour effet d'écarter du choix de la représentation syndicale les salariés que leur situation rattache réellement à l'entreprise malgré le caractère périodique ou variable de leur prestation de travail[121].

L'adhésion donnée par un salarié à un syndicat peut lui servir, tant qu'elle n'est pas révoquée, aux fins de plusieurs demandes d'accréditation auprès du même employeur ou d'employeurs différents[122].

Il faut porter une attention particulière à l'exigence, posée par l'article 36.1, al. 1 c) C.t., que le salarié ait payé personnellement, à titre de cotisation syndicale, la somme minimale fixée par règlement du gouvernement. Une irrégularité ou un stratagème quant au paiement de cette somme peut entraîner le rejet de la requête en accréditation dans la mesure où les salariés en défaut devront être exclus dans la considération du caractère représentatif du syndicat. Il est donc prohibé, par exemple, qu'un représentant syndical fournisse, d'une façon ou d'une autre, l'argent nécessaire au paiement de cette cotisation. Rien n'interdit cependant à un salarié d'emprunter ce montant[123]. Le fait

117. *Syndicat des travailleurs d'Air liquide, Centre de distribution de Varennes – C.S.N. c. Air liquide Canada Inc.*, D.T.E. 2005T-554 (C.A.).
118. *Syndicat des travailleurs et travailleuses du Centre d'accueil Anne-Le-Seigneur (C.E.Q.) c. Syndicat des employés et employées du service Bétournay (C.S.N.)*, [1990] T.T. 481; *154663 Canada Inc. c. Union des employées et employés de la restauration, Métallurgistes unis d'Amérique, section locale 9200*, D.T.E. 93T-1011 (T.T.).
119. *Syndicat des travailleurs et travailleuses du Centre d'accueil Anne-Le-Seigneur (C.E.Q.) c. Syndicat des employés et employées du service Bétournay (C.S.N.)*, précité, note 118 : ce jugement propose de reconnaître le statut de salarié lorsqu'une mise à pied indéfinie laisse prévoir un retour au travail dans l'année qui la suit. Voir aussi et comparer : *Service maritime Coulombe Ltée c. Teamsters du Québec, chauffeurs et ouvriers de diverses industries, local 69*, D.T.E. 82T-360 (T.T.); *Association des perfusionnistes du Québec Inc. c. Syndicat national des employés de l'Hôpital Hôtel-Dieu de Montréal (C.S.N.)*, [1983] T.T. 215; *Saint-Pacôme (Corporation municipale de) c. Union des employés de service, section locale 298*, D.T.E. 84T-459 (T.T.).
120. *Syndicat des travailleurs et travailleuses du Centre d'accueil Anne-Le-Seigneur (C.E.Q.) c. Syndicat des employés et employées du service Bétournay (C.S.N.)*, précité, note 118; *Syndicat des travailleuses et travailleurs du Centre Mont-Royal (C.S.N.) c. Centre Mont-Royal Inc.*, D.T.E. 2004T-582 (C.R.T.).
121. *Travailleurs ambulanciers syndiqués Beauce Inc. (T.A.S.B.I.) c. Rassemblement des employés techniciens-ambulanciers du Québec métropolitain (R.E.T.A.Q.) (F.S.S.S.-C.S.N.)*, [2003] R.J.D.T. 277 (C.R.T.); *Sobeys Inc. c. Syndicat des travailleuses et travailleurs de Sobeys de Baie-Comeau*, [1995] T.T. 306; *Syndicat régional des employés de soutien (C.E.Q.) c. Syndicat de soutien scolaire du Saguenay (F.E.M.S.Q.)*, [1986] T.T. 324.
122. *Union des routiers, brasseries, liqueurs douces & ouvriers de diverses industries, local 1999 (TEAMSTERS) c. Arcosud Int'l Inc.*, D.TE. 2003T-184 (C.R.T.).
123. *Marois c. Barrette*, D.T.E. 2005T-343 (C.S.); *Allard c. Syndicat national de l'automobile, de l'aérospatiale, du transport et des autres travailleuses et travailleurs du Canada (T.C.A.-Canada)*, D.T.E. 2001T-270 (T.T.).

que le paiement ait été effectué par voie de retenue à la source sur le salaire en vertu d'une clause de convention collective ou de l'article 47 C.t. n'a pas d'influence sur sa qualité[124]. La somme versée par le salarié à l'association accréditée ne perd pas, non plus, son caractère de cotisation syndicale si l'association la transmet à l'organisation à laquelle elle est affiliée[125]. En cas de ré-adhésion d'un salarié à un syndicat après en avoir démissionné, il suffit qu'il ait versé à ce syndicat à titre de cotisation syndicale la somme minimale requise dans les 12 mois précédant le dépôt éventuel de la requête en accréditation, sans qu'il soit nécessaire de verser cette somme à l'occasion de sa ré-adhésion[126].

Par ailleurs, il faut bien comprendre qu'il résulte du texte de l'article 36.1, al. 1 b) à d) C.t. que la date à laquelle est calculé l'effectif syndical est celle du dépôt de la requête en accréditation à la C.R.T. (art. 130 C.t.). Les effectifs syndicaux sont en quelque sorte gelés à cette date; conséquemment, les adhésions ou les démissions postérieures à ce jour ne seront pas prises en considération. On tiendra toutefois compte, en principe, de ces adhésions ou de ces démissions si elles sont complétées au cours de la journée de référence, même si c'est postérieurement au moment où la requête en accréditation a été déposée[127]. Cette règle est sujette à une exception ou, plus exactement, à une adaptation, lorsque la requête en accréditation fait l'objet d'un amendement de substance, en supposant qu'il soit recevable. L'effectif syndical devrait alors, selon la Cour d'appel, être calculé à la date de l'amendement[128].

Le dénombrement de l'effectif syndical s'effectue de la même manière à l'occasion d'une demande de vérifica-tion du caractère représentatif d'une association accré-ditée, selon l'article 41 C.t.

Les démissions, que nous venons d'évoquer, méritent quelques remarques. D'abord, elles doivent avoir été por-tées à la connaissance de l'association à laquelle elles s'adressent pour lui être opposables[129]. Cette exigence de la connaissance de la démission par l'association qui en est l'objet suppose qu'elle l'ait reçue et elle exclut, comme insuffisante, sa seule mise à la poste, même par courrier recommandé ou certifié, au jour de référence du calcul des effectifs[130]. Le droit du salarié de révoquer son adhésion à une association syndicale est une composante de sa liberté fondamentale d'association, d'ordre public; il ne peut y renoncer. Est donc sans effet la démission signée par un salarié avant même qu'il ait adhéré à l'association dont on prétendrait ultérieurement le faire démissionner en faisant alors signifier la révocation d'adhésion signée d'avance[131]. Le Code du travail ne prévoit pas de modali-tés particulières de signification des démissions. Il suffit, selon la jurisprudence, que l'association visée puisse en prendre connaissance. Elles peuvent ainsi être laissées à son siège ou bureau d'affaires pendant les heures d'ouver-ture, remises à un de ses officiers ou représentants, ou à leur résidence ou, après des tentatives raisonnables, être transmises par tout autre mode qui ne se révèle pas un stratagème de nature à priver le syndicat de l'information à laquelle il a droit[132].

Par ailleurs, dans une lutte intersyndicale, les démis-sions prennent souvent une importance considérable et, dans certains cas, peuvent être lourdes de conséquences. En effet, dans une situation de maraudage, le syndicat

124. *Infirmières et infirmiers unis Inc. (I.I.U.) c. Syndicat des infirmières et infirmiers de la Cité de la santé de Laval (S.Q.I.I.)*, [1986] T.T. 200.
125. *Bouchard c. Syndicat des travailleurs des Viandes Montcalm (C.S.N.)*, [1991] T.T. 360.
126. *Syndicat canadien des travailleurs du papier, section locale 100 c. Syndicat national des travailleurs de la pulpe et du papier de Kénogami Inc.*, précité, note 12.
127. *Syndicat des travailleurs et travailleuses de Steinberg Québec, division Bas-St-Laurent (C.S.N.) c. Travailleurs et travailleuses unis de l'alimentation et du commerce, section locale 503*, [1992] T.T. 92; *Syndicat des infirmières et infirmiers de l'Est du Québec (S.I.I.E.Q.) c. Syndicat des infirmières et infirmiers du C.L.S.C. de la Vallée (F.I.I.Q.)*, précité, note 52.
128. *Supermarché Reid & Frères Inc. c. Galipeau*, précité, note 102; *contra : Cinémas Odéon Limitée c. Union canadienne des travailleurs unis des brasseries, de la farine, des céréales, des liqueurs douces et distilleries, local 303*, précité, note 103.
129. *Syndicat des travailleur-euses de l'hôtel des Seigneurs de Saint-Hyacinthe c. Gestion hospitalité plus Inc.*, 2002 QCCRT 0058, par. 49-65; *Fraternité unie des charpentiers-menuisiers d'Amérique, local 2877 c. Conseil conjoint québécois de l'Union internationale des ouvriers et ouvrières du vêtement pour dames*, [1987] T.T. 191; *Grondin c. Syndicat des employés professionnels et de bureau, section locale 57 (U.I.E.P.B.-C.T.C.-F.T.Q.)*, D.T.E. 86T-146 (T.T.).
130. *IGA des Sources Ste-Catherine c. Travailleuses et travailleurs unis de l'alimentation et du commerce, section locale 503*, [2005] R.J.D.T. 874 (C.R.T.); *Syndicat professionnel des diététistes du Québec c. Murphy*, [1979] T.T. 74.
131. *Fraternité unie des charpentiers-menuisiers d'Amérique, local 2877 c. Conseil conjoint québécois de l'Union internationale des ouvriers et ouvrières du vêtement pour dames*, précité, note 129.
132. *Syndicat des employés de la Rôtisserie Saint-Hubert du Haut Richelieu Saint-Jean (C.S.N.) c. Union des employés de commerce, local 502 (T.U.A.C.)*, [1987] T.T. 70; *Syndicat des travailleur-euses de l'Hôtel des Seigneurs de Saint-Hyacinthe – C.S.N. c. Gestion hospitalité plus Inc.*, précité, note 129. Nullité de significations à la porte des bureaux du syndicat après les heures d'ouverture : *Syndicat des travailleurs et travailleuses de Steinberg Québec, division Bas-St-Laurent (C.S.N.) c. Travailleurs et travailleuses unis de l'alimentation et du commerce, section locale 503*, précité, note 127. La signification de démissions sous l'huis de la porte des bureaux du syndicat peu avant minuit n'est pas acceptable : *Syndicat des travailleurs et travailleuses de Steinberg Québec, division Bas-St-Laurent (C.S.N.) c. Travailleurs et travailleuses unis de l'alimentation et du commerce, section locale 503*, précité, note 127.

requérant cherche non seulement à recueillir un nombre suffisant d'adhésions pour établir son caractère représentatif, mais encore, simultanément, à obtenir des démissions du syndicat rival de façon à lui faire perdre le sien et à éviter la tenue d'un vote au scrutin secret. L'association menacée réplique généralement par la même tactique, et il peut s'ensuivre un chassé-croisé d'adhésions et de démissions d'une association à l'autre. Particulièrement si la situation se trouve compliquée par la survenance d'une demande de révocation d'accréditation en vertu de l'article 41 C.t., il peut arriver qu'aucune des associations en cause ne réussisse à compter, au moment opportun, sur un nombre d'appuis suffisant. Les salariés peuvent se retrouver éventuellement sans association accréditée. Même en tenant compte de la règle selon laquelle l'adhésion minimale de 35 % des salariés de l'unité de négociation à une telle association requérante permettra la tenue d'un scrutin secret, des situations hasardeuses ou inextricables peuvent être créées par le jeu des démissions[133].

Enfin, il faut signaler que suivant l'article 36.1, al. 2 C.t., on ne doit tenir compte d'aucune condition, autre que celles prévues à cet article, qui serait exigible selon les statuts ou les règlements de l'association de salariés pour décider si une personne doit être reconnue membre de cette association aux fins du calcul de ses effectifs[134].

B- Le scrutin secret

La principale différence entre le vote au scrutin secret et la méthode de calcul des effectifs consiste dans le fait que tous les membres de l'unité de négociation retenue sont appelés à y participer. Qu'ils soient membres ou non d'une association en cause, tous les salariés pourront donner leur opinion et décider s'ils désirent qu'un syndicat les représente collectivement (art. 21 et 38 C.t.).

Le vote au scrutin secret constitue en somme un moyen de connaître la volonté des salariés d'une unité de négociation là où le dénombrement des effectifs n'a pu permettre de déterminer une telle volonté des salariés d'être représentés par un syndicat en particulier.

1. Les situations de recours au vote par scrutin secret

a) Par un agent de relations du travail

L'article 28 C.t. prévoit qu'un vote au scrutin secret soit tenu par l'agent de relations du travail dans deux types de situations.

Le paragraphe b) de cette disposition prescrit d'abord un tel vote en présence des conditions suivantes :

- il n'y a qu'une association requérante;

- il y a accord entre l'employeur et l'association sur l'unité de négociation et sur les personnes qu'elle vise;

- le calcul des effectifs révèle qu'il y a entre 35 % et 50 % des salariés de cette unité qui sont membres de l'association.

Si l'association requérante obtient la majorité absolue des voix, l'agent l'accrédite.

La deuxième catégorie de situations est décrite à l'article 28 e) C.t. et caractérisée par les éléments suivants :

- il y a déjà une association accréditée, ou il y a plus d'une association requérante;

- il y a accord entre l'employeur et toute association en cause sur l'unité de négociation et sur les personnes qu'elle vise;

- aucune association ne groupe la majorité absolue des salariés.

L'agent de relations du travail procède alors à un scrutin secret selon les dispositions de l'article 37 du code et, s'il y a lieu, octroie l'accréditation à l'association qui y a droit en vertu de l'article 37.1 C.t.[135].

---

133. *Syndicat des employés de l'aluminium de Shawinigan (F.S.S.A.) c. Syndicat des employés de l'aluminium de Shawinigan Inc. et al.*, [1977] T.T. 72 – révocation de l'accréditation par suite de démissions à l'occasion d'un maraudage – interaction du dépôt d'une requête en accréditation et d'une demande de révocation; *Syndicat des enseignants de la Rive-Sud c. Syndicat des enseignants de Champlain et Commission scolaire de Chambly*, [1977] T.T. 84 – rejet de la demande d'accréditation du syndicat requérant et révocation de l'accréditation du syndicat en place.

134. Cette disposition, édictée en 1977, a rendu inapplicable au contexte du Code du travail du Québec, l'arrêt de la Cour suprême du Canada dans l'affaire *Metropolitan Life Insurance Co. c. International Union of Operating Engineers, local 796*, [1970] R.C.S. 425. On y avait décidé que la loi de l'Ontario ne permettait pas à l'autorité chargée d'octroyer l'accréditation de s'en remettre à une notion réglementaire de « membre de l'association » mais qu'il fallait plutôt dans chaque cas vérifier si le salarié était réellement membre du syndicat suivant les exigences d'adhésion posées par celui-ci. *Syndicat des enseignantes et enseignants du Séminaire St-François c. Corp. du Séminaire St-François* précité, note 65.

135. Voir *infra*, section 4.

b) *Par la Commission des relations du travail*

L'article 32, al. 3 C.t. attribue à la C.R.T. un pouvoir général d'ordonner la tenue d'un vote au scrutin secret en lui donnant compétence pour décider du caractère représentatif de l'association requérante par tous moyens d'enquête et notamment par le recours à un tel vote. S'agissant d'un moyen d'enquête, comme l'énonce clairement la loi, la C.R.T. jouit donc d'un très large pouvoir d'appréciation pour décider de la tenue d'un vote[136]. Elle peut y recourir chaque fois qu'elle le juge opportun et, en particulier, lorsqu'elle est d'avis qu'une contrainte[137] a été exercée pour empêcher un certain nombre de salariés d'adhérer à un syndicat ou pour les forcer à y adhérer, ou encore lorsque des salariés sont membres de plus d'un syndicat en nombre suffisant pour influer sur la décision[138]. Ces motifs ne sont pas limitatifs et tout doute sur les adhésions, leur qualité ou leur sens peut motiver le recours au vote[139]. La C.R.T. doit cependant fonder toute ordonnance de vote sur des motifs juridiques pouvant la justifier et il ne saurait être question qu'une telle ordonnance soit purement arbitraire[140]. On a ainsi jugé que le simple fait qu'un vote au scrutin secret n'avait pas permis à la seule association en cause d'obtenir la majorité requise ne pouvait légitimer l'ordonnance de la tenue d'un nouveau vote[141]. Il ne s'ensuit pas pour autant que la C.R.T. ne puisse recourir au vote plus d'une fois, lorsque les circonstances le justifient selon elle (et que le code ne l'y oblige pas déjà)[142]. Un nouveau vote peut être motivé, par exemple, par des irrégularités survenues dans la tenue du scrutin[143] ou par le constat d'abstentions qui laissent un doute sur la volonté des salariés[144].

Le législateur a prévu deux types de situations où la C.R.T. est obligée d'ordonner un vote au scrutin secret. Le premier est envisagé à l'article 37 C.t. et caractérisé par les éléments suivants :

– au moins une association requérante compte comme membres entre 35 % et 50 % des salariés compris dans l'unité de négociation;

– s'il y a plusieurs associations en présence, aucune d'entre elles ne regroupe la majorité absolue des salariés de cette unité de négociation.

Ont alors le droit de participer au scrutin chaque association requérante, s'il y en a plus d'une, qui regroupe au moins 35 % des salariés concernés ainsi que l'association accréditée qui, le cas échéant, représente déjà le groupe. On remarquera, à l'article 37, al. 1 C.t., que l'association accréditée jouit alors d'un certain privilège en participant au vote sans être astreinte à la condition de regrouper au moins 35 % des salariés de l'unité[145].

La C.R.T. doit aussi, en vertu de l'article 37.1 C.t., ordonner la tenue d'un nouveau vote dans une autre situation bien déterminée :

– un vote au scrutin secret a déjà été tenu;

– ce vote mettait en présence plus de deux associations de salariés;

– ces associations ont obtenu ensemble la majorité absolue des voix;

– aucune association n'a pu obtenir seule cette majorité absolue.

Dans ces cas, le nouveau tour de scrutin a lieu sans la participation de l'association qui a obtenu le moins de voix au tour précédent.

---

136.   *Syndicat des chargés de cours de l'Université de Montréal (C.S.N.) c. Université de Montréal*, D.T.E. 85T-896 (C.A.) – opinion du juge Monet, p. 7.

137.   *Union des routiers, brasseries, liqueurs douces et ouvriers de diverses industries, local 1999 c. Syndicat des salariés des Laboratoires Aérosol (C.S.D.)*, [1986] T.T. 265; *Syndicat des travailleurs et travailleuses en communication et en électricité du Canada (C.T.C.-F.T.Q.) c. Gestetner Inc.*, D.T.E. 90T-840 (T.T.).

138.   Cette situation peut se produire tout autant lorsque deux associations rivales déposent une requête en accréditation le même jour que lorsqu'une association accréditée récupère sa majorité après l'avoir perdue au profit d'un syndicat rival requérant au cours d'une période prévue à l'article 22 C.t.

139.   *Alamy c. Syndicat des travailleurs de Zohar Plastique (C.S.N.)*, D.T.E. 99T-1055 (T.T.); *Syndicat des employé-e-s du Regroupement de la SSS de la MRC de Maskinongé (C.S.N.) c. Regroupement de la santé et des services sociaux de la MRC de Maskinongé*, D.T.E. 2003T-1117 (C.R.T.), par. 60-62.

140.   On peut consulter, à titre d'exemples parmi d'autres : *Syndicat des travailleurs de l'Hôpital du Haut-Richelieu et Centre d'accueil St-Jean (C.S.N.) c. Association des employés de l'Hôpital de St-Jean et de l'Hôpital du Haut-Richelieu (C.S.D.)*, [1980] T.T. 47; *Lamothe Québec Inc. c. Caron*, J.E. 80-251 (C.S.); *Lallemand Inc. c. Rhéaume*, J.E. 81-135 (C.S.).

141.   *Lamothe Québec Inc. c. Caron*, précité, note 140.

142.   *Panofor Inc. c. Tremblay*, [1985] C.S. 189; *Garda du Québec c. Lorrain*, D.T.E. 83T-641 (C.S.); *Couture c. C. Monette et Fils Ltée*, D.T.E. 86T-951 (C.A.).

143.   *Métallurgistes unis d'Amérique, section locale 9414 c. Benard*, D.T.E. 2003T-1175 (C.R.T.).

144.   *Syndicat canadien des communications, de l'énergie et du papier, section locale 3001-Q c. Coopérative de travail de Rollet*, 2003 QCCRT 0071; *Syndicat professionnel des infirmières et infirmiers de Chicoutimi (S.P.I.I.C.) c. Syndicat des infirmières et infirmiers du Centre hospitalier de Jonquière (C.S.N.)*, [1983] T.T. 317.

145.   *Syndicat des travailleurs de l'Hôpital du Haut-Richelieu et Centre d'accueil St-Jean (C.S.N.) c. Association des employés de l'Hôpital de St-Jean et de l'Hôpital du Haut-Richelieu (C.S.D.)*, précité, note 140.

2. Les modalités du vote

Les modalités d'organisation et de tenue du vote au scrutin secret sont fixées par la réglementation[146].

Sans examiner chacune de ces modalités, il faut signaler l'importante différence qui existe alors avec la méthode de calcul des effectifs, quant au moment où l'on se situera dans le temps pour mesurer l'appui au syndicat. Lorsqu'il s'agit de calculer les effectifs du syndicat, on se place toujours nécessairement à la date du dépôt de la requête en accréditation, déterminée selon l'article 130, al. 2 C.t. (ou à la date d'une demande de révocation en vertu de l'article 41 C.t.). La date à laquelle on doit se reporter pour dresser la liste des salariés qui seront habiles à voter lors du scrutin est celle déterminée soit par entente entre les parties, soit par décision de la C.R.T.

La C.R.T. jouit d'un large pouvoir d'appréciation pour déterminer la date à laquelle l'employeur doit dresser la liste des salariés qui servira au scrutin. Toutefois, dans ce cas comme dans celui de la décision d'ordonner la tenue du vote lui-même, la C.R.T. doit motiver sa décision juridiquement[147]. En pratique, elle tiendra compte de facteurs comme ceux de l'arrivée et du départ d'un certain nombre de salariés depuis le dépôt de la requête en accréditation. Cette question est importante puisque, par exemple, si la liste est dressée au jour du dépôt de la requête et si, depuis lors, plusieurs salariés ont quitté l'entreprise, ces derniers ne seraient pas habiles à voter mais seraient néanmoins pris en considération pour établir la majorité requise[148].

Lorsque la C.R.T. a décidé de la tenue d'un vote, c'est un agent de relations du travail qui agit comme président du scrutin[149]. Ce dernier convoque alors les parties intéressées à une réunion préparatoire en vue de déterminer les modalités de tenue du scrutin[150]. Le vote au scrutin secret se rattachant au caractère représentatif des associations de salariés, l'employeur est en principe exclu de cette réunion préparatoire à laquelle seuls les syndicats intéressés peuvent exiger de participer[151]. Légalement obligé de faciliter la tenue du scrutin, l'employeur doit fournir au président du scrutin la liste des salariés habiles à voter selon l'unité de négociation convenue entre les parties, ou selon la décision de la C.R.T. (art. 38 C.t.)[152]. L'assemblée préparatoire au vote donne lieu à l'établissement de la liste définitive des votants en fonction de la loi et des directives, le cas échéant, de la C.R.T. sur la tenue du vote, ainsi qu'à la détermination des diverses modalités du scrutin comme la date, les heures et l'endroit où il sera tenu, ou encore les modalités de propagande des parties au vote, dans les limites imposées par l'article 20 du règlement. Cette dernière disposition interdit en effet toute forme de propagande aux parties dans les 36 heures qui précèdent l'ouverture des bureaux de scrutin et jusqu'à la fermeture de ceux-ci.

L'assemblée préparatoire au vote conduit souvent à diverses ententes entre les parties, comme le recours au vote postal[153], ententes attestées par le procès-verbal, qui doit faire mention de tout sujet de désaccord entre les parties (art. 17 C.t.). Malgré les ententes qui peuvent intervenir entre les parties, le scrutin demeure celui de la C.R.T. et cette dernière n'est pas, non plus que l'agent de relations du travail, liée par ces ententes dans l'exercice de son pouvoir[154]. En particulier, qu'il y ait souscrit ou non, l'employeur ne peut acquérir le statut de partie intéressée au caractère représentatif des associations par le biais de ces ententes en alléguant leur violation[155]. Entre les parties au scrutin, la contravention aux dispositions réglementaires qui régissent la tenue du vote au scrutin secret ou aux ententes qui s'y rapportent peut fonder une contestation du résultat et conduire à l'annulation et à la reprise du scrutin[156].

Sont seuls habiles à voter les salariés inscrits sur la liste des votants et qui sont encore salariés au jour du scrutin[157].

146. *Règlement sur l'exercice du droit d'association conformément au Code du travail*, précité, note 8, art. 13 à 25.
147. *Métallurgistes unis d'Amérique, section locale 7765 c. L'Association des employés de Ski-Roule Wickham*, [1974] T.T. 395; *Association des employés de la Résidence St-Antoine c. Syndicat des employés de la Résidence St-Antoine*, [1974] T.T. 38.
148. *Règlement sur l'exercice du droit d'association conformément au Code du travail*, précité, note 8, art. 18.
149. *Id.*, art. 13.
150. *Id.*, art. 14.
151. *Syndicat des chargés de cours de l'Université de Montréal (C.S.N.) c. Université de Montréal*, précité, note 136; *Syndicat international des communications graphiques, local 555 – Montréal (C.T.C.-F.T.Q.-C.T.M.) c. Margo Corp.*, [1986] R.J.Q. 2123, EYB 1986-62287 (C.A.).
152. *Règlement sur l'exercice du droit d'association conformément au Code du travail*, précité, note 8, art. 15 à 17. Quant au droit des syndicats d'obtenir une copie de cette liste comportant l'adresse des salariés habiles à voter, voir *Travailleuses et travailleurs unis de l'alimentation et du commerce, section locale 503 c. Marchés des Trois-Rivières Inc. (Métro Jean XXIII)*, [2003] R.J.D.T. 755 (C.R.T.).
153. Exemple : *Syndicat canadien des communications, de l'énergie et du papier, section locale 3001-Q c. Coopérative de travail de Rollet*, précité, note 144.
154. *Syndicat international des communications graphiques, local 555 – Montréal (C.T.C.-F.T.Q.-C.T.M.) c. Margo Corp.*, précité, note 151; *Corp. Margo c. Syndicat international des communications graphiques, local 555*, D.T.E. 87T-546 (T.T.).
155. *Ibid.*; voir aussi *Syndicat des chargés de cours de l'Université de Montréal (C.S.N.) c. Université de Montréal*, précité, note 136.
156. Exemples : *Ouvriers unis des textiles d'Amérique, local 371 c. Syndicat démocratique des salariés du textile de Grand-Mère (C.S.D.)*, [1974] T.T. 42; *Union des employés de commerce, local 500 (T.U.A.C.-U.F.C.Q.) c. Association des employés du Marché Provigo de l'Annonciation*, [1982] T.T. 468.
157. *Règlement sur l'exercice du droit d'association conformément au Code du travail*, précité, note 8, art. 18.

3. Les obligations des parties

L'employeur doit faciliter la tenue du scrutin et les salariés concernés sont tenus de voter, à moins d'une excuse légitime (art. 38 C.t.)[158].

Le vote de tous les salariés prend d'autant plus d'importance que la règle de base dictée par le Code du travail sur la majorité requise est fondée sur le nombre de salariés habiles à voter plutôt que sur le nombre de ceux qui exercent effectivement leur droit de vote. La jurisprudence ne révèle pas de cas où l'on ait intenté une poursuite pénale contre un employé qui s'était abstenu d'aller voter. L'abstention constitue une forme d'irrégularité susceptible de justifier la reprise d'un scrutin qui n'a pas été concluant[159]. Cette conséquence n'est toutefois pas automatique et dans certaines circonstances le défaut de majorité provoqué par des abstentions pourra conduire à l'absence de toute accréditation[160]. Pour faciliter la tenue du scrutin, l'employeur doit en particulier préparer une liste des salariés conformément à la réglementation et aux directives de la C.R.T. s'il y a lieu et permettre aux salariés de se rendre voter pendant la durée du scrutin. Il ne peut par ailleurs exiger d'être présent dans le bureau de vote, non plus que d'assister au dépouillement des bulletins, la tenue du vote se rattachant au caractère représentatif du ou des syndicats en cause[161].

4. La majorité et l'effet du vote

En principe, pour avoir droit à l'accréditation à la suite d'un vote au scrutin secret, une association de sala-riés doit y obtenir la majorité absolue (plus de la moitié) des voix des salariés qui étaient habiles à voter. Cette règle fondamentale énoncée à l'article 21, al. 1 C.t. est sujette à une exception prévue au deuxième alinéa du même article qui renvoie aux dispositions de l'article 37.1, al. 2 C.t. La majorité simple des voix exprimées suffit à une association à l'occasion de tout vote au scrutin secret qui met en présence deux associations, dès lors que ces deux associations obtiennent ensemble la majorité absolue des voix des salariés habiles à voter. Le droit à l'accréditation en faveur de l'association de salariés qui obtient la majorité requise par la loi, selon les cas, est expressément affirmé à l'article 21, al. 1 et 2 C.t. Il faut néanmoins que le vote ait été tenu régulièrement et que l'association qui veut en invoquer le résultat y ait participé de bonne foi. L'article 31, al. 1 C.t. interdit expressément à la C.R.T. d'accorder l'accréditation lorsque l'article 12 C.t., qui prohibe notamment l'ingérence patronale dans les affaires syndicales, n'a pas été respecté. Cette disposition fait directement obstacle à l'association qui prétendrait invoquer le résultat d'un vote au scrutin secret en sa faveur pour obtenir l'accréditation alors qu'elle est dominée ou financée par l'employeur[162].

La décision d'accréditer sur la foi du résultat du scrutin secret est celle de la C.R.T. (art. 115 et 117 C.t.). S'il y a lieu, c'est cette dernière qui doit trancher toute contestation relative au vote ou à son résultat[163].

158. *Syndicat des chargés de cours de l'Université de Montréal (C.S.N.) c. Université de Montréal*, précité, note 136; *Syndicat international des communications graphiques, local 555 – Montréal (C.T.C.-F.T.Q.-C.T.M.) c. Margo Corp.*, précité, note 151.

159. *Panofor Inc. c. Tremblay*, précité, note 142; *Couture c. C. Monette et Fils Ltée*, précité, note 142.

160. *Ibid.* Voir également *Lallemand Inc. c. Rhéaume*, précité, note 140; *Syndicat des travailleurs de l'Hôpital du Haut-Richelieu et Centre d'accueil St-Jean (C.S.N.) c. Association des employés de l'Hôpital de St-Jean et de l'Hôpital du Haut-Richelieu (C.S.D.)*, précité, note 140.

161. *Syndicat du textile des employés de Malibu (C.S.N.) c. Malibu Fabrics of Canada Limited*, [1970] T.T. 146.

162. Sur le refus d'accréditer une association dominée par l'employeur, après un vote majoritaire en sa faveur, voir *Association des employés de fabrication de portes et châssis c. Vitriers et travailleurs du verre, local 1135 de la Fraternité internationale des peintres et métiers connexes*, [1975] T.T. 1; *Union des employés de commerce, local 500 (T.U.A.C.-U.F.C.W.) c. Syndicat des employés d'alimentation Legardeur Inc.*, [1984] T.T. 181.

163. *Union des employés de commerce, local 503 c. Union des employés de restauration du Québec, local 104*, D.T.E. 83T-854 (C.A.); *Syndicat des chargés de cours de l'Université de Montréal (C.S.N.) c. Université de Montréal*, précité, note 136.

4- Le traitement de la requête

Schématiquement, le traitement d'une requête en accréditation se présente de la façon suivante :

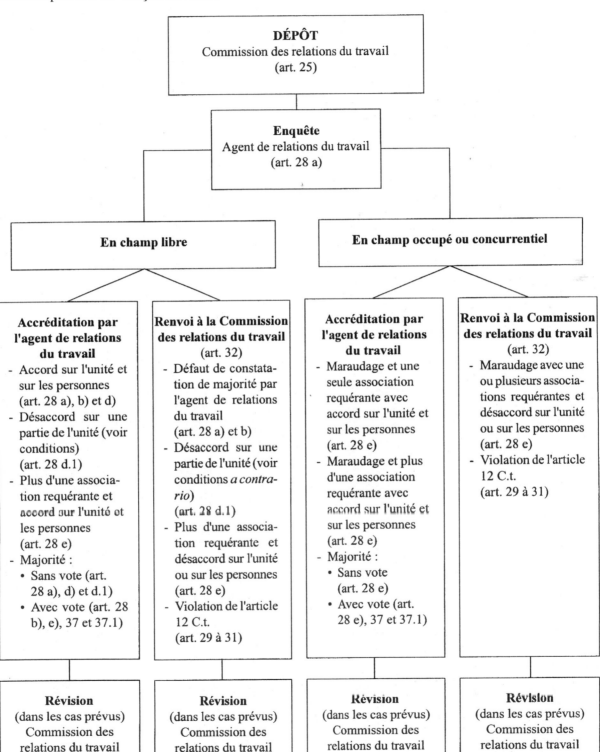

Cette présentation schématique appelle les commentaires qui suivent.

A- L'agent de relations du travail

L'intervention de l'agent de relations du travail vise d'abord à constater l'état du dossier quant à la détermination de l'unité de négociation et des personnes qu'elle vise ainsi qu'à la représentativité de l'association ou des associations en cause; elle lui permet aussi d'octroyer l'accréditation dans les situations non contentieuses ou dans celles où l'issue d'un litige n'est pas susceptible de compromettre le droit à l'accréditation[164].

L'agent des relations du travail doit vérifier auprès des parties s'il y a accord entre elles quant à la description de l'unité de négociation et aux personnes qu'elle vise et, le cas échéant, constater cet accord par écrit. Il est fréquent qu'un agent aide les parties à s'entendre finalement sur ces questions, lorsque les divergences d'opinions sont mineures et qu'il croit l'entente possible.

L'article 28 c) C.t. oblige l'employeur à faire connaître par écrit son désaccord, le cas échéant, sur l'unité de négociation demandée et à proposer lui-même alors l'unité qu'il croit appropriée. L'opposition de l'employeur doit être motivée, l'objet du désaccord devant être suffisamment précisé pour permettre à l'autre partie d'en connaître la nature et, au besoin, d'agir en conséquence. Il ne saurait donc être question que l'employeur se limite à une dénégation générale du caractère approprié de l'unité demandée ou motive son opposition par une vague référence aux structures de son entreprise[165]. À défaut d'opposition écrite et suffisante, dans le délai de dix jours prescrit, de la part de l'employeur à l'unité recherchée, l'article 28 c) C.t. crée une présomption d'accord sur cette unité[166].

S'il y a accord, exprimé ou présumé, total ou partiel, sur l'unité de négociation et les personnes qu'elle vise, l'agent de relations du travail dispose du dossier de la façon suivante, selon les cas :

– S'il n'y a qu'une association requérante et qu'il constate son caractère majoritaire en calculant ses effectifs, il l'accrédite sur-le-champ par écrit en décrivant l'unité de négociation (art. 28 a) C.t.).

– S'il n'y a, encore une fois, qu'une seule association requérante mais que le calcul de ses effectifs révèle qu'elle regroupe entre 35 % et 50 % des salariés de l'unité de négociation, il procède à un scrutin. Il accrédite l'association si celle-ci obtient la majorité absolue des voix lors du scrutin (art. 28 b) C.t.). Sinon, il fait rapport à la C.R.T. (art. 30 C.t.)[167].

– Si l'association requérante jouit du caractère représentatif à l'intérieur de l'unité de négociation sur laquelle il y a accord avec l'employeur, mais que les parties ne s'entendent pas sur un certain nombre de personnes visées par la requête, sans que le caractère majoritaire du syndicat puisse en être compromis, il accrédite l'association et fait rapport à la C.R.T. Cette dernière décidera ultérieurement de l'inclusion ou de l'exclusion des personnes sur lesquelles il y a désaccord entre l'employeur et le syndicat (art. 28 d) C.t.)[168].

– S'il y a désaccord partiel seulement quant à la description de l'unité de négociation, si l'association requérante est majoritaire dans l'unité de négociation qu'elle demande et s'il estime qu'elle conservera son caractère représentatif quelle que soit la décision éventuelle de la C.R.T. sur la description de l'unité de négociation, il accrédite l'association sur le champ, fait rapport à la C.R.T. et en transmet une copie aux parties (art. 28 d.1) C.t.).

– Le texte législatif en cause ici est apparemment simple. Il manque toutefois de précision. L'employeur qui refuse son accord à l'unité de négociation proposée par une association syndicale le fait soit en la considérant trop étendue et en proposant une unité plus restreinte, soit en la jugeant trop petite et en proposant une unité plus large, soit encore en estimant que l'unité demandée devrait être scindée en deux unités ou plus et en demandant cette division. Le paragraphe d.1) peut-il s'appliquer dans chacune de ces trois hypothèses? Son texte envisage simplement celle où « l'employeur

164. *Cecere c. Garant*, [2000] R.J.D.T. 129 (C.S.).
165. *Syndicat des travailleurs de C.L.S.C. Métro (C.S.N.) c. Centre local de service communautaire (C.L.S.C.) Métro*, [1981] T.T. 198; *Industries Raymond Payer Ltée c. Commissaire du travail*, D.T.E. 83T-678 (C.A.).
166. *Commissaire général du travail c. Hôpital de Montréal pour enfants*, D.T.E. 85T-556 (C.A.). L'employeur peut repousser la présomption s'il a été empêché d'agir dans le délai imparti; voir *Autobus scolaire Fortier Inc. c. Syndicat des chauffeurs d'autobus scolaires, région de Québec (C.S.D.)*, D.T.E. 2002T-505 (T.T.).
167. Une allégation d'ingérence de l'employeur en contravention de l'article 12 C.t. peut également interrompre l'enquête de l'agent de relations du travail (art. 29 C.t.).
168. *Interfriction Canada Inc. c. Syndicat des travailleurs en communication, électronique, électricité, techniciens et salariés du Canada*, D.T.E. 86T-237 (T.T.).

refuse son accord sur une partie de l'unité de négociation ». Cet énoncé impose deux constatations : (1) le désaccord s'apprécie par référence à l'unité de négociation demandée par l'association requérante; (2) le désaccord se rapporte à une partie de cette même unité de négociation. Il s'ensuit que seule l'hypothèse selon laquelle l'employeur trouve l'unité de négociation demandée trop étendue et demande qu'elle soit réduite devrait commander l'application du paragraphe d.1). Les deux autres éventualités de désaccord portent en fait sur la totalité de la proposition syndicale plutôt que sur une partie seulement de cette dernière.

– S'il y a lieu, l'agent de relations du travail accrédite l'association à l'égard de l'unité de négociation que cette dernière a demandée. Une telle accréditation ne peut toutefois permettre à l'association d'engager aussitôt un processus de négociation collective. Elle emporte par contre l'obligation immédiate de l'employeur de percevoir et de remettre à l'association le précompte syndical, conformément à l'article 47 C.t.

– S'il y a déjà une association accréditée, ou plus d'une association requérante, et s'il y a accord entre l'employeur et toute association en cause sur l'unité de négociation et sur les personnes qu'elle vise, il accrédite l'association qui groupe la majorité absolue des salariés ou, à défaut, il procède à un scrutin secret selon l'article 37 C.t. et accrédite conséquemment celle qui a droit à l'accréditation en application de l'article 37.1, al. 2 C.t.

La vérification du caractère représentatif de toute association de salariés mise en cause par une demande d'accréditation s'effectue d'abord par l'application de la méthode du calcul de ses effectifs. L'agent de relations du travail procède alors à la vérification des livres et des archives de l'association. Il compare la liste des membres du syndicat, en tenant compte des dispositions de l'article 36.1 C.t., avec la liste des salariés fournie par l'employeur suivant l'article 25 C.t. Il peut également questionner les salariés sur la qualité de leur adhésion et sur tout autre fait pertinent[169]. Dans le cas d'une association requérante en accréditation, il vérifie en outre si la résolution mentionnée à l'article 25 C.t. a été adoptée comme exigée, et

ce, conformément aux règlements du syndicat. Retenons enfin que l'article 29 C.t. lui interdit d'accréditer une association dès qu'il a des raisons de croire que l'article 12 C.t. n'a pas été respecté ou qu'il est informé qu'une plainte a été déposée en vertu de cet article.

Les décisions par lesquelles un agent de relations du travail octroie une accréditation sont réputées celles de la C.R.T. elle-même (art. 115 et 117 C.t.). Lorsque l'agent de relations du travail arrive à la conclusion qu'il ne peut accorder l'accréditation, il ne la refuse pas à proprement parler; il s'abstient simplement de l'octroyer. Dans tous ces cas, il fait rapport à la C.R.T. avec copie aux parties en cause (art. 28 et 30 C.t.). Ces dernières disposent alors d'un délai de cinq jours pour présenter leurs observations (art. 30, al. 2 C.t.). S'il y a lieu, la suite de l'affaire relèvera du processus décisionnel de la C.R.T.[170]

Le rôle de l'agent de relations du travail en matière d'accréditation est essentiellement technique. Ses pouvoirs sont d'abord de nature administrative et leur exercice, nous l'avons vu, est lié à l'existence de conditions prédéterminées. Normalement, il ne sera pas appelé à trancher un litige ni à rendre une décision de nature judiciaire[171]. Son obligation à l'endroit des parties se limite à leur permettre de présenter leurs observations et, s'il y a lieu, de produire des documents pour compléter leur dossier (art. 117, al. 2 C.t.). Néanmoins, l'appréciation de l'existence des conditions d'exercice de ses pouvoirs peut amener l'agent de relations du travail à rendre une décision de nature judiciaire. Il peut en être ainsi lorsqu'il s'agit d'apprécier, par exemple, la légalité ou la qualité d'une adhésion syndicale, aux fins du calcul des effectifs, ou encore la validité d'une opposition écrite de l'employeur à l'unité de négociation proposée[172]. Ces décisions peuvent donner lieu, en cas de défaut ou d'excès de compétence, à l'exercice du pouvoir de contrôle et de surveillance de la Cour supérieure[173]. Elles peuvent en outre faire l'objet d'une révision par la C.R.T., lorsqu'elles conduisent à l'octroi d'une accréditation, pour l'un ou l'autre des motifs prévus à l'article 127 C.t.[174]

B- La Commission des relations du travail

Lorsqu'un commissaire ou une formation de trois commissaires doit décider d'une affaire d'accréditation,

---

169. La loi ne prévoit aucune modalité particulière pour la vérification des adhésions : *Cecere c. Garant*, précité, note 164.
170. Voir *supra*, titre II, chapitre I, sous-section e), « Le processus décisionnel ».
171. *Union des employés de commerce, local 503 c. Union des employés de restauration du Québec, local 104*, précité, note 163.
172. *Miron Inc. c. Rhéaume*, [1981] C.S. 748.
173. Exemple : *Ibid.*
174. Voir *supra*, titre II, chapitre I, sous-section d) de la section 2-.

l'article 32 C.t. distingue le traitement des questions relatives à l'unité de négociation et aux personnes qu'elle vise, d'une part, et l'examen du caractère représentatif des associations, d'autre part.

1. *L'unité de négociation et les personnes visées*

L'article 32, al. 2 C.t. réserve le statut de parties intéressées quant à l'unité de négociation et aux personnes qu'elle vise à l'association (les associations, le cas échéant) en cause et à l'employeur. Sont ainsi exclus les employés concernés, à titre individuel[175].

À ce stade, la C.R.T. n'est pas liée par une entente qui peut intervenir entre l'employeur et le syndicat sur la description de l'unité de négociation ni, à plus forte raison, par une pareille entente entre deux ou plusieurs syndicats, à supposer même que l'employeur n'intervienne pas[176]. Ce n'est pas à dire que l'accord de l'employeur et d'un syndicat requérant ne soit d'aucun effet devant la C.R.T. D'une part, à moins qu'une unité soit manifestement illégale ou inappropriée, la C.R.T. sera justifiée de ne pas s'interroger sur la pertinence d'une unité non contestée[177]. D'autre part, en présence d'un litige intersyndical, l'accord de l'employeur à une unité de négociation proposée par l'une des associations en présence constituera une considération pertinente dans l'appréciation du caractère approprié de l'unité de négociation[178]. Quant au fardeau de la preuve, il incombe généralement à la partie qui s'oppose à une unité de négociation proposée[179]. Néanmoins, il se trouvera reporté sur la partie qui cherche à modifier la situation préexistante, comme dans le cas d'une demande de fractionnement d'une unité de négociation[180].

2. *Le caractère représentatif*

L'article 32, al. 4 C.t. ne reconnaît qu'aux seuls salariés de l'unité de négociation ainsi qu'à toute association de salariés intéressée le statut de parties intéressées relativement au caractère représentatif d'une association de salariés. L'employeur se trouve ainsi exclu de cette partie du débat et toute tentative de sa part en vue de s'introduire dans l'examen du caractère représentatif du ou des syndicats en présence sera normalement repoussée[181]. Une manœuvre par laquelle l'employeur chercherait à profiter de la collusion de certains salariés pour s'immiscer, par leur intermédiaire, dans le débat sur la représentativité sera assimilée à une ingérence illicite dans les activités de l'association requérante[182].

La notion de caractère représentatif a alimenté, quant à son étendue, une jurisprudence abondante. Celle-ci en a retenu une compréhension large qui s'étend à tout ce qui concerne l'habileté du syndicat à représenter les salariés concernés et ses relations avec ces derniers. Dans l'affaire *Laval Chrysler Plymouth Ltée,* suivie constamment depuis lors, on a ainsi décidé que la partie patronale n'avait aucun droit d'exiger de consulter la résolution autorisant la requête en accréditation, la constitution et les règlements de l'association requérante[183]. Même si le dernier alinéa de l'article 36.1 C.t., adopté en 1977, a eu pour effet d'écarter complètement la considération de la constitution ou des règlements du syndicat pour apprécier la validité de l'adhésion des salariés, la jurisprudence antérieure, qui avait assimilé ces questions au caractère représentatif du syndicat, demeure pertinente quant à l'exclusion de l'employeur de toutes les questions qui se rattachent à la capacité représentative des associations de salariés[184]. L'article 31 C.t. empêche la C.R.T. d'accréditer une association de salariés si elle vient à la

175. Cette solution, maintenant explicite, avait été retenue par la Cour suprême sous l'application du texte antérieur de l'article 32 C.t. : *Bibeault c. McCaffrey,* [1984] 1 R.C.S. 176, 190.
176. *Union des routiers, brasseries, liqueurs douces et ouvriers de diverses industries, section locale 1999 (Teamsters) c. Hydro-Québec,* D.T.E. 92T-1271 (T.T.); *Infirmières et infirmiers unis Inc. c. Union des employés de service, section locale 298 (F.T.Q.),* précité, note 66.
177. *Astico Inc. c. Union des employés de service, local 298,* T.T. Québec, n° 78-1893, 12 février 1979.
178. *Syndicat des employés du C.L.S.C. des Trois-Saumons c. Syndicat professionnel des techniciens en radiologie du Québec (S.P.T.R.M.Q.),* [1980] T.T. 216.
179. *Astico Inc. c. Union des employés de service, local 298,* précité, note 177.
180. Voir *supra,* section C, « Les modifications à l'unité de négociation ».
181. *Bibeault c. McCaffrey,* précité, note 175, p. 186; *Zellers Inc. (Val-d'Or n° 467) c. Lalonde,* D.T.E. 2001T-159, REJB 2001-22171 (C.A.); *Syndicat des travailleurs d'Air liquide, Centre de distribution de Varennes – C.S.N. c. Air liquide Canada Inc.,* précité, note 117.
182. *Syndicat des salariés de Métro Lebel c. Alimentation Lebel Inc.,* D.T.E. 94T-626 (T.T.).
183. *Laval Chrysler Plymouth Ltée c. Union des employés de commerce, local 500 (R.C.I.A.),* [1972] T.T. 29; *154663 Canada Inc. c. Union des employées et employés de la restauration, Métallurgistes unis d'Amérique, section locale 9200,* précité, note 118; *Magasins Wise Inc. c. Syndicat international des travailleurs et travailleuses unis de l'alimentation et du commerce, section locale 503,* précité, note 1; *Aliments Supra Inc. c. Union internationale des travailleurs et travailleuses unis de l'alimentation et du commerce, section locale 501,* précité, note 1.
184. *Lukian Plastic Closures Quebec Ltd. c. Lesage,* précité, note 3; *Garda du Québec Ltée c. Lorrain,* D.T.E. 83T-641 (C.S.); *Chomedey Hyundai c. Fraternité canadienne des cheminots, employés de transports et autres ouvriers, section locale 511,* précité, note 59.

conclusion que l'article 12 C.t. n'a pas été respecté et que l'association a participé à cette contravention[185].

Il faut relever que l'article 32, al. 1 C.t. laisse à la C.R.T. une grande latitude dans la conduite de la partie de son enquête qui porte sur le caractère représentatif. Elle n'est en somme tenue qu'à l'observance des règles de justice naturelle (art. 117 et 128, al. 3 C.t.)[186].

5- La décision

L'article 133, al. 1 C.t. prescrit que la décision relative à une requête en accréditation doit être rendue dans les 60 jours du dépôt de cette requête à la C.R.T.[187].

En principe, la décision qui octroie une accréditation s'adressera à la personne qui a la qualité d'employeur à la date à laquelle la décision est rendue, que cette personne soit la même que celle visée à l'origine par la requête en accréditation ou qu'il s'agisse d'un nouvel employeur qui lui a été substitué par application de l'article 45 C.t.[188]. Exceptionnellement, en cas de concession d'entreprise survenant durant la procédure en vue de l'obtention d'une accréditation, la C.R.T. est autorisée à décider que l'employeur cédant et le concessionnaire sont successivement liés par l'accréditation (art. 46, al. 5 C.t.)[189].

Ici encore, la décision de la C.R.T. peut être remise en question par une demande de révision (art. 127 C.t.) ou encore par un recours en contrôle judiciaire.

---

185. Exemple : *Syndicat des employées et employés de Tremcar Iberville c. Métallurgistes unis d'Amérique, section locale 9414*, D.T.E. 99T-220 (T.T.).
186. *Websters c. Syndicat des travailleuses et travailleurs du McDo (C.S.N.)*, D.T.E. 2001T-491 (T.T.); *L'Espérance c. National Metal Finishing Canada Ltd.*, [2000] R.J.D.T. 991 (T.T.).
187. Toutefois, dans le cas d'une requête visée à l'article 111.3 C.t. (secteurs public et para-public), la décision doit être rendue au plus tard à la date d'expiration de la convention collective applicable ou de ce qui en tient lieu.
188. Voir et adapter, compte tenu de l'amendement ultérieur apporté à l'article 46 C.t. en cas de concession d'entreprise : *Syndicat des travailleuses et travailleurs d'Alfred Dallaire (C.S.N.) c. Alfred Dallaire Inc.*, [2002] R.J.D.T. 20 par. 47 et 54, REJB 2002-27887 (C.A.).
189. *Id.*, par. 56.

Chapitre IV

La vie de l'accréditation

Acte de la puissance publique, l'accréditation revêt un caractère d'ordre public. Sa portée et les effets que la loi lui donne ne peuvent être modifiés par une entente des parties qu'elle vise, que ce soit dans une convention collective ou au moyen d'une lettre d'entente[1]. Le syndicat titulaire d'une accréditation ne peut y renoncer ni en s'en désistant ni par un comportement passif ou négligent[2].

L'accréditation produit ses effets à compter du moment où elle est octroyée; elle n'est ni rétroactive ni déclaratoire[3]. Comme son octroi, la vie de l'accréditation et son extinction obéissent à un ensemble de règles prévues par la loi.

1- Les pouvoirs et les obligations de l'association accréditée

L'accréditation confère au syndicat le pouvoir légal et, en contrepartie, l'obligation, légale aussi, de représenter tous les salariés compris dans l'unité de négociation, qu'ils soient ou non membres du syndicat, aux fins de la négociation, de la conclusion et de l'application d'une convention collective[4]. Certains autres pouvoirs et obligations spécifiques se rattachent accessoirement à l'accréditation.

A- Les pouvoirs

1. *Le pouvoir de représentation*

Le pouvoir légal de représentation conféré au syndicat par l'accréditation consiste essentiellement à lui permettre d'obliger l'employeur à le reconnaître comme le représentant collectif et exclusif de tous les salariés compris dans l'unité de négociation et à négocier avec lui, pour le compte de ces salariés, avec diligence et bonne foi, en vue de la conclusion d'une convention collective et, ensuite, pour son application.

Dès 1959, dans l'arrêt *Paquet*, la Cour suprême soulignait l'origine et l'étendue particulières du pouvoir légal de représentation conféré au syndicat par l'accréditation. Le juge Judson rappelait ainsi l'origine statutaire de ce pouvoir :

« [...] the collective representative represents all employees, whether union members or not, not because of a contractual relation of mandate between employees and union but because of a status conferred upon the union by the legislation. »[5]

Quant à son étendue, le juge Judson écrivait :

---

1. *Foyer St-Antoine c. Lalancette*, [1978] C.A. 349; *Union des chauffeurs de camions, hommes d'entrepôts et autres ouvriers, section locale 106 (F.T.Q.) c. Association des employés de Atlas idéal métal (FISA)*, D.T.E. 2001T-843 (T.T.) – absence d'effet d'un élargissement par entente particulière; *Syndicat canadien de la fonction publique, section locale 3187 c. École de technologie supérieure*, D.T.E. 92T-1387 (T.T.) – inefficacité d'une lettre d'entente.
2. *Laverdure c. Union des opérateurs de machineries lourdes, local 791 (F.T.Q.)*, [2001] R.J.D.T. 1127, par. 25, REJB 2001-24615 (C.A.); *Travailleuses et travailleurs de l'alimentation et du commerce, section locale 509 et Sintra Inc. (Région de Laval Laurentides (Centre Asfab)*, D.T.E. 2006T-808 (C.R.T.); *Syndicat des professionnelles et professionnels du Centre jeunesse Montérégie (C.S.Q.) c. Centres jeunesse de la Montérégie*, D.T.E. 2003T-1118 (C.R.T.); *Alliance du personnel professionnel et administratif de Ville de Laval c. Syndicat des employés de bureau en service technique et professionnel de Ville de Laval*, D.T.E. 97T-1357 (T.T.).
3. De façon tout à fait exceptionnelle, l'article 46 C.t., al. 4, permet qu'une accréditation lie successivement l'employeur originaire et son successeur lorsqu'une concession d'entreprise est survenue pendant la procédure d'accréditation : voir *infra*, section 3-E-1. *Syndicat des travailleuses et travailleurs de Alfred Dallaire c. Alfred Dallaire Inc.*, [2001] R.J.D.T. 20, par. 56, REJB 2002-27887 (C.A.).
4. Au sujet de la légalité constitutionnelle, au regard des Chartes, du pouvoir de représentation conféré par l'accréditation, consulter : *Lavigne c. Syndicat des employés de la Fonction publique de l'Ontario*, [1991] 2 R.C.S. 211, EYB 1990-67641
5. *Syndicat catholique des employés de magasins de Québec Inc. c. Cie Paquet Ltée*, [1959] R.C.S. 206, 214.

« The Union is [...] the representative of all the employees in the unit for the purpose of negotiating the labour agreement. There is no room left for private negotiation between employer and employee. Certainly to the extent of the matters covered by the collective agreement, freedom of contract between master and individual servant is abrogated. »[6]

Cette compréhension du pouvoir de représentation du syndicat accrédité justifia, entre autres motifs, la reconnaissance, par la Cour suprême, de la légalité de la « formule Rand », c'est-à-dire une clause d'une convention collective dont l'objet est d'imposer à tous les salariés de l'unité de négociation le paiement à l'association accréditée de leur cotisation syndicale, ou de son équivalent s'ils n'en sont pas membres[7].

La Cour suprême a rappelé et réitéré régulièrement cette position[8].

2. *Les autres pouvoirs*

En 1977, le législateur québécois ajoutait deux facettes complémentaires au pouvoir de représentation de l'association accréditée : le précompte syndical obligatoire et l'interdiction à l'employeur de recourir à des briseurs de grève en cas de grève légale ou de lock-out. En vertu de l'article 47 C.t., l'association accréditée a le droit de percevoir, par l'entremise de l'employeur qui la retient sur le salaire des salariés et la lui remet, la cotisation qu'elle fixe pour ses membres, ou une somme équivalente dans le cas des salariés qui ne sont pas ses membres. La « formule Rand », dont les syndicats devaient auparavant négocier l'inclusion dans une convention collective, se trouve ainsi imposée par la loi. L'article 47 C.t. confère au syndicat le droit au précompte syndical du seul fait de son accréditation, sans égard à la conclusion d'une convention collective. La notion de cotisation syndicale doit être

interprétée largement de façon à couvrir la perception de toute somme à l'acquit du syndicat lui-même pour la poursuite de ses activités naturelles, qu'il s'agisse d'une cotisation régulière ou d'une cotisation spéciale, ou encore qu'elle soit destinée à un fonds distinct appartenant au syndicat[9]. L'affectation des sommes ainsi perçues par le syndicat accrédité n'est pas limitée aux fins immédiates de la représentation des salariés auprès de leur employeur. Elle peut se rapporter à des objectifs plus vastes et plus lointains que l'association considère pertinents à sa mission et qui ont un lien rationnel avec cette dernière[10]. Le défaut de l'employeur d'exécuter les obligations qui lui incombent en vertu de l'article 47 C.t. peut donner ouverture à une réclamation de la part de l'association accréditée[11]. Cette réclamation doit maintenant être portée devant la Commission des relations du travail (ci-après : « C.R.T. ») (art. 114, al. 2 C.t.)[12]. La même défaillance de l'employeur peut également donner lieu à une poursuite pénale en vertu de l'article 144 du code[13].

L'article 109.1 C.t. confère pour sa part à l'association accréditée, comme nous le verrons ultérieurement[14], un véritable monopole sur le travail exécuté par les salariés membres de l'unité de négociation qu'elle représente, dans la mesure où il décrète l'arrêt total du travail dans une unité de négociation visée par une grève légale déclenchée par le syndicat ou par un lock-out que lui impose l'employeur.

B- Les obligations

1. *L'obligation de représentation*

a) *La source*

L'obligation de représentation de l'association accréditée prend source dans son pouvoir exclusif de

---

6.   *Id.*, p. 212.
7.   Voir aussi, plus récemment, *Lavigne c. Syndicat des employés de la Fonction publique de l'Ontario*, précité, note 4.
8.   *General Motors of Canada Ltd. c. Brunet*, [1977] 2 R.C.S. 539, 549, EYB 1989-67835; *Guilde de la marine marchande du Canada c. Gagnon*, [1984] 1 R.C.S. 509; *Hémond c. Coopérative fédérée du Québec*, [1989] 2 R.C.S. 962, 975; *Noël c. Société d'énergie de la Baie James*, REJB 2001-24835 (C.S.C.), [2001] 2 R.C.S. 207, 2001 CSC 39, par. 42 et 43; *Isidore Garon Ltée c. Tremblay; Fillion et Frères (1976) Inc. c. Syndicat national des employés de garage du Québec Inc.*, 2006 CSC 2, D.T.E. 2006T-132.
9.   *Syndicat des ouvriers du fer et du titane (C.S.N.) c. Q.I.T. fer et titane Inc.*, [1985] T.T. 115; *Côté c. Hôpital Notre-Dame*, D.T.E. 88T-348 (C.S.); *Métallurgistes unis d'Amérique, section locale 7625 et Carrières Ducharme Inc.*, D.T.E. 2006T-124 (C.R.T.) – la prétention selon laquelle l'employeur ne peut être tenu de remettre la cotisation au syndicat du fait qu'il conteste la décision l'accréditant est rejetée. Cette décision étant sans appel et les parties devant s'y conformer, l'employeur ne pouvait placer les cotisations perçues en compte fidéicommis mais devait remettre les montants au syndicat accrédité.
10. *Lavigne c. Syndicat des employés de la fonction publique de l'Ontario*, précité, note 4. Voir aussi *Côté c. Hôpital Notre-Dame*, précité, note 9.
11. Exemple : *Union des vendeurs d'automobiles et employés auxiliaires, local 1974, R.C.I.A. c. Mont-Royal Ford Vente Ltée*, [1980] C.S. 712.
12. *Syndicat canadien des communications, de l'énergie et du papier, section locale 3001-Q c. Nopimik*, 2003 QCCRT 0283; *Métallurgistes unis d'Amérique, section locale 7625 c. Carrières Ducharme Inc.*, D.T.E. 2006T-124 (C.R.T.). Toutefois, si la convention collective reprend en substance les termes de l'article 47 C.t., l'arbitre de grief s'imposera comme seul forum compétent : *Ste-Anne Nackawic Pulp & Paper Co. c. Section locale 219 du Syndicat canadien des travailleurs du papier*, [1986] 1 R.C.S. 704, EYB 1986-67310; art. 118, 2° C.t. : *Syndicat régional des infirmières et infirmiers du Québec (SRIIQ) c. Hôpital Hôtel-Dieu de St-Jérôme*, D.T.E. 2005T-45 (C.R.T.).
13. Exemple : *Travailleurs unis de l'alimentation et du commerce, section locale 501 c. J. Pascal Inc.*, [1988] T.T. 349.
14. Voir *infra*, titre II, chapitre VI.

représenter l'ensemble des salariés d'une unité de négociation, pouvoir dont cette obligation est la contrepartie[15].

C'est d'abord la jurisprudence qui a reconnu l'obligation de représentation et qui en a défini le caractère et la portée. Dans l'affaire *Fisher*[16] de Colombie-Britannique, un jugement accorda des dommages et intérêts nominaux de 1 $ à l'employé dont le grief avait été abandonné avant l'étape de l'arbitrage par le syndicat, sans motif raisonnable. En l'occurrence, Fisher participait à ce moment à l'organisation d'une association rivale. Étant donné le mauvais dossier de travail de l'employé, le juge n'accorda que des dommages nominaux en considérant que ses chances d'obtenir gain de cause et l'annulation de son congédiement par un arbitre étaient relativement minimes.

Par la suite, les tribunaux québécois, comme ceux des autres juridictions canadiennes, ont suivi la même approche et identifié, selon les cas, la négligence, l'insouciance, la mauvaise foi ou la malhonnêteté du syndicat comme causes d'engagement de sa responsabilité envers ses représentés.

L'article 47.2 C.t., adopté en 1977, a codifié le droit élaboré par la jurisprudence, en énonçant qu'une association accréditée ne doit pas agir de mauvaise foi ou de manière arbitraire ou discriminatoire, ni faire preuve de négligence grave à l'endroit des salariés compris dans une unité de négociation qu'elle représente, peu importe qu'ils soient ses membres ou non.

Directement relié à l'accréditation, le devoir légal de représentation du syndicat naît au moment où une accréditation lui est octroyée ou, à l'endroit d'un salarié en particulier, lorsque ce salarié devient couvert par cette accréditation. L'obligation s'éteint soit par la perte de l'accréditation, soit par le détachement du salarié de cette accréditation sauf, dans ce dernier cas, quant aux droits qui pourraient avoir été acquis ou accumulés alors qu'il était visé par l'accréditation et quant à ceux qui pourraient être déterminés à l'égard de la même période[17]. C'est l'accréditation elle-même, en somme, qui délimite l'aire d'application de l'obligation de représentation, dans le temps et dans l'espace-personnes. Le devoir de représentation s'adresse à l'ensemble des actes posés par le syndicat dans l'exercice de son pouvoir légal de représentation. Le syndicat y est tenu à toutes les phases de la représentation collective, tant à l'occasion de la négociation du contenu de la convention collective[18] que lorsque le syndicat lui-même ou le salarié cherchera à en obtenir l'application, soit d'abord en recourant à la procédure arbitrale et même ensuite, s'il y a lieu, au stade d'une demande de révision judiciaire de la décision de l'arbitre[19].

b) Le contenu

On peut d'abord dire de l'obligation de représentation qu'elle constitue généralement une obligation de moyen par opposition à une obligation de résultat[20]. L'article 47.2 C.t. la définit d'ailleurs dans ce sens par son énoncé négatif. Il interdit en effet à l'association accréditée d'agir de mauvaise foi ou de manière arbitraire ou discriminatoire, ou de faire preuve de négligence grave à l'endroit des salariés compris dans une unité de négociation qu'elle représente, peu importe que ces salariés soient ses membres ou non. Il y a lieu de préciser la nature de ces divers comportements interdits par l'article 47.2 C.t.

La mauvaise foi implique un élément intentionnel par lequel l'association cherche à nuire à un salarié qu'elle doit représenter[21]. La discrimination quant à elle ne s'arrête pas au sens à lui donner selon les Chartes. Elle s'étend à toute distinction injustifiée dans le traitement de certains salariés par le syndicat, distinction fondée, par exemple, sur la considération qu'il s'agit de non-membres, voire même de dissidents ou d'adversaires. Comme la mauvaise foi, elle procède alors généralement

---

15. *Guilde de la marine marchande du Canada c. Gagnon*, précité, note 8, p. 527; *Noël c. Société d'énergie de la Baie James*, précité, note 8, par. 46-55.
16. *Fisher c. Pemberton*, (1970) 8 D.L.R. (3d) 521.
17. *Tremblay c. Syndicat des employées et employés professionnels-les et de bureau, section locale 57*, [2002] 2 R.C.S. 627, par. 22 et 23, REJB 2002-27957.
18. *Id.*, par. 19-24; *Noël c. Société d'énergie de la Baie James*, précité, note 8; *Section locale 2995 du Syndicat canadien des communications, de l'énergie et du papier c. Spreitzer*, [2002] R.J.Q. 111, REJB 2002-27849 (C.A.). Voir aussi et comparer : *Nolin c. Syndicat des employés de Molson*, [1988] T.T. 99; *Lessard c. Syndicat des employés municipaux de Beauport, section locale 2244 (S.C.F.P.)*, D.T.E. 86T-779 (T.T.); *Ouellet c. Syndicat des travailleurs et travailleuses du Deauville*, D.T.E. 83T-436 (T.T.). En droit américain, voir l'arrêt de la Cour suprême des États-Unis dans *Ford Motor Co. c. Huffman*, (1953) 345 U.S. 330.
19. *Noël c. Société d'énergie de la Baie James*, précité, note 8, par. 56 à 63.
20. *Tremblay c. Syndicat des employées et employés professionnels-les et de bureau, section locale 57*, précité, note 17, par. 19, 20 et 22. Voir aussi *Section locale 2995 du Syndicat canadien des communications, de l'énergie et du papier c. Spreitzer*, précité, note 18, par. 89; *Syndicat national des employées et employés du Centre de soins prolongés Grace Dart (CSN) et Holligi-Richards*, D.T.E. 2006T-200 (C.A.) – la Commission des relations du travail ne doit pas substituer son opinion à celle du syndicat. Elle doit essentiellement s'assurer que le choix fait par le syndicat est le résultat d'un examen sérieux.
21. *Noël c. Société d'énergie de la Baie James*, précité, note 8, par. 48 et 52; *Boutin c. Syndicat International des travailleurs en électricité, de radio et de machinerie F.A.T.-C.O.I.-C.T.C. (S.I.T.E.), section 522*, [1979] T.T. 91 – comportement malicieux des représentants syndicaux; *Asselin c. Travailleurs amalgamés du vêtement et du textile, local 1838*, [1985] T.T. 74 – admission faite de mauvaise foi devant l'arbitre.

d'un sentiment d'animosité du syndicat envers le salarié[22]. L'arbitraire s'approche de la négligence grave et se confond souvent avec elle. On le trouve ainsi dans le cas où les agissements de l'association accréditée ne peuvent s'expliquer par aucun facteur objectif ou raisonnable : confiance aveugle dans les informations fournies par l'employeur, absence de considération des prétentions de l'employé ou défaut d'en vérifier le fondement en faits ou même en droit[23].

Reste la notion de négligence grave, faute par omission ou maladresse, dont les caractères sont beaucoup plus délicats à identifier, ainsi que le révèle l'examen de la jurisprudence. On peut d'abord dire que l'obligation légale du syndicat accrédité n'est pas une obligation de la meilleure compétence dans l'exercice de sa fonction de représentation. Il serait aussi irréaliste qu'inopportun d'imposer aux représentants syndicaux que leurs décisions et leurs actes soient conformes aux plus hautes normes de compétence professionnelle en la matière[24]. Les erreurs commises de bonne foi et qui ne peuvent être qualifiées de fautes grossières ou caractérisées ne sont normalement pas assimilables à la négligence grave[25]. La représentation syndicale doit cependant refléter des connaissances et une habilité normales, d'un point de vue objectif et indépendamment des personnes en cause[26]. En principe, la négligence se distingue de ses effets. Y a-t-il lieu, par ailleurs, de tenir compte des conséquences concrètes pour le salarié d'une négligence commise par le syndicat pour en apprécier la gravité? Après certaines hésitations des instances du travail[27], la Cour suprême a clairement posé que l'importance du grief et des conséquences pour le salarié constitue un facteur pertinent d'appréciation de l'exécution par le syndicat de son devoir légal de représentation, tout comme, par ailleurs, les intérêts légitimes du syndicat, qui peuvent diverger de ceux d'un salarié en particulier. La cour résume ainsi les principes qui gouvernent le contrôle de la conduite du syndicat :

1. Le pouvoir exclusif reconnu à un syndicat d'agir à titre de porte-parole des employés qui font partie d'une unité de négociation comporte en contrepartie l'obligation de la part du syndicat d'une juste représentation de tous les salariés compris dans l'unité.

2. Lorsque, comme en l'espèce et comme c'est généralement le cas, le droit de porter un grief à l'arbitrage est réservé au syndicat, le salarié n'a pas un droit absolu à l'arbitrage et le syndicat jouit d'un pouvoir discrétionnaire appréciable.

3. Ce pouvoir discrétionnaire doit être exercé de bonne foi, de façon objective et honnête, après une étude sérieuse du grief et du dossier, tout en tenant compte de l'importance du grief et des conséquences pour le salarié, d'une part, et des intérêts légitimes du syndicat d'autre part.

4. La décision du syndicat ne doit pas être arbitraire, capricieuse, discriminatoire ou abusive.

5. La représentation par le syndicat doit être juste, réelle et non pas seulement apparente, faite avec intégrité et compétence, sans négligence grave ou majeure, et sans hostilité envers le salarié[28].

---

22. *Noël c. Société d'énergie de la Baie James*, précité, note 8, par. 49 et 52; *Belisle c. Syndicat des travailleuses et travailleurs de l'Hôtel Méridien de Montréal (C.S.N.)*, [1992] T.T. 205 – attitude revancharde du syndicat à l'endroit de salariés ayant travaillé comme briseurs de grève; *Lessard c. Union des chauffeurs et ouvriers de diverses industries, local 69*, D.T.E. 84T-768 (T.T.) – suspension, à la demande du syndicat, d'un salarié ayant appuyé une association rivale et refus du syndicat de porter un grief.

23. *Noël c. Société d'énergie de la Baie James*, précité, note 8, par. 50 et 52; *Péloquin c. Syndicat des agents de la paix en services correctionnels du Québec*, [1993] T.T. 296 – défaut du syndicat d'examiner, selon sa politique habituelle, tous les faits pertinents et de les soumettre à l'avocat appelé à fournir un avis juridique; *Guillemette c. Syndicat des travailleurs de la métallurgie de Québec Inc.*, D.T.E. 94T-1151 (T.T.) – enquête rapide et superficielle; *Colenbier c. Syndicat canadien des communications, de l'énergie et du papier, section locale 145*, [2004] R.J.D.T. 1545 (T.T.) – insuffisance d'enquête, en faits et en droit, sur la possibilité de déposer un grief.

24. *Barabé c. Commission des relations du travail*, D.T.E. 2005T-445 (C.S.), par. 62-64.

25. *Noël c. Société d'énergie de la Baie James*, précité, note 8, par. 51 et 52; *Lahaie c. Syndicat canadien de la fonction publique, section locale 301 (cols bleus)*, D.T.E. 96T-1013 (T.T.) – erreur dans le calcul des délais de grief; *Gaudreault c. Syndicat des employés de commerce de la Baie-des-Ha! Ha!*, [1991] T.T. 364 – erreur dans le calcul d'un délai de grief; *Leclerc c. Syndicat catholique des ouvriers du textile de Magog Inc.*, D.T.E. 88T-1056 (C.Q.) – rédaction fautive des conclusions recherchées par le grief.

26. Voir *Guilde de la marine marchande du Canada c. Gagnon*, précité, note 8, p. 527 à 535. La Cour suprême s'y trouve satisfaite du fait que l'association syndicale ait fondé sa décision sur un avis juridique motivé, sans qu'il soit nécessaire de décider si cet avis était bien ou mal fondé. Dans le même sens, voir *Charbonneau c. Syndicat des agents de conservation de la faune du Québec*, [1997] T.T. 538, REJB 1997-01232. Un avis juridique ne met toutefois pas le syndicat automatiquement à l'abri de toute responsabilité : *Péloquin c. Syndicat des agents de la paix en services correctionnels du Québec*, précité, note 23 – avis juridique incomplet, vu l'omission du syndicat de fournir tous les faits pertinents; *A. (P.) c. Syndicat des travailleurs de l'énergie et de la chimie, section locale 143*, D.T.E. 94T-593 (T.T.) – insuffisance d'enquête et d'information à l'avocat consulté.

27. Voir et comparer : *Courchesne c. Syndicat des travailleurs de la Corporation de batteries Cegelec*, [1978] T.T. 328; *Boulay c. Fraternité des policiers de la Communauté urbaine de Montréal Inc.*, [1978] T.T. 319.

28. *Guilde de la marine marchande du Canada c. Gagnon*, précité, note 8, p. 527. Voir aussi, dans le même sens, *Noël c. Société d'énergie de la Baie James*, précité, note 8, par. 52 à 55.

Dans une perspective pratique d'application de ces principes, une fois démontré un droit apparent du salarié, le refus ou l'omission de l'association syndicale de le représenter pour faire valoir ce droit, ou son défaut de poser les actes nécessaires à cette fin, doit reposer sur une justification raisonnable de sa part, compte tenu de toutes les circonstances, pour qu'elle soit dégagée de sa responsabilité[29]. Le syndicat dispose néanmoins alors, tout comme en contexte de négociation, d'une importante marge d'appréciation discrétionnaire qui lui permet, notamment, de soupeser les intérêts respectifs du salarié et de l'ensemble du groupe[30].

La jurisprudence est constante dans sa reconnaissance de l'obligation du syndicat de se livrer à un examen sérieux du dossier d'un grief que le salarié voudrait voir porter en arbitrage, que ce soit quant aux faits ou quant au fondement juridique de la réclamation. L'inaction totale de l'association emporte évidemment sa responsabilité[31]. Que son défaut d'agir résulte de l'absence de personnel syndical de fonctionnement ou de l'ignorance de ce fonctionnement ne déchargera pas l'association[32]. Tout traitement superficiel, sommaire ou imprudent de la réclamation du salarié, sur le plan procédural ou en cours d'arbitrage, est aussi assimilé à une négligence grave[33]. Le syndicat manquera aussi à son devoir de représentation en se désistant, à l'insu du salarié, ou sans son consentement, d'un grief individuel qui emporte pour ce dernier des conséquences importantes, comme la perte de son emploi, pour des motifs étrangers aux faits du grief[34]. Il ne suffit toutefois pas que le salarié ait une apparence de droit pouvant justifier l'arbitrage de son grief pour qu'il soit en mesure d'exiger du syndicat d'entreprendre et de mener à terme cet arbitrage sous peine d'engager sa responsabilité[35]. On ne pourra tenir rigueur à l'association du seul fait d'avoir erré dans l'appréciation d'une situation, quant aux faits ou quant au droit, d'avoir déposé tardivement un grief ou même d'avoir omis de le soumettre en croyant à tort qu'il était prescrit[36]. À plus forte raison, l'association accréditée ne saurait être tenue de poursuivre des recours frivoles ou même seulement douteux[37].

Le droit du salarié à l'arbitrage n'a rien d'absolu. Il prend en compte, avons-nous vu, les intérêts légitimes des autres salariés. Les parties à la convention collective peuvent légitimement convenir d'un autre mode de règlement de leurs litiges, par exemple en comité patronal-syndical[38]. On exigera aussi du salarié qu'il se soit montré diligent, qu'il ait fait connaître son problème et ses attentes au syndicat en temps utile[39] et qu'il lui ait apporté toute sa collaboration[40]. Il ne sera cependant pas tenu d'épuiser les recours d'appel à l'intérieur de la structure syndicale avant

---

29. *Langlois c. Syndicat des employés de Transport St-Marc*, D.T.E. 2002T-142 (T.T.) – forte apparence de droit, démarches syndicales minimes et conséquences graves; *Syndicat national des employées et employés du Centre de soins prolongés Grace Dart (CSN) et Holligi-Richards*, précité, note 20; *Roy c. Association des salariés des autobus de l'Estrie Inc.*, [1985] T.T. 110; *Pelletier c. Union des travailleurs de contrôle hydraulique de Sept-Îles Ltée*, D.T.E. 84T-255 (T.T.).

30. *Centre hospitalier Régina Ltée c. Tribunal du travail*, [1990] 1 R.C.S. 1330, 1349 et 1350, EYB 1990-67759; *Noël c. Société d'énergie de la Baie James*, précité, note 8, par. 55; *Syndicat national des employées et employés du Centre de soins prolongés Grace Dart (CSN) et Holligi-Richards*, précité, note 20; *Métras c. Québec (Tribunal du travail)*, D.T.E. 2002T-317, par. 51 à 56, REJB 2002-29819 (C.A.).

31. *Payant c. Syndicat des cols bleus de la Ville de Salaberry-de-Valleyfield (C.S.N.)*, [2001] R.J.D.T. 128 (T.T.) – défaut total de suivi et d'information sur la représentation syndicale; *Boily c. Syndicat des travailleurs en garderie du Saguenay-Lac St-Jean (C.S.N.)*, [1991] T.T. 185; *Courchesne c. Syndicat des travailleurs de la Corporation de batteries Cegelec*, précité, note 27.

32. *Bordeleau c. Syndicat des professeurs du Collège du Nord-Ouest*, [1979] T.T. 133 – absence d'exécutif syndical; *Tremblay c. Syndicat des employés des Commissions scolaires de Charlevoix, La Malbaie*, [1982] T.T. 410 – ignorance d'un changement dans la procédure d'acheminement des griefs par la structure syndicale.

33. Exemples : *Lefebvre c. Ambulances Granby, division Dessercom Inc.*, REJB 2002-35844 (C.A.) – D.T.E. 2003T-5 – grief de congédiement soumis tardivement à l'employeur; *Lamadeleine c. Syndicat des travailleuses et travailleurs de Pro-Conversion (C.S.N.)*, D.T.E. 2003T-834 (C.R.T.) – ignorance impardonnable du délai de grief; *Thivierge c. Syndicat indépendant de Feutre national*, D.T.E. 2000T-851 (T.T.) – erreur inexcusable en concluant à la tardiveté d'un grief; *Lauzon c. Syndicat national des travailleurs et travailleuses de l'automobile, de l'aérospatiale et de l'outillage agricole du Canada, section locale 750 (T.C.A.)*, D.T.E. 99T-78 (T.T.) – erreur procédurale grossière, en l'absence de toute précaution pour assurer un suivi des dossiers; *Bilodeau c. Syndicat des travailleurs de Transport J.G. Fortin*, D.T.E. 92T-120 (T.T.) – omission de donner suite au grief après son dépôt à la première étape de la procédure de grief; *Péloquin c. Syndicat des agents de la paix en services correctionnels du Québec*, précité, note 23 – absence d'enquête sérieuse.

34. *Centre hospitalier Régina Ltée c. Tribunal du travail*, précité, note 30.

35. *Guilde de la marine marchande du Canada c. Gagnon*, précité, note 8; *Noël c. Société d'énergie de la Baie James*, précité, note 8, par. 54; *Métras c. Québec (Tribunal du travail)*, précité, note 30; *Simard c. Syndicat national des travailleurs et travailleuses de l'automobile, de l'aérospatial et de l'outillage agricole du Canada (T.C.A. Canada)*, [1991] T.T. 229.

36. *Lahaie c. Syndicat canadien de la fonction publique, section locale 301 (cols bleus)*, précité, note 25; *Gaudreault c. Syndicat des employés de commerce de la Baie-des-Ha! Ha!*, précité, note 25 – erreur d'appréciation du délai pour déposer le grief; *Jacques c. Travailleurs canadiens de l'alimentation, local P-551*, [1981] T.T. 85; *Hubert c. Syndicat des policiers et pompiers de la Ville de Montréal*, [1980] T.T. 302; *Paquet c. Syndicat des travailleurs du ciment (C.S.D.)*, D.T.E. 83T-248 (T.T.).

37. Exemple : *Belzile c. Teamsters du Québec, chauffeurs et ouvriers de diverses industries, local 69*, D.T.E. 85T-14 (T.T.).

38. *Giroux c. Hydro-Québec*, [2003] R.J.Q. 346, REJB 2003-36844 (C.A.).

39. *Jouin c. Syndicat des chauffeurs d'autobus, opérateurs de métro et employés des services connexes de la Société de transport de la Communauté urbaine de Montréal, section locale 1983 (S.C.F.P.)*, D.T.E. 2002T-195 (T.T.) – omission du salarié de solliciter l'aide du syndicat; *Cipro c. Syndicat des employé-e-s de la Société des casinos du Québec – CSN*, 2004 QCCRT 0081, par. 22-23 – défaut d'aviser le syndicat de son intention de déposer un grief; *Ye c. Syndicat canadien de la fonction publique, section locale 1294*, D.T.E. 2005T-5 (C.R.T.) – absence de demande précise adressée au syndicat.

40. *Dussault c. Syndicat des travailleuses et travailleurs du Centre hospitalier Fleury (C.S.N.)*, D.T.E. 2004T-289 (T.T.).

de porter plainte contre son association[41] et l'approbation des agissements d'un représentant syndical, même par l'assemblée générale des membres, ne suffira pas à exonérer la responsabilité du syndicat[42]. En définitive, chaque cas devra être apprécié à la lumière de toutes les circonstances, que ce soit quant à la nature du droit que le salarié voulait faire reconnaître avec le concours de son syndicat, quant aux agissements du salarié lui-même ou quant au comportement de l'association syndicale et de ses représentants[43].

c) La sanction

Depuis le 1er janvier 2004, le Code du travail unifie auprès d'un seul forum, la C.R.T., l'exercice de tous les recours de nature civile alléguant un manquement par un syndicat à son devoir de représentation (art. 47.3, 114, al. 2 et 116, al. 2 C.t.). Cette compétence de la C.R.T. lui est exclusive[44]. C'est au niveau de la réparation, le cas échéant, qu'une distinction s'imposera selon l'occasion qui a donné lieu au manquement syndical.

Dans tous les cas, le recours doit être exercé par le salarié dans les six mois de sa connaissance des faits à l'origine de sa plainte (art. 47.3 et 116, al. 2 C.t.); il s'agit d'un délai de rigueur qui emporte déchéance du recours[45]. Le salarié plaignant doit prouver ses allégations[46].

1) Les cas de renvoi ou de mesure disciplinaire

L'utilisation des articles 47.3 à 47.6 C.t. est réservée aux seules situations où le salarié est victime d'une violation du devoir syndical de représentation à l'occasion de son renvoi, de l'imposition d'une mesure disciplinaire ou de harcèlement psychologique au sens de la *Loi sur les normes du travail*[47].

La jurisprudence a interprété largement le terme « renvoi ». Celui-ci rejoint toutes les situations où l'employeur refuse de fournir son travail au salarié et de le rémunérer en conséquence, sans égard aux motifs de cette décision non plus qu'au fait qu'elle soit définitive ou temporaire, totale ou partielle[48]. Ainsi, l'interruption de travail par mise à pied et l'omission de rappel au travail à la suite de telle mise à pied sont-elles considérées comme un renvoi[49]. Le refus, en certaines circonstances, de renouveler un contrat à durée déterminée peut aussi constituer un renvoi[50]. Il en est de même d'un changement radical dans la nature du lien d'emploi, comme à l'occasion de la substitution d'un statut d'emploi précaire à un statut d'emploi à caractère régulier, lorsque ce changement s'accompagne d'une privation de travail[51]. Par contre, la seule perte de l'ancienneté n'a pas été assimilée à un renvoi au sens entendu par la disposition législative[52]. Il demeure néanmoins qu'un renvoi suppose l'établissement préalable d'une relation d'emploi et, donc, que l'article 47.3 C.t. ne rejoint pas un refus d'embauchage[53].

41. *Milhomme c. Aubé*, [1984] C.A. 1.
42. *Rivest c. Association internationale des pompiers, section locale 1121 (F.A.T., C.I.O., C.T.C.)*, [1980] T.T. 276. Voir aussi *Dagenais c. Ouvriers unis de caoutchouc, liège, linoléum et plastique d'Amérique, local 930 (A.F.L.-C.I.O.-C.L.C.)*, D.T.E. 91T-1129 (T.T.).
43. *Rivest c. Association des pompiers de Montréal Inc.*, [1999] R.J.D.T. 525 (T.T.) – toxicomanie; entente prévoyant le congédiement sans droit de grief en cas de rechute; refus justifié du syndicat de déférer un grief à l'arbitrage.
44. Voir et transposer : *Gendron c. Syndicat des approvisionnements et services de l'Alliance de la fonction publique du Canada, section locale 50057*, [1990] 1 R.C.S. 1298, EYB 1990-67185; *Auger c. Syndicat international des communications graphiques, section locale 555*, [2003] R.J.Q. 2444, REJB 2003-46899 (C.A.); *Syndicat des enseignantes et enseignants du Cégep de St-Félicien c. Spina*, D.T.E. 2004T-581, REJB 2004-62171 (C.A.); *Lepage c. Syndicat canadien des communications, de l'énergie et du papier, section locale 50*, [1998] R.J.D.T. 1520, REJB 1998-08980 (C.A.).
45. *Lapierre c. Tribunal du travail*, D.T.E. 2003T-72, REJB 2003-36557 (C.A.); *Dupuis c. Section locale 130 du syndicat canadien des communications, de l'énergie et du papier (SCEP)*, 2003 QCCRT 0192; *Lamadeleine c. Syndicat des travailleuses et travailleurs de Pro-Conversion – CSN*, précité, note 33; *Ye c. Syndicat canadien de la fonction publique, section locale 1294*, précité note 39; *Fortier-Thériault et Syndicat des employés du Centre de services sociaux du Montréal métropolitain (CSN)*, D.T.E. 2007T-102 (C.R.T.) – une plainte sous 47.2 C.t. peut être signée par un mandataire, pour et au nom du salarié plaignant (notamment un conseiller syndical), l'essentiel étant que la plainte résulte de la volonté du salarié.
46. *Tremblay c. Syndicat des employées et employés professionnels-les et de bureau, section locale 57*, précité, note 17, par. 19 et 24. Voir également *Union des employés du transport local et industries diverses, section locale 931 c. Tribunal du travail*, D.T.E. 94T-198 (C.S.); *Drolet c. Syndicat des employés du Supermarché Roy Inc.*, [1979] T.T. 221.
47. L.R.Q., c. N-1.1, art. 81.18. Voir *supra*, Titre I, chapitre II, sections 7 et 8 C-3.
48. *Levine c. Pearson Teachers Union*, D.T.E. 2003T-425 (T.T.); *Romulus c. Fédération régionale des infirmières et infirmiers du Québec*, D.T.E. 2004T-654 (T.T.), par. 26-31.
49. *Blais c. Union internationale des travailleurs et travailleuses unis de l'alimentation et du commerce, section locale 1991*, [1994] T.T. 253 – mise à pied indéfinie : à comparer à *Guérin c. Union des routiers, brasseries, liqueurs douces et ouvriers de diverses industries, section locale 1999 (Teamsters)*, D.T.E. 94T-199 (T.T.). Sur la nécessité d'une réduction du temps de travail pour conclure à une mise à pied, voir *Canada Safeway Ltd. c. SDGMR, section locale 454*, [1998] 1 R.C.S. 1079, REJB 1998-06633; *Battlefords and District Co-operatives Ltd. c. SDGMR, section locale 544*, [1998] 1 R.C.S. 1118, REJB 1998-06631; *Grammenidou c. Vanier College Teachers' Association (F.A.C.)*, D.T.E. 91T-1320 – privation d'un droit de rappel.
50. *Cloutier c. Syndicat de l'enseignement de l'Estrie*, [2004] R.J.D.T. 655 (C.R.T.); *Boulangerie Racine Ltée c. Geoffroy*, [1985] C.S. 14.
51. *Lortie c. Syndicat des travailleuses et travailleurs d'Épiciers unis Métro-Richelieu*, D.T.E. 96T-837 (T.T.); *Boivin-Wells c. Syndicat professionnel des infirmières et infirmiers de Chicoutimi*, [1987] T.T. 307, confirmé par *Boivin-Wells c. Syndicat professionnel des infirmières et infirmiers de Chicoutimi*, [1992] R.J.Q. 331, EYB 1992-64013 (C.A.).
52. *Gamache c. Union des employés de service, section locale 800*, [1991] T.T. 54.
53. *Lefebvre c. Syndicat canadien des communications, de l'énergie et du papier, section locale 1313*, 2004 QCCRT 0075.

La notion de mesure disciplinaire permet, quant à elle, de couvrir l'ensemble des mesures qui, formellement ou à l'examen, traduisent une intention de réprobation ou de répression du comportement ou de la conduite du salarié, ou une volonté de punir ce dernier[54].

La qualification d'une situation aux fins de l'application de l'article 47.3 C.t. relève de la compétence de la C.R.T. éventuellement saisie de la plainte du salarié[55]. Par ailleurs, cette même situation doit donner ouverture à un grief en vertu de la convention collective régissant le salarié pour que ce dernier ait accès au régime des articles 47.3 à 47.6 C.t.[56]. Il doit aussi s'agir d'une mesure disciplinaire ou d'un renvoi qui procède d'une décision de l'employeur et non d'une décision exclusivement syndicale[57].

Ce régime spécial de recours est orienté vers l'exercice éventuel par la C.R.T. du pouvoir de réparation spécifique que lui confère l'article 47.5 C.t. Ce dernier lui permet d'autoriser le salarié à soumettre sa réclamation à un arbitre pour qu'il en décide selon la convention collective, comme s'il s'agissait d'un grief. La Cour suprême du Canada a décidé que ce redressement et, conséquemment, le recours qui y conduit ne pouvaient exister lorsque l'arbitrage avait déjà eu lieu et que l'arbitre avait décidé du grief du salarié[58]. Cette conclusion ne s'impose toutefois que dans la mesure où l'arbitre a été appelé à décider du grief au fond. Elle ne vise pas les situations où le processus d'arbitrage n'a pu être mené à son terme normal, soit parce que l'arbitre a dû constater l'irrecevabilité du grief en rai-

son de l'agir ou de l'omission de l'association, soit encore lorsque cette dernière a purement et simplement retiré le grief avant que l'arbitrage soit complété[59]. Le salarié victime d'une représentation inadéquate par le syndicat lors de l'arbitrage et qui, de ce fait, subit le préjudice d'une décision arbitrale au fond qui lui est défavorable pourra en obtenir réparation sous une autre forme, notamment par l'octroi de dommages-intérêts[60].

Si la C.R.T. est d'avis que l'association a violé son obligation de représentation, elle peut autoriser le salarié, selon l'article 47.5 C.t., à soumettre sa réclamation à un arbitre nommé par le ministre pour décision selon la convention collective, comme s'il s'agissait d'un grief[61]. La dernière phrase de l'article 47.5, al. 1 C.t. ajoute que l'association paie les frais engagés par le salarié[62]. Par implication, le salarié serait ainsi autorisé à choisir lui-même le procureur qui le représentera à l'arbitrage, solution cohérente avec le fait que la réclamation est désormais la sienne et non plus un grief sous le contrôle de l'association accréditée[63]. La jurisprudence s'est divisée quant au caractère, automatique ou non, du droit du salarié de choisir son représentant et de l'obligation de l'association d'en assumer les frais. Selon une première interprétation, l'article 47.5, al. 1 C.t. ne laisse aucune discrétion, ni pour priver le salarié de son droit de recourir au procureur de son choix ni pour soustraire l'association à l'obligation d'en assumer les frais[64]. Un autre courant de pensée se refuse à cet automatisme et il s'autorise de l'article 47.5, al. 2 C.t., qui habilite par ailleurs le tribunal spécialisé à

54. *Syndicat canadien de la fonction publique, section locale 1299 c. Duguay*, D.T.E. 2001T-94, REJB 2001-21830 (C.A.) – retrait temporaire d'une liste de rappel; *Petit c. Association des employés du Supermarché Boucher Inc.*, D.T.E. 2001T-191 (T.T.) – exercice par l'employeur de son pouvoir de gérance pour réduire la semaine de travail; absence de caractérisation comme sanction disciplinaire; *Cagliesi c. Travailleurs unis de l'automobile (T.U.A.), local 1580*, D.T.E. 84T-460 (T.T.) – déplacement ne constituant pas une sanction; *Boisvert c. Association internationale des machinistes et des travailleurs de l'aérospatiale*, [1992] T.T. 191 – absence de sanction à l'origine d'une rétrogradation.

55. *Centre hospitalier Régina Ltée c. Tribunal du travail*, précité, note 30; *Boivin-Wells c. Syndicat professionnel des infirmières et infirmiers de Chicoutimi*, précité, note 51.

56. *Centre hospitalier Régina Ltée c. Tribunal du travail*, précité, note 30, p. 1355; *Sikiotis c. Syndicat des agents de la paix en services correctionnels du Québec*, 2004 QCCRT 0023.

57. *Imbeault c. Syndicat des professeurs du Collège de Maisonneuve*, [1979] T.T. 340.

58. *Gendron c. Municipalité de la Baie-James*, [1986] 1 R.C.S. 401, 407 à 414, EYB 1986-67751. Il en est de même lorsqu'un grief a été réglé par une entente dont le salarié recherche en définitive l'annulation : *Benoît c. Syndicat des travailleuses et travailleurs des Épiciers unis Métro-Richelieu (C.S.N.)*, [1999] R.J.D.T. 1640 (T.T.).

59. *Centre hospitalier Régina Ltée c. Tribunal du travail*, précité, note 30. Voir aussi *Gendron c. Municipalité de la Baie-James*, précité, note 58, p. 411 et 412; *Milhomme c. Aubé*, précité, note 41.

60. *Forgues et Syndicat des employés manuels de la Ville de Québec, section locale 1638 – Syndicat canadien de la fonction publique*, D.T.E. 2006T-295 (C.R.T.) – le recours en révision judiciaire demeure l'apanage des parties, et la C.R.T. n'a pas compétence pour renvoyer la sentence arbitrale au contrôle judiciaire de la Cour supérieure.

61. *Syndicat canadien des officiers de la marine marchande c. Martin*, D.T.E. 87T-599, EYB 1987-62496 (C.A.); *Montigny c. Syndicat national des employés de l'Hôpital Régina*, D.T.E. 92T-1275 (T.T.); *Brideau c. Tribunal du travail*, D.T.E. 2006T-363 (C.R.T.) – la C.R.T. ne peut substituer son opinion à celle de l'arbitre de grief quant aux chances de succès du grief.

62. Cette obligation couvre, le cas échéant, les frais afférents à une contestation judiciaire de la décision de l'instance du travail : *Syndicat des soutiens de Dawson c. Baena*, D.T.E. 2002T-351, REJB 2002-29963 (C.A.). L'arrêt *Noël c. Société d'énergie de la Baie James*, précité, note 8, imposerait la même conclusion dans l'éventualité d'une contestation judiciaire de la décision de l'arbitre.

63. Tant le droit du salarié de choisir lui-même son procureur que l'obligation de l'association accréditée d'en payer les frais présupposent la conclusion préalable que l'association a commis une faute grave dans l'exercice de son devoir de représentation : *Carrier c. Fraternité des policiers et pompiers de la Ville de Tracy*, [1998] R.J.D.T. 1207 (T.T.); *Boulanger c. Syndicat des employées et employés de métiers d'Hydro-Québec, section locale 1500 (S.C.F.P.-F.T.Q.)*, [1998] R.J.D.T. 1646 (T.T.). L'arbitrage individuel autorisé est un arbitrage normal, compte tenu des circonstances, et ne laisse pas au salarié tout loisir d'engager les meilleurs experts et les frais qu'ils commandent : *Mallet c. Syndicat national des employés de Velan Inc.*, [1996] T.T. 582.

64. *Paquin c. Fraternité des policiers de St-Donat*, [1998] R.J.D.T. 1659 (T.T.).

rendre toute autre ordonnance qu'il juge nécessaire dans les circonstances[65], pour permettre au syndicat accrédité de représenter le salarié lors de l'arbitrage de sa réclamation dans les cas qui le permettent à son jugement, notamment en l'absence de mauvaise foi, de discrimination ou d'arbitraire de la part de l'association[66].

À d'autres égards, la jurisprudence se montre hésitante relativement à l'utilisation du pouvoir accessoire conféré par l'article 47.5, al. 2 C.t. On trouve d'abord des décisions contradictoires quant à la possibilité de faire appel à ce pouvoir pour enjoindre au syndicat d'assumer, partiellement ou totalement, l'indemnité qui pourrait être accordée par l'arbitre au salarié, le cas échéant[67]. Quant au moment où ce pouvoir peut être exercé, un jugement a d'abord indiqué qu'il ne pouvait l'être dans le cadre d'une deuxième instance, après que le tribunal spécialisé a épuisé sa compétence en rendant une première ordonnance qu'on voudrait ainsi faire compléter[68]. Un jugement ultérieur s'est ensuite limité à refuser de trancher immédiatement une demande d'un employeur, jugée hypothétique, relativement à un partage avec le syndicat accrédité des dommages que l'arbitre pourrait octroyer au salarié[69]. Finalement, une autre décision a posé que l'on pouvait, par le biais de l'article 47.5, al. 2 C.t., requérir des ordonnances visant à répondre à des situations nouvelles, engendrées par suite d'une décision favorable au salarié[70].

Lorsque la plainte du salarié est accueillie par la C.R.T. et que cette dernière renvoie l'affaire à un arbitre, il faut remarquer la disposition exceptionnelle de l'article 47.6 C.t., selon laquelle l'employeur ne peut opposer l'inobservation par l'association de la procédure et des délais prévus à la convention collective pour le règlement des griefs. Quant à la prescription de six mois de l'article 71 C.t., dont il n'est pas fait mention à l'article 47.6 C.t., elle ne peut davantage être invoquée. La réclamation du salarié qui se trouve déférée à l'arbitrage n'est pas issue de la convention collective, mais plutôt de la loi elle-même et

de l'ordonnance de la C.R.T., qui la défère à l'arbitrage pour décision selon la convention collective, comme s'il s'agissait d'un grief (art. 47.5 C.t.)[71]. Lorsque la plainte est rejetée par la C.R.T, celle-ci n'a pas le pouvoir d'accorder des dommages et intérêts au syndicat même lorsqu'il est établi que la plainte du salarié était abusive[72].

2) Les autres occasions

Qu'en est-il des situations dans lesquelles l'association accréditée aurait manqué à son devoir de représentation mais qui ne donnent pas ouverture au recours spécifique des articles 47.3 à 47.6 C.t.? Ce serait le cas, notamment, d'un manquement survenu à l'occasion d'une négociation collective, ou d'une réclamation sur une question autre que celle d'un renvoi, d'une mesure disciplinaire ou d'un harcèlement psychologique, ou encore d'un refus injustifié du syndicat de se pourvoir par demande de révision judiciaire à l'encontre d'une sentence arbitrale défavorable. La plainte auprès de la C.R.T. recherchera alors un redressement différent de celui permis par l'article 47.5 C.t. La spécificité de ce dernier remède exclut qu'il soit utilisé dans d'autres circonstances que celles auxquelles il est destiné. En pratique, le redressement à rechercher sera le plus souvent l'octroi de dommages-intérêts au salarié victime du défaut de représentation. Si la réclamation a trait à l'application de la convention collective, cette dernière doit pouvoir donner naissance à un grief de sa part ou pour son compte[73].

Par ailleurs et s'il en est encore temps, la C.R.T. peut faire appel à son pouvoir d'ordonnance pour enjoindre un syndicat soit de procéder au dépôt d'un grief, soit de se pourvoir en révision judiciaire à l'encontre d'une sentence arbitrale (art. 118, 3o, 6o et 119, 1o, 3o C.t.)[74].

De façon tout à fait exceptionnelle et selon les circonstances, on pourrait aussi envisager des recours auprès du tribunal de droit commun, par exemple pour faire pro-

65.   *Desrochers c. Syndicat québécois des employées et employés de service, section locale 298 (F.T.Q.)*, D.T.E. 2003T-784 (C.A.) – la cour affirme que le pouvoir d'ordonnance accessoire prévu au deuxième alinéa de l'article 47.5 C.t. est indicatif du pouvoir de rendre des ordonnances supplémentaires à celle du renvoi à l'arbitrage, qui seraient nécessaires à la sauvegarde des droits des parties impliquées.

66.   *Lauzon c. Syndicat national des travailleurs et travailleuses de l'automobile, de l'aérospatiale et de l'outillage agricole du Canada, section locale 750 (T.C.A.)*, précité, note 33.

67.   Réponses affirmatives : *Dallaire c. Métallurgistes unis d'Amérique, local 6833*, [1984] T.T. 402; *Belisle c. Syndicat des travailleuses et travailleurs de l'Hôtel Méridien de Montréal (C.S.N.)*, précité, note 22. Réponses négatives : *Tremblay c. Syndicat des employés des Commissions scolaires de Charlevoix, La Malbaie*, précité, note 32; *St-Laurent c. Syndicat des employés de soutien du Cégep de St-Jérôme*, [1985] T.T. 353; *Lauzon c. Syndicat national des travailleurs et travailleuses de l'automobile, de l'aérospatiale et de l'outillage agricole du Canada, section locale 750 (T.C.A.)*, précité, note 33.

68.   *Gaucher c. Syndicat national de l'amiante d'Asbestos*, [1990] T.T. 455.

69.   *Royer c. Union internationale de travailleurs et travailleuses unis de l'alimentation et du commerce, section locale 504*, D.T.E. 92T-1308 (T.T.).

70.   *Mallet c. Syndicat national des employés de Velan Inc.*, précité, note 63 – détermination relative aux frais d'arbitre et d'avocat.

71.   *Gendron c. Municipalité de la Baie-James*, précité, note 58, p. 409; *Courchesne c. Syndicat des travailleurs de la Corporation de batteries Cegelec*, précité, note 27, p. 333.

72.   *Syndicat des professeurs du Collège d'enseignement général et professionnel de Saint-Laurent et Maïcas*, D.T.E. 2007T-85 (C.R.T.).

73.   Voir *supra*, note 56.

74.   *Centre hospitalier Régina Ltée c. Tribunal du travail*, [1990] 1 R.C.S. 1330; *Noël c. Société d'énergie de la Baie-James*, précité, note 8; *Laguë c. Syndicat du personnel scolaire du Val-des-Cerfs (CSN)*, D.T.E. 2006-2, [2006] R.J.D.T. (C.R.T.).

noncer la nullité d'une disposition d'une convention collective qui serait discriminatoire ou pour faire ordonner au syndicat de poser un geste d'une extrême urgence si la C.R.T. n'était en mesure de le faire.

2. *Les autres obligations*

Diverses dispositions du Code du travail imposent à l'association accréditée des obligations accessoires qui visent à garantir l'exercice démocratique de son pouvoir de représentation.

L'article 20.1 C.t. exige ainsi le recours au scrutin secret pour toute élection à une fonction à l'intérieur d'une association accréditée[75]. Celle-ci doit aussi, en vertu de l'article 47.1 C.t., divulguer chaque année à ses membres ses états financiers et en remettre gratuitement une copie à tout membre qui en fait la demande. Ainsi que nous le verrons, le recours à la grève et la signature d'une convention collective par un syndicat accrédité sont assujettis à une acceptation préalable des salariés qui en sont membres, par un vote au scrutin secret (art. 20.2 et 20.3 C.t.)[76].

2- Les effets sur les accréditations existantes et la convention collective

L'article 43 C.t. énonce que l'accréditation d'un syndicat annule de plein droit celle de toute autre association pour le groupe visé par la nouvelle accréditation. Une décision d'accréditation emporte donc automatiquement cette conséquence, qu'elle n'a pas à prononcer formellement[77].

À l'égard de la convention collective, le syndicat nouvellement accrédité est subrogé de plein droit, en vertu de l'article 61 C.t., dans tous les droits et obligations résultant d'une convention collective en vigueur conclue par un autre syndicat. Cette subrogation substitue notamment l'association qui obtient l'accréditation à celle qu'elle remplace relativement à l'exercice de tous les recours entrepris ou à entreprendre en vertu de la convention collective conclue par l'association déplacée[78]. L'article 61 C.t. autorise également l'association nouvellement accréditée à mettre fin à cette convention collective ou à la déclarer non avenue. Ce dernier pouvoir est rarement

utilisé, compte tenu du fait que l'accréditation d'une nouvelle association coïncide le plus souvent avec l'échéance de la convention collective. On laissera alors généralement la convention venir à échéance et le nouveau syndicat accrédité entreprendra plutôt la négociation de son renouvellement. Il pourrait en être autrement lorsqu'un syndicat profitera d'une période prévue à l'article 22 e) C.t. pour supplanter l'association signataire d'une convention collective de longue durée. Par exception, dans les exploitations forestières, lorsque la convention collective est d'une durée de trois ans ou moins, et dans les secteurs public et parapublic, l'association nouvellement accréditée sera liée par la convention collective conclue par l'association qu'elle déplace, jusqu'à son échéance (art. 61.1 et 111.3, al. 2 C.t.).

3- Le rattachement à l'entreprise

La compréhension des objectifs recherchés par le législateur en édictant les dispositions de l'article 45 C.t. appelle une référence au contexte dans lequel ces dispositions ont été adoptées. Celles-ci prirent la forme d'un amendement apporté, en 1961, à la *Loi des relations ouvrières*[79], que le Code du travail devait remplacer en 1964. La cause directe de cette intervention législative fut l'arrêt rendu quelques années auparavant par la Cour d'appel du Québec dans l'affaire *Syndicat national des travailleurs de la pulpe et du papier de La Tuque Inc.*[80]. La Cour d'appel y constatait que, comme conséquence de la règle civiliste de l'effet relatif des contrats, les contrats individuels de travail, l'accréditation et la convention collective se trouvaient invalidés, à tous égards, à la suite de l'aliénation ou de la concession de l'entreprise de l'employeur auquel ils se rattachaient.

C'est cet état du droit que voulut corriger le législateur dans une démarche en deux temps qu'on trouve à l'actuel article 45 C.t. Au premier alinéa de cet article, la loi annihile les conséquences de la règle commune de l'effet relatif des contrats, en prévoyant que ni l'accréditation ni la convention collective ne seront invalidées du fait de l'aliénation ou de la concession de l'entreprise. Ensuite, au deuxième alinéa, le législateur énonce positivement la nouvelle règle de droit applicable, selon laquelle l'accréditation suivra l'entreprise dans ses déplacements d'un employeur vers un autre. En somme, l'article 45 C.t.

---

75. *Gagnon c. Bériault*, D.T.E. 92T-629 (C.S.); *Hawkins c. Flamand*, D.T.E. 92T-821, EYB 1992-75414 (C.S.).
76. Voir aussi *infra*, titre II, chapitres VI et VII.
77. *Marché Bouchor Inc. c. Syndicat des salariés de Lavaltrie*, [1990] T.T. 301; *Syndicat des employés de l'Office municipal d'habitation de Montréal c. Office municipal d'habitation de Montréal*, [1997] T.T. 375, REJB 1997-00661.
78. *Syndicat des cols bleus regroupés de Montréal (SCFP-301) c. Montréal (Ville de)*, D.T.E. 2005T-698 (C.A.), par. 23-26 – exigibilité de la part du syndicat nouvellement accrédité des dommages-intérêts afférents à une faute de son prédécesseur.
79. S.R.Q. 1941, c. 162A, art. 10 a).
80. *Syndicat national des travailleurs de la pulpe et du papier de La Tuque Inc. c. Commission des relations ouvrières de la province de Québec*, [1958] B.R. 1.

rattache l'accréditation et la convention collective à l'entreprise, plutôt qu'à la personne juridique de l'employeur.

C'est dans le même ordre de préoccupation qu'a été adopté, en 2001, l'article 45.3 C.t. qui cible, quant à lui, le passage d'une entreprise de la compétence législative fédérale à celle du Québec en matière de relations du travail.

A- La mesure d'ordre public

La jurisprudence reconnaît unanimement dans l'article 45 C.t. une disposition d'ordre public à laquelle il ne saurait être question de renoncer, du moins à l'avance, que ce soit par une stipulation d'une convention collective ou par quelque autre entente[81]. L'article 45 C.t. s'applique à toutes les entreprises, qu'il s'agisse d'une entreprise privée ou d'un corps public, comme une municipalité ou une commission scolaire[82]. Cette dernière affirmation est sujette à une exception en faveur du gouvernement, auquel on ne peut opposer une accréditation lorsqu'il devient, au sens de l'article 45 C.t., le nouvel employeur d'un groupe de salariés[83]. Cette exception est cependant unidirectionnelle : l'article 45 C.t. produit tous ses effets à l'égard d'un nouvel employeur auquel le gouvernement du Québec cède une partie de ses activités visées par une accréditation octroyée conformément aux dispositions de la *Loi sur la fonction publique*[84].

B- L'application automatique

L'article 46, al. 1 C.t. donne compétence à la C.R.T. pour trancher, sur requête d'une partie intéressée, toute question relative à l'application de l'article 45 C.t. Cette disposition précise qu'à cette fin, la C.R.T. peut en déterminer l'applicabilité[85].

L'article 45 C.t. opère de plein droit la transmission des droits et obligations qui y sont envisagés lorsqu'une éventualité qu'il vise se réalise[86]. Le cas échéant, la décision qui reconnaît et constate l'application de l'article 45 C.t. revêt un caractère déclaratoire. Est-ce à dire qu'il ne soit pas nécessaire d'obtenir cette constatation formelle de l'application de l'article 45 C.t., sur requête soumise en vertu de l'article 46 C.t.? Une telle constatation demeure nécessaire, même lorsque l'applicabilité de l'article 45 C.t. n'est pas contestée. Retenons en effet qu'une personne titulaire de certains droits, même d'ordre public, peut y renoncer, par son comportement ou son inaction, une fois réalisées les conditions d'ouverture à ces droits. Cette constatation formelle s'impose également pour assurer la clarté et la sécurité de la situation juridique de l'association syndicale dont les droits peuvent être maintenus. L'entrée en vigueur d'une nouvelle convention collective, postérieurement à un transfert de droits et d'obligations selon l'article 45 C.t., supposera que l'accréditation de l'association ait été modifiée pour qu'y apparaisse le nom du nouvel employeur (art. 72 C.t.). Un jugement de la Cour supérieure affirme enfin l'inopposabilité au nouvel employeur des conclusions d'une procédure d'exécution de la convention collective entreprise contre l'employeur originaire, en l'absence d'une constatation de transmission des droits et obligations par le tribunal spécialisé[87]. Dans une affaire *Ville de St-Hubert*[88], la Cour d'appel a décidé qu'en l'absence de délai fixé par le Code du travail un syndicat devait néanmoins réclamer les droits qu'il croit lui résulter de l'article 45 C.t. dans un délai raisonnable. Des jugements ont par la suite évalué à 90 jours le délai raisonnable dans lequel un syndicat devait faire valoir ses droits, à moins de circonstances exceptionnelles[89]. On s'est par ailleurs refusé à sanctionner un retard syndical s'il ne traduisait pas une renonciation à ses droits, ou s'il s'expliquait par des cir-

81. *Sept-Îles (Ville de) c. Québec (Tribunal du travail)*, REJB 2001-25015 (C.S.C.), [2001] 2 R.C.S. 670, 2001 CSC 48, par. 27; *Charron Excavation Inc. c. Syndicat des employés de la Ville de Ste-Thérèse*, D.T.E. 89T-114 (T.T.); *Transport de l'Anse Inc. c. Syndicat des chauffeurs d'autobus du Bas Saint-Laurent (C.S.N.)*, [1986] T.T. 207.

82. Exemples : *Sept-Îles (Ville de) c. Québec (Tribunal du travail)*, précité, note 81; *Ville de Dollard des Ormeaux c. Fraternité des policiers de Roxboro*, [1971] T.T. 56.

83. Cette exception résulte de l'accréditation législative octroyée à l'endroit des fonctionnaires du gouvernement par la *Loi sur la fonction publique*, L.R.Q., c. F-3.1.1, art. 64 et s. *Gouvernement du Québec, ministère des Terres et Forêts c. Syndicat national des mesureurs, assistants-mesureurs, gardes forestiers et forestiers du Québec*, [1980] T.T. 269.

84. *Syndicat des professionnels du gouvernement du Québec c. Centre d'insémination artificielle du Québec (C.I.A.Q.) Inc.*, [1988] R.J.Q. 265, EYB 1988-63016 (C.A.); *Syndicat des fonctionnaires provinciaux du Québec c. Centre d'insémination artificielle du Québec (C.I.A.Q.) Inc.*, [1988] R.J.Q. 623 (C.A.).

85. Cet énoncé joint à ceux des clauses privatives des articles 139 à 140 C.t. assujettit le contrôle judiciaire des décisions rendues à la norme rigoureuse de l'erreur manifestement déraisonnable : *Ivanhoe Inc. c. TUAC, section locale 500*, [2001] 2 R.C.S. 566, 2001 CSC 47, par. 24 à 30, REJB 2001-25016; *Maison L'Intégrale Inc. c. Tribunal du travail*, [1996] R.J.Q. 859, EYB 1995-69736 (C.A.).

86. *Syndicat des employés de la Ville de Brossard c. Services d'entretien Fany Inc.*, [1995] T.T. 423; *Syndicat des travailleurs du Holiday Inn Ste-Foy (C.S.N.) c. Prime Hospitality Inc.*, [1991] T.T. 40; *Fraternité internationale des ouvriers en électricité c. National Cable Vision Ltd.*, [1967] R.D.T. 314.

87. *Investissements Opticlair Inc. c. Syndicat des employés de Unisol (C.S.N.), division Veracon*, J.E. 82-535 (C.S.).

88. *Syndicat des cols bleus de Ville de St-Hubert c. St-Hubert (Ville de)*, [1999] R.J.D.T. 76, REJB 1998-09610 (C.A.).

89. *St-Léonard (Ville de) c. Syndicat des employés manuels de Ville de St-Léonard (C.S.D.)*, D.T.E. 99T-830, REJB 1999-11545 (T.T.); *Sodem Inc. c. Syndicat national des employés de Ville d'Anjou (C.S.N.)*, D.T.E. 2000T-900 (T.T.).

constances particulières, ou n'avait pas d'impact sur les droits des autres parties[90].

Il y a lieu de retenir en particulier une conséquence de l'effet automatique de l'application de l'article 45 C.t. même si cette dernière doit faire l'objet d'une constatation. Lorsqu'une convention collective se trouve transférée chez un nouvel employeur, il faut agir aussitôt envers ce nouvel employeur, quant à l'application de la convention, comme on l'aurait fait à l'égard de l'ancien employeur, particulièrement quant au respect des délais pour produire des griefs, s'il en survient. Si l'application de l'article 45 C.t. est contestée, on ne saurait attendre qu'une décision tranche le litige. Les griefs pourraient alors être prescrits, puisque la décision de la C.R.T. aura pour effet de constater que les droits et obligations ont été transférés au moment de la concession ou de l'aliénation de l'entreprise[91].

C- Les conditions d'application

L'application de l'article 45 C.t. repose sur deux conditions essentielles : le changement d'employeur et la continuité de l'entreprise chez le nouvel employeur auquel elle a été transmise.

1. Le changement d'employeur

Les dispositions de l'article 45 C.t. visent fondamentalement, comme nous l'avons vu, à parer aux conséquences qui résulteraient autrement de la substitution d'un nouvel employeur à la direction de l'entreprise. L'application de l'article 45 C.t. suppose donc l'intervention d'un nouvel employeur[92]. Ce nouvel employeur peut cependant être une personne en puissance de le devenir, c'est-à-dire qui ne compte pas de salariés à son emploi au moment du transfert d'entreprise mais pourrait s'en adjoindre par la suite[93].

Les restructurations, les déménagements et les autres changements internes qui demeurent le fait du même employeur, comme ceux qui se rapportent au nom de l'employeur, à son adresse ou à la localisation de l'entreprise ou de ses établissements, devraient être traités selon les dispositions de l'article 39 C.t., comme nous le verrons plus loin[94].

2. La continuité de l'entreprise

a) L'entreprise

Le législateur n'a pas défini le terme « entreprise ». Par ailleurs, pour qu'il y ait lieu d'appliquer l'article 45 C.t., il faut que l'on retrouve, en tout ou en partie, chez deux employeurs successifs la même entreprise; d'où la nécessité d'identifier et de définir l'entreprise que vise l'article 45 C.t.

> « Dans le contexte de l'article 45, l'entreprise se présente comme l'élément le plus important du cadre tripartite postulé par le législateur : la continuité de l'entreprise est la condition essentielle de l'application de l'article 45. Il convient dès lors d'aborder l'interprétation de l'article 45 par le biais de la définition de l'entreprise. »[95]

C'est sans hésitation que la Cour suprême a identifié l'entreprise que l'article 45 C.t. rend sujette à l'examen de la juridiction du travail, en vue de déterminer si elle a fait l'objet d'une aliénation ou d'une concession au sens de cette disposition législative : il s'agit de l'entreprise de l'employeur visé par une accréditation et lié, le cas échéant, par une convention collective[96].

Historiquement, deux thèses se sont opposées relativement à la notion d'entreprise. Une première école de pensée proposait de définir l'entreprise, aux fins d'application de l'article 45 C.t., comme une réalité essentiellement

---

90. *Syndicat des travailleuses et travailleurs d'Épiciers unis Métro-Richelieu c. Épiciers unis Métro-Richelieu Inc.*, [1997] T.T. 129, REJB 1997-02133; *Société immobilière du patrimoine architectural de Montréal c. Syndicat des fonctionnaires municipaux de Montréal*, D.T.E. 95T-319 (T.T.); *Hippodrome Blue Bonnets Inc. c. Syndicat des travailleurs de Blue Bonnets (C.S.N.)*, [1987] T.T. 312.

91. Exemple : *Paquet c. Syndicat des travailleurs du ciment (C.S.D.)*, [1983] T.T. 183.

92. *Syndicat des salariés de distribution de produits pharmaceutiques c. Médis, services pharmaceutiques et de santé Inc.*, [2000] R.J.D.T. 943, REJB 2000-18823 (C.A.). Voir aussi *Syndicat national de l'amiante d'Asbestos Inc. c. Mine Jeffrey Inc.*, [2003] R.J.Q. 420, REJB 2003-37078 (C.A.).

93. *Autobus Jean Bélanger Inc. c. Syndicat du transport de la région du Grand-Portage (C.S.N.)*, [2004] R.J.Q. 381, REJB 2004-52740 (C.A.).

94. *Syndicat des salariés de distribution de produits pharmaceutiques c. Médis, services pharmaceutiques et de santé Inc.*, précité, note 92; *Métallurgistes unis d'Amérique, section locale 8917 c. Schneider Canada Inc.*, D.T.E. 2000T-877 (T.T.); *Association des employées et employés de Natrel Trois-Rivières c. Syndicat des travailleuses et travailleurs de Natrel Shawinigan*, [1996] T.T. 315; *Syndicat international des ouvriers de l'aluminium, de la brique et du verre, section locale 274 c. Ipex Inc.*, [1996] T.T. 361. Rien ne s'oppose à ce que la juridiction du travail traite selon les dispositions de l'article 39 C.t. une demande qui lui a été adressée en vertu des articles 45 et 46 C.t., lorsque la situation ne relève pas de l'application de ces derniers.

95. *U.E.S., local 298 c. Bibeault*, [1988] 2 R.C.S. 1048, 1103, EYB 1988-67863.

96. *Id.*, p. 1117 et 1119; *Ivanhoe Inc. c. TUAC, section locale 500*, précité, note 85, par. 63.

« fonctionnelle » ou « occupationnelle », retenant les tâches, les fonctions, les occupations ou activités comme éléments caractéristiques dominants, voire uniques de l'entreprise[97]. Selon la deuxième thèse, l'entreprise était envisagée d'une façon concrète ou « organique », tenant compte des caractéristiques essentielles de chaque entreprise, au regard de la finalité de son activité et des éléments humains, matériels ou intellectuels qui la constituent[98]. Désavouant totalement la définition dite « fonctionnelle » de l'entreprise, jugée désincarnée, imprécise et irréconciliable avec l'article 45 C.t., la Cour suprême en retint la définition « organique » qu'en proposait le juge Lesage dans l'affaire *Mode Amazone*[99]. Cette définition est la suivante : l'entreprise consiste en un ensemble organisé suffisant des moyens qui permettent substantiellement la poursuite en tout ou en partie d'activités précises. Ces moyens, selon les circonstances, peuvent parfois être limités à des éléments juridiques ou techniques ou matériels ou incorporels. La plupart du temps, surtout lorsqu'il ne s'agit pas de concession en sous-traitance, l'entreprise exige pour sa constitution une addition valable de plusieurs composantes qui permettent de conclure que nous sommes en présence des assises mêmes qui permettent de conduire ou de poursuivre les mêmes activités : c'est ce qu'on appelle le *going concern*. Dans l'affaire *Barnes Security*, le juge René Beaudry, n'exprimait rien d'autre en mentionnant que l'entreprise consistait en « l'ensemble de ce qui sert à la mise en œuvre des desseins de l'employeur »[100].

Il s'ensuit que la vérification de la continuité de l'entreprise requiert l'identification, dans chaque cas, des éléments essentiels de l'entreprise en cause, en pondérant chaque élément selon son importance, compte tenu de la nature de l'entreprise et du type de transmission présumée, totale ou partielle, par aliénation pure et simple ou par concession[101]. Dans cette perspective, au regard des éléments matériels qui peuvent constituer l'entreprise, un simple transfert de l'équipement ne saurait être assimilé à un transport d'entreprise[102]. Par ailleurs, la présence d'équipement ou d'une technologie caractéristique d'une entreprise chez un nouvel employeur présumé pourrait représenter un indice significatif d'un transfert de l'entreprise[103]. Pour ce qui est des ressources humaines de l'entreprise, la présence, chez les employeurs prétendument successifs, du même personnel de direction, en tout ou en partie, peut être révélatrice de la continuité de l'entreprise. Quant aux salariés visés par l'accréditation, on devrait retrouver leurs fonctions ou leurs occupations chez le nouvel employeur[104]. Il ne s'ensuit pas qu'il faille exiger la présence individuelle des mêmes salariés, présence qui constituera par ailleurs un facteur pertinent pour soutenir une conclusion de transmission d'entreprise. L'allégation d'une transmission totale d'entreprise par aliénation suppose la poursuite de sa finalité par le nouveau propriétaire[105]. L'abandon, au contraire, de la mission poursuivie par l'entreprise emporte le constat de son extinction et exclut du même coup toute prétention de continuité[106]. Cette exigence ne saurait être la même dans

97.   Cette approche avait prévalu chez une majorité des juges du Tribunal du travail dans le jugement *Services ménagers Roy Ltée c. Syndicat national des employés de la Commission scolaire régionale de l'Outaouais (C.S.N.)*, [1982] T.T. 115, jugement à l'origine de l'arrêt *U.E.S., local 298 c. Bibeault*, précité, note 95.
98.   Voir, à cet effet, les opinions minoritaires dans *Services ménagers Roy Ltée c. Syndicat national des employés de la Commission scolaire régionale de l'Outaouais (C.S.N.)*, précité, note 97; *Mode Amazone c. Comité conjoint de Montréal de l'Union internationale des ouvriers du vêtement pour dames*, [1983] T.T. 227, 231; *Barnes Security Service Ltd. c. Association internationale des machinistes et des travailleurs de l'aéroastronautique, local 2235*, [1972] T.T. 1, 9.
99.   *U.E.S., local 298 c. Bibeault*, précité, note 95, p. 1105; *Ivanhoe Inc. c. TUAC, section locale 500*, précité, note 85, par. 61 et s.
100. *Mode Amazone c. Comité conjoint de Montréal de l'Union internationale des ouvriers du vêtement pour dames*, précité, note 98, p. 231.
101. *U.E.S., local 298 c. Bibeault*, précité, note 95, p. 1107; *Ivanhoe Inc. c. TUAC, section locale 500*, précité, note 85, par. 66 à 70. Voir aussi *Union des employées et employés de la restauration, Métallurgistes unis d'Amérique, local 8470 c. Ultramar Canada Inc.*, [1999] R.J.D.T. 110, REJB 1998-09611 (C.A.) – absence de transmission d'éléments caractéristiques suffisants pour conclure à une continuité d'entreprise.
102. Dans *Syndicat des travailleuses et travailleurs du Manoir Richelieu c. Caron*, D.T.E. 97T-384, REJB 1997-00391, la Cour d'appel souligne qu'il ne faut pas confondre la propriété d'un équipement (un établissement hôtelier) et la propriété de l'entreprise active qui exploite cet équipement. *Syndicat des employés de commerce et des services de Shawinigan (section service sanitaire) (C.S.N.) c. Service sanitaire de la Mauricie Inc.*, [1989] T.T. 491; *Syndicat des employés de garage de Montmagny c. J.P. Simard Autos Inc.*, D.T.E. 83T-346 (T.T.).
103. *Syndicat national des travailleurs de l'automobile, de l'aérospatiale et de l'outillage agricole du Canada (T.C.A.-Canada) c. Fabrication Briocofil Inc.*, [1990] T.T. 294; *Syndicat national des employés de la Commission scolaire régionale de l'Outaouais c. Services ménagers Bordeaux*, [1980] T.T. 233; *Syndicat des employés de l'imprimerie de la région de l'Amiante (C.S.N.) c. Imprimerie Roy et Laliberté Inc.*, [1980] T.T. 503.
104. *Syndicat des employés de l'imprimerie de la région de l'Amiante (C.S.N.) c. Imprimerie Roy et Laliberté Inc.*, précité, note 103; *Union des employés d'hôtels, restaurants et commis de bars, local 31 c. Métallurgistes unis d'Amérique, local 8470*, D.T.E. 89T-325 (T.T.). Comparer : *Association des travailleurs du pétrole c. Ultramar Canada*, [1987] T.T. 348.
105. *Union des employés d'hôtels, restaurants et commis de bars, local 31 c. Métallurgistes unis d'Amérique, local 8470*, précité, note 104; *Syndicat québécois des employées et employés de service, section locale 298 c. Centre hospitalier de soins de longue durée Drapeau & Deschambault*, D.T.E. 97T-1465, REJB 1997-02038 (T.T.).
106. Voir *Raymond, Chabot, Martin, Paré & associés c. G.D.I. Inc.*, [1989] R.J.Q. 1791, EYB 1989-59641 (C.A.); *Burns c. Compagnie du Trust national Ltée*, D.T.E. 90T-920, EYB 1990-57040 (C.A.). Selon ces arrêts, une prise de possession de l'entreprise par un créancier, en réalisation de ses garanties, dans le seul but de liquider l'actif de l'entreprise et sans en poursuivre les activités comme entreprise active, ne saurait être assimilée à une transmission d'entreprise visée par l'article 45 C.t.

les cas de transmission partielle, que ce soit par aliénation ou par concession. La finalité propre de l'entreprise du nouvel employeur pourrait alors être différente de celle poursuivie par l'employeur originaire. Dans les situations de concession partielle, on retrouvera néanmoins une permanence de finalité dans la convergence de l'objectif poursuivi par l'intervention du tiers employeur avec la finalité poursuivie par l'employeur principal, que cette intervention sert en définitive à réaliser[107].

b) La transmission : aliénation ou concession

L'article 45, al. 1 C.t. prévoit son application en cas d'aliénation ou de concession, totale ou partielle, de l'entreprise.

Les termes « aliénation » et « concession » n'ont pas été définis par le législateur. Chacun de ces termes évoque, manifestement, l'idée d'une transmission de droits qui se rapporte, en l'espèce, à l'entreprise. Cette transmission, par ailleurs, implique-t-elle l'existence d'un lien juridique entre les titulaires successifs de ces droits dans l'entreprise? En d'autres termes, la transmission de droits doit-elle résulter d'un accord de volontés entre l'employeur lié par l'accréditation et celui qui lui succède dans l'exploitation de l'entreprise? Après avoir divisé la jurisprudence des juridictions spécialisées[108], la question a été tranchée par une réponse positive de la Cour suprême dans l'arrêt *Bibeault*.

La Cour suprême y pose clairement que les termes « aliénation » et « concession » doivent recevoir le sens que leur attribue le droit civil :

« L'existence d'une aliénation ou d'une concession de l'entreprise ne peut être établie que par recours au droit civil.

[...]

[...] il est impossible d'ignorer le droit civil quand il s'agit d'interpréter une disposition qui a pour objectif de déroger à l'une des règles de ce droit, celle de la relativité des contrats, d'autant plus que pour y parvenir le législateur emprunte précisément la terminologie du droit privé. »[109]

La conséquence coule de source. L'aliénation et la concession ont en commun d'impliquer, d'une part, la volonté du titulaire originaire des droits dans l'entreprise de s'en départir et, d'autre part, celle du nouvel employeur de les acquérir. Le lien juridique entre les employeurs successifs doit être un acte consensuel de leur part[110].

Un droit purement précaire de l'employeur originaire dans l'entreprise et ses composantes ne peut donner lieu à une transmission à un tiers qui serait visée par l'article 45 C.t.[111]. Par ailleurs, l'exigence d'un lien de droit entre les employeurs successifs n'écarte pas pour autant « la possibilité qu'un intermédiaire intervienne dans la relation juridique »[112] et si la volonté de se départir du droit de propriété ou d'exploitation de l'entreprise est essentielle, il est par contre « de peu d'importance que cette volonté soit immédiate ou conditionnelle : il suffit que le titulaire des droits dans l'entreprise consente à l'acquisition de la propriété de l'entreprise ou à son exploitation par autrui »[113].

1) L'aliénation

La notion de droit civil d'aliénation se rapporte à la cession de droits reliés à la propriété[114]. Cette cession peut être totale ou partielle[115]. Par nature, elle revêt en principe un caractère définitif.

107.   *Ivanhoe Inc. c. TUAC, section locale 500*, précité, note 85, par. 73 à 81. Voir aussi *Centrale de chauffage Enr. c. Syndicat des employés des institutions religieuses de Chicoutimi Inc.*, [1970] T.T. 236; *Services sanitaires Orléans Inc. c. Syndicat des employés des commissions scolaires Orléans*, [1974] T.T. 14.

108.   Voir *Services ménagers Roy Ltée c. Syndicat national des employés de la Commission scolaire régionale de l'Outaouais (C.S.N.)*, précité, note 97. La thèse de l'absence de nécessité d'un lien de droit avait d'abord été développée dans *Schwartz Service Station c. Teamsters Local Union 900*, [1975] T.T. 125.

109.   *U.E.S., local 298 c. Bibeault*, précité, note 95, p. 1112 et 1113.

110.   *Id.*, p. 1110 à 1120; *Ivanhoe Inc. c. TUAC, section locale 500*, précité, note 85, par. 44. Il n'est pas pour autant exclu qu'une loi particulière tienne lieu de cet accord de volontés entre les employeurs successifs en prononçant elle-même la continuité d'entreprise : *Ivanhoe Inc. c. TUAC, section locale 500*, précité, note 85, par. 91. Voir aussi et comparer : *Syndicat des employés de la Communauté régionale de l'Outaouais c. Collines-de-l'Outaouais (Municipalité régionale de comté des)*, [1999] R.J.D.T. 97, REJB 1998-09612 (C.A.); *Maison L'Intégrale Inc. c. Syndicat canadien de la fonction publique, section locale 313*, D.T.E. 94T-959 (T.T.), conf. par *Maison L'Intégrale Inc. c. Tribunal du travail*, précité, note 85.

111.   *Union des employées et employés de la restauration, Métallurgistes unis d'Amérique, local 8470 c. Ultramar Canada Inc*, précité, note 101.

112.   *U.E.S., local 298 c. Bibeault*, précité, note 95, p. 1114. Exemples d'absence de lien de droit : *Dimension Composite Inc. c. Syndicat des salariés d'acrylique de Beauce*, REJB 1999-11697 (T.T.); *Syndicat des employés de commerce et des services de Shawinigan (section service sanitaire) (C.S.N.) c. Service sanitaire de la Mauricie Inc.*, précité, note 102; *Boucher c. Centre de placement spécialisé du Portage (C.P.S.P.)*, D.T.E. 92T-552, EYB 1992-63905 (C.A.). Exemples de constatation d'un accord de volontés : *Union des employées et employés de la restauration, Métallurgistes unis d'Amérique, local 8470 c. Tribunal du travail*, [1997] R.J.Q. 1511, REJB 1997-00558 (C.A.) – réalisation d'une garantie fiduciaire; *129410 Canada Inc. c. Union des employées et employés de la restauration, métallurgistes unis d'Amérique, section locale 8470*, D.T.E. 96T-953 (T.T.) – prise en paiement; *Banque Toronto-Dominion c. Union des employées et employés de service, section locale 800*, D.T.E. 95T-925 (T.T.) – réalisation des garanties consenties par acte de fiducie et acte hypothécaire avec clause de prise en paiement.

113.   *U.E.S., local 298 c. Bibeault*, précité, note 95, p. 1115; *Ivanhoe Inc. c. TUAC, section locale 500*, précité, note 85, par. 94 à 96.

114.   *U.E.S., local 298 c. Bibeault*, précité, note 95, p. 1113 et 1114.

115.   Exemple : *Transport de l'Anse Inc. c. Syndicat des chauffeurs du Bas St-Laurent*, [1986] T.T. 207 – vente d'un circuit d'autobus.

Depuis le 15 juillet 2001, l'article 45 C.t. n'écarte plus la vente en justice comme mode de transmission de l'entreprise susceptible de provoquer son application[116]. La disparition de cette exception laisse place désormais à une vérification dans chaque cas de la continuation de l'entreprise comme entité organique active, dans le cadre d'analyse défini par la Cour suprême, malgré et par-delà l'aléa de sa déconfiture économique et de sa vente en justice. À cet égard, un constat de démembrement ou de liquidation de l'entreprise devrait écarter la prétention de sa continuité[117].

2) La concession

La version anglaise du Code du travail rend le concept de concession par l'expression *operation by another*, beaucoup plus évocatrice. Dans l'arrêt *Bibeault*, le juge Beetz en relevait la souplesse en signalant simplement que sa définition civiliste y voit un mot dont le sens juridique peut varier selon les situations et qui se rapporte à l'octroi par une personne à une autre, de la jouissance d'un droit ou d'un avantage particulier[118]. Il n'hésitait pas par ailleurs à décrire génériquement les droits mis en cause par une concession d'entreprise comme des droits qui se rapportent à son exploitation par autrui[119].

La concession d'entreprise se distingue de son aliénation en ce qu'elle n'implique pas le droit de propriété de l'entreprise et qu'elle revêt ainsi un caractère réversible ou temporaire[120]. La concession totale demeure relativement rare. Elle implique en effet que l'employeur originaire conserve la propriété de son entreprise tout en laissant son exploitation « clef en main » à son concessionnaire, en pleine autorité et pour son propre compte. Beaucoup plus fréquente, la concession partielle inclut notamment le phénomène de la sous-traitance ou de l'impartition, entendue comme la participation d'un tiers et de ses salariés à l'exécution d'une activité de l'entreprise par ailleurs couverte par une accréditation. L'application des principes posés par la Cour suprême dans l'arrêt *Bibeault* fut à l'origine d'un certain flottement dans la jurisprudence du travail quant au traitement à donner au phénomène de la sous-traitance. Cette nouvelle problématique fut soumise à la Cour suprême dans les affaires *Ivanhoe Inc.*[121], concernant l'octroi de contrats d'entretien ménager d'immeubles commerciaux, et *Ville de Sept-Îles*[122], quant à l'impartition de travaux municipaux. Il ressortit des arrêts de la Cour suprême, rendus en 2001, dans ces deux affaires notamment ce qui suit :

- En présence d'une allégation de transmission partielle d'entreprise, la vérification de la continuité d'entreprise s'effectue à partir des éléments caractéristiques de la partie d'entreprise concernée, en les pondérant selon sa nature et l'importance relative de ses composantes[123].

- Il n'est pas nécessaire que la partie d'entreprise concédée soit essentielle ou vitale pour la réalisation de la finalité principale de l'entreprise cédante[124]. Il suffit que les activités concédées soient normales et habituelles pour le donneur d'ouvrage[125].

- La partie d'entreprise concédée n'a pas à se présenter comme une sorte de miniaturisation de celle d'où elle origine, non plus qu'à constituer une entité économiquement viable par elle-même[126].

- Le concessionnaire doit cependant disposer d'une autonomie juridique suffisante, particulièrement dans ses relations avec les salariés, pour être considéré comme leur nouvel employeur. Cette exigence ne suppose pas son contrôle complet sur les

---

116. La jurisprudence avait décidé que toute vente forcée constituait une vente en justice au sens de l'article 45 C.t., que cette vente soit effectuée sous l'autorité d'un jugement ou sous celle de la loi, par un officier de justice ou par un officier public, comme le syndic à la faillite : *Syndicat des employés de Métal Sigodec (C.S.N.) c. St-Arnaud*, [1986] R.J.Q. 927, EYB 1986-57721 (C.A.); *Bergeron c. Métallurgie Frontenac Ltée*, [1992] R.J.Q. 2656, EYB 1992-56313 (C.A.).

117. Voir et comparer, par analogie : *Raymond, Chabot, Martin, Paré & associés c. G.D.I. Inc.*, précité, note 106; *Burns c. Compagnie du Trust national Ltée*, précité, note 106; *Syndicat des employés de Métal Sigodec (C.S.N.) c. St-Arnaud*, précité, note 116. Sur l'effet d'une ordonnance de liquidation d'une société selon la *Loi sur les liquidations*, L.R.C. (1985), c. W-11, voir *Syndicat des employés de coopératives d'assurance-vie c. Raymond, Chabot, Fafard, Gagnon Inc.*, [1997] R.J.Q. 776, REJB 1997-00246 (C.A.).

118. *U.E.S., local 298 c. Bibeault*, précité, note 95, p. 1114 et 1115.

119. *Id.*, p. 1115.

120. *Ivanhoe Inc. c. TUAC, section locale 500*, précité, note 85, par. 91; *Syndicat des travailleuses et travailleurs de Alfred Dallaire c. Alfred Dallaire Inc.*, précité, note 3.

121. *Ivanhoe Inc. c. TUAC, section locale 500*, précité, note 85.

122. *Sept-Îles (Ville de) c. Québec (Tribunal du travail)*, précité, note 81.

123. *Id.*, par. 20; *Ivanhoe Inc. c. TUAC, section locale 500*, précité, note 85, par. 65 à 70.

124. *Ivanhoe Inc. c. TUAC, section locale 500*, précité, note 85, par. 73 à 76.

125. *Id.*, par. 52, 71 et 126. Voir aussi *Société des loteries et courses du Québec (Loto-Québec) c. Syndicat des professionnelles et professionnels du gouvernement du Québec*, D.T.E. 2000T-162 (T.T.); *Hôpital Rivière-des-Prairies c. Syndicat canadien de la fonction publique, section locale 313 (F.T.E.)*, [1998] R.J.D.T. 696 (T.T.); *Stationnement « Ta Place » c. Association du personnel de soutien du collège Marie-Victorin*, [1997] T.T. 273.

126. *Ivanhoe Inc. c. TUAC, section locale 500*, précité, note 85, par. 78 à 81; *Sept-Îles (Ville de) c. Québec (Tribunal du travail)*, précité, note 81, par. 20.

activités qui lui sont confiées, non plus qu'elle exclut pour autant l'exercice d'un droit de contrôle du donneur d'ouvrage sur leur réalisation[127].

- Un droit d'exploitation, entendu comme celui d'effectuer des tâches précises à un endroit précis et dans un but spécifique, peut être l'objet d'une concession au sens de l'article 45 C.t.[128]

- En application des énoncés qui précèdent, il n'est ni contraire à l'arrêt *Bibeault* ni manifestement déraisonnable de conclure à l'application de l'article 45 C.t. lorsqu'un concessionnaire reçoit un droit d'exploitation sur une partie de l'entreprise de son concédant visé par une accréditation et qu'il fait exécuter des fonctions similaires à celles qu'effectuaient jusque-là le concédant et ses salariés[129].

– Le régime d'exception de la concession partielle

Les amendements de 2001-2002 n'ont pas changé la substance du régime de la transmission d'entreprise, y compris quant à ses concessions. Ils ont cependant amorcé la mise en place d'un sous-régime à l'endroit de la concession partielle d'entreprise, c'est-à-dire notamment et concrètement de la sous-traitance ou de l'impartition. Le paragraphe 1o de l'article 45.2, al. 1 C.t. tempère désormais le caractère d'ordre public de l'article 45 C.t. Cette disposition permet en effet aux parties intéressées de négocier et de conclure une entente sur les conditions auxquelles une concession partielle qui donnerait lieu à une transmission de droits et d'obligations en vertu de l'article 45 C.t. sera traitée, ces conditions pouvant même comprendre une clause par laquelle elles renoncent à demander l'application du régime légal. Le cas échéant, une telle clause lie la C.R.T., sans droit de regard de sa part sur le contenu de l'entente et sa qualité. L'entente doit porter sur une concession particulière qui y est identifiable. La prudence voudrait que le cessionnaire, nouvel employeur potentiel ou éventuel, souscrive à l'entente si cette dernière prévoit des obligations qu'il devra assumer. Une clause de renonciation à l'application de l'article 45

C.t. n'affecte pas la portée, chez l'employeur cédant, de l'accréditation du syndicat qui y consent. La loi prévoit ainsi l'éventualité d'une rétrocession en garantissant le maintien des conséquences que la jurisprudence actuelle lui reconnaît.

De nouveaux amendements sont venus soustraire purement et simplement, le 1er février 2004, certaines concessions partielles d'entreprise au régime légal de transmission des droits et obligations. À cet effet, l'article 45, al. 3 C.t. se lit comme suit :

« Le deuxième alinéa ne s'applique pas dans un cas de concession partielle d'entreprise lorsque la concession n'a pas pour effet de transférer au concessionnaire, en plus de fonctions ou d'un droit d'exploitation, la plupart des autres éléments caractéristiques de la partie d'entreprise visée. »

C'est donc l'impartition ou la sous-traitance qui est ciblée. À cet égard, une précision de vocabulaire devient ici nécessaire, d'un point de vue factuel. On parle de sous-traitance interne lorsque le travail continue de s'exécuter chez le donneur d'ouvrage ou dans une aire qui relève de sa responsabilité et de son contrôle[130]. La sous-traitance externe est celle où le travail est transféré chez le concessionnaire.

Les juridictions du travail exigeaient déjà, suivant les principes dégagés par la Cour suprême dans l'arrêt *Bibeault*[131], le transfert d'éléments caractéristiques de la partie d'entreprise visée par une sous-traitance externe pour y reconnaître l'application des droits et obligations de succession[132]. La jurisprudence n'avait pas posé la même exigence à l'endroit de la sous-traitance interne, peut-être en raison de la nature même de cette dernière, c'est-à-dire du fait qu'elle se réalise chez le donneur d'ouvrage[133].

L'article 45, al. 3 C.t. postule l'existence d'une pluralité d'éléments caractéristiques de la partie d'entreprise donnée en sous-traitance, outre les fonctions de travail. Il exige le transfert de la plupart de ces autres éléments

---

127. *Ivanhoe Inc. c. TUAC, section locale 500*, précité, note 85, par. 78 à 81; *Sept-Îles (Ville de) c. Québec (Tribunal du travail)*, précité, note 81, par. 21 à 23. En l'absence d'autonomie suffisante du tiers intervenant, l'employeur originaire sera considéré conserver cette qualité : *Loisirs St-Jacques c. Syndicat des fonctionnaires municipaux de Montréal (S.C.F.P.)*, D.T.E. 2002T-312 (T.T.); *Propriétés Trizec Ltée c. Prud'Homme*, [1998] R.J.D.T. 72 (C.S.).

128. *Ivanhoe Inc. c. TUAC, section locale 500*, précité, note 85, par. 51, 71 et 78.

129. *Id.*, par. 62 à 81; *Sept-Îles (Ville de) c. Québec (Tribunal du travail)*, précité, note 81, par. 18.

130. C'était le cas à l'origine des arrêts *Ivanhoe Inc.*, précité, note 85, et *Sept-Îles*, précité, note 81.

131. *U.E.S., local 298 c. Bibeault*, précité, note 95.

132. Exemples : *Syndicat national des travailleurs de l'automobile, de l'aérospatiale et de l'outillage agricole du Canada (TCA Canada) c. Fabrication Briocofil Inc.*, précité, note 103; *Syndicat des employés de magasins et de bureaux de la Société des alcools du Québec c. 3924688 Canada Inc.*, D.T.E. 2004T-541 (C.R.T.); *Association internationale des machinistes et des travailleurs de l'aérospatiale, section locale 2133 c. Metal-Eze Fabrication Inc.*, D.T.E. 2004T-1049 (C.R.T.); *Travailleurs et travailleuses unis de l'alimentation et du commerce, section locale 501 c. Inventaires Laparé Inc.*, D.T.E. 2005T-1027 (C.R.T.).

133. Exemples : *Ivanhoe Inc. c. TUAC, section locale 500*, précité, note 85; *Sept-Îles (Ville de) c. Québec (Tribunal du travail)*, précité, note 81.

caractéristiques comme condition d'application des droits et obligations de succession selon l'article 45, al. 2 C.t.[134]. Ce postulat et cette exigence soulèvent plusieurs interrogations, annonciatrices de litiges.

Le cas échéant, le transfert de ces autres éléments caractéristiques s'apprécie-t-il de façon purement quantitative ou en les pondérant selon leur importance relative[135]? En présence d'un partage entre plusieurs sous-traitants, la détermination d'un tel transfert ou de son absence s'effectuera-t-elle en isolant chacun d'eux ou plutôt en les considérant ensemble, à partir de la concession effectuée par le donneur d'ouvrage? Enfin et surtout, qu'advient-il si la caractéristique nettement dominante, voire unique, de la partie d'entreprise affectée est le travail, par exemple un travail de surveillance[136]? On ne peut envisager que deux réponses. Ou bien on s'en tient à une application littérale de la disposition légale et, alors, il n'y aura jamais de transfert de droits et d'obligations selon l'article 45 C.t. dans ces contextes. Ou bien la condition tombe et le sous-traitant est lié par l'accréditation et ce qui s'y rattache. Plusieurs motifs tendent vers cette dernière solution. D'abord, l'article 45, al. 3 C.t. se présente comme une exception à la règle générale applicable à la transmission d'entreprise. Il est donc sujet à une interprétation et une application restrictives. Ensuite, lorsqu'une condition se révèle impossible ou irréalisable, on la considère comme inexistante. Enfin, elle satisfait pleinement l'intention du législateur, c'est-à-dire d'uniformiser le traitement de la sous-traitance interne et celui de la sous-traitance externe qu'il connaissait, en requérant le transfert d'éléments caractéristiques autres que le travail, s'il en est.

Dans le même ordre, qu'en est-il du lieu d'exécution du travail? Dans l'arrêt *Ivanhoe Inc.*, la Cour suprême l'a considéré comme un élément intrinsèque à la concession d'un droit d'exploitation[137]. La C.R.T. l'a traité comme un facteur distinct lorsqu'il était joint à d'autres[138]. Quant à l'identité des salariés, la jurisprudence a toujours con-sidéré la présence des mêmes salariés comme un simple indice de transfert d'entreprise. Sauf exception, on imagine difficilement que l'individualité des salariés devienne un élément caractéristique d'une partie d'entreprise concédée en sous-traitance.

Le transfert d'éléments caractéristiques requis par le 3e alinéa de l'article 45 C.t. n'implique pas celui du droit de propriété de ces mêmes éléments; l'octroi d'un droit d'utilisation suffit[139].

L'exception relative à la concession partielle d'entreprise demeure sans effet dans deux contextes particuliers. D'abord, lorsque la concession partielle a été faite dans le but principal d'entraver la formation d'une association de salariés ou de porter atteinte au maintien de l'intégralité d'une association accréditée, la C.R.T. peut rendre toute décision pour favoriser l'application du deuxième alinéa de l'article 45 C.t. (art. 46, al. 6, 1o C.t.). Une partie intéressée doit, à cet effet, déposer une requête spécifique dans les 30 jours suivant la prise d'effet de la concession partielle (ou de la connaissance qu'elle en a)[140]. Par ailleurs, toute sous-traitance interne demeure interdite pendant une grève légale ou un lock-out (art. 109.1, b) C.t.).

L'aliénation et, le plus souvent, la concession de l'entreprise peuvent éventuellement donner lieu à sa rétrocession. En présence d'une accréditation qui lie l'employeur cédant et qui se trouve transmise par l'article 45 C.t. chez un nouvel employeur, les instances du travail ont élaboré une théorie dite de la rétrocession relativement à la fin de la concession. Cette théorie de la rétrocession veut que l'échéance de la concession ramène juridiquement les activités concédées sous le couvert de l'accréditation qui les visait à l'origine; une aliénation ou une concession ultérieure à un autre exploitant déclenchera alors une nouvelle application de l'article 45 C.t. entre le cédant et ce dernier[141]. Il s'ensuit qu'en cas de concessions successives, ni l'employeur originaire cédant, ni un nouveau concessionnaire ne sera lié par une

---

134. L'article 45, al. 3 n'a aucun effet sur l'application du premier alinéa. L'accréditation qui vise le donneur d'ouvrage conserve tous ses effets à son endroit, même si elle n'est pas transférée chez le sous-traitant.

135. Une décision de la C.R.T. a privilégié un examen strictement quantitatif, dans un contexte qui s'y prêtait bien : *Syndicat national du lait Inc. (CSD) c. Laiterie Royala Inc.*, [2005] R.J.D.T. 259 (C.R.T.). Plus récemment, la Commission a affirmé qu'elle devait faire un examen des éléments caractéristiques qui ne soit pas purement quantitatif mais plutôt en les pondérant pour tenir compte de leur importance relative : *Union des employées et employés de service, section locale 800 et 9066-7148 Québec Inc. (Services CB Star)*, D.T.E. 2006T-789 (C.R.T.).

136. Cette possibilité est évoquée par la Cour suprême dans l'arrêt *U.E.S., local 298 c. Bibeault*, précité, note 95, p. 1107.

137. *Ivanhoe Inc. c. TUAC, section locale 500*, précité, note 85, par. 51, 71, 78.

138. *Cima+Senc c. Syndicat des fonctionnaires municipaux de Montréal (S.C.F.P.)*, D.T.E. 2004T-69 (C.R.T.).

139. *U.E.S., local 298 c. Bibeault*, précité, note 95, p. 1114-1115; *Ivanhoe Inc. c. TUAC, section locale 500*, précité, note 85, par. 91. Exemples : *Cima+Senc c. Syndicat des fonctionnaires municipaux de Montréal (S.C.F.P.)*, précité, note 138 – utilisation de données de l'auteur de la sous-traitance.

140. *Union des employées et employés de service, section locale 800 et 9066-7148 Québec Inc. (Services CB Star)*, précité, note 135. L'article 46 C.t. indique que la cause d'action est la prise d'effet de la concession partielle. La théorie de la connaissance ne peut faire obstacle à la prescription du recours lorsque le syndicat n'a pas agi avec diligence pour prendre connaissance de la cause d'action.

141. *Ivanhoe Inc. c. TUAC, section locale 500*, précité, note 85 par. 83 à 101; *Propriétés Trizec Ltée c. Prud'Homme*, précité, note 127; *Syndicat des travailleurs du Holiday Inn Ste-Foy (C.S.N.) c. Prime Hospitality Inc.*, précité, note 86.

convention collective conclue par un concessionnaire précédent : l'article 45 C.t. n'assure alors que le maintien et le transfert à un nouveau concessionnaire de l'accréditation émise originellement à l'endroit du donneur d'ouvrage redevenu un employeur potentiel à la fin de la première concession[142]. Autre conséquence, une accréditation émise directement à l'endroit du sous-contractant cesse purement et simplement d'avoir effet lorsque le donneur d'ouvrage reprend lui-même les activités à sa charge à la fin du contrat. Sans invalider ni désavouer de quelque manière cette théorie classique de la rétrocession, la Cour suprême suggère clairement qu'un autre raisonnement, fondé sur le caractère essentiellement temporaire de la concession d'entreprise, pourrait justifier l'assimilation de la fin d'un sous-contrat à une concession du concessionnaire vers son donneur d'ouvrage, consentie à l'avance et conforme aux principes déjà dégagés par la Cour suprême[143].

Outre les cas d'aliénation ou de concession de l'entreprise, l'article 45, al. 2 C.t. assure le maintien de l'accréditation dans certaines situations de transformation d'entreprise, qu'il s'agisse de sa division en entités différentes, de sa fusion avec une autre entité ou de quelqu'autre changement qui touche son identité juridique[144].

D- Les effets

1. Les droits collectifs

L'article 45 C.t. transfère d'abord le dossier de l'accréditation chez le nouvel employeur, dans l'état où il se trouve lorsque se réalisent ses conditions d'application. Pour dire les choses simplement, le nouvel employeur se substitue à celui de qui il tient ses droits. Il en est ainsi à l'égard des procédures en vue de l'obtention d'une accréditation[145]. C'est également le cas du processus de négociation en vue de la conclusion d'une convention collective[146]. Par exemple, un état de grève légale ou de lock-out en cours chez l'employeur cédant au moment de

la concession pourrait se trouver transporté, sans autre formalité, chez le concessionnaire à l'égard des travaux transférés. Quant à la convention collective, s'il y a lieu, elle suivra généralement mais non nécessairement l'accréditation. La Cour suprême expose à ce sujet ce qui suit :

« Lorsque, comme en l'espèce, des protections contractuelles ont été négociées en faveur des salariés, qui ne subissent aucun désavantage à la suite de la concession en sous-traitance, le commissaire peut examiner l'ensemble des difficultés entraînées par l'application de l'art. 45 et, s'il le juge approprié, il a le pouvoir de refuser le transfert de la convention collective.

Bien que le sort de la convention suivra généralement celui de l'accréditation, les art. 45 et 46 permettent de distinguer entre le transfert de l'accréditation et l'opportunité, qui s'apprécie par la suite, de transférer dans son intégralité la convention collective. Les dispositions contractuelles visant à protéger les salariés en cas de concession d'entreprise, ainsi que la situation concrète qui prévaut dans l'entreprise et dans l'industrie en général, constituent des facteurs pertinents que le commissaire pourra examiner au moment de décider du transfert de la convention collective. »[147]

Une concession partielle qui donne lieu à une transmission de droits et d'obligations selon l'article 45 C.t. emporte aussi des conséquences qui lui sont propres en ce qui concerne la convention collective. Cette dernière est réputée expirer, aux fins des relations du travail entre le nouvel employeur et le syndicat concerné, le jour de la prise d'effet de la concession (art. 45.2, al. 1 1°). La convention collective se trouve ainsi transférée par la loi elle-même chez le nouvel employeur, qui devra ensuite continuer d'en appliquer les conditions selon l'article 59 C.t. La C.R.T. peut aussi décider, sur requête en ce sens, que le nouvel employeur demeurera lié par la convention collective jusqu'à la date prévue de son expiration, si elle juge que la concession a été faite dans le but principal

---

142.   Voir *Laliberté et Associés Inc. c. Syndicat des employées et employés de l'Université Laval, section locale 2500 (F.T.Q.-C.T.C.)*, D.T.E. 98T-597 (T.T.); *Syndicat des employés de la Ville de Brossard c. Services d'entretien Fany Inc.*, précité, note 86; *Conciergerie C.D.J. (Québec) Inc. c. Fraternité canadienne des cheminots, employés des transports et autres ouvriers, section locale 277*, D.T.E. 92T-1043 (T.T.).

143.   *Ivanhoe Inc. c. TUAC, section locale 500*, précité, note 85, par. 94 à 96.

144.   Exemple de fusion : *Syndicat des employés du Carrefour des jeunes de Montréal c. Union des employés de service, local 298*, [1990] T.T. 398. Exemple de changement de structure juridique : *Camions White Québec c. Syndicat national des travailleurs et travailleuses de l'automobile, de l'aérospatiale et de l'outillage agricole du Canada (T.C.A.-Canada)*, D.T.E. 90T-902 (T.T.).

145.   *Syndicat des travailleuses et travailleurs de Alfred Dallaire c. Alfred Dallaire Inc.*, précité, note 3, par. 46 et 54. Voir aussi *Association des ingénieurs et scientifiques des télécommunications c. Sylvestre*, [2002] R.J.Q. 879, REJB 2002-30658 (C.A.), par. 42.

146.   *Syndicat national catholique des employés des institutions religieuses de St-Hyacinthe Inc. c. Laliberté et Associés Inc.*, D.T.E. 96T-1316 (T.T.); *Gestion P.F.L. Inc. c. Syndicat national du lait Inc.*, [1983] T.T. 218.

147.   *Sept-Îles (Ville de) c. Québec (Tribunal du travail)*, précité, note 81, par. 30 et 31. Voir aussi *Ivanhoe Inc. c. TUAC, section locale 500*, précité, note 85, par. 102 à 110; *Syndicat canadien de la fonction publique, section locale 3412 c. Nantel*, D.T.E. 2003T-1115 (C.R.T.) : refus de transférer une convention collective échue chez un entrepreneur sans salarié.

d'entraver la formation d'une association de salariés ou de porter atteinte au maintien de l'intégralité d'une association accréditée (art. 46, al. 6 2º C.t.). Les règles qui précèdent ne s'appliquent pas dans le cas d'une concession partielle d'entreprise entre employeurs des secteurs public et parapublic au sens du paragraphe 1º de l'article 111.2 C.t. (art. 45.2, al. 2 C.t.).

Les procédures d'exécution de la convention collective, par voie de grief le cas échéant, se poursuivront auprès du nouvel employeur, sous réserve de son droit d'intervention compte tenu de l'état du dossier[148].

En aucun cas, une déclaration d'application de l'article 45 C.t. ne saurait avoir pour effet d'élargir la portée matérielle de l'accréditation transférée, par exemple en visant des salariés que l'accréditation n'aurait pas visés chez l'employeur originaire[149].

Quant à l'employeur cédant, il est important de bien saisir que l'accréditation et la convention collective le liant originalement gardent tout leur potentiel à son endroit et continuent de le toucher. On comprend ainsi, tel qu'il est mentionné précédemment, comment le retour d'une concession à l'employeur cédant visé par une accréditation ramènera sous l'empire de cette dernière les opérations concédées et ensuite rapatriées[150].

Si l'application de l'article 45 C.t. n'entraîne pas à proprement parler un fractionnement de l'accréditation originale donnant naissance à deux accréditations distinctes, elle amène par contre, tant qu'elle subsiste, un traitement autonome des relations entre chacun des employeurs en cause et l'association accréditée, notamment quant au maintien du caractère représentatif de cette dernière auprès des salariés de chacun des deux employeurs[151].

Sur un autre plan, la concession d'entreprise, qu'elle soit cette fois totale ou partielle, donne lieu à une autre particularité lorsqu'elle survient durant la procédure en vue de l'obtention d'une accréditation. La C.R.T. a alors dis-crétion pour décider que l'employeur cédant et le concessionnaire sont successivement liés par l'accréditation (art. 46, al. 5 C.t.)[152].

2. *Les droits individuels*

Sur un autre plan, on en est naturellement venu à se demander si l'application de l'article 45 C.t. avait pour effet de rendre certains droits individuels opposables au nouvel employeur. On songe alors principalement au droit de chaque salarié à son emploi[153]. Pendant plusieurs années, la jurisprudence des instances du travail a insisté sur les droits collectifs, rattachés à l'accréditation ou à la convention collective, dont l'article 45 C.t. assurait la subsistance.

Dans l'arrêt *Daniel Roy Limitée*[154], la Cour suprême a fait nettement ressortir les dimensions individuelles des droits que l'article 45 C.t. permet de garantir de façon incidente. À l'origine de cette affaire, la juridiction du travail avait accueilli une plainte de congédiement pour activités syndicales d'une salariée, congédiement survenu en cours de négociation d'une première convention collective. Du fait que l'employeur qui avait procédé au congédiement avait par la suite vendu son entreprise, le tribunal avait ordonné que la salariée soit réintégrée dans son emploi chez le nouvel employeur. La Cour d'appel fut d'avis que l'article 45 C.t. n'avait pour objet que d'assurer la subsistance de l'accréditation (et de la convention collective) auprès du nouvel employeur[155]. La Cour suprême rejeta carrément cette conception jugée « trop étroite » des objets de l'article 45 C.t. :

« [...] Le congédiement illégal d'un représentant syndical, membre du Comité de négociation, durant le cours des négociations en vue de la conclusion d'une première convention collective est de toute évidence un acte présumé avoir pour objet de faire obstacle à la bonne marche des négociations et à la prompte conclusion d'une convention.

148. *Banque Nationale du Canada c. Syndicat des travailleurs du bois usiné de St-Raymond (C.S.N.)*, [1985] T.T. 1. L'article 46 C.t. pourrait néanmoins permettre d'autoriser l'employeur originaire à poursuivre lui-même un grief patronal dont il est l'auteur et qui ne présenterait pas le même intérêt pour son successeur : *Rassemblement des employés techniciens ambulanciers du Québec métropolitain (F.S.S.S.-C.S.N.) c. Ambulance St-Raymond Inc.*, D.T.E. 2002T-141 (T.T.).
149. *Syndicat des cols bleus de Ville de St-Hubert c. St-Hubert (Ville de)*, précité, note 88 (j. LeBel).
150. *Association internationale des travailleurs du métal en feuilles, local 116 c. Les Moulées Vigor Ltée*, [1978] T.T. 384, 388 et 389.
151. *Ivanhoe Inc. c. TUAC, section locale 500*, précité, note 85, par. 125 à 127; *Syndicat des employés de la Ville de Brossard c. Services d'entretien Fany Inc.*, précité, note 86; *Association internationale des travailleurs du métal en feuilles, local 116 c. Les Moulées Vigor Ltée*, précité, note 150, p. 390.
152. Cette nouvelle possibilité répond en quelque sorte au constat de la Cour d'appel dans l'affaire *Syndicat des travailleuses et travailleurs de Alfred Dallaire c. Alfred Dallaire Inc.*, précité, note 3.
153. L'article 2097 C.c.Q. affirme la subsistance du contrat de travail malgré l'aliénation de l'entreprise ou la modification de sa structure juridique. Voir *supra*, titre I, chapitre I.
154. *Adam c. Daniel Roy Limitée*, [1983] 1 R.C.S. 683.
155. *Daniel Roy Limitée c. Adam*, [1981] C.A. 409.

La plainte pour congédiement illégal et l'ordonnance de réintégration, qui en sont la contrepartie, ont pour objet de rétablir l'équilibre et de favoriser la poursuite des négociations et la conclusion d'une convention collective.

Cette plainte occasionnée par le geste de l'employeur et l'ordonnance sont, selon moi, des procédures en vue d'une convention collective ou tout au moins qui s'y rapportent. Les articles 14 à 16 (15 à 17, maintenant) du Code du travail ne visent pas autre chose. Ils visent à permettre l'exercice harmonieux des droits conférés aux salariés par le Code du travail dont la formation en association, l'obtention de l'accréditation et la conclusion d'une convention collective. Déterminer que le congédiement est illégal et n'a pour cause que la participation de l'employé aux activités menant à la formation du syndicat, à l'obtention de l'accréditation et à la conclusion d'une première convention collective, consiste précisément à déterminer que ce congédiement se rapporte à l'accréditation et à la convention.

[...]

L'intimé a soumis par ailleurs que « la protection donnée par l'article 36 (45, maintenant) est donnée à l'association de salariés uniquement [...] ».

Il est exact que c'est à l'association qu'il appartient de déposer une requête en accréditation, de détenir un certificat et de poser les autres actes mentionnés. Il n'en reste pas moins que l'accréditation et la convention confèrent aussi des droits aux salariés eux-mêmes et rien dans le texte de l'article 36 (45, maintenant) ne me paraît justifier l'affirmation que « la protection [...] est donnée à l'association de salariés uniquement. »[156]

C'est dire que rattachés à l'accréditation ou à la convention collective par le processus d'organisation syndicale ou de négociation, ou encore fondés directement sur les dispositions d'une convention collective déjà conclue, les droits individuels des salariés pourront survivre auprès du nouvel employeur par effet de l'article 45, al. 2 C.t.[157]. Sous réserve des termes de la convention collective appli-cable, l'article 45 C.t. ne confère pas par lui-même aux salariés affectés le droit de choisir leur employeur, entre le cédant et le cessionnaire[158].

3. *Le règlement des difficultés*

Des difficultés fonctionnelles complexes suivent parfois une transmission de droits et d'obligations en vertu de l'article 45 C.t. On peut ainsi penser à la possibilité d'affrontement entre les syndicats en présence et à l'administration de conventions collectives différentes pour des salariés qui exécutent sensiblement le même travail, que ce soit quant aux montants des retenues syndicales à effectuer, quant à l'administration des régimes de prévoyance collective ou quant à l'application des règles relatives à la sécurité d'emploi ou aux mouvements de personnel.

Abondance de biens ne nuit pas. Cette expression connue conviendrait pour commenter la nouvelle rédaction de l'article 46 C.t. mise en vigueur en 2002. Dans l'arrêt *Ivanhoe Inc.*[159], la Cour suprême a reconnu que l'article 46 C.t. tel qu'il se lisait auparavant laissait à l'instance du travail une large discrétion dans le choix des solutions aux problématiques résultant de l'application de l'article 45 C.t., avalisant du même coup des solutions aussi diverses que la redéfinition des unités de négociation, la fusion de listes d'ancienneté et même le refus de faire suivre une convention collective. Ce jugement est survenu alors que la loi réformant le Code du travail venait tout juste d'être adoptée et sanctionnée.

La nouvelle facture de l'article 46 C.t. renforce le pouvoir d'intervention de la C.R.T. pour régler les difficultés découlant de l'application de l'article 45 C.t. Son deuxième alinéa l'autorise à agir « de la façon qu'elle estime la plus appropriée ». Sans restreindre pour autant la portée de ce pouvoir général, le troisième alinéa détaille diverses solutions auxquelles la C.R.T. peut recourir lorsque plusieurs associations de salariés sont mises en présence, qu'il s'agisse d'accorder ou de modifier une accréditation, de décrire ou de modifier une unité de négociation, de fusionner des unités de négociation et de déterminer la convention collective qui demeurera en vigueur, en la modifiant ou en l'adaptant si nécessaire, et, s'il y a lieu en conséquence de ce qui précède, d'accréditer une association de salariés parmi celles mises en présence.

---

156. *Adam c. Daniel Roy Limitée*, précité, note 154, p. 693 et 694; *Ivanhoe Inc. c. TUAC, section locale 500*, précité, note 85, par. 102.
157. *Distribution Réal Chagnon Inc. c. Prud'Homme*, D.T.E. 90T-838, EYB 1990-57034 (C.A.); *Boily c. Centre commercial Place du Royaume Inc. (Centroshop Properties Inc.)*, [1991] T.T. 280; *Union internationale des travailleurs unis de l'alimentation et du commerce (TUAC), local 301 (F.T.Q.) c. Brasserie Molson-O'Keefe (Les Brasseries Molson)*, D.T.E. 91T-914 (T.T.).
158. *Association des ingénieurs et scientifiques des télécommunications c. Sylvestre*, précité, note 145.
159. *Ivanhoe Inc. c. TUAC, section locale 500*, précité, note 85.

En cas de fusion d'unités de négociation, l'article 46, al. 3 C.t. garantit la fusion, également, des listes d'ancienneté qui s'y rattachaient et l'intégration des salariés à la liste fusionnée, selon les règles à être déterminées par la C.R.T.

Pour intervenir, la C.R.T. doit être saisie par requête d'une partie intéressée (art. 46, al. 2 C.t.). Outre les employeurs et les syndicats en cause, les salariés concernés peuvent se voir reconnaître ce statut lorsque les circonstances de l'espèce le justifient. L'intervention de la C.R.T. présuppose aussi l'existence d'une difficulté réelle, non d'un simple inconvénient, dont la preuve incombe à la partie qui l'allègue[160] et dont la cause directe est l'application de l'article 45 C.t.[161]. À cet égard, on a décidé que la situation économique du nouvel employeur ne constituait pas une difficulté de l'ordre de celles envisagées par l'article 46 C.t. et qui pourrait justifier une modification de la convention collective transférée[162].

Le nouvel article 46 C.t. apporte deux innovations. La première vise à privilégier la solution négociée des conséquences susceptibles de résulter de l'application de l'article 45 C.t. Dans cette perspective, la C.R.T. est autorisée à rendre toute décision nécessaire à la mise en œuvre d'une entente entre les parties intéressées, que ce soit sur la description des unités de négociation, sur la désignation d'une association pour représenter le groupe de salariés visés par une unité de négociation décrite dans l'entente ou sur toute autre question d'intérêt commun. En principe, la C.R.T. devrait s'abstenir d'intervenir lorsqu'une difficulté a déjà été réglée par négociation entre les nouveaux interlocuteurs au régime collectif de travail[163]. Les syndicats, en particulier, doivent alors tenir compte de leur devoir de juste représentation, selon l'article 47.2 C.t., à l'endroit de l'ensemble des salariés qu'ils représentent. En cas de défaillance syndicale réelle, présumée ou raisonnablement appréhendée, à ce niveau, les salariés pourront justifier d'un intérêt suffisant pour se porter partie auprès de la C.R.T.[164]. Rappelons par ailleurs que lorsqu'une concession d'entreprise survient durant une procédure en vue de l'obtention d'une accréditation, la C.R.T. peut décider que l'employeur cédant et le concessionnaire sont successivement liés par l'accréditation, si elle est octroyée (art. 46, al. 5 C.t.).

E- Le changement de compétence législative

L'article 45.3 C.t. a pour objet d'assurer le maintien des droits syndicaux d'une association accréditée ou qui demande à l'être, à l'occasion du passage d'une entreprise de la compétence fédérale à celle du Québec en matière de relations du travail. Il s'agit d'une mesure de réciprocité puisque l'article 44 (3) du Code canadien du travail[165] prévoit substantiellement les mêmes solutions à l'occasion d'un mouvement inverse.

Hormis l'éventualité de changements constitutionnels, plutôt rares et incertains, modifiant le partage des compétences respectives des deux ordres de gouvernement, ou encore, de jugements emportant le même effet, l'article 45.3 C.t. trouvera application en pratique à la suite d'une restructuration d'entreprise. Il peut s'agir, par exemple, de réorganiser une entreprise de transport opérant tant à l'intérieur qu'à l'extérieur du Québec et dont les relations de travail avec l'ensemble de ses salariés sont régies par la législation fédérale par effet de la règle dite de l'indivisibilité, de telle manière qu'on puisse reconnaître dorénavant deux entreprises distinctes, en l'occurrence l'une de transport à l'intérieur du Québec et l'autre de transport interprovincial ou international[166].

L'article 45.3 C.t. s'adresse ainsi à deux éventualités : celle où l'employeur demeure le même et celle où le changement d'assujettissement législatif s'accompagne d'un changement d'employeur, par exemple à la suite d'une aliénation ou d'une concession partielle de l'entreprise d'origine[167]. Dans le premier cas, tout ce qui se rapporte à une accréditation, à une convention collective ou à son exécution, et qui tire son origine du Code canadien du travail se poursuit simplement conformément au Code du travail, avec les adaptations nécessaires (art. 45.3, (1) et (3) C.t.). Dans la deuxième éventualité, la situation est traitée comme elle le serait selon les articles 45 et 45.2 du Code du travail (art. 45.3, (2) et (4) 1 C.t.).

160.   *Syndicat des employés de la Commission scolaire Les Deux-Rives c. Commission scolaire de la Jonquière*, D.T.E. 90T-1040 (T.T.). Voir aussi *Syndicat canadien de la fonction publique, section locale 3520 c. Centre de réadaptation en déficience intellectuelle K.R.T.B.*, [1995] T.T. 428.

161.   *Commission scolaire de St-Eustache c. Syndicat de l'enseignement de la région des Mille-Îles*, D.T.E. 92T-1412 (T.T.).

162.   *Société en commandite Gaz métropolitain c. Syndicat des employés(ées) professionnels(les) et de bureau, section locale 463*, [2001] R.J.D.T. 1213 (T.T.).

163.   *Arbour c. Syndicat des employés de Montréal d'Ultramar (Division de l'est)*, [1990] T.T. 56 ; *Cloutier c. Sécur Inc.*, D.T.E. 90T-1247 (T.T.). Toutefois, une entente entre les parties ne lie pas la C.R.T., sauf s'il s'agit d'une entente particulière conclue en application de l'article 45.2, al. 1, 2° C.t. à l'occasion d'une concession partielle : *Syndicat des salariés de la Caisse Desjardins de l'Érable (CSD) c. Caisse Desjardins de l'Érable*, D.T.E. 2005T-442 (C.R.T.).

164.   *Épiciers unis Métro-Richelieu Inc. c. Lesage*, D.T.E. 95T-629 (C.S.). Voir aussi *Fortin c. Provigo Distribution Inc. (Groupe distribution)*, D.T.E. 97T-20 (T.T.).

165.   L.R.C. (1985), c. L-2.

166.   Sur la règle d'indivisibilité de l'entreprise et sur la possibilité de reconnaître des entreprises distinctes sous le contrôle d'un même employeur, voir *supra*, titre I, chapitre I.

167.   *Syndicat des employés d'exécution de Québec-Téléphone, section locale 5044 (S.C.F.P.) c. Télécon Inc.*, D.T.E. 2003T–686 (C.R.T.).

S'il y a lieu, l'applicabilité de l'article 45.3 C.t. et le règlement des difficultés susceptibles de découler de son application relèvent de la compétence de la C.R.T. (art. 46, al. 2 et 3 C.t.). Cette dernière a décidé qu'une requête demandant l'application de l'article 45.3 doit lui être soumise dans les neuf mois suivant la connaissance des faits sur lesquels elle se fonde[168].

4- L'actualisation

L'article 39 C.t. confère à la C.R.T. de très larges pouvoirs en matière d'accréditation. On peut même dire que cette disposition est la source législative générale et la plus fondamentale de la compétence dévolue à la C.R.T. relativement à l'accréditation. En effet, elle habilite cette dernière, en particulier, à décider si une personne est un salarié ou un membre d'une association, ou encore si elle est comprise dans une unité de négociation, et, surtout, à trancher « toutes autres questions relatives à l'accréditation ». En cours d'enquête sur une demande d'accréditation, la C.R.T. peut décider de ces questions de sa seule initiative; elle peut également le faire en tout temps à la requête d'une partie intéressée[169]. Ce n'est en fait que très progressivement qu'on a reconnu et utilisé le potentiel juridictionnel de l'article 39 C.t.

Après l'octroi d'une accréditation, le recours le plus fréquent à l'article 39 C.t. a pour objet l'interprétation ou l'application de cette accréditation en vue d'en faire déterminer la portée concrète. Même si l'on cherche à ce que les libellés des décisions d'accréditation soient suffisamment clairs quant à la description de l'unité de négociation, il arrive qu'il devienne nécessaire de faire décider si des personnes qui exercent certaines fonctions sont comprises dans l'unité de négociation, eu égard à la nature de leurs

fonctions, ou encore si un employé se trouve ou non visé par une accréditation en raison de son statut de salarié ou de non-salarié.

Le syndicat ou l'employeur peut alors en tout temps s'adresser, par requête en vertu de l'article 39 C.t., à la C.R.T. pour que cette dernière tranche la difficulté d'interprétation ou d'application de l'accréditation soulevée entre les parties[170]. La compétence de la C.R.T. lui permet de se prononcer sur toute situation passée, présente ou même future, exposée dans la demande qui lui est adressée, dans la mesure où il est pertinent qu'elle le fasse pour régler une difficulté réelle et pratique entre les parties[171]. La partie requérante demeure néanmoins tenue à une obligation d'agir avec diligence à partir du moment où elle connaît la situation problématique[172].

Il faut bien comprendre que le rôle de la C.R.T. doit alors se limiter à interpréter l'accréditation et à tirer les conséquences qui en résultent. Il ne peut généralement être question d'utiliser l'article 39 C.t. pour élargir le champ de l'accréditation, compte tenu, notamment, des délais imposés à cet égard par l'article 22 C.t. Plusieurs décisions rappellent ainsi qu'une requête en vertu de l'article 39 C.t. ne peut rechercher la modification de la substance d'une accréditation[173].

C'est la recherche de la portée intentionnelle de l'accréditation qui constitue la règle cardinale de son interprétation. Cette règle veut que, quelle que soit la portée du texte littéral de l'accréditation, il faille rechercher, à partir des circonstances dans lesquelles l'accréditation a été octroyée, quelles étaient véritablement les catégories d'emplois ou de fonctions que l'on entendait viser. À titre illustratif, dans l'affaire *Hôtel-Dieu de Roberval*[174], l'accréditation du syndicat se lisait comme suit :

---

168.   *Ibid.*
169.   Dans l'une ou l'autre de ces circonstances, la compétence de la CRT lui est exclusive : *Syndicat des chargées et chargés de cours de l'Université du Québec à Chicoutimi (C.S.N.) c. Tremblay*, D.T.E. 2003T-463, REJB 2003-39884 (C.A.), par. 5 à 7; *Pointe-Claire (Ville de) c. Québec (Tribunal du travail)*, [1997] 1 R.C.S. 1015, REJB 1997-00587.
170.   *Syndicat de professionnelles et professionnels du gouvernement du Québec c. Collège d'enseignement général et professionnel d'Alma*, D.T.E. 2003T-896 (C.R.T.); *Syndicat des professionnelles et professionnels des Commissions scolaires de Richelieu-Yamaska c. Commission scolaire du Val-des-Cerfs*, [2001] R.J.D.T. 148 (T.T.).
171.   *Goodyear Canada Inc. c. Métallurgistes unis d'Amérique, section locale 919*, D.T.E. 2000T-307 (T.T.); *Union des employés de services, local 298 (F.T.Q.) c. Services d'édifices Pritchard Ltée*, D.T.E. 85T-257 (T.T.). Sur l'effet déclaratoire de la décision, voir *Syndicat du personnel de soutien du Collège d'enseignement général et professionnel de Victoriaville c. Morency*, [1998] R.J.D.T. 1, REJB 1997-03580 (C.A.); *Syndicat des salariés de distribution de produits pharmaceutiques c. Médis, services pharmaceutiques et de santé Inc.*, précité, note 92.
172.   *Travailleurs et travailleuses unis de l'alimentation et du commerce, Section locale 503 c. Café Séléna Inc.*, 2004 QCCRT 0216, par. 55; *Syndicat des travailleuses et travailleurs des Plastiques Simport CSN c. Plastiques MDJ Inc.*, D.T.E. 2005T-630 (C.R.T.).
173.   Voir notamment *Métro-Richelieu 2000 Inc. c. Syndicat des travailleuses et travailleurs d'Épiciers unis Métro-Richelieu*, D.T.E. 2000T-1129 (T.T.), conf. par *Syndicat des travailleuses et travailleurs d'Épiciers unis Métro-Richelieu (C.S.N.) c. Tribunal du travail*, D.T.E. 2003T-618, REJB 2003-42342 (C.A.); *Syndicat canadien de la Fonction publique, section locale 2115 c. Centre d'accueil Miriam-Miriam Home*, [1989] T.T. 271; *Syndicat des employés – conseil de la C.E.Q. c. Centrale de l'enseignement du Québec*, [1976] T.T. 83. Une telle modification de substance peut toutefois exceptionnellement être rendue nécessaire et être accordée, par exemple à l'occasion d'un adjonction d'un groupe syndiqué à des salariés non syndiqués ou lorsque la coexistence de deux syndicats pour représenter une même catégorie de salariés soulève des difficultés réelles et sérieuses : *Union des chauffeurs de camions, hommes d'entrepôts et autres ouvriers, section locale 106 (F.T.Q.) c. Association des employés de Atlas idéal métal (FISA)*, précité, note 1; *Syndicat des travailleuses et travailleurs des Épiciers unis Métro-Richelieu (CSN) c. Métro Richelieu Inc.*, [2005] R.J.D.T. 213 (C.R.T.).
174.   *Hôtel-Dieu de Roberval c. Syndicat national des employés de l'Hôtel-Dieu de Roberval*, [1970] T.T. 1.

« [...] tous les employés masculins et féminins salariés au sens du Code du travail, à l'exception des gardes-malades, graduées, des constables et des employés étudiants temporaires. »

Le syndicat, par requête en vertu de l'article 39 C.t., demanda de déclarer que certaines religieuses, autres que des religieuses-infirmières, étaient comprises dans l'unité de négociation. Après avoir affirmé que par-delà le sens courant des mots, il faut rechercher la portée intentionnelle de l'accréditation, le juge Quimper, tenant compte de la preuve que les religieuses en cause n'apparaissaient pas sur la liste des salariés au moment de l'octroi de l'accréditation et de l'attitude des parties depuis l'accréditation, qui démontrait qu'elles n'avaient jamais considéré les religieuses comme étant comprises dans l'unité, en vint à la conclusion que ces dernières n'étaient pas visées par l'accréditation. Il notait ce qui suit :

« Dans ces conditions, la requête de l'intimé visant à faire déclarer que ces religieuses sont aujourd'hui comprises dans l'unité, équivaut à demander que l'accréditation en vigueur soit modifiée de façon à couvrir un groupe de personnes qui ne l'est pas et qui en avait été exclu.

Or, un groupe exclu ne peut être intégré à une unité de négociation par voie de requête en vertu de l'article 30 (maintenant 39). »[175]

La conduite des parties après l'octroi de l'accréditation, surtout si elle se révèle constante pendant une longue période, y compris dans la rédaction des conventions collectives, peut aussi révéler la véritable portée intentionnelle de l'accréditation[176].

La recherche de sa portée intentionnelle n'exclut pas une interprétation dynamique et évolutive de l'accréditation. L'étendue de cette dernière est d'abord susceptible d'un accroissement naturel. Ainsi, dans une affaire *Institut Mont d'Youville*, on décida qu'une accréditation de portée générale, c'est-à-dire visant tous les salariés de l'entreprise, pouvait permettre de couvrir une fonction qui n'existait pas lors de son octroi, lorsqu'il appert par ailleurs qu'il s'agit d'une fonction reliée à l'objectif poursuivi par l'entreprise, du moins tel que cet objectif existait au moment de l'accréditation[177]. Selon la même approche, l'accréditation rejoindra de nouvelles fonctions issues d'un changement technologique ou organisationnel et remplaçant, dans le milieu de travail, celles identifiées au libellé de l'accréditation[178].

Seuls le syndicat accrédité et l'employeur sont considérés comme parties intéressées pour demander l'interprétation de l'accréditation en vertu de l'article 39 C.t. Le salarié ne dispose pas individuellement de cette faculté pour faire décider s'il est inclus dans l'unité de négociation ou s'il en est exclu, que ce soit en raison de son statut ou au regard de la description de l'unité[179]. Il ne s'ensuit pas pour autant que l'employé ne puisse en aucune circonstance mettre lui-même en question son statut de salarié ou de non-salarié au sens du Code du travail. Il faudra cependant que cette question soit soulevée de façon accessoire ou incidente à l'occasion d'une procédure à l'égard de laquelle l'employé jouit déjà du statut de partie intéressée. Il pourrait ainsi s'agir, par exemple, d'une plainte en vertu des articles 15 et suivants ou encore des articles 47.3 et suivants du code. On a ainsi déjà décidé qu'on ne saurait opposer à l'employé la décision rendue sur son statut de salarié ou de non-salarié à l'issue d'une instance à laquelle il n'était pas partie, s'il s'avère ultérieurement que cet employé a un intérêt immédiat et personnel à faire décider de ce statut pour faire valoir un

175. *Id.*, p. 5 et 6. Sur l'effet d'une entente sur la liste des salariés visés par une demande d'accréditation pour les fins ultérieures de l'interprétation de cette accréditation, voir aussi *Syndicat des professionnelles et professionnels des affaires sociales du Québec (C.S.N.) c. Centre de réadaptation Montérégie Inc.*, D.T.E. 92T-482 (T.T.). Sur la recherche de la portée intentionnelle de l'accréditation, en général, voir *Syndicat des travailleuses et travailleurs d'Épiciers unis Métro-Richelieu (C.S.N.) c. Tribunal du travail*, précité, note 173; *Travailleurs et travailleuses unis de l'alimentation et du commerce, Section locale 503 c. Café Séléna Inc.*, précité, note 172; *Union des employés du transport local et industries diverses, section locale 931 c. Aviscar Inc.*, D.T.E. 2001T-1159 (T.T.) – libellé général; *Beloit Canada Ltée c. Syndicat national de l'industrie métallurgique de Sorel Inc. (C.S.N.)*, D.T.E. 92T-481 (T.T.).

176. *Travailleurs et travailleuses unis de l'alimentation et du commerce, Section locale 503 c. Café Séléna Inc.*, précité, note 172, par. 51-58; *Syndicat des Placeurs et Ouvreuses de la Place des Arts (CSN) c. Société de la Place des Arts de Montréal*, D.T.E. 2004T-239 (C.R.T.); *Union des employés du transport local et industries diverses, section locale 931 c. Aviscar Inc.*, précité, note 175; *Beloit Canada Ltée c. Syndicat national de l'industrie métallurgique de Sorel Inc. (C.S.N.)*, précité, note 175.

177. *Institut Mont d'Youville c. Syndicat des employés du Mont d'Youville*, [1973] T.T. 471. Voir aussi *Syndicat des travailleuses et travailleurs de la scierie de Maniwaki (C.S.N.) c. Bowater Pâtes et papiers Canada Inc.*, D.T.E. 2003T-353 (C.R.T.); *Fraternité internationale des ouvriers en électricité, section locale 1388 c. Syndicat canadien des communications, de l'énergie et du papier, section locale 11*, D.T.E. 2003T-764 (C.R.T.).

178. *Union typographique de Québec, local 302 c. Syndicat des employés du personnel de soutien de la rédaction du Soleil (C.S.N.)*, [1975] T.T. 84, conf. par *Confédération des syndicats nationaux c. Tribunal du travail*, [1975] C.A. 377; *Syndicat des travailleurs de Acier Leroux Inc. (C.S.N.) c. Acier Leroux Inc.*, D.T.E. 2000T-683 (T.T.). Les exclusions sont également sujettes à une interprétation évolutive : *Villa de l'Essor c. Syndicat national des employés de la Villa de l'Essor*, [1991] T.T. 303; *Travailleurs et travailleuses unis de l'alimentation et du commerce, Section locale 503 c. Café Séléna Inc.*, précité, note 172.

179. *Christian Picotin & associés c. Gareau*, [1990] R.J.Q. 2373, EYB 1990-58406 (C.A.). Voir aussi *Bibeault c. McCaffrey*, [1984] 1 R.C.S. 176, 189-190.

droit individuel, comme à l'occasion d'une plainte de congédiement pour activités syndicales[180].

On recourt à l'article 39 C.t. pour faire apporter à l'accréditation des corrections ou des modifications rendues nécessaires, par exemple, en cas de changement du nom de l'employeur ou du syndicat, ou de l'adresse de l'établissement visé. On a ensuite accepté de donner effet à un changement de structure syndicale qui avait amené la fusion de deux associations pour en former une troisième en acceptant que les accréditations des deux associations fusionnées soient portées au nom de la nouvelle association issue de la fusion. Cette décision se situait elle-même par rapport à l'ensemble de la jurisprudence antérieure de la façon suivante :

« [...] la jurisprudence actuelle du tribunal est à l'effet que l'article 30 (art. 39) ne puisse être utilisé pour modifier ou amender le contenu même de l'accréditation, le commissaire ne pouvant qu'en apprécier le sens et la portée par la recherche, s'il y a lieu, de sa portée intentionnelle. Toutefois, en mettant de côté des situations affectant le fond même de l'accréditation (puisque ce n'est pas le cas ici), il m'apparaît juste d'affirmer que par cette disposition, le législateur a voulu l'intervention du commissaire pour régler tout autre genre de problèmes découlant de l'accréditation et sur lequel le législateur ne se serait pas spécifiquement penché. »[181]

Dans la même foulée, mais dans une perspective beaucoup plus large encore, la jurisprudence accepta d'interpréter les pouvoirs dévolus par l'article 39 C.t. comme permettant une véritable actualisation de l'accréditation en fonction des circonstances et des exigences de la paix industrielle, qu'il s'agisse de mettre à jour la terminologie descriptive de l'étendue de l'unité de négociation ou même de redéfinir, par fusion ou autrement, les unités de négociation sans modifier la substance de leur portée d'ensemble[182]. Un jugement identifie les conditions précises auxquelles une fusion d'unités d'accréditation peut être accordée dans le cadre de l'article 39 C.t. : le respect de la portée intentionnelle des accréditations existantes; le caractère approprié de la nouvelle unité fusionnée recherchée, à partir d'un vécu syndical convergent ou, à défaut d'un tel vécu, à partir d'une volonté commune des parties syndicale et patronale; le consentement des salariés intéressés; le respect du droit des tiers[183].

La jurisprudence actuelle reconnaît en somme dans l'article 39 C.t. une source d'habilitation qui permet à la juridiction du travail de répondre à toutes situations de réorganisation, de restructuration ou de reconfiguration interne de l'entreprise, comme une fusion de services ou d'établissements, ou leur déménagement, de la même manière que les articles 45 et 46 C.t. leur permettraient de le faire si ces changements résultaient d'une transmission de l'entreprise à un nouvel employeur[184].

5- La révocation

La révocation de l'accréditation, c'est son extinction prononcée formellement par la C.R.T. selon les dispositions de l'article 41 C.t. Cette révocation ne peut cependant survenir qu'au temps fixé à l'article 22 b.1), c), d) ou e) C.t. (à l'article 111.3 C.t., dans les secteurs public et parapublic), c'est-à-dire aux époques de remise en question de l'accréditation[185].

L'article 41 C.t. fait exception à la règle posée par l'article 32, al. 4 C.t., selon laquelle l'employeur n'est pas considéré comme une partie intéressée quant au caractère représentatif d'un syndicat. Il autorise en effet l'employeur à demander lui-même la révocation de l'accréditation, pour l'un ou l'autre des motifs prévus à l'article 41 C.t.[186]. En outre, le Code du travail n'exige aucun intérêt particulier de la personne qui demande la révocation de

180. *Lessard c. Hilton Québec Ltée*, [1980] T.T. 488. Voir également, dans l'hypothèse où se soulèverait une question de compétence : *Hardy c. Centre des services sociaux de Québec*, [1986] T.T. 60.

181. *East End Teachers Association c. Commission scolaire régionale Le Royer*, [1980] T.T. 249, 257.

182. *Villa Notre-Dame de Grâce c. Syndicat des employés de la Villa Notre-Dame de Grâce (C.S.N.)*, [1983] T.T. 390. Voir aussi *Syndicat des travailleurs et des travailleuses de Hilton Québec (C.S.N.) c. Hilton Canada Inc.*, D.T.E. 88T-828 (T.T.); *Syndicat des salariés d'Autobus Dupont et Bélair (C.S.N.) c. Autobus Bélair Inc.*, [1986] T.T. 28.

183. *Résidence Sorel-Tracy c. Syndicat des travailleuses et travailleurs de la Résidence Sorel-Tracy*, [1997] T.T. 418, REJB 1997-01637.

184. *Syndicat des travailleuses et travailleurs d'Épiciers unis Métro-Richelieu (C.S.N.) c. Tribunal du travail*, précité, note 173; *Métro-Richelieu 2000 Inc. c. Québec (Tribunal du travail)*, D.T.E. 2002T-896, REJB 2002-34114 (C.A.); *Syndicat des salariés de distribution de produits pharmaceutiques c. Médis, services pharmaceutiques et de santé Inc.*, précité, note 92; *Syndicat national de biscuiterie de Montréal (section Viau) c. Dare Foods Limited*, [2004] R.J.D.T. 669 (C.R.T.); *Syndicat des travailleuses et des travailleurs des Épiciers unis Métro-Richelieu (CSN) c. Commission des relations du travail*, D.T.E. 2006T-633 (C.R.T.) – compte tenu de son large pouvoir discrétionnaire, le premier commissaire pouvait faire preuve de créativité en imposant aux parties une solution qui ne leur avait pas été présentée. Il n'y a pas eu atteinte aux règles de justice naturelle.

185. *Syndicat des travailleuses et travailleurs de l'industrie et du commerce, section locale 705 c. Garant*, D.T.E. 2006T-294 (C.S.) – les pouvoirs réparateurs prévus aux articles 114 et 118 C.t. ne peuvent primer sur les dispositions particulières prévues à l'article 41 C.t.

186. *Entreprises Rolland Bergeron Inc. c. Geoffroy*, [1987] R.J.Q. 2331, EYB 1987-62783 (C.A.); *Travailleurs unis de l'électricité, de la radio et de la machinerie du Canada, section locale 556 c. Meubles S. Roblin Inc.*, D.T.E. 92T-358 (T.T.).

l'accréditation[187] de sorte que n'importe qui peut formuler cette demande, y compris, évidemment, un salarié[188]. L'article 41 C.t. a même été interprété comme obligeant la juridiction du travail à révoquer l'accréditation de son propre chef, dès lors qu'elle constate la présence d'une situation prévue à cet article[189].

L'accréditation peut être révoquée pour l'un ou l'autre des deux motifs énoncés à l'article 41 C.t. : l'association a cessé d'exister; ou encore, elle ne groupe plus la majorité des salariés de l'unité de négociation pour laquelle elle a été accréditée.

Au regard de la preuve nécessaire au soutien d'une demande de révocation d'accréditation, il s'agira donc, selon les cas, de démontrer ou bien que l'association qui avait été accréditée a purement et simplement cessé d'exister, ou bien qu'elle ne groupe plus la majorité des salariés de l'unité de négociation. Dans le premier cas, la disparition du syndicat peut résulter de sa dissolution formelle ou s'inférer de la cessation de ses activités normales[190]. Dans la deuxième hypothèse, on procédera au calcul des effectifs conformément aux dispositions de l'article 36.1 C.t., au jour du dépôt de la demande de révocation (art. 36.1 d) et 130, al. 2 C.t.)[191]. On retiendra alors, le cas échéant, les réadhésions à l'association complétées le jour du dépôt de la demande, même après le moment où ce dépôt a été effectué[192]. Ni l'article 36.1 ni l'article 41 C.t. n'exigent qu'une demande de révocation soit signifiée par le requérant à l'association de salariés qu'elle vise. Les démissions des salariés doivent, elles, être notifiées au syndicat concerné en temps utile, c'est-à-dire au plus tard au jour du dépôt de la requête en révocation[193]. Les démissions déposées simplement à la C.R.T. avec la demande de révocation, sans être autrement portées à la connaissance

de l'association, ne seront pas prises en considération[194]. La signification à l'association d'une copie certifiée conforme de la requête en révocation et des démissions est par ailleurs suffisante[195].

Quoique le texte de l'article 41 C.t. ne le mentionne pas expressément, la vérification du caractère représentatif d'une association accréditée visée par une demande de révocation peut conduire à la tenue d'un vote au scrutin secret parmi les salariés lorsque les circonstances le justifient, par exemple, pour vérifier la qualité des démissions des salariés[196].

Le traitement d'une demande de révocation d'accréditation en l'absence de salariés dans l'entreprise à la suite d'une cessation d'activités, définitive ou temporaire, a posé problème. On a d'abord décidé, dans une affaire *Courrier Trans-Québec Inc.*[197], que la fermeture de l'entreprise de l'employeur pouvait donner lieu à révocation de l'accréditation. La jurisprudence s'est ensuite ravisée et a jugé qu'en l'absence de salariés on ne pouvait révoquer l'accréditation parce qu'on ne pouvait conclure à la perte de son caractère majoritaire par l'association accréditée[198]. Dans l'affaire *Entreprises Rolland Bergeron Inc.*[199], le même tribunal spécialisé est allé jusqu'à déclarer purement et simplement irrecevable la requête de l'employeur dans ces circonstances, faute d'intérêt. Ce jugement a été annulé par la Cour d'appel, qui a estimé que le tribunal avait erronément fait défaut d'exercer sa compétence, sans plus[200]. Dans l'exercice de sa compétence, l'instance du travail pouvait donc continuer à rejeter au fond une requête en révocation d'accréditation soumise en l'absence de salariés, pour tout motif rationnel au regard des faits de l'espèce et du droit applicable. Dans l'arrêt *Ivanhoe Inc.*, la Cour suprême a validé la position selon

---

187.   *Entreprises Rolland Bergeron Inc. c. Geoffroy*, précité, note 186.

188.   *Syndicat national des employés du Comité paritaire de l'alimentation au détail – région de Montréal c. Desrosiers*, [1973] T.T. 204.

189.   *Métallurgistes unis d'Amérique c. Syndicat démocratique des salariés Industries Valcartier (C.S.D.)*, D.T.E. 82T-565 (T.T.).

190.   *Corp. Quno, division Baie-Comeau c. Syndicat national des employés en forêt de la Compagnie de papier Québec et Ontario Ltée*, [1994] T.T. 231; *Syndicat des travailleuses et travailleurs de l'alimentation en gros de Québec Inc. c. Épiciers unis Métro-Richelieu Inc. (Division Servit Enr.)*, D.T.E. 93T-1220 (T.T.).

191.   Sur le mode de transmission de la demande à la C.R.T., voir *supra*, titre II, chapitre I, section 2-B-1.e).

192.   Voir *Union des routiers, brasseries, liqueurs douces et ouvriers de diverses industries, local 1999 c. Iacovelli*, D.T.E. 83T-177 (C.A.).

193.   *Ibid.*; *Grondin c. Syndicat des employés professionnels et de bureau, section locale 57 (U.I.E.P.B.-C.T.C.-F.T.Q.)*, D.T.E. 86T-146 (T.T.). Relativement à la signification des démissions, voir *supra*, titre II, chapitre III.

194.   *Union des employés de service, local 298 (F.T.Q.) c. Membres de l'U.E.S., local 298*, [1975] T.T. 47.

195.   *Syndicat des ouvriers unis de l'électricité, radio et de la machinerie d'Amérique, section locale 532 c. Meo*, [1979] T.T. 43.

196.   *Syndicat des travailleurs et travailleuses en communication et en électricité du Canada (C.T.C.-F.T.Q.) c. Gestetner Inc.*, D.T.E. 90T-840 (T.T.); *Bernard c. Métallurgistes unis d'Amérique, section locale 9414*, [2003[R.J.D.T. 1243 (C.R.T.).

197.   *Syndicat des employés de Courrier Trans-Québec (C.S.N.) c. Courrier Trans-Québec Inc.*, [1977] T.T. 94.

198.   *Union canadienne des travailleurs unis des brasseries, farine, céréales, liqueurs douces et distilleries, local 301 c. Coopérative fédérée du Québec*, [1982] T.T. 423; *Syndicat des employés de Zeller's (C.S.N.) c. Zeller's Ltée*, [1982] T.T. 111; *Cartonnerie Standard Ltée, Standard Paper Box Ltd. c. Syndicat de la Boîte de carton de Québec Inc. (C.S.N.)*, [1979] T.T. 78; *Francon Division de Canfarge Limitée c. Syndicat national des employés de Francon (C.S.N.)*, [1979] T.T. 357.

199.   *Entreprises Rolland Bergeron Inc. c. Syndicat du transport d'écoliers des Laurentides (C.S.N.)*, D.T.E. 87T-927 (T.T.).

200.   *Entreprises Rolland Bergeron Inc. c. Geoffroy*, précité, note 186; *Ivanhoe Inc. c. TUAC, section locale 500*, précité, note 85, par. 120.

laquelle pendant la durée d'une concession temporaire d'entreprise, c'est le concessionnaire qui doit présenter une requête en vertu de l'article 41 C.t. et chez qui la vérification du caractère représentatif du syndicat concerné doit s'effectuer[201].

La révocation de l'accréditation annihile les droits du syndicat qui lui résultaient de son statut d'association accréditée, par exemple son droit au précompte syndical en vertu de l'article 47 C.t. La généralité de cet énoncé n'est tempérée que dans la mesure nécessaire pour assurer la continuité d'exécution des droits des salariés. Ainsi, le pouvoir et le devoir de représentation du syndicat pourraient subsister à l'égard des griefs nés antérieurement à la révocation de l'accréditation[202].

---

201.   *Ivanhoe Inc. c. TUAC, section locale 500*, précité, note 85, par. 124 à 127. Voir aussi *Corp. Quno, division Baie-Comeau c. Syndicat national des employés en forêt de la Compagnie de papier Québec et Ontario Ltée*, précité, note 190; *Syndicat des travailleuses et travailleurs de l'alimentation en gros de Québec Inc. c. Épiciers unis Métro-Richelieu Inc. (Division Servit Enr.)*, précité, note 190.
202.   *Jubinville c. Syndicat canadien des officiers de marine marchande (F.I.Q.)*, [1988] T.T. 501. Voir aussi et transposer, quant à la réclamation de droits résiduels : *Tremblay c. Syndicat des employées et employés professionnels-les et de bureau, section locale 57*, précité, note 17, par. 21.

Chapitre V

La négociation collective et l'arbitrage des différends

1- La négociation collective

A- L'avis de négociation

En vertu de l'article 53 du Code du travail, la phase des négociations commence au moment où un avis de négociation est donné suivant l'article 52 C.t. ou est réputé être donné selon l'article 52.2 C.t.

S'il s'agit de la négociation d'une première convention collective entre une association nouvellement accréditée et l'employeur, l'avis de négociation peut être envoyé en tout temps après l'accréditation du syndicat, par l'une ou l'autre des parties (art. 52, al. 1 C.t.)[1]. Cet avis doit être donné par écrit. Il doit être d'au moins huit jours et indiquer la date, l'heure et le lieu où la partie, ou ses représentants, seront prêts à rencontrer l'autre partie ou ses représentants[2]. La partie qui donne un avis de négociation doit le transmettre à son destinataire par télécopieur, messagerie ou courrier recommandé ou certifié, ou le lui faire signifier par un huissier (art. 52.1 C.t.). Ce geste est extrêmement important, puisque la date de réception de l'avis marque le point de départ du délai d'acquisition du droit de grève ou de lock-out, selon l'article 58 C.t.[3]. Si l'association nouvellement accréditée ne donne pas à l'employeur d'avis de négociation suivant l'article 52 C.t., l'avis est réputé avoir été reçu 90 jours après la date d'obtention de l'accréditation (art. 52.2, al. 2 C.t.). Dans le cas d'une accréditation octroyée en vertu de l'article 28 d.1) C.t., ce délai devrait être calculé à compter de la décision de la C.R.T. tranchant le désaccord partiel sur l'unité de négociation.

Lorsqu'il s'agit plutôt de renouveler une convention collective qui vient à échéance entre l'association accréditée signataire et l'employeur, l'avis de négociation peut être donné par l'une ou l'autre des parties dans les 90 jours qui précèdent l'expiration de cette convention, à moins qu'un autre délai y soit prévu; la même règle prévaut à l'occasion de l'échéance d'une sentence arbitrale de différend qui tient lieu de convention collective entre les parties (art. 52, al. 2 C.t.). L'avis est alors donné selon les mêmes modalités que celles déjà décrites à l'égard de la négociation d'une première convention collective (art. 52.1 C.t.). La transmission d'un avis de négociation plus de 90 jours avant l'expiration de la convention collective, si cette dernière le permet, ne peut cependant avoir pour effet de permettre d'acquérir le droit de grève ou de lock-out, par le seul écoulement du délai de l'article 58 C.t., avant l'échéance de la convention. L'article 107 C.t., qui interdit la grève et le lock-out pendant la durée d'une convention collective, aura alors pour effet de retarder l'acquisition du droit de grève et de lock-out jusqu'après l'expiration de la convention. La Cour d'appel a jugé qu'il fallait rattacher la même conséquence à un avis de négociation prématuré au regard de l'article 52 C.t. mais auquel les parties ont donné suite en entamant la négociation[4]. Si aucun avis de négociation du renouvellement de la convention n'est donné par une partie à l'autre selon la loi, cet avis est alors réputé avoir été donné le jour de l'expiration de la convention collective ou de la sentence arbitrale qui

---

1. *Beaulieu c. Produits hydrauliques de Varennes Inc.*, [1987] T.T. 245. Par exception, lorsqu'une accréditation est octroyée par un agent de relations du travail selon l'article 28 d.1) C.t., alors que subsiste un désaccord partiel sur la description de l'unité de négociation, le syndicat ne pourra donner un avis de négociation à l'employeur avant la décision finale de la C.R.T. sur la description de l'unité de négociation : voir *supra*, titre II, chapitre III, section 4-A.
2. Relativement au calcul de la durée de cet avis préalable et en particulier à l'inapplicabilité de l'article 151.4 C.t., voir par analogie *Ville de St-Hubert c. Syndicat canadien de la fonction publique, section locale 330*, [1983] T.T. 432.
3. Voir *infra*, titre II, chapitre VI.
4. *Syndicat des travailleuses et travailleurs du Hilton Québec (C.S.N.) c. Union des municipalités régionales de comté et des municipalités locales du Québec Inc.*, [1992] R.J.Q. 1190, EYB 1992-63962 (C.A.). Un tel avis ne peut toutefois légalement contraindre l'autre partie à entreprendre la négociation.

en tient lieu (art. 52.2, al. 1 C.t.)[5]. En cas de doute sur la date d'expiration de la convention collective, lorsque cette date ne s'y trouve pas clairement indiquée, tout intéressé peut s'adresser à la Commission des relations du travail (ci-après : « C.R.T. ») en vue de la faire déterminer (art. 52.2, al. 3 C.t.).

La substitution, à la fin d'une convention collective, d'une nouvelle association accréditée à celle qui était signataire de la convention qui se termine mérite une attention particulière. La nouvelle association accréditée sera normalement appelée à négocier le renouvellement de la convention collective conclue par l'association qu'elle déplace. L'article 61 C.t. prévoit même qu'elle est subrogée de plein droit dans tous les droits et obligations qui résultent de la convention conclue par l'autre association, si cette convention est encore en vigueur au moment de son accréditation. Relativement au déclenchement du processus de négociation, on peut donc se demander si la situation doit alors être traitée comme une renégociation d'une convention collective ou comme une négociation d'une première convention. C'est cette dernière solution, en pratique, que le Code du travail impose. En effet, le texte de l'article 52.2, al. 2 C.t. oblige à conclure que toute association de salariés nouvellement accréditée doit entamer le processus de négociation comme une négociation d'une première convention collective, à partir du point zéro, puisqu'il prévoit qu'à défaut par telle association d'avoir donné un avis de négociation, ce dernier sera réputé avoir été reçu 90 jours après la date d'obtention de l'accréditation[6]. On peut aussi noter que l'article 61 C.t. se limite à subroger l'association nouvellement accréditée dans les droits et obligations qui résultent d'une convention collective conclue par l'autre association, sans mention des droits et des obligations rattachés à un processus de négociation déjà engagé. Il s'ensuit que l'association nouvellement accréditée à la place d'une autre ne peut se prétendre substituée à celle-ci dans le processus de négociation du renouvellement de la convention collective, que ce processus ait été ou non entamé par l'association déplacée[7].

Enfin, un seul avis de négociation, qui répond aux conditions de validité prévues au Code du travail, suffit à engager le processus de négociation et à obliger l'autre partie à négocier. Les diverses rencontres de négociation demandées par l'une ou l'autre des parties après le début de la négociation ne sont pas sujettes à l'envoi de nouveaux avis de négociation qui devraient répondre aux conditions de l'avis initial[8].

B- L'obligation de négocier

1. Le contenu

Selon l'article 53 C.t., après qu'un avis de négociation a été reçu ou est réputé avoir été reçu, les négociations doivent commencer et se poursuivre avec diligence et bonne foi. Il s'agit là de l'énoncé de l'obligation faite aux parties de négocier.

L'obligation de négocier a été largement discutée par les auteurs et la jurisprudence. De façon générale, on s'entend pour affirmer qu'elle a essentiellement pour objet d'obliger les parties à rechercher ensemble la conclusion d'une convention collective. Il ne s'ensuit pas que l'une ou l'autre des parties soit obligée de céder quelque point que ce soit. L'obligation de négocier n'implique pas, en effet, celle de s'entendre[9]. Une partie sera cependant en faute si elle cherche à éviter la conclusion d'une convention collective. Cette intention se traduira soit par un refus pur et simple de négocier, soit par une absence de diligence à le faire, que l'on pourra percevoir dans des manœuvres à caractère dilatoire, soit encore par une attitude de mauvaise foi dans la négociation elle-même[10].

Le refus clair et net de négocier est relativement rare. C'est plutôt dans le défaut de se présenter aux négociations, dans la formulation de conditions préalables injustifiées, ou par diverses manœuvres pour retarder les rencontres qu'on pourra reconnaître le refus de négocier

---

5.   *Syndicat des travailleuses et travailleurs du Hilton Québec (C.S.N.) c. Union des municipalités régionales de comté et des municipalités locales du Québec Inc.*, précité, note 4; *Syndicat national catholique des employés des institutions religieuses de St-Hyacinthe Inc. c. Laliberté et Associés Inc.*, D.T.E. 96T-1316 (T.T.).

6.   Par concordance avec l'article 52 C.t., qui permet également à l'employeur de donner l'avis de négociation, l'article 52.2 C.t. devrait prévoir que l'avis est réputé avoir été reçu, au moment indiqué, lorsque ni l'association de salariés ni l'employeur ne l'ont eux-mêmes donné. Cette omission est toutefois sans conséquence, puisque subsiste la règle primaire de validité d'un avis de négociation donné par l'employeur, selon l'article 52 C.t. : *Beaulieu c. Produits hydrauliques de Varennes Inc.*, précité, note 1, p. 247.

7.   *Beaulieu c. Produits hydrauliques de Varennes Inc.*, précité, note 1; *Canadelle Inc. c. Conseil conjoint québécois de l'Union internationale des ouvriers et ouvrières du vêtement pour dames*, [1988] T.T. 178; *Association des salariés de la Corporation pharmaceutique professionnelle c. Corporation pharmaceutique professionnelle*, [1983] T.T. 434 – poursuite pénale; *contra* : un jugement de la Cour supérieure sur une requête en injonction interlocutoire dans le même contexte : *Association des employés de la Corporation pharmaceutique professionnelle c. Corporation pharmaceutique professionnelle*, [1984] C.S. 126.

8.   *North Island Laurentian Teachers' Union c. Commission scolaire Laurenval*, [1981] T.T. 237, 243.

9.   *Services d'assurances Les Coopérants Inc. c. Syndicat des employés de coopératives d'assurance-vie (C.S.N.)*, D.T.E. 85T-487 (C.S.).

10. Voir, par analogie et de façon générale, *Royal Oak Mines Inc. c. Canada (Conseil des relations du travail)*, [1996] 1 R.C.S. 369, EYB 1996-67305; *Syndicat canadien de la Fonction publique c. Conseil des relations du travail (Nouvelle-Écosse)*, [1983] 2 R.C.S. 311.

ou le manque de diligence à le faire[11]. La qualification de la conduite de la partie en cause répond ici à une norme subjective qui doit tenir compte de toutes les circonstances de l'espèce[12].

L'absence de bonne foi dans la négociation sera révélée par l'ensemble des gestes et des attitudes d'une partie, en les évaluant objectivement. Pourront d'abord être mis en cause divers comportements incompatibles avec les principes fondamentaux ou avec des règles expresses des régimes de rapports collectifs du travail, comme une tentative de négocier directement avec les salariés ou avec un autre interlocuteur que le syndicat accrédité, un recours prématuré au lock-out, une modification unilatérale des conditions de travail des salariés en contravention des dispositions de l'article 59 C.t., ou encore l'imposition ou la tentative d'imposition de mesures punitives à l'endroit de salariés qui ont participé à une action syndicale légitime[13]. L'obligation de négocier de bonne foi rejoint aussi le contenu lui-même de la négociation et des positions des parties. Le refus de considérer les demandes[14] ou de formuler des contre-propositions[15] ou la formulation de propositions objectivement déraisonnables au regard des normes et des pratiques usuelles chez l'ensemble des employeurs ou dans le secteur d'activités concerné[16], peuvent ainsi trahir une attitude de mauvaise foi. Refuser de formaliser dans un écrit une entente clairement intervenue sur le contenu de la convention collective constitue également un manquement à l'obligation de négocier de bonne foi[17]. Des comportements constitutifs d'un défaut de négocier avec diligence et bonne foi pourront aussi être considérés comme une entrave pure et simple à l'activité du syndicat accrédité, contrairement aux dispositions de l'article 12 C.t.[18].

2. La durée

La finalité de l'obligation de négocier étant la conclusion d'une convention collective, il s'ensuit que cette obligation ne s'éteindra que lorsque cet objectif aura été atteint par les parties, ou encore lorsqu'on aura eu recours au substitut à la négociation que représente la soumission du différend à l'arbitrage. L'acquisition du droit de grève et de lock-out ne mettra donc pas fin à l'obligation des parties de négocier de bonne foi, particulièrement si elles ont renoncé à l'exercice immédiat de leur droit de grève. La grève, le lock-out et l'intervention d'un conciliateur étant des moyens de parvenir à une entente, la subsistance de cet objectif justifierait l'obligation de continuer à négocier de bonne foi, sous réserve d'apprécier cette obligation en tenant compte du contexte et des circonstances ponctuelles[19]. Même la cessation des activités de l'entreprise (et donc l'absence de salariés) ne mettra pas fin, théoriquement du moins, au devoir de négocier[20].

11. Exemples : *Association patronale des concessionnaires d'automobiles Inc. c. Syndicat national des employés de garage du Québec Inc. (C.S.D.)*, D.T.E. 2003T-597 (C.R.T.) – exigence du retrait d'un représentant d'une partie comme condition d'une rencontre; *Syndicat national des travailleuses et travailleurs des pâtes et cartons de Jonquière Inc. (usine pâte) (CSN) c. Cascades Fjordcell, division de Cascades Canada Inc.*, D.T.E. 2005T-351 (C.R.T.) – condition préalable qu'une requête alléguant un défaut de négocier de bonne foi ait été tranchée; *Nexans Canada Inc. et Syndicat des métallos, section locale 6687*, 2006 QCCRT 05045, D.T.E. 2006T-1046 (C.R.T.) – refus de se présenter à une séance de conciliation.

12. Voir les motifs du juge Cory dans *Royal Oak Mines Inc. c. Canada (Conseil des relations du travail)*, précité, note 10, constatant l'illégitimité de la conduite de l'employeur qui avait refusé de négocier avec le syndicat accrédité tant qu'il n'aurait pas été disposé d'une demande d'accréditation d'une association rivale. *North Island Laurentian Teachers' Union c. Commission scolaire Laurenval*, précité, note 8; *Projectionnistes de vues animées de Montréal de l'Alliance internationale des employés de théâtre et des opérateurs de machines à vues animées, local 262 c. France Film*, [1984] T.T. 374 – défaut de donner suite à un avis de négociation et demande de délai pour entamer la négociation interprétés comme constituant un manque de diligence.

13. Quant à la négociation directe avec les salariés, voir *Nunez c. Lloyd's Electronics Limitée*, [1978] T.T. 193, 206; *Syndicat canadien de la fonction publique, section locale 4290 c. Ste-Béatrix (Municipalité de)*, D.T.E. 2004T-1080 (C.R.T.); *Syndicat national des travailleuses et travailleurs des pâtes et cartons de Jonquière Inc. (usine pâte) (CSN) c. Cascades Fjordcell, division de Cascades Canada Inc.*, précité, note 11; voir aussi *infra*, note 18. Sur la négociation avec une autre association que le syndicat accrédité, voir *Vitriers-travailleurs du verre, local 1135 c. J.B. Charron (1975) Ltée*, [1990] T.T. 549. Sur la modification des conditions de travail : *Projectionnistes de vues animées de Montréal de l'Alliance internationale des employés de théâtre et des opérateurs de machines à vues animées, local 262 c. France Film*, précité, note 12 – implantation d'un changement technologique, après une demande d'ajournement de la négociation par l'employeur, pour mettre le syndicat devant le fait accompli. Sur la tentative de l'employeur d'imposer une période probatoire à des employés ayant participé à une grève légale, voir l'opinion du juge Cory dans *Royal Oak Mines Inc. c. Canada (Conseil des relations du travail)*, précité, note 10.

14. *Nexans Canada Inc. et Syndicat des métallos, section locale 6687*, précité, note 11.

15. *Syndicat canadien de la Fonction publique c. Conseil des relations du travail (Nouvelle-Écosse)*, précité, note 10.

16. Voir, à ce sujet, l'opinion du juge Cory dans *Royal Oak Mines Inc. c. Canada (Conseil des relations du travail)*, précité, note 10.

17. *Syndicat canadien des communications, de l'énergie et du papier, section locale 145 (S.C.E.P.) c. Scabrini Média Inc.*, D.T.E. 2003T-235 (C.R.T.).

18. Exemples : *Syndicat des travailleuses et travailleurs du Pavillon St-Joseph c. Pavillon St-Joseph, Infirmerie des Sœurs de Ste-Croix*, [1996] T.T. 593 – intervention de l'employeur auprès de salariés pour faire renverser un vote rejetant ses offres; *Fleury c. Épiciers unis Métro-Richelieu Inc.*, D.T.E. 96T-1140 (T.T.) – lettre de l'employeur envoyée au domicile des salariés.

19. *Association patronale des concessionnaires d'automobiles Inc. c. Syndicat national des employés de garage du Québec Inc. (C.S.D.)*, précité, note 11, par. 42; *Travailleurs unis de l'alimentation et du commerce, local 501 c. Steinberg Inc.*, D.T.E. 89T-617 (T.T.); *North Island Laurentian Teachers' Union c. Commission scolaire Laurenval*, précité, note 8. *Contra* : concluant à l'extinction de l'obligation de négocier lors de l'acquisition du droit de grève et de lock-out: *Lloyd's Electronics Limitée c. Nunez*, C.S. Montréal n° 500-36-000154-784, 25 janvier 1979, infirmant pour ce motif *Nunez c. Lloyd's Electronics Limitée*, précité, note 13.

20. Voir, par analogie, *Pièces d'automobile Cougar du Canada Ltée c. Dufresne*, D.T.E. 84T-545 (C.S.).

Éteinte par la conclusion d'une convention collective ou par la soumission du différend à l'arbitrage, l'obligation de négocier peut renaître avec toutes ses implications si une clause de la convention collective ou de la sentence arbitrale en permet la réouverture pendant sa durée (art. 107 C.t.)[21].

3. *Les sanctions*

a) *La sanction pénale*

Jusqu'à la récente réforme du Code du travail, l'obligation de négocier trouvait sa sanction usuelle, sinon exclusive, dans une poursuite pénale en vertu du code. À cet égard, la jurisprudence s'est révélée hésitante tant sur le plan procédural que sur les exigences de preuve. L'origine du mal se trouve dans les textes législatifs eux-mêmes, sous un double chef. D'une part, l'énoncé même de l'obligation de négocier, à l'article 53, al. 2 C.t. paraît maladroit. En affirmant que les négociations doivent « commencer » et « se poursuivre » et en introduisant par la suite les notions de « diligence » et de « bonne foi », le texte porte à croire que chacun de ces termes sert à identifier des infractions distinctes. D'autre part, ce sont deux dispositions différentes du Code du travail, les articles 141 et 144, qui créent les infractions qui se rattachent à la violation de l'obligation de négocier. L'article 144 C.t. vise l'infraction commise par le syndicat alors que l'article 141 C.t., qui impose des peines plus lourdes, s'adresse à l'employeur. Pour ajouter un peu de confusion, ce dernier article crée une infraction supplémentaire pour l'employeur, s'il fait défaut de reconnaître comme représentants des salariés à son emploi les représentants d'une association accréditée; il n'en faut pas plus pour que se soulève la difficulté d'identifier l'infraction commise par un employeur qui refuse d'entamer la négociation avec une association accréditée parce que cette dernière est représentée par une personne dont il n'agrée pas la présence en négociation[22].

Sur le plan procédural, la difficulté, sinon le défi, est d'opter pour la plainte qui sera jugée appropriée à la situation.

Dans l'affaire *Coopérative Dorchester*[23], on a décidé qu'en présence d'un refus de l'employeur de rencontrer le syndicat pour entamer les négociations, que ce soit ouvertement, par le défaut de se présenter, ou par le recours à des subterfuges, il fallait porter une plainte de défaut de reconnaître plutôt qu'une plainte de refus de négocier de bonne foi. Selon le jugement, le refus de négocier de bonne foi exigeait nécessairement une rencontre des parties à une table de négociation[24]. La Cour supérieure a renversé la situation, dans l'affaire *Martineau*[25]. Elle a cassé la plainte qui reprochait à l'employeur d'avoir fait défaut de reconnaître le syndicat accrédité en refusant d'entamer avec lui la négociation. Selon le jugement, la plainte appropriée aurait été celle de défaut de négocier de bonne foi, non celle de refus de reconnaître le syndicat.

Par la suite, deux jugements ont adopté des voies différentes. Dans le jugement *Desrochers c. Forum de Montréal*[26], il a été décidé que l'infraction générale de défaut de négocier de bonne foi se décomposait en plusieurs infractions distinctes se rattachant elles-mêmes soit à l'article 141 C.t., soit à l'article 144 C.t. Les infractions seraient celles de défaut de reconnaître, de défaut de commencer la négociation, de défaut de la poursuivre avec diligence et de défaut de négocier de bonne foi. L'article 141 C.t. créerait les infractions de défaut de reconnaître et de défaut de négocier de bonne foi de la part de l'employeur. Les autres infractions, qu'elles soient commises par l'employeur ou par le syndicat, seraient issues de l'article 144 C.t. Par ailleurs, un jugement ultérieur apporte une certaine simplification de la situation. Dans l'affaire *Commission scolaire Laurenval*[27], on arrive en effet à la conclusion que la loi ne crée qu'une seule obligation globale, celle de négocier, dont la diligence et la bonne foi sont des éléments constitutifs. L'unique infraction serait donc celle de défaut de négocier. Le refus d'entamer la négociation ou de la poursuivre, le manque

21. *Services d'assurances Les Coopérants Inc. c. Syndicat des employés de coopératives d'assurance-vie (C.S.N.)*, précité, note 9.
22. Un jugement de première instance a vu dans cette attitude de l'employeur un défaut de reconnaître les représentants d'un syndicat accrédité comme représentants des salariés à son emploi, au sens de l'article 141 C.t. : *Charbonneau c. Shell Canada Ltée*, [1980] T.T. 327. Cette décision a été renversée en appel par la Cour supérieure, dont le jugement a été maintenu par un arrêt majoritaire de la Cour d'appel, pour le motif que la conduite de l'employeur n'impliquait pas nécessairement un refus de reconnaître cette personne déléguée par l'association accréditée comme représentant des salariés à son emploi, mais plutôt un refus de négocier même s'il pouvait reconnaître le statut du représentant syndical : *Charbonneau c. Shell Canada Ltée*, [1982] C.A. 413 (dans le dossier n° 500-10-000336-808, confirmant, sur cette question, *Shell Canada Ltée c. Charbonneau*, C.S. Montréal, n° 500-36-000110-802, 8 juillet 1981).
23. *Syndicat des employés de l'alimentation et du commerce de St-Anselme c. Coopérative Dorchester*, [1969] R.D.T. 292 (C.S.P.).
24. Cette opinion a été suivie dans un certain nombre de jugements dont : *Burke c. Gasoline Stations Limited*, [1973] T.T. 13; *Lépine c. Tremblay*, [1973] T.T. 404; *Lépine c. Tremblay*, [1973] T.T. 408.
25. *Commission scolaire régionale des Vieilles-Forges c. Martineau*, C.S. Trois-Rivières, division criminelle d'appel, n° 400-27-2026-75, 3 février 1976, infirmant *Martineau c. Commission scolaire régionale des Vieilles-Forges*, [1975] T.T. 337.
26. T.T. Montréal, n° 500-28-000446-799, 12 novembre 1980.
27. *North Island Teachers' Union c. Commission scolaire Laurenval*, précité, note 8.

de diligence et l'absence de bonne foi ne seraient que des façons différentes de la commettre. Cette interprétation harmonise l'intention véritable du législateur et les textes par lesquels il a cherché à l'exprimer. L'article 141 C.t. crée une infraction continue de jour en jour, tant que dure l'infraction de défaut de négocier de bonne foi. Toutefois, si une partie a fait preuve de mauvaise foi de plusieurs manières au cours d'une même journée, il n'y a lieu qu'à une seule infraction[28].

Reste la question de la preuve requise du poursuivant. Ce dernier est-il tenu de prouver l'intention coupable de l'intimé? La réponse par l'affirmative ne paraît pas contestable lorsque la plainte se rapporte à une absence de bonne foi ou même de diligence dans le déroulement de la négociation. Cette preuve de la mauvaise foi ou de l'intention dilatoire reposera en définitive sur l'appréciation des attitudes et des comportements extérieurs de la partie intimée[29]. La jurisprudence étend même cette obligation au défaut pur et simple d'entamer la négociation[30].

Les tribulations qui ont marqué le traitement des plaintes pénales dites de défaut de négocier expliquent probablement que l'on y préfère, dans les cas qui le permettent, des plaintes dites d'entrave fondées sur l'article 12 C.t.[31].

b) La sanction civile

Une nouvelle voie de recours, de nature civile cette fois, se présente désormais à la partie qui se croit victime d'un défaut de négocier comme le code l'exige. Le recours s'exerce auprès de la C.R.T., sur la base de la compétence générale qui lui est dévolue pour l'application du code (art. 114 C.t.). Dans l'exercice de cette compétence particulière, la C.R.T. peut faire appel à ses pouvoirs généraux d'ordonnance, selon les articles 118 et 119 C.t., pour répondre à la situation de la façon qu'elle juge la plus appropriée. Elle peut ainsi enjoindre à l'employeur de cesser de communiquer avec ses employés autrement que par leur syndicat accrédité[32], ordonner de surseoir aux effets d'une accréditation ou de cesser provisoirement de négocier en vue de conclure une convention collective[33]. S'inspirant des précédents d'autres organismes du travail au Canada qui disposent de pouvoirs semblables, elle pourra aussi, notamment, ordonner à la partie fautive de formaliser, en la signant, une convention collective déjà agréée[34], de retirer des demandes jugées déraisonnables par leur nombre et leur tardiveté[35], voire même de soumettre des propositions précises[36]. Elle pourrait aussi, face à une impasse dont la responsabilité serait imputable aux deux parties et pour éviter de se substituer à ces dernières, fixer des délais d'échange de nouvelles propositions et prévoir la soumission du différend à l'arbitrage obligatoire dans l'éventualité où l'impasse subsisterait à l'échéance des délais ainsi fixés[37].

C- Le déroulement

Il n'existe pas de règles régissant le déroulement de la négociation entre les parties[38]. Certaines pratiques sont par contre largement répandues.

C'est le plus souvent la partie syndicale qui soumet son projet de convention collective, à partir duquel s'entamera la négociation. Parfois, on soumettra un projet complet incluant les dispositions salariales, alors que dans d'autres cas on les soumettra progressivement, sujet par sujet. Il demeure plutôt rare que la négociation s'engage sur la base d'un projet patronal, la pratique la plus fréquente voulant plutôt que l'employeur réponde aux demandes syndicales par des contre-propositions sur des clauses particulières, ou même sur des sujets ou des chapitres complets. Néanmoins, l'expérience récente révèle

---

28. *Syndicat international des ouvriers de l'aluminium, de la brique et du verre, section locale 218 c. Briqueterie St-Laurent, une division de Briques Jannock Ltée*, [1992] T.T. 647.

29. Exemples : *Nunez c. Lloyd's Electronics Limitée*, précité, note 13; *Projectionnistes de vues animées de Montréal de l'Alliance internationale des employés de théâtre et des opérateurs de machines à vues animées, local 262 c. France Film*, précité, note 12.

30. *Martineau c. Association diocésaine des Commissions scolaires du diocèse de Trois-Rivières*, T.T. 76-1210, 4 juin 1976. Voir aussi *North Island Laurentian Teachers' Union c. Commission scolaire Laurenval*, précité, note 8, p. 15 et 18.

31. Voir *supra*, note 13.

32. *Syndicat canadien de la fonction publique, section locale 4290 c. Ste-Béatrix (Municipalité de)*, précité, note 13.

33. *Alliance québécoise des techniciens de l'image et du son (AQTIS) et Alliance internationale des employés de scène, de théâtre, techniciens de l'image, artistes et métiers connexes des États-Unis, ses territoires et du Canada, section locale 667 (AIEST) (FAT-COI-CTC-FTQ)*, 2006 QCCRT 0464, D.T.E. 2006T-979 (C.R.T.)

34. *Syndicat canadien des communications, de l'énergie et du papier, section locale 145 (S.C.E.P.) c. Scabrini Média Inc*., précité, note 17, voir aussi *F.G.T. 2000 Inc.*, [2000] CCRI n° 87; *Vêtements Avanti, division Tricot Richelieu Inc. c. Syndicat des salariées et salariés de Vêtements Avanti (CSN)*, 2004 QCCRT 0657, par. 28-35.

35. Voir *Association des employeurs maritimes*, [1999] CCRI n° 26.

36. Voir et comparer : *Royal Oak Mines Inc. c. Canada (Conseil des relations du travail)*, précité, note 10; *Syndicat canadien de la Fonction publique c. Conseil des relations du travail (Nouvelle-Écosse)*, précité, note 10.

37. *Royal Oak Mines Inc. c. Canada (Conseil des relations du travail)*, précité, note 10.

38. Il en va toutefois autrement dans les secteurs public et parapublic, selon les dispositions du chapitre VI du Code du travail et de la *Loi sur le régime de négociation des conventions collectives dans les secteurs public et parapublic*, L.R.Q., c. R-8.2.

l'émergence d'une attitude plus agressive de la part des employeurs à l'occasion du renouvellement des conventions collectives. Il n'est plus rare que l'entreprise se présente elle aussi à la table de négociation avec des revendications. Les demandes ne sont plus l'apanage de la partie syndicale.

On négocie habituellement en premier les clauses dites normatives, sans incidence pécuniaire, réservant pour la phase finale de la négociation le traitement des questions salariales. On cherchera, en effet, à entamer la négociation sur des questions moins susceptibles de s'avérer litigieuses, comme la reconnaissance des droits syndicaux, le calcul de l'ancienneté ou la procédure de règlement des griefs.

Selon une pratique très répandue, les parties constatent leurs accords, en cours de négociation, en paraphant les clauses sur lesquelles elles se sont entendues, c'est-à-dire en apposant leurs initiales en marge des textes visés. Parapher une clause emporte un engagement moral et pratique envers l'autre partie. Légalement, toutefois, rien n'empêche de revenir sur un texte paraphé, au prix, peut-être, d'une concession sur une question en suspens[39]. Seule la signature de l'entente complète devant constituer la convention collective mettra un terme au processus de négociation et donnera force légale aux dispositions paraphées.

La négociation fait largement appel à la psychologie et à l'habileté. D'un point de vue juridique, elle requiert une capacité du négociateur à mesurer les conséquences pratiques des textes auxquels il souscrit. La négociation suppose également des concessions. Quelle que soit la partie qu'on représente, il est donc nécessaire d'établir les objectifs prioritaires de la négociation. Cette détermination des priorités, pour l'employeur et le syndicat, exige des négociateurs une bonne connaissance de l'entreprise et du milieu de travail. À titre d'exemple, on comprendra facilement que l'obligation pour l'employeur de donner un préavis de mise à pied d'une semaine au salarié n'aura pas les mêmes conséquences dans une entreprise où le besoin en main-d'œuvre est relativement stable, comme une compagnie d'assurances, et dans une entreprise dont les activités sont directement reliées à un facteur variable et imprévisible, comme les conditions météorologiques[40].

D- La conciliation

La conciliation n'est pas une condition à l'acquisition du droit de grève et de lock-out. Elle demeure cependant une étape nécessaire à l'imposition de l'arbitrage de différend, en vertu des articles 93.1 et suivants C.t., comme solution à la négociation d'une première convention collective.

À tout stade des négociations, l'une ou l'autre des parties peut demander au ministre du Travail de désigner un conciliateur pour les aider à parvenir à une entente. Le ministre doit alors désigner un conciliateur. En outre, le ministre peut, à tout moment des négociations, désigner d'office un conciliateur (art. 54 C.t.). La conciliation est demandée par l'envoi d'une demande écrite au ministre du Travail. Des formulaires à cette fin sont disponibles au ministère du Travail. On doit y donner un certain nombre de renseignements comme la description de l'unité de négociation, le nombre de salariés concernés par la négociation, les dates des rencontres antérieures entre les parties, etc.

En vertu de l'article 56 C.t., les parties sont obligées d'assister à toutes les réunions auxquelles le conciliateur les convoque. Selon la jurisprudence, la teneur de l'obligation créée par l'article 56 C.t. se limite à la présence physique à la rencontre[41]. L'absence pure et simple d'une partie convoquée à une séance de conciliation la rendra susceptible d'une condamnation pénale[42]. En outre, l'obligation de négocier avec diligence et bonne foi subsiste elle-même, comme nous l'avons vu, malgré l'intervention du conciliateur[43].

Le ministre du Travail peut également, en vertu de ses pouvoirs généraux, désigner un médiateur dans des

---

39. Le refus de consigner des ententes déjà conclues ou de les formaliser par la signature d'une convention collective pourra néanmoins révéler, selon les circonstances, une absence de bonne foi : voir *Syndicat canadien des communications, de l'énergie et du papier, section locale 145 (S.C.E.P.) c. Scabrini Média Inc.*, précité, note 17; *Lavoie c. Planchers Beauceville Inc.*, [1973] T.T. 376.
40. On peut obtenir des informations précises sur le contenu habituel des conventions collectives dans un secteur d'activité donné en faisant appel à l'une ou l'autre des deux banques de conventions collectives, celle du Centre de relations industrielles de l'Université McGill ou celle du Service d'analyse de conventions collectives du département des relations industrielles de l'Université Laval.
41. *Burke c. Gasoline Stations Limited*, [1972] T.T. 382.
42. *Id.*, p. 384.
43. *Brossard Honda c. Syndicat international des métiers, section locale 2817 (Québec)*, D.T.E. 2005T-638 (C.R.T.); *Association patronale des concessionnaires d'automobiles Inc. c. Syndicat national des employés de garage du Québec Inc. (C.S.D.)*, précité, note 11, par. 42; *Burke c. Gasoline Stations Limited*, précité, note 24, p. 28.

dossiers délicats de négociation qui justifient ce mode d'intervention[44]. Le médiateur évaluera alors l'état du différend entre les parties et leur proposera généralement des moyens de règlement. Il ne dispose toutefois d'aucun pouvoir de contrainte, son intervention ne pouvant conduire, sur un strict plan juridique, qu'à la production d'un rapport au ministre. La *Loi sur le ministère du Travail* assure la confidentialité des relations entretenues par les parties avec un conciliateur ou un médiateur, ces derniers ne pouvant être contraints de divulguer ce qui leur a été révélé ou ce dont ils ont eu connaissance dans l'exercice de leurs fonctions ni de produire un document fait ou obtenu dans cet exercice devant un tribunal ou un arbitre ou devant un organisme ou une personne exerçant des fonctions judiciaires ou quasi judiciaires[45].

E- La suspension

L'article 42 C.t. autorise la C.R.T. à suspendre les négociations et les délais qui s'y rapportent lorsque survient une requête en accréditation, une requête en révision ou en révocation d'accréditation, en vertu des articles 49, 127 et 128 ou 41 C.t., ou une requête qui porte sur une question relative à une transmission d'entreprise selon l'article 45 C.t. De la même manière, le renouvellement d'une convention collective peut lui-même être empêché jusqu'au règlement de la remise en question de l'accréditation. La décision de la C.R.T. relève de son pouvoir discrétionnaire. Elle tient compte du poids des inconvénients pour les intervenants en présence et du fait qu'un contexte d'incertitude quant à l'accréditation n'est pas propice à la négociation[46]. Dans tous les cas où une ordonnance suspend les négociations ou empêche le renouvellement d'une convention collective, les conditions de travail se trouvent gelées, comme elles le seraient par l'application de l'article 59 C.t., et l'article 60 C.t. s'applique également, jusqu'à la décision de la C.R.T. relativement à la cause ayant justifié la suspension des négociations (art. 42, al. 2 C.t.).

F- Le maintien des conditions de travail

Le dépôt d'une requête en accréditation emporte automatiquement, dans tous les cas, un gel complet des conditions de travail, en vertu de l'article 59 C.t. L'employeur doit continuer d'appliquer les conditions de travail qui existent à ce moment, que ces dernières résultent d'ententes individuelles, de politiques de l'entreprise ou d'une convention collective alors en vigueur. L'article 59, al. 2 C.t. décrète un gel semblable des conditions de travail à compter de l'expiration de toute convention collective, même en l'absence de dépôt d'une requête en accréditation par une association rivale de l'association signataire de la convention collective en vigueur[47].

Le cas échéant, les conditions de travail sont ainsi maintenues tant que le droit au lock-out ou à la grève n'est pas légalement exercé par son titulaire[48]. Lorsque l'association de salariés ne dispose pas, selon la loi, du droit de grève et l'employeur du droit au lock-out, le maintien des conditions de travail vaut jusqu'à la conclusion d'une convention collective ou jusqu'à ce qu'une sentence arbitrale en tienne lieu[49]. Au-delà du terme fixé par l'article 59 C.t. à l'obligation de maintien des conditions de travail, une convention collective peut elle-même prévoir que les conditions de travail qu'elle contient continueront de s'appliquer jusqu'à la signature de la nouvelle convention (art. 59, al. 3 C.t.)[50]. Autrement, rien ne fera plus obstacle à une modification des conditions de travail par l'employeur, sous réserve de son obligation de négocier de bonne foi[51].

Lorsqu'il y a une requête en accréditation, les conditions de travail ne peuvent être modifiées qu'avec le consentement écrit de chaque association requérante et celui de l'association déjà accréditée. En l'absence de requête en accréditation, à l'expiration d'une convention collective, les conditions de travail maintenues par application des deux derniers alinéas de l'article 59 C.t. pourront être changées avec le consentement écrit de l'association accréditée.

---

44. *Loi sur le ministère du Travail*, L.R.Q., c. M-32.2, art. 13 (1).
45. *Id.*, art. 15. Sur l'affirmation de la conformité d'une telle disposition avec celles des Chartes, voir *Société de transport de la Rive-Sud de Montréal c. Frumkin*, [1991] R.J.Q. 757, EYB 1991-75837 (C.S.).
46. *Camoplast Inc., groupe composite récréatif c. Association des employées et employés de Camoplast (Roski)*, [2003] R.J.D.T. 1230 (C.R.T.); *Syndicat des employées et employés du Loews Hôtel Québec (C.S.N.) c. Loews Hôtel Québec Inc.*, D.T.E. 2004T-540 (C.R.T.).
47. On en avait d'ailleurs décidé ainsi avant même que le texte de l'article 59 C.t. le prévoit clairement : *Rouleau c. Lasalle Factories Ltd.*, [1973] T.T. 503.
48. *Syndicat des employés de Daily Freight (C.S.N.) c. Imbeau*, REJB 2003-37339 (C.A.).
49. Voir, par analogie, *Fraternité internationale des ouvriers en électricité, section locale 2365 c. Télébec Ltée*, [1993] T.T. 289.
50. *Section locale 2995 du Syndicat canadien des communications, de l'énergie et du papier c. Spreitzer*, [2002] R.J.Q. 111, REJB 2002-27849 (C.A.), par. 56. Consulter aussi l'arrêt de la Cour suprême dans *Ontario Nurses' Association c. Haldimand-Norfolk Regional Health Unit*, [1983] 2 R.C.S. 6; la cour y analyse les dispositions de la loi ontarienne équivalentes à celles de l'article 59 C.t. Dans ce cas, l'exercice légal du droit de grève ou de lock-out, suspendra néanmoins, pendant sa durée, l'application de la convention collective : *Syndicat des employés de Daily Freight (C.S.N.) c. Imbeau*, précité, note 48.
51. Voir à ce sujet, par analogie, dans le contexte de la loi de Colombie-Britannique : *CAIMAW c. Paccar of Canada Ltd.*, [1989] 2 R.C.S. 983, EYB 1989-66992. Sur les conséquences de l'expiration de la période prévue à l'article 59 C.t. après l'échéance d'une convention collective, voir *infra*, chapitre VII, section 3, « La durée ».

Quant à son objet, la prohibition vise tout changement dans les conditions de travail, même celui qui paraîtrait favorable aux salariés, comme une augmentation de salaire, à moins qu'un tel changement ne s'inscrive à l'intérieur d'une politique préexistante de l'employeur[52]. Dans ce cas, l'obligation de maintenir les conditions de travail emportera celle de continuer à suivre la politique préétablie, laquelle constitue en elle-même la condition de travail à être maintenue. Cela ne signifie toutefois pas que l'employeur ne puisse modifier, dans l'exercice de son pouvoir normal de gérance, les modes de contrôle d'application des conditions de travail préexistantes[53] ou de cesser en totalité ou en partie ses activités[54].

Une allégation de contravention à l'article 59 C.t. devrait en somme être soumise à un examen strictement objectif. Première conséquence, l'intention de l'employeur ne présente aucune pertinence[55]. Deuxième conséquence, la détermination relative au changement allégué s'effectue par référence à une condition de travail particulière identifiée et factuellement préexistante[56].

On s'est demandé si l'article 59 C.t. couvrait l'imposition d'une sanction disciplinaire et la rupture du lien d'emploi. La réponse est délicate et exige des distinctions. Si les conditions de travail maintenues par l'article 59 C.t. sont contenues dans une convention collective, cette dernière régissait normalement ces situations. L'application de la convention se trouvant législativement prolongée, la sanction disciplinaire ou la terminaison d'emploi pourra être traitée selon les termes de la convention[57]. Par ailleurs, si les conditions de travail applicables n'ont pas été établies par convention collective, la question posée en fonction des termes de l'article 59 C.t. devient la suivante : l'imposition d'une sanction disciplinaire et la terminaison de l'emploi par l'employeur constituent-elles, en elles-mêmes, une modification des conditions de travail au sens de l'article 59 C.t.? Une réponse négative paraît justifiée, pour plusieurs motifs. En premier lieu, la préoccupation exprimée par le législateur à l'article 59 C.t. a trait aux conditions auxquelles et dans lesquelles les salariés fournissent leur travail à l'employeur, plutôt qu'au maintien de l'emploi lui-même ou à la sanction du respect par les sala-

riés de leurs obligations envers l'employeur. Ensuite, d'autres dispositions du Code du travail déterminent clairement les paramètres des droits respectifs de l'employeur et des salariés en matière de sanctions et de rupture d'emploi, notamment dans le contexte particulier d'une implantation syndicale, et offrent un recours spécifique au salarié qui se croit lésé sur ce plan (art. 15 à 20 C.t.). De plus, si on considérait automatiquement une sanction disciplinaire ou un congédiement comme un changement dans les conditions de travail au sens de l'article 59 C.t., il faudrait logiquement conclure à l'illégalité de la mesure du seul fait qu'elle a été prise par l'employeur, indépendamment de ses motifs. Enfin, si on tient compte du fait que les dispositions de l'article 59 C.t. peuvent être sanctionnées, comme nous le verrons, par un recours à l'arbitrage, on doit arriver à la conclusion qu'en rendant toute sanction disciplinaire ou rupture d'emploi sujette à un tel recours, comme sous l'empire d'une convention collective, l'article 59 C.t. conférerait aux salariés plus de droits en la matière qu'ils n'en avaient auparavant. Il aurait ainsi pour effet de modifier leurs conditions de travail[58].

Les considérations qui précèdent n'excluent pas que l'imposition d'une mesure disciplinaire à un salarié ou son renvoi soient marqués d'une modification des conditions de travail prohibée par l'article 59 C.t. Cette modification peut se rapporter à la procédure suivie ou au motif allégué pour justifier la mesure imposée. L'application de l'article 59 C.t. dépend alors du constat d'une telle modification. Cette dernière doit s'apprécier objectivement et concrètement, ce qui suppose un point de référence. La référence peut d'abord se situer à l'intérieur même de l'entreprise concernée, à partir des règles que l'employeur s'était lui-même données ou en se rapportant à des précédents susceptibles de comparaison. Il est aussi possible de prendre en compte les pratiques usuelles d'autres employeurs. La question devient alors la suivante : un employeur raisonnable et respectueux de la loi, placé dans la même situation, aurait-il pu agir de la même façon? Par exemple, une disproportion manifeste entre la faute commise par le salarié et la sanction qui lui a été imposée justifiera de conclure qu'il a été victime d'une modification illégale de ses

52.   *Dallaire c. Industrielle Compagnie d'assurance sur la vie*, [1978] T.T. 376; *Abbott Laboratories c. Laliberté*, [1975] T.T. 136; *Diorio c. Laboratoire de photo Bellevue Inc.*, [1972] T.T. 369; *Fédération des travailleuses et des travailleurs du papier et de la forêt (CSN) et Société d'exploitation des ressources des Monts inc.*, 2006T-470 (T.A.).
53.   *Campeau c. Longueuil (Ville de)*, [1983] T.T. 212 – changement du régime de contrôle des présences au travail.
54.   *Société du Centre Pierre-Péladeau* et *Alliance internationale des employés de scène et de théâtre, du cinéma, métiers connexes et des artistes des États-Unis et de Canada (IATSE), section locale 56*, D.T.E. 2006T-204 (T.A.).
55.   *Centre de la petite enfance Casse-noisette Inc. c. Syndicat des travailleuses et travailleurs en garderie de Montréal (C.S.N.)*, [2000] R.J.D.T. 1859 (T.A.).
56.   *Ibid.*
57.   Voir *Centre des services sociaux du Montréal-Métropolitain c. Syndicat des employés du C.S.S.M.M.*, [1983] C.A. 147; *Projectionnistes de vues animées de Montréal de l'Alliance internationale des employés de théâtre et des opérateurs de machines à vues animées, local 262 c. France Film*, précité, note 12.
58.   Voir, en ce sens, *Centre des services sociaux du Montréal-Métropolitain c. Syndicat des employés du C.S.S.M.M.*, précité, note 57. À noter, toutefois, que cet arrêt a été rendu sur la base de la législation antérieure à l'introduction de l'arbitrage comme mode de sanction civile de l'article 59 C.t. (art. 100.10 C.t.).

conditions de travail. En substance, l'ensemble de cette approche a reçu l'aval des tribunaux supérieurs et trouve application couramment en arbitrage[59].

Une contravention à l'article 59 C.t. est sujette à une sanction pénale (art. 144 à 146 C.t.). Il y a alors lieu de s'assurer que la plainte allègue tous les éléments essentiels de l'infraction : le dépôt d'une requête en accréditation ou l'expiration d'une convention collective à une date donnée; le fait que ni le droit au lock-out ni le droit à la grève n'a été exercé et qu'aucune sentence arbitrale n'est intervenue; le fait d'une modification à une condition de travail identifiée; l'absence de consentement écrit du ou des syndicats en cause, suivant le cas[60]. Le Code du travail crée un recours de nature civile particulier au soutien des droits protégés par son article 59 (et par l'article 93.5 C.t. qui s'y réfère, au moment de l'arbitrage statutaire d'une première convention collective). Ce recours, c'est celui de l'arbitrage comme s'il s'agissait d'un grief (art. 100.10 C.t.)[61]. Par interprétation, la jurisprudence en a étendu l'application aux situations où, pendant une grève ou un lock-out, les services doivent néanmoins légalement être rendus ou maintenus par des salariés[62]. Ce recours doit être exercé par l'association intéressée, c'est-à-dire celle qui peut se plaindre du fait que les conditions de travail de certains salariés ont été modifiées sans son consentement, qu'elle soit accréditée ou non. Vu le pouvoir de l'arbitre de prononcer lui-même une ordonnance provisoire (art. 100.12 g) C.t.), une demande d'injonction pour valoir jusqu'à ce que l'arbitre dispose de la mésentente ou que n'intervienne dans l'intervalle une sentence arbitrale de différend ne devrait s'envisager qu'en cas d'extrême urgence[63].

Enfin, pendant la période de maintien des conditions de travail visée à l'article 59, al. 1 et 2 C.t., l'article 60 C.t. interdit, en contrepartie, de conseiller à des salariés de ne pas continuer à fournir leurs services à leur employeur aux mêmes conditions.

G- Le vote sur les dernières offres de l'employeur

L'article 58.2 C.t. prévoit, pour dire les choses simplement, que les dernières offres de l'employeur puissent être soumises à un vote au scrutin secret des salariés. Sa lecture permet d'identifier les caractéristiques suivantes de cette mesure :

– le scrutin est tenu sur ordonnance de la C.R.T., à la demande de l'employeur;

– pour faire droit à cette demande, la C.R.T. doit être d'avis que la mesure est de nature à favoriser la négociation ou la conclusion d'une convention collective[64];

– l'ordonnance s'adresse à l'association accréditée, qu'elle enjoint de tenir le scrutin secret à la date ou dans le délai qu'elle lui indique;

– le scrutin a pour objet d'accepter ou de refuser les dernières offres de l'employeur, sur toutes les questions qui font toujours l'objet d'un différend entre les parties;

– le scrutin est tenu sous la surveillance de la C.R.T. et selon les règles qu'elle détermine[65];

– la C.R.T. ne peut ordonner la tenue d'un tel scrutin qu'une seule fois à l'égard de la négociation d'une convention collective;

– seuls peuvent voter les membres de l'association accréditée compris dans l'unité de négociation en cause[66].

Le vote s'inscrit fondamentalement dans le processus de négociation comme un moyen destiné à favoriser la

---

59. *Automobiles Canbec Inc. c. Hamelin*, D.T.E. 99T-56, REJB 1998-09728 (C.A.); *Syndicat des employés de la Commission scolaire du Haut-St-Maurice c. Rondeau*, [1993] R.J.Q. 65, EYB 1992-63861 (C.A.); *Sedac Laboratoires Inc. c. Turcotte*, D.T.E. 98T-1159 (C.S.); *TUAC, section locale 500* et *H. Fontaine Ltée*, D.T.E. 2006T-958 (T.A.).

60. Voir *Campeau c. Ville de Longueuil*, [1983] T.T. 236.

61. *Travelways Ltd. c. Legendre*, D.T.E. 86T-709 (C.S.).

62. *Syndicat canadien de la fonction publique, section locale 301 c. Montréal (Ville de)*, D.T.E. 2000T-659, REJB 2000-18811 (C.A.) – relativement à l'article 111.0.23 C.t.

63. *Union internationale des travailleurs et travailleuses unis de l'alimentation et du commerce, section locale 503 c. Coopérative régionale des consommateurs de Tilly*, [1994] R.J.Q. 2014 (C.S.); *Syndicat des travailleurs et travailleuses de la résidence L.M. Lajoie (C.S.N.) c. Lajoie*, D.T.E. 92T-113 (C.S.). La C.R.T. dispose également d'un pouvoir d'ordonnance provisoire (art. 118, 3° C.t.) mais celui-ci demeure tributaire de la compétence de l'organisme à l'endroit de l'objet principal du litige.

64. *Gingras c. Syndicat des chauffeurs d'autobus scolaires, région de Québec (C.S.D.)*, D.T.E. 2003T-768 (C.R.T.), par. 10; *Ste-Béatrix (Municipalité de) c. Syndicat canadien de la fonction publique, section locale 4290*, [2004] R.J.D.T. 711 (C.R.T.), par. 15-16.

65. Exemple : *Vêtements Avanti, division Tricot Richelieu Inc. c. Syndicat des salariées et salariés de Vêtements Avanti (CSN)*, D.T.E. 2005T-52 (C.R.T.).

66. La C.R.T. peut identifier elle-même ces personnes : *Syndicat des salariées et salariés de Vêtements Avanti (CSN) c. Vêtements Avanti, division Tricot Richelieu Inc.*, [2005] R.J.D.T. 234 (C.R.T.).

conclusion d'une convention collective. Cette mesure doit donc être demandée et utilisée de bonne foi[67]. L'employeur ne peut court-circuiter un arbitrage de différend déjà amorcé en demandant un vote sur ses dernières offres[68].

La C.R.T. doit se montrer prudente et perspicace dans la détermination des règles qui régissent le scrutin, le cas échéant. Il y a lieu pour elle de prendre en compte, notamment, que l'ambiguïté n'est pas de nature à favoriser la négociation ou la conclusion d'une convention collective, que les offres soumises au scrutin sont celles de l'employeur et que le scrutin lui-même par contre demeure celui de l'association accréditée et de ses membres[69]. La meilleure façon de procéder paraît être que l'employeur prépare un projet complet de convention collective qui identifie clairement les dispositions déjà agréées entre les parties et celles qui sont l'objet de ses dernières offres[70].

L'article 58.2 C.t. est muet quant aux effets juridiques d'un vote d'acceptation des offres de l'employeur, le cas échéant. Qu'advient-il, par exemple d'une grève alors en cours ou de la signature ultérieure d'une convention collective formelle? Les réponses à ces questions font appel, selon les circonstances, à la fois au sens de la cohérence et de la nuance. Dans le cas d'une grève, par exemple, la réponse pourrait être différente selon que les dernières offres de l'employeur ayant donné lieu au vote des salariés faisaient état des conditions de retour au travail ou qu'elles gardaient le silence à ce sujet[71]. Quant à la signature de la convention collective, deux constatations s'imposent. D'abord, l'exigence de l'article 20.3 C.t. qu'elle soit autorisée par un vote majoritaire au scrutin secret des membres du syndicat compris dans l'unité de négociation et qui exercent leur droit de vote subsiste. En outre, le scrutin ordonné par la C.R.T. sur les dernières offres de l'employeur ne porte que sur les seules questions qui font toujours alors l'objet d'un différend entre les parties et non sur l'ensemble du contenu de l'éventuelle convention collective. En définitive, le vote d'autorisation de signature de la convention collective ne devrait se présenter pour l'association accréditée ni comme une exigence purement formelle et redondante ni comme une occasion de remettre en question une acceptation des dernières offres patronales ou de refuser de donner effet à ce résultat[72]. Une telle attitude pourrait mettre en question la bonne foi du syndicat[73].

À un autre niveau, il est prévisible que les éléments de présentation des offres de l'employeur, surtout s'ils sont écrits, qui auront conduit à l'acceptation de ces offres et à la conclusion d'une convention collective puissent ultérieurement devenir des éléments constitutifs d'une preuve extrinsèque à l'occasion d'un arbitrage de grief[74].

2- L'arbitrage des différends

L'arbitrage des différends est un mode de solution « pacifique », par comparaison au recours aux moyens de pression économique que sont la grève et le lock-out, pour résoudre un conflit de négociation. Le Code du travail laisse généralement aux parties le choix d'y recourir, mais l'impose néanmoins dans certains cas.

A- L'arbitrage volontaire

En règle générale, l'arbitrage des différends est volontaire en ce sens qu'il requiert le consentement des deux parties (art. 74 C.t.). Lorsque les parties choisissent librement de recourir à l'arbitrage, celui-ci prend un caractère obligatoire du fait qu'il ne sera plus question pour l'une ou l'autre des parties de faire marche arrière et de récupérer son droit de grève ou de lock-out (art. 58 et 106 C.t.); la sentence arbitrale à intervenir les liera comme s'il s'agissait d'une convention collective (art. 92 et 93 C.t.). On avait d'abord considéré que la seule demande con-

67. *Brossard Honda c. Syndicat international des métiers, section locale 2817 (Québec)* précité, note 43.
68. *Gingras c. Syndicat des chauffeurs d'autobus scolaires, région de Québec (C.S.D.)*, précité, note 64; *Cinémas Famous Players Inc. c. Alliance internationale des employés de scène de théâtre et de cinéma des États-Unis et du Canada (IATSE), section locale 523, Québec*, D.T.E. 2005T-561 (C.R.T.).
69. Il s'ensuit qu'à l'occasion du scrutin le syndicat peut formuler des commentaires ou sa recommandation et qu'il lui appartient de désigner le scrutateur : *Vêtements Avanti, division Tricot Richelieu Inc. c. Syndicat des salariées et salariés de Vêtements Avanti (CSN)*, précité, note 34 – ordonnance au syndicat de signer la convention collective par suite de l'acceptation par les salariés de textes complets de la convention collective et du protocole de retour au travail à intervenir; *Nexans Canada Inc. et Métallurgistes unis d'Amérique, section locale 6687*, 2006 QCCRT 0616, D.T.E. 2007T-45.
70. Exemple : *Ste-Béatrix (Municipalité de) c. Syndicat canadien de la fonction publique, section locale 4290*, précité, note 64, par. 10; *Vêtements Avanti, division Tricot Richelieu Inc. c. Syndicat des salariées et salariés de Vêtements Avanti (CSN)*, précité, note 65 – vote unique sur un texte complet de convention collective et de protocole de retour au travail.
71. *Union des routiers, brasseries, liqueurs douces et ouvriers de diverses industries, section locale 1999 (Teamsters) c. Syndicat des salariées et salariés des Vêtements Avanti Inc. (CSN)*, D.T.E. 2005T-413 (C.R.T.) – constatation d'une fin de la grève par l'acceptation d'un protocole de retour au travail et l'amorce de sa mise en application.
72. *Union des routiers, brasseries, liqueurs douces et ouvriers de diverses industries, section locale 1999 (Teamsters) c. Syndicat des salariées et salariés des Vêtements Avanti Inc. (CSN)*, précité, note 71 – refus du syndicat de conclure la convention collective malgré un vote favorable de ses membres.
73. *Vêtements Avanti, division Tricot Richelieu Inc. c. Syndicat des salariées et salariés des Vêtements Avanti (CSN)*, précité, note 34.
74. Voir et transposer : *Fraternité unie des charpentiers et menuisiers d'Amérique, section locale 579 c. Bradco Construction Ltd.*, [1993] 2 R.C.S. 316, EYB 1993-67346.

jointe des parties, reçue par le ministre du Travail, créait leur droit à l'arbitrage, mettait fin à leur droit de grève ou de lock-out et interrompait l'application de l'article 22 b.1) ou c) C.t., le différend se trouvant dès lors soumis à l'arbitrage[75]. Dans un revirement complet, deux jugements ultérieurs sont venus affirmer que c'est seulement la décision du ministre qui a pour effet de soumettre le différend à l'arbitrage, avec les conséquences qui s'ensuivent[76].

Le différend est confié à un arbitre choisi par les parties et nommé par le ministre ou, à défaut d'entente entre les parties, désigné d'autorité par le ministre (art. 77 C.t.). Sauf entente contraire entre les parties, l'arbitre est assisté de deux assesseurs désignés par celles-ci (art. 78 C.t.). Les pouvoirs et les obligations de l'arbitre sont énoncés aux articles 76 et 78 à 91.1 C.t. Relativement au contenu de la sentence arbitrale, l'arbitre dispose en substance de la même latitude que les parties elles-mêmes dans l'élaboration d'une convention collective[77]. L'article 79 C.t. prévoit que l'arbitre peut tenir compte « entre autres, des conditions de travail qui prévalent dans des entreprises semblables ou dans des circonstances similaires ainsi que des conditions de travail applicables aux autres salariés de l'entreprise ». La sentence de l'arbitre a l'effet d'une convention collective signée par les parties, lesquelles peuvent cependant en modifier par la suite le contenu en totalité ou en partie; sa durée est d'au moins un an et d'au plus trois ans (art. 92, al. 1 et 93 C.t.)[78]. Même si elle expire à une date antérieure à celle où elle est rendue, la sentence peut néanmoins couvrir toutes les matières qui n'ont pas fait l'objet d'un accord entre les parties (art. 92, al. 2 C.t.).

En pratique, l'arbitrage facultatif des différends demeure peu fréquent. Dans les secteurs public et parapublic, le gouvernement le refuse d'ailleurs en invoquant en particulier comme raison qu'il n'appartient pas à des tiers de décider de l'affectation des fonds publics.

B- L'arbitrage obligatoire

L'arbitrage de différend est obligatoire dans le cas des policiers et des pompiers municipaux et il est susceptible de l'être, dans tous les cas, s'il s'agit de la négociation d'une première convention collective.

1. Les policiers et les pompiers

Les articles 94 et suivants C.t. ont pour effet d'imposer l'arbitrage comme mode obligatoire de règlement des différends entre les policiers et les pompiers à l'emploi des municipalités ou des régies intermunicipales et leurs employeurs. Les articles 105 et 107 C.t. interdisent aux parties le recours à la grève ou au lock-out. Le régime de prévention et de solution des différends qui supplée à l'absence de ces derniers moyens conduit ultimement à un arbitrage dont les modalités sont prévues aux articles 97 à 99.9 C.t.

Par exception en faveur des policiers et des pompiers municipaux, une mésentente qui survient entre leur association accréditée et la municipalité ou la régie intermunicipale qui les emploie, sans qu'il s'agisse d'un différend ou d'un grief au sens du Code du travail, peut être sujette à un arbitrage obligatoire, sur décision du ministre, après l'intervention d'un médiateur (art. 99.10 et 99.11 C.t.)[79]. Une telle mésentente se rapporte le plus souvent à une condition de travail non prévue dans une convention collective ou dans une sentence arbitrale de différend qui en tient lieu[80].

2. La première convention collective

Le recours à l'arbitrage peut devenir obligatoire, en vertu des articles 93.1 et 93.9 C.t., à l'égard d'un groupe de salariés qui disposent du droit de grève. Selon l'article 93.1 C.t., cette possibilité n'existe que dans le cas de la négociation d'une première convention collective pour le groupe de salariés visé par l'accréditation. On peut se demander comment s'applique la disposition dans les cas de modifications apportées à un certificat d'accréditation (adjonction d'un groupe de salariés à un groupe existant, fusion d'accréditation, etc.). Selon la lettre de l'article 93.1 C.t., elle devrait s'appliquer chaque fois qu'il s'agit de la première convention collective pour le groupe tel

---

75. Exemples : *City Buick-Pontiac (Mtl) Limitée c. Union des vendeurs d'automobiles et employés auxiliaires, local 1974, R.C.I.A.*, [1979] T.T. 66; *Syndicat des salariés du Château Bonne-Entente (C.S.N.) c. Union des employés de restauration du Québec, local 102*, [1983] T.T. 408.

76. *Syndicat québécois des employées et employés de service, section locale 298 c. Association des employés de la Résidence du Bonheur*, D.T.E. 97T-1011, REJB 1997-01080 (T.T.); *Syndicat des travailleurs d'Entreprises Philip (C.S.N.) c. Union des chauffeurs de camions, hommes d'entrepôts et autres ouvriers, section locale 106 (F.T.Q.)*, D.T.E. 98T-328 (T.T.).

77. *Corporation de la Ville de Cowansville c. Fraternité des policiers de Cowansville*, D.T.E. 83T-908 (C.A.). Sur le contenu de la convention collective, voir *infra*, titre II, chapitre VII. Le cas échéant, les motifs de l'arbitre et les textes qu'ils cherchent à justifier forment un tout qu'il faut apprécier comme tel : *Fraternité des policiers de la municipalité de la Baie-James c. Baie-James (Municipalité de la)*, D.T.E. 99T-580, REJB 1999-12822 (C.A.).

78. La sentence arbitrale peut avoir des effets rétroactifs : *Syndicat des employés de l'aluminium de la Mauricie c. Société d'électrolyse et de chimie Alcan Ltée*, C.A. Montréal, n° 500-09-000773-796, 14 novembre 1979. L'arbitre peut en tout temps corriger une erreur d'écriture ou de calcul, ou toute autre erreur matérielle dans sa sentence (art. 91.1 C.t.); voir, à ce sujet, *F.T.Q. – Construction c. Dufresne*, [1999] R.J.D.T. 1608, REJB 1999-15218 (C.S.).

79. *Association des pompiers de Montréal Inc. c. Montréal (Ville de)*, [1986] R.J.Q. 1576 (C.A.).

80. *Ibid.*

qu'il est décrit, quant à son étendue, à la décision d'accréditation servant d'assise à la négociation. Par ailleurs, l'esprit de la disposition imposerait normalement que l'on prenne en considération l'ampleur des modifications apportées à une unité de négociation préexistante pour apprécier si on se trouve véritablement en présence d'un nouveau groupe qui cherche à négocier une première convention collective.

Relativement à la demande d'arbitrage, on peut retenir des articles 93.1 et 93.3 C.t. les données suivantes :

– l'une ou l'autre des parties peut prendre l'initiative de demander au ministre la référence du différend à l'arbitrage;

– pour qu'une telle demande puisse être formulée, il faut qu'un conciliateur soit intervenu dans le dossier et que son intervention ait été infructueuse; la demande doit être faite par écrit avec copie à l'autre partie[81];

– le ministre a discrétion pour disposer de la demande[82];

– le ministre ne peut cependant prendre l'initiative de la nomination d'un arbitre.

Aux fins d'application de l'article 22 b.1) C.t., c'est la décision du ministre acquiesçant à la demande d'arbitrage qui a pour effet de soumettre le différend à l'arbitrage[83].

Le cas échéant, le ministre nomme comme arbitre la personne choisie par les parties ou, à défaut d'entente entre elles, celle qu'il choisit lui-même d'office (art. 77 et 93.9 C.t.). La première tâche de l'arbitre sera de décider s'il devra ou non déterminer le contenu de cette première convention collective. Cette décision sera affirmative si l'arbitre est d'avis qu'il est improbable que les parties puissent en arriver à la conclusion d'une convention collective dans un délai raisonnable. Il s'agit là d'une appréciation de la situation par l'arbitre à la lumière du déroulement des négociations entre les parties jusqu'à son intervention et en tenant compte des questions qui demeurent en litige ainsi que la position des parties sur ces questions[84].

Que sa décision soit positive ou négative quant à la détermination du contenu de la première convention collective, l'arbitre doit en informer les parties et le ministre du Travail. L'avis donné aux parties par l'arbitre de sa décision de déterminer le contenu de la première convention collective produit, suivant l'article 93.5 C.t., deux effets immédiats : la fin d'une grève ou d'un lock-out en cours; le maintien ou le rétablissement de conditions de travail identiques à celles qui s'étaient trouvées maintenues par l'article 59 C.t.

La procédure d'arbitrage ainsi que les pouvoirs et les devoirs de l'arbitre sont ceux prévus aux articles 75 à 93 C.t., auxquels renvoie l'article 93.9 C.t.[85]. L'arbitre est toutefois lié par tout accord intervenant entre les parties pendant le processus arbitral sur une question qui fait l'objet de leur différend (art. 93.7 C.t.).

Comme dans le cas d'un arbitrage volontaire, la sentence arbitrale a les mêmes effets qu'une convention collective signée par les parties, pour une durée minimale d'un an et maximale de trois ans, les parties pouvant en modifier le contenu à leur gré (art. 92, 93 et 93.9 C.t.)[86]. Il faut noter enfin que les articles 93.1 et suivants C.t. ne s'appliquent pas aux secteurs public et parapublic, régis par la section III du chapitre V.1 du Code du travail (art. 111.1 C.t.).

---

81.   *Séguin c. Industries Simard & Frères Inc.*, [1992] R.J.Q. 652, EYB 1992-56593 (C.A.).

82.   La décision est purement administrative et ministérielle et ne peut, pour ce motif, donner ouverture à un recours en révision judiciaire en vertu de l'article 846 C.p.c. Cela n'exclut toutefois pas que la décision d'un arbitre nommé irrégulièrement par le ministre puisse elle-même faire ultérieurement l'objet d'un tel recours : *Séguin c. Industries Simard & Frères Inc.*, précité, note 81.

83.   *Union des vendeurs d'automobiles et employés auxiliaires, local 1964 c. Mont-Royal Ford Ventes Ltée*, [1979] T.T. 37; *Cité Buick-Pontiac (Mtl) Limitée c. Union des vendeurs d'automobiles et employés auxiliaires, local 1974*, R.C.I.A., précité, note 75; *Trudel c. Construction and Supply Drivers and Allied Workers Teamsters, local 903*, D.T.E. 84T-1 (T.T.). Voir aussi *supra*, note 76 et, dans le contexte d'une demande en vertu de l'article 58.2 C.t., *Cinémas Famous Players Inc. c. Alliance internationale des employés de scène de théâtre et de cinéma des États-Unis et du Canada (IATSE), section locale 523, Québec*, précité, note 68.

84.   Avant de procéder à sa détermination, l'arbitre n'est pas obligé d'entendre toute la preuve et tous les arguments que peuvent vouloir lui soumettre les parties; il suffit qu'il agisse équitablement à leur endroit : *Syndicat des employées et employés professionnels-les et de bureau, section locale 57 c. Lefebvre*, D.T.E. 88T-910 (C.S.).

85.   *Spa Bromont Inc. et Syndicat des salaries et salaries de Spaconcept Bromont (CSD)*, 2006 QCCRT 0408, D.T.E. 2006T-822, une fois que le dossier a été différé à l'arbitre de différend, lui seul peut décider de tout motif l'amenant à croire que les parties ne pourront arriver à une entente concernant le contenu de la convention collective.

86.   *Fraternité des policiers de la municipalité de la Baie James c. Tremblay*, D.T.E. 87T-258 (C.A.); *Association des employés des organismes nationaux de loisir du Québec (C.E.Q.) c. Gagnon*, D.T.E. 86T-761 (C.S.).

Chapitre VI

Les conflits de négociation : grève, lock-out, piquetage

Au Québec, en vertu du Code du travail, tous les salariés ont le droit de grève, à l'exception des policiers et des pompiers municipaux (art. 105 C.t.). Par ailleurs, la *Loi sur la fonction publique*[1] interdit toute grève aux agents de la paix parmi lesquels, notamment, les surveillants en établissement de détention, les agents de conservation de la faune, les agents de pêcheries et les inspecteurs des transports, ainsi qu'aux fonctionnaires de la direction générale responsable de la sécurité civile au ministère de la Sécurité publique[2]. La grève est également interdite aux membres de la Sûreté du Québec en vertu de la *Loi sur le régime syndical applicable à la Sûreté du Québec*[3]. Dans tous les cas où elle est permise, la grève est cependant réglementée quant au moment où elle peut être déclenchée et elle est sujette à la formalité préalable d'un vote d'autorisation. Dans certains secteurs d'activités, l'exercice du droit de grève est soumis à des conditions supplémentaires de préavis ou de maintien des services essentiels.

1- Les conditions d'exercice du droit de grève

A- Le régime général

1. Le temps

En vertu de l'article 106 C.t., la grève ne peut être déclenchée tant qu'un syndicat n'a pas été accrédité et que ne s'est pas écoulé le délai prévu à l'article 58 C.t. Elle est en outre interdite pendant la durée d'une convention collective, en vertu de l'article 107 C.t., à moins que la convention renferme une clause de réouverture et que, dans ce cas également, le délai de l'article 58 C.t. ait été respecté[4]. Quant au délai de l'article 58 C.t., il court à compter de la date de réception par son destinataire d'un avis de négociation donné selon les articles 52 et 52.1 C.t. ou, à défaut, à compter de la date à laquelle tel avis est réputé avoir été reçu suivant l'article 52.2 C.t.[5]. Le délai court automatiquement et le droit de grève ou de lock-out se trouve acquis 90 jours plus tard. Il faut cependant tenir compte d'une conséquence probablement imprévue de l'application de l'article 151.3 (2) C.t. On y prévoit, en effet, que dans le calcul de tout délai fixé par le code ou imparti en vertu d'une de ses dispositions (ce qui est le cas de l'article 58 C.t.), lorsque le dernier jour est non juridique, le délai est prorogé au premier jour juridique suivant. Lorsque le 90e jour tombe sur l'un ou l'autre des jours non juridiques mentionnés à l'article 151.1 C.t., ou sur un jour assimilé à un jour non juridique[6], le droit de grève et de lock-out n'est acquis que le jour juridique suivant.

2. Le vote

L'article 20.2 C.t. crée l'obligation pour un syndicat accrédité de tenir un vote d'autorisation avant de déclencher une grève. Les principales conditions de légalité de ce vote sont les suivantes :

---

1. L.R.Q., c. F-3.1.1.
2. *Id.*, art. 64, 4º et 69, al. 1.
3. L.R.Q., c. R-14, art. 6.
4. *Services d'assurances Les Coopérants Inc. c. Syndicat des employés des coopératives d'assurance-vie (C.S.N.)*, D.T.E. 85T-487 (C.S.).
5. En principe, l'avis qui n'est pas donné conformément aux dispositions du Code du travail ne peut permettre l'acquisition du droit de grève, qui dépendra alors de la date à laquelle l'avis sera réputé avoir été donné, selon les dispositions du code. Toutefois, dans le cas d'un avis transmis prématurément et auquel les parties donnent néanmoins suite, voir l'arrêt *Syndicat des travailleurs et travailleuses du Hilton Québec (C.S.N.) c. Union des municipalités régionales de comté et des municipalités locales du Québec Inc.*, [1992] R.J.Q. 1190, EYB 1992-63962 (C.A.).
6. Le samedi, le 2 janvier et le 26 décembre, selon l'article 151.3 (3) C.t.

– l'objet du vote doit porter spécifiquement et sans ambiguïté sur l'autorisation de déclencher la grève[7];

– un vote doit être tenu distinctement dans chaque unité de négociation pour laquelle le syndicat est accrédité et veut déclarer la grève[8];

– le vote est pris parmi les seuls membres que compte l'association à l'intérieur de l'unité de négociation concernée par le déclenchement de la grève; une majorité des membres du syndicat peuvent ainsi être à l'origine d'une grève légale même s'ils ne représentent qu'un groupe minoritaire par rapport à l'ensemble des salariés compris dans l'unité d'accréditation[9];

– les membres qui ont le droit de vote doivent être informés par l'association de la tenue du scrutin au moins 48 heures à l'avance. À cette fin, l'association prend les moyens nécessaires, compte tenu des circonstances (art. 20.2, al. 2 C.t.);

– le vote doit être tenu au scrutin secret (art. 20.2, al. 1 C.t.);

– la majorité requise est calculée sur la base du nombre de membres qui exercent effectivement leur droit de vote (art. 20.2, al. 1 C.t.).

Selon les termes de l'article 20.4 C.t., l'inobservation de l'une ou l'autre des obligations imposées par l'article 20.2 C.t. quant à ce vote de grève ne donne ouverture qu'à une poursuite pénale en vertu du chapitre IX du code. L'infraction est en fait créée par l'article 144 C.t. De plus, par effet conjugué de l'article 148 C.t. et des articles 9 et 10 Code de procédure pénale, les poursuites ne peuvent être intentées que par le procureur général ou par un membre de l'association accréditée compris dans l'unité de négociation et autorisé par un juge. La légalité même de la grève déclenchée sans que l'article 20.2 C.t. ait été intégralement respecté ne se trouve donc pas affectée. En effet, l'article 106 C.t. prévoit simplement que la grève est

interdite tant qu'une association en cause n'a pas été accréditée et n'en a pas acquis le droit suivant l'article 58 C.t., sans aucune référence à l'article 20.2 C.t. et au respect de ses conditions[10]. Le législateur semble avoir voulu éviter que le vote de grève vienne grossir l'arsenal des moyens susceptibles de retarder le déclenchement de la grève[11].

L'article 20.5 C.t. permet à l'association accréditée de prévoir dans ses statuts des exigences supérieures à celles prévues à l'article 20.2 C.t. en matière de tenue d'un vote de grève. Dans le cadre du respect des conditions essentielles imposées par l'article 20.2 C.t., à savoir qu'il s'agisse d'un seul et unique vote au scrutin secret de ses membres compris dans l'unité de négociation, le syndicat jouit d'une large latitude dans la fixation des modalités de ce scrutin[12].

3. L'avis au ministre

L'article 58.1 C.t. oblige toute association de salariés qui déclare une grève à en informer, par écrit, le ministre du Travail dans les 48 heures qui suivent cette déclaration[13]. L'avis doit indiquer le nombre de salariés compris dans l'unité de négociation concernée.

B- Le régime applicable aux services publics

L'article 111.0.16 C.t. énumère les services qui constituent, pour l'application du code, des services publics[14].

Il ressort de cette énumération que, dans la plupart des cas, c'est à la nature de l'activité de l'entreprise que se trouve rattachée la qualification de service public, plutôt qu'à l'identité ou au statut de l'employeur, qu'il s'agisse d'un employeur privé ou public.

En principe, les relations collectives de travail dans les services publics obéissent aux règles générales prévues au Code du travail (art. 111.0.15 C.t.). Par exception, la section I du chapitre V.1 du code soumet ces services

7.   Noël c. Alliance de la Fonction publique du Canada, [1989] R.J.Q. 1233, EYB 1989-77144 (C.S.) – nullité d'un vote donnant automatiquement au refus du projet de convention collective le sens d'une autorisation de déclencher la grève.
8.   Procureur général du Québec c. Syndicat des employés de garage de Rivière-du-Loup, [1995] T.T. 159.
9.   Union des employées et employés de service, section locale 800 c. Farbec Inc., [1997] R.J.Q. 2073, REJB 1997-01588 (C.A.).
10. Ibid.; Syndicat des employées et employés des magasins Zellers d'Alma et de Chicoutimi (C.S.N.) c. Turcotte, D.T.E. 2002T-882, REJB 2002-33885 (C.A.); Kaycan Ltée c. Métallurgistes unis d'Amérique, section locale 8990, D.T.E. 2005T-892 (C.R.T.).
11. Contra toutefois, affirmant que l'article 20.4 C.t. se limite à offrir un recours spécifique : Marinier c. Fraternité interprovinciale des ouvriers en électricité, [1988] R.J.Q. 495, EYB 1987-77623 (C.S.); Beaulieu c. Association des pompiers de Montréal, [1981] C.S. 419 – dans le contexte de l'application de l'article 20.3 C.t.
12. Voir et transposer : Raymond c. Syndicat des employés de l'Université de Laval (S.C.F.P.), section locale 2500, D.T.E. 84T-360 (C.S.).
13. Le défaut d'avis n'affecte pas la légalité de la grève : Syndicat des employées et employés des magasins Zellers d'Alma et de Chicoutimi (C.S.N.) c. Turcotte, précité, note 10.
14. Coutu-Paquin c. Conseil des services essentiels, D.T.E. 86T-676 (C.S.).

publics à des conditions particulières d'exercice du droit de grève (et de lock-out).

L'exercice du droit de grève par une association accréditée dans un service public est sujet à deux conditions additionnelles à celles qui résultent du régime général : le maintien des services essentiels et l'avis préalable de grève.

1. Le maintien des services essentiels

L'obligation, pour le syndicat et les salariés, de maintenir les services essentiels en cas de grève dans un service public dépend d'une décision préalable du gouvernement. Ce dernier peut, en effet, sur recommandation du ministre du Travail et s'il est d'avis qu'une grève dans un service public pourra avoir pour effet de mettre en danger la santé ou la sécurité publique, ordonner par décret à un employeur et à une association accréditée de maintenir des services essentiels en cas de grève (art. 111.0.17, al. 1 C.t.). Un tel décret peut être pris en tout temps. Il entre en vigueur le jour où il est adopté ou à toute date ultérieure qui y est indiquée et a effet jusqu'au dépôt d'une convention collective ou de tout autre instrument qui pourrait en tenir lieu, comme une sentence arbitrale de différend. Le décret est publié dans la *Gazette officielle du Québec* et le Conseil des services essentiels doit en aviser les parties (art. 111.0.17, al. 2 C.t.).

L'adoption d'un décret a pour effet d'obliger les parties à négocier les services essentiels à maintenir en cas de grève; si le droit de grève est déjà exercé à ce moment, il est suspendu à compter de la date indiquée dans le décret (art. 111.0.18 et 111.0.17, al. 3 C.t.). Les parties doivent transmettre leur entente sur les services essentiels au Conseil des services essentiels (CSE) prévu à la section I du chapitre V.1 du code (art. 111.0.18, al. 1 C.t.). À la demande des parties ou de son propre chef, le CSE peut désigner une personne pour les aider à conclure l'entente sur les services essentiels. À défaut de telle entente, l'association accréditée détermine elle-même les services essentiels à maintenir en cas de grève et doit transmettre à l'employeur et au conseil une liste de ces services (art. 111.0.18, al. 3 C.t.). L'article 111.0.22, al. 2 C.t. rend nulle toute liste syndicale qui prévoirait un nombre de salariés supérieur au nombre normalement requis dans le service en cause; il n'interdit toutefois pas la production d'une liste prévoyant des effectifs variables dont le maximum correspond à la totalité des salariés normalement au

travail[15]. La liste produite par le syndicat ne peut être modifiée que sur demande du conseil. Néanmoins, en cas d'entente entre les parties postérieurement au dépôt de la liste syndicale, cette entente prévaudra (art. 111.0.18, al. 4 C.t.).

Que les services essentiels soient prévus par une entente entre les parties ou par une liste syndicale, le CSE doit en apprécier la suffisance. S'il les juge insuffisants, il peut adresser aux parties les recommandations qu'il juge appropriées pour qu'elles modifient l'entente ou la liste, selon le cas[16]; il peut aussi alors ordonner à l'association accréditée de surseoir à l'exercice de son droit de grève jusqu'à ce qu'elle lui ait fait savoir quelles suites elle entendait donner à ces recommandations (art. 111.0.19, al. 3 C.t.). Le conseil doit faire rapport au ministre du Travail s'il juge que les services essentiels prévus à une entente ou à une liste syndicale sont insuffisants; il doit agir de la même façon si, par la suite, au cours de la grève, les services ne sont pas maintenus (art. 111.0.20 C.t.). Le CSE doit, en vertu de l'article 111.0.21 C.t., porter à la connaissance du public le contenu de tout rapport ainsi transmis au ministre.

Aucun délai n'est fixé pour la production d'une entente ou d'une liste syndicale sur le maintien des services essentiels. Le législateur a plutôt simplement prévu que la grève ne pourrait alors être déclarée légalement que dans la mesure où une entente ou une liste aurait été transmise conformément à la loi depuis au moins sept jours (art. 111.0.23, al. 3 C.t.). Ce délai de sept jours permet en fait au gouvernement d'apprécier la situation et de recourir, s'il le juge nécessaire, à une suspension du droit de grève, que l'article 111.0.24 C.t. l'autorise à décréter. Une telle suspension dure jusqu'à ce qu'il soit démontré à la satisfaction du gouvernement que les services essentiels seront maintenus de façon suffisante en cas d'exercice du droit de grève. En cas de violation d'une suspension de l'exercice du droit de grève décrétée en vertu de l'article 111.0.24 C.t., indépendamment des pénalités qui pourront être imposées du fait de l'illégalité de la grève, le procureur général se réserve l'exclusivité du recours en injonction qui pourrait s'avérer nécessaire (art. 111.0.25 C.t.).

En l'absence de suspension du droit de grève par le gouvernement, la grève pourra avoir lieu en maintenant les services essentiels prévus par l'entente entre les parties ou par la liste syndicale. Tant l'employeur que les salariés et l'association accréditée devront alors respecter les dis-

15   *Hydro-Québec c. Conseil des services essentiels*, D.T.E. 91T-1128, EYB 1991-63788 (C.A.).
16.   Exemple : *Hydro-Québec c. Syndicat des techniciennes et techniciens d'Hydro-Québec, section locale 957 (S.C.F.P.)*, D.T.E. 991-674 (C.S.E.).

positions de l'entente ou de la liste, nul ne pouvant y déroger, selon l'article 111.0.22, al. 1 C.t.[17]. À moins d'entente entre les parties, l'employeur ne doit pas modifier les conditions de travail des salariés qui rendent les services essentiels (art. 111.0.23, al. 5 C.t.).

2. *L'avis préalable*

La légalité de toute grève dans un service public est sujette à un avis préalable d'au moins sept jours juridiques francs donné par écrit par l'association accréditée au ministre et à l'employeur; cet avis indique le moment où l'association entend recourir à la grève (art. 111.0.23, al. 1 C.t.)[18]. S'il s'agit d'un service public qui fait l'objet d'un décret de maintien des services essentiels, l'avis doit aussi être donné au Conseil des services essentiels. Si l'association n'utilise pas son droit de grève au jour indiqué dans son avis préalable, un nouvel avis ne peut être donné qu'après le jour qui avait été annoncé dans l'avis précédent (art. 111.0.23, al. 2 C.t.)[19].

Lorsqu'un syndicat a donné un avis préalable de grève, il est également tenu, selon l'article 111.0.23.1 C.t., à une semblable procédure de préavis s'il décide de ne pas recourir à la grève au moment annoncé ou d'interrompre la grève après l'avoir déclenchée. Cet avis doit être écrit et donné, pendant les heures ouvrables du service public en cause, au ministre et à l'employeur, ainsi qu'au CSE dans le cas d'un service qui fait l'objet d'un décret de maintien des services essentiels. L'employeur n'est pas tenu de permettre l'exécution de la prestation de travail par les salariés avant l'expiration d'une période de quatre heures suivant la réception d'un avis d'annulation ou de cessation de la grève conforme à la loi. Les parties peuvent toutefois convenir d'une période plus courte. Dans un service public tenu à une obligation de maintien des services essentiels, ces derniers doivent se poursuivre jusqu'au retour au travail.

C- Le régime applicable aux secteurs public et parapublic

Le régime d'exercice du droit de grève dans les secteurs public et parapublic, là où ce droit subsiste, est devenu fort complexe. En principe, il demeure soumis aux règles générales prévues au Code du travail, dans la mesure où ces dernières ne sont pas inconciliables avec les règles particulières élaborées par la section III du chapitre V.1 du Code du travail, à l'intention des secteurs public et parapublic (art. 111.1 C.t.). En fait, l'acquisition du droit de grève dans les secteurs public et parapublic ne se rattache au régime général que par deux règles de base que nous connaissons déjà, à savoir l'interdiction de grève pendant la durée d'une convention collective, d'une part, et la nécessité d'une autorisation préalable de la grève par un vote au scrutin secret des salariés membres de l'association accréditée compris dans l'unité de négociation, d'autre part (art. 106 à 108 et 20.2 C.t.). À ces normes usuelles viennent s'ajouter diverses conditions supplémentaires et exceptions. Ces dernières résultent principalement de diverses dispositions de la section III du chapitre V.1 du Code du travail, élaborées en corrélation avec celles de la *Loi sur le régime de négociation des conventions collectives dans les secteurs public et parapublic*[20], qui aménagent le mode de négociation dans ces secteurs, ainsi que de la *Loi sur la fonction publique*[21]. Au surplus, si certaines conditions particulières d'exercice du droit de grève sont communes à l'ensemble des secteurs public et parapublic, d'autres ne sont destinées qu'à une partie de ces secteurs. Le régime n'est donc pas uniforme.

2- La réalité et les formes de la grève

Le Code du travail définit la grève fort simplement comme une « cessation concertée de travail par un groupe de salariés » (art. 1 g) C.t.). Selon sa définition légale, la grève comporte deux éléments constitutifs : un élément matériel, la cessation du travail, et un élément intellectuel, la concertation des salariés.

A- La cessation du travail

La grève correspond d'abord à une réalité, celle de l'arrêt de travail d'un groupe de salariés[22]. Ce sont les salariés qui font la grève[23]. La qualification de la cessation de travail, que ce soit comme « journée d'étude » ou « gel d'activités » ou autres, demeure sans importance; seule compte la réalité constatée. Tout refus concerté d'exécuter

17.   La sanction pénale de cette obligation est prévue à l'article 146.2 C.t.
18.   *Binette c. Syndicat des chauffeures et chauffeurs de la Corp. Métropolitaine de Sherbrooke, section locale 3434 (S.C.F.P.)*, D.T.E. 2004T-468, EYB 2004-80096 (C.S.). Sur le calcul du délai, voir *Ville de St-Hubert c. Syndicat canadien de la Fonction publique, section locale 330*, [1983] T.T. 432.
19.   Sur la légitimité de la poursuite d'une grève accompagnée de services essentiels à effectifs variables, sans nécessité de donner un nouvel avis même si à certains moments tous les salariés sont présents au travail, voir *Hydro-Québec c. Conseil des services essentiels*, précité, note 15.
20.   L.R.Q., c. R-8.2.
21.   Précitée, note 1, art. 69, al. 2 et 3 (services essentiels).
22.   Exceptionnellement, une grève pourrait être le fait du seul salarié que comprendrait une unité de négociation.
23.   *Syndicat des cols bleus regroupés de Montréal (SCFP-301) c. Montréal (Ville de)*, D.T.E. 2005T-698 (C.A.), par. 23.

le travail légitimement requis par l'employeur s'assimile à un acte de grève[24]. L'autorisation de l'arrêt de travail par l'employeur exclut toutefois l'idée de grève[25]. La durée de l'arrêt de travail est variable. Elle peut être longue ou courte[26]; elle peut être prédéterminée ou indéterminée. L'arrêt de travail peut aussi être continu ou intermittent. Parfois, la réalité de la grève ne touchera que partiellement le travail ou les tâches qu'exécutent habituellement les salariés, comme dans le cas de refus de leur part de travailler en surtemps[27]. La grève dite « tournante » est celle qui touche successivement les salariés de diverses unités de négociation impliquées dans un même processus de négociation, ou encore des groupes différents de salariés compris à l'intérieur d'une même unité de négociation. La « grève perlée » correspond en réalité à un ralentissement du travail, que le Code du travail traite distinctement et prohibe en toutes circonstances (art. 108 C.t.)[28]. La « grève du zèle », par laquelle les salariés appliquent à la lettre et dans tous leurs détails les règlements de travail de l'employeur, produit le même résultat sous le couvert de la légitimité que leur donne la conformité de leur comportement avec les directives données par l'employeur.

Sur un autre plan, la définition légale de la grève ignore sa finalité. Les notions générales d'abus de droit et de poursuite d'une fin illégale ainsi que leurs conséquences demeurent néanmoins présentes[29]. Le Code du travail ne distingue à aucun égard la grève de revendication de conditions de travail par les salariés en grève, la grève de sympathie pour les salariés d'un autre employeur, ou même la grève politique[30]. Ainsi, dans un arrêt rendu sous l'empire de la loi fédérale, mais néanmoins pertinent, la Cour suprême en est venue à la conclusion que le refus, par un groupe d'employés, de franchir le piquet de grève installé par un autre groupe de salariés constituait un acte de grève illégal dans les circonstances[31]. Dans l'affaire *Strasser c. Roberge*, la Cour suprême cernait l'élément matériel constitutif de la grève de la façon suivante :

« Le Tribunal du travail a eu raison de tenir que, mis à part l'élément intentionnel de l'infraction, l'élément matériel essentiel est prouvé dès qu'est établie l'abstention de l'inculpé de fournir la prestation de travail en même temps que d'autres travailleurs s'abstiennent de concert de fournir la leur. »[32]

On peut par ailleurs se demander si, exceptionnellement, la raison à l'origine d'un arrêt de travail ne devrait pas être prise en considération pour distinguer la grève d'autres situations d'arrêt du travail qui n'en sont manifestement pas selon le langage ordinaire et selon la compréhension usuelle du phénomène. C'est ce qu'on a fait dans l'affaire *Progress Brand Clothes Inc.* :

« [...] bien que la notion de finalité ne soit pas exprimée dans la définition du mot « grève » à l'article 1 g) du code, cela ne nous empêche pas de vérifier la présence ou l'absence des attributs qui accompagnent généralement l'acte de grève posé par un groupe de salariés. »[33]

Le jugement ajoute que l'acception générale veut que la grève constitue un moyen de pression qui se matérialise par des signes extérieurs. En présence d'un arrêt de travail qui constituait un geste collectif, mais par ailleurs dépourvu de toute intention de pression contre quiconque, il conclut qu'il ne s'agissait pas, en l'espèce, d'une grève.

B- La concertation

Pour qu'il y ait grève, un arrêt de travail doit être le résultat de la concertation d'un groupe de salariés. La volonté collective de suspendre l'exécution du travail est l'élément intellectuel constitutif de la réalité de la grève et, du même coup, l'élément intentionnel, sur le plan pénal, de l'infraction de grève illégale :

---

24. *Alcan Inc. c. Syndicat national des employés de l'Aluminium d'Arvida Inc.*, [2004] R.J.D.T. 661 (C.R.T.), par. 37-40 – continuation de la production malgré des instructions contraires de l'employeur; *Turcot c. Auclair*, [1971] T.T. 103 – substitution unilatérale par les salariés d'une prestation de travail à celle qui aurait normalement dû être fournie.
25. *Lalonde c. Métallurgistes unis d'Amérique, local 7493*, [1975] T.T. 393.
26. Exemple : *Alimentation René-Lévesque Inc. c. Syndicat des employés de commerce de La Pocatière et Kamouraska*, D.T.E. 87T-274, EYB 1987-78623 (C.S.) – prise d'une pause-café décidée par les salariés.
27. Exemples : *Syndicat canadien de la fonction publique, section locale 301 c. Montréal (Ville de)*, [1997] 1 R.C.S. 793, REJB 1997-00455; *Molson Outaouais Ltée c. Union des routiers, brasseries, liqueurs douces et ouvriers de diverses industries, local 1999*, D.T.E. 89T-874 (C.S.).
28. Exemples : *Gohier c. Syndicat canadien de la fonction publique, section locale 301*, D.T.E. 93T-703 (T.T.) – refus d'effectuer des heures supplémentaires; *Cégep de Bois-de-Boulogne c. Syndicat général des employés du collège Bois-de-Boulogne*, D.T.E. 83T-82 (C.S.) – « gel des notes » par un groupe de professeurs.
29. Dans un arrêt de la Cour d'appel, deux des trois juges ont exprimé l'opinion que l'illégalité, le cas échéant, de l'objectif poursuivi par un arrêt de travail suffirait à rendre la grève elle-même illégale : *Syndicat des employées et employés des magasins Zellers d'Alma et de Chicoutimi (C.S.N.) c. Turcotte*, précité, note 10, par. 6.
30. *Aubé c. Demers*, [1977] T.T. 170.
31. *Association internationale des débardeurs, section locale 273, 1764, 1039 c. Association des employeurs maritimes*, [1979] 1 R.C.S. 120.
32. *Strasser c. Roberge*, [1979] 2 R.C.S. 953, 970 (j. Dickson).
33. *Progress Brand Clothes Inc. c. Ledoux*, [1978] T.T. 104, 108.

« Si l'élément matériel de l'infraction est l'abstention de fournir sa prestation de travail en même temps que d'autres salariés font la grève, l'élément intentionnel est la volonté de s'abstenir de travailler avec les autres salariés. Cet élément consiste dans l'intention individuelle de l'inculpé de se joindre à la cessation collective et concertée de travail. »[34]

L'exigence d'un concert de grève permet de distinguer, en faits et en droit, les situations de grève de certaines autres qui se présentent plutôt comme le résultat de décisions strictement individuelles de la part des salariés[35]. Dans chaque cas, c'est l'ensemble des circonstances qui révélera l'existence ou l'absence d'une intention collective[36]. Un vote de grève ou l'adoption d'une résolution de grève par le syndicat sont généralement des indices significatifs, encore que les faits ultérieurs puissent révéler une réalité différente[37]. De même, la grève peut survenir sans une manifestation d'intention aussi expresse[38]. La présence ou l'absence des manifestations qui accompagnent usuellement un état de grève, comme un piquet de grève, peut aussi être significative[39]. Le constat d'une absence de concertation entre les salariés obligera à conclure à une interruption de travail qui ne constitue pas une grève et que le Code du travail n'empêche pas légalement, selon son article 110.

3- Le lock-out

Le lock-out représente en quelque sorte la contrepartie patronale à la grève. L'article 1 h) C.t. le définit comme « le refus par un employeur de fournir du travail à un groupe de salariés à son emploi en vue de les contraindre à accepter certaines conditions de travail ou de contraindre pareillement des salariés d'un autre employeur ».

Comme la grève, le lock-out implique une cessation de travail par les salariés mais, cette fois, par décision de l'employeur. Il peut aussi être total, ou partiel en ce sens qu'il peut ne viser qu'une partie des salariés compris dans une unité de négociation[40]. Contrairement à celle de la grève, la définition donnée par le législateur au lock-out contient en elle-même un élément de finalité en ce que l'arrêt de travail décrété par l'employeur doit, pour constituer un lock-out, viser à contraindre des salariés à accepter certaines conditions de travail, qu'il s'agisse de celles qui ont déjà cours ou de nouvelles[41]. L'appréciation de l'objectif poursuivi par le geste de l'employeur dépend de l'ensemble des circonstances[42]. En particulier, on pourra distinguer une fermeture de l'entreprise pour une durée indéterminée liée à l'acceptation éventuelle de certaines conditions de travail par les salariés comme condition, expresse ou implicite, de reprise des activités, d'une fermeture réelle et irrévocable, même pour des motifs antisyndicaux[43].

Il résulte de l'article 109 C.t. que l'employeur acquiert le droit au lock-out en même temps que le syndicat acquiert celui de faire la grève. L'employeur peut donc normalement prendre l'initiative de la pression économique en déclenchant le lock-out après l'expiration du délai de l'article 58 C.t., dès qu'il le juge opportun.

Dans les services publics, le lock-out est totalement interdit à l'employeur lorsqu'un décret de maintien des services essentiels en cas de grève a été rendu par le gouvernement conformément à l'article 111.0.17 du code

---

34.   *Strasser c. Roberge*, précité, note 32, p. 971. Le juge Beetz renvoie également, quant à cet élément intentionnel, à l'arrêt *Association internationale des débardeurs, section locale 273, 1764, 1039 c. Association des employeurs maritimes*, précité, note 31, p. 138 à 140.
35.   Exemples de situations permettant de constater la concertation et de conclure à la grève : *Syndicat canadien de la fonction publique, section locale 301 c. Montréal (Ville de)*, précité, note 27 – refus de travail en surtemps; *Association internationale des débardeurs, section locale 273, 1764, 1039 c. Association des employeurs maritimes*, précité, note 31 – refus de franchir un piquet de grève; *Québec (Société de transport de la Communauté urbaine de) c. Syndicat des employés du transport public du Québec métropolitain Inc.*, D.T.E. 94T-1149 (C.S.E.) – exercice concerté et simultané d'un droit d'absence pour aller voter; *Hôpital Ste-Justine c. Charbonneau*, [1976] C.S. 477 – démission collective.
36.   *Québec (Société de transport de la Communauté urbaine de) c. Syndicat des employés du transport public du Québec métropolitain Inc.*, précité, note 35; *Sobey's Québec Inc. c. Travailleuses et travailleurs unis de l'alimentation et du commerce, section locale 501*, D.T.E. 2003T-899 (C.R.T.).
37.   *Syndicat des travailleurs industriels du Québec c. Syndicat des employés des produits Lionel Inc. (C.S.N.)*, [1978] T.T. 408.
38.   Exemple : *Robillard c. Lebrun*, [1976] T.T. 53.
39.   *Progress Brand Clothes Inc. c. Ledoux*, précité, note 33.
40.   *Bédard c. Cie Paquet Ltée*, [1978] T.T. 5.
41.   *Asselin c. Trachy*, [1982] C.A. 101; *Projectionnistes de vues animées de Montréal de l'Alliance internationale des employés de théâtre et des opérateurs de machines à vues animées, local 262 c. Cinéma international Canada Ltée*, D.T.E. 85T-191 (T.T.). Dans *Syndicat des travailleuses et travailleurs d'Épiciers unis Métro-Richelieu c. Épiciers unis Métro-Richelieu Inc.*, [1997] R.J.Q. 969, REJB 1997-00232 (C.S.), le lock-out visait à maintenir la fermeture d'un service jugée contraire à la convention collective par un arbitre et à échapper à l'application de la sentence arbitrale.
42.   *Asselin c. Trachy*, précité, note 41.
43.   Voir, concluant à un lock-out, *T.A.S. Communications c. Thériault*, [1985] T.T. 271. Concluant à l'absence de lock-out, *Syndicat des employés de salaisons de Princeville Inc. c. Coopérative fédérée de Québec*, [1976] R.D.T. 89 (C.S.) – fermeture à la suite d'un ralentissement de travail des salariés. Voir aussi, sur le droit de l'employeur de fermer définitivement son entreprise, *City Buick Pontiac (Montréal) Inc. c. Roy*, [1981] T.T. 22, approuvé dans *A.I.E.S.T., local de scène numéro 56 c. Société de la Place des Arts de Montréal*, [2004] 1 R.C.S. 43, 2004 CSC 2, REJB 2004-53099.

(art. 111.0.26 C.t.)[44]. Dans les autres cas, le droit au lock-out est acquis par le seul écoulement du délai prévu à l'article 58 C.t. Son exercice n'est sujet à aucun avis préalable de l'employeur. Il n'est pas lié non plus à la transmission par le syndicat de l'avis préalable de grève que lui impose l'article 111.0.23 C.t.[45]. L'employeur qui déclare un lock-out doit en informer par écrit le ministre du Travail dans les 48 heures qui suivent (art. 58.1 C.t.).

4- Les effets de la grève et du lock-out

A- L'arrêt du travail dans l'unité de négociation

En édictant l'article 109.1 C.t., le législateur a opté pour une conception véritablement collective et syndicale de la grève. Cette disposition législative pose le principe d'un arrêt complet du travail dans l'unité de négociation légalement en grève ou lock-outée. Elle interdit à l'employeur de remplacer les grévistes ou les salariés lock-outés par des « briseurs de grève » ou « scabs ». Elle vise ainsi à maintenir le rapport de forces entre les parties tel qu'il était au début de la phase des négociations[46].

S'il s'agit d'une grève, les diverses interdictions formulées à l'article 109.1 C.t. n'ont effet qu'à la condition que cette grève ait cours légalement, en conformité avec les dispositions pertinentes du Code du travail[47]. Elles valent par ailleurs dans tous les cas de lock-out. Ces prohibitions visent l'utilisation des salariés compris dans l'unité de négociation en grève ou en lock-out, celle d'autres employés de l'entreprise et celle des services d'un entrepreneur ou des employés d'un autre employeur.

1. L'utilisation des services des salariés en grève ou en lock-out

Quant aux salariés compris dans l'unité de négociation en grève ou en lock-out, il est interdit d'utiliser leurs services dans l'établissement où a lieu la grève ou le lock-out[48], sous réserve de l'une ou l'autre des conditions suivantes :

– qu'une entente soit intervenue à cet effet entre les parties et dans la mesure où elle y pourvoit (art. 109.1 c) i) C.t.)[49];

– qu'une liste de services essentiels ait été produite suivant l'article 111.0.18 C.t. (services publics) ou produite et approuvée par le Conseil des services essentiels suivant la section III du chapitre V.1 du code (établissements des affaires sociales) et dans la mesure où elle y pourvoit (art. 109.1 c) ii) C.t.)[50];

– qu'un décret ait été pris par le gouvernement en vertu de l'article 111.0.24 C.t., dans un service public (art. 109.1 c) iii) C.t.).

2. L'utilisation des services d'autres employés de l'employeur

Dans tous les cas, il doit d'abord s'agir, vu l'article 109.1 a) C.t., d'une personne qui a été engagée avant le jour du début de la phase des négociations (art. 53 C.t.)[51]. La prohibition, énoncée à cette disposition, de faire travailler une personne embauchée après le début de la phase de négociation est absolue. Elle interdit même de procéder

44. Quant aux conséquences de cette interdiction sur l'obligation de l'employeur de maintenir les conditions de travail, selon l'article 59 C.t., voir *Fraternité internationale des ouvriers en électricité, section locale 2365 c. Télébec Ltée*, [1993] T.T. 289.

45. Voir, par analogie, *Cité de Hull c. Syndicat des employés municipaux de la Cité de Hull Inc.*, [1979] 1 R.C.S. 476. Cet arrêt fut rendu en relation avec l'article 111 C.t., maintenant abrogé. Ses motifs demeurent néanmoins pertinents au regard des dispositions de l'article 111.0.23 C.t.

46. *Guérard c. Groupe I.P.A. Pièces d'auto Ltée*, [1984] C.A. 327; *Société de la Place des Arts de Montréal c. Alliance internationale des employés de scène et de théâtre, du cinéma, des métiers connexes et des artistes des États-Unis et du Canada, local nº 56*, REJB 2001-27420 (C.A.), par. 101, infirmé par la Cour suprême pour un motif indépendant de cet énoncé de principe : *A.I.E.S.T., local de scène numéro 56 c. Société de la Place des Arts de Montréal*, précité, note 43.

47. Le jugement majoritaire de la Cour d'appel dans *Union des employées et employés de service, section locale 800 c. Farbec Inc.*, précité, note 9, signale que la seule inobservation de l'article 20.2 C.t., relatif au vote de grève, ne suffit pas à empêcher l'application de l'article 109.1 C.t., l'article 20.4 C.t. prévoyant qu'une telle irrégularité ne donne ouverture qu'à l'application des dispositions pénales.

48. Exemples : *Beaulieu c. Produits hydrauliques de Varennes Inc.*, [1987] T.T. 140; *Syndicat des travailleuses et travailleurs de l'Hôtel Méridien de Montréal (C.S.N.) c. Société des hôtels Méridien (Canada) Ltée*, D.T.E. 90T-979 (C.S.); *Syndicat national des opérateurs de radio et de téléphone de Sherbrooke et Taxis de Sherbrooke Inc.*, D.T.E. 2006T-382 (C.R.T.).

49. Dans un établissement de santé ou de services sociaux, cette entente doit avoir été approuvée par le Conseil des services essentiels. Sauf ce cas, la loi n'exige pas que l'entente soit constatée par écrit. Elle pourrait aussi être implicite, se déduisant des circonstances et, par exemple, du maintien de certaines activités par le syndicat et de leur acceptation par l'employeur.

50. *Hydro-Québec c. Conseil des services essentiels*, précité, note 15.

51. *Syndicat national catholique des employés des institutions religieuses de St-Hyacinthe Inc. c. Laliberté et Associés Inc.*, D.T.E. 96T-1316 (T.T.). La Cour d'appel a décidé que la notion de « personne » utilisée à l'article 109.1 a) C.t. ne comprenait que les seules personnes physiques et ne pouvait avoir, par conséquent, pour effet d'interdire à l'employeur de contracter avec une personne morale, après le début de la phase des négociations, en vue de faire exécuter par les salariés de cette dernière le travail de ses propres employés en grève ou en lock-out : *Travailleurs unis du pétrole (local 2) c. Shell Canada Ltée*, D.T.E. 83T-3 (C.A.). Cette interprétation du mot « personne » utilisé à l'article 109.1 a) C.t. est à l'origine de l'adoption des dispositions que l'on trouve maintenant au paragraphe b) du même article et qui visent spécifiquement l'utilisation des services d'une personne morale, d'un entrepreneur indépendant ou des employés d'un tiers; *Métallurgistes unis d'Amérique, section locale 6687 et Nexans Canada Inc.*, D.T.E. 2006T-951 (C.R.T.).

au remplacement, pour des motifs imprévisibles, d'employés qui étaient déjà en place avant ce moment[52]. Par contre, la personne réellement embauchée en temps opportun peut être légalement autorisée à travailler même si sa prestation de travail ne commence qu'à une date ultérieure[53]. La notion d'embauche utilisée par le législateur sous-entend que les services d'une personne soient retenus contre rémunération. Le véritable bénévolat ne tombe donc pas sous le coup de la prohibition[54].

S'il s'agit de salariés au sens du Code du travail, leurs services ne pourront être substitués à ceux des salariés en grève ou en lock-out qu'à l'extérieur de l'établissement touché par cette grève ou ce lock-out, peu importe que ces salariés soient habituellement employés dans cet établissement (art. 109.1 g) C.t.)[55] ou dans un autre établissement de l'employeur (art. 109.1 e) C.t.)[56]. Quant aux employés cadres, visés par l'article 109.1 f) C.t., l'employeur ne peut utiliser les services que de ceux qui font déjà partie de l'établissement où la grève ou le lock-out a été déclaré, ou d'un autre établissement dans lequel se trouvent des salariés compris dans l'unité de négociation en grève ou en lock-out[57].

3. L'utilisation des services d'un entrepreneur ou des employés d'un autre employeur

Selon l'article 109.1 b) C.t., l'employeur peut utiliser les services d'un entrepreneur ou des employés d'un autre employeur pour faire remplir les fonctions des salariés en grève ou en lock-out, à la condition toutefois que le travail ne soit pas exécuté dans l'établissement même où la grève ou le lock-out a été déclaré[58]. Force est de constater à cet égard le déséquilibre créé par la loi entre les situations res-pectives de l'employeur qui peut faire exécuter le travail ailleurs et celui qui ne le peut pas à raison même de la nature du travail. Dans les cas où il est permis, par effet de l'article 109.1 b) C.t., un contrat de sous-traitance n'est pas soumis à l'exigence d'avoir été conclu avant le début de la phase des négociations[59]. Par ailleurs, il est important de garder à l'esprit que la permission laissée par l'article 109.1 b) C.t. de recourir à la sous-traitance peut s'avérer, en pratique, une faveur douteuse pour le sous-traitant, s'il s'agit d'un employeur qui fait exécuter le travail par ses salariés. L'application de l'article 45 C.t. pourrait, en effet, transporter chez le nouvel employeur le dossier de la négociation et l'état de grève qui le touche, le cas échéant[60].

La marge de manœuvre laissée à l'entreprise par l'article 109.1 du code pour remplacer les salariés en grève ou en lock-out peut se résumer de la façon suivante : dans l'établissement touché par la grève ou le lock-out, l'employeur pourra utiliser les seuls services des cadres de cet établissement ou d'un autre établissement auquel appartiennent des salariés de l'unité de négociation en grève ou en lock-out, à la condition que ces cadres aient été embauchés avant le début de la phase des négociations; hors de cet établissement, il pourra recourir aux services soit d'un salarié de l'entreprise embauché avant le début de la phase de négociation et qui n'est pas compris dans l'unité de négociation en grève ou en lock-out, soit d'un cadre de l'entreprise embauché avant le début de la phase de négociation, soit enfin d'un entrepreneur ou des employés d'un autre employeur.

La jurisprudence a apporté certaines précisions sur l'interprétation et l'application de diverses notions auxquelles font appel les dispositions de l'article 109.1 C.t.

---

52. *Guérard c. Groupe I.P.A. Pièces d'auto Ltée*, précité, note 46.
53. *Union des employées et employés de service, section locale 800 c. Club de golf St-Laurent (1992) Inc.*, D.T.E. 2003T-22 (T.T.). Serait par ailleurs manifestement illégitime une rétention de services suspendue à l'éventualité du fait même d'une grève ou d'un lock-out : voir *Union internationale des travailleurs et travailleuses unis de l'alimentation et du commerce, section locale 486 c. Tassé*, D.T.E. 97T-113 (T.T.); *Syndicat des techniciens d'Hydro-Québec, section locale 957 (S.C.F.P.-F.T.Q.) c. Hydro-Québec*, D.T.E. 92T-90 (T.T.).
54. *Syndicat des employés professionnels et de bureau, section locale 57, (U.I.E.P.B.) C.T.C.-F.T.Q. c. Caisse populaire St-Charles Garnier*, [1987] R.J.Q. 979, EYB 1987-62497 (C.A.); *Syndicat de l'alimentation au détail de Montréal (C.S.N.) c. Marché Bernard Lemay Inc.*, D.T.E. 87T-979 (C.S.), *Syndicat des travailleuses et travailleurs de Volailles Marvid (CSN) c. Volailles Marvid Canada Inc.*, [2005] R.J.D.T. 254 (C.R.T.); *Travailleuses et travailleurs unis de l'alimentation et du commerce, section locale 503 et 9098-6498 Québec Inc. (Petit Manoir du Casino)*, D.T.E. 2006T-487 (C.R.T.).
55. Exemple : *Syndicat des employés(es) professionnels(les) et de bureau, section locale 57, S.E.P.B., U.I.E.P.B., C.T.C.-F.T.Q. c. Caisse d'économie des policiers de la Communauté urbaine de Montréal*, D.T.E. 88T-614 (C.S.); *Métallurgistes unis d'Amérique, section locale 6687 et Nexans Canada Inc.*, précité, note 51; *Syndicat national des opérateurs de radio et de téléphone de Sherbrooke et Taxis de Sherbrooke Inc.*, précité, note 48.
56. *Syndicat des communications graphiques, section locale 41M c. Centre d'accès à l'information juridique*, D.T.E. 2003T-471 (C.R.T.).
57. Il demeure légitime pour l'employeur de promouvoir une salariée à un poste de cadre et de l'affecter de façon permanente, plutôt que ponctuelle, à un autre établissement en grève : *Syndicat des communications graphiques, section locale 41M c. Commission des relations du travail*, D.T.E. 2005T-652 (C.S.); *Métallurgistes unis d'Amérique, section locale 6687 et Nexans Canada Inc.*, précité, note 51.
58. *Syndicat des travailleuses et travailleurs de Volailles Marvid (CSN) c. Volailles Marvid Canada Inc.*, précité, note 54 – cas des rabbins travaillant pour un autre employeur ou à titre d'entrepreneurs; *Syndicat canadien des communications, de l'énergie et du papier (SCEP) et Aréna des Canadiens inc. (Centre Molson Inc.)*, D.T.E. 2007T-307 (C.R.T.) (requête en révision judiciaire continuée *sine die* et requête en rejet d'action continuée *sine die*, (C.S., 2007-03-16), n° 500-17-035122-079).
59. Voir *supra*, note 51, quant à l'interprétation de l'article 109.1 a) C.t.
60. Voir, à ce sujet, *Syndicat national catholique des employés des institutions religieuses de St-Hyacinthe Inc. c. Laliberté et Associés Inc.*, précité, note 51; *Gestion P.F.L. Inc. c. Syndicat national du lait Inc.*, D.T.E. 83T-198 (T.T.).

La notion d'utilisation des services d'une personne « connote l'idée d'un acte positif par l'utilisateur »[61]. Ne bénéficier qu'indirectement, à son insu ou passivement des services de quiconque ne tombe pas sous le coup d'une prohibition par l'article 109.1 C.t.[62]. La sanction de la prohibition d'utiliser les services d'une personne pour remplir les fonctions d'un salarié en grève ou « lock-outé » ne suppose pas que cette personne remplisse toutes les fonctions du salarié absent[63]. On a aussi jugé que le seul fait de retenir la disponibilité d'une personne, contre rémunération, en vue de remplir au besoin les fonctions d'un salarié en grève, constituait une contravention à l'article 109.1 a) C.t.[64]. La personne qui accepte illégalement de remplir les fonctions d'un salarié en grève, contrairement aux dispositions de la loi, se trouve partie à l'infraction commise par l'employeur qui utilise ses services, selon l'article 145 C.t.[65].

Quant à la notion d'établissement (art. 109.1 b) à g) C.t.), elle ne s'arrête pas à un bâtiment ou à une adresse civique; elle rejoint plutôt une localisation territoriale distincte d'autres et dont les activités et la gestion sont réunies[66].

L'infraction à l'article 109.1 C.t. est de responsabilité stricte; une fois son élément matériel prouvé hors de tout doute raisonnable, l'accusé doit lui-même prouver, pour se disculper, qu'il a agi avec une diligence raisonnable pour éviter la perpétration de l'infraction[67]. De fortes amendes ont été imposées aux contrevenants trouvés sans excuse[68].

Deux règles particulières tempèrent l'application des mesures antibriseurs de grève. D'abord, l'article 109.2 C.t. exempte l'employeur de l'application de l'article 109.1 C.t. dans la mesure où cela est nécessaire pour assurer le respect d'une entente intervenue avec le syndicat accrédité quant à l'utilisation des services de certaines personnes pendant la grève ou le lock-out, ou le respect, dans les services publics, d'une liste syndicale sur le maintien des services essentiels ou d'un décret de suspension du droit de grève. L'article 109.3 C.t. se présente de son côté comme une mesure conservatoire de la propriété de l'employeur. Il autorise ce dernier à prendre les moyens nécessaires pour éviter la destruction ou la détérioration grave de ses biens[69]. Son deuxième alinéa interdit toutefois clairement l'utilisation de moyens pour permettre la continuation de la production de biens ou de services autrement interdite[70].

L'application des dispositions des articles 109.1 à 109.3 C.t. est sujette à vérification par un enquêteur que le ministre du Travail peut désigner à sa discrétion, sur demande à cet effet de tout intéressé (art. 109.4 C.t.)[71].

Dans un autre ordre d'idées, eu égard aux effets possibles d'une grève ou d'un lock-out, il convient de signaler que les tribunaux ont reconnu le caractère licite de dispositions contractuelles qui prévoient la résiliation d'un contrat de service entre deux entreprises en cas de suspension du service pour cause de grève ou de lock-out[72].

B- Le maintien du lien d'emploi

L'effet naturel et immédiat de la grève ou de l'exercice du droit au lock-out est d'interrompre les obligations de l'employeur associées à l'exécution du travail, soit de fournir ce travail aux salariés concernés et de leur verser

61. *A.I.E.S.T., local de scène numéro 56 c. Société de la Place des Arts de Montréal*, précité, note 43, par. 27.
62. *Ibid.*; *Union internationale des travailleurs et travailleuses unis de l'alimentation et de commerce, section locale 486 c. Tassé*, précité, note 53; *Syndicat des techniciens d'Hydro-Québec, section locale 957 (S.C.F.P.-F.T.Q.) c. Hydro-Québec*, précité, note 53. L'article 109.1 b) C.t. ne porte aucune interdiction à l'employeur de cesser définitivement et véritablement une activité : *A.I.E.S.T., local de scène numéro 56 c. Société de la Place des Arts de Montréal*, précité, note 43, par. 28-33.
63. *Charbonneau (Travailleurs unis du pétrole du Canada, local 1) c. Soucy*, [1980] T.T. 184.
64. *Charbonneau (Travailleurs unis du pétrole, local 1) c. Shell Canada Limitée*, [1980] T.T. 327. Voir aussi *Syndicat national des travailleurs et travailleuses de l'automobile, de l'aérospatiale et de l'outillage agricole du Canada (T.C.A.-Canada) c. Montupet Ltée*, D.T.E. 91T-830 (T.T.).
65. *Charbonneau (Travailleurs unis du pétrole du Canada, local 1) c. Soucy*, précité, note 64.
66. *Syndicat des travailleurs(euses) de Distribution Multi-Marques Laval (CSN) c. Multi-Marques Distribution Inc.*, D.T.E. 2003T-898, EYB 2003-47651 (C.R.T.), par. 43-58.
67. *Union internationale des travailleurs et travailleuses unis de l'alimentation et du commerce, section locale 486 c. Tassé*, précité, note 53; *Syndicat des techniciens d'Hydro-Québec, section locale 957 (S.C.F.P.-F.T.Q.) c. Hydro-Québec*, précité, note 53.
68. *Charbonneau (Travailleurs unis du pétrole, local 1) c. Shell Canada Limitée*, précité, note 64 – amendes totalisant 10 000 $; *Charbonneau (Travailleurs unis du pétrole du Canada, local 1) c. Soucy*, précité, note 63 – amende de 5 000 $.
69. *Brasserie Labatt Ltée c. Leblanc*, D.T.E. 2003T-897 (C.R.T.).
70. *Syndicat national des travailleurs et travailleuses de l'automobile, de l'aérospatiale et de l'outillage agricole du Canada (T.C.A.-Canada) c. Montupet Ltée*, précité, note 64.
71. *Menasco Canada Ltée c. Laberge*, D.T.E. 85T-486 (C.S.); *Syndicat des travailleurs en communication du Canada, section locale 81 (F.T.Q.) c. Télébec Ltée*, [1986] T.T. 29 (C.S.).
72. *Autobus Terrebonne Inc. c. Commission scolaire des Manoirs*, [1986] R.J.Q. 1053, EYB 1986 79112 (C.S.).

leur salaire[73]. L'article 110, al. 1 C.t. prévoit toutefois que personne ne cesse d'être un salarié pour l'unique raison qu'il a cessé de travailler par suite de grève ou de lock-out.

Dans une affaire *Vandal*, on avait d'abord interprété l'article 110, al. 1 C.t. comme interdisant purement et simplement à l'employeur d'invoquer comme motif de congédiement d'un salarié le fait qu'il ait participé à une grève même illégale[74].

Par la suite, dans l'affaire *Commercial Photo Service Inc.*, la juridiction du travail arriva, au contraire, à la conclusion que l'article 110 C.t. ne constituait pas une disposition prohibitive à l'endroit de l'employeur, mais simplement une disposition de nature interprétative se limitant à déclarer que la grève et le lock-out, sans égard à leur légalité, n'ont pas pour effet de mettre fin automatiquement au lien d'emploi[75]. La disposition n'interdisait donc pas à l'employeur de congédier un salarié pour sa participation à une grève illégale. Cette interprétation est celle qu'a retenue la Cour d'appel[76]. C'est en décidant d'apprécier la sévérité de la sanction imposée pour décider s'il y avait une cause juste et suffisante de congédiement au sens de l'article 17 du code, plutôt que de se limiter à vérifier si la grève illégale constituait le motif véritable de la sanction et non un prétexte, que la juridiction du travail avait excédé sa compétence dans l'espèce, de l'avis des tribunaux supérieurs[77]. On aurait pu craindre qu'il en résulte un certain automatisme dans la justification d'un congédiement du seul fait de la participation du salarié à un arrêt illégal de travail. Cependant, la Cour d'appel a refusé par la suite d'annuler des jugements qui avaient conclu que l'employeur avait utilisé comme pur prétexte une action de grève illégale pour congédier des salariés, son véritable motif étant leur activité syndicale par ailleurs légitime[78]. Vue en fonction des seules dispositions du Code du travail, la participation à une grève illégale constitue donc une faute susceptible de justifier légalement le congédiement du salarié, mais dans la seule mesure où elle s'avère en être la cause réelle et déterminante et non y servir de prétexte.

– *Les recours*

L'article 110.1 C.t. énonce le droit de tout salarié qui a fait grève ou qui a été lock-outé de recouvrer son emploi, à la fin de la grève ou du lock-out, de préférence à toute autre personne, à moins que l'employeur n'ait une cause juste et suffisante de ne pas le rappeler. Le droit conféré au salarié par cet article est donc un droit de préférence[79]. Ce droit est distinct des autres que le Code du travail reconnaît déjà au salarié, notamment celui de l'exercice d'une activité syndicale légitime à l'abri de toute sanction de l'employeur. Ainsi, en cas de congédiement pur et simple à la fin de la grève ou du lock-out, le salarié devra plutôt utiliser, le cas échéant, une plainte de congédiement pour activité syndicale, en vertu des articles 15 et suivants du code[80].

Le recours prévu à l'article 110.1 C.t. constitue un arbitrage *sui generis*, statutaire, qui traitera la mésentente sur le non-rappel au travail du salarié comme s'il s'agissait d'un grief[81]. Ce recours doit être exercé dans les six mois de la date à laquelle le salarié aurait dû être rappelé au travail. Il ne peut être entrepris que par une association accréditée, ce qui exclut du même coup que des situations de grève ou de lock-out à l'occasion d'un litige de reconnaissance syndicale, avant l'octroi de l'accréditation, puissent y donner ouverture. Seule subsisterait alors la protection des articles 15 et suivants et 110 C.t. Le cas échéant, l'association accréditée est tenue de respecter l'obligation légale de représentation que lui impose l'article 47.2 C.t. en traitant le recours du salarié selon l'article 110.1 C.t.; en cas de défaut de sa part, le salarié aura droit de réclamer le redressement spécifique prévu aux articles 47.3 et suivants C.t. (art. 110.1, al. 3 C.t.)[82].

C- La fin de la grève

Le Code du travail ne prévoit aucune formalité particulière pour mettre un terme à une grève. Lorsque la grève conduit, comme c'est généralement le cas, à la conclusion d'une convention collective, la signature de cette dernière

73. *Syndicat canadien des communications, de l'énergie et du papier, section locale 145 c. Gazette (The), une division de Southam Inc.*, [2000] R.J.Q. 24, REJB 1999-15534 (C.A.). Quant aux obligations qui ne sont pas la contrepartie immédiate de l'exécution du travail, comme le paiement d'une prestation de décès ou d'une indemnité de licenciement en cas de fermeture définitive de l'entreprise, comparer : *McGavin Toastmaster Limited c. Ainscough*, [1976] 1 R.C.S. 718 et *Syndicat des employés de Daily Freight (C.S.N.) c. Imbeau*, [2005] R.J.Q. 452, REJB 2003-37339 (C.A.).
74. *Vandal c. Ambulance Paul-Georges Godin Ltée*, [1976] T.T. 41.
75. *Commercial Photo Service Inc. c. Lafrance*, [1978] T.T. 8.
76. *Commercial Photo Service Inc. c. Lafrance*, [1978] C.A. 416.
77. *Ibid. Lafrance c. Commercial Photo Service Inc.*, [1980] 1 R.C.S. 536.
78. *Barrette-Chapais Ltée c. Brière*, D.T.E. 82T-562 (C.A.); *Fleury c. Épiciers unis Métro-Richelieu Inc.*, [1987] R.J.Q. 2034, EYB 1987-59594, EYB 1987-62715 (C.A.).
79. *Cie de volailles Maxi Ltée c. Bolduc*, [1987] R.J.Q. 2626 (C.S.).
80. Voir *Desjardins c. Classic Bookshops*, [1980] T.T. 444. On y analyse les principales caractéristiques du recours prévu à l'article 110.1 C.t., le distinguant en particulier de celui des articles 15 et suivants du code.
81. Sur l'indépendance de ce recours par rapport au recours à l'arbitrage selon la convention collective, voir *Cie de volailles Maxi Ltée c. Bolduc*, précité, note 79.
82. Voir *supra*, titre II, chapitre IV.

devra néanmoins avoir été préalablement autorisée par un vote majoritaire au scrutin secret des membres de l'association accréditée compris dans l'unité de négociation et exerçant leur droit de vote (art. 20.3 C.t.).

L'envoi du différend à l'arbitrage, mettra également fin à une grève en cours, normalement sans difficulté particulière[83].

À côté de ces situations courantes, qu'advient-il lorsque la volonté des salariés et celle du syndicat qui les représente divergent quant à la poursuite de la grève? Si les salariés décident de mettre fin à la grève, cette dernière cesse tout simplement d'exister[84]. La décision d'une partie seulement des salariés de l'unité de négociation de cesser de faire grève est plus problématique. L'ensemble du Code du travail présente, en effet, la grève comme un moyen d'action essentiellement syndical. L'exigence du vote de grève et de l'avis au ministre ainsi que, surtout, l'imposition de la cessation totale de travail associée au régime antibriseurs de grève rendent compte du caractère institutionnel de la grève. Cette dernière ne devrait donc pas prendre fin sans une décision syndicale à cet effet[85].

5- Le piquetage

Le Code du travail ne définit pas le piquetage ou piquet de grève, ni ne l'encadre. Celui-ci se présente comme la manifestation extérieure usuelle d'un conflit de travail. Il peut aussi constituer par lui-même un moyen de pression indépendant destiné à appuyer une revendication ou à accélérer une négociation. Le but des salariés qui font du piquetage est de convaincre la population en général du bien-fondé de leurs revendications ou de leur position. C'est d'ailleurs pourquoi le droit au piquetage appartient, et ne peut être exercé, que par les salariés en grève ou en lock-out. Il va de soi que des tierces personnes peuvent

manifester leur sympathie, leur appui ou leur encouragement aux salariés qui font du piquetage, mais elles ne peuvent exercer ce droit en lieu et place des salariés en grève ou en lock-out[86].

La Cour suprême y reconnaît une composante du discours syndical, justifiée et protégée au titre de la liberté d'expression garantie par les Chartes[87].

C'est sur cette base que la Cour suprême a décidé d'écarter désormais toute distinction entre le piquetage primaire, sur les lieux du conflit, et le piquetage dit secondaire, c'est-à-dire dirigé contre des tiers juridiquement étrangers au différend mais qui poursuivent des relations d'affaires avec l'employeur en grève ou en lock-out ou qui lui sont individuellement associés à titre de dirigeants, piquetage que la jurisprudence dominante réputait en lui-même illégal. La Cour suprême retient que ce postulat d'illégalité ignorait indûment la liberté d'expression; elle pose plutôt que les règles usuelles relatives aux fautes civiles ou criminelles suffisent à encadrer le piquetage, peu importe où il a lieu[88].

Les situations de piquetage sont d'abord régies par l'article 423 du Code criminel et plus particulièrement par la portée de l'exception prévue au paragraphe 2 de cet article. Ce dernier décrit, comme légitime, un piquetage « pacifique », strictement orienté vers un but d'information :

> « Ne surveille ni ne cerne, au sens du présent article, celui qui se trouve dans un lieu, notamment une maison d'habitation, ou près de ce lieu, ou qui s'en approche, à la seule fin d'obtenir ou de communiquer des renseignements. »

Les piquetages vécus démontrent que le passage de l'information à la discussion plus ou moins animée et, de

---

83. *Id.*, chapitre V.
84. *Syndicat des employés de Uniroyal (C.S.N.) c. Union des ouvriers du caoutchouc synthétique, local 78 de l'Union internationale des employés de distilleries, rectification, vins et industries connexes d'Amérique*, [1980] T.T. 150; *Union des routiers, brasseries, liqueurs douces et ouvriers de diverses industries, section locale 1999 (Teamsters) c. Syndicat des salariées et salariés des Vêtements Avanti Inc. (CSN)*, D.T.E. 2005T-413 (C.R.T.).
85. Voir, en ce sens, *Syndicat démocratique des salariés de la Scierie Leduc (C.S.D.) c. Daishowa Inc., division Scierie Leduc*, [1990] T.T. 71. En appel, la Cour supérieure a conclu différemment, affirmant que le retour au travail d'une majorité des salariés avait mis fin à la grève et que, de toute façon, l'incertitude de la solution juridique applicable à une telle situation devait bénéficier à l'accusé et justifiait son acquittement : *Daishowa Inc., division Scierie Leduc c. Syndicat démocratique des salariés de la Scierie Leduc (C.S.D.)*, [1990] R.J.Q. 1117, EYB 1990-76606 (C.S.). La Cour d'appel, à la majorité, a confirmé ce jugement, en se dissociant toutefois du premier motif de la Cour supérieure pour ne retenir que le deuxième : *Syndicat démocratique des salariés de la Scierie Leduc c. Daishowa Inc., division de Scierie Leduc*, [1991] R.J.Q. 2477, EYB 1991-63717 (C.A.). Ultérieurement, aux fins de l'application des articles 22 et 11 C.t., l'instance du travail a réaffirmé sa position selon laquelle la grève n'avait pas pris fin : *Syndicat démocratique des salariés de la Scierie Leduc c. Daishowa Inc., division Scierie Leduc*, [1994] T.T. 57. Voir aussi l'arrêt rendu depuis lors dans *Union des employées et employés de service, section locale 800 c. Farbec Inc.*, précité, note 9, relativement au déclenchement légal d'une grève par une décision majoritaire des membres du syndicat.
86. *Cascades Canada Inc. c. Syndicat national des travailleurs et travailleuses des Pâtes et Cartons de Jonquière (Usine pâtes) CSN-FTPF*, EYB 2005-88918 (C.S.); *Fonderie Saguenay Ltée c. Syndicat des employés de Fonderie Saguenay Ltée (CSN)*, D.T.E. 2006T-442 (C.S.).
87. *S.D.G.M.R., section locale 558 c. Pepsi-Cola Canada Beverages (West) Ltd.*, [2002] 1 R.C.S. 156, par. 69, REJB 2002-27591; *T.U.A.C., section locale 1518 c. K-Mart Canada Ltd.*, [1999] 2 R.C.S. 1083, REJB 1999-14240 – nullité d'une disposition législative ayant pour effet d'interdire une distribution pacifique de tracts; *Syndicat des détaillants, grossistes et magasins à rayons, section locale 580 c. Dolphin Delivery Ltd.*, [1986] 2 R.C.S. 573; *Syndicat canadien de la fonction publique, section locale 302 c. Verdun (Ville de)*, [2000] R.J.Q. 356, REJB 2000-16403 (C.A.).
88. *S.D.G.M.R., section locale 558 c. Pepsi-Cola Canada Beverages (West) Ltd.*, précité, note 87, par. 103.

là, à la menace ou à la coercition s'avère souvent aussi facile que rapide[89].

Sur le plan civil, le piquetage soulève essentiellement une question d'équilibre entre le droit des salariés à leur liberté d'expression, d'une part, et celui de l'employeur à sa liberté de commerce et à l'usage de sa propriété, d'autre part[90]. Le piquet de grève emporte naturellement et normalement un effet perturbateur sur les activités de l'employeur. Il ne peut néanmoins constituer une entrave qui restreint l'accès à l'entreprise ou la possibilité d'en sortir, notamment en s'installant sur la propriété de l'employeur ou dans ses voies d'accès[91]. Cette situation entraîne des résultats assez cocasses lorsque, par exemple, il s'agit de piqueter contre un établissement situé dans un centre commercial. Ainsi, dans l'arrêt *Harrison c. Carswell*[92], la Cour suprême a maintenu à la majorité la condamnation à une amende, selon la loi manitobaine, d'une personne qui avait pratiqué un piquetage pacifique dans un centre commercial où son employeur exerçait son activité. Les juges majoritaires reconnurent la latitude du propriétaire des lieux de s'opposer, sans intention malicieuse, à la présence du piqueteur. La jurisprudence civile impose donc généralement le respect le plus absolu du droit de propriété et de la liberté de commerce qui y est associée[93].

Le droit à la vie privée affirmé tant par le Code civil du Québec (art. 3 et 35) que par la *Charte des droits et libertés de la personne* (art. 5) conditionne le droit de piquetage aux lieux de résidence des dirigeants et des cadres de l'employeur[94]. La liberté de travail a été fermement protégée par les tribunaux en l'absence d'interdiction légale d'utilisation de briseurs de grève comme celle qu'on trouve maintenant à l'article 109.1 C.t. Abstraction faite de cette dernière dimension et des plus récents développements quant au piquetage secondaire, on trouvera une étude très exhaustive du droit de piquetage, particulièrement quant à la forme qu'il peut prendre, dans l'arrêt de la Cour d'appel *Canadian Gypsum Co. Ltd.*[95].

6- Les sanctions

A- La sanction pénale

Le Code criminel sanctionne les actes illégaux de piquetage (art. 423 C.cr.) et, plus exceptionnellement, certains actes de grève (art. 422, 466 et 467 C.cr.) ou de lock-out (art. 425 C.cr.).

Plus couramment, une grève ou un lock-out qui contrevient aux dispositions du Code du travail pourra conduire à des poursuites pénales intentées en vertu de celui-ci (art. 142 C.t.). En particulier, dans le cas d'une grève, est coupable d'une infraction, quiconque la déclare, la provoque ou y participe illégalement[96]. La participation à la grève ne se limite pas au seul fait pour un salarié de prendre part à la cessation de travail; cette notion de participation rejoint toute forme d'implication, même par omission, qui permet la réalisation de la cessation collective de travail, notamment de la part du syndicat, de ses officiers ou de ses représentants[97]. La jurisprudence est contradictoire quant à savoir si les différents termes utilisés à l'article 142 C.t. désignent chacun une infraction distincte[98].

En ce qui concerne la preuve, il y a lieu de signaler, quant à la participation individuelle d'un salarié à une grève illégale, la règle dégagée par la Cour suprême dans l'affaire *Strasser c. Roberge*[99]. Selon les juges majoritaires, qui y interprètent l'arrêt *Sault Ste-Marie*[100] relativement à la notion d'infraction de responsabilité stricte,

89. Voir et comparer à cet égard : *Canuk Lines Limited c. Seafarers' International Union of Canada*, [1966] C.S. 543; *Noranda Mines Limited c. United Steelworkers of America*, [1954] C.S. 24.

90. *Corporation des concessionnaires d'automobiles de la régionale de Québec c. Centrale des syndicats démocratiques*, D.T.E. 2003T-833, EYB 2003-49952 (C.S.).

91. *Ibid.*

92. [1976] 2 R.C.S. 200.

93. Exemple : *Direct Film Inc. c. C.S.N.*, D.T.E. 82T-206 (C.S.); la cour prononce une injonction interlocutoire en vue d'empêcher la poursuite d'une campagne de boycottage, ponctuée d'actes illégaux, des produits et services de l'employeur, à l'occasion d'une tentative d'organisation syndicale mouvementée.

94. Voir et comparer : *Syndicat canadien de la fonction publique, section locale 302 c. Verdun (Ville de)*, précité, note 87; *Syndicat des communications graphiques, local 41M c. Journal de Montréal, division de Groupe Quebecor Inc.*, [1994] R.D.J. 456, EYB 1994-64349 (C.A.); *Office municipal d'habitation de Montréal c. Syndicat canadien de la fonction publique, section locale 301*, D.T.E. 99T-195, REJB 1999-10567 (C.S.); *Fonderie Saguenay Ltée c. Syndicat des employés de Fonderie Saguenay Ltée (CSN)*, précité, note 86.

95. *Canadian Gypsum Co. Ltd. c. C.S.N.*, [1973] C.A. 1075.

96. Sur la distinction entre le fait de déclarer une grève et celui de la provoquer, voir *Nadeau c. Rousseau*, [1990] T.T. 409.

97. *Therrien c. Gagnon*, [1990] R.J.Q. 545, EYB 1989-76536 (C.S.); *Société de transport de la Rive-Sud de Montréal c. Clericy*, [1989] T.T. 135.

98. Réponse affirmative : *Centre Cardinal Inc. c. Union des employés de service, local 298*, [1987] T.T. 367. Réponse négative : *Manoir St-Patrice Inc. c. Union des employés de service, local 298*, [1987] T.T. 184.

99. Précité, note 32.

100. *R. c. Sault Ste-Marie*, [1978] 2 R.C.S. 1299.

sur une plainte de participation d'un ou de plusieurs salariés à une grève illégale, la poursuite doit mettre en l'existence d'une concertation préalable pour prouver l'existence de la grève elle-même, mais elle n'est pas tenue de faire la preuve de l'intention individuelle de tel ou tel inculpé de se joindre à la cessation collective de travail ou, en d'autres termes, de sa participation personnelle à la concertation[101].

En somme, une fois que la poursuite a prouvé une cessation concertée de travail dans le groupe de salariés et l'absence simultanée de son travail de la part d'un salarié inculpé, elle n'a pas à réfuter toute explication par laquelle le salarié pourrait éventuellement chercher à se disculper. C'est plutôt à ce dernier que cette tâche incombe alors. Un jugement de la Cour d'appel précise l'intensité de ce fardeau en tenant compte de la présomption d'innocence énoncée à l'article 11 d) de la *Charte canadienne des droits et libertés*[102]. Ainsi, selon la Cour d'appel, le fardeau de l'accusé serait un fardeau de présentation d'une preuve suffisante pour soulever un doute raisonnable quant à sa culpabilité, plutôt que de persuasion de son absence de participation à la concertation de grève[103].

B- La sanction civile

Sur le plan civil, les règles générales de la responsabilité civile serviront de fondement à la réclamation des redressements appropriés contre les auteurs d'une grève ou d'un lock-out illégal, ou de toute faute commise à l'occasion d'une grève ou d'un lock-out, pour obtenir la cessation de la conduite fautive ou la réparation du préjudice qui en résulte[104]. C'est à l'identification de la juridiction compétente qu'il faudra apporter une attention particulière. Cette détermination sera d'abord tributaire de la source d'illégitimité de l'acte fautif ayant causé le préjudice. Si cette source se trouve exclusivement dans le Code du travail, c'est à la Commission des relations du travail qu'il faudra s'adresser (art. 114, 118, 119 C.t.)[105], sauf s'il s'agit d'un service public ou des secteurs public ou parapublic[106], dans un délai raisonnable[107]. Si elle se trouve plutôt, concurremment ou exclusivement, dans le contenu explicite ou implicite d'une convention collective, l'arbitre de grief sera le seul forum compétent[108]. Restent les cas où c'est le droit commun qui prohibe l'acte fautif, la grève ou le lock-out n'en étant que l'occasion. Les piquetages illégaux entrent dans cette catégorie, de même que d'autres incidents qui peuvent marquer le conflit[109]. C'est le tribunal de droit commun qui est alors compétent[110].

Par ailleurs, particulièrement dans le cas des services publics, un recours peut être ouvert aux tiers qui subissent directement les conséquences de l'action collective illégale. Dans l'arrêt *Santana Inc.*, la Cour d'appel a confirmé le jugement de première instance qui avait maintenu l'action d'un usager du service postal par suite des dommages que lui avait causés une grève illégale des postiers[111]. En outre, l'introduction du recours collectif a rendu les organisations syndicales beaucoup plus vulnérables aux réclamations des usagers de services publics à la suite d'arrêts de travail illégaux[112]. L'injonction est également disponible en cas d'urgence[113].

Dans les services publics et dans les secteurs public et parapublic, l'illégalité de la grève et des autres moyens d'action concertée qui l'accompagnent ou qui peuvent y être assimilés peut aussi donner lieu à l'exercice des pouvoirs de redressement, aussi importants que variés, qui sont dévolus au Conseil des services essentiels (art. 111.16 à 111.20 C.t.)[114].

---

101.   *Strasser c. Roberge*, précité, note 32, p. 977 à 982.

102.   *Bergeron c. Procureur général du Québec*, [1995] R.J.Q. 2054, EYB 1995-64581 (C.A.).

103.   *Ibid.*

104.   Exemples : *Association des pompiers de Montréal Inc. c. Ville de Montréal*, [1983] C.A. 183; *Papineau et Dufour Ltée c. Union des bûcherons et employés de scieries, local 2399*, D.T.E. 84T-99 (C.S.).

105.   Quant à la compétence de la C.R.T. pour rendre une ordonnance, provisoire ou permanente, destinée à assurer le respect de l'article 109.1 C.t., voir *Association patronale des concessionnaires d'automobiles Inc. c. Commission des relations du travail*, [2004] R.J.D.T. 76, EYB 2003-51227 (C.S.).

106.   *Montréal (Ville de) c. Association des pompiers de Montréal Inc.*, [2003] R.J.D.T. 766 (C.R.T.).

107.   Voir *supra*, titre II, chapitre I, section 2-B-1.e).

108.   *Ste-Anne Nackawic Pulp & Paper Co. c. Section locale 219 du Syndicat canadien des travailleurs du papier*, [1986] 1 R.C.S. 704, EYB 1986-67310; *Syndicat des employés manuels de la Ville de Québec, section locale 1638 c. Québec (Ville de)*, [1994] R.J.Q. 1552, EYB 1994-64350 (C.A.).

109.   Exemple : *Montréal (Ville de) c. Association des pompiers de Montréal Inc.*, D.T.E. 2000T-1050, REJB 2000-20668 (C.S.) – méfaits et actes de vandalisme commis à l'occasion d'une grève.

110.   *Syndicat International Woodworkers of America (I.W.A. Canada), section locale 1-400 c. Produits forestiers Coulonge Inc.*, D.T.E. 2003T-1144, REJB 2003-50218 (C.A.).

111.   *Syndicat des postiers du Canada c. Santana Inc.*, [1978] C.A. 114; *Syndicat des employés de métier d'Hydro-Québec, section locale 1500 c. Eastern Coated Papers Ltd.*, [1986] R.J.Q. 1895, EYB 1986-70869 (C.A.).

112.   *Curateur public du Québec c. Syndicat national des employés de l'hôpital St-Ferdinand*, [1996] 3 R.C.S. 211, EYB 1996-29281; *Binette c. Syndicat des chauffeures et chauffeurs de la Corp. Métropolitaine de Sherbrooke, section locale 3434 (S.C.F.P.)*, précité, note 18.

113.   *Hudon c. Syndicat des professeurs du Cégep de La Pocatière (C.S.N.)*, [1976] R.D.T. 2098 (C.S. et C.A.).

114.   *Montréal (Ville de) et Syndicat des cols bleus regroupés de Montréal (SCFP-301)*, D.T.E. 2006T-270 (C.S.E.). Sur la constitutionnalité du conseil et de ses pouvoirs au regard de la *Loi constitutionnelle de 1867* et des Chartes, voir *Syndicat canadien de la Fonction publique c. Conseil des services essentiels*, [1989] R.J.Q. 2648, EYB 1989-63170 (C.A.).

Chapitre VII
La convention collective

Le régime de rapports collectifs du travail élaboré par le Code du travail vise l'établissement de conditions de travail dans une convention collective. Cette dernière constitue la finalité essentielle du régime.

1- Le contenu

A- Le contenu explicite

Le Code du travail définit la convention collective comme « une entente écrite relative aux conditions de travail » conclue entre une ou plusieurs associations accréditées et un ou plusieurs employeurs ou associations d'employeurs (art. 1 d) C.t.)[1].

Quant à sa substance, c'est la notion de « conditions de travail » qui caractérise juridiquement la convention collective et qui détermine son contenu potentiel. Ainsi, une entente entre un employeur et une association accréditée qui porterait sur des objets étrangers aux conditions de travail ne saurait prétendre à la qualification de convention collective[2].

La notion de conditions de travail, que le législateur s'est abstenu de définir, s'est révélée extrêmement souple, évoluant avec la pratique même de la négociation collective. Elle a permis d'embrasser tout autant les conditions d'obtention, de maintien ou de terminaison de l'emploi que les conditions physiques d'exécution du travail, les prestations réciproques des salariés et de l'employeur et même, dans un sens plus large encore, toutes les conditions que les parties rattachent d'une façon ou d'une autre au fait que des salariés travaillent pour un employeur et qu'ils sont représentés par un agent négociateur collectif[3]. En somme, sous réserve des exigences et des limites qu'imposent les règles générales ou particulières de l'ordre public, une matière ou un sujet devient une condition de travail du fait même qu'elle s'insère dans le contenu d'une convention collective.

De façon générale, le Code du travail n'impose pas de contenu spécifique à la convention collective. Ce n'est que par exception que le législateur dicte explicitement un contenu particulier à l'entente collective. Ainsi, les articles 41 à 49 de la *Charte de la langue française*, qui traitent de la langue au travail, sont réputés faire partie intégrante de toute convention collective[4]. Il en est de même, depuis le 1er juin 2004, des dispositions de la *Loi sur les normes du travail* relatives au harcèlement psychologique[5]. Enfin, l'article 227 de la *Loi sur la santé et la sécurité du travail*[6] incorpore indirectement les dispositions de cette loi à la convention collective en autorisant le salarié qui croit avoir été l'objet d'un congédiement, d'une suspension, d'un déplacement, de mesures discriminatoires ou de représailles, ou de toute autre sanction à cause de l'exercice d'un droit ou d'une fonction qui lui résulte de cette loi, à recourir à la procédure de grief prévue à la convention collective. Il arrive aussi que les parties à la convention collective y incorporent explicitement un instrument qui lui est extrinsèque, comme une loi, une assurance collective ou un régime de retraite, soit en réitérant leurs énoncés, soit en s'y référant.

---

1. *Société d'électrolyse et de chimie Alcan Ltée c. Fédération des syndicats du secteur de l'aluminium Inc.*, D.T.E. 95T-1360, EYB 1995-58543 (C.A.).
2. *Guimond c. Université de Montréal*, [1985] C.S. 360 – refus de qualifier d'entente relative aux conditions de travail une entente qui visait des revenus des salariés jugés sans relation directe avec leurs relations avec l'employeur, du fait qu'ils provenaient d'un tiers.
3. *Syndicat des employées et employés des magasins Zellers d'Alma et de Chicoutimi (C.S.N.) c. Turcotte*, D.T.E. 2002T-862, REJB 2002-33885 (C.A.), par. 51 et 52; *Syndicat des travailleurs et des travailleuses des Épiciers unis Métro-Richelieu (C.S.N.) c. Lefebvre*, D.T.E. 96T-817, EYB 1996-65334, EYB 1996-65335 (C.A.); *Commission scolaire Crie c. Association de l'enseignement du Nouveau-Québec*, D.T.E. 90T-1095, EYB 1990-58564 (C.A.) – libération syndicale et obligation de remboursement du syndicat à l'employeur.
4. *Charte de la langue française*, L.R.Q., c. C-11, art. 50.
5. *Loi sur les normes du travail*, L.R.Q., c. N-1.1 (*L.n.t.*), art. 81.20, al. 1.
6. L.R.Q., c. S-2.1.

La faculté des parties de convenir de conditions de travail dans la convention collective demeure par ailleurs soumise à certaines restrictions d'ordre général ou particulier.

L'article 62 C.t. interdit et rend nulle toute disposition contraire à l'ordre public ou prohibée par la loi[7]. Relativement à la portée concrète de cette réserve générale, on peut d'abord évoquer les libertés et droits fondamentaux affirmés par les Chartes[8]. Il faut également tenir compte du contenu normatif du contrat de travail imposé par certaines lois, comme la *Loi sur la santé et la sécurité du travail* et la *Loi sur les normes du travail*, ainsi que des prohibitions qu'on peut y retrouver[9].

– Les clauses « orphelin »

L'expression clause « orphelin » désigne une stipulation qui a pour effet de faire supporter par les seuls salariés embauchés après une date donnée – habituellement celle de l'entrée en vigueur d'une nouvelle convention collective – les désavantages qui découlent de l'amoindrissement, quantitatif ou qualitatif, d'une condition de travail. C'est pour faire obstacle à cette pratique que le législateur a adopté les articles 87.1 à 87.3 *L.n.t.*[10].

Les paramètres de l'interdiction sont énoncés à l'article 87.1 *L.n.t.* Il y a lieu d'en retenir ce qui suit :

– La prohibition est édictée au bénéfice des salariés visés par une norme du travail (art. 87.1, al. 1 *L.n.t.*).

– Son étendue ne rejoint pas toutes les conditions de travail mais elle est plutôt limitée à certaines matières qui font l'objet d'une norme du travail : le salaire; la durée du travail; les jours fériés, chômés et payés; les congés annuels payés; les repos; les absences pour cause de maladie ou d'accident; les absences et congés pour raisons familiales ou parentales; l'avis de cessation d'emploi ou de mise à pied et le certificat de travail; l'uniforme, le matériel et les outils fournis, les frais de déplacement et

de formation obligatoires ainsi que les primes et indemnités (art. 87.1, al. 1 et 2 *L.n.t.*). Cette restriction matérielle ne laisse néanmoins que peu d'espace pour des clauses « orphelin » au regard, en particulier, du fait que le salaire fait l'objet d'une norme du travail et que sa définition y inclut les avantages ayant une valeur pécuniaire qui sont dus pour le travail ou les services d'un salarié (art. 1 (9) *L.n.t.*). L'interdiction peut ainsi rejoindre, par exemple, certains aspects des régimes de retraite ou d'assurances collectives comme la contribution de l'employeur à leur financement s'il y a lieu.

L'interdiction est centrée sur la considération de la date d'embauche comme unique facteur de distinction (art. 87.1, al. 1 *L.n.t.*).

– La démonstration et l'appréciation de l'existence d'une clause « orphelin » prohibée exige un exercice comparatif des conditions de travail accordées à des salariés qui effectuent les mêmes tâches dans le même établissement (art. 87.1, al. 1 *L.n.t.*)[11].

L'article 87.2 *L.n.t.* vient déclarer qu'une condition de travail fondée sur l'ancienneté ou la durée du service ne contrevient pas à l'interdiction formulée à l'article 87.1 de la loi. Il ne s'agit pas à proprement parler d'une exception ou d'une dérogation. En effet, l'interdiction formulée par l'article 87.1 *L.n.t.* porte sur la date d'embauche elle-même comme unique fondement d'une distinction. La considération de l'ancienneté ou de la durée du service, que l'article 87.2 *L.n.t.* déclare légitime, tient compte du temps écoulé depuis la date d'embauche plutôt que de cette dernière en elle-même et uniquement.

L'article 87.3 *L.n.t.* prévoit quant à lui certaines atténuations à l'interdiction énoncée par l'article 87.1 *L.n.t.* Il permet ainsi d'abord un accommodement particulier pour une personne handicapée et quant aux conditions de travail temporairement appliquées à un salarié à la suite d'un reclassement ou d'une rétrogradation, d'une fusion

7.   *Guimond c. Université de Montréal*, précité, note 2.
8.   Il s'agit ici au premier chef des articles 10 à 19 de la *Charte des droits et libertés de la personne*, L.R.Q., c. C-12. Exemple : *Union des employés de commerce, local 503 c. W.E. Bégin Inc.*, D.T.E. 84T-57 (C.A.) – clause d'une convention collective comportant une discrimination fondée sur le sexe. Sur le principe de la responsabilité syndicale associée à l'élaboration d'une règle discriminatoire ou à l'obstruction à un accommodement raisonnable, lorsqu'il y a lieu, voir *Central Okanagan School Board District No. 23 c. Renaud*, [1992] 2 R.C.S. 970, EYB 1992-67039; *Section locale 2995 du Syndicat canadien des communications, de l'énergie et du papier c. Spreitzer*, [2002] R.J.Q. 111, REJB 2002-27849 (C.A.).
9.   *Loi sur les normes du travail*, précitée, note 5; *Loi sur la santé et la sécurité du travail*, précitée, note 6; *McLeod c. Egan*, [1975] 1 R.C.S. 517; *Parry Sound (district), Conseil d'administration des services sociaux c. S.E.E.F.P.O., section locale 324*, [2003] 2 R.C.S. 157, 2003 CSC 42; *Isidore Garon Ltée c. Syndicat du bois ouvré de la région de Québec Inc. (C.S.D.); Fillion et Frères (1976) Inc. c. Syndicat national des employés de garage du Québec Inc. (C.S.D.)*, D.T.E. 2006T-132, 2006 CSC 2. Voir aussi *Montreal Standard c. Middleton*, [1989] R.J.Q. 1101, EYB 1989-63418 (C.A.).
10. Précitée, note 5.
11. Quant au terme établissement, que la loi ne définit pas, on pourra se référer à l'interprétation qui en a été donnée dans d'autres lois du travail.

d'entreprises ou de la réorganisation interne d'une entreprise (art. 87.3, al. 1 *L.n.t.*). Il autorise également les mesures qui peuvent être prises pour éviter à un salarié en place qu'il soit désavantagé par suite de son intégration à un nouveau taux de salaire, à une échelle salariale modifiée ou à une nouvelle échelle, pourvu que l'application de ces mesures soit temporaire, que la nouvelle échelle salariale ou le nouveau taux de salaire soit établi pour être applicable à l'ensemble des salariés qui effectuent les mêmes tâches dans le même établissement et que l'écart entre le salaire appliqué aux salariés déjà en place et le taux ou l'échelle établi pour être applicable à l'ensemble des salariés se résorbe progressivement, à l'intérieur d'un délai raisonnable (art. 87.3, al. 2 *L.n.t.*).

L'interdiction des clauses « orphelin » suscite un questionnement quant à un genre de clause qu'on trouve couramment dans les conventions collectives. Il s'agit des clauses dites de « droits acquis » ou clauses « grand-père ». Ces clauses peuvent-elles contrevenir à l'interdiction édictée par l'article 87.1 *L.n.t.*? En quelque sorte, les « grands-pères » sont-ils susceptibles d'engendrer des « orphelins »? Aux mêmes conditions et sous les mêmes réserves que celles que nous venons de voir, la réponse est affirmative, pour les motifs suivants. D'abord, il est de la nature même d'une clause de droits acquis de conserver aux salariés déjà en emploi au moment de la mise en application d'une nouvelle règle un avantage qui demeurera inaccessible aux salariés embauchés après cette date. La clause de droits acquis produit ainsi le même effet à partir du même critère de distinction que ceux proscrits par l'article 87.1 *L.n.t.* En outre, c'est précisément ce genre de clause que le législateur a jugé nécessaire de légitimer par une dérogation expresse dans le contexte envisagé à l'article 87.3, al. 2 *L.n.t.*, aux conditions qui y sont prévues.

Pour ce qui est des recours, le salarié qui se croit victime d'une disparité de traitement proscrite par l'article 87.1 *L.n.t.* dispose d'un choix. Il peut opter pour le mécanisme de grief et d'arbitrage selon la convention collective, s'il y a lieu[12]. Il peut préférer porter plainte auprès de la Commission des normes du travail; dans ce cas, il doit démontrer à la commission qu'il n'a pas utilisé le recours au grief ou, s'il l'a utilisé, qu'il s'en est désisté avant qu'une décision finale n'ait été rendue (art. 102, al. 2 *L.n.t.*).

Le Code du travail impose aussi quelques contraintes. L'article 63 C.t. se présente comme une mesure de protection de l'emploi du salarié vis-à-vis l'application des clauses d'appartenance obligatoire au syndicat. Il interdit toute stipulation qui prétendrait obliger l'employeur à refuser d'embaucher ou à licencier un salarié que le syndicat refuse d'admettre dans ses rangs ou qu'il en exclut, à moins que le salarié ait été embauché à l'encontre d'une disposition de la convention collective, ou qu'il ait participé à une activité dirigée contre l'association accréditée, à l'instigation ou avec l'aide directe ou indirecte de l'employeur. La liberté de choix du salarié en matière de représentation syndicale demeure ainsi entière, puisqu'il dispose de la protection de l'article 63 C.t. si ses agissements à l'encontre des intérêts de l'association accréditée ne sont pas animés par l'employeur[13]. La situation est bien différente, toutefois, lorsque c'est le salarié lui-même qui refuse d'adhérer au syndicat; il ne peut alors prétendre jouir de la protection de l'article 63 du code[14].

En matière d'arbitrage des griefs, les dispositions de toute convention collective incompatibles avec celles des articles 100 à 102 C.t. doivent céder à ces dernières, à moins d'une disposition expresse et contraire de la loi (art. 100, al. 3 C.t.).

Enfin, l'obligation de représentation du syndicat accrédité est partie de l'ordre public, auquel le contenu éventuel de la convention collective se trouve subordonné (art. 47.2 C.t.)[15]. Si l'agent négociateur dispose d'une large discrétion dans la négociation du contenu d'une convention collective et plus particulièrement dans la pondération des intérêts parfois divergents des salariés qu'il représente, il ne saurait par contre être autorisé à contrevenir de façon flagrante à son devoir de représentation équitable à l'endroit de certains d'entre eux[16]. On reconnaîtra toutefois la légitimité de l'établissement de certaines distinctions dans les droits respectifs de différentes catégories d'employés, à partir de considérations circonstancielles pertinentes ou sur la base de facteurs objectifs comme la durée des états de service dans l'entreprise[17].

---

12. Voir *infra*, titre II, chapitre VIII.
13. *Lessard c. Union des chauffeurs et ouvriers de diverses industries, local 69*, D.T.E. 84T-768 (T.T.).
14. *Miranda c. Louis Ethan Limited*, [1976] T.T. 118.
15. Voir *supra*, titre II, chapitre IV.
16. *Centre hospitalier Régina Ltée c. Tribunal du travail*, [1990] 1 R.C.S. 1330, EYB 1990-67759; *Tremblay c. Syndicat des employées et employés professionnels-les et de bureau*, [2002] 2 R.C.S. 627, REJB 2002-27957, par. 20-23.
17. Quant au droit à la rétroactivité, voir *Tremblay c. Syndicat des employées et employés professionnels-les et de bureau*, précité, note 16, par. 24. Relativement à l'accessibilité à l'arbitrage en cas de licenciement, voir et comparer : *Leeming c. La Reine du chef de la Province du Nouveau-Brunswick*, [1981] 1 R.C.S. 129; *Confédération des syndicats nationaux c. D'Anjou*, D.T.E. 87T-331, EYB 1987-62547 (C.A.); *Nolin c. Syndicat des employés de Molson*, [1988] T.T. 99; *Syndicat des enseignants de l'Outaouais c. Tremblay*, D.T.E. 83T-284 (C.A.); *Brasserie Labatt Ltée c. Bergeron*, [1989] R.J.Q. 2537, EYB 1989-77222 (C.S.).

Certaines règles impératives du Code civil du Québec s'imposent enfin à la convention collective[18].

Le cas échéant, la nullité d'une disposition de la convention collective n'affectera que cette disposition, sans influer sur l'ensemble de la convention (art. 64 C.t.)[19].

B- Le contenu implicite

Au-delà de ce qui y est exprimé, la convention collective porte un certain contenu implicite. Ce dernier se rapporte d'abord aux droits et obligations qui sont les corollaires de ceux que la convention attribue explicitement à l'une ou l'autre des parties. La seule existence de la convention collective lui donne aussi des effets implicites, comme l'interdiction de faire grève pendant sa durée[20] ou l'obligation de recourir à la procédure d'arbitrage pour réclamer ses droits[21].

Le contenu implicite de la convention collective comprend également diverses dispositions légales. Il s'agit d'abord de celles des chartes qui affirment des droits et obligations substantiels[22]. Il en est de même des dispositions substantielles des lois normatives d'ordre public sur l'emploi[23]. S'ajoutent enfin les règles impératives ou supplétives du Code civil du Québec compatibles avec le régime collectif de conditions de travail[24]. Pour l'employé, sont ici en cause prioritairement ses obligations de loyauté envers l'employeur[25] et d'exécution prudente de son travail[26]. Du côté de l'employeur, c'est son pouvoir de direction et les conséquences qui en découlent qui seront au premier chef réputés faire partie du contenu implicite de la convention collective[27]. Le droit commun peut enfin s'appliquer lorsqu'il s'agit d'interpréter la convention collective[28].

C- Les pratiques et contenus usuels

Le contenu des conventions collectives varie considérablement. Certaines, par exemple dans le secteur public, sont très élaborées; d'autres paraissent relativement plus simples. Les différences dans les sujets traités, dans les solutions retenues et dans la rédaction sont telles d'une convention collective à une autre qu'on ne saurait prétendre pouvoir décrire le contenu type d'une convention collective. Malgré cette difficulté de systématisation, on peut relever certaines pratiques courantes ou fréquentes observées par les parties dans l'élaboration de la convention collective.

Les parties sentiront souvent le besoin, au début de la convention, de définir certains termes et expressions qui s'y trouvent utilisés, surtout lorsque ceux-ci revêtent une signification particulière dans le contexte de l'entreprise. Par exemple, on définira usuellement les différentes catégories de salariés établies par la convention collective elle-même : salariés réguliers, à l'essai, permanents, à temps complet, à temps partiel, occasionnels ou sur appel, etc.

La convention collective contiendra souvent des clauses qui rappellent ou précisent son champ d'application, dans les limites de l'accréditation syndicale. On traitera

18. *Isidore Garon Ltée c. Syndicat du bois ouvré de la région de Québec Inc. (C.S.D.); Fillion et Frères (1976) Inc. c. Syndicat national des employés de garage du Québec Inc. (C.S.D.)*, précité, note 9, par. 24 et 30. Voir aussi *infra*, section 4; *Université McGill c. Foisy*, D.T.E. 2007T-242 (C.S.).
19. La nullité d'une clause de la convention collective aurait pour effet de faire renaître le pouvoir et l'obligation de négocier des parties sur la matière visée par cette clause avec toutes les conséquences qui s'y rattachent, à moins que le différend susceptible d'en résulter soit soumis à un mode de règlement spécifique prévu à la convention collective, comme le permet l'article 102 C.t. : *Ste-Thérèse (Ville de) c. Lussier*, D.T.E. 84T-523 (C.S.).
20. *Syndicat des employés manuels de la Ville de Québec, section locale 1638 c. Québec (Ville de)*, [1994] R.J.Q. 1552, REJB 1994-64350 (C.A.); *Montréal (Ville de) c. Syndicat canadien de la fonction publique, section locale 301*, D.T.E. 2000T-1074, REJB 2000-18811 (C.S.).
21. *Nouveau-Brunswick c. O'Leary*, [1995] 2 R.C.S. 967, EYB 1995-67313.
22. *Parry Sound (district), Conseil d'administration des services sociaux c. S.E.E.F.P.O., section locale 324*, précité, note 9, par. 1, 22-32.
23. *Ibid.*
24. *Isidore Garon Ltée c. Syndicat du bois ouvré de la région de Québec Inc. (C.S.D.); Fillion et Frères (1976) Inc. c. Syndicat national des employés de garage du Québec Inc. (C.S.D.)*, précité, note 9, par. 24-31. Dans l'espèce, l'opinion majoritaire a conclu à une incompatibilité de la règle impérative du délai de congé raisonnable à donner à l'employé pour mettre fin à son emploi (art. 2091 C.c.Q.) avec le régime collectif de conditions de travail parce que cette règle énonce un droit personnel à déterminer selon une pluralité de facteurs individuels appréciés à la fin de l'emploi (par. 33-42). Les juges majoritaires ajoutent que la contrepartie que représente le délai de congé raisonnable à la faculté de l'employeur de mettre fin au contrat à durée indéterminée ainsi que l'historique législatif de l'article 2091 C.c.Q. confirment cette incompatibilité (par. 48-54, 55-59). La Cour d'appel a conclu à une semblable incompatibilité à l'égard de l'article 2094 C.c.Q. : *Syndicat canadien de la fonction publique (section locale 4296) SCFP-FTQ c. Commission scolaire de la Seigneurie-des-Mille-Îles*, D.T.E. 2007T-65 (C.A.). L'exigence de la bonne foi en matière contractuelle (art. 6 et 7 C.c.Q.) est manifestement compatible avec l'existence d'une convention collective : *Syndicat de l'enseignement de la région de Québec c. Ménard*, [2005] R.J.Q. 1025 (C.A.); *Université McGill c. Foisy*, précité, note 18.
25. *Nadeau c. Carrefour des jeunes de Montréal*, [1998] R.J.D.T. 1513, REJB 1998-08207 (C.A.).
26. *Nouveau-Brunswick c. O'Leary*, précité, note 21.
27. Exemple : *Nadeau c. Carrefour des jeunes de Montréal*, précité, note 25.
28. *Isidore Garon Ltée c. Syndicat du bois ouvré de la région de Québec Inc. (C.S.D.); Fillion et Frères (1976) Inc. c. Syndicat national des employés de garage du Québec Inc. (C.S.D.)*, précité, note 9, par. 28.

aussi, en préliminaire, des questions relatives aux prérogatives des parties signataires que sont le syndicat et l'employeur. Ainsi, sur le plan des prérogatives syndicales, la convention pourra reconnaître, par exemple, des droits d'utilisation de certains locaux de l'employeur (art. 6 C.t.), d'affichage à l'intention des salariés, d'obtention de l'employeur de diverses informations pertinentes à l'application de la convention collective. Dans le même ordre d'intérêts, on pourra prévoir, à des degrés divers, un régime de libération des salariés pour vaquer temporairement aux activités du syndicat ou pour y occuper des fonctions électives. La convention collective aménagera aussi habituellement l'application de la « formule Rand », déjà légalement imposée par l'article 47 C.t., relativement à la perception à la source par l'employeur des cotisations syndicales et à leur remise à l'association accréditée. D'autres clauses de sécurité syndicale visent, dans certains cas, l'adhésion obligatoire du salarié au syndicat, ou le maintien de cette adhésion, comme condition d'obtention ou de conservation de son emploi. La légalité de ces clauses est douteuse en regard de la liberté de non-association garantie par les Chartes[29]. Par ailleurs, les conventions collectives reconnaissent généralement de façon explicite les droits de la direction (droits de gérance), en laissant à cette dernière l'exercice des pouvoirs résiduaires qui lui permettent de décider unilatéralement de toutes les questions dont la détermination n'est pas explicitée dans la convention collective[30]. L'effet des clauses relatives aux droits de la direction ou du pouvoir résiduaire implicite de l'employeur est souvent tempéré par une stipulation de la convention collective qui garantit au salarié les « droits acquis », généralement sur des sujets dont la convention collective ne traite pas explicitement[31].

L'ancienneté constitue l'épine dorsale de l'aménagement du régime de travail établi par la convention collective. Le concept d'ancienneté se rapporte, selon les cas, à la durée des états de service de l'employé dans l'entreprise, dans l'unité de négociation ou même dans une catégorie d'occupation ou un service. On parlera d'ancienneté « générale » ou d'entreprise, d'ancienneté d'unité, d'ancienneté départementale, selon le contenu donné par la convention collective à ces différentes notions et en tenant compte des dispositions qui peuvent régir l'accumulation, la conservation ou même la perte de l'ancienneté[32]. L'ancienneté relative des salariés, pondérée ou non par d'autres facteurs comme celui de la capacité de satisfaire aux exigences normales d'une occupation, interviendra dans la détermination des mouvements de personnel, qu'il s'agisse de mutation, de promotion ou de rétrogradation, dans l'application des règles de sécurité d'emploi, en cas de mise à pied et de rappel ultérieur au travail. Il déterminera également l'ordre d'exercice par les salariés de divers autres droits, comme le choix des périodes de vacances annuelles.

L'exercice du pouvoir disciplinaire de l'employeur constitue un des objets usuels des dispositions de la convention collective. Ce pouvoir est généralement assujetti à l'existence d'une cause juste et raisonnable, ultimement sujette, en cas de litige, à l'appréciation de l'arbitre de grief[33]. Le recours par l'employeur aux mesures disciplinaires est aussi encadré par diverses conditions et modalités : obligation d'entendre le salarié avant de lui imposer une mesure disciplinaire; délai d'imposition de la mesure par l'employeur à compter de sa connaissance de l'infraction; information au salarié sur les motifs de la sanction; accès du salarié à son dossier et aux pièces qui y sont versées; prescription des infractions au dossier de l'employé, en l'absence de récidive, pour des fins disciplinaires ultérieures (clause d'amnistie), etc.

Les règles de détermination du salaire comprennent à la fois celles qui sont applicables à la durée du travail et à sa rémunération : journées et semaines régulières de travail; paiement et répartition des heures supplémentaires; taux de salaire et augmentations salariales. Les dispositions à caractère monétaire s'étendent couramment aux congés payés et à certains avantages sociaux : congés fériés, congés spéciaux, durée des vacances annuelles, régimes collectifs de retraite et d'assurances sur la vie, en cas d'invalidité ou couvrant des frais médicaux à l'occasion d'une maladie ou d'un accident.

---

29. Voir *supra*, titre II, chapitre II. Un jugement a clairement manifesté qu'une clause d'atelier fermé contrevenait à l'article 3 de la *Charte des droits et libertés de la personne* : *Lefort c. Syndicat canadien de la fonction publique, section locale 3247*, [1993] T.T. 346.
30. De façon générale, la jurisprudence a reconnu que même en l'absence d'une telle clause de droits de gérance, les pouvoirs résiduaires de direction appartenaient à l'employeur, sous réserve des dérogations expresses de la convention collective : *Air Care Ltd. c. United Steelworkers of America*, [1976] 1 R.C.S. 2; *Métallurgistes unis d'Amérique, syndicat local 6833 (F.T.Q.) c. Société d'énergie de la Baie James*, D.T.E. 85T-266 (C.A.).
31. Sur l'effet et la portée de ces clauses de droits acquis, de façon générale, voir *Centre d'accueil Miriam c. Syndicat canadien de la Fonction publique (section locale 2115)*, [1985] 1 R.C.S. 137; *Syndicat canadien de la Fonction publique, section locale 2718 c. Gravel*, [1991] R.J.Q. 703, EYB 1991-63590 (C.A.). Sur la possibilité qu'elles puissent être assimilées à des clauses « orphelin » maintenant interdites, voir *supra*, au présent chapitre, la section 1-A.
32. Ces règles d'ancienneté, comme toutes autres, sont susceptibles d'être modifiées d'une convention collective à l'autre, sans qu'il soit nécessaire au syndicat accrédité, sous réserve de son devoir de représentation, d'obtenir le consentement individuel des salariés qui s'en trouveraient affectés défavorablement. Voir, à ce sujet, *Hémond c. Coopérative fédérée du Québec*, [1989] 2 R.C.S. 962, EYB 1989-67835.
33. Voir *infra*, titre II, chapitre VIII.

La plupart des conventions contiennent une procédure plus ou moins élaborée en vue de tenter de régler les griefs avant le stade de l'arbitrage et, le cas échéant, aménagent l'exercice de ce recours, sous réserve des dispositions du Code du travail[34]. Viennent enfin certaines dispositions finales comme celles portant sur la durée de la convention collective et de ses effets.

Il y a lieu de signaler l'effet d'une pratique déjà évoquée, par laquelle les parties à la convention collective y incluent le contenu de certaines dispositions législatives ou réglementaires, impératives ou simplement supplétives, en les reproduisant textuellement, en réitérant leur substance, ou encore en s'y référant ou en s'y rapportant. En cas de mésentente sur l'interprétation ou l'application des droits et obligations déjà prévus dans la loi mais réitérés par la convention collective, l'arbitre de griefs constituera le seul forum compétent pour disposer du litige[35].

2- Les formalités

La convention collective doit être consignée dans un écrit (art. 1 d) C.t.). Cet écrit doit être en langue française[36]. Une entente verbale de principe ne saurait satisfaire aux exigences de la loi. L'entente doit donc être totale et il n'y a pas de convention collective aussi longtemps que le champ de négociation n'est pas complètement couvert par des ententes attestées par écrit sur tous les points[37].

Selon une pratique très répandue, la convention collective elle-même est souvent complétée par des annexes et des lettres d'entente qui semblent s'en distinguer d'un point de vue formel mais qui, sur le plan juridique, y sont assimilées ou en font partie intégrante[38]. La légalité de ces annexes ou lettres d'entente répond aux mêmes conditions de fond et de forme que la convention collective elle-même.

L'article 20.3 C.t. oblige l'association accréditée à se faire autoriser à signer une convention collective, par un vote majoritaire, au scrutin secret, de ses membres qui sont compris dans l'unité de négociation et qui exercent leur droit de vote[39]. Le même vote est nécessaire pour apporter une modification à une convention collective déjà conclue[40]. Le vote doit permettre aux salariés de se prononcer librement et clairement sur l'acceptation ou le refus du projet de convention collective[41]. Dans le respect des conditions essentielles énoncées à l'article 20.3 C.t., le syndicat a discrétion pour arrêter les modalités de déroulement du scrutin[42]. L'obligation d'autorisation est assortie d'une sanction pénale qui peut être imposée à l'association en défaut (art. 20.4, 144, 145 et 148 C.t.)[43]. En édictant l'article 20.4 C.t. selon lequel l'inobservation de l'article 20.3 C.t., notamment, ne donne ouverture qu'à l'application d'une sanction pénale, le législateur a privilégié la sécurité juridique de la convention collective signée par l'association accréditée. Il a ainsi voulu que la légalité de la convention collective ne soit pas entachée par un défaut d'autorisation ou par quelque irrégularité dans l'obtention de cette autorisation[44]. On trouve néan-

34. *Ibid.*
35. *St. Anne Nackawic Pulp and Paper Co. c. Section locale 219 du Syndicat canadien des travailleurs du papier*, [1986] 1 R.C.S. 704, EYB 1986-67310; *Commission des normes du travail c. Chantiers Davie Ltée*, [1987] R.J.Q. 1949, EYB 1987-62480 (C.A.). Quant aux droits et obligations d'ordre public contenus dans les chartes et dans les lois sur l'emploi, voir aussi *Parry Sound (district), Conseil d'administration des services sociaux c. S.E.E.F.P.O., section locale 324*, précité, note 9.
36. *Charte de la langue française*, précitée, note 4, art. 43.
37. Quant à la pratique de négociation selon laquelle on paraphe ou on initiale les clauses au fur et à mesure où elles sont acceptées par les négociateurs des deux parties, voir *supra*, titre II, chapitre V. Quant à la distinction entre une entente de principe écrite et une convention collective, elle tient à l'intention des parties, selon qu'elles ont voulu convenir définitivement d'un régime de conditions de travail ou plutôt subordonner son établissement à une rédaction ultérieure plus complète. Le dépôt d'une entente, selon l'article 72 C.t., peut être indicatif de cette intention. Voir et comparer, concluant dans les deux cas à l'existence d'une convention collective : *Yelle c. Commission des normes du travail*, D.T.E. 95T-558, EYB 1995-58011 (C.A.); *Conseil conjoint québécois de l'Union internationale des ouvriers du vêtement pour dames c. Ateliers Laudia Inc.*, D.T.E. 87T-376 (T.T.).
38. *Journal de Montréal, division de Groupe Québécor Inc. c. Hamelin*, D.T.E. 96T-1174, EYB 1996-65449 (C.A.); *Services d'assurances Les Coopérants Inc. c. Syndicat des employés de coopératives d'assurance-vie (C.S.N.)*, D.T.E. 85T-487 (C.S.).
39. *Poulin c. Vitriers et travailleurs du verre, section locale 1135 de la Fraternité internationale des peintres et métiers connexes*, D.T.E. 93T-493 (C.S.) – invalidité d'un vote tenu à une assemblée à laquelle avaient été convoqués tous les salariés de l'unité, sans égard à leur appartenance ou non au syndicat. Le vote n'est par ailleurs pas nécessaire lorsqu'une convention collective déjà conclue par une association d'employeurs lie automatiquement une association nouvellement accréditée et un employeur qui a adhéré à l'association d'employeurs, en vertu de l'article 68 C.t. : *Syndicat national des employés de garage de Québec Inc. c. Paquet Suzuki Inc.*, D.T.E. 93T-492 (C.S.).
40. *Beaulieu c. Association des pompiers de Montréal Inc.*, [1981] T.T. 169 – plainte pénale.
41. *Noël c. Alliance de la Fonction publique du Canada*, [1989] R.J.Q. 1233, EYB 1989-77144 (C.S.) – vote liant le refus du projet de convention collective à un mandat automatique de grève.
42. *Raymond c. Syndicat des employés de l'Université Laval, S.C.F.P., section locale 2500*, [1984] C.S. 428.
43. Code de procédure pénale, L.R.Q., c. 25.1, art. 9 et 10. *Beaulieu c. Association des pompiers de Montréal Inc.*, précité, note 40; *Martin c. Savard*, D.T.E. 93T-1283 (C.S.).
44. Voir, par analogie, s'agissant du vote d'autorisation de grève requis par l'article 20.2 C.t. : *Union des employées et employés de services, section locale 800 c. Farbec Inc.*, [1997] R.J.Q. 2073, REJB 1997-01588 (C.A.); *Syndicat des employés du Théâtre St-Denis c. France Film Inc.*, [1981] C.S. 70.

moins des jugements qui ont refusé de voir dans l'article 20.4 C.t. une dénégation absolue de la possibilité d'exercer tout autre recours fondé sur une allégation de violation de l'article 20.3 C.t. par l'association accréditée[45].

L'article 72 C.t. soumet à une autre formalité l'entrée en vigueur d'une convention collective. Il s'agit du dépôt, dans les 60 jours de sa signature, auprès du ministre du Travail, de deux exemplaires ou copies conformes à l'original de la convention et de ses annexes[46]. Les modifications éventuelles à la convention collective sont également sujettes à la même procédure de dépôt[47]. Le dernier alinéa de l'article 72 C.t. prévoit que la partie qui effectue le dépôt doit indiquer le nombre de salariés régis par la convention collective et se conformer aux autres dispositions réglementaires qui peuvent être édictées en vertu de l'article 138 C.t. Ces dispositions réglementaires requièrent les conditions additionnelles suivantes pour l'acceptation du dépôt[48] :

– que le nom de l'association et celui de l'employeur soient les mêmes que ceux qui paraissent dans l'accréditation[49];

– que les exemplaires ou les copies conformes à l'original de la convention collective soient signés par l'association et par l'employeur et que les annexes y soient jointes;

– que la convention collective soit datée;

– que la convention collective soit rédigée dans la langue officielle.

Le dépôt d'une convention collective conclue avec une association d'employeurs est soumis à une procédure sommaire[50]. La C.R.T. délivre un certificat attestant le dépôt d'une convention collective ou, le cas échéant, avise la partie qui a déposé la convention de la raison du refus de ce dépôt[51]. La Commission exerce alors un rôle strictement administratif[52]. La réception de la convention par la CRT équivaut, juridiquement, à son dépôt[53].

La convention collective prend effet à compter du moment où elle a été déposée. Toutefois, selon l'article 72, al. 2 C.t., le dépôt a un effet rétroactif, soit à la date prévue dans la convention collective pour son entrée en vigueur, soit, à défaut de telle mention, à la date de la signature de la convention. À cet égard, il y a lieu de bien saisir la distinction entre le moment d'entrée en vigueur de la convention et la période qui sera couverte par ses effets, par le jeu de la rétroactivité. Ainsi, en l'absence, avant le dépôt, d'une convention collective qui produise des effets juridiques, le droit de grève et de lock-out subsisterait jusqu'à ce que le dépôt ait été effectué[54].

Qu'en est-il, au regard du dépôt, du droit de grief? Le grief antérieur au dépôt de la convention collective est-il invalide parce que prématuré? Quand la prescription commence-t-elle à courir? Dans un arrêt rendu en 1979, la Cour d'appel affirmait que le délai pour entamer la procédure de grief commençait à courir à la date du dépôt pour une réclamation se rapportant à la période antérieure au dépôt et couverte par l'effet rétroactif de la convention collective[55]. La Cour d'appel jugea alors que le grief soumis avant le dépôt de la convention collective était prématuré, parce que dépourvu de fondement juridique. Cet arrêt distinguait d'une part l'effet du dépôt, c'est-à-dire la mise en vigueur de la convention collective, et, d'autre part, l'effet rétroactif prévu dans la convention, à partir du texte de l'article 72 C.t. tel qu'il se lisait avant d'être modifié pour donner au dépôt lui-même un effet rétroactif.

---

45. Exemples : *Noël c. Alliance de la Fonction publique du Canada*, précité, note 41 – injonction; *Beaulieu c. Association des pompiers de Montréal Inc.*, [1981] C.S. 419 – action en dommages-intérêts, ensuite rejetée dans *Beaulieu c. Association des pompiers de Montréal Inc.*, D.T.E. 85T-681 (C.S.); *Labelle c. Syndicat des travailleuses et travailleurs de Terre des Hommes (C.S.N.)*, D.T.E. 2000T-775 (C.S.) – ordonnance d'injonction interlocutoire enjoignant de surseoir à la mise en application d'une convention collective en raison d'irrégularités dans le vote d'approbation.

46. Voir *Union des agents de sécurité du Québec, local 8922 c. Union des agents de sécurité du Québec*, [1984] T.T. 225.

47. *Prévost Car Inc. c. Tremblay*, [1976] C.S. 32. Ne sont toutefois pas soumises à cette exigence les ententes à caractère individuel auxquelles peut souscrire le syndicat et qui n'affectent pas l'ensemble des salariés régis par la convention collective : *Association de l'enseignement du Nouveau-Québec c. Commission scolaire Crie*, [1995] R.D.J. 28, EYB 1994-58713 (C.A.); *Aliments Delisle Ltée c. Descoteaux*, [1999] R.J.D.T. 445, REJB 1999-11834 (C.A.).

48. *Règlement sur l'exercice du droit d'association conformément au Code du travail*, R.R.Q., 1981, c. C-27, r. 3, art. 42.

49. *Prévost Car Inc. c. Tremblay*, précité, note 47.

50. *Règlement sur l'exercice du droit d'association conformément au Code du travail*, précité, note 48, art. 44; *Syndicat national des employés de garage de Québec Inc. c. Paquet Suzuki Inc.*, précité, note 39.

51. *Règlement sur l'exercice du droit d'association conformément au Code du travail*, précité, note 48, art. 43.

52. *Syndicat des centres d'hébergement privés de l'Outaouais (CSN) c. Vitriers travailleurs du verre, section locale 1135 du Conseil de district 97 (SIPMC)*, D.T.E. 2005T-27 (C.R.T.).

53. *Ibid.*

54. *Syndicat national des employés de filature de Montréal c. J.&P. Coats (Canada) Ltée*, [1979] C.S. 83; *Société d'électrolyse et de chimie Alcan Ltée c. Syndicat des travailleurs de l'aluminerie Alcan Shawinigan (C.S.D.)*, [1980] T.T. 520. À distinguer du jugement ultérieur dans *Syndicat national catholique des employés des institutions religieuses de Saint-Hyacinthe Inc. c. Syndicat des employés de la corporation épiscopale C.R. de Saint-Hyacinthe*, [1990] T.T. 277; on y affirme que la convention collective existe dès sa signature, mettant ainsi fin à l'application de l'article 22 c) C.t., même si elle n'est pas aussitôt déposée.

55. *Lakeshore Teacher's Association c. Frumkin*, C.A. Montréal, n⁰ 500-09-000160-787, 27 mars 1979.

Cette dernière modification justifie maintenant une conclusion différente de celle à laquelle en était venue la Cour d'appel et, donc, la validité du grief antérieur au dépôt[56]. Il s'ensuit toutefois aussi un danger qu'un grief puisse se prescrire avant le dépôt de la convention.

L'effet rétroactif du dépôt, on le constate, est susceptible de soulever des questions délicates. Pour éviter les risques inutiles et les situations juridiques qui deviennent parfois inextricables, on a intérêt à déposer la convention dès que possible. Le défaut d'effectuer le dépôt emporte une forme particulière de sanction à l'endroit de l'association accréditée signataire, en donnant ouverture à la recevabilité d'une requête en accréditation d'une association rivale si cette requête est produite après le délai de 60 jours imparti à l'article 72 C.t. et avant que le dépôt de la convention ait été effectué[57].

3- La durée

L'article 65, al. 1 C.t. impose à la convention collective une durée minimale d'un an. Lorsqu'un employeur devient régi par une convention collective du fait de son adhésion à une association d'employeurs, tel qu'il est prévu à l'article 68 C.t., cette durée minimale s'apprécie selon celle déterminée à la convention collective conclue par l'association patronale[58]. La durée maximale d'une première convention collective pour le groupe de salariés visés par l'accréditation est par ailleurs limitée à trois ans, en vertu du deuxième alinéa du même article[59]. Dans les autres cas, les parties demeurent libres de conclure une convention collective de longue durée, qu'elle soit de cinq, de sept ou même dix ans. Il faut toutefois signaler que la sécurité d'une convention collective de très longue durée, excédant six ans et demi, demeure sujette à l'aléa de la possibilité, selon l'article 22 e) du code, que le syndicat signataire de cette convention collective soit remplacé par un autre avant son échéance et que le nouveau syndicat

accrédité puisse alors la dénoncer en vertu de l'article 61 du code.

La durée d'une convention collective s'apprécie en tenant compte de la pleine rétroactivité qu'ont pu vouloir lui donner ses signataires[60]. La convention collective à laquelle les parties ont donné une durée inférieure à un an serait frappée de nullité dans son entier, du moins selon l'*obiter* d'un jugement[61]. Le terme d'une première convention collective conclue pour plus de trois ans sera ramené à cette limite maximale[62].

Le plus souvent, les parties à la convention collective stipulent expressément à quel moment cette dernière commencera à produire ses effets, ainsi que la date à laquelle elle viendra à échéance[63]. Dans les limites légales déjà précisées, ces stipulations peuvent prendre diverses formes. Par exemple, l'entrée en vigueur de la convention peut être suspendue à la réalisation d'une condition[64].

À défaut par les parties de prévoir expressément le moment à compter duquel la convention collective s'appliquera et celui où elle viendra à échéance, la loi y suppléera. Ainsi que nous l'avons déjà vu, l'article 72, al. 2 C.t. prévoit qu'une convention collective déposée prend effet à compter de la date de sa signature si les parties sont demeurées muettes à ce sujet. Quant à la convention collective dont la durée n'est pas déterminée, elle est présumée en vigueur pour un an, selon l'article 66 C.t. En cas de difficulté, la C.R.T. peut, sur simple demande de tout intéressé, déterminer la date d'expiration de la convention collective, lorsque cette date n'y est pas clairement indiquée (art. 52.2, dernier alinéa C.t.). Compte tenu du caractère d'ordre public de l'article 22 C.t., et plus particulièrement de ses paragraphes d) et e), la durée de la convention collective ne peut être modifiée par entente entre les parties à l'encontre du droit d'un autre syndicat de se prévaloir du délai légal qui y est prévu pour loger une requête en accréditation, ce délai étant calculé en fonction

---

56. *Union des routiers, brasseries, liqueurs douces et ouvriers de diverses industries, local 1999 c. Lussier*, D.T.E. 86T-380 (C.S.).
57. À titre d'exemples des conséquences qui peuvent résulter d'un dépôt tardif ou d'un dépôt non conforme aux exigences de la loi ou des règlements, quant à l'ouverture du champ de l'accréditation, voir *Prévost Car Inc. c. Tremblay*, précité, note 47; *Union des agents de sécurité du Québec, local 8922 c. Union des agents de sécurité du Québec*, précité, note 46.
58. *Fraternité canadienne des cheminots, employés des transports et autres ouvriers, local 511 c. Syndicat international des travailleurs unis de l'automobile, de l'aéronautique, de l'astronautique et des instruments aratoires d'Amérique (T.U.A.), section locale 1581*, [1978] T.T. 91, 103.
59. *Union des employées et employés de service, section locale 800 (F.T.Q.) c. Côté*, D.T.E. 99T-114, REJB 1998-10131 (C.S.); *Syndicat des centres d'hébergement privés de l'Outaouais (CSN) c. Vitriers travailleurs du verre, section locale 1135 du Conseil de district 97 (SIPMC)*, précité, note 52. Sur la validité et l'effet, entre les parties, d'une clause de renouvellement automatique de la convention collective soumise à cette limite, voir *Autobus Matanais Inc. c. Association des chauffeurs d'autobus scolaire Matanais Inc.*, D.T.E. 2002T-24 (T.A.).
60. *Ambulances S.O.S. Enrg. c. Rassemblement des employés techniciens ambulanciers du Québec (C.S.N.)*, [1984] T.T. 359.
61. *Ibid.*
62. *Ambulances S.O.S. Enrg. c. Rassemblement des employés techniciens ambulanciers du Québec (C.S.N.)*, précité note 60; *Syndicat des centres d'hébergement privés de l'Outaouais (CSN) c. Vitriers travailleurs du verre, section locale 1135 du Conseil de district 97 (SIPMC)*, précité, note 52.
63. Exemple : *Syndicat des employés de manutention et de services (S.E.M.S.) c. Syndicat des employés de Garage Montplaisir*, [2002] R.J.D.T. 1600, REJB 1999-10808 (C.T.) – mode de calcul de la durée d'une convention collective excédant trois ans par un jour.
64. *Steinberg's Limitée c. Comité paritaire de l'alimentation au détail*, [1968] R.C.S. 971 – entrée en vigueur liée à l'adoption d'un décret en vertu de la *Loi sur les décrets de convention collective*, L.R.Q., c. D-2.

de la durée originale de la convention; bref, la durée initiale donnée à la convention collective est inaltérable à l'endroit de tiers syndicats[65]. La jurisprudence demeure incertaine quant à la possibilité qu'une modification de la durée d'une convention collective, à l'intérieur des limites posées par l'article 65 C.t., puisse valoir entre les parties tout en demeurant inopposable aux tiers[66].

Le Code du travail intervient par ailleurs pour modifier lui-même l'échéance d'une convention collective à l'occasion d'une concession partielle d'entreprise qui entraîne l'application de l'article 45 C.t. La convention collective transférée chez le concessionnaire y expire le jour même de la prise d'effet de la concession partielle, à moins que la C.R.T. n'en décide autrement si elle juge que la concession a été faite dans le but principal d'entraver la formation d'une association de salariés ou de porter atteinte au maintien de l'intégralité d'une association accréditée (art. 45.2, al. 1, 1° et 46, al. 6 C.t.)[67]. La Cour suprême a déjà reconnu à la juridiction spécialisée du travail le pouvoir de modifier la durée d'une convention collective à l'occasion d'une transmission d'entreprise donnant lieu à l'application de l'article 45 C.t.[68]

Il y a lieu de distinguer la durée de la convention collective elle-même de celle de ses effets, qui peuvent déborder la période pendant laquelle la convention est en vigueur. En premier lieu, la rétroactivité de certaines clauses peut jouer. On peut, par exemple, conclure aujourd'hui une convention collective d'une durée de trois ans, mais dont les clauses monétaires sont rétroactives sur une période de 12 mois[69]. La rétroactivité ne se présume pas;

elle relève de la négociation et de l'expression de son résultat[70]. À son expiration, la convention collective peut continuer à produire des effets comme source de droits et d'obligations; ses effets peuvent également lui survivre à l'égard des droits et des obligations qu'elle a générés pendant qu'elle s'appliquait. L'article 59 C.t., nous l'avons vu, prolonge l'application de la convention collective au-delà de son expiration, jusqu'au moment de l'exercice du droit de grève ou de lock-out. Son troisième alinéa reconnaît aussi la légalité d'une pratique devenue courante, celle de prévoir dans la convention collective que les conditions de travail qu'elle contient continueront de s'appliquer jusqu'à ce qu'intervienne une nouvelle convention[71]. Cette prolongation des effets de la convention collective, qu'elle résulte de la loi ou de l'entente des parties, emporte le droit de recourir à la procédure de griefs[72] et même, en cas d'urgence, celui d'obtenir le maintien temporaire des conditions de travail par ordonnance d'injonction interlocutoire[73]. Une stipulation conventionnelle qui a pour objet de prolonger l'application d'une convention collective jusqu'à son renouvellement ne prive pas les parties de leur droit de grève ou de lock-out à l'occasion de la renégociation de cette convention[74]. En l'absence de prolongation conventionnelle des effets de la convention collective à l'expiration de la période légale de maintien des conditions de travail selon l'article 59 C.t., l'employeur pourra légalement envisager l'imposition unilatérale de conditions différentes de celles qui le liaient en vertu de la convention collective. Si l'employeur s'abstient de signifier une modification aux conditions de travail, il faudra présumer que celles déjà établies dans la convention collective échue continuent de s'appliquer[75].

65. *Teamsters du Québec, chauffeurs et ouvriers de diverses industries, section locale 69 c. Syndicat des travailleuses et travailleurs d'Bois linière Inc. (C.S.N.)*, D.T.E. 99T-193 (C.A.); *Syndicat des centres d'hébergement privés de l'Outaouais (CSN) c. Vitriers travailleurs du verre, section locale 1135 du Conseil de district 97 (SIPMC)*, précité, note 52. Quant à la possibilité et à la pertinence d'une distinction, s'il y a lieu, entre la modification de la date d'expiration d'une convention collective et son renouvellement, voir et comparer : *Syndicat des employées et employés de la Coopérative des consommateurs de Lorette (C.S.N.) c. Coopérative des consommateurs de Lorette*, D.T.E. 2004T-93 (C.R.T.); *Syndicat des salariés de parquets mosaïques Excel (CSD) c. Parquets mosaïques Excel Inc.*, D.T.E. 2005T-3 (C.R.T.); *Syndicat des travailleuses et travailleurs de ADT (CSN) c. Fraternité internationale des ouvriers en électricité, section locale 1604*, D.T.E. 2005T-414 (C.R.T.).

66. JUGEMENTS AFFIRMATIFS : *Association des employés de plastique provinciale Inc. (F.C.A.I.) c. Union des employés de service, local 298 F.T.Q.*, [1974] T.T. 89; *Syndicat canadien des travailleurs du papier c. Union des bûcherons et employés de scieries de la Fraternité unie des charpentiers et menuisiers d'Amérique*, [1977] T.T. 276; *Union des opérateurs de machineries lourdes du Québec (F.T.Q.) c. Métallurgistes unis d'Amérique, syndicat local 6833 (F.T.Q.)*, D.T.E. 82T-814 (T.T.). JUGEMENTS NÉGATIFS : *Syndicat des employés de l'imprimerie Veilleux Ltée c. Syndicat international des arts graphiques, local 509*, [1984] T.T. 4; *Conseil conjoint québécois de l'Union internationale des ouvriers du vêtement pour dames c. Ateliers Laudia Inc.*, précité, note 37.

67. Voir *supra*, titre II, chapitre IV, section 3-D-1.

68. *Ivanhoe Inc. c. TUAC, section locale 500*, [2001] 2 R.C.S. 566, REJB 2001-25016, par. 106 à 113.

69. Il faut distinguer une telle rétroactivité partielle de la convention collective et une rétroactivité complète de cette dernière, qui est également possible mais dont il faudra tenir compte aux fins du calcul de la durée légale de la convention au regard de l'article 65 C.t. : *Ambulances S.O.S. Enrg. c. Rassemblement des employés techniciens ambulanciers du Québec (C.S.N.)*, précité, note 60.

70. *Tremblay c. Syndicat des employées et employés professionnels-les et de bureau*, précité, note 16, par. 15.

71. *Section locale 2995 du Syndicat canadien des communications, de l'énergie et du papier c. Spreitzer*, précité, note 8, par. 56; *Commission scolaire régionale de Chambly c. Marier*, [1976] R.D.T. 129 (C.A.).

72. *Consolidated-Bathurst Inc. c. Syndicat national des travailleurs des pâtes et papiers de Port-Alfred*, [1987] R.J.Q. 520, EYB 1987-62667 (C.A.).

73. Exemple : *Fraternité des policiers de Longueuil c. Ville de Longueuil*, J.E. 82-436 (C.S.).

74. *Bradburn c. Wentorth Arms Hotel Limited*, [1979] 1 R.C.S. 846; l'arrêt est rendu sur la base de la législation ontarienne mais ses motifs demeurent pertinents sous l'empire du Code du travail du Québec. Quant à l'effet de la grève ou du lock-out sur l'exigibilité des prestations contenues à la convention collective, comparer également : *McGavin Toastmaster Limited c. Ainscough*, [1976] 1 R.C.S. 718; *CAIMAW c. Paccar of Canada Ltd.*, [1989] 2 R.C.S. 983, EYB 1989-66992; *Syndicat des employés de Daily Freight (C.S.N.) c. Imbeau*, REJB 2003-37339, [2003] R.J.Q. 152 (C.A.).

75. Voir *CAIMAW c. Paccar of Canada Ltd.*, précité, note 74.

Sur un autre plan, les droits qui prennent naissance dans une convention collective peuvent lui survivre, après son expiration, jusqu'au moment où ils peuvent être réclamés et pendant la période où ils demeurent exécutoires[76]. Il peut s'agir tout autant du paiement d'un salaire régulier, de l'accumulation du droit à des vacances payées ou d'un engagement de l'employeur de verser des prestations de maladie ou de retraite : toutes promesses souscrites dans une convention collective sont susceptibles d'une exécution, forcée au besoin, après la fin de cette dernière. Le cas échéant, pour déterminer si une réclamation est sujette à l'arbitrage en vertu d'une convention collective expirée, il faut se rapporter au moment où les droits qui font l'objet du grief ont été consacrés et non au moment où est survenue leur prétendue violation[77].

La possibilité que certains droits puissent ainsi survivre à une convention collective échue ne signifie pas qu'ils soient irrévocables par une convention collective ultérieure. Elle concerne simplement les cas où une nouvelle convention demeure muette sur les droits qui ont déjà été accumulés ou acquis et n'affecte que les relations actuelles et futures des parties[78]. La convention collective s'apparentant à un contrat à durée déterminée, une nouvelle convention peut remettre en cause et modifier toute règle que comportait la convention antérieure et les droits qui en résultent aux parties[79]. L'entrée en vigueur d'une nouvelle convention collective établit un nouveau régime de droits et d'obligations entre les parties. Ce principe commande une attention particulière des parties à s'assurer, par des stipulations appropriées, de la continuité d'application de certaines conditions de travail à l'occasion de la conclusion d'une nouvelle convention.

4- Les effets

Entente écrite entre une association accréditée et l'employeur, la convention collective lie ceux-ci et, selon l'article 67, al. 1 C.t., « tous les salariés actuels ou futurs visés par l'accréditation ».

Résultat d'un acte contractuel bipartite qui s'inscrit dans un contexte législatif élaboré en fonction d'un intérêt collectif et général, la convention collective voit ses effets portés par la loi au-delà de ses signataires, au bénéfice des salariés visés par l'accréditation. Comme le décrit la Cour suprême, le régime légal de rapports collectifs « consacre une nouvelle forme de contrat tripartite avec seulement deux signataires, une solution législative aux lacunes de la common law dans le domaine des droits des tiers »[80]. La convention collective apparaît ainsi comme un instrument véritablement original, qu'on ne saurait identifier à l'une ou l'autre des catégories juridiques classiques.

L'article 67, al. 2 C.t. précise qu'une seule convention collective doit être conclue à l'égard du groupe de salariés visés par une accréditation. Juridiquement, il est donc inconcevable que les conditions de travail établies dans plus d'une convention collective puissent être applicables en même temps aux salariés d'une unité de négociation[81]. La particularisation de certaines conditions de travail à l'endroit de sous-groupes salariés de l'unité de négociation n'affecte pas le caractère d'unicité de la convention collective[82].

Rattachée à l'accréditation, la convention collective ne peut prétendre faire porter ses effets au-delà de l'unité de négociation pour laquelle le syndicat signataire est accrédité[83].

La convention collective s'impose non seulement aux salariés présents dans l'entreprise au moment de sa conclusion mais également aux salariés « futurs », comme les désigne l'article 67 du code, c'est-à-dire à ceux qui s'intégreront par la suite à l'unité d'accréditation[84]. Quelques jugements ont interprété la référence de l'article 67 C.t. aux salariés « actuels » comme ayant pour effet de priver de la rétroactivité d'une convention collective les salariés qui ont quitté l'entreprise avant l'entrée en vigueur de cette convention collective, à moins d'une stipulation

76. *Dayco (Canada) Ltd. c. T.C.A. – Canada*, [1993] 2 R.C.S. 230, EYB 1993-67498.
77. *Ibid.* Il n'est pas exclu, non plus, que certaines conditions de travail soient consenties expressément et distinctement à des salariés pour une période plus longue que celle de la durée de la convention collective elle-même; voir, à ce sujet, *Journal de Montréal, division de Groupe Québécor Inc. c. Hamelin*, précité, note 38.
78. *Ibid.*
79. *Hémond c. Coopérative fédérée du Québec*, précité, note 32. Dans l'arrêt *Dayco (Canada) Ltd.*, précité, note 76, la Cour suprême signale toutefois que l'irrévocabilité, à l'occasion d'une négociation collective ultérieure, des droits acquis par certains salariés en vertu d'une convention collective peut s'inférer, à l'analyse, de la convention collective.
80. *St. Anne Nackawic Pulp and Paper Co. c. Section locale 219 du Syndicat canadien des travailleurs du papier*, précité, note 35, p. 718.
81. *Hémond c. Coopérative fédérée du Québec*, précité, note 32; *Société d'électrolyse et de chimie Alcan Ltée c. Fédération des syndicats du secteur de l'aluminium Inc.*, précité, note 1.
82. *Tremblay c. Syndicat des employées et employés professionnels-les et de bureau*, précité, note 16, par. 13 et 14.
83. *Société d'électrolyse et de chimie Alcan Ltée c. Fédération des syndicats du secteur de l'aluminium Inc.*, précité, note 1. Comparer ce jugement à celui rendu dans *Syndicat des professeurs du Collège de l'Abitibi-Témiscamingue c. Ayotte*, D.T.E. 90T-309, EYB 1990-58288 (C.A.).
84. Voir, dans le contexte de l'application de l'article 45 C.t., donnant ainsi effet à l'article 67 C.t. : *Syndicat professionnel des infirmières et infirmiers de Québec c. Marcheterre*, D.T.E. 88T-20, EYB 1987-56634 (C.A.).

expresse à l'effet contraire[85]. Cette solution vide le concept de rétroactivité d'une partie de ses effets et ignore la réalité de la représentation du salarié par le syndicat accrédité pendant la période couverte par la rétroactivité[86]. Cela ne veut pas dire que le salarié qui a quitté l'entreprise soit en droit d'exiger le bénéfice de la rétroactivité[87].

Quant aux employeurs, il est utile de rappeler la portée de l'article 68, al. 1 C.t. La convention liera tous les membres d'une association d'employeurs l'ayant conclue, y compris ceux qui adhèrent postérieurement à sa signature. Évidemment, tenant compte de l'ensemble du code, l'effet de l'article 68 C.t. se produit lorsque le syndicat qui a signé la convention collective intervenue avec l'association d'employeurs obtient l'accréditation chez un employeur qui appartient, ou qui décide ensuite d'appartenir, à cette association d'employeurs[88]. En conséquence, on ne saurait opposer l'article 68 du code à un syndicat s'il n'est pas le signataire de la convention collective intervenue avec l'association d'employeurs à laquelle appartient l'employeur. De son côté, l'association d'employeurs n'est pas obligée de négocier avec un syndicat accrédité pour le compte de tous les employeurs qui sont ses membres. Rien ne lui interdit de ne négocier expressément que pour certains d'entre eux, comme leur mandataire[89]. Sont liés par la convention collective et tenus à son exécution l'employeur qui y souscrit, personnellement ou par l'intermédiaire d'une association d'employeurs, celui qui lui succède en application de l'article 45 C.t. ainsi que toute personne qui agit à ses lieu et place pour l'exploitation de l'entreprise que ce soit par mandat consensuel ou par effet de la loi[90].

– La convention collective et le contrat individuel

La récente affaire *Isidore Garon Ltée*[91] a appelé la Cour suprême à examiner la relation juridique entre la convention collective, d'une part, et le contrat individuel de travail, d'autre part. Deux thèses ont été proposées à la cour. Selon la première, la convention collective se superposerait au contrat individuel. La deuxième approche donne préséance au régime collectif et lui subordonne le contrat individuel de travail.

À la majorité de 4-3, la cour écarte la première thèse et opte clairement pour la seconde. Les juges majoritaires n'affirment pas seulement la primauté de la convention collective sur le contrat individuel de travail; ils évacuent ce dernier comme source de droit après la création du lien d'emploi lui-même[92]. La convention collective devient la source unique des droits et obligations de l'employeur et des salariés. Corollaire incontournable, son contenu revêt un caractère absolu qui s'oppose à toute entente individuelle différente, même si elle lui est antérieure.

En contrepartie, les règles du droit civil applicables au contrat de travail sont implicitement incorporées à la convention collective dans la mesure où elles ne sont pas incompatibles avec le régime collectif[93]. Le contrat individuel n'est pas abrogé ou anéanti par l'avènement d'une convention collective; il est plutôt suspendu et il se réactivera lorsque la convention collective cessera de s'appliquer, par exemple si l'accréditation est révoquée[94].

La position adoptée par la Cour suprême en est une de définition générale du rapport entre la convention collective et le contrat individuel de travail. Elle n'exclut pas que des ententes individuelles ponctuelles et périphériques se juxtaposent à la convention collective sur des questions que cette dernière ne traite pas, à moins qu'elle interdise explicitement ou implicitement de telles ententes complémentaires[95].

---

85. *Trait c. Le Petit Journal (1968) Ltée*, [1971] R.D.T. 188 (C.S.); *O'Rully c. C.U.M.*, [1980] C.S. 708. Un autre jugement a conclu qu'il en serait autrement lorsque la convention collective au complet prend effet de façon rétroactive : *Ambulances S.O.S. Enrg. c. Rassemblement des employés techniciens ambulanciers du Québec (C.S.N.)*, précité, note 60.

86. *Tremblay c. Syndicat des employées et employés professionnel-les et de bureau*, précité, note 16, par. 19 à 22. Dans *Trottier c. Joubert & Fils Ltée*, D.T.E. 89T-690, EYB 1989-77455 (C.Q.), on a conclu au droit du salarié qui avait quitté l'entreprise de bénéficier de la rétroactivité, en l'absence de précision à ce sujet.

87. *Tremblay c. Syndicat des employées et employés professionnel-les et de bureau*, précité, note 16.

88. *Syndicat national des employés de garage de Québec Inc. c. Paquet Suzuki Inc.*, précité, note 39.

89. *Union des agents de sécurité du Québec, section locale 8922 c. Union des agents de sécurité du Québec, section locale 102*, D.T.E. 84T-887 (T.T.); *Syndicat national des employés de garage du Québec Inc. c. Paré Centre du camion White G.M.C. Inc.*, D.T.E. 94T-935 (T.T.).

90. Dans ce dernier cas, il faut relever en particulier que rien dans la *Loi sur les arrangements avec les créanciers des compagnies*, L.R.C. (1985), c. C-36, n'autorise la Cour supérieure ou le contrôleur qu'elle nomme pour agir à la place des administrateurs à mettre de côté les conditions de travail prévues dans la convention collective : *Syndicat national de l'amiante d'Asbestos Inc. c. Mines Jeffrey Inc.*, [2003] R.J.Q. 420, REJB 2003-37078 (C.A.); *Uniforêt Inc. c. 9027-1875 Québec Inc.*, [2003] R.J.Q. 2073, REJB 2003-44098 (C.A.).

91. *Isidore Garon Ltée c. Syndicat du bois ouvré de la région de Québec Inc. (C.S.D.); Fillion et Frères (1976) Inc. c. Syndicat national des employés de garage du Québec Inc. (C.S.D.)*, précité, note 9.

92. *Ibid*, par. 27-31; *McGavin Toastmaster Ltd. c. Ainscough*, [1976] 1 R.C.S. 718. La convention collective n'est ni un acte d'engagement collectif ni, pour les salariés qu'elle régit, un contrat de travail à durée déterminée : *Commission des normes du travail c. Campeau Corporation*, [1989] R.J.Q. 2108, EYB 1989-63158 (C.A.).

93. *Ibid.*, par. 24-31, *Université McGill c. Foisy*, précité, note 18.

94. *Ibid.*, par. 27.

95. *Ibid.*, par. 38.

Chapitre VIII
L'arbitrage des griefs

La loi soumet les litiges auxquels peut donner lieu l'administration de la convention collective à la décision obligatoire d'une instance spécialisée, le tribunal d'arbitrage de griefs.

L'arbitrage des griefs a marqué profondément l'évolution du droit du travail dans son ensemble au cours des dernières décennies, notamment en précisant progressivement l'étendue de certaines obligations de l'employeur envers le salarié et en contrôlant l'exercice de son pouvoir disciplinaire. Malgré l'importance de l'institution, les dispositions législatives qui la régissent demeurent relativement limitées. Cette réserve du législateur, qui peut être perçue comme un souci de conserver à l'arbitrage sa souplesse et son originalité, laisse place à l'élaboration parallèle par les tribunaux supérieurs d'un ensemble de règles qui encadrent l'exercice de la fonction arbitrale.

1- La compétence de l'arbitre : étendue et caractère

L'article 100 du Code du travail oblige à soumettre à l'arbitrage tout grief, c'est-à-dire toute mésentente relative à l'interprétation ou à l'application de la convention collective[1]. Cette règle, à première vue simple, a interpellé les tribunaux supérieurs et au premier chef la Cour suprême pour préciser, d'une part, l'étendue de la compétence arbitrale et, d'autre part, son caractère.

A- L'étendue

La compétence de l'arbitre est tributaire de deux facteurs. Le premier a trait à la nature du litige; le second concerne les personnes qui sont parties à ce litige.

1. La compétence matérielle

La Cour suprême a d'abord décidé que la qualification du litige comme portant sur l'interprétation de la convention collective ou sur son application ou encore comme se rapportant à sa violation ou à sa prétendue violation pure et simple, était en quelque sorte immatérielle pour déterminer la compétence de l'arbitre, cette compétence étant sienne dans l'une ou l'autre de ces situations[2]. Dès que les droits réclamés sont énoncés dans la convention collective ou découlent de cette dernière, le forum arbitral s'impose comme juridiction compétente pour assurer la sanction de ces droits, dans toutes les dimensions envisagées par la loi.

La Cour suprême a précisé sa position quant à la reconnaissance de la compétence arbitrale, à l'occasion des arrêts *Weber*[3] et *O'Leary*[4], en y adoptant un test en deux étapes. Dans un premier temps, on détermine la nature du litige, d'après son essence. Le deuxième volet de l'exercice consiste à vérifier l'existence d'un lien de rattachement du litige au contenu, explicite ou implicite, de la convention collective. Dans son arrêt ultérieur *Regina Police Assn. Inc.*[5], la Cour suprême est revenue sur la question et a rappelé son enseignement des arrêts *Weber* et *O'Leary* de la façon suivante :

« Pour déterminer si un litige résulte de la convention collective, nous devons donc tenir compte de deux aspects : la nature du litige et le champ d'application de la convention collective. L'examen de la nature du litige vise à en déterminer l'essence. Cette détermination s'effectue compte tenu non pas de la façon dont les questions juridiques peuvent être formulées, mais des faits entourant le litige qui oppose les parties : [...].

---

1. Code du travail, L.R.Q., c. C-27, art. 1 h) (ci-après : « C.t. »).
2. *General Motors of Canada Ltd. c. Brunet*, [1977] 2 R.C.S. 537, 551; *Procureur général du Québec c. Labrecque*, [1980] 2 R.C.S. 1057, 1073; *Shell Canada Ltd. c. Travailleurs unis du pétrole du Canada, local 1*, [1980] 2 R.C.S. 181.
3. *Weber c. Ontario Hydro*, [1995] 2 R.C.S. 929, EYB 1995-67433.
4. *Nouveau-Brunswick c. O'Leary*, [1995] 2 R.C.S. 967, EYB 1995-67313.
5. *Regina Police Assn. Inc. c. Regina (Ville de) Board of Police Commissioners*, [2000] 1 R.C.S. 360, REJB 2000-16687.

Après avoir examiné le contexte factuel, l'instance décisionnelle doit tout simplement déterminer si l'essence du litige concerne une matière visée par la convention collective. Après avoir établi l'essence du litige, l'instance décisionnelle doit examiner les dispositions de la convention collective afin de déterminer si elle prévoit des situations factuelles de ce genre. Il est clair qu'il n'est pas nécessaire que la convention collective prévoie l'objet du litige de façon explicite. Si l'essence du litige découle expressément ou implicitement de l'interprétation, de l'application, de l'administration ou de l'inexécution de la convention collective, l'arbitre a compétence exclusive pour statuer sur le litige. »[6]

« Dans *Weber,* le juge McLachlin a souligné qu'un arbitre devrait entendre les litiges qui résultent expressément ou implicitement de la convention collective. Un arbitre peut donc connaître d'un litige même lorsque le contexte factuel de celui-ci s'étend au-delà de ce que prévoit expressément la convention collective et comprend ce qui y est implicitement prévu. C'est la réponse à la question de savoir si l'objet du litige est expressément ou implicitement

régi par la convention collective qui est déterminante. »[7]

Le contenu explicite de la convention peut incorporer, par renvoi ou autrement, des documents externes[8], des dispositions législatives tirées, par exemple, de lois du travail ou des Chartes[9]. Quant au contenu implicite de la convention, il peut d'abord se rapporter soit aux droits et obligations qui découlent naturellement du contrat de travail ou de l'existence même de la convention collective et des rapports que cette dernière établit entre les parties, soit aux droits et obligations qui sont les corollaires de ceux que la convention confère ou reconnaît explicitement à l'une ou l'autre des parties qu'elle lie[10]. Il comprend aussi les droits et obligations substantiels affirmés par les chartes et par les lois d'ordre public sur l'emploi[11], et la Cour suprême a récemment reconnu qu'il incluait aussi les dispositions impératives ou supplétives du Code civil du Québec qui sont compatibles avec le régime collectif de conditions de travail[12]. Suite à ce dernier enseignement, les tribunaux d'arbitrage ont dû appliquer le test de compatibilité formulé par la Cour suprême afin de déterminer si certaines dispositions du Code civil du Québec ou de la *Loi sur les normes du travail* étaient incorporées implicitement aux conventions collectives[13].

6.   *Id.,* p. 373, par. 25. Voir aussi *R. c. 974649 Ontario Inc.,* [2001] 3 R.C.S. 575, REJB 2001-27030; *Allen c. Alberta,* [2003] 1 R.C.S. 128, 2003 CSC 13, REJB 2003-38871; *Latulippe c. Commission scolaire de la Jeune Lorette,* [2001] R.J.D.T. 26, REJB 2001-22471 (C.A.); *Collège Dawson c. Muzaula,* [1999] R.J.D.T. 1041, REJB 1999-13150 (C.A.); *Côté c. Saiano,* [1998] R.J.Q. 1965, REJB 1998-07121 (C.A.); *Centre hospitalier Pierre-Boucher c. Union des employés de service, local 298,* [1998] R.J.D.T. 1057, REJB 1998-07661 (C.A.).

7.   *Regina Police Assn. Inc. c. Regina (Ville de) Board of Police Commissioners,* précité, note 5, p. 377 et 378, par. 35.

8.   Une mésentente découlant (expressément ou implicitement) d'une entente non explicitement intégrée dans la convention collective peut faire l'objet d'un arbitrage de grief si ladite entente est rattachée à une convention collective par implication nécessaire, c'est-à-dire en raison des circonstances de sa négociation et de sa conclusion : *Syndicat national des travailleuses et travailleurs des pâtes et papiers de Kénogami Inc.* et *Compagnie Abitibi-Consolidated du Canada, division Kénogami,* D.T.E. 2006T-984 (T.A.).

9.   *St. Anne Nackawic Pulp & Paper Co. c. Section locale 219 du Syndicat canadien des travailleurs du papier,* [1986] 1 R.C.S. 704, EYB 1986-67310 – prohibition de grève; *Commission des normes du travail c. Chantier Davie Ltée,* [1987] R.J.Q. 1949, EYB 1987-62480 (C.A.) – norme du travail; *Commission des normes du travail c. Domtar Inc.,* [1989] R.J.Q. 2130, EYB 1989-63159 (C.A.) – norme du travail.

10. *Nouveau-Brunswick c. O'Leary,* précité, note 4 – obligations implicites de l'employé, d'une part, d'exécuter son travail sans négligence et de l'employeur, d'autre part, de recourir à la procédure d'arbitrage pour exercer l'ensemble de ses droits; *Côté c. Saiano,* précité, note 6 – obligation implicite de l'employeur de maintenir l'ordre; *Nadeau c. Carrefour des jeunes de Montréal,* [1998] R.J.D.T. 1513, REJB 1998-08207 (C.A.) – droits de direction de l'employeur et obligation générale de loyauté du salarié; *Syndicat des employés manuels de la Ville de Québec, section locale 1638 c. Québec (Ville de),* [1994] R.J.Q. 1552, EYB 1994-64350 (C.A.) – obligation implicite de ne pas faire grève pendant la durée de la convention collective.

11. *Parry Sound (district), Conseil d'administration des services sociaux c. S.E.E.F.P.O., section locale 324,* [2003] 2 R.C.S. 157, 2003 CSC 42, REJB 2003-47356.

12. *Isidore Garon Ltée c. Syndicat du bois ouvré de la région de Québec Inc. (C.S.D.); Fillion et Frères (1976) Inc. c. Syndicat national des employés de garage du Québec Inc. (C.S.D.),* D.T.E. 2006T-132, 2006 CSC 2, par. 24, 28, 30. Exemples : *Côté c. Saiano,* précité, note 6; *Nadeau c. Carrefour des jeunes de Montréal,* précité, note 10; *Syndicat de l'enseignement de la région de Québec c. Ménard,* [2005] R.J.Q. 1025 (C.A.)

13. La jurisprudence présente de nombreux exemples de l'exercice visant à déterminer si une disposition législative est implicitement incorporée à la convention collective : *Syndicat de la fonction publique du Québec* et *Québec (Gouvernement du),* D.T.E. 2006T-228 (T.A.) – l'article 124 *L.n.t.* est incorporé implicitement à la convention collective tandis que l'article 2094 C.c.Q. n'y est pas incorporé parce qu'incompatible avec les rapports collectifs de travail; *Syndicat des travailleuses et travailleurs de la Ville de Terrebonne (CSN) c. Malette,* D.T.E. 2007T-22. L'article 124 *L.n.t.* n'est pas qu'un recours, il contient une condition de travail d'ordre public incorporée à chaque convention collective; *Syndicat de la fonction publique du Québec* et *Québec (Ministère du Revenu),* D.T.E. 2006T-473 (T.A.). L'article 124 *L.n.t.* ne peut être incorporé implicitement à la convention puisqu'il est incompatible avec l'intention des parties de ne pas accorder le droit au grief; *Commission scolaire des Sommets c. Rondeau,* D.T.E. 2006T-345 (C.S.). L'article 124 *L.n.t.* ne crée pas une norme minimale de travail et ne peut être incorporé implicitement aux conventions collectives; *Syndicat de l'enseignement des Vieilles-Forges* et *Commission scolaire du Chemin-du-Roy,* D.T.E. 2007T-168. L'article 124 *L.n.t.* est incompatible avec les rapports collectifs du travail lorsque la convention collective ne prévoit pas de recours équivalent, parce que le Code du travail démontre une intention du législateur d'accorder une compétence exclusive à la Commission des relations du travail sur ce recours, et que cette législation constitue la pièce maîtresse du régime collectif des relations du travail; *Commission scolaire Marguerite-Bourgeoys c. Choquette,* D.T.E. 2006T-611 (C.S.); *Syndicat canadien de la fonction publique (section locale 4296) SCFP c. Commission scolaire de la Seigneurie des Mille-Îles,* D.T.E. 2007T-65 (C.A.). L'article 2094 C.c.Q., étant le corolaire de l'article 2091, est incompatible avec le régime des rapports collectifs de travail. L'article 2094 C.c.Q, tout comme les articles 2091 et 2092, sont incompatibles avec le régime des rapports collectifs du travail, tandis que les articles 6 et 7 C.c.Q. sont compatibles avec ce régime et incorporés implicitement à la convention collective;

Pour reconnaître la compétence de l'arbitre, il n'y a pas lieu de distinguer la réclamation du salarié ou du syndicat à l'endroit de l'employeur de celle que ce dernier peut lui-même adresser au syndicat[14] ou à l'employé[15].

L'arbitre demeure compétent pour assurer l'exécution des droits accumulés en vertu d'une convention collective expirée et devenus exécutoires après son échéance, même si la réclamation concerne des personnes qui ne sont plus alors des salariés de l'employeur[16]. À plus forte raison peut-il se saisir de la réclamation par un salarié démissionnaire d'un droit résiduel gagné selon la convention collective pendant son emploi[17].

La notion légale de grief reposant sur l'existence d'une mésentente relative à l'interprétation de la convention collective, la Cour d'appel a reconnu la légalité et la recevabilité d'un grief « de principe » qui recherche une sentence arbitrale à caractère déclaratoire, avant même que la violation possible de la convention collective se soit matérialisée, à la condition que la mésentente entre les parties soit véritablement née et actuelle[18].

Au-delà de celle qui lui résulte de la loi elle-même, la compétence de l'arbitre peut être élargie par la volonté des parties de lui déférer d'autres mésententes que des griefs légaux. Cette possibilité est ouverte par l'article 102 C.t.[19]. Il ne peut toutefois s'agir d'un différend né à l'occasion d'une réouverture de la convention collective en vertu de l'article 107 C.t., cette dernière mésentente devant nécessairement être soumise à un arbitre de différend selon les articles 74 et suivants du code (art. 102 C.t.).

2. *La compétence personnelle*

Le grief demeure par nature une mésentente entre des parties liées, l'une envers l'autre, par la convention collective et sur lesquelles, seules, l'arbitre a autorité. Du côté syndical, il s'agit de l'association accréditée et des salariés qu'elle représente. De l'autre côté, on assimilera à l'employeur ses dirigeants et ses représentants qui agissent comme ses *alter ego*, en son nom et pour son compte[20]. On ne saurait rechercher par grief des conclusions contre un tiers que la loi ne soumet pas à l'autorité de la convention collective, à moins que ce tiers y consente d'une manière ou d'une autre[21]. De même, les litiges qui opposent des coemployés, entre lesquels la convention collective ne crée pas de lien de droit, relèvent-ils de la compétence résiduaire des tribunaux de droit commun[22].

B- Le caractère

Dans l'arrêt *St. Anne Nackawic*[23], la Cour suprême a d'abord rejeté le modèle de la concomitance des compé-

Salaberry-de-Valleyfield (Ville de) et *Syndicat des cols bleus de la Ville de Salaberry-de-Valleyfield (CSN)*, D.T.E. 2006T-371 (T.A.). Les articles 6 et 7 C.c.Q. sont compatibles avec la convention collective et y sont implicitement inclus; *Syndicat des agents de la paix en services correctionnels du Québec* et *Québec (Ministère de la Sécurité publique)*, D.T.E. 2006T-941 (T.A.). L'arbitre se déclare compétent pour trancher le grief en se fondant sur les articles 6, 7 et 1375 C.c.Q., qui sont implicitement incorporés à la convention collective; *Syndicat des travailleuses et travailleurs de bois d'œuvre de St-Hilarion (CSN)* et *Compagnie Abitibi-Consolidated du Canada, division scieries, secteur Hilarion*, D.T.E. 2007T-14 (T.A.). L'article 1590 C.c.Q. n'est pas incompatible avec les règles régissant les rapports collectifs.

14. *St. Anne Nackawic Pulp & Paper Co. c. Section locale 219 du Syndicat canadien des travailleurs du papier*, précité, note 9 – réclamation de dommages-intérêts à la suite d'une grève; *Hôpital général juif Sir Mortimer B. Davis c. Athanassiadis*, D.T.E. 99T-462, REJB 1999-12032 (C.A.) – demande de remboursement des frais d'arbitrage à la suite d'un grief supposément frivole; *Fraternité des policiers de Rimouski c. Rimouski (Ville de)*, D.T.E. 96T-563, EYB 1996-65218, EYB 1996-65552 (C.A.) – réclamation de dommages pour des amendes non perçues à la suite d'un refus concerté des policiers de faire respecter la réglementation; *Commission scolaire Crie c. Association de l'enseignement du Nouveau-Québec*, [1990] R.D.J. 451, EYB 1990-58564 (C.A.) – réclamation au syndicat du remboursement de la libération syndicale d'un salarié.

15. *Nouveau-Brunswick c. O'Leary*, précité, note 4 – réclamation par l'employeur à l'employé pour les dommages causés par ce dernier à un tiers, que l'employeur a dû indemniser; *Centre hospitalier Pierre-Boucher c. Union des employés de service, local 298*, précité, note 6 – réclamation d'un montant exigible du salarié par suite de sa démission avant la fin d'un contrat de congé à traitement différé; *Syndicat de l'enseignement de la Haute Côte-Nord c. Commission scolaire Manicouagan*, D.T.E. 91T-237, EYB 1991-63605 (C.A.) – réclamation de prestations d'assurance salaire versées par l'employeur en l'absence d'invalidité au sens de la convention collective.

16. *Dayco (Canada) Ltd. c. T.C.A. – Canada*, [1993] 2 R.C.S. 230, EYB 1993-67498; *Centre hospitalier Pierre-Boucher c. Union des employés de service, local 298*, précité, note 6.

17. Voir *Tremblay c. Syndicat des employées et employés professionnels-les et de bureau*, [2002] 2 R.C.S. 627, REJB 2002-27957, par. 21.

18. *Syndicat des professeurs de l'Université du Québec à Trois-Rivières c. Durand*, J.E. 82-260 (C.A.); *Syndicat des professeurs de l'Université du Québec à Montréal c. Université du Québec à Montréal*, D.T.E. 83T-324 (C.A.). Voir aussi *Syndicat national des travailleurs des pâtes et papiers de Port-Alfred (CSN) c. Cliche*, D.T.E. 2005T-900 (C.A.), 2005 QCCA 847 – délai de prescription d'un tel grief.

19. Exemples : *Union des employés(ées) de service, local 298 (F.T.Q.) c. Jasmin*, [1988] R.J.Q. 2282, EYB 1988-77787 (C.S.); *Syndicat national des employés de l'aluminium d'Arvida Inc. (section des employés des laboratoires de recherche appliquée et centre de génie expérimental) c. Morin*, D.T.E. 91T-1160 (C.S.). L'article 102 C.t. ne peut servir à imposer le résultat d'un arbitrage à des tiers que la convention collective ne lie pas elle-même : *Société Asbestos Ltée c. Lacroix*, D.T.E. 2004T-954, REJB 2004 70292 (C.A.), par. 30, 33-43.

20. *Côté c. Saiano*, précité, note 6; *a contrario*, *Héon c. Doucet*, D.T.E. 2002T-1035, REJB 2002-35665 (C.A.).

21. *Syndicat canadien de la fonction publique, section locale 1417 c. Vidéotron Ltée*, D.T.E. 98T-981, REJB 1998-08040 (C.A.) – grief dirigé contre un assureur; *Société Asbestos Ltée c. Lacroix*, précité, note 19, par. 30 – fiduciaire d'un régime de retraite.

22. *Côté c. Saiano*, précité, note 6; *Nadeau c. Carrefour des jeunes de Montréal*, précité, note 10; *Gauthier c. Chabot*, D.T.E. 98T-1070, REJB 1998-08589 (C.A.).

23. *St. Anne Nackawic Pulp & Paper Co. c. Section locale 219 du Syndicat canadien des travailleurs du papier*, précité, note 9. Voir aussi, en application de cet arrêt, les jugements ultérieurs suivants de la Cour d'appel : *Commission des normes du travail c. Chantier Davie Ltée*, précité, note 9; *Commission des normes du travail c. Domtar Inc.*, précité, note 9; *Syndicat des employés manuels de la Ville de Québec, section locale 1638 c. Québec (Ville de)*, précité, note 10.

tences qui aurait laissé subsister une compétence concurrente ou alternative des tribunaux, parallèlement à celle de l'arbitre, lorsque les droits réclamés peuvent trouver leur fondement juridique à l'extérieur de la convention collective, dans le droit commun ou une loi particulière. À l'origine de cette affaire, la convention collective reprenait elle-même l'interdiction légale de grève et, à la suite d'une telle grève, l'employeur avait intenté une action en dommages-intérêts contre le syndicat, en alléguant tant la violation de la convention collective que de la loi. L'arrêt de la Cour suprême conclut à la compétence exclusive de l'arbitre. Puis, dans l'arrêt *Weber*[24], la Cour suprême écarte cette fois la théorie du chevauchement de compétence selon laquelle les tribunaux ordinaires demeureraient compétents à l'égard des questions qui débordent l'objet traditionnel du droit du travail, même si la situation factuelle à l'origine du litige est couverte par la convention collective. Dans l'espèce, un salarié soupçonné d'abuser des congés de maladie avait fait l'objet d'une enquête à son insu et avait été suspendu sur la base des résultats de cette enquête. Des griefs avaient été produits et réglés mais l'employé avait néanmoins entrepris une action en justice contre l'employeur en invoquant sa responsabilité extracontractuelle et la violation des droits que la *Charte canadienne des droits et libertés* garantissait aux salariés. Ici encore, la Cour suprême conclut à la compétence exclusive de l'arbitre, à l'endroit de toutes les dimensions du litige par ailleurs matériellement couvert par la convention collective.

Comme elle l'a ensuite rappelé dans l'arrêt *Regina Police Assn. Inc.*, la Cour suprême a retenu le modèle de la compétence exclusive de l'arbitre de griefs notamment

parce qu'elle a considéré que c'était celui qui était le plus susceptible de respecter l'intégrité « d'un régime législatif complet destiné à régir tous les aspects des rapports entre les parties dans le cadre des relations du travail »[25].

La compétence de l'arbitre de griefs une fois reconnue, elle s'exerce non seulement sur le fond du litige, mais également sur les questions préliminaires ou collatérales, comme celle de la prescription[26], celle du respect de la procédure de grief[27] ou de la propriété du grief[28], ou encore celle de la qualification d'une situation régie par la convention collective, comme un congédiement[29]. L'arbitre peut même trancher une question juridictionnelle au sens strict, par exemple relativement à l'applicabilité ou à l'inapplicabilité de la convention collective[30] ou de l'une ou l'autre de ses stipulations[31].

En somme, lorsqu'il est compétent pour décider d'un litige en raison de son essence, l'arbitre dispose de la compétence nécessaire, qu'elle soit directe ou accessoire, pour trancher toutes les questions pertinentes susceptibles de déterminer sa solution.

2- Le statut de l'arbitre

Eu égard à son statut, l'arbitre de griefs du Code du travail est un tribunal « statutaire », à la fois parce que la loi l'impose aux parties comme forum exclusif pour disposer des griefs et en raison de la nature des pouvoirs et des devoirs que la loi lui confie[32]. Outre un devoir général d'agir judiciairement, en conformité avec les principes fondamentaux de la justice naturelle, ce statut impose à

---

24. *Weber c. Ontario Hydro*, précité, note 3. Voir aussi *Latulippe c. Commission scolaire de la Jeune Lorette*, précité, note 6; *Syndicat des employés(es) de Villa Médica (FAS-CSN) c. Villa Médica*, D.T.E. 98T-1093, REJB 1998-08444 (C.A.); *Leroux c. Centre hospitalier Ste-Jeanne-d'Arc*, [1998] R.J.D.T. 554, REJB 1998-05648 (C.A.).

25. *Regina Police Assn. Inc. c. Regina (Ville de) Board of Police Commissioners*, précité, note 5, p. 377, par. 34.

26. *Syndicat des professeurs du Collège de Lévis-Lauzon c. Collège d'enseignement général et professionnel de Lévis-Lauzon*, [1985] 1 R.C.S. 596; *Union des routiers, brasseries, liqueurs douces et ouvriers de diverses industries, section locale 1999 (Teamsters) c. Brasserie Labatt Ltée*, [1998] R.J.Q. 721, REJB 1998-04835 (C.A.).

27. *Cyrille Labelle et Cie c. Union des employés de commerce, local 501, T.U.A.C.-U.F.C.W.*, D.T.E. 88T-163, EYB 1988-62942 (C.A.) – interprétation des dispositions de la convention collective et de l'article 100.2.1 C.t.

28. *Hilton Canada Inc. c. Kodie*, [1986] R.J.Q. 2483, EYB 1986-58899 (C.A.). Comparer *Québec (Ville de) c. Morin*, D.T.E. 88T-22 (C.A.).

29. Quant à l'appréciation de la réalité et de la valeur juridique d'une rupture du lien d'emploi, par démission ou congédiement, voir *Brasserie Labatt Ltée c. Lamonde*, D.T.E. 99T-4, REJB 1998-09388 (C.A.); *Université du Québec à Trois-Rivières c. St-Pierre*, D.T.E. 97T-727, REJB 1997-01096 (C.A.); *Syndicat des travailleurs et des travailleuses des Épiciers unis Métro-Richelieu (C.S.N.) c. Lefebvre*, [1996] R.J.Q. 1509, EYB 1996-65334 (C.A.) – opinion du j. LeBel, p. 30 et 31; *Syndicat des cols bleus de la Cité de Valleyfield (C.S.N.) c. Salaberry-de-Valleyfield (Cité de)*, D.T.E. 92T-195, EYB 1992-58934 (C.A.). Quant à l'appréciation des conditions de formation du contrat individuel de travail : *Maribro Inc. c. Union des employés(ées) de service, local 298 (F.T.Q.)*, [1992] R.J.Q. 572, EYB 1992-64012 (C.A.).

30. *Procureur général du Québec c. Labrecque*, précité, note 2, p. 1073; *Dayco (Canada) Ltd. c. T.C.A. – Canada*, précité, note 16. La Cour suprême signale par ailleurs qu'il faut éviter d'abuser de la distinction entre l'« applicabilité » et l'« application » de la convention collective, pour ne pas restreindre indûment l'aire de compétence naturelle de l'arbitre : *Hémond c. Coopérative fédérée du Québec*, [1989] 2 R.C.S. 962, EYB 1989-67835.

31. Le salarié à qui la convention collective nie, illégalement selon lui, un droit de grief doit néanmoins adresser sa réclamation à l'arbitre; s'il y a lieu, ce dernier pourra déclarer l'empêchement inopérant et décider de la réclamation en conséquence : *Leroux c. Centre hospitalier Ste-Jeanne-d'Arc*, précité, note 24; *Confédération des syndicats nationaux c. Verret*, [1992] R.J.Q. 975, EYB 1992-56748 (C.A.); *Giroux c. Fondation CSN*, D.T.E. 2005T-477 (C.S.). Voir aussi *Parry Sound (district), Conseil d'administration des services sociaux c. S.E.E.F.P.O., section locale 324*, précité, note 11.

32. *Roberval Express Limitée c. Union des chauffeurs de camions et hommes d'entrepôt et autres ouvriers, local 106*, [1982] 2 R.C.S. 888; *Port Arthur Shipbuilding c. Arthurs*, [1969] R.C.S. 85; *Procureur général du Québec c. Syndicat de professionnelles et professionnels du gouvernement du Québec*, D.T.E. 99T-1018, REJB 1999-14616 (C.A.).

l'arbitre, en particulier, une obligation d'indépendance et d'impartialité à l'endroit des parties, conformément aux garanties que l'article 23 de la *Charte des droits et libertés de la personne* leur donne à cet effet[33]. La norme de contrôle alors applicable est celle de la crainte raisonnable, qui consiste à se demander si une personne raisonnablement bien informée pourrait craindre, sur la base de faits et non de simples soupçons, que la décision soit entachée de partialité. L'article 100.1 C.t. assure l'immunité de l'arbitre à l'égard des actes posés de bonne foi dans l'exercice de fonctions.

3- La nomination de l'arbitre

L'article 100 C.t. énonce, à son premier alinéa, que tout grief doit être soumis à l'arbitrage « en la manière prévue dans la convention collective si elle y pourvoit et si l'association accréditée et l'employeur y donnent suite » et que « sinon il est déféré à un arbitre choisi par l'association accréditée et l'employeur, ou, à défaut d'accord, nommé par le ministre ». Cette disposition envisage trois éventualités quant à la désignation de l'arbitre.

D'abord, la convention collective peut contenir des stipulations visant à désigner l'arbitre. Très simplement, la convention collective peut nommer une personne qui sera chargée d'entendre les griefs. Selon une autre pratique, elle peut contenir plutôt une liste de personnes qui pourront toutes être appelées à agir comme arbitres. Dans ce dernier cas, les parties peuvent avoir prévu une procédure d'attribution des griefs aux différents arbitres nommés à la convention collective, par exemple à tour de rôle. Souvent, elles se réservent plutôt la faculté de choisir l'arbitre, à même la liste préétablie, au cas par cas.

Dans quelle mesure les parties sont-elles liées par les règles qu'elles se sont données à la convention collective quant au choix d'un arbitre? Certaines décisions et surtout un *obiter dictum* du juge Lamer, alors à la Cour d'appel,

dans une affaire *Venditelli* ont donné à penser que l'une ou l'autre des parties pouvait répudier la procédure de nomination de l'arbitre à laquelle elle avait souscrit dans la convention collective[34]. Un arrêt ultérieur de la Cour d'appel a rectifié l'interprétation à donner à l'article 100, al. 1 C.t. et, en particulier, à l'expression « si l'association accréditée et l'employeur y donnent suite » qu'on y trouve[35]. Selon la Cour d'appel, les parties sont liées par la procédure d'arbitrage qu'elles se sont donnée à la convention collective, comme par toute autre disposition de cette dernière, y compris quant au choix de l'arbitre, sauf motif de récusation[36]. C'est lorsque le concours d'une partie demeure nécessaire à la désignation d'un arbitre et fait défaut que les termes « si l'association accréditée et l'employeur y donnent suite » trouvent leur effet et permettent à l'autre partie de débloquer la situation en s'adressant, ultimement, au ministre du Travail pour qu'un arbitre soit nommé[37]. Rien n'empêche par ailleurs les parties de se réserver, par la convention collective, le droit d'écarter unilatéralement un arbitre qu'elles y ont prédésigné[38].

Si les parties sont demeurées muettes dans la convention collective quant au choix de l'arbitre, ou si elles choisissent conjointement d'ignorer le choix qu'elles y avaient fait, elles peuvent convenir de la nomination d'un arbitre pour entendre un grief au moment où celui-ci survient.

Finalement, c'est au ministre du Travail qu'il appartient de procéder à la nomination de l'arbitre lorsque la partie intimée par un grief refuse son concours pour procéder à la nomination d'un arbitre selon les termes de la convention collective et lorsque, dans ce cas ou dans tout autre où la convention est muette sur le sujet, les parties ne s'entendent pas sur le choix d'un arbitre[39]. L'absence d'accord entre les parties sur le choix d'un arbitre dans un délai raisonnable suffit pour permettre au ministre du Travail d'en nommer un, sur demande de l'une ou l'autre des parties, sans qu'il soit nécessaire de constater un

---

33. *Procureur général du Québec c. Syndicat de professionnelles et professionnels du gouvernement du Québec*, précité, note 32; *Syndicat des travailleurs de Kvaerner Hymac Inc. (C.S.N.) c. Kvaerner Hymac Inc.*, D.T.E. 99T-472, REJB 1999-12104 (C.A.); *Association catholique des enseignants de l'Estrie c. Commissaires d'école pour la municipalité scolaire de La Patrie*, [1973] C.A. 531; *Syndicat canadien de la fonction publique, section locale 3333 c. Dupuis*, [2001] R.J.D.T. 66, REJB 2001-24684 (C.S.); *Boulet c. Brody*, D.T.E. 97T-1274, REJB 1997-02664 (C.S.).
34. *Venditelli c. Cité de Westmount*, [1980] C.A. 49, 51 (j. Lamer).
35. *Syndicat canadien de la fonction publique, section locale 301 c. Montréal (Ville de)*, [1998] R.J.D.T. 1503, REJB 1998-07685 (C.A.).
36. *Id.*, p. 25 et 26. Relativement à l'obligation de suivre l'ordre de désignation de plusieurs arbitres nommés en vertu de la convention collective pour agir à tour de rôle, voir et comparer : *Association des pompiers de Montréal Inc. c. Imbeau*, [1985] C.A. 311; *Société canadienne des postes c. Lauzon*, D.T.E. 89T-1090 (C.S.) – Code canadien du travail; *Société canadienne des postes c. Lebœuf*, D.T.E. 90T-594 (C.S.) – Code canadien du travail.
37. *Syndicat canadien de la fonction publique, section locale 301 c. Montréal (Ville de)*, précité, note 35, p. 24 et 25; *Commission scolaire régionale de Chambly c. Association des enseignants de Chambly*, C.A. Montréal, n° 14340, 22 août 1973.
38. *Syndicat canadien de la fonction publique, section locale 301 c. Montréal (Ville de)*, précité, note 35, p. 24 à 26; *Bourret c. Association nationale des employés de l'alimentation au détail du Québec Inc.*, [1969] B.R. 90 – arrêt résumé.
39. *Syndicat canadien de la fonction publique, section locale 301 c. Montréal (Ville de)*, précité, note 35; *Commission scolaire régionale de Chambly c. Association des enseignants de Chambly*, précité, note 37.

désaccord formel entre elles, ni l'écoulement d'un délai précis[40].

La latitude que l'article 100 C.t. laisse aux parties dans l'aménagement conventionnel du mécanisme arbitral connaît néanmoins certaines limites. Cet aménagement doit respecter les exigences d'indépendance et d'impartialité que les règles de la justice naturelle attachent à l'exercice des pouvoirs de nature judiciaire qui sont ceux de l'arbitre[41]. Sur un autre plan, l'arbitrage doit être confié à un arbitre unique. Un grief ne peut donc être déféré à un tribunal d'arbitrage formé de plusieurs membres, selon une formule qui a prévalu avant que l'article 100 C.t. soit modifié de manière à l'exclure. L'arbitre peut toutefois être assisté d'assesseurs, sur entente des parties à cet effet dans les 15 jours de sa nomination (art. 100.1.1 C.t.)[42]. Chaque partie désigne son assesseur à l'intérieur du même délai de 15 jours qui suit la nomination de l'arbitre (art. 100.1.1, al. 2 C.t.). Les assesseurs ne jouissent pas du statut d'arbitre et ne sont donc pas tenus aux mêmes exigences d'indépendance et d'impartialité[43]. À tous égards, l'arbitre demeure seul maître de l'exercice de sa compétence et des décisions à rendre. Ainsi que le précise l'article 100.1.1, al. 2 du code, l'assesseur assiste l'arbitre et représente auprès de lui, lors de l'audition du grief et du délibéré, la partie qui l'a désigné. Dans tous les cas, l'arbitre et, s'il en est, les assesseurs sont remplacés, au besoin, selon la procédure prévue pour leur nomination (art. 100.1.2 C.t.).

4- L'accès à l'arbitrage

L'accès à l'arbitrage soulève deux questions majeures, celle du respect des délais imposés par la loi ou par la convention collective et celle de la propriété des griefs.

A- Les délais

Dès qu'un litige relève de la compétence de l'arbitre de griefs, l'exercice du recours auquel il peut donner lieu est en principe soumis au respect des délais, légaux ou conventionnels, applicables aux griefs.

L'article 71 C.t. énonce que les droits et recours qui naissent de la convention collective se prescrivent par six mois de la naissance de la cause d'action. Cette disposition fixe ainsi le délai légal de prescription des griefs. L'expression « jour où la cause de l'action a pris naissance », qui détermine le point de départ de la prescription, a été interprétée (et est appliquée) comme désignant le jour où le plaignant a pris connaissance des faits à l'origine du grief[44]. Sous réserve de l'impossibilité absolue d'agir de la partie plaignante, le délai de prescription de l'article 71 du code est de déchéance; l'arbitre qui constate que ce délai était épuisé au moment du grief doit reconnaître son absence de compétence pour décider du fond de ce grief[45]. Cette prescription n'est toutefois pas d'ordre public et l'arbitre n'est pas tenu de la soulever d'office[46]. Saisi d'une objection de prescription fondée sur l'article 71 du code, l'arbitre a compétence pour interpréter ses dispositions et les appliquer aux faits qui lui sont soumis. La décision de l'arbitre ne sera sujette à révision par les tribunaux supérieurs que dans la mesure où ces derniers la jugeront « manifestement déraisonnable »[47].

La plupart des conventions collectives prévoient des modalités particulières d'accès au stade de l'arbitrage. Les appellations « procédure interne de réclamation » ou « procédure de grief » désignent ces modalités conventionnelles de soumission des griefs. Celles-ci varient considérablement d'une convention collective à une autre.

40.   *Granit National Ltée c. Syndicat des travailleurs de l'industrie et des matériaux de construction, section Granit National (C.S.N.)*, D.T.E. 83T-758 (C.S.); *Union des employés de commerce, local 500, T.U.A.C. c. Larouche*, D.T.E. 83T-66 (C.S.).

41.   *Syndicat des travailleurs de Kvaerner Hymac Inc. (C.S.N.) c. Kvaerner Hymac Inc.*, précité, note 33 – crainte raisonnable de partialité; *De Mylder c. Syndicat des employés de Marconi*, [1984] T.T. 296; *Roy c. Association des salariés des autobus de l'Estrie Inc.*, [1985] T.T. 110.

42.   Rien ne s'oppose à ce que cette entente soit préalablement intervenue dans la convention collective : *Commission scolaire Crie c. Tremblay*, D.T.E. 97T-229, REJB 1997-00072 (C.A.).

43.   *Commission scolaire Crie c. Tremblay*, précité, note 42.

44.   *Celanese Canada Inc. c. Clément*, [1983] C.A. 319; *Syndicat national des travailleurs des pâtes et papiers de Port-Alfred (CSN) c. Cliche*, précité, note 18 – grief syndical à caractère déclaratoire.

45.   *Syndicat des professeurs du Collège de Lévis-Lauzon c. Collège d'enseignement général et professionnel de Lévis-Lauzon*, précité, note 26, p. 604 (j. Beetz); *Union Carbide Canada Ltd. c. Weiler*, [1968] R.C.S. 966; *General Truck Drivers Union, local 938 c. Hoar Transport Co. Ltd.*, [1969] R.C.S. 634. L'article 2895 C.c.Q. accorde un délai supplémentaire de trois mois au demandeur qui a choisi erronément son forum pour adresser son recours à l'instance compétente. Ce « délai de grâce » s'applique-t-il au recours à l'arbitrage, lorsqu'une partie s'est d'abord adressée au tribunal de droit commun, de bonne foi et non par stratagème destiné à lui faire renaître un droit de grief prescrit? La compatibilité de cette règle avec le régime collectif en justifie l'application : *Isidore Garon Ltée c. Syndicat du bois ouvré de la région de Québec Inc. (C.S.D.)*; *Fillion et Frères (1976) Inc. c. Syndicat national des employés de garage du Québec Inc. (C.S.D.)*, précité, note 12, par. 24 et 30. Voir, en ce sens, *Dubé c. Secrétariat de l'action catholique de Joliette*, D.T.E. 2001T-1109, REJB 2001-26586 (C.A.); *Roberge c. Cliche*, [1998] R.J.D.T. 1132, REJB 1998-09051 (C.S.); *Syndicat des salariés de garage de la Société de transport de la Communauté urbaine de Québec (C.S.N.) c. Dubé*, D.T.E. 2001T-329, REJB 2001-23966 (C.S.).

46.   *Association internationale des machinistes et des travailleurs de l'aéro-astronautique c. Association des marchands d'automobiles de la Côte-Nord Inc.*, J.E. 81-538 (C.A.).

47.   Voir, à ce sujet, l'*obiter* du juge Beetz dans *Syndicat des professeurs du Collège de Lévis-Lauzon c. Collège d'enseignement général et professionnel de Lévis-Lauzon*, précité, note 26, p. 610; *Union des routiers, brasseries, liqueurs douces et ouvriers de diverses industries, section locale 1999 (Teamsters) c. Brasserie Labatt Ltée*, précité, note 26.

Elles peuvent ainsi compter une ou plusieurs étapes, assorties elles-mêmes de délais, qui doivent être franchies pour parvenir à l'arbitrage. Il y a donc lieu de se rapporter dans chaque cas à la convention collective pertinente. Le cas échéant, il appartient à l'arbitre, dans l'exercice de sa compétence, de décider si la procédure interne de réclamation a été suivie par la partie plaignante et si le défaut d'observer une exigence de cette procédure constitue un vice de fond, ou plutôt un vice de forme au sens de l'article 100.2.1 C.t. qui prévoit qu'aucun grief ne doit être considéré comme nul ou rejeté pour vice de forme ou irrégularité de procédure[48].

D'un point de vue pratique, la conséquence la plus importante de la procédure interne de réclamation prévue à la convention collective est en général d'écourter le délai légal de prescription de six mois de l'article 71 C.t. pour la présentation d'un grief à l'autre partie. On se trouve alors en présence d'une sorte de prescription conventionnelle des griefs. Le législateur s'est préoccupé de l'introduction dans les conventions collectives de ces délais conventionnels de soumission des griefs, qui risquaient de compromettre l'exercice des droits des salariés s'ils devenaient trop courts. En vertu de l'article 100.0.1 C.t., l'arbitre ne peut rejeter un grief soumis à l'autre partie dans les 15 jours de la date où la cause du grief a pris naissance pour le seul motif que le délai prévu à la convention collective n'aurait pas été respecté. C'est dire qu'un délai conventionnel de moins de 15 jours pour déposer un grief demeurera sans effet dès lors que le grief aura effectivement été soumis dans les 15 jours (art. 100, al. 3 C.t.).

L'article 71 du code établit une relation entre la prescription légale de six mois qu'il fixe et la procédure de grief : le recours à cette procédure interrompt la prescription. Celle-ci recommencera à courir après l'épuisement de la procédure interne de réclamation, c'est-à-dire, normalement, au moment où l'employeur donnera sa réponse finale au grief[49]. À moins qu'un autre délai soit prévu à la convention collective, l'avis d'envoi du grief à l'arbitrage devra être donné dans les six mois suivant cette réponse de l'employeur[50].

La soumission du grief à l'arbitrage n'implique toutefois pas que l'arbitre chargé d'en disposer ait été désigné[51]. En l'absence de procédure de grief dans la convention collective, ou lorsque cette dernière ne différencie pas l'étape initiale du dépôt du grief et celle de son envoi à l'arbitrage, le seul avis de naissance d'un grief donné par une partie à l'autre, dans le délai imparti, aura pour effet de soumettre légalement la mésentente à l'arbitrage et d'engager le mécanisme de nomination de l'arbitre, selon un ou l'autre des modes prévus à l'article 100 du code[52].

Même si la loi ne dicte aucun délai pour procéder à la désignation de l'arbitre et en l'absence de délai conventionnel à cet effet, un fort courant de jurisprudence arbitrale oblige la partie plaignante à agir dans un délai raisonnable pour obtenir la nomination d'un arbitre, sous peine d'être réputée avoir abandonné son recours et d'être déchue du droit à l'arbitrage. Il s'agit de l'application de la théorie dite des « laches »[53]. Un courant de pensée minoritaire refuse toutefois d'appliquer cette théorie de l'abandon des droits qui s'apparente à la péremption d'instance prévue au Code de procédure civile. Un jugement de la Cour supérieure a conclu à son inapplicabilité en raison de son absence tant du Code du travail que de la convention collective qui était applicable[54]. Un autre jugement a refusé d'annuler une sentence arbitrale qui avait refusé d'appliquer la théorie des « laches » parce que les deux parties à la convention collective étaient en mesure de poser les gestes nécessaires à la suite du dépôt d'un grief pour que ce dernier soit entendu en arbitrage[55]. En pratique, pour tout dire et sous réserve d'autres délais prévus à la convention collective, un conseil s'adresse à la partie réclamante : ne jamais espacer de six mois ou plus du précédent tout acte nécessaire pour qu'un grief soit décidé par un arbitre.

L'article 100.0.2 C.t. a également une incidence directe sur la prescription légale ou conventionnelle des griefs. Il prévoit qu'en cas de refus d'une partie de donner suite au règlement d'un grief intervenu avant qu'il ne soit déféré à l'arbitrage, l'autre partie pourra soumettre le grief

48. *Travailleurs et Travailleuses unis de l'alimentation et du commerce, section locale 501 c. Boulangerie Gadoua Ltée*, [2002] R.J.Q. 3048, REJB 2002-35662 (C.A.); *Cyrille Labelle et Cie c. Union des employés de commerce, local 501, T.U.A.C.-U.F.C.W.*, précité, note 27.

49. *Syndicat international des travailleurs, local 333 c. Compagnie Sucre Atlantic Ltée*, [1981] C.A. 416; cet arrêt a par la suite été distingué dans *Villa Notre-Dame de Grâce c. Syndicat des employés de la Villa Notre-Dame de Grâce*, C.A.M., n° 500-09-000575-837, 18 octobre 1983.

50. Cet avis doit exprimer une décision ferme plutôt qu'une simple intention de soumettre le grief à l'arbitrage : *Syndicat national des employés municipaux de Tracy c. Lavery*, D.T.E. 2003T-214, REJB 2003-37457 (C.A.).

51. *Union des employés de commerce, local 500, T.U.A.C. c. Larouche*, précité, note 40.

52. *Villa Notre-Dame de Grâce c. Syndicat des employés de la Ville Notre-Dame de Grâce*, précité, note 49; *Syndicat des professionnels du Centre de services sociaux de Québec (S.P.C.S.S.Q.) c. Côté*, D.T.E. 84T-524 (C.S.).

53. Exemple : *Centre hospitalier Notre-Dame de la Merci c. Syndicat des infirmières et infirmiers du Centre hospitalier Notre-Dame de la Merci (C.S.N.)*, D.T.E. 91T-678 (T.A.). Consulter à ce sujet, C. D'AOUST et L. DUBÉ, *L'estoppel et les laches en jurisprudence arbitrale*, monographie n° 23, École de relations industrielles, Université de Montréal, Montréal, 1990.

54. *Syndicat des professionnels du Centre de services sociaux de Québec (S.P.C.S.S.Q.) c. Côté*, précité, note 52.

55. *Commission scolaire des Mille-Isles c. Tousignant*, D.T.E. 91T-246 (C.S.).

à l'arbitrage, malgré toute entente contraire et malgré l'expiration des délais prévus aux articles 71 et 100.0.1 C.t., ou à la convention collective[56]. La disposition ne vise que les cas où le grief a fait l'objet d'un règlement avant d'être déféré à l'arbitrage. Il est donc important de déterminer à quel moment un grief sera réputé déféré à l'arbitrage, au sens de cet article 100.0.2 C.t. et pour l'application de celui-ci. Si on tient compte de l'article 100.3 C.t. qui, lui, prévoit le traitement d'un règlement total ou partiel d'un grief dont un arbitre a été saisi, il faut conclure que c'est à compter de la nomination d'un arbitre que le grief sera réputé déféré à l'arbitrage, pour l'application de l'article 100.0.2 C.t. comme pour celle de l'article 100.3 C.t.[57]. Relativement à la compétence de l'arbitre à l'égard d'un grief qui lui est soumis en application de l'article 100.0.2 du code, une question se soulève. L'arbitre doit-il disposer du grief selon la convention collective, comme s'il n'y avait pas eu de règlement, ou encore doit-il en définitive assurer l'exécution du règlement intervenu? C'est cette dernière solution qui s'impose[58]. En outre, tout recours alternatif en exécution, devant un tribunal civil ordinaire, est alors exclu[59].

Le règlement « hors cour » d'un grief constitue, par sa nature, une transaction au sens de l'article 2631 C.c.Q., comme les parties prennent d'ailleurs souvent le soin de le stipuler expressément. Lorsqu'un règlement intervient après que le grief a été déféré à l'arbitrage, son exécution pourra donner ouverture à un recours sur cette base auprès du tribunal de droit commun compétent. Remarquons ici l'effet juridique limité d'une pratique courante, dont l'article 100.3 C.t. fait état et par laquelle les parties demandent à l'arbitre saisi d'un grief de « prendre acte » ou de « donner acte » de son règlement. La Cour d'appel a décidé que cette forme d'intervention ne constitue qu'une simple constatation du règlement intervenu et qu'elle n'équivaut pas à une ordonnance de la part de l'arbitre[60].

Enfin, il faut tenir compte de la règle exceptionnelle énoncée à l'article 47.6 C.t. lorsqu'une réclamation est déférée à un arbitre par ordonnance de la Commission des relations du travail en vertu de l'article 47.5 C.t. L'employeur ne peut alors opposer à l'arbitrage l'inobservation de la procédure et des délais prévus à la convention collective.

En plusieurs occasions, les tribunaux supérieurs ont posé que le respect, par la partie réclamante, d'une procédure de grief rédigée en termes impératifs déterminait l'existence même de la compétence éventuelle de l'arbitre. Dès lors que ce dernier constatait le défaut du plaignant de satisfaire une exigence de la procédure de réclamation, il se devait de reconnaître son absence de compétence pour disposer du fond de l'affaire[61]. L'application de ce principe est maintenant atténuée par l'article 100.2.1 du code. Celui-ci interdit en fait à l'arbitre de considérer un grief comme nul ou de le rejeter pour vice de forme ou irrégularité de procédure. Abstraction faite des termes impératifs utilisés dans la convention collective, l'arbitre doit donc désormais qualifier un manquement comme vice de fond s'il veut s'en autoriser pour décliner compétence à l'égard du grief ou le rejeter. Qu'arrive-t-il si l'arbitre, interprétant la preuve et la convention collective au regard d'une condition de fond d'accès à l'arbitrage en vient à une conclusion erronée sans toutefois que sa décision puisse être qualifiée de manifestement déraisonnable? L'arbitre perd-il compétence ou refuse-t-il illégalement de l'exercer? L'arrêt de la Cour suprême du Canada dans l'affaire *Syndicat des professeurs du Collège de Lévis-Lauzon* répond clairement par la négative. Départageant les opinions contradictoires auxquelles avait donné lieu cette question en Cour d'appel, la Cour suprême reconnaît la compétence de l'arbitre, sous la protection des clauses privatives des articles 139, 139.1 et 140 C.t., pour décider de l'application des dispositions de la convention collective relatives à la procédure interne de réclamation par voie de grief. La conséquence en est tout aussi clairement tirée : seule une décision manifestement déraisonnable de l'arbitre justifiera l'intervention des tribunaux supérieurs pour l'annuler par l'exercice de leur pouvoir de contrôle judiciaire[62].

Dans une perspective plus générale, cet arrêt de la Cour suprême restreint nettement la notion de question préliminaire à l'exercice de la compétence arbitrale aux seules questions relatives à la compétence matérielle de

56. Sur la notion de règlement, qui suppose l'accord des parties sur une solution, voir *Cégep de Limoilou c. Laberge*, D.T.E. 85T-958 (C.S.), conf. par *Collège d'enseignement général et professionnel de Limoilou c. Laberge*, C.A. Québec, nº 200-09-000804-853, 10 décembre 1986.
57. *Auger c. Hôpital Royal Victoria*, D.T.E. 97T-362 (C.S.); *Université Concordia c. Turmel*, D.T.E. 2005T-427 (C.S.).
58. *Cégep de Limoilou c. Laberge*, précité, note 56; *Infirmières et infirmiers Unis Inc. c. Brody*, [1986] R.J.Q. 491 (C.S.); *Auger c. Hôpital Royal Victoria*, précité, note 57.
59. *Furlong c. Résidence Christophe-Colomb*, [1995] R.D.J. 162, EYB 1994-59314 (C.A.); *Auger c. Hôpital Royal Victoria*, précité, note 57.
60. *Restaurant Faubourg St-Denis Inc. c. Durand*, [1990] R.J.Q. 1218, EYB 1990-57537 (C.A.). Les conséquences seraient différentes si les parties demandaient plutôt à l'arbitre de prononcer, avec leur consentement, une ordonnance qui reprenne les termes de leur entente.
61. *Syndicat des professeurs du Collège de Lévis-Lauzon c. Collège d'enseignement général et professionnel de Lévis-Lauzon*, précité, note 26; *Union Carbide Canada Ltd. c. Weiler*, précité, note 45; *General Truck Drivers Union, local 938 c. Hoar Transport Co. Ltd.*, précité, note 45.
62. *Syndicat des professeurs du Collège de Lévis-Lauzon c. Collège d'enseignement général et professionnel de Lévis-Lauzon*, précité, note 26.

l'arbitre, au sens strict de son pouvoir de se saisir d'une question en vertu de la loi, et il reconnaît à l'arbitre le droit de décider de l'interprétation et de l'application des règles qui sont parties intégrantes de la matière que le législateur a confiée à son expertise[63].

La jurisprudence postérieure a pris acte de cette approche et de la reconnaissance de la compétence arbitrale qui s'y rattache. Elle a donc reconnu que l'arbitre agissait à l'intérieur de sa compétence non seulement en appréciant si les exigences de la convention collective avaient été respectées, mais également en interprétant et en appliquant l'article 100.2.1 C.t. et en décidant si un manquement aux exigences de la convention, le cas échéant, constituait ou un vice de fond fatal ou un simple vice de forme couvert par cette disposition législative[64].

B- La propriété du grief

L'article 69 C.t. affirme que le syndicat accrédité peut exercer tous les recours résultant de la convention collective en faveur des salariés, sans devoir justifier d'une cession de créance. D'autre part, le texte de l'article 100, al. 1 C.t. révèle clairement qu'en principe le grief, comme instrument d'application de la convention collective, appartient à l'association accréditée[65]. Ce pouvoir accordé à l'association accréditée de contrôler l'accès à l'arbitrage demeure cependant conditionné par son obligation légale de représentation équitable de tous les salariés de l'unité de négociation[66]. En particulier, la collusion entre l'association syndicale et l'employeur autorisera le salarié à agir seul pour réclamer les droits qui lui résulteraient de la convention collective[67]. Le cas échéant, sa propriété des griefs autorise le syndicat à les régler autrement qu'en recourant à l'arbitrage statutaire, notamment dans le cadre d'un processus conventionnel bipartite[68].

Rien ne s'oppose à ce que la procédure de grief prévue à la convention collective autorise les salariés à procéder seuls aux étapes initiales de la procédure de grief. Cette pratique est d'ailleurs courante, à ce stade de la procédure. Certaines conventions collectives ont même pour effet d'assujettir la recevabilité d'un grief individuel à sa signature par le salarié intéressé, le syndicat renonçant alors en quelque sorte au pouvoir autonome que lui reconnaît l'article 69 C.t. pour exercer tous les recours que la convention collective accorde à chacun des salariés qu'il représente, sans avoir à justifier d'une cession de créance de l'intéressé[69]. Il n'est pas exclu par ailleurs que selon la convention collective le salarié puisse aussi porter lui-même sa réclamation à l'arbitrage, y devenant ainsi personnellement partie[70].

5- La procédure et la preuve

Le fonctionnement de l'institution arbitrale obéit aux règles énoncées aux articles 100 à 102 C.t. L'article 100, al. 3 C.t. confère à ces règles un caractère d'ordre public, à moins qu'elles prévoient expressément que les parties puissent y déroger par convention collective. Les normes prééminentes édictées par la *Charte des droits et libertés de la personne* du Québec et par certaines dispositions d'ordre public du Code civil du Québec s'imposent de la même façon à l'arbitre. Celui-ci est également tenu au respect, dans toutes leurs dimensions, des règles de justice naturelle, lorsque ces dernières ne se trouvent pas déjà exprimées par la loi elle-même. Dans ces limites, et sous réserve des dispositions particulières de la convention collective qu'il est chargé d'appliquer, l'arbitre dirige l'instruction du grief et détermine la procédure, la preuve pertinente et les modes selon lesquels cette dernière est admissible (art. 100.2 C.t.)[71].

---

63. *Id.*, p. 608 et 609. Dans la même perspective, voir également *Blanchard c. Control Data Canada Limitée*, [1984] 2 R.C.S. 476; *Bibeault c. McCaffrey*, [1984] 1 R.C.S. 176.

64. *Travailleurs et Travailleuses unis de l'alimentation et du commerce, section locale 501 c. Boulangerie Gadoua Ltée*, précité, note 48; *Cyrille Labelle et Cie c. Union des employés de commerce, local 501, T.U.A.C.-U.F.C.W.*, précité, note 27.

65. Sauf exception résultant de la convention collective, il est impossible à un salarié d'obtenir la nomination d'un arbitre par le ministre du Travail sans le concours de l'association accréditée : *Venditelli c. Cité de Westmount*, précité, note 34; *Dalton c. Union internationale des employés professionnels et de bureau (local 409)*, D.T.E. 83T-484 (C.A.). Dans le même sens, l'arrêt *Noël c. Société d'énergie de la Baie James*, [2001] 2 R.C.S. 207, 2001 CSC 39, REJB 2001-24835, dénie au salarié, normalement, l'intérêt juridique suffisant pour entreprendre seul un recours en révision judiciaire.

66. Quant à cette obligation légale de représentation du syndicat, voir *supra*, titre II, chapitre IV.

67. *Noël c. Société d'énergie de la Baie James*, précité, note 65; *Shermag Inc. (Division Lennoxville) c. Beaulieu*, D.T.E. 2003T-249, REJB 2003-37531 (C.A.); *Brousseau c. Manufacture St-Laurent Canada Inc.*, D.T.E. 2002T-989, REJB 2002-34746 (C.A.).

68. *Giroux c. Hydro-Québec*, [2003] R.J.Q. 346, REJB 2003-36844 (C.A.); transposer aussi *Syndicat des techniciens et techniciennes du cinéma et vidéo du Québec c. Mancone*, [2002] R.J.D.T. 1428, REJB 2002-34116 (C.A.).

69. *Hilton Canada Inc. c. Kodie*, précité, note 28.

70. *Noël c. Société d'énergie de la Baie James*, précité, note 65, par. 45. Dans *Québec (Ville de) c. Morin*, précité, note 28, la Cour d'appel a reconnu au salarié le statut de partie à l'arbitrage et le droit de poursuivre l'arbitrage malgré le retrait du grief par le syndicat, tenant compte du fait que la convention collective permettait la soumission du grief par le syndicat ou par le salarié. Voir aussi *Confédération des syndicats nationaux c. Verret*, précité, note 31.

71. *Université du Québec à Trois-Rivières c. Larocque*, [1993] 1 R.C.S. 471, EYB 1993-67868; *Poirier c. C.U.M.*, D.T.E. 83T-192 (C.A.); *Bourdouhxe c. Institut Albert Prévost*, [1974] R.D.T. 369 (C.A.).

A- L'audition des parties

L'article 100.5, al. 1 C.t. énonce l'obligation pour l'arbitre de respecter la règle fondamentale de justice selon laquelle les parties doivent avoir l'occasion d'être entendues et de faire valoir pleinement leurs moyens. Cette disposition codifie en somme l'application de la règle de justice fondamentale *audi alteram partem* en faveur de l'association accréditée, de l'employeur et du salarié intéressé[72]. Selon la jurisprudence, cette application doit tenir compte du fait que les véritables parties à l'arbitrage sont l'employeur et l'association accréditée, laquelle prend normalement charge de la défense des intérêts du salarié ou des salariés intéressés. Ainsi, si l'employeur et l'association accréditée disposent d'un plein droit d'être représentés et entendus devant l'arbitre, l'étendue des droits du salarié varie selon les circonstances. Lorsque ses intérêts sont défendus par l'association accréditée, le salarié dispose du droit d'être présent en tout temps à l'audience[73]. Il peut requérir d'être entendu par l'arbitre, mais il ne saurait exiger d'être représenté par un avocat de son choix comme s'il constituait une partie distincte[74]. Par contre, les tribunaux reconnaissent au salarié un droit individuel, distinct et complet d'intervention auprès de l'arbitre, dans la mesure où le syndicat accrédité adopte lui-même une position allant à l'encontre de son intérêt individuel et susceptible de l'affecter[75]. Il relève enfin de la discrétion de l'arbitre de recevoir positivement une demande d'intervention de toute personne qui la justifie par un intérêt suffisant, étant entendu que la participation de tiers à l'arbitrage doit demeurer exceptionnelle et s'appuyer sur une « *démonstration suffisante de sa nécessité ou, à tout le moins, de son utilité véritable* »[76].

C'est à l'arbitre qu'il appartient de convoquer les parties pour l'audition du grief. L'article 100.2, al. 2 C.t. l'habilite à le faire d'office. L'article 100.5, al. 2 C.t. autorise l'arbitre à procéder en l'absence d'une partie intéressée si cette dernière a été convoquée par un avis écrit d'au moins cinq jours francs l'informant de la date, de l'heure et du lieu d'audition.

Dans un autre ordre d'idées, l'article 100.9 C.t. oblige l'arbitre à inviter les parties à l'accompagner s'il y a visite des lieux, dans une enquête.

Ces diverses dispositions sont loin de couvrir toutes les incidences que les tribunaux ont rattachées à l'application de la règle *audi alteram partem*. L'arbitre ne saurait priver erronément une partie de son droit d'être représentée par avocat, ou lui refuser sans motif valable un ajournement sollicité en vue de requérir ses services[77]. Il doit fournir à chacune des parties l'occasion de lui présenter toute sa preuve, dans la mesure où elle est pertinente et admissible, y compris en rouvrant si nécessaire l'enquête à cette fin[78]. De la même façon, il doit leur permettre de lui soumettre toutes leurs représentations sur les questions litigieuses[79].

B- La preuve

L'arbitre est en principe maître de l'administration de la preuve. Le plein exercice de sa compétence lui permet de décider de la pertinence et de l'admissibilité de la preuve, sauf violation des règles de la justice naturelle ou des droits garantis par les Chartes et sauf erreur manifestement déraisonnable de sa part[80].

---

72. *Collège LaSalle Inc. c. Hamelin*, [2002] R.J.D.T. 1434, REJB 2002-35637 (C.A.).
73. *Syndicat national des travailleuses et travailleurs du Centre d'accueil La Cité des prairies c. Bélanger*, D.T.E. 94T-1229, EYB 1994-59250 (C.A.).
74. *Péroux c. Cité de la santé de Laval*, D.T.E. 94T-1231, REJB 1994-28911 (C.A.).
75. *Hoogendoorn c. Greening Metal Products and Screening Equipment Company*, [1968] R.C.S. 30; *Syndicat des professionnelles et des professionnels du gouvernement du Québec c. Paquet*, D.T.E. 2005T-205, EYB 2005-86207 (C.A.), par. 34-36.
76. *Syndicat des professionnelles et des professionnels du gouvernement du Québec c. Paquet*, précité, note 75, par. 41.
77. Sur le droit à la représentation par avocat, voir l'article 34 de la *Charte des droits et libertés de la personne*, L.R.Q., c. C-12.
78. Sur le défaut de permettre à une partie d'interroger le signataire d'un document reçu en preuve, voir *St. Lawrence Columbium and Metals Corp. c. Lippé*, [1976] C.S. 240. Comparer ce jugement avec celui rendu dans *Bombardier MLW Ltée c. Métallurgistes unis d'Amérique, local 4589*, [1978] C.S. 554, qui fut ensuite infirmé par la Cour suprême du Canada : *Métallurgistes unis d'Amérique, local 4589 c. Bombardier MLW Limitée*, [1980] 1 R.C.S. 905. Une partie ne peut prétendre à un manquement à la justice naturelle par l'arbitre si elle a fait défaut de lui demander expressément d'entendre le signataire d'un document produit : *Charron c. Madras*, D.T.E. 83T-977 (C.A.). Sur le défaut injustifié de poursuivre ou de rouvrir l'enquête pour compléter la preuve nécessaire, voir *Dawson Teachers Union c. Sexton*, D.T.E. 93T-1001 (C.S.) – audition incomplète; décision prématurée; *Temco, Produits électriques Inc. c. Brody*, D.T.E. 94T-101 (C.S.) – faits nouveaux; refus de réouverture d'enquête; *Syndicat des employées et employés de métiers d'Hydro-Québec, section locale 1500 c. Gravel*, D.T.E. 94T-427 (C.S.) – lacune de la preuve sur un élément non débattu; défaut de rouvrir l'enquête.
79. *Désourdy Inc. c. Fraternité unie des charpentiers-menuisiers d'Amérique*, [1976] C.A. 746 – défaut de permettre à une partie de répondre à des notes soumises par l'autre. Quant au défaut de l'arbitre de fournir l'occasion aux parties de lui soumettre leurs représentations sur une question non débattue devant lui ou à propos de laquelle il a changé d'orientation, voir *Brotherhood of Maintenance of Way Employees c. Picher*, D.T.E. 93T-1319 (C.S.); *Centres jeunesse de Montréal c. Dulude*, [2000] R.J.D.T. 522 (C.S.).
80. *Université du Québec à Trois-Rivières c. Larocque*, précité, note 71; *Fraternité unie des charpentiers et menuisiers d'Amérique, section locale 579 c. Bradco Construction Ltd.*, [1993] 2 R.C.S. 316, EYB 1993-67346; *Journal de Montréal, division de Groupe Québécor Inc. c. Syndicat des travailleurs de l'information du Journal de Montréal*, D.T.E. 95T-18, EYB 1994-64451 (C.A.); *Olymel, société en commandite c. Gagnon*, [2004] R.J.D.T. 966, REJB 2004-68686 (C.S.); *Syndicat national des employés du Port de Montréal c. Foisy*, D.T.E. 2007T-28 (C.S.) – refus de recevoir une preuve de faits antérieurs; aucune atteinte aux principes de justice naturelle.

Le fardeau de la preuve incombe en principe au réclamant, c'est-à-dire, le plus souvent, au syndicat qui recourt à la procédure de grief. Cette règle est toutefois sujette à certaines exceptions qui résultent soit explicitement de la convention collective elle-même, soit encore du fait que cette dernière assujettit la décision ou l'acte qui fait l'objet de la contestation à l'existence de certaines conditions, comme c'est généralement le cas en matière de congédiement ou de sanction disciplinaire. On imposera alors à la partie qui invoque l'existence de ces conditions d'en faire la preuve plutôt qu'à la partie adverse d'en établir l'inexistence. C'est la partie qui a le fardeau de la preuve qui présente d'abord sa preuve et son argumentation. Sous réserve du respect par l'arbitre des règles de justice naturelle, la responsabilité appartient d'abord à chaque partie de soumettre toute la preuve qu'elle peut croire utile à la décision de l'arbitre et de manifester, au besoin, clairement ses intentions et ses demandes à ce propos en cours d'arbitrage[81].

Les règles de preuve applicables devant l'arbitre sont celles issues du droit de la preuve en matière civile. Les arbitres ne manqueront pas, à cet égard, de prendre en considération les règles énoncées au régime d'administration de la preuve établi par les articles 2803 à 2874 C.c.Q[82]. De façon générale, l'arbitre n'est toutefois pas strictement tenu à l'application de ces règles dans les matières de son ressort[83]. Ainsi, une preuve par ouï-dire n'est pas nécessairement exclue; tout en demeurant de qualité moindre, elle peut être admise, compte tenu des circonstances et de la conduite des parties à l'arbitrage[84]. Selon les circonstances, une preuve de faits postérieurs à ceux qui ont donné naissance au grief, preuve généralement écartée par les arbitres, peut être admissible soit parce qu'elle éclaire les données pertinentes à l'origine du litige, soit encore parce qu'elle vise à déterminer le redressement approprié que pourra choisir l'arbitre[85]. Une preuve extrinsèque peut aussi, verrons-nous, être admise pour permettre l'interprétation de la convention collective[86]. Des limites s'imposent néanmoins à l'arbitre en matière d'admissibilité de la preuve. Elles lui résultent des droits et libertés fondamentaux garantis par les Chartes et par le Code civil du Québec, notamment le droit de toute personne à la sauvegarde de sa dignité, de son honneur et de sa réputation, au respect de sa vie privée et du secret professionnel et à la protection contre l'auto-incrimination[87].

L'arrêt *Roberval Express Limitée* de la Cour suprême a donné naissance à un courant de jurisprudence selon lequel tout refus de la part d'un arbitre d'entendre une preuve pertinente et admissible emportait une violation de la justice naturelle et rendait la décision de l'arbitre annulable par révision judiciaire[88]. Par la suite, dans l'arrêt *Université du Québec à Trois-Rivières*, la Cour suprême a circonstancié la portée de son précédent jugement et précisé sa position face au refus d'une preuve pertinente par un arbitre; le juge en chef Lamer écrit ainsi :

« Pour ma part, je ne suis pas prêt à affirmer que le rejet d'une preuve pertinente constitue automatiquement une violation de la justice naturelle. L'arbitre de griefs est dans une situation privilégiée pour évaluer la pertinence des preuves qui lui sont soumises et je ne crois pas qu'il soit souhaitable que les tribunaux supérieurs, sous prétexte d'assurer le droit des parties d'être entendues, substituent à cet égard leur appréciation à celle de l'arbitre de griefs. Il pourra toutefois arriver que le rejet d'une preuve pertinente ait un impact tel sur l'équité du processus, que l'on ne

81. *Métallurgistes unis d'Amérique, local 4589 c. Bombardier MLW Limitée*, précité, note 78; *Charron c. Madras*, précité, note 78.

82. À titre d'exemple : *Syndicat des travailleuses et travailleurs de PJC Entrepôt (CSN) et Groupe Jean Coutu (PJC) Inc.*, D.T.E. 2005T-265 (T.A.).

83. *Blake c. Foyer Étoile d'Or Inc.*, D.T.E. 86T-701 (C.A.); *Bourdouhxe c. Institut Albert Prévost*, précité, note 71; *Fabrimet Enrg. c. Lauzon*, D.T.E. 85T-136 (C.S.).

84. *Journal de Montréal, division de Groupe Québécor Inc. c. Syndicat des travailleurs de l'information du Journal de Montréal*, précité, note 80; *Charron c. Madras*, précité, note 78.

85. *Cie minière Québec Cartier c. Québec (Arbitre des griefs)*, [1995] 2 R.C.S. 1095, EYB 1995-67724. Cet arrêt, qui infirme un jugement de la Cour d'appel, conclut à l'inadmissibilité d'une preuve de désintoxication postérieurement au congédiement d'un employé pour cause d'alcoolisme, la compétence de l'arbitre se limitant, selon la cour, à déterminer si l'employeur avait une cause juste et suffisante pour congédier l'employé au moment où il l'a fait. *Société canadienne des postes c. Syndicat des travailleurs et travailleuses des postes*, D.T.E. 99T-604, REJB 1999-12919 (C.A.).

86. *Syndicat des travailleuses et travailleurs de PJC Entrepôt (CSN) et Groupe Jean Coutu (PJC) Inc.*, précité, note 82.

87. L'article 2858 C.c.Q. oblige tout tribunal, même d'office, à rejeter tout élément de preuve obtenu dans des conditions qui portent atteinte aux droits et libertés fondamentaux et dont l'utilisation est susceptible de déconsidérer l'administration de la justice. Le deuxième alinéa de l'article ajoute qu'il n'est pas tenu compte du deuxième critère lorsqu'il s'agit d'une violation du droit au respect du secret professionnel. On trouve chez les arbitres des opinions partagées quant à savoir si l'article 2858 C.c.Q. s'impose d'autorité à l'arbitrage des griefs ou s'il ne constitue plutôt qu'un guide auquel les arbitres peuvent se référer. Des arrêts de la Cour d'appel tendent à y reconnaître une dimension de l'ordre public fondamental qui lie les tribunaux spécialisés : *Mascouche (Ville de) c. Houle*, [1999] R.J.Q. 1894, REJB 1999-13538 (C.A.) – inadmissibilité de conversations téléphoniques privées interceptées et enregistrées; *Syndicat des travailleuses et travailleurs de Bridgestone/Firestone de Joliette (C.S.N.) c. Trudeau*, [1999] R.J.Q. 2229, REJB 1999-14156 (C.A.) – admissibilité d'un enregistrement vidéo réalisé à l'occasion d'une filature; *Syndicat des travailleurs(euses) d'abattoir de volaille de St-Jean-Baptiste c. Corriveau*, D.T.E. 2001T-206, REJB 2000-22292 (C.A.) – admissibilité d'une bande vidéo de surveillance.

88. *Roberval Express Limitée c. Union des chauffeurs de camions et hommes d'entrepôt et autres ouvriers, local 106*, [1982] 2 R.C.S. 888. Voir également *Blake c. Foyer Étoile d'Or Inc.*, précité, note 83.

pourra que conclure à une violation de la justice naturelle. »[89]

Dans le cas à l'étude, la Cour suprême a jugé que la preuve refusée par l'arbitre était cruciale au regard de la question en litige et qu'il fallait en conclure à une violation de la justice naturelle, sans qu'il soit question de spéculer par ailleurs sur ce qu'aurait été la décision de l'arbitre s'il avait entendu les éléments de preuve refusés.

Quant au degré de preuve requis de la partie à laquelle en incombe le fardeau, c'est la règle civile de la prépondérance de la preuve qui s'applique, le grief étant une réclamation de nature civile[90]. Le degré de preuve requis se distingue de la qualité de la preuve elle-même. Selon la nature et les circonstances d'une espèce, par exemple l'allégation d'une faute grave, l'arbitre peut exiger une preuve de qualité supérieure au soutien de l'allégation[91].

L'arbitre est maître de l'appréciation de la preuve[92]. L'exercice de ce pouvoir judiciaire d'appréciation doit toutefois se fonder sur la preuve recueillie à l'enquête (art. 100.11 C.t.)[93]. Il s'agit là d'une autre forme de sanction de la règle *audi alteram partem*. Par ailleurs, tout large qu'il soit, son pouvoir d'appréciation ne saurait laisser l'arbitre à l'abri de l'intervention des cours supérieures, s'il est exercé déraisonnablement ou de façon arbitraire au point de constituer un abus de pouvoir équivalant à fraude et de nature à entraîner une injustice flagrante, lui faisant ainsi perdre compétence[94]. Notamment, l'absence totale de preuve pour étayer une conclusion[95] ou l'omission de tenir compte d'une admission des parties[96] pourra justifier une révision judiciaire.

L'arbitre devra parfois donner plein effet à la preuve qu'une question intimement liée au grief particulier dont il est saisi a déjà été tranchée par un tribunal compétent. Il peut s'agir, par exemple, d'une détermination quant au statut de salarié de l'auteur du grief, ou d'une déclaration de culpabilité pénale ou criminelle[97].

Les principaux aspects de l'audition des témoins sont réglés par les dispositions des articles 100.6 à 100.8 C.t. L'article 100.6, al. 1 et 2 C.t. prévoit le mode d'assignation et la sanction du défaut de comparaître du témoin assigné. Les témoins ont droit à leur taxe et au remboursement de leurs frais de déplacement et de séjour, payables par la partie qui les a assignés ou à part égale entre les parties si l'assignation a eu lieu à l'initiative de l'arbitre (art. 100.6, al. 4 à 6 C.t.). L'arbitre peut exiger d'eux le serment ou l'affirmation solennelle (art. 100.6, al. 3 C.t.). Ils peuvent en outre être contraints de répondre à toutes les questions jugées utiles par l'arbitre (art. 100.7 et 100.8 C.t.). Ce dernier sera même tenu de contraindre le témoin à répondre si le droit d'une partie à une preuve pertinente complète en dépend[98]. Le refus injustifié de l'arbitre de permettre l'interrogatoire ou le contre-interrogatoire d'un témoin sur un élément crucial est susceptible de lui faire perdre compétence[99]. De son côté, le témoin peut réclamer de l'arbitre le respect des droits fondamentaux que lui garantissent les Chartes et le Code civil du Québec. Il jouit aussi d'une certaine immunité. S'il soulève une objection en ce sens, une réponse qui pourrait tendre à l'incriminer ou à l'exposer à une poursuite ne pourra servir contre lui dans une poursuite pénale intentée en vertu d'une loi du Québec (art. 100.8 C.t.). S'agissant d'une éventuelle poursuite fondée sur une loi fédérale, le témoin pourrait s'appuyer sur la *Charte canadienne des droits et libertés* et sur la *Loi sur la preuve au Canada*[100] et invoquer l'absence de caractère libre et volontaire de sa déclaration devant l'arbitre pour s'opposer à son admissibilité en preuve.

89.   *Université du Québec à Trois-Rivières c. Larocque*, précité, note 71, p. 491.
90.   *Blake c. Foyer Étoile d'Or Inc.*, précité, note 83; *Bourdouhxe c. Institut Albert Prévost*, précité, note 71.
91.   *L. & M. Parking Ltd. c. Laurin*, D.T.E. 90T-854 (C.S.).
92.   *Fraternité des policiers de la Communauté urbaine de Montréal Inc. c. Communauté urbaine de Montréal*, [1985] 2 R.C.S. 74; *Blanchard c. Control Data Canada Limitée*, précité, note 63.
93.   *Coopérative fédérée de Québec c. Association des employés du comptoir avicole de St-Félix de Valois (C.S.N.)*, [1991] R.J.Q. 1221, EYB 1991-56364 (C.A.).
94.   *Fraternité des policiers de la Communauté urbaine de Montréal Inc. c. Communauté urbaine de Montréal*, précité, note 92; *Blanchard c. Control Data Canada Limitée*, précité, note 63.
95.   *Conseil de l'éducation de Toronto (City) c. F.E.E.E.S.O., district 15*, [1997] 1 R.C.S. 487, REJB 1997-00226.
96.   *Syndicat canadien de la fonction publique c. Gravel*, [1998] R.J.D.T. 56, REJB 1997-04131 (C.S.).
97.   *Toronto (Ville) c. S.C.F.P., section locale 79*, [2003] 3 R.C.S. 77, 2003 CSC 63, REJB 2003-49439 – agression sexuelle; déclaration de culpabilité confirmée en appel. Exemples de conclusions à l'effet contraire : *Société du Centre Pierre-Péladeau et Alliance internationale des employés de scène et de théâtre, du cinéma, métiers connexes et des artistes des États-Unis et du Canada (IATSE) section locale 56*, D.T.E. 2006T-204 (T.A.). L'arbitre se dit non lié par les conclusions tirées par la C.R.T.: *Syndicat des professionnelles et professionnels en soins de santé du Centre hospitalier de l'Université de Montréal (FIIQ) et Centre hospitalier de l'Université de Montréal (CHUM) Hôpital Notre-Dame*, D.T.E. 2006T-587 (T.A.) – absence d'identité de parties et d'objet; le grief est recevable.
98.   *St. Lawrence Columbium and Metals Corp. c. Lippé*, précité, note 78.
99.   Voir, par analogie, *Université du Québec à Trois-Rivières c. Larocque*, précité, note 71; *Centre de la maison E. Beauchesne Inc. c. Fortier*, D.T.E. 92T-888 (C.S.) – refus de contre-interrogatoire sur la crédibilité du témoin.
100. L.R.C. (1985), c. C-5.

6- L'interprétation

Même si les règles du droit civil qui régissent l'interprétation des contrats (art. 1425 à 1432 C.c.Q.) ne s'appliquent pas directement, par effet d'une disposition législative, à l'interprétation de la convention collective, l'origine contractuelle de la convention justifie leur utilisation courante par les arbitres[101]. Il arrive également que des arbitres fassent appel à certaines règles d'interprétation édictées par la *Loi d'interprétation*[102], pour dégager le sens à donner à la convention collective. Ces dernières règles devraient normalement être appliquées par l'arbitre lorsqu'il doit accessoirement interpréter une loi en vue de disposer d'un grief.

L'arbitre n'est pas tenu à une interprétation strictement littérale de la convention collective[103]. Il peut rechercher dans l'esprit et la philosophie de l'ensemble ou d'une partie de ses dispositions la solution à la mésentente qui lui est soumise[104]. Il peut également se rapporter à des conventions collectives antérieures entre les mêmes parties pour procéder à une interprétation comparative[105]. La pratique passée, par laquelle les parties ont elles-mêmes interprété une stipulation conventionnelle, par leur conduite, est aussi un guide disponible pour dégager le sens d'une disposition ambiguë[106]. Pour recevoir effet, une pratique doit avoir été constante, généralisée et consciente de la part des parties pendant une période significative. Même dans ces conditions, elle ne saurait faire obstacle à l'application d'un texte clair[107]. La Cour d'appel a aussi reconnu la légitimité de l'application par les arbitres de la doctrine dite de l'*estoppel* ou de la fin de non-recevoir qui, elle, permet de faire échec à une réclamation parce que la conduite de la partie qui la porte a pu laisser croire à l'autre partie qu'elle renonçait à un droit lui résultant de la convention collective[108]. Il s'agit d'une conséquence de l'exigence de bonne foi en matière contractuelle (art. 6 et 7 C.c.Q.)[109].

Dans l'arrêt *Metropolitan Toronto Police Association*, les juges Beetz et Pigeon ont carrément condamné, en souscrivant à l'invalidation d'une sentence arbitrale à la majorité, l'admission en preuve par l'arbitre de propositions soumises pendant les négociations[110]. Comme ils le signalaient alors, ce genre de preuve extrinsèque risquerait de détruire la sécurité et l'utilité de la forme écrite de la convention collective. La stratégie et le marchandage inhérents au processus de négociation rendent d'ailleurs éminemment hasardeuses les conclusions susceptibles d'être tirées de la conduite des parties avant qu'elles en arrivent à une entente. Dans une affaire plus récente, la Cour suprême a unanimement reconnu la légalité de la décision d'un arbitre d'admettre un autre genre de preuve extrinsèque relative à la négociation. Il s'agissait en l'occurrence du rapport d'un tiers qui avait constitué le fondement du règlement d'un long conflit et de la conclusion d'une nouvelle convention collective, rapport que l'arbitre avait jugé nécessaire à la solution d'une ambiguïté du texte de la convention[111]. En conclusion, en présence d'une ambiguïté du texte, les tribunaux d'arbitrage hésiteront beaucoup avant d'admettre une preuve extrinsèque concernant le contenu des négociations.

L'article 100.12 a) C.t. reconnaît explicitement à l'arbitre le pouvoir d'interpréter ou d'appliquer une loi ou un règlement, dans la mesure où il lui est nécessaire de le faire pour décider d'un grief. Ce pouvoir conféré à l'arbitre rend compte de l'inclusion du droit du travail et de la convention collective, malgré leur autonomie relative,

---

101. *Isidore Garon Ltée c. Syndicat du bois ouvré de la région de Québec Inc. (C.S.D.); Fillion et Frères (1976) Inc. c. Syndicat national des employés de garage du Québec Inc. (C.S.D.)*, précité, note 12, par. 28.

102. L.R.Q., c. I-16.

103. *Association des manœuvres inter-provinciaux c. Fraternité nationale des charpentiers-menuisiers d'Amérique, local 134-2*, [1995] R.J.Q. 35, 42, EYB 1994-55904 (C.A.).

104. *Syndicat des employés du Centre local de services communautaires de Forestville c. Guertin*, D.T.E. 97T-13, EYB 1996-65555 (C.A.); *Association des policiers-pompiers de Thetford-Mines c. Thetford-Mines (Ville de)*, D.T.E. 91T-382, EYB 1991-57473 (C.A.). Sur le contenu obligationnel implicite de la convention collective, voir *supra*, note 10.

105. *Syndicat des travailleuses et travailleurs du C.L.S.C. Lotbinière ouest c. Centre local de services communautaires Les Blés d'or*, D.T.E. 93T-318, EYB 1993-56432 (C.A.); *Syndicat canadien des produits du papier, local 33 c. Produits forestiers E.B. Eddy Ltée*, J.E. 91-414, EYB 1990-58649 (C.A.).

106. *Syndicat des travailleuses et travailleurs du C.L.S.C. Lotbinière ouest c. Centre local de services communautaires Les Blés d'or*, précité, note 105; *Syndicat des travailleurs et travailleuses des pâtes et papiers d'East Angus (C.S.N.) c. Martin*, D.T.E. 2002T-861 (C.A.).

107. *Montréal (Ville de) c. Association des pompiers de Montréal Inc.*, J.E. 78-882 (C.A.); *Fraternité des policiers de Rock Forest Inc. c. Gagnon*, D.T.E. 97T-1328 (C.S.).

108. *Alliance des professeures et professeurs de Montréal c. Morin*, [1995] R.D.J. 202, EYB 1994-64430 (C.A.); *Syndicat canadien des travailleurs du papier, section locale 2995 c. C.I.P. Inc., division forestière Maniwaki*, D.T.E. 95T-108 (C.A.)

109. Voir *Syndicat de l'enseignement de la région de Québec c. Ménard*, précité, note 12.

110. *Metropolitan Toronto Police Association c. Metropolitan Toronto Board of Commissioners of Police*, [1975] 1 R.C.S. 630, 662-663. Les autres juges de la majorité appuyaient plutôt leur conclusion sur la commission d'une erreur de droit apparente à la face même de la sentence arbitrale.

111. *Fraternité unie des charpentiers et menuisiers d'Amérique, section locale 579 c. Bradco Construction Ltd.*, précité, note 80. Voir également, sur l'admissibilité d'une preuve extrinsèque pour interpréter la convention collective, *Gérard Crête & Fils Inc. c. Morin*, D.T.E. 94T-695 (C.S.); *Fraternité des constables du contrôle routier du Québec c. Lussier*, D.T.E. 94T-570 (C.S.); *Canadian Pacific Ltd. c. Fraternité des préposés à l'entretien des voies*, D.T.E. 2003T-500 (C.A.); *Syndicat des travailleuses et travailleurs de PJC Entrepôt (CSN) et Groupe Jean Coutu (PJC) Inc.*, précité, note 82.

dans un univers juridique préexistant et beaucoup plus large dont ils demeurent à plusieurs égards tributaires[112].

L'habilitation de l'arbitre devient même pour lui une obligation lorsqu'il s'agit de donner effet aux chartes, aux lois d'ordre public sur l'emploi ou aux dispositions impératives du Code civil du Québec compatibles avec le régime collectif de travail lesquelles sont considérées faire partie du contenu implicite de la convention collective[113]. L'article 100.12 a) C.t. autorise à prendre en compte toute autre loi qui fait partie de l'environnement juridique immédiat en droit du travail[114]. Quelle est par ailleurs l'étendue de la faculté d'interprétation de l'arbitre à l'endroit des autres lois générales ou des règles supplétives du droit commun? La jurisprudence récente de la Cour suprême et de la Cour d'appel penche résolument en faveur de l'autonomie décisionnelle des arbitres et, conséquemment, du seul contrôle de la rationalité de leurs décisions sous ce rapport également[115].

Le cas échéant, l'arbitre mettra de côté ou considérera inopérante, pour les fins de l'affaire dont il est saisi, une disposition de la convention collective jugée contraire à la loi[116]. Face à un constat de discrimination au sens des chartes, l'arbitre peut aussi apprécier l'existence et l'exécution de l'obligation d'accommodement qui incomberait aux parties[117].

L'autonomie décisionnelle de l'arbitre demeure toutefois sujette à une limitation. Dans les matières qui mettent en cause des questions constitutionnelles ou des questions importantes de droits fondamentaux, la liberté de l'arbitre s'arrêtera à l'administration et à l'appréciation de la preuve et, dans les limites de la loi, à la détermination des solutions et des réparations; il est par contre acquis que toute erreur, déterminante sur l'issue du litige, dans l'interprétation en droit de la loi rendra la décision sujette à sa révision par les tribunaux supérieurs sans que ces derniers soient tenus à quelque obligation de retenue judiciaire[118].

7- La sentence

A- Les formalités

Les parties demeurent maîtresses du sort du grief tant que l'arbitre n'a pas rendu sa décision. L'arbitre est tenu de donner acte de tout règlement total ou partiel ou du désistement du grief, s'il en est informé par écrit, et il doit alors déposer sa sentence en conséquence conformément à l'article 101.6 C.t. (art. 100.3 C.t.)[119].

C'est le délibéré qui donne lieu à la prise de décision de l'arbitre, seul, ou avec l'assistance des assesseurs désignés par les parties. Le droit des assesseurs de participer au délibéré leur résulte de la finalité de leur désignation par les parties telle qu'elle est exprimée à l'article 100.1.1, al. 2 C.t. L'article 101.3 C.t. tient l'arbitre et les assesseurs au secret du délibéré jusqu'à la date de la sentence.

La sentence arbitrale doit être rendue par écrit et motivée; elle doit être signée par l'arbitre (art. 101.2

---

112. *Isidore Garon Ltée c. Syndicat du bois ouvré de la région de Québec Inc. (C.S.D.); Fillion et Frères (1976) Inc. c. Syndicat national des employés de garage du Québec Inc. (C.S.D.)*, précité, note 12, par. 28; *Syndicat des travailleurs et des travailleuses des Épiciers unis Métro-Richelieu (C.S.N.) c. Lefebvre*, précité, note 29.

113. *McLeod c. Egan*, [1975] 1 R.C.S. 517; *Parry Sound (district). Conseil d'administration des services sociaux c. S.E.E.F.P.O., section locale 324*, précité, note 11, par. 1, 28-32, 40-49; *Isidore Garon Ltée c. Syndicat du bois ouvré de la région de Québec Inc. (C.S.D.); Fillion et Frères (1976) Inc. c. Syndicat national des employés de garage du Québec Inc. (C.S.D.)*, précité, note 12, par. 24, 29-30.

114. *Association des ingénieurs et scientifiques des télécommunications c. Sylvestre*, [2002] R.J.Q. 310, REJB 2002-30658 (C.A.); *Syndicat des chargées et chargés de cours de l'Université du Québec à Chicoutimi (C.S.N.) c. Tremblay*, D.T.E. 2003T-463, REJB 2003-39884 (C.A.).

115. *Syndicat de l'enseignement du Grand-Portage c. Morency*, [2000] 2 R.C.S. 913, REJB 2000-21468; *Syndicat des travailleurs et des travailleuses des Épiciers unis Métro-Richelieu (C.S.N.) c. Lefebvre*, précité, note 29, p. 1535 (j. LeBel). Le jugement n'exclut pas que les déterminations de l'arbitre sur des questions de droit plus éloignées de l'exercice usuel de sa compétence soient assujetties à une norme de contrôle plus exigeante. Une telle détermination sur cette question particulière ne deviendra alors « qu'un élément d'appréciation du caractère raisonnable de la décision, prise dans sa globalité ». Voir également *Syndicat des employés(es) de Villa Médica (FAS-CSN) c. Villa Médica*, précité, note 24.

116. *Parry Sound (District). Conseil d'administration des services sociaux c. S.E.E.F.P.O., section locale 324*, précité, note 11; *Weber c. Ontario Hydro*, précité, note 3; *R. c. 974649 Ontario Inc.*, précité, note 6, par. 61; *Central Okanagan School Board District No. 23 c. Renaud*, [1992] 2 R.C.S. 970, EYB 1992-67039. Voir aussi *supra*, note 31. Au sujet de la distinction entre l'annulation d'une disposition de la convention collective et sa mise à l'écart en la considérant inopérante aux fins du règlement d'un litige, voir *Douglas College c. Douglas/Kwantlen Faculty Association*, [1990] 3 R.C.S. 570, EYB 1989-67026. Un recours qui ne viserait spécifiquement qu'à obtenir une déclaration de nullité d'une disposition de la convention collective relèverait de la compétence de la Cour supérieure : *Baie-James (Municipalité de la) c. Fraternité des policiers de la municipalité de la Baie-James*, D.T.E. 95T-107, EYB 1994-57408 (C.A.).

117. *Commission scolaire régionale de Chambly c. Bergevin*, [1994] 2 R.C.S. 525, EYB 1994-67796.

118. *Douglas College c. Douglas/Kwantlen Faculty Association*, [1990] 3 R.C.S. 570, EYB 1989-67026; *Newfoundland Association of Public Employees c. Terre-Neuve (Green Bay Health Care Centre)*, [1996] 2 R.C.S. 3; *Syndicat des travailleurs et des travailleuses des Épiciers unis Métro-Richelieu (C.S.N.) c. Lefebvre*, précité, note 29.

119. *Université Concordia c. Turmel*, précité, note 57. Sur la portée d'une telle sentence, voir *Restaurant Faubourg St-Denis Inc. c. Durand*, précité, note 60. Sur l'effet du dépôt, voir *Syndicat des cols bleus regroupés de Montréal (SCFP-301) c. Montréal (Ville de)*, D.T.E. 2005T-698, 2005 QCCA 681, par. 15-16, 26.

C.t.)[120]. L'arbitre peut néanmoins faire connaître oralement sa décision, particulièrement lorsqu'il s'agit d'une décision rendue en cours d'instance, sous réserve de son obligation de la consigner et de la motiver ensuite dans un écrit.

L'article 101.5 C.t. impose à l'arbitre un délai pour rendre sentence. Ce délai est celui fixé dans la convention collective, si elle y pourvoit. À défaut d'être imparti par la convention collective, le délai est de 90 jours suivant, soit la fin de la dernière séance d'arbitrage, soit le début du délibéré lorsqu'il n'y a pas de séance d'arbitrage. Il ne peut être prolongé qu'aux conditions suivantes : les parties doivent y consentir; leur consentement doit être par écrit; il doit être donné avant l'expiration du délai initialement prévu; le délai supplémentaire consenti à l'arbitre doit indiquer un nombre de jours précis. Néanmoins, un jugement de la Cour d'appel a attribué un caractère supplétif à l'article 101.5 C.t. et a refusé l'annulation de la décision d'un arbitre qui avait laissé écouler le délai sans rendre sentence, la cour estimant que les parties, par leur attitude, avaient renoncé au rigorisme de cette disposition tout comme à l'écrit normalement nécessaire pour proroger le délai[121].

L'article 101.6 C.t. oblige l'arbitre à déposer la sentence en deux exemplaires ou copies conformes à l'original à l'un des bureaux de la Commission des relations du travail et à transmettre en même temps une copie de la sentence à chacune des parties. Aucun délai n'est toutefois prévu pour le faire.

Abstraction faite de la possibilité plutôt théorique d'une poursuite pénale en vertu de l'article 144 C.t., le Code du travail prévoit une double sanction au défaut par l'arbitre soit de respecter le délai qui lui est imparti pour rendre sentence, soit de la déposer et d'en transmettre copie aux parties. L'article 101.7 C.t. crée un recours auprès de la Commission des relations du travail, à l'initiative d'une partie, pour que la sentence soit, selon le cas, rendue, déposée ou transmise dans les plus courts délais[122]. Dans l'affaire *Hôpital Joyce Memorial*, la Cour d'appel en était venue à la conclusion que le tribunal d'arbitrage avait perdu compétence en laissant écouler le délai imparti par la convention collective pour rendre sentence, la convention étant impérative à ce sujet et prévoyant le désaveu automatique de l'arbitre et la tenue d'un nouvel arbitrage, le cas échéant[123]. Dans l'affaire *Air-Care Ltd.*, une rédaction différente de la convention collective a conduit la Cour suprême à la conclusion contraire[124]. Les articles 101.5 à 101.7 C.t. étant d'ordre public et prévalant, en cas d'incompatibilité, sur les dispositions de toute convention collective (art. 100, dernier alinéa C.t.), la question s'est posée de savoir si l'adoption de l'article 101.7 C.t. avait pour effet d'interdire aux parties de convenir, dans une convention collective, d'une clause de désaveu de l'arbitre, à défaut par ce dernier de rendre sentence dans le délai imparti par la convention. Un jugement de la Cour d'appel a répondu négativement à cette question[125]. Les motifs de ce jugement conduisent non seulement à donner effet à une clause de déchéance, mais encore à ce que l'article 101.7 du code soit inapplicable dans ce cas.

Sur un autre plan, l'article 101.8 C.t. attache une sanction personnelle au défaut de l'arbitre de rendre sentence dans le délai qui lui était imparti, en le privant de son droit d'exiger ses honoraires et ses frais[126].

C'est en principe au moment où la décision est communiquée aux parties qu'elle sera considérée comme rendue par l'arbitre. Ce dernier se trouvera dès lors dessaisi du grief[127]. Les articles 101.9 et 101.10 C.t. pourvoient à la conservation du dossier et à l'obtention de copies certifiées conformes de la sentence arbitrale.

B- L'objet

La sentence arbitrale doit disposer du grief et le faire totalement[128]. L'arbitre ne peut adjuger au-delà de la

120. Sur l'obligation de motivation, voir *Blanchard c. Control Data Canada Limitée*, précité, note 63; *Syndicat du personnel de soutien de la Commission scolaire des Patriotes (C.S.N.) c. Commission scolaire des Patriotes*, [1998] R.J.D.T. 13, REJB 1997-04137 (C.A.); *Travailleuses et travailleurs unis de l'alimentation et du commerce, section locale 503 c. Morin*, D.T.E. 2003T-1001, REJB 2003-49329 (C.S.); *Union des employés du transport local et industries diverses, section locale 931 c. Imbeau*, D.T.E. 2007T-128 (C.S.).
121. *Cité de Sept-Îles c. Syndicat des employés manuels de la Cité de Sept-Îles*, J.E. 82-728 (C.A.). Voir aussi *Gauthier-Montplaisir c. Syndicat catholique des travailleurs du meuble de Victoriaville Inc.*, [1988] R.J.Q. 1719, EYB 1988-78062 (C.P. Petites créances).
122. Voir *Québec (Ville de) c. Morin*, précité, note 28.
123. *Hôpital Joyce Memorial c. Vézina*, [1975] C.A. 838.
124. *Air-Care Ltd. c. United Steel Workers of America*, [1976] 1 R.C.S. 2.
125. *Hôpital Ste-Germaine Cousin Inc. c. Gagnon*, D.T.E. 83T-519 (C.A.); *Centre hospitalier régional de Trois-Rivières c. Gagnon*, D.T.E. 2001T-382 (C.S.).
126. Sur l'applicabilité de cette disposition à toutes les situations où l'arbitre rend sentence tardivement, voir *Hôpital Ste-Germaine Cousin Inc. c. Gagnon*, précité, note 125, opinion du j. Bisson, p. 8. Comparer toutefois avec *Gauthier-Montplaisir c. Syndicat catholique des travailleurs du meuble de Victoriaville Inc.*, précité, note 121.
127. *Hôpital Joyce Memorial c. Vézina*, précité, note 123.
128. *Syndicat des travailleurs et travailleuses de Loto-Québec (C.S.N.) c. Sylvestre*, [1987] R.J.Q. 1234, EYB 1987-59668 (C.A.); *Black & Decker Canada (1989) Inc. c. Brody*, D.T.E. 91T-838 (C.S.) – solution partielle du litige.

demande qui lui est soumise (*ultra petita*)[129]. En rendant sa sentence, l'arbitre épuise en principe sa compétence; il devient *functus officio* et, en l'absence d'une disposition législative l'y autorisant expressément, il ne peut réviser ou modifier une décision rendue[130]. Il peut néanmoins corriger une erreur d'écriture ou de calcul, ou quelque autre erreur matérielle par laquelle il aurait exprimé autre chose que sa véritable intention (art. 100.12 e) C.t.)[131]. L'arbitre peut aussi, dans une sentence ultérieure, constater les effets d'une sentence qu'il a déjà rendue et en tirer les conséquences juridiques qui s'imposent[132].

Normalement, l'arbitre devrait disposer du grief complètement en une seule sentence, selon le principe formulé par la Cour d'appel dans l'arrêt *Hôpital Joyce Memorial*[133]. Ce principe est toutefois sujet à certaines nuances et exceptions. Il est d'abord acquis que l'arbitre puisse statuer préliminairement sur une objection d'une partie, sans devoir nécessairement entendre l'ensemble de l'affaire avant de disposer de cette objection[134]. Par ailleurs, l'article 100.12 g) C.t. habilite l'arbitre à rendre toute décision propre à sauvegarder les droits des parties, y compris par une ordonnance provisoire. Ce pouvoir lui permet, si nécessaire, de statuer de façon intérimaire sur le droit des parties, jusqu'à ce qu'il rende sa sentence finale, par exemple en ordonnant le maintien ou le rétablissement d'un état de faits pendant l'instance[135]. Quant à la sentence au fond, l'article 100.12 d) C.t. légitime une pratique courante selon laquelle les arbitres rendent une décision sur la question qui fait l'objet du litige, tout en laissant aux parties la possibilité de s'entendre sur le montant qui peut être dû en vertu de cette décision et en réservant leur compétence pour le fixer en cas de difficulté[136]. On évite ainsi de prolonger les enquêtes inutilement si le grief devait être rejeté. Le cas échéant, l'arbitre ne peut assujettir à un délai la subsistance de la compétence que la loi lui réserve alors elle-même[137]. Finalement, l'arrêt *Chandler* de la Cour suprême assouplit la rigueur de la règle du *functus officio* dans l'éventualité où l'arbitre omettrait de disposer complètement du litige qui lui serait soumis, en lui permettant alors d'intervenir à nouveau pour compléter la tâche qui lui incombait selon la loi[138].

– *Le pouvoir de réparation*

L'objet de la sentence arbitrale met en cause la nature du pouvoir de réparation dont dispose l'arbitre. La réparation par l'équivalent, c'est-à-dire par l'octroi de dommages-intérêts, ne soulève pas, en principe, de difficulté juridictionnelle. Ces dommages-intérêts peuvent sanctionner le dommage subi par les salariés, par le syndicat ou par l'employeur, selon le cas, du fait de la violation de la convention collective par une partie ou par une personne que la convention lie à l'endroit de la victime[139]. À cet égard, le pouvoir de réparation de l'arbitre est intégral, en ce sens qu'il s'étend à toutes les conséquences qui résultent directement de la violation de la convention collective, qu'il s'agisse d'une perte pécuniaire ou d'un inconvénient auquel l'arbitre doit attribuer une valeur pécuniaire pour l'indemniser[140]. Le redressement peut

---

129. *Audette c. Lauzon*, [1995] R.J.Q. 393, EYB 1995-56224 (C.A.). À titre d'exemples : *United Parcel Service du Canada Ltée c. Foisy*, D.T.E. 2006T-519 (C.S.); *Institut Philippe-Pinel de Montréal c. Syndicat canadien de la fonction publique, section locale 2960*, D.T.E. 2007T-129 (C.A.). Voir par ailleurs la mise en garde du juge LeBel contre l'utilisation trop stricte du concept de l'*ultra petita* dans l'application des conventions collectives, dans l'arrêt *Association des employés de garage de Drummondville (C.S.N.) c. Gougeon & Frères Ltée*, D.T.E. 92T-543 (C.A.).

130. *Munger c. Cité de Jonquière*, [1964] R.C.S. 45; *Commission scolaire Harricana c. Syndicat des travailleuses et travailleurs de l'enseignement du Nord-Est québécois*, [1988] R.J.Q. 947, EYB 1988-63017 (C.A.).

131. *Union des employés de commerce, local 502 c. G.U.S. Canada Inc.*, D.T.E. 88T-64 (C.A.); *Syndicat canadien des communications, de l'énergie et du papier, section locale 251 c. Bowater Pâtes et papiers Canada Inc.*, [2005] R.J.D.T. 481 (T.A.).

132. *Centre communautaire juridique de la Mauricie Bois-Francs c. Syndicat des avocats de l'Aide juridique de la Mauricie Bois-Francs*, D.T.E. 93T-445, EYB 1993-57994 (C.A.).

133. *Hôpital Joyce Memorial c. Vézina*, précité, note 123. Voir aussi : *Société canadienne des postes c. Foisy*, D.T.E. 2006T-256 (C.S.) – en scindant sa décision sans l'accord des parties, non pas pour éviter inutilement une audience sur les dommages mais plutôt pour permettre à l'une d'elles de pallier la déficience de sa preuve, l'arbitre a excédé sa compétence.

134. *Syndicat des employés de l'Hôpital Régina Ltée (C.S.N.) c. Hôpital Régina Ltée*, [1980] C.A. 378. La Cour d'appel invite toutefois les arbitres à éviter de disposer de façon trop hâtive de ces objections, sans le bénéfice de l'éclairage susceptible d'être apporté par une preuve complète : *Bandag Canada Ltée c. Syndicat national des employés de Bandag de Shawinigan*, [1986] R.J.Q. 956, EYB 1986-57725 (C.A.).

135. *Syndicat des employés de magasins et de bureaux de la S.A.Q. c. Société des alcools du Québec*, D.T.E. 92T-1056, EYB 1992-75078 (C.S.); *Nutrinor, coopérative agroalimentaire du Saguenay-Lac-St-Jean c. Turcotte*, D.T.E. 2000T-121 (C.S.) – critères applicables; absence totale de preuve dans l'espèce.

136. *Conseil conjoint québécois de l'Union internationale des ouvrières et ouvriers du vêtement pour dames (F.A.T.-C.O.I.-C.T.C.) c. Boucher-Mackay*, D.T.E. 86T-477 (C.S.); *Collège Charles Lemoyne c. Foisy*, D.T.E. 87T-69 (C.S.).

137. *Breuvages Lemoyne Ltée c. Cournoyer*, D.T.E. 85T-484 (C.S.).

138. *Chandler c. Alberta Association of Architects*, [1989] 2 R.C.S. 848, 861-862 (j. Sopinka) et p. 869-870 (j. L'Heureux-Dubé), EYB 1989-66924; *Épiciers unis Métro-Richelieu Inc. c. Lefebvre*, D.T.E. 97T-1084, REJB 1997-02144, REJB 1997-02145 (C.S.).

139. Dans le cas de dommages subis par l'employeur, voir *supra*, notes 9 et 10.

140. Exemples : *Association des employés de garage de Drummondville (C.S.N.) c. Gougeon & Frères Ltée*, précité, note 129 – indemnisation des conséquences successives découlant d'une violation du droit d'ancienneté dénoncée par le grief, sans nécessité de griefs supplémentaires; *Syndicat des employés de l'Université de Montréal, section locale 1244, S.C.F.P. c. Université de Montréal*, [1981] C.A. 160 – perte économique liée à l'abolition irrégulière d'un poste; *Dawson College Support Personnel Association (C.E.Q.) c. Moalli*, [1981] R.P. 1 (C.A.) – inconvénient lié à la privation du droit de choisir la période de vacances annuelles.

comprendre l'octroi de dommages moraux, voire même exemplaires dans les cas où la loi l'envisage, en réponse à un comportement abusif ou de nature délictuelle de la partie qui a violé la convention collective. Plus particulièrement, l'arbitre est un tribunal compétent pour accorder les réparations envisagées par l'article 24 de la *Charte canadienne des droits et libertés* et par l'article 49 de la *Charte des droits et libertés de la personne* du Québec, à la suite d'une atteinte à un droit que ces chartes garantissent[141]. L'arbitre peut aussi ordonner le paiement d'un intérêt au taux légal, à compter du dépôt du grief, sur les sommes dues en vertu de sa sentence et y ajouter une indemnité supplémentaire calculée selon la différence entre le taux légal d'intérêt et celui fixé en vertu de l'article 28 de la *Loi sur le ministère du Revenu*[142] (art. 100.12 c) C.t.). Il ne dispose toutefois pas du pouvoir d'accorder des intérêts sur les intérêts échus[143].

L'arbitre peut également ordonner l'exécution en nature de toute obligation prévue à la convention collective, lorsque la simple compensation pécuniaire s'avère insuffisante pour remédier à une contravention à cette convention[144]. Cette faculté de l'arbitre peut notamment s'appuyer sur les termes de l'article 100.12 g) C.t., qui l'autorise à rendre toute décision propre à sauvegarder les droits des parties[145]. La sentence arbitrale ne doit toutefois pas avoir pour effet d'imposer à l'employeur une obligation que ne lui crée pas la convention collective[146].

C'est parfois par la nullité d'un acte ou d'une décision de la partie qui a fait défaut de se conformer à la convention collective que l'arbitre sanctionnera cette contravention. Toute violation de la convention collective

emporte une sanction qui relève de la discrétion judiciaire de l'arbitre, sous réserve des termes de la convention elle-même s'il y a lieu. Malgré la discrétion dont il peut disposer dans le choix du redressement approprié pour répondre aux conséquences d'une violation de la convention collective, l'arbitre doit néanmoins fonder ce choix sur la preuve au dossier[147]. La réparation retenue doit aussi être rationnellement reliée à la violation constatée et respecter les droits fondamentaux de la partie à laquelle elle s'adresse[148]. L'ordonnance de l'arbitre doit être susceptible d'une exécution certaine; elle ne peut revêtir un caractère conditionnel[149].

Dans un ordre plus spécifique, l'article 100.12 b) C.t. habilite l'arbitre à fixer les modalités de remboursement d'une somme que l'employeur a versée en trop à un salarié[150]. Ce pouvoir de l'arbitre évoque l'ensemble de la problématique du droit de l'employeur à la répétition de l'indu dans des circonstances qui font appel à l'interprétation et à l'application de la convention collective. Si la réclamation de l'employeur se heurte à une contestation du salarié fondée sur les termes de la convention collective, le litige relèvera nécessairement de la compétence de l'arbitre[151]. L'arbitre peut également exercer le pouvoir prévu à l'article 100.12 b) C.t. en disposant d'un grief dont il a été saisi par le salarié plutôt que par l'employeur lui-même[152].

L'article 100.12 f) C.t. régit spécifiquement le contrôle exercé par l'arbitre sur les mesures disciplinaires imposées par l'employeur aux salariés régis par une convention collective. Comme le signale la Cour d'appel, son application commande à l'arbitre un exercice en trois

141. Quant à l'application de l'article 24 de la *Charte canadienne des droits et libertés* : *Weber c. Ontario Hydro*, précité, note 3. Quant à l'application de l'article 49 de la *Charte des droits et libertés de la personne* du Québec : *Latulippe c. Commission scolaire de la Jeune Lorette*, précité, note 6; *Gaspé (Corp. municipale de la Ville de) c. Côté*, D.T.E. 96T-170, EYB 1995-71118 (C.A.) – notamment quant à l'application de l'article 49 de la *Charte des droits et libertés de la personne* du Québec. L'octroi de dommages exemplaires ou punitifs n'est possible que lorsque ceux-ci ont été expressément prévus par une loi, ce qui n'est pas le cas à l'égard d'une violation intentionnelle de la convention collective : *Collège Mont-St-Louis c. Brault*, [1998] R.J.Q. 2048, REJB 1998-07014 (C.S.); *Montréal (Communauté urbaine de) c. Morin*, D.T.E. 99T-537 (C.S.).

142. L.R.Q., c. M-31. Rien n'oblige l'arbitre à utiliser le pouvoir que lui confère l'article 100.12 c) C.t. S'il le fait, il est alors tenu d'exercer ce pouvoir de façon complète en ajoutant à l'intérêt au taux légal l'indemnité supplémentaire envisagée dans la disposition.

143. *Automobiles Canbec Inc. c. Hamelin*, [1996] R.J.Q. 2709, REJB 1996-29164 (C.S.).

144. *Cégep du Vieux-Montréal c. Syndicat des professeurs du Cégep du Vieux-Montréal*, [1977] 2 R.C.S. 568 – ordonnance de réengagement d'un professeur d'abord licencié puis privé de sa priorité de réembauchage selon la convention collective.

145. *Syndicat national des produits chimiques de Valleyfield (C.S.N.) c. Corriveau*, D.T.E. 91T-153 (C.S.).

146. *Association des employés de radio et télévision du Canada c. Société Radio-Canada*, [1975] 1 R.C.S. 118; *Société d'électrolyse et de chimie Alcan Ltée c. Gravel*, D.T.E. 88T-357, EYB 1988-62934 (C.A.); *Matane (Ville de) c. Fraternité des policiers et pompiers de la Ville de Matane Inc.*, [1987] R.J.Q. 315, EYB 1987-91300 (C.A.).

147. Voir *Coopérative fédérée de Québec c. Association des employés du comptoir avicole de St-Félix de Valois (C.S.N.)*, précité, note 93.

148. Voir et transposer : *Royal Oak Mines Inc. c. Canada (Conseil canadien des relations du travail)*, [1996] 1 R.C.S. 369, EYB 1996-67305; *Banque nationale du Canada c. Union internationale des employés de commerce*, [1984] 1 R.C.S. 269, 288-292.

149. *Fraternité des chauffeurs d'autobus, opérateurs de métro et employés des services connexes au transport de la C.T.C.U.M., section locale 1983, S.C.F.P. c. C.T.C.U.M.*, D.T.E. 86T-100 (C.A.).

150. Sur la compétence exclusive de l'arbitre pour disposer de la réclamation de l'employeur qui prétend avoir versé des sommes en trop à un salarié au regard de ce qui était dû selon les termes de la convention collective, voir *Boily c. For-Net Inc.*, D.T.E. 99T-135, REJB 1999-10331 (C.A.); *Montréal (Communauté urbaine de) c. Chrétien*, D.T.E. 92T-11 (C.A.).

151. *Syndicat de l'enseignement de la Haute Côte-Nord c. Commission scolaire Manicouagan*, précité, note 15; *Hôpital Général Juif Sir Mortimer B. Davis c. De Vleeshouwer*, [1994] R.J.Q. 64, EYB 1994-64492 (C.A.).

152. Voir *Syndicat de l'enseignement de la région de la Mitis c. Commission scolaire de la Mitis*, D.T.E. 87T-989 (C.A.).

temps successifs[153]. Il doit d'abord apprécier la conduite de l'employé et décider si celui-ci est responsable de la faute que lui impute l'employeur[154]. S'il y a lieu, l'arbitre doit ensuite déterminer si cette faute mérite au salarié une mesure disciplinaire. Enfin, il doit évaluer la mesure disciplinaire imposée par l'employeur par rapport à l'importance de la faute retenue contre le salarié et en considérant tous les autres facteurs pertinents comme, par exemple, la durée des services et la conduite antérieure du salarié. S'il juge qu'il y a lieu de le faire, l'arbitre peut substituer à la décision de l'employeur celle qui lui paraît « juste et raisonnable », compte tenu de toutes les circonstances de l'affaire[155]. Couramment, l'arbitre choisira de substituer une suspension à un congédiement, ou de réduire la durée de la suspension imposée par l'employeur. Il pourra aussi ordonner de retirer du dossier du salarié une lettre de reproches jugés injustifiés[156] ou même enjoindre à l'employeur de remettre au salarié une lettre de recommandation qui rende compte des circonstances à l'origine de son licenciement conformément aux constatations de l'arbitrage, tout en lui interdisant parallèlement de répondre à une demande de renseignements concernant le salarié autrement que par la remise de cette lettre de recommandation[157]. Comme le signalait la Cour d'appel, « dans le respect de la Charte et dans le champ d'application de leur compétence, les décideurs peuvent apporter sans contrainte des solutions originales et adaptées aux milieux de travail qu'ils ont pour mission de servir »[158].

Au cours des dernières décennies, la jurisprudence arbitrale a élaboré un certain nombre de concepts et de règles qui se sont progressivement imposés à l'exercice du pouvoir disciplinaire de l'employeur et qui sont aujourd'hui repris et appliqués par les tribunaux de droit commun dans les espèces qui relèvent de leur compétence, notamment lorsqu'il s'agit d'apprécier la légitimité d'un acte de congédiement. Ainsi, les arbitres requerront que l'employeur réagisse avec diligence, après avoir été informé d'une faute commise par un salarié, pour lui en adresser le reproche et lui imposer une mesure disciplinaire[159]. L'exercice du pouvoir disciplinaire de l'employeur ne se justifiera que dans la mesure où les attentes de ce dernier sont clairement connues du salarié, que ce soit à travers les termes de la convention collective elle-même, ou d'un règlement d'entreprise, ou de directives ponctuelles. Le principe de l'imposition progressive de sanctions plus lourdes (réprimande, suspension et, ultimement, congédiement) pour sanctionner des fautes répétées du salarié, guide couramment l'appréciation des arbitres. Seule une faute extrêmement grave ou, encore, une succession de fautes sanctionnées sans que la conduite du salarié s'en soit trouvée corrigée justifiera une mesure aussi conséquente qu'une longue suspension ou que le congédiement. La jurisprudence arbitrale prohibe uniformément l'imposition de plusieurs sanctions pour une même faute, situation qui se distingue de celle de l'imposition d'une sanction plus lourde à la suite d'une récidive du salarié.

Vu les clauses privatives des articles 139 et 139.1 C.t., la décision de l'arbitre ne sera pas sujette à révision par les tribunaux supérieurs à moins qu'elle constitue un abus de pouvoir équivalant à fraude et de nature à entraîner une injustice flagrante, par exemple s'il s'avérait que la pénalité substituée par l'arbitre à celle imposée par l'employeur est, compte tenu de toutes les circonstances, clairement abusive, manifestement injuste, absurde, contraire au sens commun, et sans aucun fondement dans l'ensemble de la preuve[160]. Par exception, l'arbitre ne sera pas autorisé à apprécier la sévérité d'une sanction si la convention collective prévoit une sanction déterminée pour la faute reprochée au salarié. Il ne pourra alors que confirmer ou annuler la décision de l'employeur, ou la modifier dans le seul but de la rendre conforme à la sanction prévue à la convention collective. Cette exception n'a cours que dans la mesure où la convention collective prévoit une sanction précise pour la faute spéci-

---

153.   *Union internationale des travailleurs et travailleuses unis de l'alimentation et du commerce, section locale 503 c. Gendreau*, [1998] R.J.D.T. 38, REJB 1998-05054 (C.A.).

154.   L'arbitre peut parfois être lié par la conclusion d'une juridiction pénale quant aux mêmes faits : comparer *Toronto (Ville) c. S.C.F.P., section locale 79*, précité, note 97; *Bélanger c. Lippé*, D.T.E. 88T-302, EYB 1988-57686 (C.A.).

155.   *Centre communautaire juridique de la Mauricie Bois-Francs c. Syndicat des avocats de l'Aide juridique de la Mauricie Bois-Francs*, précité, note 132; *Sport Maska Inc. c. Syndicat des salariés de Sport Maska St-Hyacinthe*, D.T.E. 87T-239 (C.A.); *Syndicat des employés de Firestone de Joliette (C.S.N.) c. Firestone Canada Inc.*, D.T.E. 85T-907 (C.A.).

156.   *Ancienne-Lorette (Ville de l') c. Association des policiers et pompiers de Ville de l'Ancienne-Lorette Inc.*, D.T.E. 91T-240 (C.S.).

157.   *Slaight Communications Inc. c. Davidson*, [1989] 1 R.C.S. 1038, EYB 1989-67228 – reconnaissance de conformité d'une telle ordonnance avec les pouvoirs octroyés à l'arbitre par le Code canadien du travail et avec les dispositions de la *Charte canadienne des droits et libertés*.

158.   *Lapointe c. Morin*, D.T.E. 91T-60, EYB 1990-57591 (C.A.). Exemple de limite apportée par les droits et libertés fondamentaux : *Fraternité des policiers de Baie-Comeau Inc. c. Baie-Comeau (Ville de)*, D.T.E. 94T-426 (C.S.) - droit à la vie privée; nullité d'une ordonnance d'examen médical.

159.   Voir à titre d'exemples : *Commission scolaire des Samares c. Choquette*, D.T.E. 2006T-326 (C.S.); *Travailleuses et travailleurs unis de l'alimentation et du commerce, section locale 501 (FTQ) et Écolait Ltée*, D.T.E. 2006T-325 (T.A.). La Cour d'appel a également reconnu que l'obligation de bonne foi prévue à l'article 6 C.c.Q. était incorporée implicitement à toute convention collective, ce qui est susceptible d'imposer un niveau minimal d'équité dans l'exercice du pouvoir disciplinaire : *Syndicat de l'enseignement de la région de Québec c. Ménard*, précité, note 12.

160.   *Fraternité des policiers de la Communauté urbaine de Montréal Inc. c. Communauté urbaine de Montréal*, précité, note 92; *Syndicat du personnel de soutien de la Commission scolaire des Patriotes (C.S.N.) c. Commission scolaire des Patriotes*, précité, note 120.

fique reprochée au salarié[161]. En particulier, un règlement d'entreprise extérieur à la convention collective ou une entente qui n'en fait pas partie intégrante laissera intact le pouvoir d'appréciation de l'arbitre[162]. L'application de l'article 100.12 f) C.t. est tributaire de la qualification de la mesure prise à l'endroit du salarié comme mesure disciplinaire, c'est-à-dire motivée par une conduite fautive de sa part et qui relève de son contrôle[163]. Sous réserve des conditions auxquelles la convention collective peut soumettre les mesures dites de nature administrative, ces dernières ne seront sujettes qu'au contrôle par l'arbitre du processus décisionnel de l'employeur et à la vérification de l'absence de discrimination, d'abus ou d'arbitraire dans l'exercice de son pouvoir[164].

C- L'effet

La sentence arbitrale de grief est sans appel et lie les parties, y compris, le cas échéant, tout salarié concerné (art. 101 C.t.). Elle bénéficie également de la protection des clauses privatives des articles 139, 139.1 et 140 C.t. Ce n'est donc qu'en cas de défaut ou d'excès de compétence de l'arbitre, comme nous le verrons plus loin, qu'une sentence arbitrale pourra être révisée et annulée par les tribunaux supérieurs dans l'exercice de leur pouvoir de surveillance et de contrôle.

L'article 101 C.t. prévoit que l'exécution de la sentence arbitrale peut être assurée par la procédure prévue à l'article 129 du code, soit le dépôt au bureau du greffier de la Cour supérieure, procédure qui s'applique alors en y apportant les adaptations nécessaires et sans que l'autorisation de la Commission des relations du travail soit nécessaire[165]. Ce dépôt confère à la sentence de l'arbitre tous les effets d'un jugement final de la Cour supérieure[166]. L'association accréditée, partie à l'arbitrage,

peut procéder elle-même au dépôt; le salarié au bénéfice duquel la sentence a été rendue peut aussi s'en charger[167]. L'intérêt du dépôt, si on peut dire, réside à la fois dans sa simplicité procédurale et dans la condamnation pour outrage au tribunal qui pourrait le suivre, dans les cas prévus à l'article 129, al. 3 C.t., outre l'imposition d'une amende selon l'article 146.1 C.t., si la partie concernée ne se conforme pas à la sentence rendue[168].

Entre les parties, une sentence arbitrale règle le litige particulier soumis à l'arbitre. Sous réserve d'une disposition contraire dans la convention collective, les notions de chose jugée (*res judicata*) et d'autorité du précédent (*stare decisis*) ne s'appliquent pas en matière d'arbitrage de grief à l'égard d'un litige ultérieur relativement aux mêmes dispositions de la convention collective[169]. L'arbitre appelé à trancher une question déjà décidée par un collègue est responsable de sa propre conclusion et de ses motifs[170]. Néanmoins, usuellement, les arbitres chercheront à assurer une certaine stabilité dans les relations entre les parties et, de ce fait, examineront avec attention toute décision antérieure sur la question dont ils sont saisis pour ne conclure de façon différente que dans les seuls cas où ils seront convaincus de son absence de bien-fondé.

8- Le tribunal de droit commun et la convention collective

L'intervention du tribunal de droit commun relativement à une convention collective est susceptible de s'envisager soit par rapport à l'application de cette convention collective, soit pour assurer l'exécution d'une sentence arbitrale de grief, soit enfin quant à l'exercice du pouvoir de contrôle judiciaire à l'endroit du processus ou de la décision d'arbitrage.

161. *Sport Maska Inc. c. Syndicat des salariés de Sport Maska St-Hyacinthe*, précité, note 155; *Syndicat des employés de Firestone de Joliette (C.S.N.) c. Firestone Canada Inc.*, précité, note 155.

162. Exemples : *Indalex c. Deom*, D.T.E. 88T-1043 (C.S.) – règlement d'entreprise; *Aliments Delisle Ltée c. Descoteaux*, [1999] R.J.D.T. 445, REJB 1999-11834 (C.A.) – entente antérieure non déposée selon l'article 72 C.t., envisageant l'éventualité d'une récidive.

163. *Alcan Inc. c. Côté*, [2005] R.J.D.T. 699 (C.A.).

164. *Ibid.* La jurisprudence de la Cour d'appel sert par ailleurs une mise en garde contre le danger d'une distinction artificielle entre les mesures administratives et les mesures disciplinaires : *Lamy c. Kraft Ltée*, D.T.E. 91T-49, EYB 1990-63552 (C.A.); *Coopérative fédérée de Québec c. Association des employés du comptoir avicole de St-Félix de Valois (C.S.N.)*, précité, note 93. Des jugements se sont ainsi refusé d'établir une telle distinction dans des cas où ni la nature de la mesure ni le texte de la convention collective ne l'imposait : *Carterchem c. Lebœuf*, D.T.E. 84T-453 (C.A.); *Syndicat national des employés de l'Hôpital de Montréal, pour enfants c. Hôpital pour enfants*, [1983] C.A. 118; *Bouchard c. Centre hospitalier de Jonquière*, D.T.E. 82T-107 (C.A.).

165. Voir *supra*, titre II, chapitre I, section 2-B-1.e.

166. *Syndicat des cols bleus regroupés de Montréal, (SCFP – 301) c. Montréal (Ville de)*, précité, note 119.

167. *Syndicat national des travailleurs de St-Thomas Didyme (C.S.N.) c. Donohue St-Félicien Inc.*, J.E. 81-649 (C.S.) – dépôt par un conseiller syndical, que le jugement assimile à cette fin à un représentant du salarié.

168. *Boucher c. Logistik Unicorp. Inc.*, [2001] R.J.D.T., REJB 2001-22103 (C.A.).

169. *Isabelle c. Association des fonctionnaires provinciaux de l'Ontario*, [1981] 1 R.C.S. 449; *Société canadienne des postes c. Lauzon*, D.T.E. 92T-1054, EYB 1992-55975 (C.A.). Voir une décision récente rendue par la Cour supérieure dans laquelle l'inapplicabilité de la notion de chose jugée en matière d'arbitrage de grief a été remise en question dans une situation où un premier grief aurait été tranché par une sentence finale et que par la suite, un deuxième grief ayant le même objet serait déposé sous l'empire d'une seule et même convention collective : *Syndicat des travailleuses et travailleurs de la Brasserie Labatt (CSN) c. Marcheterre*, D.T.E. 2006T-322 (C.S.).

170. Même en présence d'une disposition conventionnelle l'obligeant à suivre une décision arbitrale antérieure sur la même question, l'arbitre pourrait refuser d'adhérer à une détermination qu'il jugerait manifestement déraisonnable ; voir *Société canadienne des postes c. Lauzon*, précité, note 169, p. 8.

A- L'application de la convention collective

Au fur et à mesure que la jurisprudence de la Cour suprême est venue définir, en l'élargissant, l'aire de compétence de l'arbitre de griefs, elle a du même coup rétréci le champ d'intervention des tribunaux de droit commun en présence d'une convention collective[171].

En affirmant l'exclusivité de la compétence arbitrale lorsqu'elle est établie selon les paramètres évoqués précédemment et en écartant alors toute possibilité de concomitance ou de chevauchement de compétence avec les tribunaux de droit commun, la Cour suprême n'a laissé à ces derniers qu'une compétence dite résiduaire à l'endroit de la convention collective. La compétence résiduaire des tribunaux est fondée sur les pouvoirs spéciaux dont ils disposent et sur l'impossibilité, en certaines circonstances, d'obtenir de l'arbitre le redressement qui serait requis[172]. Cette impossibilité peut résulter soit de motifs juridiques reliés aux pouvoirs de l'arbitre[173], soit de motifs factuels d'inefficacité fonctionnelle.

Le plus souvent, c'est pour assurer à une partie la sauvegarde des droits que la convention collective lui reconnaît, jusqu'à l'adjudication finale d'un arbitre, qu'on s'adressera à la Cour supérieure pour en requérir une mesure provisoire, par exemple d'injonction aux conditions usuelles d'existence d'une apparence de droit, d'urgence et de nécessité[174]. Au regard du critère de nécessité, il y a lieu de garder à l'esprit que l'arbitre de grief agissant en vertu du Code du travail dispose, selon l'article 100.12 g) C.t., du pouvoir matériel d'accorder une mesure

provisionnelle de cette nature. Il s'ensuit que la partie qui sollicite une telle mesure de la Cour supérieure devra lui démontrer l'impossibilité, du moins relative, d'obtenir de l'arbitre, en temps utile, le remède nécessaire[175].

C'est aussi au tribunal de droit commun qu'il faudra s'adresser dans certaines situations où la présence d'une convention collective n'est qu'incidente. C'est le cas de litiges qui n'opposent pas entre elles les parties signataires de la convention, comme les litiges entre coemployés, et de ceux qui mettent en cause des parties sur lesquelles l'arbitre ne peut prétendre avoir autorité[176].

Le tribunal de droit commun demeure enfin le seul compétent lorsque la situation d'où naît le litige est totalement indépendante de la convention collective. Il en est ainsi lorsqu'elle se rattache à une entente de pré-emploi[177] ou à une une entente particulière ou complémentaire conclue entre l'employeur et le salarié, en supposant sa légalité au regard de la convention collective[178]. C'est aussi le cas à l'égard d'un droit ou d'une obligation d'origine légale et que la convention collective n'incorpore pas explicitement ou implicitement[179].

B- L'exécution de la sentence arbitrale

L'article 101 C.t., nous l'avons vu, renvoie à l'article 129 C.t. comme mode d'exécution, avec l'adaptation nécessaire, de la sentence arbitrale. Au besoin, l'exécution forcée de la sentence arbitrale selon cette procédure pourra conduire au mode d'exécution forcée des jugements de la Cour supérieure[180]; si la décision contient une ordonnance

---

171. Voir à titre d'exemple l'arrêt *Bisaillon c. Université Concordia*, 2006 CSC 19, D.T.E. 2006T-508 (C.S.C.), par lequel la Cour suprême a confirmé la compétence exclusive des tribunaux d'arbitrage de griefs dans un contexte litigieux entourant l'administration et la gestion par l'employeur d'un régime de retraite alors que de multiples conventions collectives renvoyaient respectivement à ce régime de retraite et alors que des salariés, tant syndiqués que non syndiqués, se prétendaient lésés. Faisait fi des problèmes d'ordre procédural engendrés par cette décision, dont la multiplicité des recours arbitraux et le risque de sentences contradictoires, la cour a malgré tout renvoyé les salariés syndiqués devant les tribunaux d'arbitrage, laissant aux seuls salariés non syndiqués la possibilité de procéder par voie de recours collectif devant la Cour supérieure.

172. *Weber c. Ontario Hydro*, précité, note 3, p. 958 et 959; *Fraternité des préposés à l'entretien des voies – Fédération du réseau Canadien Pacifique c. Canadien Pacifique Ltée*, [1996] 2 R.C.S. 495.

173. *Fraternité des préposés à l'entretien des voies – Fédération du réseau Canadien Pacifique c. Canadien Pacifique Ltée*, précité, note 172 – injonction provisoire jusqu'à ce que l'arbitre ait décidé du grief; *Procureur général du Québec c. Cour du Québec*, [2001] R.J.D.T. 601, REJB 2001-24612 (C.A.) – négation à l'arbitre, par la convention collective, du pouvoir d'octroyer des dommages-intérêts.

174. Exemples : *Bissonnette c. P.P.D. Rim-Spec Inc.*, D.T.E. 91T-1115, EYB 1991-57813 (C.A.); *Union des employées et employés de service, section locale 800 c. Société en commandite Villa de Chicoutimi*, [1996] R.J.Q. 2630, EYB 1996-85285 (C.S.).

175. Voir *Syndicat des travailleuses et travailleurs de Sobeys de Baie-Comeau c. Sobeys Inc. (numéro 650)*, D.T.E. 96T-192, REJB 1996-30462 (C.S.) – injonction refusée, le processus d'arbitrage ayant été amorcé par la nomination d'un arbitre; *Syndicat des employés de magasins et de bureaux de la S.A.Q. c. Société des alcools du Québec*, précité, note 135 – refus de l'injonction en raison du défaut du requérant d'avoir pris les mesures appropriées pour que l'arbitre puisse exercer sa compétence lui permettant de délivrer une ordonnance intérimaire de sauvegarde des droits des parties pendant l'instance arbitrale; *Poirier c. Montréal (Ville de)*, D.T.E. 93T-1272, EYB 1993-74801 (C.S.) – absence de circonstances exceptionnelles justifiant l'injonction.

176. *Syndicat canadien de la fonction publique, section locale 1417 c. Vidéotron Ltée*, précité, note 21 – réclamation contre un tiers assureur; *Latulippe c. Commission scolaire de la Jeune Lorette*, précité, note 6 – réclamation de dommages non pécuniaires et exemplaires par l'épouse d'un salarié congédié. Quant aux réclamations entre coemployés, voir *supra*, note 22.

177. *Goudie c. Ottawa (Ville)*, [2003] 1 R.C.S. 141, 2003 CSC 14, REJB 2003-38870.

178. Exemple : *Frappier c. Commission scolaire Crie*, D.T.E. 90T-1094, EYB 1990-58563 (C.A.).

179. Exemple : *Montréal (Ville de) c. Syndicat canadien de la fonction publique, section locale 301*, [1997] R.J.Q. 1534, REJB 1997-00589 (C.A.) – réclamation de l'employeur à la suite d'actes de vandalisme commis à l'occasion d'une grève légale.

180. *Syndicat des cols bleus regroupés de Montréal (SCFP-301) c. Montréal (Ville de)*, précité, note 119 – exécution par saisie.

de faire ou de ne pas faire, conduire à une condamnation pour outrage au tribunal de nature civile ou criminelle[181]. L'outrage au tribunal est une procédure de droit strict. Il ne pourra sanctionner que la violation claire d'une ordonnance précise de l'arbitre[182].

La jurisprudence continue de reconnaître que l'on puisse aussi s'adresser directement aux tribunaux de droit commun pour obtenir l'exécution d'une sentence arbitrale, alternativement à la procédure de l'article 129 du code[183]. Ce recours peut amener la Cour supérieure à formuler des ordonnances précises dont le contenu s'infère manifestement des conclusions de la sentence arbitrale[184]. Il ne saurait cependant s'avérer un moyen de parfaire le dispositif défaillant d'une sentence arbitrale[185]. Une injonction de la Cour supérieure pourra ultimement, elle aussi, conduire la partie qui y contrevient à une condamnation pour outrage au tribunal, civil ou criminel[186].

C- Le contrôle judiciaire

1. La recevabilité du recours

La surveillance et le contrôle des tribunaux inférieurs et des organismes administratifs constituent pour les cours supérieures un pouvoir inhérent et essentiel qui ne peut leur être enlevé de quelque façon que ce soit[187].

Sur le plan procédural, le pouvoir de contrôle judiciaire est susceptible de s'exercer par diverses voies. Celle qui est la plus fréquemment utilisée, pour des raisons de simplicité et de rapidité procédurales, est la requête en révision judiciaire en vertu de l'article 846 C.p.c. Le texte même de cette disposition réserve toutefois son utilisation à une partie devant le tribunal inférieur. En l'occurrence, il s'agit du syndicat accrédité et de l'employeur, ce qui exclut généralement le salarié dont les droits sont concernés[188].

L'action en nullité selon l'article 33 C.p.c. se présente maintenant de façon générale comme une voie procédurale alternative de révision judiciaire[189]. Se pose alors la question suivante : le salarié lésé par une sentence arbitrale peut-il se pourvoir à l'encontre de cette décision et en obtenir la révision judiciaire sans le concours de l'association accréditée, en invoquant un intérêt juridique suffisant au sens et aux fins de l'article 55 C.p.c.?

Par l'arrêt Noël[190], la Cour suprême exclut de façon générale cette possibilité. Selon la cour, la notion d'intérêt procédural (art. 55 C.p.c.) est indissociable du droit substantiel[191]. Dans le contexte d'un régime de relations de travail fondé sur la négociation collective et sur le pouvoir de représentation exclusive du syndicat accrédité, l'exclusivité de la représentation syndicale se prolonge jusqu'à ce stade de l'administration de la convention collective, s'il y a lieu[192]. En contrepartie, le syndicat demeure tenu à son obligation de représentation[193]. Le juge LeBel, qui écrit pour la cour, évoque certaines situations d'exception dans lesquelles un salarié pourrait agir seul. Il mentionne ainsi les cas où l'association accréditée aurait déjà préalablement manqué à son devoir de représentation, par exemple par collusion avec l'employeur, ceux où le salarié a droit à une représentation distincte à l'arbitrage parce qu'il s'y trouve déjà en conflit d'intérêts avec son syndicat, ceux où on se trouverait devant certaines formes de violation de la règle *audi alteram partem*, ceux où le tribunal d'arbitrage

---

181. Sur l'effet de la procédure de dépôt d'une sentence arbitrale à la Cour supérieure et sur la distinction entre l'outrage civil et l'outrage criminel, voir *United Nurses of Alberta c. Procureur général d'Alberta*, [1992] 1 R.C.S. 901, EYB 1992-66869. Exemple d'outrage civil, selon les articles 53 et 54 C.p.c. : *Association de l'enseignement du Nouveau-Québec c. Commission scolaire Crie*, [1989] R.J.Q. 1865, EYB 1989-77185 (C.S.).

182. Voir *Restaurant Faubourg St-Denis Inc. c. Durand*, précité, note 60; *Commission scolaire Harricana c. Syndicat des travailleuses et travailleurs de l'enseignement du Nord-Est québécois*, [1988] R.J.Q. 947, EYB 1988-63017 (C.A.).

183. Voir *supra*, section 7, « La sentence » et titre II, chapitre I.

184. Voir *Syndicat des travailleuses et travailleurs d'Épiciers unis Métro-Richelieu c. Épiciers unis Métro-Richelieu Inc.*, D.T.E. 97T-1075, REJB 1997-00340 (C.S.).

185. *Centre hospitalier Régina Ltée c. Syndicat national des employés de l'Hôpital Régina (C.S.N.)*, [1983] R.D.J. 223 (C.A.).

186. Exemples d'outrage civil : *Syndicat des travailleuses et travailleurs d'Épiciers unis Métro-Richelieu c. Épiciers unis Métro-Richelieu Inc.*, D.T.E. 98T-787, REJB 1998-08085 (C.S.) – condamnation; *Syndicat des travailleuses et travailleurs d'Épiciers unis Métro-Richelieu (C.S.N.) c. Épiciers unis Métro-Richelieu Inc.*, D.T.E. 98T-1061, REJB 1998-08084 (C.S.) – sentence.

187. *Noël c. Société d'énergie de la Baie James*, précité, note 65, par. 27.

188. *Hotte c. Bombardier Ltée*, [1981] C.A. 376; *Verdun (Ville de) c. Besner*, D.T.E. 94T-1159, EYB 1994-57790 (C.A.); *Rousseau c. Hamelin*, [1997] R.J.Q. 1853, REJB 1997-01515 (C.A.). Comme l'évoque le dernier jugement, le recours pourrait être ouvert au salarié dans les cas, relativement rares, où la convention collective lui permet d'avoir accès à l'arbitrage de son seul chef, sans le concours ou le consentement du syndicat, et d'acquérir ainsi le statut de partie devant le forum arbitral. Voir à cet effet, par analogie, *Québec (Ville de) c. Morin*, précité, note 28.

189. *Noël c. Société d'énergie de la Baie James*, précité, note 65, par. 30 à 36.

190. *Ibid.*

191. *Id.*, par. 38.

192. *Id.*, par. 42, 58, 62 à 64.

193. *Id.*, par. 45, 57 et 58.

n'aurait pas été constitué conformément à la loi et ceux où l'arbitre aurait été saisi d'une matière relevant de la compétence d'une autre instance[194].

Le recours en *mandamus*, selon l'article 844 C.p.c., peut s'avérer une alternative appropriée aux recours selon les articles 846 ou 33 du même code, lorsque l'arbitre fait défaut d'exercer la compétence ou un pouvoir que la loi ou la convention collective lui reconnaît[195]. Plus rarement, l'invalidité d'une sentence arbitrale pourra se soulever en défense, à l'encontre d'un recours qui en recherche l'exécution. Une telle défense faisant appel à l'exercice du pouvoir de contrôle et de surveillance de la Cour supérieure, c'est seulement devant cette dernière qu'elle sera recevable.

Le Code de procédure civile ne prédétermine aucun délai précis d'exercice des recours qui font appel au pouvoir de contrôle et de surveillance de la Cour supérieure. La jurisprudence a comblé ce silence de la loi en exigeant que le recours soit entrepris dans un délai raisonnable. En pratique, la procédure entreprise dans les 30 jours suivant la décision attaquée sera considérée satisfaire cette exigence, selon la jurisprudence. Au-delà de ce délai, il faudra commencer à expliquer le retard et l'exigence de justification croîtra avec le délai encouru.

Sur un autre plan, la Cour d'appel a énoncé une politique judiciaire claire et percutante à l'endroit des demandes de contrôle judiciaire en matière d'arbitrage de griefs : à moins d'irrecevabilité manifeste du grief et encore là uniquement lorsqu'il y a perspective d'une longue instruction que ne justifie pas le mal-fondé évident et incontestable du droit, seule la sentence arbitrale finale disposant d'un grief pourra faire l'objet d'un recours en contrôle judiciaire[196].

2. *La norme de contrôle*

Le choix de la norme de contrôle judiciaire s'effectue selon une approche pragmatique et fonctionnelle, même sur les questions dites de compétence, en fonction des facteurs identifiés par la Cour suprême dans l'arrêt *Pushpanathan*[197], savoir :

- les clauses privatives;

- l'expertise du tribunal, qui serait le facteur le plus important;

- l'objet de la loi dans son ensemble et de la disposition en cause, qui rejoint souvent la question de l'expertise;

- la nature du problème : question de droit ou de fait?

La jurisprudence actuelle de la Cour suprême reconnaît trois normes de contrôle : (1) celle de l'erreur manifestement déraisonnable, la plus exigeante; (2) la norme intermédiaire de la décision raisonnable *simpliciter*[198]; (3) celle de la décision correcte. L'erreur manifestement déraisonnable est celle qui est à la fois évidente et totalement illogique ou irrationnelle[199]. Il peut s'agir d'une erreur de droit correspondant à une interprétation ou à une conclusion qui ne peut rationnellement s'appuyer sur le texte pertinent à appliquer, au point d'exiger une intervention judiciaire[200]. Ce type d'erreur peut également se rapporter aux faits[201] et à leur qualification; la détermination de l'arbitre se révélera alors abusive, manifestement injuste, absurde, contraire au sens commun ou sans aucun fondement dans l'ensemble de la preuve[202]. L'application de la norme de rationalité *simpliciter* pose la question de savoir si la décision rendue s'appuie sur des

194. *Id.*, par. 68 et 69.
195. *Commission scolaire de la Haute-Gatineau c. Monnier*, [1992] R.J.Q. 365, EYB 1993-64270 (C.A.); *Fraternité des policiers de la municipalité de la Baie James c. Tremblay*, [1987] R.J.Q. 25, EYB 1987-62792 (C.A.).
196. *Collège d'enseignement général et professionnel de Valleyfield c. Gauthier-Cashman*, [1984] C.A. 633; *Produits Pétro-Canada Inc. c. Moalli*, [1987] R.J.Q. 261, 264-265, EYB 1986-62237 (C.A.); *Union des routiers, brasseries, liqueurs douces et ouvriers de diverses industries (Teamsters) c. Brasserie Labatt Ltée*, [1998] R.J.D.T. 33, REJB 1998-04835 (C.A.).
197. *Pushpanathan c. Canada (Ministre de la Citoyenneté et de l'Immigration)*, [1998] 1 R.C.S. 982, REJB 1998-06632.
198. *Barreau du Nouveau-Brunswick c. Ryan*, [2003] 1 R.C.S. 247, 2003 CSC 20, REJB 2003-39404; *Macdonell c. Québec (Commission d'accès à l'information)*, [2002] 3 R.C.S. 661, 2002 CSC 71, REJB 2002-35134.
199. *Procureur général du Canada c. Alliance de la Fonction publique du Canada*, [1993] 1 R.C.S. 941, 963-964, EYB 1993-67289; *Commission scolaire de la région de Sherbrooke c. Syndicat de l'enseignement de l'Estrie*, [2001] R.J.Q. 1105, REJB 2001-23799 (C.A.).
200. Exemples : *Centre d'accueil Miriam c. Syndicat canadien de la Fonction publique, section locale 2115*, [1985] 1 R.C.S. 137; *Commission scolaire régionale du Grand-Portage c. Syndicat de l'enseignement du Grand-Portage*, D.T.E. 90T-1097, EYB 1990-58566 (C.A.); *Matane (Ville de) c. Fraternité des policiers et pompiers de la Ville de Matane Inc.*, précité, note 146.
201. Lorsqu'il siège en contrôle de l'évaluation faite par un arbitre d'une mesure d'accommodement raisonnable, le tribunal en révision fait face à une simple question de fait, pour laquelle s'applique la norme de la décision manifestement déraisonnable : *Syndicat des employées et employés professionnels et de bureau, section locale 571, CTC-FTQ (SEPB) c. Barreau du Québec*, D.T.E. 2007T-137 (C.A.).
202. *Blanchard c. Control Data Canada Ltée*, précité, note 63, p. 481. Exemples de détermination déraisonnable au regard des faits en preuve devant l'arbitre : *Conseil de l'éducation de Toronto (City) c. F.E.E.E.S.O., district 15*, précité, note 95; *Fraternité des chauffeurs d'autobus, opérateurs de métro et employés des services connexes au transport de la C.T.C.U.M., section locale 1983, S.C.F.P. c. C.T.C.U.M.*, précité, note 149.

motifs défendables dans leur ensemble[203]. La norme de la décision exacte, on le devine, ne laisse place à aucune erreur de l'arbitre ni retenue judiciaire à son endroit.

Récemment, la Cour suprême, notamment sous la plume du juge LeBel, a ouvertement remis en question la pertinence de la norme de contrôle de la décision manifestement déraisonnable. La cour a avancé que l'impossibilité de maintenir une distinction analytique viable entre les deux normes de contrôle les plus sévères (*simpliciter* et manifestement déraisonnable) serait susceptible de faire obstacle à une application des lois plus fidèle à l'intention du législateur[204]. Ces réserves sans équivoque émises par la Cour suprême laissent croire que celle-ci pourrait intervenir incessamment afin de modifier l'analyse pragmatique et fonctionnelle. Mais d'ici là, ce sont toujours les enseignements de l'arrêt *Pushpanathan* qui s'appliquent.

L'arbitre de griefs est protégé par une clause privative complète et rigoureuse (art. 139, 139.1 et 140 C.t.)[205]. Dans son rôle d'interprète de la convention collective et, accessoirement, dans la mesure où il lui est nécessaire de faire appel à des règles de droit commun ou à des lois relevant de son expertise pour décider d'un grief, l'arbitre bénéficie d'une autonomie décisionnelle maximale et d'une obligation de retenue proportionnelle de la part des tribunaux supérieurs; seule une erreur manifestement déraisonnable de sa part justifiera l'annulation de sa décision[206]. La norme de la décision rationnelle *simpliciter*

s'applique à l'égard des décisions fondées sur l'application de dispositions légales à l'égard desquelles on ne reconnaît pas à l'arbitre une expertise courante ou particulière[207]. On se rapportera enfin à la norme de la décision exacte lorsque la détermination de l'arbitre porte sur sa compétence à l'endroit du litige, ou sur ses pouvoirs, ou s'il contrevient aux règles de la justice naturelle[208]. S'agissant en particulier d'une loi de nature constitutionnelle ou quasi constitutionnelle comme c'est le cas pour les chartes[209], l'arbitre ne disposera d'aucune marge d'erreur en droit.

L'exercice du pouvoir de contrôle judiciaire conduit à l'annulation de la sentence rendue par l'arbitre. Cette annulation ne se présente pas, en principe, comme une occasion pour le tribunal supérieur de se substituer purement et simplement au forum spécialisé pour interpréter et appliquer la convention collective[210].

À moins que le jugement de révision judiciaire constate l'absence totale de compétence de l'arbitre ou qu'il ne lui laisse plus rien à décider, compte tenu du motif de nullité[211], les parties seront renvoyées à un nouvel arbitrage[212] ou, si aucune circonstance particulière ne s'y oppose, le dossier sera renvoyé à l'arbitre pour qu'il procède à rendre une nouvelle décision en tenant compte des conclusions du jugement de contrôle judiciaire[213].

203. *Barreau du Nouveau-Brunswick c. Ryan*, précité, note 198; *Voice Construction Ltd. c. Construction & General Workers' Union, Local 92*, [2004] 1 R.C.S. 609, 2004 CSC 23, REJB 2004-60356.

204. *Toronto (Ville de) c. S.C.F.P., section locale 79*, [2003] 3 R.C.S. 77, aux par. 126-127. Voir aussi : *Lévis (Ville de) c. Fraternité des policiers de Lévis Inc.*, 2007 CSC 14, D.T.E. 2007T-273 (C.S.C.); *Conseil des Canadiens avec déficiences c. Via Rail Canada Inc.*, 2007 CSC 15 (C.S.C.).

205. *Ivanhoe Inc. c. TUAC, section locale 500*, [2001] 2 R.C.S. 565, 2001 CSC 47, REJB 2001-25016, par. 33; *Syndicat des travailleurs et des travailleuses des Épiciers unis Métro-Richelieu (C.S.N.) c. Lefebvre*, précité, note 29, p. 1535.

206. *Syndicat de l'enseignement du Grand-Portage c. Morency*, précité, note 115; *Syndicat des travailleurs et des travailleuses des Épiciers unis Métro-Richelieu (C.S.N.) c. Lefebvre*, précité, note 29; *Association des ingénieurs et scientifiques des télécommunications c. Sylvestre*, précité, note 114.

207. *Commission scolaire crie c. Leclerc*, D.T.E. 2007T-187 (C.S.) – l'arbitre était alors saisi d'une question de l'interaction des délais de prescription du Code civil et du Code du travail.

208. Lorsque l'arbitre applique des concepts découlant purement et simplement du droit civil, les tribunaux n'ont pas à faire preuve de retenue judiciaire relativement à la décision et une simple erreur permet l'intervention de la cour. À titre d'exemple, la sentence arbitrale qui condamne au remboursement des honoraires extrajudiciaires et à des dommages exemplaires est soumise à la norme de l'erreur simple : *Syndicat des professeures et professeurs de l'Université du Québec à Trois-Rivières c. Université du Québec à Trois-Rivières*, D.T.E. 2006T-589 (C.A.).

209. Voir *supra*, section 5, « La procédure et la preuve » et section 6, « L'interprétation ».

210. *Centre d'accueil Miriam c. Syndicat canadien de la Fonction publique, section locale 2115*, précité, note 200, p. 144; *Acier Leroux Inc. c. Union des camionneurs de construction et approvisionnements, mécaniciens d'auto et aides-employés de stations-services et de parcs de stationnement et salariés divers, section locale 903*, D.T.E. 93T-131, EYB 1992-63988 (C.A.); voir aussi, par analogie, *Société des traversiers du Québec c. Jourdain (Succession de)*, D.T.E. 99T-629, REJB 1999-12858 (C.A.).

211. Voir *Panneaux Vicply Inc. c. Guindon*, D.T.E. 98T-34, REJB 1997-03776 (C.A.); *Matane (Ville de) c. Fraternité des policiers et pompiers de la Ville de Matane Inc.*, précité, note 146; *Syndicat canadien de la fonction publique, section locale 2051 c. Tremblay*, D.T.E. 93T-1299, EYB 1993-64201 (C.A.) – grief accueilli.

212. *Centre d'accueil Miriam c. Syndicat canadien de la Fonction publique, section locale 2115*, précité, note 200; *Société des traversiers du Québec c. Jourdain (Succession de)*, [1999] R.J.Q. 1626, REJB 1999-12858 (C.A.); *Air Canada Ltée c. Frumkin*, D.T.E. 96T-1500 (C.S.).

213. *Compagnie des transformateurs Phillips Limitée c. Métallurgistes unis d'Amérique, local 7812*, [1985] C.A. 684; *Guilde des employés de Super-Carnaval (Lévis) c. Tribunal du travail*, [1986] R.J.Q. 1556, EYB 1986-58614 (C.A.).